Barbara Halstenberg

Alles schaukelt, der ganze Bunker schaukelt

Die letzten Kriegskinder erzählen

Barbara Halstenberg

»Alles schaukelt, der ganze Bunker schaukelt«

Die letzten Kriegskinder erzählen

Wie wir Eltern und Großeltern richtig zuhören

Osburg Verlag

Zweite Auflage 2021

www.osburgverlag.de

Lektorat: Ulrich Steinmetzger, Halle (Saale)
Korrektorat: Mandy Kirchner, Weida
Umschlaggestaltung: Judith Hilgenstöhler, Hamburg
Satz: Hans-Jürgen Paasch, Oeste
Druck und Bindung: CPI books GmbH, Leck
Printed in Germany
ISBN 978-3-95510-258-6

Und die Geschichte? Sie ist auf der Straße ... in der Menge ... Ich glaube, dass in jedem von uns ein Stück Geschichte steckt. Bei dem einen eine halbe Seite, bei einem anderen zwei, drei Seiten. Alle zusammen schreiben wir am Buch der Zeit.

(Swetlana Alexijewitsch)

Inhalt

Zur Einführung

Wolf Rüdiger Osburg

Am 1. Mai 1989 stand mir das erste Interview mit einem über neunzigjährigen Teilnehmer des Ersten Weltkriegs bevor. Ich war aufgeregt, konnte mir überhaupt nicht vorstellen, einige Minuten später mit einem mir vollkommen fremden Mann ein Interview über seine höchstpersönlichen Erlebnisse in diesem Krieg zu führen. Es war dies das erste von 150 Interviews, die in den nächsten Jahren bis 1992 folgen sollten. Diese Interviews entwickelten sich bei mir beinahe zu einer Sucht, bis ich nach drei Jahren das Gefühl hatte, nun mir und den Lesern des Buches, das sich Schritt für Schritt entwickelt hatte, einen vollständigen Überblick über die Erlebnisse dieser jungen Männer in der Katastrophe des Ersten Weltkriegs liefern zu können.

Überraschenderweise stellte sich heraus, dass derartig umfassende Augenzeugensammlungen, die sich nicht auf schriftliche Quellen, sondern auf das Gespräch gründen, in Deutschland keine solche Tradition haben, wie sie sie eigentlich haben sollten. Wer hätte damals schon gedacht, dass mein Buch *Hineingeworfen* in seiner Art das einzige zum Ersten Weltkrieg war und zu einem Grundlagenwerk werden sollte.

Und es überraschte mich und hätte ganz bestimmt auch meine Gesprächspartner überrascht, dass ihre beispielsweise an einem sonntäglichen Kaffeetisch mir gegenüber geäußerten Erinnerungen später von Historikern in deren Untersuchungen als wissenschaftliche Quellen zitiert wurden.

Dabei gibt es kaum etwas Spannenderes als Oral History. Selbstverständlich fühlte ich mich angesprochen, als ich dreißig Jahre später als Verleger darauf aufmerksam gemacht wurde, dass Barbara Halstenberg mit ihrem Buch *Alles schaukelt* einen ähnlichen Ansatz verfolgt hatte, um dem Erleben des Zweiten Weltkriegs, in diesem Fall durch Kinder und Jugendliche, nachzugehen.

Geschichte ist für die allermeisten Menschen ein komplett abgeschlossenes System. Sie wird geprägt von Geschichtszahlen aus vergangenen Epochen, von Listen mit Angaben zu verstorbenen, vertriebenen oder misshandelten Menschen. Wir wissen davon, es ist aber die Geschichte der anderen, nicht unsere. Dabei gibt es durchaus Menschen, die noch unter uns leben und ihre Erinnerungen im Alter jeden Tag und mehr denn je mit sich herumtragen. Für die Generation der Babyboomer sind diese Zeitzeugen die Eltern, für die Nachfolgegeneration die Großeltern. Viele von ihnen schweigen, und wenn sie einmal reden, fällt es uns schwer, in ihnen die jungen Menschen von einst zu erkennen.

Es ist unfair, verschiedene Zeitepochen auf ihre Bedeutsamkeit hin zu vergleichen. Es gibt aber historische Phasen, die so unfassbar sind, dass man an ihnen nicht vorbeikommt. Das sind Epochen, zu denen auch wir Jüngeren Fragen stellen. Im vergangenen Jahrhundert sind dies zweifelsfrei die beiden Weltkriege, die Katastrophen des 20. Jahrhunderts, ihre Vor- und ihre Nachgeschichte. Gerade mit dem Zweiten Weltkrieg werden so viele Episoden verbunden, dass sie uns Nachkommen am ehesten aus der Reserve locken und wir bereit sind, uns auf diese Themen einzulassen.

Barbara Halstenberg hat sich der Frage verschrieben, wie die jüngsten und jungen Menschen den Zweiten Weltkrieg durchlebt haben. Sie hat sich auf die Suche nach hundert Zeitzeugen gemacht, die von ihrer Kindheit erzählen konnten, die vom Nationalsozialismus sowie von Krieg, Flucht und Vertreibung geprägt war. Gemeinsam ist ihren Interviewpartnern, dass sie den Krieg auf deutschem Boden erlebten und im hohen Alter dazu bereit waren, von ihren teils traumatischen Erlebnissen zu berichten. Barbara Halstenberg hat diesen Menschen aufmerksam zugehört und schafft es mit den Geschichten in *Alles schaukelt*, ihre Leserinnen und Leser die Welt von damals durch Kinderaugen sehen zu lassen.

Herausgekommen ist eine ganz einzigartige Sammlung von Stimmen, die die Vielfalt menschlicher Erlebnisse in so einer außerordentlich dramatischen Phase widerspiegelt. Es sind Kinder, deren meist unbeschwerte Kindheit mit einem Mal durch den Krieg unterbrochen wurde. Sowohl Mädchen als auch Jungen, aus der Stadt oder vom Land. Junge Menschen, die von den Ereignissen niedergeworfen wurden, Zeugen waren von Grausamkeiten vor ihren Augen oder gar in ihren Familien, die aber, wie das in diesem Alter ist, schnell einen Weg fanden, diese Erlebnisse zu überstehen. Diese Vielfalt, von der Autorin um historische Fakten ergänzt, macht die Besonderheit dieses Buches aus.

Barbara Halstenbergs Arbeit macht den Leserinnen und Lesern klar, dass diese Generation wahrlich keine normale Kindheit und Jugend hatte. Diese Menschen wurden von dem, was sie erlebt haben, für ihr ganzes Leben gezeichnet. Das ist eine wichtige Erkenntnis für das Zusammenleben der Generationen.

Dem Anspruch der Autorin entspricht es, dass sie am Ende ihrer Arbeit Anregungen für diejenigen ihrer Leserinnen und Leser gibt, die sich nach der Lektüre ermutigt fühlen, sich ihrerseits auf den Weg zu machen, um Menschen Fragen zu ihren persönlichen Erinnerungen zu stellen. Mit diesem Werkzeug in der Hand kann verhindert werden, dass dieser so wichtige und gerade noch mögliche Dialog verpasst wird, wie es auch in meinem Fall mit den Interviews von fast Hundertjährigen beinahe der Fall gewesen wäre.

Mai 2021

Vorwort

»Es kann ja nur ein Antikriegsbuch werden.«

Mit den Erzählungen über die Vertreibung meiner Großmutter aus Schlesien bin ich als Kind aufgewachsen. Als junge Erwachsene glaubte ich, schon alles darüber zu wissen. Als 2015 der Syrienkrieg in den Medien überall präsent war und viele Geflüchtete Deutschland erreichten, wurde mir bewusst, dass in unserer Gesellschaft eine weitere große Gruppe von Menschen lebt, die Krieg erfahren haben und vom Krieg geprägt wurden. Das sind die Alten, die als Kinder den Zweiten Weltkrieg miterlebt haben. Jeden Tag laufen wir auf der Straße an ihnen vorbei, sitzen neben ihnen im Bus oder stehen hinter ihnen an der Kasse. Damals waren es Kinder, heute sind es die letzten Zeugen, die uns von ihrer Vergangenheit erzählen können – die auch unsere Vergangenheit ist.

Als Journalistin interessieren mich die alltäglichen Geschichten der Menschen. Und so fragte ich mich 2015, was andere Kinder aus der Generation meiner Großmutter erlebt haben mussten und wie es ihnen heute damit geht. Wie leben Kinder im Krieg, was denken sie, was empfinden sie? Wie erlebten sie das Jungvolk, die Judenverfolgung, die Väter im Krieg? Und wie denken sie heute über ihre Kindheit? Was tragen sie von damals noch in sich? Welchen Einfluss haben die Kriegserfahrungen bis heute? Ich begann, in meinem Umfeld zu recherchieren.

In meinem Alltag hatte ich, wie viele andere, wenig Kontakt zu alten Menschen. Ein alltäglicher Austausch zwischen den Generationen ist heute leider selten. Ich bat meine Großmutter um Kontakte aus ihrem Bekanntenkreis – es waren wenige. Ihre Idee, mit Aushängen in Apotheken nach Kriegskindern zu suchen, brachte für meine Recherche den Durchbruch. In manchen Wochen klingelte täglich mein Telefon. Ich spürte, dass diese Generation ein großes Bedürfnis hat zu reden. Und viele von denen, die sich bei mir meldeten, waren erstaunt, dass sich jemand für ihre Geschichten interessierte. So führte ich in den folgenden zwei Jahren rund einhundert Interviews mit Menschen, die im Nationalsozialismus und im Zweiten Weltkrieg Kinder gewesen waren.

Viele Kinder kannten damals keine andere Realität als die des Krieges. Eine Zeitzeugin sagte: »Wie sollte der Krieg vorbeigehen, wir sind ja mittendrin aufgewachsen.« Die Kinder waren ausgebombt, unter Trümmern verschüttet, waren durch den Feuersturm gerannt, über Leichen gestiegen und an Erhängten vorbeigelaufen. Sie erlebten die Vergewaltigungen ihrer eigenen Mütter oder wurden selbst misshandelt. Sie sahen ihre Geschwister und Eltern sterben und wie Kinder und Erwachsene neben ihnen erschossen wurden. Sie kämpften als Kindersoldaten, haben als Jungmädel Soldaten mitten im Kampfgebiet verbunden, und kamen selbst in Gefangenschaft. Sie versorgten die halb verhungerten Flüchtlinge aus dem Osten, gruben Verschüttete aus, löschten Bombenfeuer und besorgten Essen. Viele wurden Zeugen der Judenverfolgung, sie sahen, wie Menschen abgeholt wurden, dass Bekannte plötzlich nicht mehr wiederkamen, sahen die Häftlinge auf ihren Todesmärschen, hörten Gespräche über Massenerschießungen, brachten versteckten Juden Essen oder überlebten als versteckte Juden den Krieg. Auch erlebten sie die Ausbeutung von Zwangsarbeitern mit.

Sie erzählen von den fehlenden Vätern, dem langen, teils vergeblichen Warten auf deren Rückkehr, den Todesnachrichten und den Rückkehrern aus der Gefangenschaft, die sie nicht wiedererkannten. Sie erzählen vom lebensbedrohlichen Hunger und von der Kälte, von Läusen, Wanzen und Flöhen und von Krankheiten, für die es keine Medikamente gab. Sie erzählen von Flucht und Vertreibung – dem Verlust der Heimat und der schlechten Behandlung der Flüchtlinge. Viele haben unter der NS-Erziehung gelitten – in der Familie, bei der Hitlerjugend oder in der Schule –, viele waren aber auch bis zum Ende begeistert, schließlich waren sie so erzogen worden und von der Propaganda geblendet. Sie erzählen von der Einsamkeit während der Kinderlandverschickung und vom Spielen in den Trümmern, vom Sammeln der Bombensplitter und von scharfer Munition.

In den Wohnzimmern der Zeitzeuginnen und Zeitzeugen tauchte ich in gelebte Geschichte ein. Ich saß mit ihnen im schwach beleuchteten Keller, spürte die Detonationen, atmete den von der Decke herabrieselnden Steinstaub ein. Ich sah die Kinder von damals von der Landstraße in Gräben springen und sich unter einer grünen Decke vor den Tieffliegern verstecken oder inmitten der Trümmer nach bunten Bombensplittern suchen. Aus Daten, Zahlen und Fakten wurde plötzlich lebendige Geschichte. Es war ein großes Geschenk, das ich dem Mut und Vertrauen der Zeitzeuginnen und Zeitzeugen zu verdanken habe, die mir ihre Geschichten erzählten. Sie wollen, dass ihre Geschichten gehört werden, und ich verstehe mich als ihr Sprachrohr. Ich beschloss, die Geschichten aufzuschreiben, damit sie nicht verloren gehen und auch die Generationen nach mir die

Möglichkeit haben, auf diesem direkten Weg von gelebter Geschichte zu erfahren. Sie werden nicht mehr die Möglichkeit haben, selber nachzufragen.

Ich wollte kein Buch über die Kriegskinder schreiben, in dem ich ihre Geschichten mit meinen Worten nacherzähle. Vielmehr kommen die Kriegskinder selbst zu Wort. Nur so ermöglichen die Erzählungen einen direkten persönlichen und emotionalen Zugang zu gelebter, lebendiger Geschichte.

Die Zeitzeuginnen und Zeitzeugen erzählten ganz unterschiedlich. Einige durchlebten die Ereignisse ihrer Kindheit beim Erzählen erneut. Das waren bewegende Momente. Viele waren sehr emotional, manche blieben gefasst – einige waren reflektiert, andere erzählten sehr distanziert. In manchen Gesprächen war mir, als nähme das Ungesagte viel Raum ein. Als verberge sich darin das Unerklärte oder Unverarbeitete der eigenen Biografie.

Erinnerungen sind immer subjektiv und durch das weitere lange Leben gefärbt. Deswegen habe ich zur besseren Einordnung am Ende jedes Kapitels kurze Hintergrundinformationen mit geschichtlichen Fakten zusammengestellt. Meine Hoffnung ist es, dass die Fülle der gesammelten Erinnerungen sich zu einem Gesamtbild über das Vergangene zusammenfügt.

Die Themen kamen über die Menschen, die sich bei mir meldeten, zu mir. Das erklärt vielleicht, warum hier zu den Themen Verfolgung und Täterschaft vergleichsweise wenige Erzählungen versammelt sind. So fehlen bei den Verfolgten die Geschichten von Sinti- und Roma-Kindern, von Kindern der Zeugen Jehovas, von Kindern politisch verfolgter Eltern sowie von sogenannten Lebensborn-Kindern. Ebenso fehlen Geschichten von Besatzungskindern und Kindern von Zwangsarbeiterinnen. Auch konnte ich keine Kinder von Homosexuellen, den sogenannten Asozialen, »schwer erziehbare Kinder« und Kinder, die während des Krankenmordes in Heilanstalten gelandet sind, befragen.

Wenige Kinder von Nationalsozialisten haben sich in ihrem späteren Leben mit der Rolle ihrer Eltern im Regime intensiv auseinandergesetzt. Sicherlich gab es unter den Eltern der Kriegskinder noch viele, die großes Unrecht taten oder geschehen ließen. Aber die Kinder wussten es entweder nicht oder wollten es nicht wissen, haben sich später nicht getraut nachzufragen oder haben keine Antworten bekommen. Auch ich habe erst kurz nach dem Tod meines Großvaters erfahren, dass er mit achtzehn Jahren als Wehrmachtssoldat, während er mit seiner Panzerdivision in Weimar stationiert war, für vier Wochen die Außenanlage des KZs Buchenwald bewacht hat. Darüber hätte ich mit ihm reden wollen. Doch dafür ist es jetzt zu spät. Deswegen möchte ich die Leserinnen und Leser dazu ermutigen, in ihren Familien noch einmal genauer nachzufragen.

Kinder können nur Opfer sein. Wichtig ist, zu schauen, warum sie zu Opfern wurden: durch die Indoktrinierung und Manipulation des NS-Systems, dem viele der Eltern sicherlich auch ihre Stimme gegeben haben und in deren Unrecht sie vielfach verstrickt waren, und durch den Krieg, den das nationalsozialistische Regime begonnen hat. Auch für diese Hintergründe weiten die Geschichten den Blick.

Die Erzählungen der Kriegskinder können die deutsche Schuld in Bezug auf den Zweiten Weltkrieg und den Holocaust nicht relativieren. Wir Deutschen können uns unserer Verantwortung für unsere Geschichte nicht entziehen. Allen Zeitzeuginnen und Zeitzeugen, mit denen ich sprach, war bewusst, dass es den Krieg nur deshalb gegeben hat, weil die Deutschen ihn angefangen haben. Die Bomber kamen nur, weil die Wehrmacht diese Länder zuvor angegriffen hatte. Die damaligen »Feinde« benahmen sich nur so, weil sich die Deutschen vorher so schändlich in den besetzten Gebieten verhalten hatten. Was die Erzählungen auch zeigen: Fast alle Kinder haben die Verbrechen der Nationalsozialisten mit ihren eigenen Augen gesehen. Und was Kinderaugen gesehen haben, das konnten die Erwachsenen erst recht sehen.

Viele Zeitzeuginnen und Zeitzeugen haben heute Angst, dass sich die Geschichte wiederholt. Darin, dass eine rechte Partei im Bundestag sitzt und rechte Tendenzen überall in Europa erstarken, erkennen sie eine Gefahr für die Demokratie und den Frieden. Ein Anliegen war allen Befragten gemeinsam: Sie wollen nie wieder Krieg, Flucht und Vertreibung. »Es kann ja nur ein Antikriegsbuch werden«, hat ein Zeitzeuge während unseres Interviews gesagt. Die Erinnerungen der Kinder bezeugen das in jeder Geschichte. Kein Kind, egal wo auf der Welt, sollte mit diesen Erlebnissen aufwachsen müssen.

Es schaukelt noch immer. Die Auswirkungen von Nationalsozialismus und Zweitem Weltkrieg sind bis heute zu spüren. Der Krieg und seine Schrecken lebten auch nach dem Krieg in vielen Kindern weiter, auch wenn sie nach außen hin schwiegen. Die meisten konnten mit niemandem über ihre teils traumatischen Erlebnisse sprechen. Im Nachkriegsdeutschland ging es ums Überleben,

Nachvorneschauen und Verdrängen des Nationalsozialismus und seiner Folgen. So konnten die Kinder das Erlebte nicht verarbeiten und haben es teilweise über Erziehung und Verhalten an ihre eigenen Kinder weitergegeben.

Deswegen will dieses Buch die ältere Generation bestärken und sie zum Erzählen ermutigen. Und meine Generation möchte ich dazu anregen, noch einmal genau nachzufragen und wirklich zuzuhören, sodass ein Dialog jenseits der bisher erzählten Anekdoten stattfinden kann. Noch ist die Geschichte direkt durch die Erinnerungen der Kriegskinder erfahrbar. Doch die Zeit dafür ist knapp. Sich mit der eigenen Familiengeschichte auseinanderzusetzen, anstatt das Schweigen weiterzuführen, ist eine große Chance.

Berlin, März 2021
Barbara Halstenberg

Bombenkrieg

»Ich höre Geräusche, das Knirschen der Trümmer über mir.«
Winfried L.

(Geboren 1938 in Berlin, Malermeister)

Ich erinnere mich an das erste Mal, wie ich als Kind mitbekam, was Krieg bedeutet. Ich hatte eine Spielkameradin. Meine kleine Freundin Ilse und ich waren unzertrennlich, wir waren den ganzen Tag zusammen. Sie wohnte mit ihrem Opa zwei Häuser weiter. Bei Luftalarm konnte es der Opa nicht ertragen, in den Keller zu gehen, weil er im Ersten Weltkrieg in einem Graben verschüttet gewesen war. Deswegen blieb er mit Ilse in der Wohnung. Wäre ich mit meiner Familie in der Wohnung geblieben, wäre uns kein Haar gekrümmt worden. Bei Ilse war das anders. Das Haus wurde getroffen. Der Opa und Ilse stürzten mit der ganzen Wohnung in den Keller. Dann war Ilse nicht mehr da. Einfach nicht mehr da.

In den letzten Kriegstagen wohnten wir quasi im Keller. Zu der Zeit war das nichts Außergewöhnliches. Es ging Millionen anderen auch so. Neben unserem Mietshaus lag ein öffentlicher Luftschutzkeller, der bei Alarm oft überfüllt war. Deswegen suchten wir Hausbewohner in der Krypta unter dem Altarraum der angrenzenden Kirche Schutz. Dort hatte jede Familie, auch wir, ihren eigenen, aber engen Platz sicher.

Es war Ende April 1945. Wegen der heftigen Straßenkämpfe hatten wir die Krypta seit Tagen nicht mehr verlassen. Tag und Nacht saßen wir dort unten mit etwa 70–80 Menschen in der Dunkelheit zusammen. Es war ein Halbdunkel. In meiner Erinnerung ist nur schwaches Kerzenlicht, das die Krypta etwas erhellte. Oft hörten wir in dichter Folge intensive Detonationsgeräusche. Wir spürten jede Bombe und jeden Granateinschlag. Schlugen sie in der Nähe ein, bebte der Boden unter den Füßen, es wackelte und vibrierte. Viele Erwachsene weinten dann leise oder stierten abwesend vor sich hin. Ich beobachtete sie. Bei heftigen Angriffen flehten einige von ihnen den Pfarrer und die Ordensschwestern an, die mit uns in der Krypta saßen: »Beten Sie doch mit uns! Singen Sie was mit uns!« Und dann beteten alle laut mit. Damals konnten die Menschen die Gebete noch auswendig. Heute ist das nicht mehr so, manche wissen gar nicht mehr, was ein Gebet ist … Zusammen sangen wir Marienlieder und auch christliche Lieder, die die

Evangelischen mitsingen konnten. Während sie sangen, vergaßen die Menschen für ein paar Minuten, was um sie herum passierte. Sie fanden ihren Trost in den Gebeten und den Gesängen. In Erinnerung ist mir noch ein altes Ehepaar. Beide hatten furchtbar geschimpft, ihren ganzen Frust rausgelassen, wie der Herrgott so einen Krieg zulassen kann! Sie wollten von der Kirche überhaupt nichts wissen. Aber mit einem Mal beteten sie mit, richtig laut! Daran erinnere ich mich.

Wir waren ungefähr zehn Kinder in der Krypta. Manchmal spielten die Schwestern mit uns. Dann lenkten sie uns ab von der Angst, der Verzweiflung und der Passivität, die wir Kinder bei den Erwachsenen förmlich spüren konnten und die sich auf uns übertrug. Mutter bewachte und beruhigte uns unten in der Krypta, aber ich konnte ihr die Sorge und Anspannung ansehen. Es muss eine unendliche Enge dort unten gewesen sein. Ich bekomme jetzt noch Platzangst, wenn ich daran denke. Damals kam mir alles so groß vor. Die Luft war schlecht. Ab und zu wurden die beiden Türen hoch zum Kirchenraum geöffnet, um die klare Luft aus der Kirche reinzulassen. Erst dann konnten wir an dem durch die Kirchenfenster eindringenden Licht erkennen, ob es draußen Tag oder Nacht war. Aber dann sahen wir auch das Aufblitzen der Explosionen, und die Kampfgeräusche waren deutlich lauter zu hören. Das verstärkte unsere Angst. Rausgehen sollte keiner, niemand durfte die Luftschutzräume verlassen.

Einmal nutzte ich die Lüftungspause und schlich die Treppen hoch zum Altar. Für mich Siebenjährigen war das ein heiliger Ort. Ich sehe den riesigen Altar noch heute vor mir. Er war aus Marmor und glitzerte golden – so schön und wunderbar. Ich kniete mich vor den Altar. Von draußen hörte ich Kampflärm und Detonationen, doch in diesem Augenblick fühlte ich keinerlei Angst. Ich war fest davon überzeugt: Hier bist du sicher. Hier kann dir nichts passieren. Vor dem Altar fand ich einen Frieden. *(Er spricht mit brüchiger Stimme.)* Das ist wirklich so! Ein paar Wochen vorher hatte ich dort meine Erstkommunion empfangen. Das war ungewöhnlich früh, aber die Schwestern hatten sich wahrscheinlich gedacht: Wer weiß, ob er seine Erstkommunion sonst überhaupt noch erleben kann?

Ich glaubte fest daran, dass Gott in dem Tabernakel auf dem Hochaltar wohnen würde. Vor dem riesigen Altar kniend dachte ich: ›Mit sieben haste ja noch keine Sünde begangen, nichts angestellt, da kannste ja schon mal mit dem lieben Gott ein Gespräch führen, warum er das alles so macht.‹ Mit flüsternder Stimme bat ich ihn, den Krieg bitte, bitte ganz schnell zu beenden und uns alle, auch unseren Vater, gesund wieder nach Hause zu schicken. Danach dachte ich: ›So, nun haste es ihm aber mal gegeben, das muss er sich mal anhören, der liebe Gott, warum er sowas macht.‹

Mutter bemerkte mein Fehlen und holte mich wieder zurück in den Keller. Und dann, ein paar Tage später, am 26. April passierte es.

Durch einen unbeschreiblichen Lärm wache ich auf. Im Halbschlaf nehme ich wahr, dass mein Körper plötzlich eingeengt ist und ich mich nicht mehr bewegen kann. Ich kriege kaum Luft! Es schießt mir durch den Kopf: Jetzt ist dir das Gleiche passiert wie der Ilse und ihrem Opa! Zugleich bin ich mir sicher, dass mich meine Mutter vermissen und mich schnellstens rausholen wird. Jemand trampelt auf mir rum. Ich weiß gar nicht, was auf einmal los ist. Ich kriege kaum Luft! Und wieder kommt einer und läuft über mich hinweg. Ich höre Geräusche, das Knirschen von den Trümmern. Wieder nähert sich jemand. Und richtig, zack, wieder läuft einer über mich rüber …

Es muss nach Mitternacht gewesen sein, als eine Fliegerbombe durch das Kirchendach flog und im Bereich des Altars explodierte. Der Altar stürzte in sich zusammen und schlug die ganze Decke über der Krypta ein. Alle, die unten saßen, wurden begraben.

Ich weiß nicht, wer mich rausgezogen hat. Vielleicht die Schwestern, vielleicht Leute, die geholfen haben. Die Schwestern gruben mit ihren Händen in den Trümmern. Das habe ich in einem Jubiläumsband der Kirche gelesen, als ich sie vor zwei Jahren das erste Mal wieder besucht habe. Eine Schwester hat damals notiert, dass ich unter den Trümmern lag und die Leute auf mir rumtrampelten. Als ich das gelesen habe, war es mir wieder eingefallen. Es stimmte!

Ich muss in einer Nische gelegen haben, darum bin ich nicht erstickt. Vielleicht war da ein großer Stein. Das weiß ich alles nicht mehr. Schon als Kind habe ich meistens in Bauchlage geschlafen. Das hat mir damals möglicherweise das Leben gerettet. Ich bin wohl unverletzt aus den Trümmern gezogen worden. Ich kann mich nicht erinnern, dass ich etwas gebrochen hatte oder blutete. Vielleicht war ich der Einzige, der unverletzt war. Das kann ich nicht mehr sagen.

Es war stockdunkel. Wegen des Verdunkelungsgebots durfte auch während der Rettungsarbeiten kein Licht gemacht werden. Wer

Licht machte, konnte schwer bestraft werden. Aber vielleicht wäre es mit Licht auch noch schlimmer geworden. Jedes Licht wäre durch das große Loch im Kirchendach und durch die Kirchenfenster nach draußen gedrungen und hätte möglicherweise weitere Angriffe folgen lassen. In dieser Dunkelheit konnten bloß eine Handvoll Leute ausgegraben werden. Einer davon war ich. Wie viele es wirklich waren, habe ich nie erfahren.

Dann setzt meine Erinnerung aus. Ich erinnere mich erst wieder an das Morgengrauen. Man hatte mich in den unzerstörten öffentlichen Luftschutzkeller gebracht und dort zwischen zwei Ordensschwestern auf eine Holzbank gesetzt. Seit Stunden waren keine Schüsse mehr zu hören gewesen, deutsche Soldaten waren nicht mehr zu sehen. Einige Frauen aus dem Keller hatten die Feuerpause genutzt und aus einem unbewachten Proviantlager der Nazis Ölsardinen ergattert. Sie drückten mir eine davon in die Hand. Nun hatte ich etwas zu essen! Eine ganze Dose mit Ölsardinen für mich ganz allein! Wir hatten alle unsere knappen Reserven aufgebraucht – es herrschte Hunger. Noch heute weckt der Duft einer gerade geöffneten Dose Ölsardinen in mir Erinnerungen an diesen Tag. Obwohl ich sie eher selten esse, lagern stets einige Dosen davon in meinem Lebensmittelvorrat.

Viele Leute hatten am Morgen die Kellerräume verlassen, waren auf den Hof gegangen oder unterstützten die Bergungsarbeiten. Plötzlich stürmten alle wieder in den Keller, mit dem Ruf: »Die Russen kommen!« Vier oder fünf fremdartig aussehende Soldaten in verschmutzten Uniformen mit Kalaschnikows in den Händen kamen die Kellertreppe runter. Zwei blieben am Kellereingang stehen, die anderen gingen durch die Räume und musterten jede einzelne Person eingehend. An den Kindern und Nonnen gingen sie wortlos vorbei. Nachdem alle Personen kontrolliert waren, teilte einer der Russen in gebrochenem Deutsch mit, dass der Krieg zu Ende sei und wir nun alle wieder in unsere Wohnungen zurückkehren könnten.

Oben im Hof sah ich zu, wie im Tageslicht in den Trümmern weiter nach Überlebenden gesucht wurde. Soweit ich weiß, fanden sie noch ein oder zwei Verletzte. Ansonsten fanden sie nur Leichen oder Teile davon.

Als Kind war ich nicht in der Lage, nach meiner Familie zu fragen. Ich hatte überlebt, aber ich sah diese Person nicht mehr und auch diese nicht mehr. Ja, dann waren die nicht mehr da. Meine Mutter war nicht mehr da, meine Geschwister waren nicht mehr da ... *(Die Stimme versagt ihm.)* Die sind alle umgekommen.

Ich erinnere mich, wie die Suchenden Leichenteile in Bettlaken und Tischdecken einwickelten. Oben machten sie einen Knoten in die Bündel, damit die keiner sehen musste. Es war nicht so wie heute: Man ruft die Feuerwehr, und die kommt gleich. Es gab nur noch Zivilisten, die dafür nicht ausgebildet waren. Sie legten die Leichen am Rande des Hofes auf die Erde, damit sie identifiziert werden konnten. Die Erwachsenen versuchten, mich von der Suche wegzuhalten, aber das klappte nicht. Wie sollten sie es auch machen? Alles war zerstört. Es konnte mich keiner die ganze Zeit an der Hand halten. Der Hof war ja mein Zuhause. Jedes Mal, wenn ich wieder in den Hof kam, lagen neue Leichen aufgereiht. Sie waren voller Dreck und Staub und mussten erst abgefegt werden, damit die Angehörigen sie erkennen konnten. Ich erinnere mich noch an die Gespräche im Hof.

»Na, wen haben wir denn da gefunden?«

»Na Frau sowieso.«

»Ach Gott, die auch ... und die Tochter auch noch ...«

Ich bekam schnell mit, dass meine Mutter und meine Geschwister tot waren. Die Mutter war nicht mehr da, die Geschwister waren nicht mehr da ... Aber hier *(er zeigt auf den Kopf)* ist das nicht angekommen. Ich sah meine Mutter dann auf dem Hof liegen. Ich erkannte ihr Kleid, ein helles Kleid mit einem Muster von kleinen Karos in Grün- und Blautönen. Jemand, der da lag, hatte dieses Kleid an, also war das meine Mutter ... Die Menschen hatten im Keller meistens ihre guten Kleider getragen, die sie retten wollten, das neueste Kleid oder den besten Anzug. Und im Koffer hatten sie nur das Allerwertvollste runtergetragen. Meine Mutter hatte für meine Erstkommunion über Bezugskarten das neue Kleid mit dem Karomuster bekommen. Daran erinnerte ich mich auf dem Hof sofort, als ich sie dort liegen sah. Von meinen Geschwistern sah ich nichts. Später erfuhr ich von den Nachbarskindern mehr. Kinder haben ja immer solche Ohren und erzählen sich alles untereinander weiter, was sie von den Erwachsenen aufschnappen. Meine kleine Schwester Monika war wohl mit dem Kinderwagen umgekippt, in dem sie geschlafen hatte. Sie war völlig unverletzt gewesen und muss erstickt sein. Meine Mutter war zwischen Trümmern eingeklemmt gewesen und konnte sich nicht befreien. Von meinem Bruder weiß ich nichts. Das kann so stimmen, muss aber nicht.

Auf dem Pfarrhof wurde später eine Grube ausgehoben, in der alle Toten beerdigt wurden. Ich erinnere mich, dass die Leute noch Wochen in den Trümmern wühlten. Von Zeit zu Zeit wurde das Grab wieder geöffnet und wieder ein Bündel mit Leichenteilen beerdigt. Es waren dann nur noch Leichenteile – Arme und Beine –, richtige Menschen fanden sie nicht mehr. Einmal hatte ich in den Trümmern die Überreste eines beigefarbenen Kinderwagens gesehen. Erst viel später wurde mir bewusst, dass es sich um den Wagen gehandelt haben musste, in dem meine kleine Schwester gestorben war, denn es gab nur den einen Kinderwagen in der Krypta.

Als Siebenjähriger machte ich mir Gedanken: ›Haste denn da nun was entheiligt? Hättste da gar nicht zum Altar hochgehen dürfen? Das ist ja dem Pfarrer oder der Geistlichkeit vorbehalten, und du bist einfach da hingegangen, wo du nichts zu suchen hast! Mensch, das hättste nicht machen sollen, jetzt ist der liebe Gott vielleicht ganz böse, dass du da rumgeklettert bist.‹ Als Kind deutete ich das Ereignis ganz anders. Es ist aber auch eine Gnade, dass man in dem Alter noch nicht alles begreifen kann – mit sieben Jahren …

Irgendwann kam der Alltag wieder. Inzwischen war es Mai. Die ersten Vögel saßen in den grünen Laubbäumen im Pfarrhof und zwitscherten. Irgendwo habe ich mal gelesen, dass einer nicht begriffen hat, wie die Welt einfach so weitergehen konnte … *(Er weint.)* Jetzt muss ich sagen, es war so. Die Vögel zwitscherten, und wir Kinder spielten wieder auf dem Hof. Trotzdem war für mich nichts mehr wie vorher.

Die Russen hatten mittlerweile mit ihren Ponys in unserem Hof Station gemacht. Der ganze Hof war voller Pferdeäpfel. Wir Kinder wollten die Ponys streicheln, aber das durften wir nicht. Anscheinend waren sie bissig oder an Kinder nicht gewöhnt. Wir Kinder spielten wieder auf dem Hof. Der Alltag musste losgehen, um über das Schlimme hinwegzukommen, das hatten wir begriffen. In den Schuttbergen suchten wir nach den goldenen Mosaiksteinchen, mit denen die Kirchenkuppel verziert gewesen war. Der Bombeneinschlag hatte auch das Mosaik zerstört. Auf dem Schuttberg glitzerten die Steinchen in der Frühlingssonne. Goldene, blaue und grüne Steinchen – wunderschöne Steine, die mir heute noch gefallen würden. Wir Kinder erfanden damit ein Spiel. Wer die schönsten Steine oder die meisten von den goldenen hatte. Die roten und die grünen Steinchen waren selten, von den goldenen gab es am meisten. Wir tauschten sie untereinander. Mit diesen

Spielen lenkten wir uns ab. Das kann sich heute keiner mehr vorstellen. Kein Kind würde sich dafür interessieren. Aber damals war das eine Attraktion.

Meine Tante hatte mit meinem Cousin im öffentlichen Luftschutzraum überlebt und wohnte nun in unserer Wohnung. Nachdem ich einige Zeit bei den Schwestern gewohnt hatte, zog ich zu dieser Tante in unsere Wohnung zurück. Ich kannte sie gar nicht, sie war aus dem Osten nach Berlin geflüchtet. Ich hatte sie vorher noch nie gesehen.

Alle, die überlebt hatten, hatten mit sich selbst zu tun. Es war nicht so: »Ach, da ist ja der kleine Winfried, den werden wa mal zu uns nehmen!« Ich wäre auch bloß eine Belastung gewesen. Wenn die Schwestern nicht gewesen wären, die das vielleicht von Beruf aus so machen, dann wäre es mir wahrscheinlich ganz schön mies ergangen damals. Die Schwestern hatten viel zu tun. Sie pflegten die vielen Verletzten und mussten die Organisation der Pfarrei übernehmen. Der Pfarrer, ein Kaplan und sechs Schwestern waren bei dem Einsturz gestorben, die ganze Leitung war nicht mehr da.

Irgendwann im Sommer kam mein Vater zurück. Er war in der Flugzeugindustrie dienstverpflichtet gewesen. Nun waren wir eben beide alleine … bis er eine neue Frau kennenlernte und eine neue Familie gründete. Ich habe keine leiblichen Geschwister mehr, aber Halbgeschwister und Stiefgeschwister, da machen wir überhaupt keinen Unterschied.

Als ich vor zwei Jahren das erste Mal wieder den Kirchhof betrat und die Grabinschriften las, erinnerte ich mich an einige Namen wie den von Herrn Seeliger. Er hatte damals seine 18-jährige Tochter und seine Frau bei dem Einsturz verloren. Er war als Einziger übrig geblieben. Er hat sie selber ausgegraben. In der Nacht hatte er noch immer geglaubt, er fände sie lebend.

Da ist noch vieles zu erzählen. Ich denke zum Beispiel an den Bruder von meinem Spielkameraden. Der Conrad muss bei Kriegsende ungefähr fünfzehn gewesen sein. Seine Mutter hatte ihn in den letzten Kriegsmonaten vor den Nazis versteckt. Ich weiß nicht, ob Sie davon gehört haben? Zum Schluss liefen die Nazis mit einer Armbinde durch alle Luftschutzkeller und suchten nach wehrfähigen Männern. Egal ob alt oder jung, sie mussten alle zum Volkssturm, und meist hat man nie wieder etwas von ihnen gehört. Wir Kinder wussten nicht, wo der Conrad versteckt war, denn wenn wir das rausgeplappert hätten, wäre er wahrscheinlich wer weiß wohin gekommen. In den letzten Kriegstagen hatte ihn seine Mutter mit zu uns in die Krypta genommen und dort in einer Ecke versteckt. Vorm Volkssturm hat sie ihn bewahrt, und in der Krypta ist er umgekommen – mit seiner Mutter zusammen. So wie meine Mutter und meine Geschwister …

»Die Bomben, die euch treffen, die hört ihr nicht.« Waldemar Klemm

(Geboren 1936 in Berlin, Sozialarbeiter)

Dann kam der Krieg. Unser Haus wurde zerstört. Wir überlebten im Keller, unsere Nachbarn nicht, von denen kam keiner aus dem Keller wieder raus. Wir wurden mit einem Programm für obdachlos gewordene Familien außerhalb der Stadt in eine Villa umgesiedelt. Dann fiel da die Bombe. Dann war da die Hälfte tot und wir überlebten wieder.

Meine früheste Kindheitserinnerung: Nachdem unser Haus in Berlin zerstört worden ist, kommen wir aus dem Keller raus. Wir laufen mitten auf der Straße, weil links und rechts die Häuser brennen. Sie brechen in sich zusammen. Auf dem Bürgersteig ist es unmöglich zu laufen. Es ist nachts und hell erleuchtet, weil alles brennt. Das sind Eindrücke, die bleiben einem. Da war ich sechs. Wir waren im Keller verschüttet, die Männer mussten uns erst freigraben. Auf der Straße lag noch eine Puppe aus unserer Wohnung. Die Wohnung war nicht mehr da. Die Puppe nahmen wir mit.

Für unsere Mutter muss es fürchterlich gewesen sein. Sie musste uns immer aus dem Tiefschlaf reißen und uns in den Keller schleppen. Dort hörten wir das Pfeifen der Bomben und das fürchterliche Beben vom ganzen Haus. Die Erwachsenen erklärten uns, das sei gar nicht so schlimm: »Wenn ihr den Schall hört, dann ist es schon erledigt, dann wurden wir nicht getroffen. Die Bomben, die euch treffen, die hört ihr nicht.« Das verstand ich nicht, aber es war ein Trost. Zuerst hörten wir ein fürchterliches Pfeifen, und gleich danach rumste es dann. Im Keller waren die Leute ängstlich, aber ruhig. Zwischendurch Rufe: »Oh Gott, jetzt schon wieder!«

»Nein, die hat uns nicht getroffen!«

»Wo mag die Bombe runtergekommen sein?«

Sie glaubten, auch das Pfeifen unterscheiden zu können.

»Das war eine Sprengbombe und das war eine Mine.« Die Minen waren schlimmer als die Sprengbomben. Die Phosphorbomben brannten tagelang in unserer Straße. Die Feuerwehr hatte gespritzt, fuhr weg und es brannte weiter. Phosphor lässt sich nicht mit Wasser löschen.

Bei der zweiten Ausbombung lag der Bombentrichter fünfzig Meter von unserem Haus entfernt. Die Bombe hatte unser Haus nicht getroffen, sonst wären wir nicht mehr da. Es war schlimm. Es ist ein dumpfes Geräusch, das auf die Ohren geht, wenn ein Haus in

Flüchtende Frauen und Kinder in einer umkämpften Straße in Danzig (März 1945)

sich zusammenfällt. Wir mussten uns freibuddeln. Das sind schon ganz üble Erinnerungen … Ein Mann, der mit uns im Haus gewohnt hatte, sagte die ganze Zeit: »Wo geht es denn lang, ich kann ja nichts sehen.« Ich sagte: »Guck mal, da geht es lang.«

Bei Tageslicht konnte er immer noch nichts sehen. Er war erblindet, hatte Splitter ins Auge gekriegt. Mein Bruder hatte Glassplitter ins Gesicht bekommen. Noch zehn Jahre später kamen sie an der Stirn oder neben dem Auge raus.

»Alles ist aus, das Licht ist aus, alles aus …« Dieter Hadel

(Geboren 1934 in Berlin, Ingenieur)

Es war Winter, als wir aus der Evakuierung zurück in Berlin ankamen. Wir hatten die Flucht überstanden und waren zufrieden: Die Wohnung stand noch. Aber die Luftangriffe nahmen gegen Ende des Krieges immer mehr zu. Es kamen Wellen von 600–900 Bombenfliegern! Im Radio hörten wir ständig: »Hier ist der deutsche Rundfunk. Feindliche Fliegerverbände im Raum Hannover–Braunschweig.« Dann wussten wir, dass es auf Berlin gehen würde. Schon bald gingen dann die Sirenen auf den Häuserdächern los und alles flüchtete in die Keller. Dort hatten Baufirmen Holzpfeiler eingebaut und Querbalken eingesetzt, damit die Kellerdecke bei einem Angriff nicht einstürzen würde. Wir kamen gar nicht mehr aus den Sachen raus, trauten uns nicht, uns abends auszuziehen. Ich zog bloß den Mantel aus und legte mich so aufs Bett. Wenn die Mutter nachts um zwei zu mir sagte: »Junge, komm, aufstehen, wir müssen wieder runter gehen!«, zog ich nur den Mantel an und rannte runter. Wir wohnten vier Treppen, mussten noch über den Hof laufen und eine halbe Treppe tiefer in den Keller rein. Dort waren bestimmte Räume als Luftschutzräume gekennzeichnet.

In der Nacht kamen dann manchmal zwei oder drei Angriffe, abends um acht der erste. Die meisten Fliegerangriffe waren nachts, damit die Flak die Flieger nicht sehen konnte. Ich konnte die Scheinwerfer der Flak am Himmel sehen, die versuchte, die Flieger abzuschießen. Aber es wurden ganz wenige getroffen, die meisten Flieger konnten ihre Luftminen und Brandbomben abwerfen. Die Brandbomben waren achtkantig und im Durchmesser vielleicht fünfzehn Zentimeter. Sie schlugen nur durch die Dachziegel und blieben auf den Dachböden liegen, wo sie die Holzböden in Brand setzten und die Häuser alle von oben runterbrannten. Die Sprengbomben gingen durch. Und dann gab es noch die Luftminen. Die explodierten oberhalb des Hauses, in einer Höhe von vielleicht zwanzig, dreißig Metern. So eine Luftmine traf auch unser Haus.

Wir sitzen unten im Keller. Jeder hat seinen Platz, daneben eine Decke und ein Eimer mit Wasser. Wenn eine Bombe runterkommen würde, sollten wir uns nasse Tücher vor das Gesicht halten, um nicht den Rauch, den Staub und den Dreck einzuatmen. In jedem

Haus gibt es Verantwortliche für Luftschutz, den Luftschutzwart. An diesem Tag stehen der Luftschutzwart und noch ein anderer Mann oben an der Kellertreppe, als es einen furchtbaren Knall gibt. Meine Mutter wirft sich über mich. Ich habe keine Geschwister, ich bin das einzige Kind. Alles ist aus, das Licht ist aus, alles aus … Meine Mutter presst mir ein nasses Taschentuch gegen den Mund. Ich kann nichts sehen. Unser Haus ist über uns eingestürzt, aber die eingebauten Balken und Pfosten haben die ganze Last von dem vierstöckigen Haus getragen. Im Keller ist nichts kaputtgegangen. Nach einer halben Stunde wird es ruhiger draußen, wir hören keine Einschläge mehr. Jemand sagt: »Raus aus dem Keller!«

Der Keller liegt unter dem Vorderhaus. Wir gehen die Treppe hoch und sehen den Luftschutzwart vor der Kellertür liegen. Er und der andere Mann waren sofort tot, als die Mine einschlug. Es wurde immer gesagt: Wenn du eine Luftmine hörst, dann passiert nichts, dann schlägt die woanders ein. Die beiden Männer hatten nichts gehört … Wir kommen hoch und sehen: Der rechte Seitenflügel ist weg, bis zur ersten Etage liegt alles in Trümmern, überall liegen Holzbalken. Das Vorderhaus steht noch, wir können über die Trümmer auf die andere Straßenseite gehen, wo auch die anderen Leute aus unserem Haus stehen. Alle rufen durcheinander: »Haste gesehn, der is tot!«

»Und der is auch tot!«

»Bei uns ist alles kaputt!«

»Gott sei Dank, dass wir noch leben«, tröstet mich Mutti.

Es ist Nacht. Dunkel. Eine Tante meiner Mutter wohnt in der gleichen Straße, acht Häuser weiter. Mutti und ich laufen zu ihr. Tante Else öffnet die Tür und sagt: »Na, hat's euch auch erwischt?«

»Ja!«, sagt Mutti, »alles kaputt, ist nüscht mehr zu sehen von unserem Haus.«

»Na, kommt mal rein.«

Am nächsten Tag gingen wir nochmal zurück, um uns zu überzeugen. Wir stiegen über die Trümmer des Hausdurchgangs vom Vorderhaus und sahen: Es war nichts mehr übrig von unserem Haus. Die Leute versuchten die Steine wegzuräumen, um an ihre Sachen zu kommen, die jetzt in dem Schutt lagen. Ein paar Sachen fanden sie auch. Ich weiß noch, wie einer sagte: »Guck mal, hier is Opas Holzbrett, mit dem er immer den Speck geschnitten hat!«

Wir fanden die Hausschuhe meines Vaters, Mutti den einen und ich den anderen. Später habe ich diese Schuhe noch auf der Straße getragen. Lederne Hausschuhe. Wir fanden auch noch einen Boucléstoff aus dem Schlafzimmer meiner Eltern. Ich zog den zerrissenen Stoff aus den Trümmern, daraus konnte man noch etwas Wärmendes machen.

Bei Tante Elsa konnten wir nicht bleiben. Bei ihr wohnten schon ein Gastarbeiter und eine andere Frau. Wo sollten wir bleiben? Vaters Schwester, Tante Ella, hatte das Hotel Komet an der Warschauer Brücke. Sie war aufs Land geflohen, nachdem direkt vor ihrem Haus und dem darunter liegenden Luftschutzkeller eine Sprengbombe explodiert war. Alle Leute, die in dem Luftschutzkeller saßen, wurden getötet. Auch ihr Mann, Onkel Oskar. Tante Ella musste ihren Hotelbetrieb aufgeben, die Fenster aller Gästezimmer waren zerstört und das Mobiliar lag in Trümmern. In ihrer Wohnung sah es nicht ganz so schlimm aus, und sie hatte sie meiner Mutter angeboten.

Dort war es schlimm … Als der erste Fliegerangriff kam und meine Mutter mit mir runter in den Luftschutzkeller rannte, ließen sie uns nicht rein! Die eigenen Deutschen ließen uns nicht mit in den Keller rein! Weil wir keine Bewohner des Hauses waren. Alle Beteuerungen meiner Mutter, dass wir in der Wohnung ihrer Schwägerin wohnten, halfen nichts. Die ließen uns nicht rein. Wir setzten uns auf die Kellertreppe und warteten den Angriff ab.

Von nun an mussten wir in einen Bunker am Schlesischen Bahnhof rennen. Tausende Menschen strömten dorthin. Wir mit. Meine Mutter hatte immer ihre Umhängetasche und die Gasmasken dabei. In dieser Tasche trug sie alles, was sie besaß: alle Papiere, Schlüssel, Ausweise, Lebensmittelkarten, Geburtsurkunden, Trauschein, Sparbuch, Uhr und Ringe. Und dann wurde ihr im Bunker die Tasche geklaut! Jetzt konnte sie sich nirgends mehr identifizieren. Nach den Ereignissen auf der Flucht war dies das zweite Mal, wo meine Mutter hätte Schluss machen wollen mit dem Leben: die Wohnung verloren, die Verleumdung durch die eigenen Bürger und dann noch alles geklaut. Nur der Gedanke an mich hatte sie davon abgehalten. Das hat sie mir Jahrzehnte später erzählt.

»Alle waren ausgebombt, wir hatten nichts.« Aenne Fiedler

(Geboren 1936 in Hamburg, Handelskauffrau)

Während ich auf der Kinderlandverschickung war, wurde unsere Hamburger Wohnung in Schutt und Asche gebombt. Das ganze Haus war weg. Meine Eltern kamen in ein Lager für Ausgebombte. Dort wohnten wir nach meiner Rückkehr mit zwei Familien in einem Zimmer. Kochgelegenheiten gab es nicht, wir wurden zentral versorgt. Am Stadtrand in Geesthacht wurden dann Plattenhäuschen für Hamburger Ausgebombte gebaut, Behelfsheime sagte man dazu. Dort durften wir einziehen. Wir kamen mit einem kleinen Bollerwagen, in dem wirklich nur vier Stühle und ein paar Decken waren, sonst nix. Unser Haus hatte 39 Quadratmeter, wo wir mit vier Personen wohnten. Es gab ein Plumpsklo, einen Herd, der nie ging, und einen kleinen Kanonenofen. Das war alles. Zwei Räume hinten und eine relativ große Küche.

Während wir in Hamburg immer in den Keller mussten, die Bomben fielen und die Frauen weinten und schrien und ich Ohrenschmerzen bekam, störte mich das ganz schlichte, ärmliche Leben in den Behelfsheimen gar nicht. Die Hütten standen direkt am Wald. Wir Kinder konnten spielen wie verrückt – übers Feld und im Wald.

Natürlich hungerten wir, es gab keine Milch, kein Mehl, keine Butter, keinen Zucker. Aber es ging uns allen so. Dreihundert Familien wohnten in den Behelfsheimen, alle waren ausgebombt, wir hatten nichts.

Jede Person bekam Lebensmittelkarten. Man konnte aber nicht sagen, ich schneide mir jetzt eine Mehlmarke aus und geh Mehl kaufen, sondern die Lebensmittel wurden immer aufgerufen. Dann hieß es zum Beispiel, es gibt Nährmittel. Das konnten Nudeln, Reis, Mehl oder Graupen sein. Und dann gingen wir zum Laden, standen in der Endlosschlange an, bis wir drankamen, um unsere hundert Gramm pro Person abzuholen. Ich weiß noch ganz genau, einmal war gerade zu Ostern Zucker ausgeschrieben worden. Ich musste mich zuerst anstellen, meine Mutter löste mich nachher ab und ich dachte: ›Nun krieg ich endlich Zucker!‹ Nee, weißte was es dann gab? Fondanteier! Mensch fand ich das toll. *(Sie lacht.)* Eine Handvoll davon gab es für jede Familie. Die hüteten wir Kinder wie unseren Schatz.

Ostersonntag gingen wir Kinder mit unseren Eiern in den Wald. Wir aßen sie nicht auf! Wir leckten immer rundum.

»Ich leck erst das Gelbe!«

»Nee, ich das Weiße!«

»Ich die Hälfte!«

»Ich ein Viertel!«

Oh Gott, nee! Aber das schärft dir nachher die Sinne dafür, wenn du wieder alles haben kannst, dass du das nicht einfach nur hinnimmst. Herrgott was sind wir heute reich! Haben Heizung! Das hat mich zu einem Menschen gemacht, der eine Zufriedenheit daherbringt. Diese Sachen haben mich geprägt.

In unserer Nähe lag eine Pulverfabrik, die Krümmel Dynamit AG. Das war natürlich ein heiß begehrtes Ziel für britische und amerikanische Bomber. Unser Nachbar hatte uns einen Bunker am Waldrand gebaut, ein tiefes Erdloch, über dem Baumstämme und Äste lagen. Unten auf der Erde lag Stroh. Bei Alarm saßen wir mit der Nachbarsfamilie zusammen in diesem Bunker. Wir mussten uns ein bisschen ducken. Das Nachbarsmädel war in meinem Alter. Wenn wir zusammen im Bunker saßen sagte Martha öfter: »Aenne, ich muss mal.«

Ich sagte: »Ich könnte aber auch mal müssen.«

Dann horchten wir immer, ob es knallte, und warteten noch ein bisschen. Endlich war es ruhig, wir raus aus'm Bunker. Kaum hatten wir die Büchsen runter, ging das Geballer wieder los. Dann hatten wir Angst. Manchmal sahen wir die Markierungen runterfallen, die Tannenbäume, die das Ziel erhellten. Der alte Morrmann, der vor seiner Tür gestanden hatte, ist so erschlagen worden. Ein paar Einschüsse gab es immer hier und da.

Wenn der Alarm während der Schulzeit war, fuhren Wagen umher, kassierten uns Kinder ein und brachten uns in die großen runden Bunker mit meterdicken Wänden. War der Angriff vorbei, wurden die dicken Eisentüren aufgemacht und wir konnten raus. Ja, hmm, wo war man denn? Kannte ich die Gegend? Nein. Von diesen Bunkern fand ich nie nach Hause. Einmal war ich losgegangen, dachte, ich werd schon was finden, was ich wiedererkenn. Ich war aber offensichtlich in die verkehrte Richtung gelaufen, fing an zu weinen, wollte nach Hause und hatte Hunger. Eine Frau griff mich auf und kochte mir eine Milchsuppe. Sowas mochte ich eigentlich nicht, aber diese hab ich verschlungen. Danach brachte mich die Frau auf den richtigen Weg.

Man hat mir viel abverlangt. Eigentlich ein Leben lang. Ich war ja auch noch wirklich klein. Musste jeden Tag was arbeiten, Holz sammeln, Milch nach der Schule mitbringen. Der Milchmann lag auf der Strecke, also brachte ich ihm die Kanne und nahm sie auf dem Rückweg mit. Da waren 1,5 Liter drin und die Kanne hatte noch nicht mal einen Deckel. Manchmal kam ich auch mit weniger als anderthalb Litern zurück. Nicht dass ich die getrunken hätte, sondern dann war auf dem Rückweg Fliegeralarm gewesen. Ich musste mich unter irgendwelchen Bäumen hinkauern, und dabei kippte die Kanne um. Wegen diesem Kram kriegte ich dann immer Ärger. Aus heutiger Sicht hätte man mir Grundsätzlichkeiten gewähren müssen. Finde ich. Aber das machte mir vielleicht damals nichts aus. Meinen Freundinnen ging es allen so. Auf das Kindsein wurde wenig Rücksicht genommen. Die Kinder mussten die komischsten Sachen machen. Wer von den Nachbarn keinen Hahn hatte, musste befruchtete Eier tauschen. Ich weiß noch, wie in der Nachbarschaft eine Glucke das Brutgeschäft angefangen hatte und dann abgestiegen war. Also mussten sich die Kinder dieser Familie jeden Tag abwechseln und die Eier warm halten. Tagsüber lagen sie mit den Eiern im Bett und nachts kriegten sie die Eltern ins Bett.

Das Einzige, wovor ich immer noch Angst habe und wovon ich noch heute manchmal träume, sind diese Flugzeuge, die bei Nacht den Himmel erhellen und was abwerfen. Dann verdunkelt sich der Himmel und ich denke: Was machste jetzt, wo gehste hin? Kannst eigentlich nirgends hin, es ist überall dunkel! Und dann fallen auch schon Sachen runter und ich wache schweißgebadet auf.

So ist meine Geschichte. Sie ist eigentlich tröstlich, würde ich sagen. Denn sie beinhaltet auch eine Menge Menschlichkeit. Und wenn man die erkennt, dann schwindet das Negative. Oder du steckst es in Schubladen, die vielleicht klemmen und die du nicht wieder aufmachen musst. Das muss ich ja nicht, wenn ich das nicht will!

»Wir sind die Generation, die praktisch alleine groß geworden ist.« Elisabeth Krieg

(Geboren 1935 in Thale, Kindergärtnerin)

Als mein Vater in den Krieg ging, war ich mit meiner Mutter allein. Ich war ein Einzelkind. Vor dem Krieg war Mutter Hausfrau gewesen, wie das damals üblich war. Während des Krieges mussten alle Frauen aus dem Dorf im Werk Panzer ausbauen, nur meine Mutter wurde Rot-Kreuz-Helferin. Deswegen musste sie nicht ins Werk. Sie fuhr als Beifahrer im Krankenwagen bei Bombenangriffen Richtung Hannover … bei den großen Angriffen. Wenn ich aus der Schule kam und Mutter zu einem Einsatz gefahren war, lag ein Zettel auf dem Tisch: Fahr nach Cattenstedt (das war das Dorf, wo meine Großeltern und meine Tante wohnten) oder geh zu Frau Sowieso oder Herrn Sowieso. Dann packte ich das Nötigste, ich wusste ja nie, wie lange Mutter wegblieb, und trabte los. Mutter wusste ja auch nicht, ob sie wiederkam …

Zu meinen Großeltern durfte ich bis in die nächste Stadt mit der Kleinbahn fahren. Ich freute mich jedes Mal, wenn das Geld für die Bahn auf dem Tisch lag. Alleine mit der Bahn fahren, na, das war doch was! Vom Bahnhof musste ich zum Dorf meiner Großeltern laufen. Mutter ermahnte mich immer wieder: »Du gehst nur auf der Straße, die zum Ort führt, und nicht die Abkürzung durch den Wald, die wir sonst zusammen gehen.« Warum, begriff ich damals nicht … Bei meinen Großeltern wohnte meine Tante mit meinen Cousins. Wir spielten zusammen. Das war schön! Unsere Mütter waren immer unterwegs und keiner sagte: »Nu mach und tu!« Meine Tante hatte nur Jungen. Na ja, den Rest brauche ich Ihnen nicht erzählen, ich war das einzige Mädchen. *(Sie lacht.)*

Oft musste Mutter auch nachts losfahren. Dann stellte sie mir einen Wecker, damit ich morgens alleine zur Schule gehen konnte. Aber ich wurde von dem Wecker schlecht wach, obwohl er groß war und Mutter ihn extra auf einen Teller und den Teller auf den Nachtschrank mit der Marmorplatte stellte, damit's schön laut rasselte. Ich hörte den Wecker trotzdem nicht. Dann klopfte eine der Frauen aus dem Haus an die Tür und rief: »Mensch, mach, dass du in die Schule kommst. Wir haben wieder deinen Wecker gehört!«

»Der hat nich geklingelt!«, sagte ich.

»Aber wir haben den gehört!«

Immer alleine früh zur Schule … Dann die langen Zöpfe … Wenn ich morgens alleine war, kämmte ich sie nicht. Das musste meine Mutter machen, wenn sie mal zu Hause war.

Einmal war ich zu spät aufgestanden oder zu bequem gewesen und hatte mein Nachthemd nicht ausgezogen, sondern es in den Schlüpfer gesteckt. Es hatte einen Bubikragen und den fand ich schick. Nach der ersten Stunde rief mich die Lehrerin zur Seite und sagte: »Weißte, aber morgen ziehste dir dein Nachthemd nicht in der Schule an.« *(Sie lacht.)* Das sind so die Erinnerungen, die geblieben sind … Meiner Mutter erzählte ich das nicht, und die Lehrerin war so nett und erzählte es ihr auch nicht. Sie wusste, dass meine Mutter nicht oft da war. Wir Kinder waren alle selbstständig.

Ich wusste, wo meine Mutter hinfuhr. Sie hatte mir erzählt: »Ich fahr mit meiner Kollegin Annemarie da hin, wo Bomben abgeworfen worden sind.«

Die Bomber kannte ich, hörte sie, wenn sie über unser Dorf flogen. Als in unserer Nähe einmal Bomben abgeworfen worden waren, hatte mir Mutter die Weihnachtsbäume gezeigt, die Leuchtzeichen. Sie sagte: »Weißte, wenn die Bomben fallen und es Verletzte gibt, dann müssen wir die in die Krankenhäuser fahren.«

Von dem Ausmaß, was sich da abgespielt hat, habe ich erst später erfahren. Aber das da Häuser zerstört wurden und es Verletzte gab, wusste ich. Meine Mutter half den Ärzten – sie fuhr zum Helfen hin. So hatte sie es mir gesagt. Mehr aber auch nicht.

Bei uns im Dorf lebte ich in einer Idylle. Wir haben nur einen Angriff erlebt. Das Dorf liegt in einem Tal. Bis die Bomben ausklinken konnten, waren die Flugzeuge schon über dem Tal hinweg und mussten die Höhe der Berge fassen. Daher hatten wir Glück.

Nach dem Krieg hat mich meine Mutter einmal gefragt: »Haste denn irgendwann mal gedacht, ich komm nicht wieder?«

Ich sagte: »Nee, du bist doch praktisch wie zur Arbeit gegangen.«

Sie hat es immer so geregelt, dass keine Panik bei mir entstehen konnte. Mal ging ich zu einer der Rot-Kreuz-Schwestern, die gerade nicht im Einsatz war, mal zu meinen Großeltern. Ich dachte mir nichts dabei. Wir sind die Generation, die praktisch alleine groß geworden ist. Wir hatten keine Mutter, die uns tröstete. Warste hingefallen, haste dir selbst ein Pflaster drauf gemacht und dann war's wieder gut. Wenn ich heute sehe, wie die Kinder so bemuttert werden … Ja, wer sollte sich auch um uns kümmern?

Was wäre noch aus der Zeit zu erzählen? Bei Fliegeralarm saß ich oft alleine mit den Nachbarn im Keller. Mutter war mit dem Krankenwagen unterwegs. In unserer Wohnung standen zwei gepackte Strohtaschen. Eine kleine für mich, in der ein paar Spielsachen, Unterwäsche und meine Puppe lagen. Mutters Tasche mit den Papieren war ein bisschen größer. Ich weiß noch, wie sie mir oft gesagt hatte: »Wenn ich nicht da bin, nimm immer beide Taschen mit, und wenn du nicht beide tragen kannst, nimm die große und deine Puppe.« Sie hätte nie gesagt, nimm die Puppe nicht mit. Ich hätte alles andere dagelassen, aber nicht die Puppe! Die war meine Schwester, der habe ich alles erzählt. Manchmal wunderte ich mich, woher meine Mutter so viel von mir wusste. Später hat sie mir erzählt, dass sie manchmal vor der Tür gehorcht hatte, was ich meiner Puppe erzählte. Was diese Puppe für Geheimnisse in sich birgt! *(Sie lacht.)* Ich war ja ein Einzelkind. Wenn ich also alleine war, nahm ich bei Bombenalarm die beiden Taschen mit runter. Im Keller wurde ich von den anderen Frauen aus dem Haus mitversorgt. Da gab es kein Mein und Dein, da kriegten alle Kinder was. Ach, ich machte mir keine Gedanken, wo das Essen herkam. Wir mussten eben da unten sitzen. Manchmal spielten die anderen Mütter mit uns.

Als ganz in der Nähe von uns eine Stadt bombardiert wurde, schickten die Lehrer uns Kinder schnell nach Hause. Ich lief artig los. Ich kam an einem Haus von Bekannten vorbei die mir zuriefen: »Renne! Dass du es schnell nach Hause in den Keller schaffst, falls sie ne Bombe abwerfen!« Ein paar Straßen weiter riefen mir Leute zu: »Du schaffst es nicht mehr bis nach Hause, komm zu uns rein!«

Ich rief: »Nee, ich muss nach Hause! Meine Mutti hat gesagt, wenn Alarm ist, muss ich nach Hause!«, und lief weiter. Ab und zu drehte ich mich um, sah die Weihnachtsbäume am Himmel leuchten und horchte: Nee, es knallt noch nicht, du kannst laufen. Ich schaffte es noch. Bei uns im Dorf kam nur eine kleine Brandbombe runter, die müssen die Bomber verloren haben. Sie fiel in unseren Park. Wir Kinder rannten hin und guckten uns das tiefe Loch an. So hatten wir auch eine Beziehung zu den Bomben: Häuser gehen kaputt.

»Kinder kann man auch entwürdigen.«
Joachim Artz
(Geboren 1937 in Berlin, Beamter)

Meine Kindheit war vor allem durch drei Dinge geprägt: Angst vor körperlicher Züchtigung, Einsamkeit und Heimweh.

Dass die Eltern damals ihre Kinder schlugen, um sich durchzusetzen, war zeitgemäß. Für uns Kinder war das kein Zuckerschlecken. Die Züchtigungen begannen schon im Kleinkindalter. Meine Mutter schlug mich mit Bügel, Teppichklopfer oder einfach per Hand. Vor allen Dingen schlug mich meine Mutter, Vater war ja nicht da. Es ging immer mit dem Teppichklopfer oder einem Bügel um den Tisch rum und Mutter schrie: »Du verdammter Bengel, bleibst du endlich stehen!« Nach 45 schlug mich auch mein Vater, einmal sogar mit einem Holzscheit, sodass meine Mutter dazwischengehen musste. Sie bestraften mich auch mit Stubenarrest, Dunkelhaft und Essensentzug. Man könnte denken, dass ich ein Rowdy gewesen bin – nein, keinesfalls. Es war einfach so in dieser Zeit. Das alles führte zwar zu Respekt vor meinen Eltern, aber der Liebe tat es Abbruch.

Die Einsamkeit und das elende Heimweh waren natürlich der Zeit geschuldet. Bis Kriegsende war ich wegen der vielen Bombenangriffe viermal aus Berlin evakuiert – immer war ich allein. Ich war in Posen, in der Altmark, in Ostpreußen und Hinterpommern. Die meiste Zeit war ich allein. Das Heimweh war prägend.

Bei der Familie eines Bauern in der Evakuierung war es schlimm. Die saßen am Esstisch und aßen Butter, Brot, Speck und Wurst. Ich, der zwangseinquartierte Flüchtling, musste am Nebentisch sitzen und bekam Marmelade – das war das höchste der Gefühle. Oft streunte ich allein in der Natur umher. Einmal fand ich in einem Kornfeld ein großes Nest mit Eiern. Die Eier waren größer als Hühnereier und hatten lauter Sommersprossen. Es waren die Eier von Truthühnern. Ich holte einen Korb und kam freudestrahlend mit den Eiern zu der Bauersfamilie. Sie gaben mir nicht ein einziges Ei davon ab. Der Sohn der Bauersfamilie war im Krieg, darum war ein Zimmer frei, das sie an Flüchtlinge oder Evakuierte hätten abgeben müssen. Sie hatten aber das Zimmer abgeschlossen und Flüchtlinge wie mich auf dem unausgebauten Boden schlafen lassen. Es war unerträglich heiß dort oben und die Mäuse liefen umher. Jede Nacht lag ich, das 6-jährige Stadtkind, dort oben allein in der Hitze bei den

Mäusen und hatte Angst. Ich heulte wie ein Schlosshund. Irgendwann schlief ich dann vor Erschöpfung ein. Ich sehe mich noch heute da oben liegen und wie ein Schlosshund heulen …

Sie werden es nicht glauben, aber Kinder kann man auch entwürdigen. Sowas merken Kinder. Eines Abends – es war Sommer – mussten wieder die Hühner in den Stall getrieben werden. Der Stall war groß, die Türen wurden aufgemacht, und an diesem Abend sollte ich die Hühner reintreiben. Alle guckten zu, die Bauersleute und die Fremdarbeiter, mindestens zwanzig Personen, wie der kleine Achim sich abstrampelte, um die Hühner in den Stall zu treiben. Ich schaffte es bis auf das sogenannte Mickerhuhn. Es war besonders klein und legte keine Eier. Das blöde Huhn lief wieder und wieder an der Tür vorbei. Die Bauersfamilie lachte sich halb tot. Bei mir schwoll der Adrenalinspiegel immer mehr an. Ich kriegte es mit der Wut zu tun, nahm einen Stein und schmiss ihn nach dem Huhn. Ich traf es sogar, und sofort war das Huhn im Stall. Am nächsten Morgen war es tot. Natürlich bestraften sie mich dafür. Ich fand das entwürdigend – zwanzig Leute standen herum und lachten … Einmal büchste mir ein Ferkel aus, das ich in den Stall treiben sollte. Als ich es schließlich am Hinterbein in den Stall zerrte, kugelte ich ihm versehentlich das Bein aus. Der Bauer renkte es wieder ein und schlug mich, weil ich es nicht richtig gemacht hatte. Die negativen Erlebnisse mit Tieren, es kamen noch einige dazu, führten dazu, dass ich heute absolut kein Tierfreund bin.

In Hinterpommern, der dritten Evakuierung, waren wir auf einem Gut untergebracht. Meine Mutter und mein kleiner Bruder waren mitgekommen – endlich war ich nicht mehr allein. Die Gutsherren waren ganz stramm rechts. Frau Fuhrbach war eine typische NS-Herrin, hatte den Haarkranz geflochten und war Mutter von vier Kindern. Ihr Mann war in Norwegen Kommandant eines KZs. Trotzdem war die Zeit in Hinterpommern vom Sommer 44 bis Januar 45 eine schöne Zeit für mich. Was ich da erlebt habe, werde ich nie wieder in meinem Leben erleben. Eine Schlittenfahrt und Hasenjagd – irre Sachen, wunderbar! Ich streifte viel durch die Natur, die Schule lief nur nebenher. Als die Russen näherrückten, musste Mutter auf Pappkameraden schießen üben. Die Frauen sollten sich auf die Russen vorbereiten, so hatte es die Parteiführung befohlen. Mutter war ganz stolz, dass sie immer gut getroffen hat. Aber es kam nicht zum Schießen, wir gingen auf die Flucht. Wir hatten unheimliches Glück!

Von Kohlestückchen in der Backe, Splittern im Käsekuchen und einer schwarzen Wolke

Ich hatte gelernt, mich in den Gräben zu verstecken, wenn die Flieger kommen und nicht draußen auf dem freien Feld zu bleiben. Wir sollten uns einbuddeln wegen der Bombensplitter. Das wusste ich. Aber sicher waren wir nirgends. Wir mussten lernen, wo wir geboren waren und wo wir wohnten und wie wir heißen – falls wir irgendwo verschütt gehen würden. Das war mir klar. Ein Schild um den Hals hatte ich nie, weil ich schon sagen konnte, wie ich hieß und wo ich wohnte. Man kann sich das heute gar nicht vorstellen, wie normal das für uns war. Wenn die Tiefflieger kamen und an Opas Haus vorbeiflogen, rechnete ich mir immer aus, hinter welcher Tür ich mich verstecken musste, damit mir nichts passierte. So ein Blödsinn! *(Sie lacht.)*

(Kristin K., Jg. 1937)

Bei Bombenalarm sagten wir immer: »Jetzt hat Meier wieder zugeschlagen!« Reichsluftfahrtminister Göring hatte zu Beginn des Krieges gesagt: »Wenn fremde Flugzeuge nach Berlin kommen, will ich Meier heißen.«

(Waldemar Klemm, Jg. 1936)

Die erste Kettenbombe in Berlin traf das Nachbarhaus gegenüber. Nach dem Angriff liefen wir aus dem Keller hoch in unsere Wohnung und sahen: Alle Fenster waren rausgeflogen. Im Wohnzimmer klaffte ein großes Loch zwischen Zimmerdecke und Dach. Die Wohnungstür stand eine halbe Treppe tiefer. Es war … es war einfach furchtbar!

Am Tag zuvor hatte Mutter zum Geburtstag unserer Nachbarin einen Käsekuchen gebacken. Weil es so wenig Lebensmittel gab, hatten alle Mieter aus dem Haus etwas dazu beigetragen. Ich war um den Käsekuchen herumgelaufen und hatte gebettelt: »Mutti, gib mir doch ein kleines Stück! Ein kleines Stück fällt doch nicht auf!« Aber ich hatte nichts bekommen, der Kuchen war schließlich für Tante Margot. Dann fiel die Bombe, die Fensterscheiben zerbarsten und der Käsekuchen war gespickt. Der ganze Kuchen war voller Splitter! Ich weinte und schimpfte: »Du hast mir kein Stück gegeben, und jetzt kann keiner mehr den Kuchen essen!«

Mutter presste den Kuchen durch ein Sieb, aber es half nichts, der Käsekuchen war voller Glas! *(Sie lacht.)* Ja, solche Sachen habe ich erlebt!

Bombardierung deutscher Städte durch die Alliierten: Jagdflugzeuge überfliegen zerstörte Häuser einer Stadt (um 1944).

Während der Bombenangriffe langweilte ich mich sehr im Keller, und da ich mich in der ersten Zeit noch nicht fürchtete, sang ich dort unten all die Lieder, die ich im Kinderfunk gehört hatte. Hatte ich alle Lieder gesungen, baten die Nachbarn: »Ach Edeltraud, sing doch wieder was!«

»Na, ich hab doch schon alles gesungen!«, antwortete ich.

»Dann fang wieder von vorne an!«

Später erzählte mir Mutter, die Nachbarn hätten immer gesagt: »Solange Edeltraud singt, sind wir in Sicherheit!«

Das sind alles Dinge, die nur noch die Leute in meinem Alter wissen – es wird nichts weitergegeben …

(Edeltraud H., Jg. 1938)

Die Sirenen waren ganz laut, daran kann ich mich erinnern. Ich zucke heute noch jedes Mal zusammen, wenn die Sirene bei der Freiwilligen Feuerwehr an der Ostsee angeht. Dann muss ich immer an den Krieg denken. Als ich drei Jahre war, konnte ich schon alleine in den Keller gehen, während Mutti meinen kleinen Bruder weckte und anzog. Mutti klemmte mir ein Sitzkissen unter den Arm, drückte mir eine Taschenlampe in die Hand, und so ging ich alleine über den

Hof ins Nebenhaus zu Oma und Opa in den Keller. In der Mitte vom Hof stand ein Kastanienbaum, da zupften wir Kinder die Blätter für unsere Maikäfer ab. Angst hatte ich keine. Wir hatten Glück: Nur eine Bombe fiel in unsere Straße – vor unsere Haustür. Aber es ging nur eine Fensterscheibe kaputt, und da machte mein Opa Pappe vor.

Ich weiß noch, wie Opa manchmal sagte: »Komm, jetzt ist Entwarnung, wir gehen mal spazieren.« Es gab sogar eine Haarfrisur, die nannte sich Entwarnung, weil da alles nach oben gekämmt wurde. Denn bei Entwarnung konnten alle wieder nach oben gehen. Meine Mutter trägt diese Frisur auf den Fotos von damals.

(Marließ Zuschke, Jg. 1940)

Wie früh ich als Kind schon mit dem Tod konfrontiert worden bin … Im Keller herrschte immer die Stimmung: Lieber ein Leben lang trocken Brot essen, als diesen Alarm noch zu haben. Beliebt war auch der Spruch: Leipzig, Dresden, Halle dann ist der Krieg alle. Dann zählten wir nach, Leipzig hatte den Bombenangriff, Dresden auch, jetzt musste nur noch Halle drankommen. Aber dazu kam es nicht, der Krieg war schon vorher alle.

Es war aber nicht so, dass wir auf die Bomber großen Hass hatten. Ja, wir fanden es nicht gut. Aber uns war klar, dass in den Bombern Soldaten saßen, so wie unsere Soldaten, die kämpfen müssen, und wir stehen dazwischen, wir kriegen was auf'n Hut dabei. Ich weiß noch, dass es unter uns Kindern 'ne große Debatte gab, ob es Terrorangriff oder Terrohrangriff heißt.

(Jochen Lindner, Jg. 1934)

Kaum waren wir eingeschlafen, heulten die Sirenen los. Im Keller herrschte ein großes Durcheinander. Es gab einen gewaltigen Knall. Eine Bombe hatte das Haus über uns getroffen. Ich erinnere mich, wie die Menschen weinten, beteten und schrien. Wir kamen nicht mehr raus, wir waren verschüttet. Das Haus war völlig zerstört. Bis zum ersten Stock war alles zusammengebrochen. Der Keller hatte aus einem gemauerten Tonnengewölbe bestanden, deswegen waren wir im Keller heil geblieben.

Nachher, nach Stunden, hatten Männer einen Durchbruch vom Nebenhaus gebuddelt. Durch ein mannshohes Loch zogen sie uns raus ins Freie. Ich sehe noch, wie ich auf der anderen Straßenseite stehe und zuschaue, wie der riesige Trümmerberg brennt …

(Ronald Potzies, Jg. 1936)

Während wir die Nächte im Keller verbachten, wurde oft vorgelesen. Ich kann mehr als fünfzig Gedichte und wohl hundert Lieder, die ich im Keller gelernt habe. Die Gedichte sage ich mir heute noch auf, wenn ich abends nicht einschlafen kann. Im Keller schliefen wir Kinder in den Waschwannen, die mit Wäsche gefüllt waren. Das fanden wir spannend!

Wenn wir fünf Kinder merkten, es fallen die Bomben, dann zitterten wir und schmiegten uns aneinander. Alle wollten zusammen sein. Auch die Nachbarn. Ich erinnere mich, wie wir uns immer an jemanden ankuschelten. Wenn wir Angst kriegten, beteten wir im Keller alle zusammen. Die Bomben fielen um uns herum. Auf der anderen Straßenseite ging ein Haus zu Bruch, unser Haus wurde beschädigt. Wenn sich die Bomben in die Erde wühlten, dann grollte das unter unseren Füßen. Es vibrierte richtig. Rechts, links, überall fielen Bomben und wir beteten.

Meistens beteten wir zusammen: »Hilf, Maria, es ist Zeit, hilf Mutter der Barmherzigkeit, du bist mächtig, uns aus Nöten und Gefahren zu erretten. Zeige, dass du Mutter bist, wo die Not am größten ist. Hilf, Maria, es ist Zeit.« *(Sie spricht es flehentlich aus.)* Im Keller beteten wir zur Mutter Gottes. Für Heini, den Sohn unserer Nachbarin, der im Krieg war, beteten wir extra ein »Gegrüßet seist du Maria, voll der Gnaden« für Heini, der im Krieg ist.

Manchmal nahm unser Nachbar ein paar Kinder mit in sein Heimatdorf bei Dresden. Dort war es ruhig, keine Bombenangriffe. Einmal durfte ich mit. Dort spielten wir im Wald, das war wunderschön! An solche Sachen erinnere ich mich. Wir spielten in einem Nadelwald, wir häuften die Nadeln an, legten unsere Kleidung darauf und das war dann unser Kopfkissen. Wir spielten Hexe und Rotkäppchen. Wir aßen Huflattich und Löwenzahn und Sauerampfer. Das wächst in den Wiesen. Das war lecker …

(Ursula Schilakowski, Jg. 1936)

Zunächst hatten wir in Leipzig die Bombengangriffe nicht so ernst genommen. Meine Eltern hatten eine Bäckerei ganz in der Nähe vom Hauptbahnhof. Bei den ersten Alarmen gingen wir runter in den Keller. Dort war bunt gedeckt, es gab Kuchen und Brot aus der Bäckerei, das Koffergrammofon wurde angeschmissen und dabei getanzt. Nach zwei Stunden gab es Entwarnung, wir gingen wieder hoch und es war nichts passiert. Mit der Zeit wurde der Keller zu einem richtigen Treffpunkt des Hauses – es war eigentlich ganz lustig da unten. Wir Kinder hatten immer die Hoffnung, dass der Alarm bis über Mitternacht hinausging, dann hatten wir am nächsten Tag schulfrei. Das zog sich hin bis zum 4. Dezember 1943, ein Datum, das für die Leipziger in meinem Alter sicherlich unvergessen ist. Da gab es den ersten Riesenangriff auf Leipzig, der die ganze Innenstadt in Schutt und Asche legte.

Wir waren nachlässig geworden, viele Angriffe hatte es auf Leipzig bisher nicht gegeben, und beeilten uns nicht sonderlich, in den Keller zu kommen. Der Alarm wurde an diesem 4. Dezember erst sehr spät ausgelöst. Als wir aus der Wohnung traten, flogen uns im Treppenhaus schon die Fensterkreuze entgegen. Die Rollos für die Verdunkelung flatterten in den leeren Fensteröffnungen – die ersten Bomben fielen bereits. Die anderen Hausbewohner kamen in ihren Schlafanzügen in den Keller gestürzt, auch sie hatten den Alarm nicht mehr für voll genommen.

Glücklicherweise wurde unser Haus in dieser Nacht nur von Brandbomben getroffen. Mutter lief mit ein paar anderen Frauen auf den Dachboden, um zu löschen. Sie trug Stahlhelm und ihren Pelzmantel, das sah schon ganz gut aus! Bei Alarm trug sie immer den Pelz, ein wertvolles Stück, das gerettet werden sollte. Später sahen wir doch, dass es etliche versengte Fellteile gab … Es kam zu keinem großen Brand, aber neben uns brannten einige Gebäude ab, auch das Nachbarhaus. Die Nachbarn schlugen den zugemauerten Kellerdurchbruch auf und flüchteten zu uns. Ich weiß noch, wie der Fleischer von nebenan durch den Mauereinbruch kam, er hatte sich mehrere Ringe Würstchen umgehängt und war völlig durch den Wind. Er hatte seine Fleischerei, die Wohnung und seinen Lieferwagen verloren, der vor dem Haus gestanden hatte. Auf den Straßen brannte es furchtbar …

(Jochen Lindner, Jg. 1934)

Meine Großmutter hatte immer unter der Wolldecke Radio London gehört, was eigentlich verboten war. 1943 sagte meine Oma dann: »Raus, raus, raus aus Hamburg!«, und so fuhren wir zu meiner anderen Oma nach Bad Oldesloe. In genau der Nacht, am 27. Juli 1943, wurde unser Haus Süderstraße 207 in Hamburg total zerstört. Alle waren tot.

Der Angriff war fürchterlich. Der war so schlimm, dass sogar in Bad Oldesloe eine dicke Rußschicht auf der Erde lag. Die Sonne war den ganzen Tag nicht zu sehen. Alles war schwarz. In Hamburg entstand ein Feuersturm. Viele Häuser brannten, und Feuer zieht ja Wind an. Dadurch entstand der Feuersturm. Die Leute liefen als brennende Fackeln durch die Gegend. Bei diesem Angriff kam auch mein Großvater um. Er kam in ein Massengrab. Die Toten kamen alle in ein Massengrab in Ohlsdorf. Auf einer Tafel steht heute, dass dort das Massengrab der Luftangriffe vom 27. Juli 1943 ist.

Bei uns im Haus sind alle umgekommen! Alle! Nur wir sind rausgekommen. Wir hatten Glück. Mein anderer Opa ist nochmal an den Trümmern unseres Hauses vorbeigefahren. Unsere Badewanne hing aus der Ruine raus …

Ich habe noch viele, viele Jahre nach dem Zweiten Weltkrieg von Bombenangriffen geträumt. Ich wachte nachts schweißgebadet auf und war froh, dass Frieden war. Das war wahnsinnig, ich war richtig traumatisiert durch die Bombenangriffe.

(Alfred D., Jg. 1936)

Ich hatte ein kriegsbedingtes Hobby: Nach jedem Bombenangriff streifte ich durch die Straßen und suchte Bombensplitter. Die scharfkantigen Stahlstücke tauschten wir Kinder auch untereinander, aber eigentlich waren das Finden und der Besitzerstolz die Hauptsache. In der Evakuierung erlebte ich einmal einen Tieffliegerangriff. Ich stand mit den Dorfbewohnern auf der Straße und beobachtete die Bomberverbände am Himmel auf dem Weg nach Berlin. Die Flieger kamen herunter und schossen aus Bordwaffen die nahe gelegene Gummiwarenfabrik in Brand. Sie schossen auch in die Keller der umliegenden Häuser. Die Patronen aus Messing waren danach begehrte Sammlerstücke. Ich hatte auch einige, die sind aber später auf der Flucht verloren gegangen.

(Joachim Artz, Jg. 1937)

Am 23. Februar 45 erlebte Meiningen den ersten Bombenangriff. Die Leute waren nicht drauf eingerichtet. Als die erste Bombenserie abgeworfen wurde, hatte meine Mutter gerade die Finger im Kloßteig. Sie wollte Klöße zum Mittag machen. Mein Bruder tollte auf der Küchenbank herum. Zwischen dem ersten und dem zweiten Bombenteppich war ein ganz kurzer Zeitraum von vielleicht zwei oder drei Minuten. Meine Mutter schnappte den Kleinen, wollte in den Keller, aber die Küchentür ging nicht auf. Der Putz war durch die Erschütterungen der ersten Bomben von der Decke gefallen, die Tür klemmte. Meine Schwester und die Frau, die bei uns bügelte, konnten von außen die Tür aufstoßen. Zusammen rannten alle raus, rein in den Keller. Sie waren noch nicht im Luftschutzkeller angelangt, da brach das Haus schon zusammen. Meine Mutter hatte den Kleinen unter sich, meine Schwester lag hinter ihr, die Beine angezogen. Ein großer Steinbrocken fiel genau neben ihre angezogenen Beine. Die Bügelfrau und unsere Nachbarin lagen direkt hinter meiner Schwester und wurden von der runterkommenden Betondecke erschlagen.

In diesem zweiten Bombenteppich hatte ich siebzehn Einschläge gezählt und eine Mine. Die Mine war eine riesige Bombe, die das zusammengefallene Haus wieder auseinanderriss. So entstand ein riesiger Krater, der ein ganz kleines Stückchen Licht in den Keller scheinen ließ. Ein Nachbarsjunge in meinem Alter konnte mit einer Hacke einen kleinen Durchbruch schlagen. Ich habe es mir später angesehen. Jetzt stellt sich natürlich die Frage, wo ich in der Zeit gewesen war. Ich war als Luftschutzmelder in ein Auffanglanger für Ausgebombte am Standrand abkommandiert. Als der Bombenangriff losging, hatte ich gerade mit zwei Jungs, die mit mir Dienst taten, Karten gespielt. Seitdem habe ich eine Aversion gegen Kartenspielen. Im Auffanglager sollten wir auf die Leute warten, die nach möglichen Bombenangriffen kommen würden. Aber an diesem Tag kam niemand. Ich rannte nach Hause und fand meine Mutter und meine Geschwister in einer Garage neben dem Trümmerhaufen unseres Hauses. Sie waren schon ein bisschen versorgt worden. Meiner Mutter standen die Haare zu Berge. Es sah fürchterlich aus, wie beim Struwwelpeter. Sie war mit dem Kopf neben dem Kohlenkeller zum Liegen gekommen und der ganze Kohlenstaub hatte sich in ihrem Haar verfangen. Sie holte noch lange danach Kohlestückchen aus dem Haar. Ein Kohlestück steckte in ihrer Wange. Als ein Arzt das Stückchen zwanzig Jahre später entfernte, stellte er fest, dass es kein Kohlenstück, sondern ein Bombensplitter war.

Ich lief in den Bombenkrater unseres Hauses hinunter. Inmitten der Trümmer realisierte ich, was los war. Ich dachte: ›Jetzt biste alleine, jetzt hast du nichts mehr. Jetzt hast du nur das zum Anziehen, was du gerade trägst.‹ Es war nichts, nichts mehr zu finden! Ich ging in den Keller rein, sah die Zerstörung. Auf dem Rückweg musste ich über die Nachbarin steigen. Einen Toten hatte ich noch nie gesehen. Ich sah zu, wie die Helfer die Toten bargen. Einer der Mieter war ein höheres Tier in der Kreisleitung gewesen. Er hatte sofort Leute organisiert, die alles durchwühlten. Alle Klamotten, die seine Leute dort fanden, wurden sofort in die Kreisleitung geschafft. »Das kriegen sie ja alles wieder, es wird ihnen ja alles ersetzt«, sagte er. Und wissen Sie, wann die das entschädigt haben? 1963!

Nach dem Angriff kamen meine beiden Geschwister zu Verwandten. Ich wollte gerne mit, aber ich wurde zurückgerufen. Ich sollte helfen, die Trümmer wegzuräumen. Mit meinem Großvater, der gegen die Nazis war, ging ich zu dem Platz, für den wir eingeteilt worden waren. Die anwesenden Parteileute straften Großvater mit Verachtung. Wir buddelten mit unseren Schaufeln in den Trümmern. Später bekam meine Mutter noch französische Gefangene zugewiesen, die suchen halfen. Aber das, was wir brauchten, war nicht mehr da. Nur was unten in den Schränken verstaut war, ist geblieben. Interessanterweise ein paar Fotos. Alles andere war weg. Wenn man sich das überlegt …

(Erhard M., Jg. 1930)

Unsere Spiele … Ich denke mir heute, mit unseren Spielen bauten wir ein bisschen unsere Ängste ab. Im Wohnzimmer stand ein großer Esszimmertisch und darunter war mein Luftschutzkeller. Wenn meine Schwester und ich mit unseren Puppen spielten, spielten wir auch Fliegeralarm. Wir weckten unsere Puppen auf, zogen sie an: »Wir müssen schnell in den Luftschutzkeller!« Und setzten sie unter den Tisch. Dann hieß es Entwarnung und wir kamen mit den Puppen wieder unter dem Tisch hervor. Heute nehme ich an, damit haben wir unsere Ängste abgebaut.

(Christa Lentzsch, Jg. 1933)

Hier in Falkensee hatten wir den einzigen Luftschutzkeller in der Straße. Das war 39, als das Haus gebaut wurde, die Auflage gewesen. Bei Bombenalarm kamen alle Nachbarn zu uns. Erst dadurch merkte ich, dass Krieg war. Ich fragte: »Warum kommen alle in den Keller?«

Die Mutti sagte: »Weil eventuell Bomben runterkommen und wir hier sicher sind.«

»Und warum kommen Bomben?«

»Da sind böse Leute, die wollen uns Böses.«

So erklärte sie es mir. Nachher, mit neun, wusste ich: Das sind Russen oder Amerikaner und das deutsche Soldaten. Das hatte ich aufgeschnappt.

Im Keller war die Stimmung relativ entspannt oder vielleicht wollten die Erwachsenen ihre Aufregung nicht auf die Kinder übertragen. Wir hatten auch junge Leute, die verliebt waren. Die Tochter der Nachbarin, eine Tänzerin, stand mit ihrem Freund im Kellergang und sie schmusten und gaben sich Küsschen. Das fanden wir Kinder ganz spannend. *(Sie lacht.)* Fanden wir schön!

Ich glaube, dass ich am Anfang den Krieg verdrängt habe. Bis ich ganz bewusst die Brandbomben auf der Straße wahrgenommen hatte und die Bombe, die das Dach abdeckte – das Klirren der Scheiben –, da kriegte ich schon Angst. Wenn die Sirenen anfingen, fielen manchmal die Brandbomben schon, ich sah sie schon fallen. Mutti nahm mich an die Hand und schubste mich in den Keller. Das war nicht schön … Es war so oft Alarm, und dann verdrängt man das als Kind auch ein bisschen, glaube ich. Das kommt erst wieder in einem hoch, wenn man sich erinnert. Darum kann ich es so nachvollziehen, wie die Leute heute in den Ländern empfinden, wo Bomben fallen. Wenn sie auf einmal vor dem Nichts stehen. Nichts ist mehr da, nichts. Das ist schon bitter. Ich wünsche mir jedenfalls keinen Krieg mehr. Oder ich möchte keinen mehr erleben.

(Marianne M., Jg. 1936)

In Berlin verging keine Nacht ohne Angriffe. Ob sie was erwischt hat oder nicht war Kismet, also Schicksal. Es war vieles im Krieg Kismet. Im Keller war jeder in sich selbst zurückgezogen. Worauf haben wir gewartet? Wir warteten auf das Ende in jeder Beziehung, dass uns eine Bombe trifft oder auf das Ende des Angriffs, dass wir wieder rauskämen vor die Tür. Das Problem war, wie bewältigst du das Warten, entweder bis zum Tode oder bis du wieder rauskamst. Und hoffentlich kommt keine Luftmine! Einmal erlebte ich, wie ganz in der Nähe eine Luftmine reinging. Ich merkte richtig, wie meine Eingeweide nach oben kamen. Ein Gefühl, als wenn der Körper von einem Vampir ausgesogen wird. Ein unbeschreibliches Gefühl. Ich möchte es nicht wieder erleben. Ich hatte eine Angst sondergleichen! Krieg ist unmenschlich. Manche Nachrichten über Kriegsgebiete kann ich heute gar nicht sehen. Die Berichterstattung ist so abgewandt. Wie kann man darüber so sprechen? Dass wir es nun in den hundert Jahren seit Ende des Ersten Weltkriegs und über siebzig Jahren seit dem Zweiten Weltkrieg nicht geschafft haben und immer noch mit in Anführungsstrichen noch besseren Mitteln Kriege führen! Ist ja unverständlich!

(Burkhard C., Jg. 1932)

Auf den schönen Sportplätzen gegenüber von unserem Wohnblock wurden Riesenkanonen installiert – man sagte dazu Flakabwehr. Beim ersten Bombenalarm ballerten die jungen Flaksoldaten furchtbar. Ich hatte die Röteln und durfte wegen Ansteckungsgefahr nicht in den Luftschutzkeller. Aus Angst schrie ich derart, dass danach eine Herzerweiterung von der Kinderärztin festgestellt wurde.

Mit meinen Freundinnen spielte ich Vater, Mutter, Kind oder Zirkus. Wir wollten eine heile Welt, wir spielten niemals Krieg, obwohl um uns herum der Krieg tobte. Bis heute regt es mich auf, wenn Kinder mit Wasserpistolen zielen oder sich mit digitalen Kriegsspielen ereifern.

(Christina Skura, Jg. 1933)

Ich weiß noch genau, es gab immer erst einen Voralarm, und dann kam der Hauptalarm. Danach war es eine Sekunde lang ganz leise, ganz still. Dann sagte ich zu meiner Schwester: *(sie flüstert)* »Ob der Feind jetzt überlegt, ob er uns angreift!?« Und dann gingen die Bomben los. Im Luftschutzkeller waren meine Schwester und ich für uns alleine. Mein Vater war in Russland oder sonst wo, und meine Stiefmutter kümmerte sich um unseren kleinen Stiefbruder. Da saßen wir und flüsterten leise. Ich erinnere mich ganz dunkel an die Atmosphäre. Ich kann mich nicht erinnern, dass sich jemand um uns gekümmert hätte, was vorgelesen oder so …

(Astrid von Pufendorf, Jg. 1936)

Wir sammelten Granatsplitter und tauschten sie in der Schule. Die Flugzeuge warfen manchmal Lametta runter, so Silberfäden. Die durften wir nicht anfassen, die hatten die Engländer angeblich vergiftet. All so ein dummes Zeug, Nazipropaganda …

(Alfred D., Jg. 1936)

Wenn wir den Entwarnungston hörten, waren wir wie erlöst. Es war wie eine Befreiung. Fröhlich gingen wir die Kellertreppe hoch. Wir Kinder merkten, die Älteren sind fröhlich. Davor saßen wir ganz still im Keller und hatten Angst. Wir spürten die Erschütterungen durch die Bomben, es bibberte richtig im Körper. Können Sie sich ja vorstellen, was ich da für Angst hatte. Bei Fliegeralarm zog ich mich ganz schnell an, nahm den Hund und mein Köfferchen und war die Erste im Keller. Mein Vater war der Luftschutzwart. Er hatte den Kellerschlüssel.

Einmal waren meine Eltern noch nicht aus dem Kino zurück, als der Fliegeralarm losging. Ich wusste, was ich machen muss, nahm den Kellerschlüssel, ging runter und schloss auf, sodass alle reinkonnten. Als meine Eltern angeflitzt kamen, meine Mutter war ganz aufgeregt, saß ich schon mit dem Hund auf meinem Platz. Meine Mutter war beruhigt: »Ach, du hast ja alles richtig gemacht.«

Ich sehe das alles noch vor mir … Für Kinder unter zehn Jahren gab es Kinderbunker. Abends brachten meine Eltern meine jüngeren Geschwister dorthin und holten sie morgens wieder ab. Als ich zehn wurde, durfte ich dort nicht mehr schlafen. Das erfreute mich, denn ich konnte dort nicht schlafen. Wenn die Lüftungsklappen angingen, wusste ich: Ah ja, jetzt ist Fliegeralarm, jetzt machen sie die Türen zu. Dann konnte ich nicht mehr schlafen, weil ich überlegte, was nun zu Hause passieren würde. Wenn ich Bilder von den Kriegen heute sehe, kann ich mir vorstellen, dass die Menschen Angst haben. Ich habe es ja selber miterlebt. Meine jüngste Schwester kommt heute noch schnell in Panik.

(Christa Lentzsch, Jg. 1933)

Ich erinnere mich besonders an den superklaren Sternenhimmel, denn die ganze Stadt lag wegen der Verdunkelungspflicht völlig im Dunkeln. So klar kann man die Sterne über Berlin nicht mehr sehen!

Als ich dann im Mai 45 das erste Mal wieder auf der Straße spielen ging, fiel mir die Ruhe in der Luft deutlich auf. Es flogen keine Flugzeuge mehr umher. Das war wirklich einprägsam. Diese Ruhe war irre. Keine Flugzeuge mehr am Himmel. Als Achtjähriger ist es mir aufgefallen. So eine Ruhe! Es waren sonst immer Flugzeuge am Himmel gewesen …

(Joachim Artz, Jg. 1937)

Bei einem Besuch bei Vati kam ich in einem Hochbunker unter. Eigentlich hatte ich geglaubt, ich hätte das Gefühl der Angst längst überwunden. Aber im Bunker zitterte ich um mein Leben. Fürchterliches Krachen, der Bunker schaukelte, das Licht ging aus, Schreie der Menschen. Zwei Stunden dauerte der Angriff. Als wir rauskamen, lagen ca. zwei und vier Meter neben dem Bunker Bomben. Fahrräder und Kinderwagen zertrümmert, ein Leiterwagen hing an einem Baum. Es brannte ringsum und über Berlin stand eine schwarze Wolke. Ein grauenhafter Anblick! Abends rief noch Inge weinend an. Ihre Mutter liegt unter den Trümmern ihres Hauses begraben …

(Christa Ronke, Jg. 1929)

Bei uns gegenüber wohnte ein älterer Mann, der Frank. Der kam immer mit einem Sofakissen auf dem Kopf in den Keller. Damit die

Bombe ihn nicht trifft. Ich dachte schon als Kind: ›Blödsinn, wenn der getroffen wird, dann geht das ja durch das Kissen …‹

(Helga Werner, Jg. 1937)

Die Bombardierung der Großstädte wurde immer heftiger. Reichspropagandaminister Goebbels hatte in Berlin einer großen Menschenmenge zugebrüllt: »Wollt ihr den totalen Krieg?«

Die Menge johlte zurück: »Ja!«

Wir sangen dann, wenn nachts wieder die Sirenen bei uns im Ruhrgebiet heulten: »Lieber Vogel fliege weiter, fliege weiter nach Berlin, denn hier wohnen nur Bergarbeiter und da hamse Ja geschrien.«

(Dorothea L., Jg. 1930)

Mit zehn Jahren kam ich zur Hitlerjugend. Wir mussten im Adolf-Hitler-Stadion auf der Turnwiese Splittergräben ausbuddeln. Im Sommer waren wir auf einem Sommerlager im Grunewald. Kurz vorher hatte es einen Angriff gegeben, ich sah noch die Amerikaner in den Bäumen hängen. Das war nicht lustig. Wenn ich heute Bilder ansehe von Aleppo oder Mossul, da wird mir immer … *(Er schluckt.)*

(Gerd B., Jg. 1933)

Wegen der vielen Angriffe wurden mein Bruder und ich sehr oft verschickt. Wir waren in Pommern, Schlesien und Schneidemühl, was mir ganz schlimm in Erinnerung ist. Die Familie behandelte mich schlecht, ich wurde immer ängstlicher und sehnte mich nach meiner Mutti. Zuletzt waren wir in Dellach im Drautal, das war das Schönste, was wir je erleben durften. Mutti war dabei, und die Leute, bei denen wir untergebracht waren, gaben uns Liebe und Freundschaft. In der Umgebung blühten große Lupinenfelder und an den Häusern standen Sträucher mit großen weißen Blütenbällchen. Wir nannten sie Schneeballsträucher.

(Ingrid Heinze, Jg. 1938)

Meine Geschwister und ich wurden wegen der vielen Bombenangriffe in der Stadt oft aufs Land verschickt. Die Kinderlandverschickung war ja auch eine latente Entfremdung von den Eltern. Das war auch so gewollt. Und diese latente Entfremdung hat mein Bruder später nicht mehr überwunden. Der Älteste ist gar nicht mehr nach Hause gekommen. Der hat dann studiert.

(Gerd B., Jg. 1933)

Hintergrundinfos: Bombenkrieg

Im Zweiten Weltkrieg fielen 1,6 Millionen Tonnen Bomben auf Deutschland. Dabei verloren fast eine halbe Million Menschen ihr Leben. Etwa eine Million wurden verletzt, darunter 116 000 Kinder. Ein Fünftel aller Wohnungen wurden zerstört und 7 Millionen Menschen wurden obdachlos. 10 Millionen Menschen wurden evakuiert. In den Städten mit über 100 000 Einwohnern wurden durchschnittlich die Hälfte aller Häuser zerstört. Britische und amerikanische Bomber flogen über 700 000 Einsätze gegen Deutschland.

Das NS-Regime setzte als erste Partei im Krieg Terrorangriffe aus der Luft gezielt gegen die Zivilbevölkerung ein. Am 25. und 26. September 1939 erfolgte mit dem Angriff auf Warschau das erste Flächenbombardement auf eine Großstadt. Am 15. Mai 1940 war Rotterdam das Ziel vernichtender deutscher Luftangriffe. Danach folgte die Luftschlacht um England. Am 5. September 1940 befahl Hitler, Tag- und Nachtangriffe gegen die großen Städte zu fliegen. Bis zum Mai 1941 war London beinahe täglich Ziel von deutschen Luftangriffen. Am 14. November 1940 zerstörte die deutsche Luftwaffe die Industriestadt Coventry – nur ein Viertel der Gebäude blieb unbeschädigt. In der Sowjetunion wurden von den deutschen Luftstreitkräften 1700 Städte zerbombt.

Ab Februar 1942 startete die englische Regierung eine Bombenoffensive, die vor allem Moral und Kampfeswillen der deutschen Zivilbevölkerung erschüttern (»moral bombing«) und so die Wende des Krieges bringen sollte. Die britischen Luftstreitkräfte bombardierten in nächtlichen Angriffen gezielt mit Spreng- und Brandbomben die Wohngebiete deutscher Städte. Ab 1943 wurde der Luftraum von den Alliierten kontrolliert, die deutsche Luftwaffe war unterlegen. So konnten die Amerikaner zusätzlich Tagesangriffe fliegen – was vorher zu gefährlich gewesen war –, bei denen sie sich auf die Zerstörung der deutschen Rüstungsindustrie und später die Flugzeugindustrie konzentrierten. Das machte eine Bombardierung rund um die Uhr möglich.

Kinderlandverschickung

Mehr als zwei Millionen Kinder wurden während des Zweiten Weltkriegs für Monate oder Jahre in vermeintlich sichere Gebiete ohne Luftangriffe verschickt. Die sogenannte Nationalsozialistische

Volkswohlfahrt kümmerte sich um die Unterbringung von Müttern mit ihren Kindern bis sechs Jahre in ländlichen Gebieten. Schulpflichtige Kinder bis zehn Jahre konnten allein in Pflegefamilien einquartiert werden. Rund 1,2 Millionen Kinder kamen so bei Familie oder Verwandten unter. Kinder ab zehn Jahre wurden klassenweise mit der Hitlerjugend verschickt und meist in Kinderlandverschickungs-Lagern untergebracht. Es gab zwischen 6000 und 9000 solcher Lager mit etwa 850 000 Kindern von zehn bis vierzehn Jahre. Neben dem Schulunterricht sollte den Kindern Ordnung und Disziplin sowie Befehl und Gehorsam beigebracht werden. Spind-, Stuben-, Gesundheitsappelle und eine straffe Lagerordnung gehörten zum Tagesablauf. Die Indoktrination mit NS-Gedankengut war allgegenwärtig. Vormilitärischer Drill und Wehrertüchtigung standen bei den Jungen zusätzlich auf dem Programm.

Flucht und Vertreibung

»Wir buddelten, so gut wir konnten, legten ihn rein und schütteten das Grab zu.«

Jürgen Fischer

(Geboren 1937 in Berlin, Werbekaufmann, Podologe)

Im Februar 45 kamen die Russen. Mutter hatte sie kommen sehen. Wir flüchteten in den Wald. Es lag Schnee. Wir hatten Angst vor dem Russen. 14 Tage lang taperten wir im Schnee herum. Nachts lehnten mein Bruder und ich uns in Decken gewickelt an die Knie unserer Mutter. Sie selbst lehnte an einem Baum, meinen jüngsten Bruder hielt sie zugedeckt in den Armen. Er war erst zwei Jahre alt. Richtig schlafen konnten wir nicht. Es war sehr kalt. Nach zwei Wochen im Wald kamen wir wieder dort raus, wo wir losgelaufen waren. Wir müssen im Kreis gelaufen sein. Ich weiß nicht, wie wir das alles geschafft haben … Wir irrten weiter umher, immer weiter. Wenn wir Russen hörten, versteckten wir uns wieder im Wald. Einmal sahen wir, wie Russen einen Mann und eine Frau, wohl ein Ehepaar, auf einem Acker erschossen haben. Die beiden kullerten in den Graben runter. Ich erinnere mich auch an einen Schäferhund. Die Russen waren betrunken und schossen ihm ins Hinterteil. Der Hund rannte noch so weit er konnte, dann war er hinüber. Sie machten sich einen Spaß daraus.

Irgendwann landeten wir in Selchow. Dort hatten sich schon die Russen einquartiert. Wir konnten ihnen nicht mehr ausweichen, fanden aber endlich ein leeres Haus, wo wir mit mehreren anderen Flüchtlingen übernachten konnten. Die Bewohner des Hauses waren selbst geflüchtet.

Im Haus gegenüber wohnten die Russen. Dort übernahm Mutter die Hauswirtschaft für den Kommandanten.

Nachts waren die Russen unterwegs und nahmen sich die Frauen vor. Sie kamen auch in unser Haus und suchten sich Frauen raus. Wir lagen auf dem Boden, der mit Decken und Kleidung ausgelegt war, es gab keine richtigen Betten. »Frau komm! Frau komm!«, riefen sie immer. Dann sagte ich schon bald zu meiner Mutter: »Geh doch mit, dann bringste wieder Brot mit!«

Ich wusste ja nicht, worum es geht.

Mein jüngster Bruder schlief in einer kleinen Kinderkrippe. Er war noch nicht ganz trocken, und wenn er morgens in die Hose gemacht hatte, sagte er zu meiner Mutter: »Niss hauen, niss hauen!«

(Er lacht.) Irgendwann stand er morgens nicht mehr auf, lag auch tagsüber in der Krippe. Wahrscheinlich hatte er in der Kälte eine Lungenentzündung bekommen. Er hatte nicht die Abwehrkräfte, um tagelang durch den Schnee und das Eis getragen zu werden. Meine Mutter wollte mit ihm in den Nachbarort, wo ein Arzt sein sollte, aber der Kommandant genehmigte das nicht. Am 28. März war er tot. Ich wollte es gar nicht glauben. Ich schubste ihn immer in seiner Kiste an … Im Juni wäre er drei Jahre geworden. *(Er seufzt.)* Wir verscharrten ihn an der Kirche. Meine Mutter buddelte, ich buddelte. Da war sonst keiner – starke Männer gab es nicht, die waren im Krieg. Im Dorf lebten nur noch Ältere oder Frauen und Kinder. Wir buddelten, so gut wir konnten, legten ihn rein und schütteten das Grab zu. Jeden Tag gingen wir zu seinem Grab …

Meine Mutter musste dann tagsüber Kühe hüten, eine riesige Herde. Wenn die Russen auch am Tage kamen und Mutter greifen wollten – »Frau komm!« –, versteckte sie sich zwischen den Kühen. An einem dieser Tage sollte sie die Kuhherde mit anderen Frauen nach Osten treiben. Abends kam sie nicht wieder und am nächsten Morgen auch nicht. Tagelang warteten mein Bruder und ich auf unsere Mutter. Wir wussten nicht, ob sie jemals wiederkommen würde. Wir verbrachten die Tage damit, etwas Essbares zu finden. Ich weiß gar nicht, wie wir da durchgekommen sind. Nach einer Woche, wir hatten schon gar nicht mehr damit gerechnet, kamen Lastwagen, auf denen die Frauen standen, die die Kühe weggetrieben hatten. Gott sei Dank! Das war eine riesige Freude – auch bei den anderen Kindern. In der Nähe unserer Mutter hatten wir uns immer sicher gefühlt. Wenn sie da war, waren wir sicher. So ein Gefühl hatten wir jetzt.

Wir Kinder suchten immer nach etwas Essbarem. Manchmal brachten wir der Mutter freudestrahlend Rüben oder Kraut, von dem wir dachten, dass wir es essen könnten. Oft sagte Mutter dann: »Nee, das geht nicht.« Wir suchten immer Essen. Man spielt ja nur, wenn man satt ist … Am 27. April 1945, meinem Geburtstag, schenkte mir Mutter sogar ein Stückchen Brot aus grobem Mehl mit ein bisschen Butter drauf. Ich weiß gar nicht, wo sie das herhatte. Das war mein Geburtstagsgeschenk.

Dann kam der 30. April, und die Russen tanzten umher: »Wir haben Berlin eingenommen!«

Der Umgang mit ihnen hatte sich inzwischen normalisiert – in Anführungszeichen. Zu uns Kindern waren sie nett, streichelten uns manchmal über den Kopf. Ich weiß noch, wie Mutter sagte: »Das schafft ihr nie, Berlin einzunehmen.« *(Er lacht.)* Ich dachte: ›Na, wenn die das sagen und sich so freuen, dann muss es ja wahrscheinlich so sein.‹ Wir merkten auch, dass das Militär nicht mehr kämpferisch unterwegs war. Die Soldaten stiegen aus ihren Militärfahrzeugen aus, rauchten und waren irgendwie gelöster. Wir hatten wirklich das Gefühl, es ist vorbei – zwar nicht zu unseren Gunsten, aber vorbei.

Deswegen wollten wir zurück nach Hause. Wir liefen in das Dorf, wohin wir evakuiert worden waren, aber der Bauer war weg und das Haus ausgeräumt. Zwei Häuser weiter fanden wir einen Schlafplatz bei Frau Bachschmitt aus Berlin, die dorthin mit ihren zwei Mädchen evakuiert worden war. Auch bei ihr hatten sich die Russen eingenistet und den Bauern hinterm Haus erschossen. Nun waren die Russen höchst erfreut, dass meine Mutter mit uns kam. Wir Kinder sollten im ersten Stock schlafen, und unten feierten die Russen und vergnügten sich mit den Frauen. Auch Mutter musste sich mit ihnen abgegeben. An einem der Abende spielte ein polnischer Fremdarbeiter zur Unterhaltung für die Russen auf einer Gitarre. Sie kamen betrunken rauf und sagten zu uns Kindern: »Sagt mal: Heil Hitler!«

Der Pole rief aufgeregt: »Nich sagen, nich sagen!« Meine Mutter, ach, die zitterte. Wir haben nichts gesagt. Sonst würden wir wahrscheinlich heute nicht hier sitzen! *(Er lacht.)*

Nach ein paar Tagen zogen wir mit der Familie Bachschmitt los, wollten über die Oder nach Berlin. Wieder zu Fuß. Im Wald kamen uns deutsche Soldaten entgegen. Sie hatten keine richtigen Schuhe mehr, trugen nur noch die Fußlappen und fragten verzweifelt: »Sind die Russen schon hier?«

»Ja«, sagte meine Mutter und gab ihnen noch Essensreste mit. Frau Bachschmitt warnte sie: »Gehen Sie nicht zu nah ran, die Russen schießen.«

Wir liefen weiter, mussten einen Fluss überqueren. Unsere Mütter stiegen in das kalte Wasser und reichten uns Kinder und das Gepäck rüber. Wie die Frauen das durchgestanden haben, weiß ich überhaupt nicht. Die Brücken über die Oder waren alle zerstört. Wir liefen am Ufer entlang Richtung Norden. Das wenige Gepäck und meinen Bruder zogen wir in einem Leiterwagen hinter uns her. Einmal versuchte ich, einen Ziegenbock vor den Wagen zu spannen, den ich auf einem Feld entdeckt hatte, aber meine Mutter war dagegen. Ich wollte meiner Mutter helfen. Ich war 45 acht Jahre alt.

Wir schlossen uns einem Treck von Flüchtlingen an. Manche hatten Wagen, andere nicht. Jeder schleppte irgendwas. Geredet wurde kaum – die Stimmung war gedrückt. Plötzlich hören wir weiter vorne im Treck furchtbares Gebrüll.

Als wir näher kommen, sehe ich am Wegesrand zwei Männer, ich weiß nicht, ob es Russen sind oder Polen. Sie greifen sich die jungen Frauen aus dem Treck und sperren sie hinter einem Zaun auf einer Weide ein. Die Kinder erschlagen sie mit einem Spaten und schmeißen sie in den Graben. Wir kommen immer näher. Vor uns wird wieder eine Frau aus dem Treck gezogen und hinter den Zaun gesperrt. Ihre Kinder, vielleicht drei, vier Jahre alt, etwas jünger als wir, erschlagen die Männer mit Spaten und schmeißen sie in den Graben. Den Kinderwagen werfen sie hinterher. Die Frauen hinter dem Zaun weinen verzweifelt. Wir sind die Nächsten, die an den Männern vorbeimüssen. Ich denke: »Mein Gott, jetzt sind wir dran.«

Ich bin erstarrt. Ich sehe, wie plötzlich ein Russe, der ein bisschen weiter weg steht, auf uns zukommt. Er schiebt den Mann beiseite, der meine Mutter wegnehmen will. Wir können weitergehen. Ich weiß nicht, warum. Wir laufen einfach weiter, drehen uns auch nicht mehr um, wir laufen einfach weiter, weiter, weiter. Erstarrt – im Schock. Wir hätten ja auch brüllen können.

Solche Grausamkeiten … Aber das hatten die Deutschen ja damals genauso in Russland gemacht. Die Russen haben dann quasi das Gleiche gemacht. Überall, wo Krieg ist, ist Brutalität. Man hört es ja heute noch. Wir können froh sein, dass wir so lange keinen Krieg hatten. Ich hoffe, dass es auch nicht mehr passiert. Aber weiß man's?

Wie taten mir die Frauen und Kinder, die mit uns auf dem Treck waren, leid. Besonders, wenn die Kinder weinten, hätte ich ihnen am liebsten immer irgendwie helfen wollen.

Später habe ich mit Mutter nochmal über die Zeit geredet. Aber nicht so intensiv. Nicht so, wie jetzt hier mit Ihnen. Zwischendurch erzählte sie mal Bruchstücke, die ich nicht zusammensetzen konnte. Und ich wollte dann auch nicht. Es war weg – die Erlebnisse waren vermutlich ins Unterbewusstsein verschoben.

Als ich Ihren Flyer fand, habe ich mich gewundert: Da möchte jemand wissen, was ich erlebt habe? … Ich habe mir diese Notizen hier gemacht, damit auch etwas dabei herauskommt. Ich habe auch recht lebhaft geträumt in den letzten Tagen, bevor Sie heute gekommen sind. Bin oft aufgewacht, hab nicht viel geschlafen. Zumindest möchte ich der heutigen Generation sagen: Es war nicht immer so gut, wie ihr es jetzt habt.

Wo war ich stehengeblieben? Der Treck führte uns in die falsche Richtung, also kehrten wir wieder um. Nachts schliefen wir draußen oder in verlassenen Häusern. Tote Pferde lagen am Wegesrand, irgendwer hatte schon das Fleisch rausgeschnitten. Zurück an der Oder, fanden wir noch eine intakte Eisenbahnbrücke. Wir warteten auf einen offenen Güterzug, stiegen auf – keine Wände rechts und links, wir starben fast vor Angst – und stiegen auf der anderen Seite wieder runter. Zu Fuß liefen wir weiter bis nach Berlin. Meine Mutter, mein Bruder und ich hatten offene Füße. Die ganze Oberseite war offen – eingewickelt in Stoff. Im Winter waren uns die Füße eingefroren, seitdem hatten sie sich nicht erholen können. Erstaunlich, dass die später wieder geheilt sind. Wie wir überhaupt noch laufen konnten, weiß ich nicht mehr. Irgendwie haben wir es geschafft. Anfang Juli kamen wir in Berlin an. Es war sehr warm damals, das weiß ich noch. Bei meiner Großmutter kamen wir in einem Zimmer unter.

1991 sind meine Mutter und ich nach Selchow gefahren und haben das Grab von meinem kleinen Bruder gesucht. Wir fanden nichts. Unser Dolmetscher fragte eine Frau bei der Kirche nach den Gräbern. Sie erklärte uns, dass aus all den Gräbern, die sich während des Kriegsendes gebildet hatten, die Reste rausgenommen und in eine Grube auf einen verfallenen Friedhof gebracht worden waren. Wir liefen zu der Stelle, und dort lagen sogar noch ein paar Knochen auf der Erde. Meine Mutter konnte sich gar nicht halten, sie rief immer nach ihrem Sohn …

»Mutti war meine Heimat. Eine andere Heimat hatte ich nicht.« Berthild Erika Tourrenc

(Geboren 1938 in Berlin, Lehrerin)

Vor dem Krieg waren wir oft zu meinen Großeltern aufs Land gefahren. In der Weite des Gartens tollten mein Bruder und ich umher, pflückten Kirschen, Pflaumen, Äpfel, machten kleine Sträuße aus den vielen Flockenblumen, deren Duft überall in der Luft war.

Ab 1943 wurde Berlin heftig bombardiert. Mutter und ich wurden mit der Schule meines Bruders nach Ostpreußen evakuiert – in die Nähe von Angerburg. Wahnsinnig, uns 1943, nach der Schlacht von Stalingrad, so weit nach Osten zu bringen! Mein Bruder war gerade zehn Jahre alt geworden. Ich erinnere mich, wie wir in Angerburg auf dem Bahnsteig standen und die Bauern um uns herumliefen. Sie waren verpflichtet, den Flüchtlingen ein Zimmer abzugeben. Sie betrachteten uns. Plötzlich kam eine Frau auf uns zu und sagte: »Ich nehme Sie mit!« Sie hatte uns ausgesucht, weil sie einen Sohn im Alter meines Bruders hatte, und ihre Tochter war so alt wie ich – fünf Jahre.

Es war eine schöne Zeit … Ich erinnere mich an die Leinenfelder, ein Meer aus blauen Blüten, und die Masurischen Seen, überall Wasser und die Weite der Wälder.

Dann kamen die Russen. Sie waren kurz vor Angerburg. Wir liefen los – meine Mutter, mein Bruder und ich. In meinem kleinen Rucksack trug ich meine Puppe und einen Nachttopf – mehr konnte ich nicht tragen. Ich lief von Angerburg in Ostpreußen bis nach Schlesien. Als Fünfjährige! Wir schliefen draußen unter freiem Himmel und in Scheunen. Tagsüber liefen wir.

Russische Tiefflieger fliegen nur ein paar Meter über uns und schießen. Tote Pferde liegen auf der Straße. Viele tote Menschen liegen im Straßengraben. An den Rändern der Straße liegen tote Kinder. Die Menschen laufen einfach weiter – an den Toten vorbei. Niemand kann sich um die Toten kümmern! Menschen und Tiere werden von den Fliegern erschossen und bleiben liegen. Mutti ruft: »Guckt nicht hin!« Sie will nicht, dass wir hinschauen – wir sollen weiterlaufen. Die russischen Flieger sind immer da. Wir schmeißen uns auf die Erde. Wir hören das Brummen und springen in den Straßengraben oder wir rennen in den Wald, um uns zu verstecken.

Mutti hat eine grüne Decke dabei, die legen wir über uns. Unter der Decke fühlen wir uns geschützt. Meine Mutti ist da, also kann uns nichts passieren. Mutti war meine Heimat. Eine andere Heimat hatte ich nicht. Mutti sagte immer: »Wir müssen mit unseren Gebeten Gott vertrauen, dass er uns und Vati am Leben lässt.«

Wir liefen weiter, immer weiter und weiter … Dabei sangen wir oft. Es läuft sich beim Singen besser. Manchmal spielte ich auch beim Laufen, warf Steinchen, sammelte längere und kürzere Stöcke, um den kürzeren mit dem längeren weiterzuschleudern. Viele Nächte schliefen wir draußen. Wir waren so müde vom Laufen! Wenn wir an eine Scheune kamen, legten wir uns ins Stroh. Die Menschen waren großzügig. Wir durften im Stroh übernachten … Wir hatten nichts zu essen. Ich war rappeldürr, aber das machte nichts. Die Hauptsache war, dass wir lebten. Wir ernährten uns von Löwenzahn und Brennnesseln und manchmal sammelten wir Steckrüben auf den Feldern. Wir aßen alles roh. Wie hätten wir etwas kochen können? Wasser zum Trinken fanden wir auf dem Weg. Wir aßen viele Pilze – deswegen kenne ich alle Pilze.

Zwei Monate waren wir unterwegs. Darum kann ich immer noch gut laufen. Ich habe es wirklich gelernt. Später brachte ich es meinen Enkelkindern bei und meinen Kindern sowieso – das Laufen.

Wir kamen in Krauschwitz an. Das liegt in der Oberlausitz. Wieder bekamen wir ein Zimmer bei einem Bauern. Im Herbst 1944 kam ich in die Schule. Wir mussten den Lehrer mit »Heil Hitler« begrüßen. Danach sangen wir das Horst-Wessel-Lied: »Die Fahne hoch! Die Reihen fest geschlossen!« Eines Morgens ging ich fröhlich in die Schule, die Schule gefiel mir. Auf dem Schulhof angekommen, lagen dort schreiende, blutende Soldaten. Die Schule war über Nacht ein Lazarett geworden. Ich drehte mich um und rannte nach Hause. Weinend sagte ich zu Mutti, dass ich nie mehr in meinen Leben zur Schule gehen wolle. Das war kein Problem, denn die Schulen wurden alle geschlossen.

Wir hatten nicht viel zu essen. Es gab nicht mehr viel gegen Ende des Krieges. Wir lebten von dem, was wir im Wald fanden. Wir lebten von den Pilzen, von den Beeren. Es gab viele Preiselbeeren. Die ganze Zeit suchten wir etwas zu essen. Mutti machte aus allem, was wir fanden, etwas zu essen. Wenn der Bauer uns Reste gab – Kartoffelschalen und trockenes Brot – machte Mutti daraus eine Suppe für uns.

Wieder rückten die Russen näher. Mutti kam eines Tages aufgeregt angerannt und sagte: »Die Russen kommen, wir müssen weg!

Es gibt einen Zug, der die Maschinen nach Westdeutschland bringt, da können wir uns unter den Maschinen ein Plätzchen ergattern!« Wir rannten los. In meinem Rucksäckchen trug ich wieder meine Puppe Erika und den Nachttopf. Mutti nahm einen Karton und mein Bruder eine Tasche. Wir versteckten uns unter einer Maschine, und dann fuhr der Zug auch schon los. Wieder kamen russische Tiefflieger. Sie wollten die Maschinen zerstören, Maschinen für die Landwirtschaft und zur Produktion von Waffen. Sie sollten nicht in russische Hände fallen, das hatten die Deutschen beschlossen. Es gab nur noch Züge für Juden und für Maschinen. Nicht für Flüchtlinge. Aber das wussten wir damals nicht.

Als die ersten Tiefflieger kamen, konnten wir aus dem fahrenden Zug nicht mehr entfliehen. Es war zu spät. Ich sagte zu Mutti: »Die Flugzeuge können doch gar nicht kommen, die Sirenen heulen doch noch nicht!« In Berlin waren die Flugzeuge immer erst nach dem Sirenengeheul gekommen.

Die Tiefflieger fangen an zu schießen. Mutti legt die grüne Decke über mich, und dann legt sie sich auf mich. Das verstehe ich nicht. Ich bekomme kaum mehr Luft. Mutti will mich vor den Bomben beschützen – wenigstens ich soll überleben. Wir spitzen unsere Ohren – der Zug hält an – wir springen runter, werfen uns auf die Erde und legen die grüne Decke über uns. Überall hören wir Schüsse, und dann ist es plötzlich still. Wir krabbeln unter der Decke hervor und sehen: Die ersten drei Waggons sind zerstört, der Lokomotivführer ist tot. Ein furchtbarer Anblick! Wir wissen nicht, was wir mit den Toten unter den Maschinen machen sollen.

Wir zogen die Toten raus. Vielleicht lebten sie noch. Aber was hätten wir mit Schwerverwundeten gemacht? Wir hatten nichts zum Verbinden. Mutti war keine Ärztin. Wir konnten nichts machen. Wir mussten die Toten liegen lassen – alle waren tot. Meine Mutti, mein Bruder und ich waren am Leben.

Wir liefen weiter. Mutti hatte nur ein paar Haferflocken dabei. Mit dem Wasser, das wir unterwegs fanden, aßen wir die Haferflocken. Immer nur Haferflocken. Ich konnte später keine Haferflocken mehr sehen. Irgendwann nahmen uns Lastwagen mit und wir fuhren ein Stück mit dem Zug. Wir kamen in Lüneburg an. Dort war unsere Flucht zu Ende …

Noch jahrelang, ich hatte schon Kinder, stand ein gepackter Rucksack neben unserer Eingangstür. Darin lagen ein Messer, eine Zahnbürste, ein Stück Seife und etwas Haltbares zum Essen – Dinge, die man zum Überleben braucht. Das war wichtig für mich. Die Angst seit der Flucht war immer da. Jahrelang träumte ich immer wieder, dass sich die Wand öffnet und mich jemand ermordet. Jede Nacht. Die Wand öffnet sich, ich sehe einen Dolch und dann einen Mann. Ich springe aus meinem Bett. Mein erster Mann tat mir leid, weil ich so oft schreiend aus dem Bett sprang. Das legte sich erst, als ich zu meinem zweiten Mann nach Frankreich zog. In Frankreich fühlte ich mich sicherer.

Von dem Flüchtlingslager in Lüneburg wurden wir wieder auf die umliegenden Dörfer verteilt. Wir kamen nach Reinstorf, wo wir ein Zimmer beim Dorfbäcker bekamen. Manchmal durfte ich in die Backstube, den Duft des Brotes atmete ich tief ein, und einmal bekam ich auch ein warmes Brötchen geschenkt. Als die Engländer Reinstorf besetzten, mussten wir unser Zimmer den englischen Soldaten überlassen. Zusammen mit anderen Flüchtlingen zogen wir in die Dorfkirche. Dort war es schön. Der Lehrer spielte abends Orgel, und wir Kinder durften auf den Konfirmandenteppichen schlafen – das war gemütlich. In der Kirche wohnten wir vier Monate. Tagsüber spielte ich mit meiner Puppe und mit Stöckchen und Steinen, die ich in der Natur fand. Mein Bruder und ich kletterten auf die Bäume und nahmen aus jedem Nest ein Ei. Ich kannte nicht nur alle Vögel, sondern auch alle Eier, die sie legten. Wir pusteten die Eier aus und zogen sie auf einen langen Faden. Wir lebten mit der Natur. Ich kannte eine Trauerweide, unter die setzte ich mich immer, wenn ich traurig war. Und ich kannte einen wunderbaren Nussbaum, unter den setzte ich mich, wenn ich ganz besonders fröhlich war. Diesen Bäumen erzählte ich mein Leben. Ich kannte jede Pflanze, jede Blume. Meine Mutti brachte mir alles bei. »Bildung ist das Einzige, was man mitnehmen kann«, sagte sie immer. Da wir keine Bücher besaßen, erzählte uns Mutti alles, was sie gelesen hatte. Sie sang mit uns und lernte mit uns Gedichte. Wir liefen »Freude schöner Götterfunken« singend oder das kleine und große Einmaleins aufsagend hopsend in den Wald und sammelten alles, was essbar war. Wir waren immer hungrig. Es war Mutti wichtig, dass wir etwas für unseren Kopf tun. Später habe ich mir immer gesagt: Falls ich einmal ins Gefängnis kommen sollte, kann ich mit den Gedichten und Liedern schon alleine durchkommen. Das hat uns die Mutti vermittelt.

Die Nachkriegszeit begann. Wir verließen die Kirche und zogen in ein Zimmer bei einem Bauern. Mutti arbeitete für Maisbrot und

Magermilch in einem Laden. Sie arbeitete als Sekretärin bei einem Arzt, der uns kostenlos versorgte, wenn wir krank waren.

In unserem Zimmer standen zwei Betten, für meine Mutter und meinen Bruder, davor stand mein Kinderbett und davor ein Tisch mit drei Stühlen. Wir hatten einen Ofen, die Töpfe waren unter den Betten verstaut. Wir mussten alles besorgen. Wir waren mit nichts gekommen und die Bauern gaben uns nichts. Die Hühner bekamen Eier mit Brennnesseln, wir lebten nur von Brennnesseln und Steckrüben. Wir arbeiteten auf dem Feld für Kartoffeln, wir machten alle Ernten mit. Nach der Zuckerrübenernte kochten wir nächtelang aus Zuckerrüben Sirup. In einem großen Kessel rührten wir 24 Stunden lang die geschälten und geschnipselten Zuckerrüben. Wir wechselten uns ab. Tagsüber rührten wir Kinder und nachts die Erwachsenen. Danach hatten wir wunderbaren Sirup und es gab Maisbrot und Sirup – das war köstlich!

Mein Bruder ging auf das Gymnasium im dreizehn Kilometer entfernten Lüneburg. Dafür musste er schon um vier Uhr aufstehen, um im Nachbardorf den Arbeiterzug zu bekommen. Wenn er abends mit diesem Zug wieder von der Schule zurückkam, machte er oft noch bei Kerzenschein seine Hausaufgaben. Ich fand es gemütlich, wenn ich abends in meinem Bettchen lag und die Mutti meinen Bruder englische und lateinische Vokabeln abfragte. Ich lernte alle mit. Es kostete meine Mutter viel Überzeugungsarbeit, mich in die Schule von Reinstorf zu begleiten, hatte ich doch beschlossen, nie wieder in die Schule zu gehen. Dort angekommen, hängte ich mein Jäckchen im Flur vor dem Klassenzimmer auf. Der Lehrer schickte eine Schülerin zu uns. Als sie mich sah, sagte sie: »Oh, ein Gesicht ohne Sommersprossen ist wie ein Himmel ohne Sterne.« Ich hatte nämlich unendlich viele Sommersprossen im Gesicht. Dieser Satz gefiel mir und ich sagte zu meiner Mutter: »Mutti, hier bleibe ich, dieses Mädchen ist jetzt meine Freundin.« Und sie ist es bis heute!

In die Schule gab uns Mutter Maisbrot – zwei Scheiben – mit einer Kartoffel dazwischen als Belag. Wir hatten keine Vitamine. Meine Beine waren von oben bis unten offen – aus Vitaminmangel. Das sind Erinnerungen an eine Zeit, die man sich heutzutage gar nicht mehr vorstellen kann … Vor unserem Zimmer stand ein Apfelbaum. Einmal versuchte ich, einen heruntergefallenen Apfel durch den Zaun zu greifen. Ein Apfel für uns drei! Die Bäuerin sah mich. Sie sagte zu ihrem Hund: »Ksst, ksst, greif sie!« Der Hund hat mich gebissen. Ich habe danach nie mehr versucht, einen

Flucht aus den deutschen Ostgebieten vor den vorrückenden Truppen der Roten Armee im Frühjahr 1945. Eine Gruppe von Flüchtlingen mit Handwagen in einer zerstörten Ortschaft in Ostpreußen

heruntergefallenen Apfel durch einen Zaun zu holen. Seitdem habe ich Angst vor Hunden.

In Reinstorf waren wir die armen Flüchtlinge. Die Dorfbewohner warfen Mutti vor: »Ihr Berliner habt den Krieg begonnen, ihr habt den Krieg verloren und jetzt müsst ihr es ausbaden!« So war die Meinung. Mutti brachte uns schnell bei: Wir sind die Flüchtlinge und wir haben bescheiden zu sein. Denn je bescheidener wir sind, desto eher werden wir in einer neuen Gemeinschaft akzeptiert. Mutti schaffte es, dass wir im Dorf gegrüßt wurden – auch das mussten wir uns erobern. Am Anfang wurden wir nicht einmal gegrüßt.

Was ich durch den Krieg erfahren habe? Dass Geld nicht glücklich machen kann, sondern was zählt im Leben ist die Liebe, die einen trägt. Das hat uns unsere Mutti gegeben – die absolute Liebe. Sie war immer für uns da. Und sie zeigte uns, wie wichtig es ist, fröhlich zu sein.

»Hat sich eine Frau aufgehängt, hat die beiden Kinder unterm Baum sitzen lassen!« Hilde S.

(Geboren 1934 in Königsberg, Postfachangestellte)

Ich habe nichts, keine Unterlagen, keine Dokumente, gar nichts … Es tut mir leid, aber da müssen Sie sich wirklich darauf verlassen, an was ich mich erinnern kann. Am 28. August 1944 wurden wir ausgebombt. Haben Sie schon mal gesehen, wenn Glas brennt? Das fließt, als ob Wasser die Straße lang läuft … Es war die Hölle! Ich war neun Jahre alt, meine Schwester zwei Jahre jünger. Wir saßen in einem Luftschutzbunker. Der Blockwart kam rein und sagte: »Borchertstraße 26 und 28 brennt.«

Da war für uns klar, es ist aus. *(Spricht mit brüchiger Stimme.)* Nach der Entwarnung wurden wir auf einen Sportplatz geführt, wo wir für ein paar Tage und Nächte blieben. Wir trugen nur ein Sommerkleidchen, einen Schlüpfer und Sandalen. Sonst nichts – nichts! Unsere Stiefmutter hatte nur die Tasche mit den Papieren dabei. Wir wussten ja nicht – dachten, wir könnten wieder zurück in die Wohnung. Wo sollten sie nun mit uns hin? Sie verfrachteten uns nach Eisenberg in ein Auffanglager. Aber da durften wir auch nicht bleiben. In Zügen wurden wir nach Sachsen gebracht und landeten in Neuwürschnitz, wo wir auf die Familien im Dorf aufgeteilt wurden. Aber auch dort gab es Angriffe. Ich sah, wie Dresden brannte! Sie können sich das nicht vorstellen, wenn der Himmel glutrot ist. *(Sie weint.)* Sie denken, es ist Abendrot, und dabei brennt alles!

Dann war der Krieg zu Ende. Zuerst kamen die Amerikaner und aßen unsere Erbsensuppe weg, die meine Stiefmutter gerade auf dem Herd stehen hatte. Die Erbsen waren noch gar nicht richtig weich.

Am schwarzen Brett im Ort hing kurz darauf ein Zettel: »Alle Flüchtlinge aus Ostpreußen und Schlesien können wieder zurück.« Meine Stiefmutter wollte zurück. Wir kamen in einem Güterwagen bis zur Oder. Dann war Schluss. Wenn ich zurückdenke, was ich alles durchgemacht habe …

Wir sitzen im Zug, unter uns die Oder, mitten auf der Brücke halten wir an. Russen kommen rein. Einige von ihnen nehmen sich ein paar Frauen vor. Meine Stiefmutter sagt zu mir: »Komm mal schnell auf meinen Schoß, du bist krank.«

Zu einem Russen sagt sie: »Nee, Kind krank, kann nich kommen!«

Der Russe sagt: »Dann Kind aus Waggon schmeißen!«

Die Frauen im Waggon schreien alle auf. Meine Stiefmutter hält dem Russen eine große Büchse mit Tabak hin. Sie raucht. Das ist ihr Glück gewesen.

Als der Zug über die Brücke gefahren war, stiegen wir aus und liefen los. Irgendwohin! Ab dann waren wir von Anfang Mai bis September 45 auf der Landstraße unterwegs. Vier Monate lang! Liefen in einem kilometerlangen Treck mit. Über Hoyerswerda, Cottbus, Seelow und wo wir überall waren – in Altlandsberg und dann auch in Berlin. Was sollten wir denn in Berlin? Da kriegten wir sowieso keine Aufenthaltsgenehmigung und in den anderen Städten auch nicht. Meine Schwester und ich verstanden das alles gar nicht. Wir liefen einfach hinter unserer Stiefmutter her. Im Endeffekt liefen wir einmal um die Welt … Vier Monate auf der Landstraße, was wir da erlebt haben! Oh Gott, oh Gott, oh Gott! Hatte sich eine Frau aufgehängt, hatte die beiden Kinder unterm Baum sitzen lassen. Hatte ihnen eine Tüte Zucker und eine Tüte Salz hingestellt und sich da einfach aufgehängt! Und die Kinder saßen noch da drunter. Sowas vergisst man sein Leben lang nicht! *(Sie weint.)* Wir saßen nicht weit entfernt, hatten einen Herd aus Ziegelsteinen gebaut, auf dem unsere Stiefmutter eine Sauerampfersuppe kochte.

Die Frau kann sich doch nicht da aufhängen und die Kinder da drunter sitzen lassen! Das wurde meiner Schwester und mir erst ein paar Tage später klar. Ich fragte meine Schwester: »Anneliese, wo sind denn jetzt die Kinder? Sind die mit uns allen mitgelaufen?«

Sie wusste es auch nicht. Unsere Stiefmutter sagte, der große LKW hätte die Kinder mitgenommen. Es kamen häufiger LKWs vorbei, die alleingelassene, verlorene Kinder aufsammelten.

Einmal sahen wir einen alten Mann, er war bestimmt schon achtzig oder neunzig. Er lag in einem großen Handwagen und war mit Kissen zugedeckt. Seine Familie zog weiter und ließ den Mann einfach in dem Wagen zurück. Ich sagte zu meiner Schwester: »Sag, können die das denn machen, das können die doch gar nicht!«

Meine Stiefmutter zog uns weiter. Furchtbar. Und die Frau, die ihre Kinder hat sitzen lassen. Oh Gott, oh Gott, oh Gott. Nee …

Ich weiß gar nicht, wovon wir die ganze Zeit gelebt haben. Irgendwo lag mal ein Pferd auf der Straße. Die Leute standen mit ihren Kübeln davor an, um endlich ein Stück Fleisch zu kriegen. Und ich erinnere mich, dass auf einem verlassenen Bauernhof ein Eimer mit Käse stand. Der wurde genau aufgeteilt, jeder kriegte ein Stück. Mit Brot war es schlecht. Wenn wir in den verlassenen Bauernhäusern noch altes Brot fanden, rösteten wir kleine Stückchen überm Feuer. Wenn Ähren an den Feldrändern lagen, klopften wir die mit einem Stein aus, so hatten wir etwas Mehl. Die Sauerampfersuppe, ach, die hat geschmeckt, das glauben Sie gar nicht. *(Sie lacht.)* Wenn man sich das heute vorstellt … Oder es gab Brotsuppe, einfach nur mit Wasser gekocht. Auf den Feldern versuchten wir, Kartoffeln auszubuddeln. Die wurden nicht geschält, wir wischten sie nur ab und machten auf Ziegelsteinen ein Feuerchen, wo wir sie gleich kochten. Meine Schwester Anneliese hatte auf einem verlassenen Bauernhof einen Kochtopf gefunden. Das kann sich kein Mensch vorstellen … Wir schliefen auf dem nackten Feld, mit der Jacke zugedeckt. Dass wir nicht krank geworden sind … Meine Schwester und ich hatten ganz lange Zöpfe, aber keine Läuse und keine Krätze. Unsere Stiefmutter achtete immer darauf, dass wir uns regelmäßig wuschen. Wir hatten gar keine Zahnbürste. Wie wir uns da die Zähne geputzt haben? Wenn ich daran denke, was wir zum Anziehen hatten. Heutzutage braucht man jeden Tag einen neuen Schlüpfer, jeden zweiten Tag einen anderen BH. Hatten wir gar nicht. Ich weiß gar nicht, wie ich das als Kind empfunden habe. Das ist wie weggepustet.

Wenn ich an die heutigen Flüchtlinge denke, was die alles haben, die kriegen Geld, die kriegen alles. Da hat uns früher kein Mensch nach gefragt: Wie es uns geht, ob wir was zum Anziehen haben.

Meine Stiefmutter war eine Stiefmutter, wie sie im Buche steht. In Altlandsberg gab es endlich mal wieder Wasser aus einer Pumpe. Sie drückte mir eine Kanne in die Hand: »Hier, stell dich schon mal an! Geh mal Wasser holen!«

Ich war unterdessen schon zehn Jahre. Ich stellte mich mit der Wasserkanne an, pumpte Wasser und kam zurück zu der Stelle – war keiner mehr da! Meine Stiefmutter wollte mich einfach loswerden. Ich heulte wie ein Schlosshund. Irgendwann kam einer von den LKWs, die die Kinder einsammelten. Der Fahrer rief: »Sind hier noch Kinder ohne Eltern?«

Als er mich heulen sah, kam er an und fragte: »Was is denn?«

Ich sagte: »Meine Mutter und meine Schwester sind weg. Ich sollte Wasser holen und jetzt sind die nicht mehr da.«

Er nahm mich mit. Brachte mich und die anderen Kinder nach Berlin-Weißensee in eine alte Schule. Dort fragten sie mich, wo ich denn herkommen würde und wo ich bisher gewesen war. Ich erzählte: »Wir waren zwischendurch schon mal in Berlin. Und da war am Bahnhof 'ne Kirche.«

Sie fuhren mit mir durch halb Berlin, auch am Schlesischen Bahnhof vorbei. Ich rief: »Ja, hier, hier, da war das. Da ist die Kirche!«

In dem Gemeindehaus neben der Kirche war ich ein paar Wochen vorher schon mit meiner Stiefmutter gewesen. Sie musste dort Bekannte gehabt haben. Und tatsächlich waren meine Stiefmutter und meine Schwester inzwischen auch wieder dort gelandet. Meine Stiefmutter freute sich natürlich nicht, dass ich sie wiedergefunden hatte. An der Pumpe hatte meine Schwester zu ihr gesagt: »Wir müssen doch noch auf Hilde warten!«

»Die kommt schon nach! Die kommt schon nach«, hatte meine Stiefmutter zu ihr gesagt. Das war eine Stiefmutter, wie sie im Buche steht …

Nun wissen Sie ein bisschen was von mir. Was ich schon durchgemacht habe. Ach nee, nee … Eins weiß ich: Nie wieder, nie wieder Krieg! Also der liebe Gott möge das erhören. Dass es nie wieder so was gibt – dass meinen Kindern oder meinen Enkelkindern das nicht passiert. Furchtbar …

»Ich kümmerte mich darum, dass meine Schwester beerdigt wurde.« Margot Rickert

(Geboren 1932 in Berlin, Sekretärin)

Im Krieg … Irgendwann ist niemand mehr da, der sagen kann, wie es war.

Ich habe fast die ganze Kriegszeit im Oderbruch verbracht. Meine Cousine und ich waren auf einen Bauernhof von Bekannten evakuiert. Auf der anderen Seite der Oder, in Güstebiese, wohnten meine Großeltern. Das war ein so bezaubernder Ort! Schon damals war das ein Luftkurort direkt an der Oder. Auf den Hügeln stand überall Wald … überall Wald! Es war eine Luft da! Wenn es den Ort noch so geben würde, wie er damals war, würde ich dort wohnen und nicht in Berlin. Ich würde mir zwei Hühner anschaffen und einen Hund. *(Sie lacht.)* Ich liebe das Land und die Natur. Wenn ich manchmal die Augen zumache, habe ich immer noch den Geruch von damals in der Nase. Das Oderbruch liebt nicht jeder, wissen Sie, das macht vielleicht ein bisschen schwermütig. Aber mir hat es dort immer gut gefallen.

Meine Mutter kam 44 kurz vor der Geburt meiner Schwester zu uns auf den Hof ins Oderbruch. Das Krankenhaus Neukölln hatte eine Außenstelle in Bärwalde, hinter Güstebiese weiter Richtung Osten rein. Dort entband sie im August meine Schwester. Meine Mutter war schon 38, damals eine Spätgebärende.

Meine Schwester war eine ganz Aufgeweckte. Sie stand schon ganz früh in ihrem Bett und guckte hinter uns her, wenn wir zur Schule gingen. Sie war ein ganz aufgeschlossenes Kind. Alle waren glücklich über Mariannchen! Endlich hatte ich auch eine Schwester! Für mich war es die schönste Zeit, da draußen an der Oder. Ich saß im Kirschbaum in einer Astgabel und schmiss die Kirschsteine runter, oder ich zog bei Oma im Garten die Mohrrüben aus der Erde und aß sie gleich. Meine Oma war ganz pingelig, in ihrem Erdbeerbeet lag jede Erdbeere auf einem eigenen Blatt. Sie wusste immer genau, wenn eine fehlte. *(Sie lacht.)* Oder ich brach mir Maiskolben ab … Das war zu meiner Zeit alles noch möglich. Ich denke immer: Wie traurig ist es inzwischen für die Kinder heute, die können das gar nicht erleben. Es war wirklich eine schöne Zeit – es gab keine ausgefeilte Technik. Die Technik macht uns kaputt!

Wenn in Berlin Angriffe waren, standen wir vorm Hof und guckten, wie die »Weihnachtsbäume« über der Stadt am Himmel standen … Zu Weihnachten 44 kamen dann immer mehr Trecks mit Pferdefuhrwerken aus Ostpreußen, die bei uns übernachteten und am nächsten Tag weiterfuhren. Wohin? Weiß ich nicht. Die Front rückte langsam näher. Meine Mutter bekam Bedenken, meine Schwester war noch so klein, deswegen wollte sie zurück nach Berlin, wo mein Vater lebenswichtige Güter fuhr und deshalb von der Armee befreit war. An Wochenenden kam er oft zu Besuch. Aber Vater sagte: »Nein, kommt nicht infrage, bleibt da. An der Oder gehen die Russen durch und dann ist es vorbei, aber in Berlin wird gekämpft!«

Also blieben wir … Am 27. Januar kamen die Russen. Wir saßen mit den Nachbarn im Keller, hatten uns zusammengetan, damit wir nicht alleine waren. Der Hof geriet mitten in die Front! Den einen Tag waren die Russen auf dem Hof und den anderen Tag die Deutschen. Es ging immer hin und her. Aus dem Keller hörten wir die Schüsse fallen. Die Gehöfte lagen weit auseinander, waren aber mit einem losen Steig verbunden. Einmal liefen wir über den Steig von einem Keller zum nächsten, dabei sausten uns die Geschosse um die Ohren. Ich hatte große Angst, obwohl ich gar nicht ahnte, was mir wirklich passieren konnte. Aber wir hatten großes Glück, niemand wurde getroffen.

Und dann fing es mit den Russen schon ein bisschen an … Sie holten sich mehrere Frauen aus dem Keller, die Bäuerin und ihre Tochter und auch Tante Maria, die Freundin von meiner Mutter. Meine Mutter hatte Glück, aber die anderen Frauen nicht. Die Russen nahmen alles mit. Uri Uri natürlich – einer hatte bis oben am Arm alles voller Uhren. Damals haben wir das alles nicht verstanden. Heute weiß man, warum das so mit den Vergewaltigungen war. Die russischen Soldaten hatten ja nie Urlaub. Das waren ganz einfache Leute. Die Ersten, die kamen, die an der Front waren, waren noch anders als die, die nachher kamen. Das wussten wir damals alles nicht.

Nach einer knappen Woche befahlen uns die Russen, das Haus zu verlassen. Die Nachbarn aus den umliegenden Gehöften waren alle schon weg. Wir liefen zusammen mit dem Bauern und seiner Familie sowie Tante Maria und ihrer Tochter Ursel, die so alt war wie ich, zur Oder runter. Links ging es zur Bahn Richtung Berlin – mittlerweile Frontgebiet – und rechts nach'm Osten. Wir wollten nach links Richtung Berlin, aber die Russen ließen uns nicht durch. Wir mussten nach rechts über die zugefrorene Oder. Auf dem Eis war ein Weg abgesteckt. Durch die andauernden Kämpfe war der Weg teilweise zerstört, große Löcher befanden sich im Eis. Es war nicht leicht, den Kinderwagen um die Löcher zu schieben. Das Eis türmte sich an manchen Stellen hoch auf. Überall lagen tote Pferde, kaputte Fuhrwerke und viele tote Soldaten. Meine Mutter sagte zu mir: »Wenn das nächste Eisloch kommt, dann gehen wir da rein.« Ich fing an zu weinen und sagte: »Das will ich nicht!« Mutter schob den Kinderwagen mit meiner Schwester, die in eine dicke Decke gewickelt war, weiter. Auf dem Wagen lag noch ein Koffer. Mit einem Seil half ich Mutter, den Wagen über das Eis zu ziehen. Wir erreichten Großmutters Haus, aber sie war schon weg, weiter nach'm Osten geflüchtet. Wir blieben für ein paar Tage, dann kamen wieder die Russen. Die Belästigungen gingen weiter. Immer hieß es: »Frau komm!« Sie befahlen uns wieder, weiterzuziehen. Wir liefen weiter Richtung Osten, manchmal übernachteten wir im Wald, manchmal fanden wir Unterschlupf in verlassenen Wohnungen. Wir Kinder durchstöberten die leeren Häuser, suchten immer nach Essen. Für meine Schwester wurde es schlimm, die war ein Baby und hatte keine Milch. Es gab nichts mehr.

Irgendwann landeten wir auf einem Bauernhof bei einer christlichen Familie. Sie hatten schon viele Flüchtlinge aufgenommen. Das Erdgeschoss war leergeräumt, alle Möbel standen in der Scheune. Der Boden war mit Stroh bedeckt, wo die Flüchtlinge in Reihen lagen, nur in der Mitte des Raumes war ein Gang freigelassen worden. Weiß ich, wie viele Leute da waren? Hundert reicht bestimmt nicht. Jeden Tag kochten die drei Schwestern, denen der Hof gehörte, in einem großen Kessel Sojabohnensuppe. Davon bekam jeder ein Tässchen voll. Was Warmes! Wir hatten doch solchen Hunger! Bevor sie die Suppe verteilten, beteten sie mit uns, und alle machten mit! In einer solchen Situation machen alle mit. Ob einer wirklich glaubt oder nicht glaubt – in so einer Situation ist es anders. Tagsüber trieben wir Kinder uns draußen rum und suchten nach Essen. Mal spielte auch jemand von den Erwachsenen Mundharmonika oder wir spielten auch mal Farben raten. Es gab sonst nichts zu tun.

Wissen Sie, ich habe manchmal ein bisschen Schwierigkeiten, wenn ich lese, welche Ansprüche von den Flüchtlingen heute gestellt werden. Da denke ich manchmal: Meine Güte, Kinder, Kinder! Das verstehe ich nicht. Dieses Tässchen Sojabohnensuppe, ich sage

Ihnen, das war was Warmes und darauf freute ich mich den ganzen Tag! Weil die Toilette für die vielen Menschen nicht reichte, war hinter der Scheune ein Donnerbalken gebaut. Natürlich hatten alle Durchfall mit der Zeit.

Nachts kamen die Russen und holten sich Frauen. Sobald sie »Frau komm!« riefen, lief eins von uns Kindern schnell rauf in den ersten Stock und holte den Offizier, der sich dort mit seiner Freundin einquartiert hatte. Er sorgte dann für Ordnung. Ich erinnere mich noch an einen Russen, den kannten wir nachher schon. Er stand mit einer Fackel in der Hand im Türrahmen und guckte sich eine Frau aus. Dann sprang er direkt zwischen die liegenden Frauen. Nachher wurden die Frauen ein bisschen kesser und schubsten ihn weiter. Ja, da waren ein paar mutige Frauen dabei. Jeden Abend kamen neue russische Panjewagen mit kleinen Pferden vorgespannt. Sie brachten Verpflegung für die Front, säckeweise Zucker und Mehl, übernachteten auf dem Hof und zogen am nächsten Tag weiter. Uns Kindern gaben die Mongolen manchmal eine Handvoll Zucker. Das war toll!

Mensch, der Krieg damals … Die Soldaten kamen mit Fuhrwerken, vor die Ponypferde gespannt waren. Damit fuhren sie an die Front und brachten Lebensmittel. Wenn man sich das heute vorstellt!

Nach ein paar Wochen zog ein neuer Offizier ein. Der kam nicht runter, wenn wir Kinder ihn riefen. Er sagte, deutsche Soldaten hätten das auch gemacht. Wenn der Offizier runterkam, kamen die Frauen freiwillig mit. Aber dann hatte er eine feste Freundin und benutzte keine andere mehr. Benutzt kann man so sagen. *(Sie lacht.)* Die anderen Soldaten nahmen sich, was es gab. Egal wie alt oder jung. Ob das Omas waren, war denen völlig wurscht. Ob da Kinder dabei waren, war für die uninteressant. Wahrscheinlich hatten die so viele Bedürfnisse und kannten das vielleicht auch nicht anders. Die Soldaten waren teilweise sehr einfache Menschen. Sehr einfach! Die wussten zum Teil nicht, was Klobecken sind. Heute ist alles anders, aber als die damals aus dem tiefen Russland kamen, wussten sie gar nicht, was das alles ist. Darum waren sie auch so verrückt nach den Uhren.

Wir Kinder hielten immer nur nach Essen Ausschau. Liefen durch die Häuser, guckten, wo noch etwas zu finden war. Ursel und ich freundeten uns mit zwei Jungs an, Helmut und Günther. Oft waren wir zu viert unterwegs. Einmal hatten die Jungs zwei kleine Pferde eingefangen. Jeweils zu zweit ritten wir auf ihnen bis zu einem Wäldchen. Aber auch da waren Russen, und wir mussten vorsichtig sein. Wir mussten immer Angst haben. Ursel und ich trugen Zöpfe und eine Mütze, damit wir wie Kinder aussahen. Bei schönem Wetter aßen die Russen an langen Tischen im Hof der nahe gelegenen Kaserne. Wir Kinder standen mit unseren Töpfen abseits und warteten, bis sie das übrig gebliebene Essen in eine Kuhle warfen. Wenn wir Glück hatten, sammelte vorher einer der Russen die Reste ein und goss sie uns in den Topf. Wenn wir Pech hatten, kam einer, guckte uns an, lachte und kippte die Reste in die Kuhle. Dann holten wir uns die Reste von dort. Wir hatten ja Hunger! Manchmal fanden wir noch Kartoffeln auf den Feldern, die eingemietet worden waren. In den Häusern fanden wir oft überhaupt nichts mehr. Vor uns hatten schon so viele nach Essen gesucht, die Häuser standen ja alle offen. Einmal hatten wir Vitamintabletten gefunden. Wir aßen sie sofort wie Bonbons auf. Davon bekamen wir mächtigen Durchfall. Das Viehzeug war weg, es gab keine Kühe, Schafe und Ziegen mehr. Einmal lag eine Kuh im Graben, die wohl bei einem Angriff getötet worden war. Was meinen Sie, was da los war! Alle kamen und schnitten sich ein Stück raus. *(Sie lacht.)* Die Frauen bauten direkt daneben eine Kochstelle, stellten einen Topf drauf und endlich gab es wieder etwas zu essen. Ich werde nie vergessen, wie ich mit Ursel den Pansen saubergemacht habe. Es gab ja nichts zu Essen … Und ich werde nie vergessen, wie die Russen im Haus Bratkartoffeln aus rohen Kartoffeln machten, dass kannte ich nicht. Probieren durfte ich nicht.

Irgendwann zogen wir mit einem Treck weiter. Es waren nur noch alte Leute, Frauen und Kinder unterwegs. Kurz vor Landsberg wurden wir von Tieffliegern beschossen. Wir warfen uns in den Graben … Wir hatten immer Glück, immer Glück! Vielleicht haben sie auch gar nicht auf uns gezielt, wollten uns nur einen Schreck einjagen. Keine Ahnung. Ob wir Angst hatten? Na, und wie! Aber es ist ja Gott sei Dank nichts passiert …

Von einem Ort zogen wir zum anderen, übernachteten in verlassenen Häusern und Wohnungen, wo gerade etwas frei wurde. Mal hieß es, wir könnten nach Hause, also liefen wir wieder zurück Richtung Westen. Dann war dort wieder kein Durchkommen, also mussten wir wieder nach Osten laufen.

Wir wussten nie, wann das nächste Dorf kommt. Wenn vorne im Treck jemand sagte, jetzt machen wir Pause, liefen alle in den Wald, wo wir auf Holzstämmen übernachteten. Doll schlafen konnten wir nicht, wir ruhten uns aus. Mutter hatte meine Füße in ihrem Schoß.

Es lag noch Schnee und war kalt. Mutter auf einem Baumstamm im Schnee … Dann ging es wieder weiter. Jeder zog einen Karren hinter sich her oder schob einen Kinderwagen. Es war schwierig – die Toilettengänge im Winter … Gott sei Dank wurde es schnell wärmer. Es war ein Jahr, wo das Frühjahr zeitig kam. Die Sonne wärmte uns. Kinder, was war das bloß für eine Zeit …

Wir waren im Winter losgelaufen. Was wir am Körper trugen, hatten wir seitdem nicht ausgezogen. Wir konnten uns nicht waschen, es gab keine Gelegenheit – höchstens mal das Gesicht oder die Hände. Darum hatten wir auch alle Kleiderläuse. Die sitzen nur in den Kleidern. Ich sage Ihnen, in jeder Naht sitzen die drin. In jeder Naht. Sehr unangenehm!

Als wir für einige Wochen wieder in einem verlassenen Haus unterkamen, meldeten Ursel und ich uns bei den Russen, um bei ihnen sauberzumachen. Dafür bekamen wir einen großen Sack voller Brotreste. Endlich hatten wir was zu essen! Das war wirklich schön, als wir endlich wieder etwas hatten.

Meine Mutter wurde krank. Sie hatte von einer toten Gans, die auf der Straße gelegen hatte, gegessen und eine Fleischvergiftung bekommen. Nun lag sie krank auf dem Heuboden, zu dem man entweder über die Küche hochsteigen konnte oder über eine Treppe von außen. Ich war unten in der Küche, als ich hörte, dass die Russen auf den Boden raufgehen würden und keinen mehr raufließen. Schnell rannte ich bei einem der Russen zwischen den Beinen durch hoch zu meiner Mutter. Die Russen hatten alle vom Boden geschickt, nur meine kranke Mutter und eine Frau, die vor Kurzem entbunden hatte, waren noch oben. Neben der Frau lag ihr Neugeborenes. Ja, und da hatte ich dann Sexunterricht. *(Sie lacht traurig auf.)* Ein Russe kam durch die Küche rauf, vergewaltigte die Frau und ging über die Hühnerleiter wieder runter. Dann kam der Nächste. Ich glaube, acht waren es. Bei dem Baby krochen die Läuse am Ärmchen lang. *(Sie lacht traurig.)* Ach wissen Sie, nee … Die Frau sagte immer: »Was denn, noch einer?«

Ich werde das nie vergessen – so als Kind. Ich saß neben meiner Mutter und sie sagte immer: »Guck da nicht hin!« Ich hab trotzdem nicht genau gewusst, was da passierte.

Diese Vergewaltigungen! In einem Haus, wo wir kurz zum Händewaschen gehalten hatten, lag im Nebenraum eine alte Frau im Bett. Die Russen stießen sie runter und warfen oben eine andere Frau rauf. Also diese Vergewaltigungen waren schon … Mit meinen

Zöpfen und der Mütze sah ich aus wie ein Kind. Trotzdem musste ich immer aufpassen. Tante Maria und meine Mutter gaben sich vor den Russen als »alte Madga« aus. Meine Mutter hatte schon mit 38 eine Prothese. Wenn die Russen kamen, nahm sie immer die Zähne raus und band sich ein Kopftuch um. Meine Mutter hatte Glück, Tante Maria nicht. Sie war schon von den ersten Russen etliche Male vergewaltigt worden. Und viele andere Frauen auch. Einmal, meine Mutter hatte das Baby auf dem Arm und mich im anderen, sagte ein Russe zu ihr: »Frau komm!« Er wurde immer böser und drohte mit der Pistole. Mutter sagte: »Schieß doch!«

Ob der das verstanden hat oder nicht – er hat nicht geschossen. Das sind alles Erlebnisse …

Ich muss Ihnen sagen, ich war sehr verwachsen mit meiner Mutter. Sie wurde 96 Jahre alt. Wir waren nicht nur Mutter und Tochter, sondern Freundinnen. Nach Rücksprache mit meinen Kindern habe ich mit sechzig aufgehört zu arbeiten, um mich um meine Mutter kümmern zu können. Nicht, weil es ihr schlecht ging, sondern um ihr die Hilfestellung geben zu können, die ein alter Mensch braucht. Sie war damals 86 Jahre alt. Ich hänge heute noch an ihr. Das muss ich sagen. *(Sie weint.)* Meine Mutter, die war … ja … eine ganz Liebe.

Meine Schwester ist dann auch verhungert. Wir hatten sie mit dem gefüttert, was wir gerade hatten. Hatten es mit der Sojabohnensuppe versucht. Milch war überhaupt nicht zu kriegen. Wenn wir ein paar Haferflocken bekommen hatten, rührten wir sie mit Wasser an. Aber dann war wieder kein Zucker da. Und da mein Vater in der Lebensmittelbranche arbeitete, hatten wir während des Krieges nie Mangel an Zucker gehabt. Da war Mariannchen verwöhnt. Irgendwann hatte meine Mutter nichts mehr zu essen für Mariannchen. Ich hatte schon einige von ihren Babykleidern bei einer Frau eingetauscht, die einen russischen Freund hatte. Sie hatte auch ein Baby und gab uns etwas Essen für die Kleider. Aber dann hatte sie gesagt: »Mehr Sachen brauch ich nich. Wenn deine Mutter für euer Baby was zu essen haben will, dann soll sie kommen. Mein Freund hat einen Freund, soll sie sich den Russen anschaffen hier.«

Um ihr Kind zu retten, ging Mutter los, aber sie kam schnell wieder, sie konnte es nicht. Sie konnte das nicht machen. Als sie das später meinem Vater erzählte, das mal nur nebenbei, beschuldigte er sie, sie hätte das Kind sterben lassen. Ja ja ja ja ja ja … Ich glaube, meine Eltern wären auch nicht zusammengeblieben. Mein Vater starb 54 mit 55 an Leukämie. Nach dem Krieg hatte sich meine Mutter sehr verändert, war nicht mehr die kleine ruhige Maus. Sie wusste dann, was sie wollte. Das hat sie mir später gesagt.

Meine Schwester starb über Nacht. Die Kleine lag neben uns. Ich wurde morgens wach und weiß noch, wie ich ihren Arm hochgehoben habe … Der war ganz steif. Ihr Jäckchen war vorne ganz nass. Mutter hatte Mariannchen nachts noch ein paar Löffel Wasser gegeben. Ich hatte den Eindruck, Mutter wusste gar nicht, was sie tat. Und ich, ich wollte immer Geschwister haben … Ich hatte ja keine. *(Sie kämpft mit den Tränen.)* Meine Freundinnen in Berlin hatten alle eine Schwester – ich nicht. Und dann kriegte ich mit zwölf Jahren eine Schwester! Sie war mein Ein und Alles! So eine Süße! Ich kümmerte mich ausschließlich um die Kleine! Und nun … An dem Morgen kam auch noch zu allem Unglück wieder ein Offizier rein und rief: »Raus! Räumen!« Und nun das tote Baby. Ich kümmerte mich darum, dass meine Schwester beerdigt wurde. Meine Mutter war dazu nicht in der Lage. Sie wirkte abwesend. Die Hilfe ist dann groß, gerade wenn ein Kind gestorben ist. Wir legten die Kleine in einen Koffer. Neben dem Haus lag ein kleiner Teich. Daneben stand ein großer Baum, unter dem schon ein Baby und ein älterer Mann begraben waren. In dieser Nacht war in dem Haus noch ein alter Mann gestorben. Wir beerdigten meine Schwester und den alten Mann neben den anderen beiden unter dem Baum. Ein paar alte Männer buddelten ein Loch, die Erde war schon aufgetaut. Dort legten wir den Koffer rein und das war's. Wir mussten ja raus, wir mussten ja weg! Ich würde den Teich heute noch finden. Der würde bestimmt noch da sein. Da drüben hat sich ja nicht viel verändert. Ja, dann war Mariannchen auch weg …

Meine Schwester starb am 11. April. Und 22 Jahre später ist meine Tochter am 11. April geboren. Es ist manchmal kurios …

Wir kehrten zu dem Hof der drei christlichen Schwestern zurück. Dort hieß es, die Gegend wird polnisch, wer möchte, kann bleiben. Die Schwestern wollten bleiben, aber wir wollten endlich nach Berlin und liefen los. Aber wir kamen nicht weit, ich wurde sehr krank. Wir fanden eine leere Wohnung, wo ich mich hinlegen konnte. Die Sonne kam schon häufiger raus, sie wärmte mich ein bisschen. Wir waren jetzt nur noch mit Tante Maria und ihrer Tochter Ursel unterwegs. Die anderen waren alle verstreut. Tante Maria wurde auch krank. Wieder kamen Russen in die Wohnung. Ein russischer Offizier war dabei, der sah, dass ich krank war. Er sagte: »Ich Arzt.«

Das hatten schon viele gesagt, aber dieser war wirklich einer und er hat mich gesund gemacht! Jeden Tag brachte er mir Medizin. Tante Maria, die neben mir auf der Erde lag, es gab keine Betten, behandelte er nicht. Nee, nur mich. Mit gebrochenem Deutsch erzählte er uns von seinem Kind in Russland. Für die Kinder hatten die Russen immer ein bisschen Mitleid, weil sie vielleicht selber Kinder hatten. Es gab, wie üblich, gute und weniger gute Menschen. Es war halt Krieg – Ausnahmezustand – und es kommt wohl immer darauf an, was jeder selbst erlebt hat. Ich habe erst später erfahren, was die Deutschen in Polen gemacht haben. Das nimmt sich alles nichts, bloß damals haben wir es ja nicht verstanden!

Als es mir besser ging, wollte mich der russische Arzt mit ins Lazarett nehmen, damit ich zu Kräften komme. Aber nun kriegte meine Mutter Angst und wir zogen nachts wieder los. Ich habe immer ein schlechtes Gewissen gegenüber dem Russen gehabt. Aber ich kann verstehen, dass meine Mutter so reagierte. Es wurden ja auch Kinder vergewaltigt. Tante Maria war immer noch krank, wir zogen sie mit dem Handwagen über die Landstraße. Plötzlich kamen Russenautos durch die Dunkelheit gefahren. Sie fuhren sehr unvorsichtig, der Handwagen kippte um und wir lagen alle im Graben. *(Sie lacht.)* Kurze Zeit später kamen andere Russen vorbeigefahren, hielten an und nahmen uns ein Stück mit. Dafür mussten wir aber einen Schnaps aus der Pulle trinken. Inzwischen hatten wir gelernt: Den Schnaps durfte man nicht ablehnen.

Als wir endlich Großmutters Haus an der Oder erreicht hatten, erfuhren wir, dass auch sie inzwischen gestorben war. Sie hatte es noch zurück bis nach Hause geschafft und konnte dort beerdigt werden. Wir hatten sie kurz auf der Flucht getroffen, mit zwei ihrer Enkelkinder, sieben und acht Jahre alt. Deren Mütter hatten die Russen weggeholt. Mein Opa war auch dabei. Er lahmte und war blind, hatte sich am Karren festgehalten und war nebenhergelaufen. Eines Tages, als Oma gerade den Karren gepackt hatte, um weiterzuziehen, hatte sich Opa aufgehängt. Er hat es wohl nicht mehr ertragen. Aber Oma, die damals schon 75 war, lief mit ihren Enkeln wieder zurück. Sie hatte ganz dicke Füße und Wassereinlagerungen, aber sie hat's zurück geschafft. Oma ist eine kleine Frau gewesen. Die hat am Vormittag ihr Kind gekriegt und nachmittags war sie schon wieder im Wald Holz holen. Hatte zwölf Kinder! Und das Verdienstkreuz … Den Bruder meines Vaters, der Käptn war, haben die Russen mitgenommen. Wir haben nie wieder was gehört. Eine Cousine ist in

Berlin bei einem Bombenangriff ums Leben gekommen. Ich glaube, wir hatten sieben in der Verwandtschaft, die im Krieg verstorben sind.

So ein Krieg … Wie kann man denn das vergessen! Ich frage Sie … *(Sie klopft mit der Hand energisch auf den Tisch.)* Wer einen Krieg mitgemacht hat, der kann doch nicht wieder mit Waffen anfangen. Sehen Sie mal, was für ein Wahnsinn! Wir liefern Waffen und verdienen ein Schweinegeld da dran! Und dann nehmen wir die Flüchtlinge auf und behandeln die, die bloß noch ein Bein haben … Das ist doch schizophren! Es hängt uns natürlich nach, der Holocaust ist schlimm gewesen. Andere Länder verfolgen auch und das mit den Schwarzen … Aber bei uns macht es die Masse. Wie kann man das denn vergessen? Einen Krieg darf es doch bei uns nicht mehr geben! Es geht immer nur um Macht und Geld! Es muss was Schönes sein. Sind ja alle verrückt danach. Ich kenne es nicht, vielleicht würde ich sonst auch so sein. Nein, nein, nein, diese Welt ist nicht mehr meine! Keiner dürfte mehr zur Waffe greifen …

Von Omas Haus zogen wir weiter Richtung Berlin. Ein Mann fuhr uns mit einem Kahn über die Oder. An den kaputten Brückenpfosten lagen angeschwemmte Pferde. Inzwischen war das Eis aufgetaut, die Leichen kamen wieder aus der Erde. Als die Erde noch hart gefroren war, hatte man die Toten nur ein bisschen mit Sand bedecken können. Nun war der Sand versackt und die Leichen der toten Soldaten kamen alle wieder raus. Im Oderbruch sind später viele Menschen bei der Feldarbeit auf Minen gelaufen und mussten noch ihr Leben lassen. Es war dort alles vermint.

Wir erreichten den Bauernhof, wo ich während des Krieges gelebt hatte. Überall waren Gräben von den Soldaten. Für uns Kinder war das schön … Wir liefen durch Gräben über den Hof in den Stall oder in die Scheune. Die Front war sehr lange im Oderbruch gewesen, wissen Sie. Da sind die meisten Soldaten gestorben, vor allen Dingen viele Russen. Ich habe in diesem Jahr mit meinem Sohn die Gedenkstätte Seelower Höhen besucht. Es ist traurig, wie viele Soldaten dort ihr Leben lassen mussten! Und wofür!?

Ursel und ich gingen auf Suche. Ich fand einen Schuh, und dann suchte ich den anderen. Ich fand auch mein Poesiealbum. Jemand hatte nur die leeren Seiten rausgerissen. Das fand ich nett. Ich habe es immer noch.

Am 17. Mai kamen meine Mutter und ich mit einem Güterzug am Stettiner Bahnhof in Berlin an. Unser Haus stand noch und mein

Vater war vom Volkssturm zurückgekommen. Er hatte in Biesdorf einen Steckschuss in die Wade gekriegt und durfte nach Hause gehen. In unserer Wohnung lebten dann Fremde mit uns. Es gab nur noch wenige Wohnungen. Und dann kamen wir so langsam wieder in alles rein, waren als kleine Familie wieder zusammen ...

Nach dem Krieg gab es keine Betreuung für uns Kinder – niemand wollte uns hören, auch nicht unsere Eltern. Wir Kinder haben das erlebt und nie wieder darüber gesprochen. Das ergab sich gar nicht. Für Mutter war das wohl unangenehm, und ich habe auch nicht gefragt. Ich war sowieso dumm – nicht aufgeklärt. Damals wurden wir nicht aufgeklärt. Als ich vielleicht zehn war, haben meine Freundin und ich meine Mutter mal was gefragt und dann hieß es: »Na, ihr wisst es doch viel besser.«

In jeder Familie gab es ein Doktorbuch, das wurde versteckt. Heimlich habe ich mit meiner Freundin darin geblättert, aber da drin war nichts zu sehen! Und das ist alles noch gar nicht so lange her, wissen Sie. Wenn jetzt immer über die Araber und ihren Umgang mit den Frauen geschimpft wird ... Mensch, wir sollen ganz ruhig sein! Es ist noch nicht lange her, da ist es in Deutschland auch nicht anders gewesen. Da hatten die Frauen auch nichts zu sagen. Das vergessen immer alle. Wie lange haben wir das nicht mehr, dass der Mann bestimmt hat, wo die Familie hinzieht. Das ist doch nicht lange her!

Ich habe die Erlebnisse erst langsam verarbeiten können. Ich brauchte lange, um ein junges Mädchen zu werden, das lustig ist und lacht. Da war ich bestimmt schon 20, 21. Ich war sehr ernst.

Jetzt im Alter weine ich schnell. Ich bin oft traurig, und diese ganze Sache von früher kommt hoch. Im Januar, Februar ist es für mich immer noch belastend. Jedes Jahr, auch heute noch mit 85. Jetzt im Alter hat man Zeit, früher hatte man ja keine. Wir haben geheiratet, die Kinder gehabt, sind arbeiten gegangen ... In der Welt, in der wir jetzt leben, da ist alles so schwierig und so schlimm. Mir geht's gut, ich will nicht klagen. Ich bin 85 und es ist alles in Ordnung. Aber es könnte anders sein! Alle, alle sind schon tot. Mein erster Mann ist tot, mein zweiter Mann ist tot. Meine Freundin, meine Cousinen ... Da denk ich manchmal: Meine Güte, was soll das eigentlich! Ich muss das alles alleine verkraften, wissen Sie? Und dann denke ich manchmal, ich gehe nicht in die Kirche, aber ich bin ein gläubiger Mensch, warum muss das alles so sein? Warum lässt das der liebe Gott zu, dass die Menschen ... Wie wir alles kaputt machen! Wie schlecht sind die Menschen überhaupt? Machen alles kaputt! Wissen nicht wohin mit dem Plastikzeug und dem Abfall. Ich verstehe die Menschen nicht mehr! Das lässt einen doch verzweifeln. Der Mensch ist das intelligenteste Lebewesen … Das kann man nicht glauben! Der Mensch tötet, obwohl er das nicht nötig hat. Wir fabrizieren so viel Fleisch und die armen männlichen Küken werden gleich getötet. Das ist alles furchtbar! Das Tier tötet doch nur, wenn es Hunger hat! Das tötet nicht auf Vorrat. Nein, nein, nein! Irgendjemand hat mal gesagt: Seit ich die Menschen kenne, liebe ich die Tiere. Dann denke ich immer, meine Güte, du kannst das gar nicht so erzählen! Denn so darf man gar nicht denken, wenn man jung ist. Dann kann man ja nicht mehr leben, nicht? Ist doch so.

»Nimm mich mit, Mutti, Mutti, nimm mich mit!«
Dorothea L.

(Geboren 1930 in Duisburg, Drogistin, Heilpraktikerin)

Ich erinnere mich noch an die Farben damals: Himmel und Erde gehen grau-weiß ineinander über. Die kalte Schneeluft war schmerzhaft beim Einatmen … Mitte Januar 45, es lag hoher Schnee, bekam das Dorf in Pommern, in das wir evakuiert worden waren, den Packbefehl. Meine Mutter, mein kleiner Bruder, meine Schwester und ich waren auf dem Rittergut untergekommen. Meine Schwestern Liesl und Renate waren bei dem Lehrer der Dorfschule untergebracht und meine Schwester Rosi beim Pfarrer, der dreißig Kilometer vom Gut entfernt wohnte. Sonntags kam er für die Messe ins Dorf.

Abends um neun Uhr läuteten am 17. Januar vom Kirchturm die Sturmglocken: der Fluchtbefehl. Es ging sehr lebhaft zu. Meine Mutter kriegte vom Gut einen Planwagen mit Gummirädern gestellt, der von einem Traktor gezogen werden sollte. Wir hatten auf dem Gut inzwischen keine russischen Gefangenen mehr, sondern italienische. Die russischen waren vor ihren eigenen Leuten geflohen, denn Kriegsgefangene wurden oft von ihren eigenen Leuten erschossen. Zwei Italiener fuhren den Traktor. Meine Mutter saß vorne auf dem Bock. Auf dem Gut waren auch Frauen aus Witten mit ihren Kindern untergebracht worden. Sie bekamen einen Ochsenkarren, und ihre Kinder wurden bei uns mit auf den Wagen geladen. Auch meine Schwester Liesl, acht Jahre alt, fuhr auf unserem Wagen mit. Renate, die schon älter war, musste neben dem Wagen des Lehrers laufen. Draußen waren es 18 Grad Minus. Als wir durch das Dorf des Pfarrers kamen, hatte die Rosi bereits den ganzen Tag an der Straße auf uns gewartet. Sie lief zu unserem Wagen und rief: »Nimm mich mit, Mutti, Mutti, nimm mich mit!«

Meine Mutter rief: »Halt an!«, aber der Traktor fuhr weiter, die Italiener hörten sie nicht. Sie unterhielten sich laut und verstanden nichts. Die Pfarrhaushälterin kam rausgelaufen, schnappte sich die Rosi und rief uns hinterher: »Wir kommen morgen nach!«

Ich wusste, dass wir im nächsten Dorf zum Übernachten halten würden und dachte: ›Na, dann sehen wir die Rosi bald.‹ Aber sie kamen nie nach. Meine Schwester Ingrid ging in der Nacht zurück, um die Rosi zu holen. Das hat sie mir später erzählt. Als sie sich mit der Rosi auf den Rückweg machen wollte, saß auf der Straße ein verwundeter Soldat und sagte: »Wenn ihr mir nicht helft, erfrier ich hier.«

Die beiden kümmerten sich um den Soldaten, und dann wurde bemerkt, dass die Rosi wegwollte. Die Pfarrersleute hielten sie zurück, Ingrid kam allein zurück.

Die Flucht war mehr als schlecht organisiert, und so passierte es, dass der erste Teil unseres Trecks am nächsten Tag schon früher aufgebrochen war. Niemand wusste, in welche Richtung. So verloren wir auch Ingrid, die mit dem Lehrer früh losgezogen war.

Wir waren tagelang unterwegs. Am Straßenrand lagen Leute, die einfach erfroren waren … In verlassenen Häusern suchten wir nach Essen und übernachteten dort, wenn es möglich war. In einem Haus fanden wir einen heißen Topf mit Hühnersuppe, in der ein ganzes Huhn schwamm! Das war natürlich was ganz Tolles! Dann ging der Traktor kaputt und wir saßen fest, bis er repariert werden konnte. Meine Mutter fand in der Zwischenzeit eine Familie, bei der wir jeder ein frisch bezogenes Bett bekamen. Die Leute hatten selbst vier Kinder und nahmen uns so nett auf. Aber das war nicht immer so. Mutter war mittlerweile genervt. Sie musste sich auch noch um die drei anderen Kinder der Frauen aus Witten kümmern. Auch die Mütter hatten wir auf der Flucht verloren. Bei einem Halt in einer kleinen Stadt verlangte sie, dass sich nun andere aus dem Treck um die Kinder kümmern sollten. Es waren ein Junge von vielleicht elf Jahren, ein neunjähriges Mädchen und ein zweijähriges Kind. Die Neunjährige kümmerte sich wie eine Mutter um die Zweijährige. Versuchte sie trocken zu halten, was bei der Kälte ganz schwierig war. Mutter sagte zu den Frauen: »Ich bin am Ende, ich kann das nicht mehr.«

Die anderen Frauen beschimpften sie, dass sie die Kinder abgeben wollte. Weil Mutter nicht mehr wusste, wie sie alle Kinder versorgen konnte und jede Nacht unterbekam, gab sie die drei Kinder beim Roten Kreuz ab. Wir hörten nie wieder von ihnen.

Die russische Armee war immer kurz hinter uns. Oft hörten wir jetzt schon den Geschützdonner. Wir hatten große Angst – hörten von schrecklichen Gräueltaten der Russen. Vergewaltigungen waren auf beiden Seiten der Front an der Tagesordnung.

Mutti beschloss, sich vom Treck zu trennen. Sie wollte versuchen, mit dem Zug weiterzukommen, und konnte vorbeiziehende deutsche Soldaten überreden, uns mit ihrem LKW bis kurz vor Stettin mitzunehmen. Aber in Stettin vor dem Bahnhof standen Hunderte von Leuten – alle mit Gepäck. Wir stellten uns dazu. Wir wussten nicht weiter. Am Abend kam eine Frau mit einem leeren Kinderwagen auf uns zu. Sie sagte zu meiner Mutter: »Sie können doch auch nicht mehr. Kommen Sie, packen Sie Ihre Sachen auf meinen Wagen und wir gehen zu mir nach Hause. Morgen ist hier alles leer und dann können Sie in aller Ruhe wegfahren, das verspreche ich Ihnen. Aber bis es hier leer ist, ist das die Hölle. Die Leute schlagen sich um die Plätze.«

Sie nahm uns mit zu sich nach Hause. Dort durften wir jeder ein Bad nehmen und kriegten ein frisch bezogenes Bett. Sie kochte ganz toll für uns und wir konnten endlich einmal richtig gut schlafen.

Am nächsten Morgen war der Bahnhofsplatz leer. Wir kamen in einem Güterzug unter, der nach Hannover fuhr. Unterwegs traf uns Tieffliegerbeschuss. Der Zug musste auf offener Strecke halten. Wir sahen die Tiefflieger kommen, hatten Angst und wollten aus dem Zug springen. Ein Soldat, der mit uns im Waggon saß, rief: »Nicht rausgehen! Bleiben Sie im Zug und legen Sie sich auf den Boden!«

Wir legten uns hin und versteckten uns zwischen den Bänken. Sie schossen auch auf die Waggons. Wir hatten Todesangst. Aber das rettete unser Leben. Die Leute, die rausgerannt waren, lagen alle erschossen auf dem Bahndamm. Immer wieder kamen die Tiefflieger. Wir hatten so eine Angst! *(Pause.)* Die flogen so niedrig, dass ich den Piloten sehen konnte. Ich hatte das Gefühl, jetzt könnte ich ihm die Hand geben. Die Piloten haben uns natürlich auch gesehen, wollten am liebsten alles zerschießen. Die Tiefflieger schossen die Lokomotive kaputt, wir mussten auf eine neue Lokomotive warten. Wir waren nochmal davongekommen – als Familie.

Zurück in Duisburg, war in unserem Haus durch den Luftdruck einer Bombe das Dach abgedeckt worden. Wir stellten Eimer in den Zimmern auf, wenn es regnete. In unserem Kinderzimmer konnten wir gar nicht mehr schlafen. Wir schliefen bei einer Nachbarin auf Matratzen auf dem Boden. Nach unserer Rückkehr schrieb ich als Erstes meiner Oma eine Karte: Nach 14-tägiger Flucht sind wir glücklich wieder zu Hause angekommen. Meine Mutter sagte: »Was, glücklich!? Du ziehst auch alles wie ein nasses Hemd aus und dann ist es für dich gut.« *(Sie lacht.)*

Von der Ingrid und der Rosi hatten wir immer noch nichts gehört. Es gab damals im Radio einen Suchdienst vom Roten Kreuz. Jeden Tag wurden dort um die gleiche Zeit Namen von Menschen aufgerufen, die sich durch die Kriegswirren verloren hatten. Auf diese Art kamen viele Leute wieder zusammen. Wir hatten die Rosi und die Ingrid dort gemeldet. Jeden Tag hörten wir die Sendung in der Hoffnung, die beiden hätten Gelegenheit, sich dort zu melden. Jeden Mittag und jeden Abend, wenn ich von der Drogerie, bei der ich eine Ausbildung angefangen hatte, nach Hause kam, rannte ich die letzten Schritte in der Hoffnung, die beiden wären angekommen. Jedes Mal dachte ich: ›Vielleicht ist ja die Ingrid heut nach Haus gekommen! Oder die Rosi.‹

Aber keiner kam. Jedes Mal war ich enttäuscht. Wir hofften und stellten uns vor, dass die beiden irgendwie zusammen wären.

Ungefähr ein halbes Jahr nach Kriegsende kam die Ingrid eines Tages ganz schwarz im Gesicht bei uns an. Sobald die Familie des Lehrers mit ihr über die Oder gekommen war, hatten sie die damals Zwölfjährige ihrem Schicksal überlassen und waren ohne sie weitergezogen. So hatten sie einen Esser weniger, denn es war auf der Flucht immer ein großes Problem, an etwas zu essen zu kommen. Ingrid wusste, die Kohlezüge fahren ins Ruhrgebiet, und so war sie in einen leeren Kohlewaggon gestiegen und kam entsprechend schwarz bei uns an. Sosehr wir uns über Ingrids Heimkehr freuten, wussten wir nun, dass die Rosi, damals acht Jahre alt, irgendwo allein bei fremden Leuten war. Wir redeten täglich darüber, und auch in der Verwandtschaft wurden wir immer wieder gefragt: »Habt ihr was von dem Kind gehört?«

Rosi kam nicht. Wir erfuhren von einer Frau in der Nähe von Paderborn, die einem sagen konnte, wo sich eine Person befindet, wenn man ihr ein Foto schickt. Meine Tante hatte ein Foto ihres Mannes hingeschickt, der als Soldat in Russland gewesen war. Die Frau hatte geantwortet, dass der Mann noch diesen Monat nach Hause kommen würde, aber schwerkrank sei. Das war im August gewesen. Der Monat ging zu Ende, es war der 31. August und meine Tante dachte: ›Ach, sie hat ja doch nicht recht gehabt!‹

Aber am 31. August kam der Peter nach Hause! Er war schwer tuberkulös und starb auch daran. Vorher hat er noch seine Kinder angesteckt … Also befragten wir diese Frau nach der Rosi. Sie sagte: »Ja, die war sehr krank, aber jetzt ist sie wieder gesund. Sie lebt bei einer alten und einer jungen Frau in Polen. Die wird noch lange nicht zurückkommen.«

Mehr konnte sie nicht sagen. Aber nun wussten wir: Die Rosi lebt! Wir hörten weiter die Rot-Kreuz-Nachrichten. Eines Tages nach langer, langer Zeit kriegten wir einen Anruf von einer Frau, die uns sagte, sie hätte die Rosi dabei. Sie war mit ihr über Friedland in den Westen gekommen. Die Rosi war wirklich krank gewesen. Der Pfarrer, seine Haushälterin und ihre Tochter waren sofort nach Kriegsende weggegangen und hatten die Rosi mit der achtzigjährigen Oma alleine zurück gelassen – das achtjährige Kind! Irgendwann starb die alte Frau. Inzwischen war eine jüngere Frau aus dem Osten gekommen, die mit den beiden zusammenlebte. Die junge Frau und Rosi mussten für die Polen arbeiten. Sie wurden zu Arbeitseinsätzen gebracht, kriegten wenig zu essen, aber viel zu arbeiten, mussten bei der Ernte helfen. Sie konnten nicht selber über sich bestimmen, das machten andere. Irgendwann wurden sie auf einen Laster gepackt und nach Friedland gebracht. Dort wurden sie erst entlaust und dann neu eingekleidet. Der Mann der jungen Frau wohnte in Bremen, wohin sie die Rosi mitgenommen hatte. Von dort rief sie meine Mutter an und sagte ihr, dass sie die Rosi abholen könne. Meine Mutter fuhr hin, und jetzt erzähle ich aus Rosis Perspektive.

Diese junge Frau war inzwischen wie ihre Mutter geworden. Die hatte sich gekümmert! Und die Mutti hatte sie auf der Straße stehenlassen. Ja … die Mutti war für sie die Frau, die sie irgendwo abgegeben und nicht mitgenommen hatte. Meine Mutter lebt nicht mehr, die ist vor sechs Jahren mit 103 Jahren gestorben. Die Rosi konnte nie mehr ein Verhältnis zu ihrer Mutter aufbauen. Sie ging zwar mit unserer Mutter mit, aber sie sagt mir jetzt, wenn wir am Telefon von den alten Zeiten erzählen, dass sie das nicht gerne getan hat. Das war die Frau, die sie einfach immer irgendwo abgegeben hatte. Und so ist das Verhältnis auch bis zum Schluss geblieben. Inzwischen lebt sie in einem Altenheim, ist jetzt achtzig geworden und sagt, sie ist zufrieden, wenn man sie fragt. Aber von ihrer Zeit in Polen erzählt sie nicht viel. Sonst erzählt sie mir sehr, sehr viel. Sie muss noch viel verarbeiten …

Am Anfang, wie wir wieder zu Hause waren, habe ich die Fluchtgeschichte wohl zwanzigmal erzählt. Ich musste das immer wieder erzählen. Irgendjemand musste mir immer wieder zuhören. Jedem, der sie hören wollte, musste ich das erzählen. Jetzt gerade das 21. Mal …

»Auf einmal erscheint in den toten Augen ein Aufblitzen, ein Licht …« Roswitha Weiß

(Geboren 1939 in Berlin, Fremdsprachensekretärin)

Eines Nachts wurden wir geweckt. Es hieß: »Schnell, schnell, schnell, alle sind schon auf dem Sammelplatz.«

Meine Schwester sagt, es war am 19. oder 20. Januar 45. Ich war erst fünf Jahre alt und mit meiner Schwester wegen der vielen Bombenangriffe nach Schlesien in einen Gasthof evakuiert worden. Am Sammelplatz angekommen, hörten wir schon im Hintergrund das Donnern der Kanonen, die immer näher kommenden Einschläge. Weil schon alles in den Wagen besetzt war, wurde ich in die letzte offene Leitersprosse gesetzt, die mit Stroh bedeckt war. Die Leitern waren für zusätzliche Sitzplätze seitlich an die Pferdewagen gehängt worden, umgeklappt und mit Stroh bedeckt. Ich erinnere mich noch an eine hübsche Frau, die an unserem Wagen stand und sich verabschiedete. Die anderen Frauen flehten sie an, es waren ja nur noch Frauen und Kinder da: »Komm mit, komm mit!«

»Nein, ich lasse meine Tiere nicht alleine, wer soll die füttern«, sagte sie, »man muss sich anpassen, wenn die Russen kommen. Ist eben eine kommunistische Regierung dann.«

Später habe ich noch oft darüber nachgedacht, ob die Frau das so alleine überlebt hat.

Als wir gerade losgefahren waren, kam eine Frau mit einem Kinderwagen zu unserem Wagen gelaufen und flehte: »Nehmt doch das Kind mit in den Wagen rein!« Eine der Frauen im Wagen meinte, das Kind hätte Diphtherie, und damit war die Sache erledigt. Keiner nahm das Kind in seinen Wagen auf. Die Mutter musste mit dem Kinderwagen alleine weiterlaufen.

Mit meinem kleinen Po saß ich ganz verkrampft auf der letzten Sprosse. Während der Wagen über die holprigen Feldwege fuhr, hatte ich Angst runterzufallen. Ich war allein. Wo meine Schwestern waren, wusste ich nicht. Ich wusste damals nicht, dass sie zu Fuß mit in dem Treck liefen. In der Ferne hörte ich den Kanonendonner. Die Angst der Erwachsenen übertrug sich auf mich. Sie sagten: »Oh, die Russen, die überrollen uns gleich!« und solche Sachen. Ich hörte auch die Panzerketten scheppern. Das müssen wohl die Panzer der flüchtenden Deutschen gewesen sein. Die

Deutschen sollen ja rücksichtslos über alle Flüchtenden hinweggefegt sein.

Es war Minus 20 Grad. Wir hatten nicht wie heute Fellstiefelchen an, das gab es alles nicht. Ich fror sehr auf diesem letzten Treppchen, während wir über die Feldwege buckelten. Viele mussten laufen. Alle hatten wir Frostbeulen an den Füßen. Meine Schwester hatte sie noch lange, lange. Ich weiß noch, dass sie sie in Urin badete. Das ist ein gutes Mittel gegen Frostbeulen. Sie hat furchtbar unter der Kälte auf der Flucht gelitten und bekam eine Nebenhöhlenentzündung, die chronisch wurde.

Auf den Wegen war überall Glatteis. Die Pferde rutschten immer wieder aus. Als die Pferde wieder einmal ausgerutscht waren, sprach ich die zwei Männer an, die vorne auf dem Bock saßen, aber sie verstanden mich nicht und ich sie auch nicht. Es waren wohl Zwangsarbeiter, die mit auf die Flucht gegangen waren. Auf einmal waren sie verschwunden. Sie hatten noch versucht, die Pferde wieder auf die Beine zu bringen, und dann waren sie weg. Geflüchtet wahrscheinlich.

Dann sah ich einen Zug Sträflinge. Sie liefen auf einem Feldweg, der schräg auf unseren Weg zulief. Es war wohl nicht beabsichtigt gewesen, dass wir sie sehen. Sie trugen gestreifte Kleidung, hatten Kappen auf und keinen Stern, sondern ein Dreieck, ein Zeichen für polnische KZler, wie ich heute weiß. Ich sah zu den Gefangenen rüber und guckte nur in tote Augen. Sie schauten uns an und waren keine Menschen. Zusammengepfercht. Es war so kalt, und sie trugen nur diese dünnen Sträflingssachen. Ich fragte eine Frau: »Was sind'n das für Leute?«

Sie sagte: »Ach, das sind sicher Zuchthäusler, die müssen zur Arbeit.«

Vor den Sträflingen fuhr ein Leiterwagen mit einem Pferd und einem Kutscher. Die ganze Kolonne – es liefen immer fünf nebeneinander in einer Reihe – wurde nur von einem Soldaten beaufsichtigt, der um sie herumging. Das verstand ich nicht. Ich dachte: ›Warum laufen die denn nicht weg? Einer und so viele?‹ Auf dem Leiterwagen lagen lauter Spaten. Weil ich wusste, wie begehrt der Platz bei uns im Wagen war, während die anderen laufen mussten, dachte ich: ›Warum nehmen die die Spaten nicht runter und setzen sich in den Wagen?‹ Das war meine kindliche Idee.

Dann passierte etwas, was ich nie vergessen habe: Aus der Mitte der Sträflingsgruppe ragt ein sehr großer Mann hervor, er überragt alle. Er blickt mich an, und ich blicke ihn an. Auf einmal erscheint in seinen toten Augen ein Aufblitzen, ein Licht. Irgendwie fangen die toten Augen an zu leben. Und plötzlich ist der Mann weg. Ich sehe wie der Bewacher eine Pistole entsichert und aufgeregt durch die Gegend läuft.

Nach der Flucht erzählte mir meine Schwester, der Mann hätte sich in den Graben gerollt. Er hatte wohl gedacht, dass der Bewacher ihm nichts tun würde, angesichts der Kinder und Frauen. Ich fühlte mich irgendwie mitschuldig, weil wir einen längeren Blickkontakt hatten und plötzlich seine Augen aufleuchteten und lebhaft wurden. Ich habe oft darüber nachgedacht, was dieser Mann wohl gedacht haben mag: Zu Hause habe ich auch so eine Kleine, die will ich wiedersehen! Meine Schwester erzählte: »Den haben sie auf den Leiterwagen geschmissen und sind weitergezogen.« … Diesen Mann werde ich nie vergessen.

Es dauerte lange, bis unsere Pferde wieder auf den Beinen waren, die anderen Wagen waren inzwischen an uns vorbeigezogen und wir waren alleine. Später kamen wir an eine Abzweigung nach Dresden, an der zwei Männer standen. Sie sagten, wir sollten weiterfahren, Dresden sei voll von Flüchtlingen. Also zogen wir weiter, Richtung Prag in die Tschechei. Ich habe mir oft überlegt: Was hast du überhaupt den ganzen Fluchtweg gegessen? Gar nichts. Ich erinnere mich nur an eine Frau, die sich an unseren Wagen hinten rangehängt hatte, damit sie eine Weile nicht laufen musste. Im Wagen saß eine Frau mit einem Kind, die eine Tüte mit Äpfeln ausgepackt hatte – schöne rote Äpfel. Ich blickte begehrlich auf einen großen rotbackigen Apfel, den die Frau in der Hand hielt. Die junge Frau, die am Wagen hing, sah das und sagte: »Ach, geben Sie doch der Kleinen auch einen Apfel.«

Die Frau guckte den Apfel von allen Seiten an, steckte ihn wieder ein und gab mir einen ganz kleinen. Immerhin! Das sind die Erinnerungen. Ich war ja gerade fünf Jahre alt geworden.

Ich weiß nicht, wie lange wir unterwegs waren. Wir waren Tag und Nacht unterwegs, ohne etwas zu essen. Ich hatte ja keine Mutter, die mir was zusteckte. Aber trotz alledem bin ich nicht verhungert …

In Prag wurden wir in einer Turnhalle untergebracht. Jede Familie bekam ein Nest aus Stroh auf dem Boden. Im Flur der Turnhalle sah ich den Kinderwagen von dem Kind, was angeblich Diphtherie gehabt hatte – ohne Kind, es war gestorben.

Geflüchtete Kinder mit ihren Habseligkeiten auf dem Bürgersteig vor dem Übergangsflüchtlingslager Lehrter Straße in Berlin (September 1945)

Ich saß auf dem Stroh in der Turnhalle, als plötzlich die Tür aufging und meine Mutter da stand. Das werde ich nie vergessen! Ich war selig und glücklich und wollte sie nie wieder loslassen. *(Sie lacht.)* Mutter nahm uns, ich weiß nicht, wo sie meine beiden Schwestern gefunden hatte, und fuhr mit uns nach Berlin zurück.

»Jetzt bin ich der Herr und du der Knecht!« Edel S.

(Geboren 1930 in Schlesien, Pfarrhaushälterin)

Wir waren schon lange auf der Flucht gewesen. Vater war von den Russen abgeholt worden und nach Wochen wiedergekommen. Meine Mutter und wir Kinder mussten auch wochenlang für die Russen auf einem Hof arbeiten. Nach dem 8. Mai hieß es: Alles wieder nach Hause! Also machten wir uns auf den Rückweg.

Wir kommen endlich nach Hause! Von Weitem gucken wir schon, ob die Häuser noch stehen oder verbrannt sind. Und ach, da sehen wir, unser Haus steht noch! Es regnet doll, wir laufen schnell ins Haus, lassen den Wagen davor stehen. Innen ist alles verwüstet und rausgeklaut. Nur noch ein Sofa steht im Wohnzimmer. Wir machen ein bisschen sauber und wollen den Wagen abladen. Inzwischen war polnische Miliz auf den Hof gekommen und lud vom Wagen runter, was ihnen gefiel. Sie nahmen mir auch noch meine kleine Armbanduhr ab. Wir konnten nichts machen! Im Vorgarten, wo Blumen und Gemüse gepflanzt waren, stand ein kaputter Panzer. Vor dem Wohnzimmerfenster lag das Geschirr zerschmissen, alles kaputt. Die Ställe waren leer, die Dreschmaschine war auch weg. Mein Vater hatte Angst, dass sie uns noch das letzte Pferd stehlen würden, und stellte es abends in die Kartoffelkammer, die kein Fenster hatte. Eines Nachts wurde Vater vom Hufklappern des Pferdes im Hof wach. Die Polen hatten es aus dem Versteck geholt.

Es war Anfang Juni, die Kartoffelmieten standen noch. Kartoffeln werden im April gelegt, aber wir Kinder sortierten die Kartoffeln und pflanzten noch sieben Morgen. Im Juli kam ein Pole an, ein junger Kerl mit seinem Mädchen. Er hatte einen Zettel dabei, stellte sich vor meinen Vater und sagte: »Jetzt bin ich der Herr und du der Knecht!« Ich meine, das sind Tatsachen, da kann kein Mensch … Wir mussten die besten Stuben räumen, und meine Eltern mussten für den Polen arbeiten. Ich weiß gar nicht, wie wir so noch gelebt haben.

Dann hieß es, eine von uns Deutschen muss sich beim Bauern Opitz einfinden. Ich weiß nicht, warum ich ausgewählt wurde, vielleicht weil ich die Älteste war. Ich musste bei diesem Polen arbeiten. Er hatte eine Frau, eine ganz zierliche, feine Frau – eine Warschauerin mit Hündchen im Bett. Den musste ich bedienen. Ich musste in der Küche für ihn kochen und abwaschen – musste alles machen. Für mich war das, wie soll ich Ihnen das erzählen – ich musste das Frühstück ans Bett bringen. Abends ging ich nach Hause, morgens musste ich wieder da sein, aufräumen und saubermachen. Mehr kann ich dazu nicht sagen. Ich bekam dort zu essen. Wenn sie Besuch aus Warschau bekamen, kochten sie mal selber was. Ihre besonderen Gerichte, eine Suppe mit roter Bete. Davon wurde mir schlecht.

Eines Tages bekamen wir einen Bescheid. Wir sollten unterschreiben, dass wir Polen werden. Die Deutschen, die noch da waren, taten sich zusammen und sagten: »Wir sind doch Deutsche, wir wollen doch nicht Polen werden. Wo die uns so schlecht behandelt haben.« Wir haben einfach nicht unterschrieben. Deswegen wurden wir wohl von den Polen rausgeworfen. Nach einem Jahr, im Oktober 46. Auch an diesem Tag arbeitete ich bei dem Polen, seine Frau war verreist. Er verhielt sich komisch, ich sollte ihm am Abend Badewasser fertig machen. Er versuchte, mich aufzuhalten. Er muss gewusst haben, dass unsere Abreise bevorstand. Ich stand schon mit einem Fuß in der Tür. Es kam mir komisch vor. Ich war beinahe vierzehn Jahre und musste schon sowas erleben. Ich fasste Mut, schlug die Tür zu, rannte im Dunkeln nach Hause und erzählte es meiner Mutter.

Was soll ich sagen, in der Nacht um zwölf wurden wir mit großem Hallo geweckt und es hieß, innerhalb einer Stunde müssten wir weg! Jetzt … was mitnehmen? Uns blieb nur, was wir tragen konnten. Ich weiß gar nicht, wie wir das überhaupt ausgehalten haben. Die Stunde war noch nicht um, da mussten wir uns in einer Gastwirtschaft einfinden. Gegen Morgen wurden wir auf einen Sammelplatz in die nächste Kreisstadt transportiert und auf Viehwaggons aufgeteilt. Ungefähr 36 Personen mit Sack und Pack in einen Waggon. Mensch … Wenn ich mir das überlege! Das war im Oktober, es war schon kalt. Vierzehn Tage waren wir unterwegs. Neben uns saß der Pfarrer aus dem Heimatort meiner Mutter, Kaulwitz. Auf den wenigen Säcken, die wir dabeihatten, haben wir gesessen. Der Pfarrer guckte immer durch die Schlitze oben im Waggon. Wir hatten Angst, dass sie uns nach Russland bringen.

Keiner wusste was. Wir landeten im Lager Radeberg. Onkel Johann, Vaters Bruder, hatte das Pech und einen Platz ganz vorne an der Zugtür gehabt. Es war kalt gewesen. Er wurde krank und starb im Lager. Ach, war das furchtbar für meinen Vater! Am 1. November bekamen wir die Nachricht, dass wir bei Neustadt (Dosse) in einem

Dorf unterkommen würden. Uns wurde ein Zimmer zugeteilt. Wir hatten nichts. Wir mussten uns durchschlagen. Die Bauern gaben uns nichts.

Als ich 69 zurück nach Schlesien fuhr – wir hatten noch Verwandtschaft da –, was meinen Sie, wie wir da begrüßt wurden! Mein Bruder bekam einen Blumenstrauß und unsere Eltern sollten doch auch kommen. Der Bruder meines Vaters war mit seiner Frau polnisch geworden. Die Polen wohnten noch da, aber sie hatten ein gutes Verhältnis. Alles war wunderbar. Aber wie es da ausgesehen hat! Ich hab es meinen Eltern erzählt. Manche Polen waren sehr nett, es waren ja auch Vertriebene, die auf die Güter der Deutschen kamen. Manche gaben sich Mühe, ich sah viele Güter, die in Schuss gebracht worden waren. Aber bei uns auf dem Gut war es leider nicht so. Die Scheunen alle leer, kein Vieh …

»Mir wurde auf einmal klar, wir werden vertrieben!« Barbara Schubert-Felmy

(Geboren 1931 in Liegnitz, Lehrerin, Dozentin)

Anfang 1946 wurde es immer sicherer, dass wir das Land nicht behalten. Die Straßennamen waren alle schon polnisch. Das Geld war polnisch. Die deutschen Kinder durften nicht in die Schule, die polnischen Kinder hatten alle normalen Unterricht. Als meine Mutter von dem Beschluss über die Oder-Neiße-Linie im Radio hörte, fing sie mit den Vorbereitungen an. Sie packte Handtücher, Wäsche, Kochtöpfe und Fotoalben in Pakete und schickte alles nach Sachsen, wo ein Anverwandter ein Gut hatte. Später bekamen wir die Sachen auch wirklich zurück. Im Februar packte sie mit meinen Geschwistern und mir zur Probe. Wir durften nur das mitnehmen, was wir tragen konnten. Jeder kriegte einen Rucksack mit Wechselwäsche und warmer Kleidung und um den Rucksack aufgerollt zweimal bezogene Betten. Ich war vierzehn, meine Schwester acht und mein Bruder sechs. Er konnte noch nicht so viel tragen. Meine Mutter und die Omi häkelten Geldscheine ein, unsere Knöpfe waren dann alle mit Geld oder Schmuck gefüllt.

Ich erinnere mich an die letzte Nacht. Ich dachte: ›Mein Gott, die letzte Nacht in meinem Bett. Wo werde ich die nächste verbringen?‹ Wir hatten alles fertig. Die Wohnung war sauber.

Der Tag, an dem wir das Pfarrhaus und Bad Landeck verlassen mussten, gehört zu den Erlebnissen in meinem Leben, die ich in allen Details noch heute vor Augen habe. Ich sehe Mutter und uns drei Kinder sowie die vierzehn Flüchtlinge, die bei uns im Pfarrhaus untergekommen waren, mit dem Gepäck vorm Haus stehen. Ich sehe die polnische Miliz, die die Haustür hinter uns zuschloss, sodass wir aus dem, was uns doch eigentlich gehörte, vertrieben wurden. Auf einmal wusste ich: Das ist ein ganz großer Einschnitt in meinem Leben. Hier war ich behütet, hier war ich durch die Landschaft gestreunt. Ich hatte eine große Freiheit. Und jetzt die Fremde. Trotzdem war ich nichts wie glücklich! Ich dachte: ›So, das hast du geschafft! Weg hier!‹ Ich wollte keine Qual, kein Leiden. Ich hatte das ganz große Bedürfnis nach geregelten Verhältnissen, nach Schule, nach Ausbildung. Es war mir alles zu stumpfsinnig geworden. Ich hatte keine Bücher mehr, die mich interessierten, und meine Freunde waren zum großen Teil schon geflohen. Und dann sagte meine Mutter plötzlich in meine Gedanken hinein: »Du Barbara, im Keller steht noch ein Glas mit Honig. Das hab ich vergessen, das ist doch dumm.«

Wir hatten nicht gehungert, aber sehr, sehr sparsam gelebt. Und Honig war eine Kostbarkeit. Weil das Haus schon abgeschlossen war, lief ich zur Kellertür. Sie war noch auf. Unten dachte ich: ›Mein Gott, jahrelang haben wir in diesem Haus gelebt und niemals hätte ich gedacht, dass ich mich wie ein Einbrecher fühle, wenn ich in das Haus reinkomme, das eigentlich uns gehört.‹ Ich kriegte eine ziemliche Wut. Mir wurde auf einmal klar, ich werde vertrieben! Rausgetrieben! Wir waren keine Nazis. Mein Vater hatte viel Ärger mit den Nazis gehabt. Er war als Pfarrer angeklagt worden, dass er nicht genügend für Hitler betete und solche Sachen. Ich war zwar Jungmädel gewesen, aber das war für mich nicht die Leitlinie. Ich nahm das Honigglas, und als ich aus dem Keller kam, dachte ich: ›Das willst du nie wieder erleben, dass man dich aus dem verjagt, was dir lieb ist.‹ Ich hatte das erste Mal am eigenen Leib erfahren, was es bedeutet, entmündigt zu werden. Vorher war ich froh gewesen, endlich rauszukommen, und nach dem Keller kam eine richtige Traurigkeit: Die schmeißen einen raus! Ich ahnte ja nicht, was die Deutschen in Polen und überall gemacht hatten, das wurde mir erst später klar.

Nun setzte sich der Zug in Bewegung. Mit unserem Gepäck liefen wir die anderthalb Kilometer zum Bahnhof. Dort standen Baracken, in denen die Ausgewiesenen kontrolliert wurden. Mit dem ganzen Gepäck stellten wir uns in die Schlange, und dann brach meine Mutter zusammen – wurde ohnmächtig und lag im Straßengraben. Monatelang hatte sie uns und die Flüchtlinge im Haus versucht durchzubringen – sie war völlig erschöpft. Ein deutscher Arzt kam und gab ihr Spritzen. Nach einer Weile machte sie die Augen auf, und dann trat sie wieder weg.

Dass die da zusammengeklappt ist, bringt mich heute noch immer an den Rand … Puh, Gott! In dem Moment war ich viel älter, als ich eigentlich war. Ich hatte meine kleineren Geschwister, ich hatte das Gepäck, das ich durch die Sperre bringen sollte. Ich dachte: ›Wie schaff ich das bloß?‹ Meine Omi, die auch mit uns ausgewiesen werden sollte, half mir. Sie ging durch die Sperre und zwinkerte mir zu. Hinter der Prüfungsstelle, wo sie ihre Unterlagen gezeigt hatte, ging sie an den Zaun und winkte mir heimlich zu. Ich wusste, was ich tun musste, stellte mich zu ihr an den Zaun und reichte ihr mehrere Taschen heimlich durch. Dann gingen meine Geschwister und ich mit unserem Gepäck durch die Sperre. Wir Kinder wurden nicht kontrolliert. Omi und ich kamen uns vor wie Sieger. Meine Mutter lag immer noch im Graben. Der Arzt sagte zu ihr: »Frau Felmy! Sie müssen jetzt mit Ihren letzten Kräften aufstehen! Sonst werden ihre Kinder einfach weggeschickt.«

Meine Mutter raffte sich auf und wankte mit einem Paket unter dem Arm zur Kontrolle in die Baracke. Dort unterzogen die Polen sie doch wahrhaftig einer Leibesvisitation. Es war grauenhaft. Sie musste sich komplett ausziehen, die Binden auseinandernehmen, sie hatte ihre Tage. Sie fragten, was Mutter denn für Schriften in dem Paket hätte. Da sagte sie: »Das sind die Predigten meines Mannes. Es wäre sehr heilsam, wenn Sie die mal läsen.«

(Sie lacht.) Die Predigten waren das Einzige, was meine Mutter für meinen Vater, der in amerikanischer Gefangenschaft war, mitnehmen konnte. Sie kam zu uns auf den Bahnsteig, wo ein Zug mit Güterwagen wartete. Es kam sogar noch die polnische Bürgermeisterin, die Mutti kannte, und brachte ihr die Sparbücher.

Die Güterwagen wurden geöffnet. Die Hälfte unseres Wagens war schon besetzt mit Leuten aus den Dörfern. Wir stapelten das Gepäck übereinander, obendrauf legten wir uns. Es gab keine Decken, es gab keine Kissen. Es gab nichts. Wir legten einen Mantel über uns. Wir lagen acht Tage auf diesen Koffern. Es gab keine Toilette und natürlich auch nichts zum Heizen. Der Zug setzte sich abends in Bewegung. Die Lichter der Kurhäuser leuchteten weit in der Ferne. Durch die Wagen hindurch sangen die Leute alle zusammen »Nun ade, du mein lieb Heimatland«. Alle heulten. Aber ich war nicht traurig! Ich dachte nur: ›Raus hier!‹ Ich wollte wieder in die Schule gehen! Ich hatte zwei Jahre keine Schule gehabt. Ich hatte als Kindermädchen gearbeitet und lauter Aushilfsarbeiten gemacht, um Essen zu kriegen. Und dann gab es noch einen Grund, einen ganz großen. Meine erste große Liebe war – wildester Zufall – im selben Zug. Ich hatte ihn immer von ferne angebetet, jetzt auf der Reise rannte ich ihm richtig nach. Immer wenn der Zug eine Pause machte, lief ich zu seinem Wagen. Er ließ sich herab und unterhielt sich mit mir, während wir vor den Waggons entlangspazierten. Ich dachte: ›Kinder, ist das schön!‹ Dieses Glücksgefühl überlagerte die Trauer über den Verlust der Heimat zunächst total.

Ansonsten war die Reise schlimm. Wir bekamen nichts zu essen und zu trinken. Wir mussten uns vom Wasser, das die Lokomotive brauchte, etwas zum Trinken holen. Meine Mutter hatte wochenlang vorher Brot geröstet, das trugen meine Geschwister und ich nun in kleinen Beuteln um unsere Hälse. So hatten wir, wenn wir Hunger hatten, wenigstens etwas Brot. In einem Topf machte Mutter ab und zu mit Wasser und Grieß eine Suppe. Wenn wir aufs Klo mussten, hängten wir uns eine Decke um und mussten mitten im Waggon in einen Topf machen. Mir war das sehr peinlich! Alle Männer und Jungen konnten zusehen. Ich kam mir so dreckig vor, wie ein Objekt. Meine Mutter sagte: »Stell dich nicht so an!« Typisch. Aber Gott sei Dank gab es einige ältere Frauen, die sich in meine Lage versetzten und sich um mich herumstellten, wenn ich auf den Topf musste. In den Haltepausen strömten die Leute in die Wälder, und du musstest aufpassen, dass du nicht überall in die Kacke tratst.

Die Erwachsenen hatten eine entsetzliche Angst: Wo werden wir hinkommen? Es wurde gesagt, dass mehrere Züge auch in die Sowjetunion umgeleitet worden waren. Ich stellte mir vor: Da, wo wir hinkommen, kann ich wieder in die Schule gehen, Deutsch sprechen und dann gibt's wieder was zu essen.

Eines Morgens sagte meine Mutter: »Lieber Gott, danke, wir sind aus der Gefahrenzone raus.« Wir fuhren nun gen Westen.

In Kohlfurt an der Neiße wurden wir von den Engländern übernommen und entlaust, obwohl wir gepflegt und sauber aus unserem Haus gekommen waren. Das war so erniedrigend! Wir wechselten in einen Personenzug, konnten nun auf Holzbänken sitzen und bekamen Tee und eine Suppe. Als wir durch Magdeburg fuhren, sah ich das erste Mal Ruinen. Die Stadt war dem Erdboden gleichgemacht! Wir fuhren weiter gen Westen, eines Morgens war der Zug geteilt und meine große Liebe war verschwunden. Ich war so verliebt! Aber es sollte nicht so sein …

Wir landeten in Lengerich in Nordrhein-Westfalen. Die Flüchtlinge wurden in der ehemaligen Irrenanstalt aufgenommen – ein Massenlager auf Stroh. Die Irren waren durch die Fürsorge Hitlers – in Anführungsstrichen – alle umgebracht worden, und nun standen die Räume leer. Davon hatte ich damals aber noch keine Ahnung. Meine Mutter wohl schon, die war entsetzt.

In der Irrenanstalt konnten wir das erste Mal richtig duschen. Es war herrlich! Wir hatten keine Seife und konnten uns die Haare nicht waschen, also ging meine Mutter mit uns zum Frisör. Da sagte doch wahrhaftig die Frisöse mit gewissem Recht: »Sowas von Dreck hab ich noch nie an einem Menschen gesehn.«

Die hat nicht geahnt, was sie bei mir dadurch auslöste. Sie meinte das wahrscheinlich gar nicht böse, aber ich empfand es als Anklage, dass ich ein Dreckfink bin. Und dass ich mich als Ausgestoßene fühlte, wurde durch das Verhalten vieler Menschen im Westen doch eindeutig bestärkt.

Die Leute wurden auf die Dörfer verteilt, bekamen ein Zimmer zugeteilt. Manche wurden freundlich aufgenommen, manche hatten es furchtbar. Das würden wir heute auch nicht gerne wollen, plötzlich fremde Leute ins Haus zu bekommen. Meine Mutter dachte: ›Was soll ich mit den Kindern auf den Dörfern, wo sollen die denn in die Schule gehen?‹ Sie ging zum Superintendenten in Lengerich und bot ihm ihre Hilfe in der Gemeinde an. Während mein Vater im Krieg war, hatte meine Mutter auch schon zu Hause die Gemeindearbeit übernommen. Der Superintendent war froh über das Angebot und gab uns das alte Gemeindehaus. Dort hatten vorher die Russen als Gefangene gelebt. Die Haustür war rausgebrochen, die Fenster waren zum Teil kaputt. Die Ratten umschwirrten das Haus und den Hof, denn dort hatten die Gefangenen die Essensreste vergraben. Die Badewanne war voller Scheiße. Es war ekelhaft. Aber wir hatten unser eigenes Haus!

Ich sagte zu meiner Mutter: »Bringt ihr den Rest in Ordnung, ich kümmere mich um die Badewanne.«

Ich holte Sand aus dem Hof und säuberte damit die dreckige Wanne. So konnten wir an unserem ersten Abend kalt duschen. Der Superintendent organisierte uns Bettgestelle und Strohsäcke. Wir hatten eine Wohnung, die uns gehörte! Mit Bruchmöbeln, aber das war ganz egal. Ich weiß noch wie heute, als ich mit meinem eigenen Bettzeug, das wir mitgebracht hatten, auf dem Strohsack lag, mit kaltem Wasser sauber geduscht, da dachte ich: ›Puh, gut!‹ Ich war so voller Willen, dass wir hier neu anfangen würden. In diesem Alter ist das einfach toll!

Und dann ging das Leben weiter, das ist eine völlig neue Geschichte. Die Hungerzeit fing erst nochmal richtig an. Wir hatten nichts, keinen Garten. Es gab Marken. Was es ohne Marken gab, waren Heringe. Also aßen wir dauernd Hering. Ich konnte nach den Notzeiten lange Zeit keine Heringe mehr essen. Die Leute um uns herum hatten alle Vorräte – ein Land, das im Grunde genommen überhaupt nicht geschädigt war, die hatten alles behalten. Wir hatten immer Hunger. Auf der Rückfahrt von der Schule sagte einmal eine der Bauerstöchter: »Hach, nun hab ich wieder die Brote nicht aufgegessen. Wenn ich nach Hause komme, krieg ich ja nichts als Schimpfe.«

Ich dachte: ›Sollst du es sagen oder sollst du lieber schweigen?‹ Es war ein richtiger Kampf in mir. Und dann sagte ich: »Ach, weißt du Inge, wenn du Ärger kriegst, ich würde sie schon essen, ich hab eigentlich immer Hunger.«

Das war ihr dann aber schon sehr peinlich. Zu Hause erzählte sie es ihrer Mutter und die ließ uns dann zur Vorweihnachtszeit eine Tüte Mehl zukommen, damit meine Mutter was backen konnte.

Es war eine friedliche Flucht, sie war ja organisiert …

Was ich in den letzten Jahren kapiert habe: Diese Angst, dass es wiederkommt. Diese Rechten machen mich fertig! Und das ist auch der Grund, warum ich ohne Schamgefühl in der Öffentlichkeit, wenn irgendjemand neben mir solche blöden Sachen sagt, widerspreche: »Ich verstehe Sie nicht, wie können Sie so reden!«

Früher hätte ich geschwiegen. Aber jetzt nehme ich es ernst. Es ist eine Gefahr.

Von wandelbaren Gerüchen, Hosenbeinen und dicken Kuchenblechen

Mit den Flüchtlingen war es so: Meine Mutter lernte auf der Straße eine Frau kennen. Sie weinte furchtbar. Die Frau erzählte, dass sie und ihre Tochter geflüchtet waren, ihr Mann war im Krieg. Sie hatten nichts zu essen und so einen Hunger. Ihr Kind war zwei Jahre jünger als ich, fünf Jahre alt, und es hatte nichts zum Anziehen. Meine Mutter nahm die Frau mit zu uns nach Hause und gab ihr Sachen von mir, aus denen ich rausgewachsen war. Sie hatte bei meinen Schuhen schon die Spitzen abgeschnitten, weil wir keine Schuhe kriegten.

Ich habe das oft von anderen gehört, auch von meiner Freundin, die geflüchtet ist: Sie bekamen auf dem Land ein Zimmer zugeteilt, das nicht beheizt war. Sie hatten kaum zu essen, und die Kinder mussten immer alle mithelfen. Die da auf dem Land sollten sich was schämen, denn das waren ja Deutsche, die geflüchtet sind.

In der Stadt bei uns in Berlin war es so: Wer eine größere Wohnung hatte, musste Zimmer an Flüchtlinge abgeben. In unserem ganzen Haus wohnten überall in den Wohnungen mehrere Familien. Da hat sich keiner gegen gewehrt, von wegen das will ich nicht! Wissen Sie, das gab es nicht! Die waren hier mitten in der Stadt alle verteilt. Wir waren dann auch so viele Kinder in der Klasse, weil so viele geflüchtet sind. Als wir abgingen, waren wir neun 10. Klassen! So viele Kinder waren wir – 35 in der Klasse! Geht alles!

(Edeltraud H., Jg. 1938)

Ich erinnere mich an die Geschichten der Flüchtlinge aus Ostpreußen, die bei uns im Dorf vorbeikamen. Eine Familie hatte erzählt, dass ihr zweijähriges Kind auf der Flucht erfroren war. Die Kleinen konnten ja nicht trockengelegt werden. Die machte sich nass, und dann fror das ein. Sie hatten keine Wäsche mehr. Man kann sich heute die Kälte von 25 Grad minus auf der Flucht gar nicht vorstellen. Es muss schlimm gewesen sein … Wir mussten nur aus Westpreußen fliehen und konnten noch mit dem Zug fahren.

Ich wundere mich immer, dass darüber so wenig geredet wurde. Oder wie soll ich sagen, ich hatte später im Westen sehr viele Freundinnen, auch eine in Bayern, die es ganz normal fanden, dass wir flüchten mussten. Schließlich musste ja jemand den Krieg bezahlen, und das trifft natürlich immer irgendeinen. Damit war für meine

Freundinnen das Thema erledigt. Dass das für jemand, der davon betroffen war, nie erledigt ist, weil ja was fehlt, das haben die, glaube ich, bis heute nicht begriffen. Es ist sehr einschneidend, wenn Sie aus Ihrem Umfeld rausgerissen werden. Egal, ob das nun mit einer schlimmen Flucht verbunden war oder nicht. Wir mussten weg und durften nicht wieder zurückkommen – das ist sehr einschneidend. Wir sind nicht immer mit offenen Armen aufgenommen worden. Meine Freundin aus der Schule durfte mich nicht mit nach Hause bringen, weil ich Flüchtlingskind war. Das war ihr streng verboten. Als ihre Eltern mal verreist waren, hat sie mir heimlich das Haus gezeigt. Ist das nicht ein Ding! Als hätten wir die Krätze gehabt. Das verschweigt man heute auch. Also so gut, wie die Flüchtlinge heute aufgenommen werden, wurden wir nicht aufgenommen. Und wir waren das gleiche Volk und hatten nicht mehr verbrochen als die, wo wir hingekommen sind. Das war meinen Freundinnen, die nicht flüchten mussten, irgendwie nicht klar. Das war nicht ganz einfach …

(Kristin K., Jg. 1937)

Wir wurden durch die Polen aus Stettin vertrieben, das hatten die Russen so angeordnet. Das Allernötigste konnten wir auf einem Handwagen mitnehmen. Ich durfte mich als Kind auf den Wagen setzen, das machte mir Spaß. Wir waren Wochen unterwegs. Irgendwann wurde meine Mutter von den Russen mitgenommen. Opa und ich zogen weiter, trieben uns in Scheunen rum, damit wir wenigstens ein Dach über dem Kopf hatten. In Mecklenburg-Vorpommern liefen wir durch eine Stadt – auf einmal kam uns meine Mutter entgegen. Solche Zufälle gab's! Sie hatte eine Glatze. Die Russen hatten sie vergewaltigt und dann kahl geschoren – wollten sie nach Russland verschleppen. Da hatte sie gesagt, sie muss mal und war geflohen. Zusammen zogen wir weiter, übernachteten in Scheunen. Die Bauern gaben uns nichts. Wir mussten auf Knien Rüben verziehen. Wir mussten uns das Essen verdienen. Dann bekamen wir auch ein Zimmer. Das mussten wir uns verdienen. Das Schlimmste waren die Bauern, die in Saus und Braus lebten und uns das fühlen ließen. Wir waren damals die Flüchtlinge, die heute aus anderen Ländern kommen. Wir waren einfach nicht willkommen.

(Helga Schwierzke, Jg. 1936)

Wir waren nach Stettin geflüchtet. Weil wir dort fast jede Nacht in den Luftschutzkeller mussten, zogen wir weiter zu Verwandten in den Warthegau. Wir lebten dort in einem deutsch-polnischen Dorf mit einer deutschen Minderheit, das bis 1939 zu Polen gehört hatte. Die Deutschen im Dorf waren die reichen Leute und besaßen Güter rundherum. Ich konnte sehen, wie die Polen schlecht behandelt wurden. Die mussten von den Bürgersteigen runter auf die Straße gehen, wenn wir als Deutsche vorbeikamen, und uns grüßen. Die Fahrräder der Polen waren weiß gestrichen, sodass man sie gleich erkennen konnte. In den Geschäften wurden sie als Letzte bedient. Die Regel war: Solange noch ein Deutscher im Laden ist, werden Polen nicht bedient.

(Alexander A., Jg. 1932)

Nach dem Krieg war Flüchtling ein Schimpfwort. »Du Flüchting!«, haben wir immer gesagt. Wir hatten nachher viele Leute aus Ostpreußen in der Schule. Wir hörten das immer am Namen. Die mit -ky hinten. Orlowsky und wie sie alle hießen. Da hat uns unser Lehrer erzählt, das es eigentlich polnisch ein »von« war. Na ja, dann hieß er eben von Orlowsky …

(Alfred D., Jg. 1936)

Während wir auf der Flucht ständig die Züge wechselten, hing ich so gut es ging am Rockzipfel meiner Mutter. Auf einem der vielen Bahnsteige, auf denen wir umsteigen mussten, hatte ich ein Schlüsselerlebnis, von dem ich jahrelang noch nachts Albträume hatte. Da meine Mutter das Gepäck trug, sagte sie auf diesem Bahnhof zu mir: »Fass die Anneliese an.«

Meine große Schwester wollte ich aber nicht anfassen. Das war das erste und letzte Mal, dass ich als Kind aufmüpfig war. Auf einmal war ich allein! Ich Kleine sah nur noch Hosenbeine um mich herum, die sich bewegten … nur Hosenbeine. Ich fing an zu weinen. So wurden wohl Leute auf mich aufmerksam und holten eine Rot-Kreuz-Schwester. Die Schwester nahm mich an die Hand und war gerade mit mir losgelaufen, als ich plötzlich meine Schwester die Treppe runterkommen sah. Ich rief: »Da ist meine Schwester!«

Ich wusste damals nur, dass ich Roswitha heiße. Ich wusste nicht meinen Nachnamen, und wo ich wohnte und herkam, wusste ich auch nicht. Ich wäre ein Suchkind geworden. Wieder Glück gehabt … Meine Mutter saß währenddessen wie auf Kohlen mit dem Gepäck im überfüllten Zug, der gleich abfahren sollte. Aber Annie hatte mich geholt, und danach war ich immer artig. *(Sie lacht.)* Sehr lange hatte ich bildliche Direktträume – immer wieder dasselbe. Ich habe mir von Psychologen sagen lassen, dass solche Träume aufhören, wenn ein Kind sich selbstständig weiß. Geblieben sind Träume – die hatte ich ewig –, in denen ich zu spät komme und die Rücklichter von Zügen sehe. Ist das nicht merkwürdig?

Das war meine Kindheit, die mich geprägt hat. Ich habe mich in meinem Leben immer mitnehmen lassen. Ich habe nicht selber Initiative ergriffen. Ich habe auch nicht gesagt: ›Nee, das will ich nicht, oder das mach ich nicht.‹ Ich hab alles gemacht. Total angepasst. Das war nicht so gut für mich …

Jedenfalls haben wir es überlebt. Die Menschen haben Fürchterliches durchgemacht. Ich kann nur hoffen, dass sowas nie, nie wieder passiert. Es war schon sehr schlimm.

Ich merke, je älter ich werde, desto mehr denke ich an die Zeit zurück. Warum bloß? Merkwürdig …

(Roswitha Weiß, Jg. 1939)

Gerüche sind wandelbar. Zum Schluss des Krieges umgab uns ein ständiger Verwesungsgeruch. Ringsum war Tod. Ja, Tod und Verderben, sagt man immer, aber es war ringsum Tod, und es war ringsum Verwesung. Ich kann mich erinnern, als wir auf Kähnen die Ostsee entlanggeflüchtet waren und auf Rügen lagen und auf die Russen warteten, da starben auch Menschen. Die mussten ja beerdigt werden. Einige Leute waren bereit, Gräber zu schaufeln, wo sie die Toten einfach reinlegten. Ich guckte zu. Als ein toter Soldat nicht in das vorher geschaufelte Grab passte, wurde dem der Kopf abgehackt und danebengelegt. Anstatt das Grab größer zu machen, die Arbeit wollte man sich nicht mehr machen, ja … Das hat natürlich auch gestunken. Es war ja ein Toter, und die Leichenflüssigkeit kam raus und roch entsprechend. Der Geruch ging über das ganze Lager. Auf den Kähnen hatten wir das Problem, wo die Notdurft verrichtet werden konnte. Toiletten hatten wir nicht. Wir mussten es irgendwie über Bord bekommen. Und als wir tagelang im Hafen lagen, wurden auch keine Toiletten aufgestellt. Es wurden Donnerbalken geschaffen, auf die wir raufmussten, oder man hat sich die Hosen vollgemacht. Die Exkremente, die hinter den Donnerbalken fielen, umwehten nachher den ganzen Hafen. Und diesen Geruch haben Sie dann intus. Ich sag das jetzt mal ein bisschen drastisch, es roch nach Scheiße, Dreck und Tod. Und das hat Sie auch verfolgt. Das hat im Grunde genommen angedauert, bis wir wieder einigermaßen normale Verhältnisse hatten. Also bis die Russen im August, September 45 aufhörten, jeden zu erschießen, der ihnen nicht gefiel, oder jede Frau zu vergewaltigen. Dann ging auch der Geruch zurück. Es gab wieder ein bisschen Pflege und Reinlichkeit, obwohl wir gar keine Mittel hatten, keine Seife, nichts. Ich weiß nicht mehr, wie wir das gemacht haben. Wasser hatten wir. Ein Glück! Also, die Gerüche sind tatsächlich andere im Krieg und umwehen dann auch mehr oder minder jedes Tun. Sie werden davon bestimmt. Wenn ich daran denke, als ich die Bahnstrecke von Ueckermünde nach Berlin langlief, weil die Schienen von den Russen rausgerissen worden waren, lagerten auf den Bahnhöfen überall Flüchtlinge. Die waren auch umweht von den Gerüchen. Ich roch schon ein paar Kilometer vorher, dass ich in die Nähe eines Bahnhofs kam. *(Er lacht.)* Es war wirklich so. Eigentlich auch erklärlich …

(Burkhard C., Jg. 1932)

Ende 44 hörten wir plötzlich Kanonendonner. Die Stadt war in Aufregung. Die Russen! Die Russen kamen langsam näher. Was jetzt machen? Meine Mutter, sehr clever, horchte rum. An einem Vormittag sagte sie plötzlich: »Nimm deine Schultasche und tu das rein, was du gerne möchtest, wir gehen sofort zum Bahnhof und fahren raus aus Ostpreußen.«

Meine Mutter bepackte in höchster Eile den kleinen Kinderwagen mit ein paar Windeln. Wir ließen alles in der Wohnung, hatten nur das Allernötigste bei uns. Am Bahnhof stand ein völlig überfüllter Rot-Kreuz-Zug mit verwundeten Soldaten und Müttern mit Kindern. Man presste in den Zug rein, was reinging. Wir hatten Glück. In unserem Abteil saßen vier oder fünf Familien. Die Kinder lagen in den Betten und die Erwachsenen auf der Erde. Ich auch. Kein Platz. Die Gänge waren voll. Ich hörte die Schreie von den Verwundeten, die in den anderen Abteilen lagen. Der Zug fuhr mit uns nach Dresden. Der Hauptbahnhof lag in Trümmern! Diesen Eindruck habe ich bis heute nicht vergessen. Es war nichts mehr von Dresden da. Mit Bussen wurden wir auf die Dörfer verteilt. Wir bekamen eine kleine Wohnung bei einem Bauern in Friedrichsfelde, eine Küche mit einer kleinen Kammer. Meine Schwester schlief im Kinderwagen und ich mit meiner Mutter im Bett in der Kammer.

(Ursula R., Jg. 1934)

Zur Flucht muss ich sagen, weil das ja jetzt auch wieder aktuell ist: Es war damals zwar Flucht, aber wir kamen ja nicht ins Ausland. Wir konnten uns immer verständigen und kamen zu Deutschen. Nicht immer wurden wir gut empfangen. In der Nacht vor Pfingsten nahm uns keiner auf und um neun mussten die Flüchtlinge immer von der Straße runter sein. In Thüringen hatten sie nichts vom Krieg erlebt, keine Bomben, keine Flucht, nichts. Keiner nahm uns auf. Wir gingen zum Bürgermeister, der sich dann kümmerte, dass wir irgendwo aufgenommen wurden. Die Leute saßen alle vor ihren dicken Kuchenblechen. Sie gaben uns dann auch was ab. Meine Mutter und meine Tante kamen in eine Familie, wo ihnen eine Kammer angeboten wurde. Aufs Klo mussten sie in den Hof. Sie kriegten nichts zu essen und zu trinken. Sowas gab es eben …

(Heidi P., Jg. 1934)

Hintergrundinfos: Flucht und Vertreibung

Zwischen 1939 und 1950 waren etwa 25 bis 30 Millionen Menschen von Flucht und Vertreibung betroffen. Zu Beginn des Zweiten Weltkriegs wurden zunächst die Menschen in den von Deutschen eroberten und besetzten Gebieten zur Flucht gezwungen. Millionen Polen, Ukrainer, Weißrussen und Balten mussten fliehen oder wurden von der Wehrmacht vertrieben. Gegen Ende des Krieges und nach Kriegsende wurde die deutsche Zivilbevölkerung dann selbst Opfer von Flucht und Vertreibung. Rund 18 Millionen Deutsche lebten vor Kriegsende in den Ostprovinzen des Reiches oder in den deutschen Siedlungsgebieten in Ost- und Südeuropa. Etwa 14 Millionen Deutsche waren in der Endphase des Krieges nach Westen geflüchtet oder wurden nach dem Kriegsende vertrieben oder deportiert. Millionen ehemaliger Soldaten, befreiter KZ-Häftlinge und Zwangsarbeiterinnen und Zwangsarbeiter waren als sogenannte Displaced Persons unterwegs. Hinzu kamen Zehntausende Kinder aus der Kinderlandverschickung und Millionen ehemals Evakuierte, die versuchten, nach Hause zu kommen.

Die Flüchtenden waren bei Kriegsende weitestgehend auf sich allein gestellt, viele erfroren, wurden von feindlichen Tieffliegern beschossen oder fielen den sie überholenden sowjetischen Truppen zum Opfer. Gut zwei Millionen Deutsche verließen ihre von der Roten Armee eroberte Heimat nicht und waren in der Folgezeit häufig Repressalien ausgesetzt. Den spontanen Vertreibungen bei Kriegsende folgte die systematische Vertreibung der Deutschen aus dem Osten aufgrund des Potsdamer Abkommens. Unter staatlicher Aufsicht wurden in Polen, Ungarn und der Tschechoslowakei die dort noch lebenden Deutschen in das Gebiet der alliierten Besatzungszonen zwangsumgesiedelt, nachdem ihr Eigentum zuvor bis auf das Handgepäck konfisziert worden war.

Zwischen 600 000 und über eine Million Zivilisten kamen bei Flucht und Vertreibung ums Leben. Andere Schätzungen gehen von 2 Millionen aus, die Flucht, Vertreibung oder Deportation nicht überlebten. Weit mehr als die Hälfte davon waren Frauen und Kinder. Die Überlebenden kamen entkräftet und mittellos in den verbliebenen Gebieten Deutschlands an. Willkommen waren sie nicht. Sie wurden als Habenichtse ausgegrenzt und beschimpft. Infolge von Flucht und Vertreibung lebten im geteilten Deutschland bald doppelt so viele Menschen pro Quadratkilometer wie vor dem Zweiten

Weltkrieg. Die Millionen, die aus Ost- und Westpreußen, Pommern, Schlesien und dem Sudetenland geflüchtet waren oder ausgewiesen wurden, mussten in den bestehenden Wohnraum zwangseingewiesen werden.

Millionen von Menschen waren während des Krieges voneinander getrennt worden. Jeder vierte Deutsche war auf der Suche nach Angehörigen oder wurde selbst gesucht. 300 000 davon waren Kinder, die ihre Eltern verloren hatten, vor allem auf den Flüchtlingstrecks aus dem Osten. Das Deutsche Rote Kreuz gründete 1945 einen Suchdienst. Allein 500 000 Kinder wurden auf Karteikarten erfasst. Radio und Fernsehen übertrugen Suchmeldungen, Zeitungen druckten Plakate mit den Bildern der Kinder.

Vergewaltigungen

»Nachdem wir vergewaltigt wurden, spielte ich krankes Kind ...«

Christa Ronke

(Geboren 1929 in Berlin, Sekretärin)

Ab dem 23. April 45 schliefen wir im Keller auf Matratzen. Mutti, ich und noch drei weitere Frauen und der vierzehnjährige Hans-Jörg aus dem Haus. Tagsüber standen wir ständig nach Lebensmitteln an. Das war das Wichtigste, denn bald würde es nichts mehr geben. Was kümmerte uns da die Schießerei. Wir fanden ein Flugblatt auf der Straße, Befehl des Reichsverteidigungskommissars Dr. Goebbels: »Die Stadt Berlin wird bis zum Letzten verteidigt! Kämpft mit fanatischer Verbissenheit um eure Frauen, Kinder und Mütter. Wir werden bestehen ...« Da hatte natürlich keiner mehr dran geglaubt!

Am 24. April kam plötzlich mein Vater mit dem Rest seines Bataillons. Er sollte Berlin verteidigen. Wir beschworen ihn, die Uniform auszuziehen und hierzubleiben. Aber als Bataillonskommandeur, der noch einige Soldaten bei sich hatte, konnte er das einfach nicht. Er wollte mit seinen Leuten gen Westen – da in Gefangenschaft, nicht zu den Russen. Er ging weg und wir hörten nichts mehr von ihm.

Und dann kamen die Russen. Ich war fünfzehn. Erstmal vergewaltigten sie uns. Aber nur einmal – bin ich noch froh. Nachdem wir vergewaltigt wurden, spielte ich krankes Kind, legte mich ins Bett und weinte, wenn sie kamen: »Uäh!« Meine Mutter machte auf alte Frau mit Kopftuch und jammerte und weinte ums Kind, damit die Russen ein bisschen Mitleid hatten, wenn sie kamen. Das klappte auch, sie ließen uns in Ruhe. »Ach Gott, das arme Kind ...« Ich war so richtig kindlich dann im Bett. Aber dann kamen sie und wollten unsere Wohnung haben. Wir mussten raus. Leider war mein Kanarienvogel noch drin. Mein Pfäffchen konnte ich nicht mitnehmen. Und das Pfäffchen hatte doch schon die schwere Luftmine gut überstanden, die unser Haus im Sommer 44 zerstört hatte. Danach war er zwischen den Trümmern rumgeflogen und ein Polizist hatte ihn eingefangen. Wir hatten gehofft, dass er den Krieg übersteht.

Sie liest aus ihrem Tagebuch von 1945 vor:

27. April

Zwei schreckliche Tage liegen hinter uns. Wir wohnen jetzt in einem Gemeinschaftsquartier in Berlin-Nikolassee. Ich habe mir gerade einen Bleistift besorgt und will nun berichten:

Vorgestern war es so weit. Artilleriebeschuss, Tiefflieger, Bomber; diesmal alles in Russisch, über Dahlem und Zehlendorf. Wir lebten nur noch im Keller und trauten uns nicht mehr hinaus. Gegen Mittag sah ich durch das Fenster drei Soldaten in fremder Uniform. Die ersten Russen! Sehr aufgeregt rief ich gleich die andern aus dem Keller herbei. Etwas später bummerte es an die Haustüre. Zwei Russen! Einer davon sah gut aus und war auch sehr freundlich. Sie fragten nach deutschen Soldaten und Waffen. Dann durchsuchten sie alles, zeigten auf Mutti und mich, meinten wohl »Mutter und Tochter«, und gingen wieder. Sollten die Russen doch ganz vernünftig sein? Meine Armbanduhr steckte ich aber schnell noch in den Papierkorb. Gleich darauf kamen die nächsten. Ein am Auge verwundeter Soldat zog mich aus dem Zimmer raus. Mutti flehte ihn an, wurde aber zurückgeworfen. Ich wollte mich wehren, doch er fummelte daraufhin sofort an seiner Pistole. Noch etwas taumelnd vor Ekel, aber irgendwie doch froh, dass ich noch lebte, kehrte ich bald wieder zurück, und Mutti und die anderen trösteten mich. Inzwischen war auch Frl. S. von einem Soldaten mit »Uri, Uri« so bedroht worden, dass sie meine Uhr aus dem Papierkorb grub und dann doch noch vergewaltigt wurde. Als die Russen weg waren, mussten Mutti und ich schnell überlegen, ob ich »alte kranke Frau« oder »blödes krankes Kind« spielen sollte. Das Kindliche lag mir – mit fünfzehn Jahren – natürlich mehr. Ich flechtete mir also Zöpfe und nahm meine beiden künstlichen Zähne (die echten hatte ich bei einem Unfall verloren) vorne heraus. Die nächsten Russen griente ich, auf einer Matratze liegend, blöd durch meine Zahnlücke an. Mutti, die auf »alte Frau« gemacht hatte, sagte verzweifelt weinend: »Kind sehr krank«. Uninteressiert wandten sich die Russen von uns ab, einer schenkte mir sogar ein Stück Brot. Frau H. und Frl. S. (zum zweiten Mal) wurden auch noch von Russen herausgeholt, obwohl sie sich versteckt hatten.

Dann mussten wir das Haus verlassen, da russische Soldaten es besetzen wollten. Schnell packten Mutti und ich zwei Rucksäcke mit Lebensmitteln. Wir wollten zu Tante Eva und Onkel Ossi, die in Zehlendorf wohnen. In den Straßen waren viele Russen, Panzer standen in den Dahlemer Gärten und Schüsse peitschten an uns vorbei. Kurz vor Tante Evas Haus hielten uns Russen an, die meinten, »dort bum bum«. Wir mussten umkehren und irrten weiter durch die Straßen. Plötzlich kamen aus einem Gebüsch zwei junge deutsche Soldaten heraus, die gar nicht wussten, dass alles schon russisch ist. Hoffentlich sind sie ihre Uniformen noch schnellstens losgeworden, wie wir ihnen rieten. Da es schon dunkel war, klingelten wir jetzt einfach an einer Haustür und konnten auch unterkommen. Zufällig war das eine günstige Gegend, denn wir hatten eine ruhige Nacht.

In dieser Nacht war in Dahlem die Hölle los. Stalin soll angeblich seinen Soldaten für drei Tage alles erlaubt haben als Belohnung für die Eroberung von Berlin. In Dahlem wohnten einige hohe Nazis, daher haben sie sich in diesem Bezirk ganz besonders ausgetobt. Am gefährlichsten waren die Betrunkenen. Den Schnaps dazu fanden sie in mehreren Kellern.

Am nächsten Morgen mussten wir unser Nachtquartier wieder verlassen. Draußen kamen uns viele Flüchtlinge aus Dahlem entgegen, die es in ihren Häusern nicht mehr ausgehalten hatten und gen Westen wandern wollten. Mutti und ich schlossen sich einem kleinen Trupp von ungefähr vierzig Leuten an, der von einem Professor mit russischen Sprachkenntnissen geführt wurde. Wie ungeheuer wichtig diese russischen Worte sind, erfahren wir jetzt täglich. Nach einiger Zeit gaben wir das Wandern auf und nahmen in einer leeren Villa in Schlachtensee in zwei Kellerzimmern Quartier.

Hier hausen wir nun, zwanzig Leute in einem Zimmer, schlafen auf harter Erde (Alte und Kranke auf Decken oder Matratzen, die wir im Haus fanden) und trauen uns nicht auf die Straße. Je mehr Menschen, umso sicherer fühlt man sich. Draußen bummert es noch, aber schon weiter entfernt. Eben kamen wieder drei Russen, um das Haus angeblich nach Schnaps, Pistolen und Uhren zu durchsuchen. Als sie gerade in unseren Raum wollten, hat der Professor mit ein paar russischen Worten abgelenkt. Wie kindlich sie sich freuen, wenn jemand ihre Sprache spricht!

28. April

Im Garten haben wir uns eine Kochstelle gebaut, auf der einmal am Tag eine Eintopf-Mahlzeit gekocht wird. Jeder muss dafür etwas abgeben, und mehrere Einweckgläser und Nährmittel fanden wir in der Villa gegenüber, wo sich vier Menschen das Leben genommen haben.

Vorhin rannte der elfjährige Jürgen schnell ins Haus, als er Russen kommen sah. Die Soldaten kamen sofort nach, da sie angeblich dachten, es wäre ein deutscher Soldat gewesen. Sie untersuchten alles, wurden wütend und drohten dem Professor mit Erschießen. Ich weiß nicht genau, wie er sich doch noch herausgeredet hat. Wir waren alle wie erstarrt.

29. April

Es ist herrliches Wetter, und ich habe mich etwas in den Garten gelegt und gesonnt. Wie schön das ist, wenn ich die Augen schließe und ein bisschen von einer Welt ohne Bomben, Angst und Hunger träume …

Als wir nach ungefähr zwei Wochen zurück in unsere Wohnung kamen, war mein geliebtes Pfäffchen, dem ich schnell alles Restfutter reingestreut hatte, nicht mehr da. Der Käfig auch nicht. Den hatten die Russen wohl mitgenommen. Die Wohnung war nicht wiederzuerkennen. Die Haustür durchschossen, die Polster der Möbel aufgeschlitzt, sämtliche Spiegel kaputt, die Schränke ausgeräumt. Aber wir waren dankbar, dass wir wieder in die Wohnung konnten. Ich fand unser Fotoalbum, wo auch Fotos von meinem Vater drin waren. Jedes Bild, auf dem er eine Uniform trug, war durchstochen. Das muss den Russen wirklich Spaß gemacht habe, nochmal einen Deutschen, wenn es auch nur ein Bild war, zu erstechen. *(Sie lacht.)* Wir räumten in der Wohnung auf. Die Möbel waren teilweise zerstört, die Toilette war voll … Aber wir waren dankbar, dass wir wieder in die Wohnung konnten.

20. Mai

Eigentlich ist das Leben doch wieder ganz schön. Es ist Friede – Friede nach fast sechs Jahren. Kein Sterben mehr an der Front, keine Bombenangriffe in der Heimat. Wie schön, nachts wieder ruhig schlafen und nicht mehr im Keller um das Leben zittern zu müssen. Ich bin jung und gesund und werde leben! Natürlich bleiben die Sorge um die Vermissten, der Hunger, die materielle Not und die Angst vor der Willkür der Besatzungsmacht.

Wir hatten Pferdefleisch zum Mittagessen. Schmeckte prima.

»Im Juni brachte uns eine Frau einen Zettel von meinem Vater. Er hatte ihn weggeworfen in der Hoffnung, dass ihn jemand finden würde. Die Frau hatte ihn auf dem Erdboden gefunden und brachte ihn uns netterweise. So wussten wir, was mit meinem Vater war. Auf dem zerknüllten Zettel schrieb er: »Ich bin in Wannsee in russische

Gefangenschaft geraten. Es geht mir gesundheitlich noch gut. Ich hoffe, daß Ihr auch alles glücklich überstanden habt. Wolle Gott, daß wir uns alle einmal gesund wiedersehen ... Laßt es Euch gutgehen in dieser schweren Zeit. Wann werden wir uns wiedersehen? Ich hoffe jedoch, daß die älteren Offiziere bald entlassen werden ... herzliche Grüße und Küsse ...«

Das waren die letzten Nachrichten. Mein Vater starb 1946 in russischer Gefangenschaft im Ural an Typhus ...

Was mich in dieser Zeit geprägt hat? Man kann die schlimmsten Zeiten überstehen, wenn man optimistisch ist ...

»Wir Kinder lagen daneben.« Arno Planitzer

(Geboren 1935 in Berlin, Stahlbauschlosser, Maschinenbauingenieur)

Vor dem Krieg hatte ich eine schöne Kindheit. Ich ging gerne in den Kindergarten. Heute habe ich ab und zu noch den Geruch der Stullentasche in der Nase, die ich jeden Morgen mitnahm. Dann wurde mein Bruder geboren, mein Vater wurde eingezogen und die ersten Flugzeuge warfen ihre Bomben über Berlin.

Abends herrschte in Berlin absolute Dunkelheit. Die Straßenbeleuchtung wurde ausgeschaltet, damit aus den Flugzeugen nichts zu sehen war. In unserem Haus hatten meine Eltern die Hauswartsstelle und mussten für die Verdunkelung sorgen. Jeden Abend verdunkelte ich die Fenster des Treppenhauses mit schwarzen Papierrollos. Oft schaute ich hinaus auf die dunkle Straße und dachte: ›Ich möchte wieder erleben, dass die Laterne gegenüber brennt.‹

Weil sich die Bombenangriffe häuften, wurden wir nach Königsberg/Neumark evakuiert. Das liegt jenseits der Oder.

Im September 1943 wurde mein zweiter Bruder geboren. Wir zählten immer die Bomber, die nach Berlin flogen. Abends bei Dunkelheit sahen wir den Feuerschein aus Berlin.

Anfang Februar 1945 sagte Mutter: »Ich hör nachts immer Panzer fahren.«

Es war ihr nicht mehr sicher genug in der Gegend. Eine Freundin von ihr, die auch aus Berlin war, ging zum Bahnhof, um sich zu erkundigen, wann der nächste Zug nach Berlin fahren würde. Es war Sonntag und herrlicher Sonnenschein. Kaum war sie losgegangen, standen nachmittags um drei Uhr die Russen in der Stadt. Wir versteckten uns im Keller. Die Freundin meiner Mutter erzählte abends, dass die deutschen Soldaten bei Sonnenschein nur mit einem Unterhemd bekleidet am Bahnhof gesessen und Kartoffeln geschält hatten. Und auf einmal waren die Russen da … urplötzlich.

Am nächsten Tag versteckten wir uns im Gefängnis der Stadt. Dort legten wir uns im Keller auf Strohhaufen. Wir waren nicht die Einzigen. Viele Frauen mit Kindern hatten sich schon dort unten versteckt. Dieter, mein jüngster Bruder, bekam Hunger und fing an zu weinen. Er war erst anderthalb Jahre alt. Mutter ging los, um eine

Feuerstelle zu finden, damit sie sein Fläschchen erwärmen konnte. Der Kleine jammerte und weinte weiter. Die Frauen im Keller fingen an, auf mich einzureden: »Die Russen hören das Geschrei, leg dem Kleinen mal das Kissen auf seinen Kopf! Das merkt er ja gar nicht und dann ist er still!«

Sie wollten wirklich, dass ich meinen kleinen Bruder ersticke! Ich nahm ihn auf den Arm und kroch mit meinen beiden Brüdern unter eine Decke. Auf meinem Arm wurde der Kleine ruhig. Ich plapperte ihm was vor, so dachte er nicht mehr an seinen Hunger. Es dauerte lange, bis Mutter endlich mit der Flasche wiederkam. Die Frauen hatten alle fürchterliche Angst vor den Russen.

Nach ein paar Tagen zogen wir nach oben in eine große Zelle. Die Freundin meiner Mutter, deren drei Töchter sowie eine weitere Bekannte mit ihrem Baby waren auch dabei. In unserer Zelle lag eine sterbende Frau. Keiner kümmerte sich um sie, und dann war sie tot.

Nachts, wenn die Russen betrunken waren, ging es mit den Vergewaltigungen los. Wir hatten Glück, denn Alexander, ein junger Panzerkommandant mit dunkel gelocktem Haar unter seiner Lederkappe, war in unsere Zelle gekommen. Nachdem er uns Kinder gesehen hatte, kam er jeden Abend, setzte sich vor unsere Zellentür und spielte Akkordeon. Er ließ keinen anderen Russen in unsere Zelle. Ich werde Alexander nie vergessen …

Während wir uns im Gefängnis versteckt hatten, war Königsberg/Neumark schwer zerstört worden. Wir wollten zurück nach Berlin, liefen einfach los. Überall waren Flüchtlinge mit Pferdegespannen und Handwagen auf den Straßen unterwegs Richtung Westen. Der Krieg war noch nicht beendet, auch die Rote Armee wollte westwärts nach Berlin. Wir trieben uns auf den Landstraßen herum, es war ein wildes Durcheinander. Die Front war immer vor uns, manchmal nur 500 Meter entfernt. Mal waren die russischen, dann wieder die deutschen Soldaten in der Nähe. Wir hörten den Geschützdonner, die Geschosse knallten. Wir liefen hin und her, suchten sicheres Gebiet … furchtbar. Die Gehöfte waren voller Flüchtlinge, oft schliefen wir in Strohmieten. Zum Glück war der Februar recht mild.

Als wir für ein paar Tage in der Scheune eines großen Gutes lagerten, wurde Mutter von den Russen verschleppt. »Frau komm!«, hatten sie gerufen und meine Mutter mitgenommen. Jetzt musste ich mich um meine kleinen Brüder kümmern. Nach drei oder vier

Tagen kam Mutter plötzlich wieder – vollkommen zerstört. Sie war unzählige Male vergewaltigt worden. Schon auf einem anderen Hof hatte ich Fürchterliches gesehen. Eine schwerstbehinderte Frau im Rollstuhl war auf dem Dachboden vor den Russen versteckt worden. Trotzdem hatten die Russen sie gefunden und sich ihrer bemächtigt. Danach hatten sie die Frau mit dem Rollstuhl die Treppe hinuntergestoßen. Das haben wir Kinder alles erlebt …

Wir irrten weiter auf den Straßen herum. Einmal fanden wir für ein paar Tage eine verlassene Wohnung, die wohlhabenden Leuten gehört haben muss. Im Kinderzimmer stand eine schöne Eisenbahn, mit der wir Kinder spielten. Gegenüber war ein Quartier von russischen Soldaten. Abends passten sie auf, dass meiner Mutter und ihren Freundinnen nichts passierte, und brachten uns Becher mit warmem Kaffee voller Zucker! Sie wollten uns etwas Gutes tun … Es gab Russen, die waren gut, und es gab Russen, die waren voller Hass. Das kann ich auch verstehen. Wer weiß, was die Deutschen alles in Russland gemacht haben.

Wenn wir Rast machten, suchten wir uns als Erstes immer drei Steine. Wir stellten sie in einem Dreieck auf und machten dazwischen ein Feuer. In einem Topf konnten wir so das Fläschchen für meinen Bruder erwärmen oder etwas für uns, wenn wir etwas gefunden hatten. Drei Mauersteine – die fanden wir immer.

Irgendwann landeten wir in Wildenbruch, das liegt in Pommern. Wir fanden Unterschlupf in einem Wirtshaus. Der ganze Schankraum war schon voller Flüchtlinge, die auf dem strohbedeckten Boden schliefen. Auch wir legten uns ins Stroh. Jede Nacht kamen die Russen und vergewaltigten die Frauen. Wir Kinder lagen daneben. Meine Brüder waren so klein, sie schliefen und merkten es nicht. Aber ich. Ich lag neben meiner Mutter und konnte nichts machen. Wenn ich etwas unternommen hätte, wäre ich erschossen worden. Mutter war eine attraktive Frau. Die Russen nahmen keine Rücksicht auf uns Kinder. Mutter und ihre Freundinnen zählten ihre Vergewaltigungen. Sie wurden oft vergewaltigt. Später sprach Mutter mit mir nie wieder darüber. Ich habe ein Tagebuch von ihr, sie ist jetzt 25 Jahre tot, das Tagebuch habe ich noch nicht gelesen. Ich glaube, ich lese es auch nicht …

Ich werde nie vergessen … Am Muttertag kletterte ich in einen verlassenen Garten. Ich pflückte ein paar schöne Tulpen und schenkte sie Mutter. Es war doch Muttertag! Es war für sie eine große Freude, auch wenn wir keine passende Vase finden konnten.

Jeden Tag war ich unterwegs und versuchte Essen zu organisieren. Wir hatten nichts. Einmal sah ich in der Küche eines Forsthauses auf dem Fensterbrett eine große Büchse voller Honig. Weil sie nicht durch die Gitterstäbe passte, griff ich mit den Händen in den Honig hinein. Er war fest und ich konnte zwei Hände voll zu meiner Mutter tragen. Das werde ich auch nie vergessen …

Ein anderes Mal wollte ich mit einem befreundeten Jungen Hühner fangen, die beim Stadtkommandanten im Garten lebten. Ich hatte noch nie ein Huhn gefangen, aber mein Freund hatte einen Plan. In der Fabrik nebenan waren U-Bootteile produziert worden und dort hatten wir uns ganz dünne Aluminiumscheiben besorgt. Wenn wir die Scheiben richtig hinter den Hühnern her warfen, schnitten sie ihnen die Füße weg und sie konnten nicht weiterlaufen. Drei Hühner fing ich auf diese Weise, mein Freund noch mehr. Er haute ihnen gleich die Köpfe ab, aber das konnte ich nicht. Stolz kam ich mit den Hühnern zu meiner Mutter. Der Kommandant war schon da. Mutter schlug mich, bis der Kommandant sagte, jetzt sei es genug. Währenddessen rupften die Freundinnen meiner Mutter schon die Hühner.

Wir Kinder fragten die Russen oft nach Brot: »Kleppa, Kleppa!«

Schnell konnte ich mich mit ihnen unterhalten und sprach später mit meinen zehn Jahren fließend Russisch. Kinder lernen schnell. Aber ich sprach nur mit den freundlichen Russen, die mit den Pferden und Panjewagen unterwegs waren. Sie sagten immer: »Hitler scheiße, Stalin scheiße!«

Das konnten sie auf Deutsch sagen. Sie hatten selber nicht viel, aber uns Kindern gaben sie immer Brot.

Wir waren ganz abgemagert, so wenig fanden wir zu essen. Der russische Stadtkommandant war doch auch sehr menschlich und schenkte uns eines Tages eine Kuh. Wir Kinder führten sie spazieren, damit sie Bewegung bekam. Aber keiner von uns wusste, wie sie gemolken werden muss. Ein paar von den alten Männern schlugen der Kuh mit einem Vorschlaghammer auf den Kopf. Immer wieder schlugen sie zu, bis die Kuh umfiel und starb. Sie wurde sofort geschlachtet. Wir nahmen uns die hintere Keule, den Rest teilten sich die anderen Flüchtlinge. Alle freuten sich riesig. Es gab so wenig zu essen.

Ich erinnere mich … Einmal spielten besoffene Russen mit einer Panzerfaust. Ich schaute mit ein paar Kindern zu. Wir Kinder wussten alle, wie man so ein Ding benutzt. Plötzlich drückte einer der

Russen ab. Er wusste wohl nicht, wie man mit einer Panzerfaust umgeht. Er schoss sich seine eigene Schulter weg. Wir Kinder rannten schnell weg. Aber denken Sie, wir hatten ein schlechtes Gewissen? Wir hatten kein schlechtes Gewissen! Ich kann nicht vergessen, wie die Russen meine Mutter vergewaltigt haben. Ich glaube, deswegen habe ich auch die russische Sprache schnell wieder verlernt.

Am 8. Mai veranstalteten die Russen eine Siegesfeier. Sie backten Bleche voll mit Zuckerkuchen. Den zuckrigen, verkrusteten Rand schnitten sie ab und gaben ihn uns Kindern. Was haben wir uns darüber gefreut! Es war ein friedliches Fest.

Weil der Krieg nun zu Ende war, machten wir uns auf den Weg zurück nach Königsberg. Die Bäume und Sträucher waren voller Maikäfer. Wir Kinder schmissen Knüppel in die Bäume, sodass die Käfer runterfielen. In einem Schuhkarton fütterten wir sie mit Gras. Jeden Tag liefen wir zwanzig Kilometer. Aber wie mein vierjähriger Bruder das geschafft hat … Was der an Kilometern zurückgelegt hat. Er war ja noch so klein!

Zurück in Königsberg, kamen wir für kurze Zeit mit anderen Berliner Frauen und ihren Kindern in einer Wohnung an der Stadtmauer unter. Nächtelang durften wir Kinder mit unseren Müttern Mikado spielen, weil sie solche Angst vor den Russen hatten. Wenn die Russen abends kamen, um Frauen zu holen, sahen sie uns viele Kinder und gingen wieder. Wir spielten Mikado, bis wir nicht mehr konnten. Zwischendurch knackten wir Läuse. Wir waren ständig verlaust. Meine Mutter hatte ein Kleid mit Stickerei über der Brust. Dort krabbelten die Läuse hin und her. Wir machten uns nichts daraus. Wir spielten Mikado und knackten hin und wieder ein paar Läuse. Ich erinnere mich – meine Großmutter hatte so viele Läuse, dass ihr die Haare ausgegangen sind. Heute würde man denken, die hat Krebs.

Von Vater hatten wir schon lange nichts mehr gehört und wir wollten endlich zurück nach Berlin. Für meine kleinen Brüder organisierte ich einen Leiterwagen für die Reise. Damals nannte man das nicht klauen, man nannte es organisieren. In einem Schuppen hatte ich auf einem meiner Streifzüge durch die Stadt einen Leiterwagen entdeckt. Abends in der Dunkelheit ging ich trotz der Sperrstunde dorthin zurück. Die Tür war leicht zu knacken.

Mit dem Leiterwagen liefen wir los – Richtung Berlin. Einmal lud uns ein Bauer zum Essen ein. Es gab saure Sahnesauce. Schon lange hatten wir nichts Richtiges mehr gegessen. Die Sauce war viel zu fettig für uns, unsere Mägen konnten das Essen gar nicht aufnehmen. Kaum waren wir aus der Stube raus, mussten wir alles wieder erbrechen. Über die Oder nahm uns ein Kohlenzug mit nach Berlin-Pankow. Von dort liefen wir nach Steglitz. Ganz Berlin lag in Trümmern. Mutter hatte nur noch einen kleinen Beutel auf dem Rücken und trug den Kleinen. Wolfgang musste laufen. Ich kann mich nicht erinnern, dass er jemals gejammert hat … wirklich bewundernswert. In Steglitz setzten wir uns erschöpft auf eine Bank, die heute noch dort steht. Mutter sagte: »So, jetzt sind wir zu Hause. Jetzt ist Frieden.« *(Er weint.)* Das Erste, was ich sagte, als wir in unsere Wohnung zu meinen Großeltern kamen, war: »Ich möchte gerne 'ne Butterstulle.« *(Er schluckt und kämpft mit den Tränen.)*

Und abends saß ich am Fenster, und die Laterne auf der Straße brannte wieder …

Von den vielen, vielen Vergewaltigungen war Mutter schwer geschlechtskrank geworden. Oft lief ich für sie ins Auguste-Viktoria-Krankenhaus, brachte Blutproben hin oder holte Ergebnisse für Mutter ab. Ich nahm immer meinen Trudelreifen mit, ein Rad von einem Kinderwagen, dass ich mit einem Stock vor mir herrollte. Es dauerte, bis sie wieder geheilt war.

Mit den Russen wollte ich nichts mehr zu tun haben. Als ich kurz nach unserer Rückkehr in Steglitz einen Russen auf der Straße hörte, bekam ich furchtbare Angst. Sollte es jetzt so weitergehen? Glücklicherweise kamen dann die Amerikaner. Eines ist in meiner Psyche geblieben. Ich möchte mit den Russen nichts zu tun haben.

Vater kam nicht wieder aus dem Krieg. Er gilt als vermisst. Mutter musste ihn für tot erklären lassen. Das letzte Mal hatte ich Vater 1942 gesehen, als er uns während seines Urlaubs von der Front in Königsberg/Neumark besuchte. Ich weiß noch, ich musste bei einer Freundin meiner Mutter schlafen, und neun Monate später wurde mein Bruder geboren. Das Letzte, was ich von Vater bekam, war das Gehäuse einer Schildkröte. Er hatte es mir aus Griechenland geschickt, wo er zuletzt stationiert gewesen war.

Ich muss Ihnen ehrlich sagen, wenn ich heute höre, was in der Welt passiert … die Rechtsradikalen, was die alles sagen. Die haben keine Ahnung, was wir durchgemacht haben! Verstehen Sie?

Ich habe wieder Kontakt aufgenommen zu den Mädchen, mit denen wir damals geflüchtet sind. Das sind heute alles alte Damen.

Flüchtlinge und Heimkehrer in den Straßen Berlins 1945. Bei Kriegsende wurden viele deutsche Frauen Opfer von Vergewaltigungen.

Wir haben verabredet, dass wir uns öfter sehen wollen. Die Freude war sehr groß. Wir haben über die Zeit damals gesprochen. Das hat mich doch unheimlich beschäftigt, nicht belastet, beschäftigt – belastet manchmal auch. Danke, dass Sie mir zugehört haben.

»Wenn er kam, ging ich runter in den Hof spielen ...« Ursula R.

(Geboren 1934 in Berlin, Bereichsleiterin)

»Die Russen kommen! Die Russen kommen!«

Es wurde furchtbar im Dorf … Meine Mutter nahm mir die Schleife aus dem Haar und schnitt meine langen Naturlocken kurz ab. Ich weinte furchtbar und fragte: »Warum?«

Meine Mutter erklärte es mir nicht. Sie hatte Angst, dass ich für die Russen schon zu hübsch aussehen würde. Aufgeklärt wurden wir damals noch nicht, obwohl wir für heutige Zeiten das Alter hatten. Ich wusste überhaupt nicht, was Vergewaltigung ist. Abends versteckten sich Mutter und die jungen Bäuerinnen in den Wäldern und Mieten. Dort blieben sie die ganze Nacht, denn nachts suchten die Russen nach Frauen. Warum in der Nacht? Die russischen Offiziere hatten ihren Soldaten verboten, die Frauen zu vergewaltigen. Deswegen krochen sie nachts rum und suchten die Frauen. Ich war die ganze Nacht mit meiner kleinen Schwester alleine und verstand nicht, warum Mutter in den Wald ging. Sie sagte, dass die Russen uns totschlagen würden und hinter den Frauen und ihrem Schmuck her seien. Den Kindern würden sie aber nichts tun. Ich hatte mächtige Angst, alleine mit meiner Schwester in der Wohnung! Sie war erst zwei Jahre. Aber ich passte die ganze Nacht auf.

Dann machte meine Mutter etwas Kluges in der Not. Sie schaffte sich einen russischen Offizier als Freund an. Natürlich musste sie mit dem ins Bett gehen! Sie hat es mir später erzählt. Damals bekam ich das nicht mit. Der Offizier war sehr nett. Einmal brachte er ein großes Glas Bonbons mit. Da wusste ich, dass er es im Kolonialwarenladen geklaut hatte. Er brachte immer was zu essen mit. Fleisch, das er beim Bauern geklaut hatte, Lebensmittel. Wir hatten nichts, mussten alles irgendwo organisieren. Der Offizier trug eine sehr schicke Uniform, ein ansehnlicher Mann. Er sprach perfekt Deutsch. Ob er Deutscher war? Damals waren ja viele Deutsche in den früheren Jahren nach Russland gegangen. Wenn er kam, ging ich runter in den Hof spielen, trieb mich mit den Kindern vom Bauern im Dorf rum. Ich hatte Angst vor den Gänsen. Die Bauernkinder lachten mich aus, wenn ich vor dem Ganter wegrannte und der Ganter hinter mir her. Als Stadtkind erlebte ich auf dem Land vieles, was ich nicht kannte. Auch das Obst von den Bäumen zu pflücken war für mich neu.

Wenn der Offizier uns besuchte, kam oft die Bäuerin dazu. Sie fühlte sich dann auch beschützt. Einmal saßen wir mit ihm zusammen und aßen, als einfache russische Soldaten die Treppe hochkamen, klopften und nach Frauen suchten. Was meinen Sie, wie die rannten, als sie den Offizier gesehen hatten. Ja, der Offizier hat uns über die Zeit gebracht …

Zu den Kindern waren die Russen nett. Sie gaben uns oft Brot, das hieß bei denen Klebba und Butter hieß Maslu. Die beiden Worte hatte ich schnell gelernt und bettelte danach. Unter den Russen waren ganz unterschiedliche Menschen. Am schlimmsten waren die asiatischen Russen. Wenn die Frauen ihre Ohrringe nicht schnell genug herausnahmen, rissen sie ihnen die Ohrringe heraus. Viele Frauen liefen deswegen mit gerissenen Ohrläppchen und verbundenen Ohren herum. Einmal sah ich, wie sie einer Frau den Finger abhackten, weil ihr Ehering nicht runterging …

Nach ein paar Wochen war der Krieg zu Ende. Die Russen hatten eine Kommandantur im Dorf eingerichtet und es wurde ruhiger. Anfang Juni sagte meine Mutter: »Wir hauen jetzt ab, wir laufen zurück nach Berlin.« Vom Bauern bekamen wir einen Leiterwagen und liefen mit unseren wenigen Sachen zur Dorfaue, wo sich schon einige Flüchtlinge getroffen hatten. Wir waren ja Flüchtlinge, das Wort gab es damals schon.

Über Dresden liefen wir bis nach Berlin. Vier Wochen waren wir von morgens bis abends auf der Landstraße. Dort fuhr ein Leiterwagen neben dem nächsten. Kinder saßen in den Wägen, Menschen hingen dran. Auch Kranke wurden gezogen. Es ging langsam voran. Rechts und links von der Landstraße lagen Koffer, Taschen und Rucksäcke. Die Leute konnten irgendwann nur noch sich selber tragen. Sie hatten nur noch ihre Papiere bei sich, alles andere lag in den Straßengräben. Ich sehe noch die alten Leute in den Wagen sitzen. Wenn sie starben, wurden sie einfach in den Dörfern abgeladen. Die Toten konnten nicht weiter mitgezogen werden. Die Erwachsenen und auch die Kinder waren auf ihre Existenz beschränkt. Wenn es abends anfing dunkel zu werden und ich sagte: »Mama, ich bin so müde«, bog meine Mutter ab und wir suchten einen Bauernhof. Meine Mutter hatte ihren Schmuck im Kopfkissen meiner Schwester im Kinderwagen versteckt. Sie gab den Bäuerinnen etwas von ihrem Schmuck, dann durften wir im Bauernhof übernachten, kriegten ein Bett und etwas zu essen – Bratkartoffeln, Suppen, was die Bauern gerade auf dem Tisch hatten. Nach dem Essen wusch Mutter noch die Windeln für meine Schwester aus und hängte sie auf. Am nächsten Tag waren sie halb trocken. Viele Kinder waren wund, hatten schlimme Pos. Es gab keine Cremes, es gab nichts. Es war schlimm mit dem Trockenlegen der Babys. Morgens kriegten wir von den Bäuerinnen sogar noch ein kleines Frühstück. Die anderen Frauen mussten mit ihren Kindern auf den Wiesen übernachten, und nachts kamen wieder die Russen und holten sich die Frauen. Auf den Wiesen war es furchtbar. Wir konnten dem entgehen, weil meine Mutter schlau genug war und meinte: Den Schmuck muss ich nicht haben. Ich brauche eine sichere Unterkunft für die Kinder und für mich. So kam sie ganz gut dabei weg.

Ich erinnere mich noch an ein Erlebnis auf der Flucht. Russische Offiziere hatten einen russischen Soldaten dabei erwischt, wie er gerade eine Frau vergewaltigte und halb tot machte. Sie banden den Russen mit einer langen Schnur hinten an einen Pferdewagen. Der Russe schrie, er wusste, was kommen würde. Der Wagen fuhr ganz dicht bei uns vorbei. Er schrie … Meine Mutter sagte plötzlich: »Ulla, guck nicht hin!«, nahm meinen Kopf und drückte ihn an ihre Brust. Trotzdem sehe ich den Mann auf dem Boden liegen. Sie schleiften ihn mit dem Wagen zu Tode. Davon habe ich lange geträumt und war ganz verstört, ehe ich das mehr oder weniger vergessen hatte. Heute, wo man mehr weiß, würde man sagen, es war ein Trauma für die Kinder, die so etwas gesehen haben. Für mich ist es heute kein Trauma mehr, aber die Erinnerung ist da. Überlegen Sie mal, wie viele Jahre das her ist. Das bleibt im Kopf! Er hat so geschrien. Die Schreie sind noch in meinem Ohr. Der wusste, wie sie ihn hinten an den Wagen banden, was sie mit ihm machen würden. Gebrüllt, gebrüllt …

In Berlin angekommen, sagte meine Mutter an der Ecke von unserer Straße: »Ulla, guck du jetzt bitte um die Ecke, ob unser Haus noch steht, ich kann das nicht.«

Meine Mutter war nervlich am Ende. Ich schaute nach und sagte: »Mama, alles steht noch!«

Meine Großmutter wohnte im gleichen Haus. Sie war unversehrt. In unserer Wohnung war das Türschloss herausgebrochen. Bis auf die Betten, einen Schrank und den Küchentisch war die Wohnung leer. Alles andere war weg. Keine Tasse, kein Teller, keine Kleidung, keine Bettwäsche. Alles, was man tragen kann, war weg. Aber wir waren glücklich. Meine Großmutter gab uns etwas von ihren Sachen. Wir waren glücklich. Das ist etwas, was mich sehr prägt, noch heute.

Ich hänge an keinen Dingen. Ich kaufe mir auch nichts Unnützes. Hier eine Vase und da noch etwas und das brauch ich noch … Das brauche ich alles nicht.

Ich bin einmal geschieden und vor zwei Jahren Witwe geworden. Mein Sohn wohnt weit weg und kümmert sich kaum. Ich bin jetzt ziemlich alleine. Aber ich hab eine schöne Anderthalb-Zimmer-Wohnung und meine Rente reicht. Viele sagen: »Ach Gott, du hast nicht viel.« Ich sage: »Es reicht!« Ich habe eine andere Einstellung zu Geld, zu Besitz, zu Sachen. Was ich nicht bezahlen kann, das kann ich nicht haben, und das macht mich nicht unglücklich. Das hat der Krieg gemacht …

»... du hast ja noch 'nen Halbbruder.«
Marließ Zuschke

(Geboren 1940 in Berlin, gelernte Buchhalterin und Kontoristin, Hausfrau)

Bis drei kann ich mich nicht besinnen. Aber mit vier, da habe ich schon mehr Erinnerungen ...

Zum Kriegsende hin kamen immer wieder Mongolen, Russen und Polen in den Keller und leuchteten alles ab. Mein Vater, der noch in den letzten Kriegstagen gefallen ist, hatte mir ein zusammenklappbares Bett gebaut, in dem ich im Keller schlafen konnte. Mein Bruder schlief im Kinderwagen. Wenn mich die Russen anstrahlten, wurde ich wach und meckerte und weinte. So bin ich heute noch, wenn einer meinen Schlaf stört. Mein Schlaf ist mir heilig. Manchmal denke ich, ob die Schlafstörungen, die ich früher hatte, vom Krieg waren? Ich weiß es nicht, die Ärzte wissen es auch nicht. Aber jetzt schlafe ich gut – ein Glück.

Meine Mutti fing früh an, mir nach dem Krieg von den Russen zu erzählen, dass sie Frauen rausgeholt hätten. Ich finde, das war eigentlich viel zu früh. Sie erzählte mir Sachen, die man mit zehn Jahren gar nicht verstehen kann. Aufgeklärt hatte sie mich nicht – das war nicht üblich. Ich hatte auch in der Schule keine Aufklärung. Solche Dinge hat Mutti mir auch nur im Dunkeln erzählt, abends im Bett, vorm Einschlafen. Einmal sollte sie selbst auch mit raus. Aber mein Opa war aufgestanden und hatte gerufen: »Meine Tochter kriegen Sie nicht!« Der Russe wollte meinen Opa erschießen, aber ein Pole, der die Russen begleitete, konnte ihn davon abbringen. Zwei Häuser weiter hat dieser Russe dann in seinem Suff zwei Männer erschossen, zwei junge Männer. Das war üblich. Schlimm eigentlich ...

Kurz nach dem Krieg hatten wir ein seltsames Erlebnis. Muttis Chef hatte uns in sein Häuschen auf dem Land eingeladen, wollte uns einen schönen Tag machen. Wir saßen gerade am Kaffeetisch, als ein junger Russe ins Haus kam und eine Kontrolle machte. Er wollte wissen, wo wir herkommen würden. »Na, aus Berlin-Neukölln«, sagte meine Mutti und musste ihren Ausweis zeigen. Der Russe sagte, er müsse Mutti mit auf die Wache nehmen. Also ging Mutti mit dem Russen weg. Meinem Bruder und mir war der Chef fremd. Wir waren noch klein und fragten immer: »Wann kommt denn unsere Mama wieder? Wann kommt denn unsere Mama wieder?«

Der Chef und seine Frau hatten kein Spielzeug, sie hatten keine Kinder. Irgendwie beschäftigten sie uns, aber ich weiß noch, wie ich ganz oft fragte: »Wann kommt die Mama?«

Sie kam erst am späten Nachmittag wieder. Ich erinnere mich noch gut an den Rückweg. Auf der Straße zum Bahnhof kamen uns Panzer entgegen. Wir mussten in den Straßengraben springen. Ich hatte richtig Angst. Mutti erzählte mir, dass der Russe alleine mit ihr durch den Wald gegangen sei. Damals konnte ich damit nichts anfangen. Aber auch später habe ich nie wieder nachgefragt, was da passiert ist.

Im April wurde ich dann eingeschult und es hieß, wir müssen zu Oma und Opa, die Mutti ist zur Einschulung nicht da. Da war ich sehr traurig. Wo die Mutti war, wusste ich nicht, keiner hat mir was erzählt. Ich hab auch nicht nachgefragt, auch nicht als ich größer war.

Und stellen Sie sich mal vor, als ich schon Kinder hatte, erzählte mir eines Tages, da war die Mutti schon tot, eine Freundin am Telefon: »Ja, du hast ja noch 'nen Halbbruder.«

Ich sagte: »Woher weißte das denn?«

»Na, das hat die Irmchen erzählt.«

Das war die Friseurin von uns, eine Freundin meiner Mutter, zu der auch meine Freundin ging. Ich sagte: »Na, das wusste ich gar nicht, da bin ich jetzt aber erstaunt.«

Und plötzlich fiel mir wieder eine Situation ein: Wir waren oft in der Waschküche bei den großen Kesseln oben neben dem Dachboden gewesen. Da hatten Mutti und Oma immer zusammen Wäsche gewaschen. Man musste sich extra dafür anmelden – Mittwoch war Frau Schulz dran und Donnerstag Frau Peter. Ich fand es da oben bei den großen Kupferkesseln interessant und war oft beim Waschen dabei. Und jetzt fiel mir wieder ein, wie ich meine Mutti mal gefragt hatte: »Was hast du denn hier für Wellen, Mama?« *(Sie zeigt auf ihre Brust.)* Mutti hatte ein Sommerkleid mit einem leichten Ausschnitt getragen und wie sie sich bückte, wollte ich wissen, was das ist. Sie sagte: »Dazu bist du noch zu klein, das erzähl ich dir, wenn du groß bist.« Na, da warte ich heute noch drauf … Und dann fiel mir ein, sie hatte auch einen dicken Bauch! Sie trug ein Sommerkleid, blau-rot-weiß mit Blümchen drauf. Ist schon irre, dass ich das noch weiß. Das Kleid hatte unter der Brust einen leichten Gummi, der den Stoff ein bisschen kräuselte. Wenn man einen dicken Bauch hat, fällt das noch mehr auf. Ich hatte

Mutti gefragt: »Warum hast du denn da so einen dicken Bauch?«, und sie hatte geantwortet: »Na, ich hab so viel gegessen.«

Damit hatte ich mich abgefunden.

Ich kombinierte, dass das Kind wohl von dem Russen war, mit dem sie in den Wald gehen musste. Aus dem Keller kann es nicht gewesen sein, denn der Krieg war da schon aus. Nach dem Telefonat wollte ich wissen, ob das nur Klatsch war oder stimmte. Ich rief meine Freundin Renate an, die damals über uns gewohnt hatte. Ihre Mutter war auch eine Witwe mit zwei Kindern gewesen. Unsere Mütter hatten sich den ganzen Krieg über geholfen. Ich fasste mir ein Herz und fragte Renate. Und stellen Sie sich mal vor, die wussten das alle – außer mir! Man sah ja den dicken Bauch. Im Haus wurde wohl erzählt, dass es ein Mann aus dem Vorderhaus war, sagte Renate. Aber das kann ich mir nicht vorstellen! Das war der Herr Lemke, und den kannte ich. Mit seinen beiden Jungs, Bernd und Horst Lemke, hatte ich manchmal gespielt, und Frau Lemke wollte immer ein Mädchen und hatte mir manchmal Stocklocken mit der Brennschere gemacht, obwohl ich lieber spielen wollte. Manchmal waren wir auch mit der Familie Lemke baden gefahren. Wenn die Mutti ein Kind von ihm bekommen hätte, hätten wir doch nicht mit seiner Familie verkehrt. Das geht doch nicht!

Es ist eine Vermutung, aber ich würde sagen, zu neunzig Prozent stimmt das mit dem Russen. Komisch nur, dass ich später gar nicht mehr gefragt habe. Das war aus meinem Kopf. Die Geschichte mit Krieg und Bauch und Busen ist mir erst viel später wieder eingefallen. Ich hätte ja die Mutti nochmal fragen können. Es war ihr wohl peinlich – sie hat es ja nie erzählt. Meine Mutti hatte noch eine gute Freundin im Haus, die ist 104 Jahre geworden. Die sagte mal zu mir, als wir über meine Mutti sprachen: »Deine Mutti musste was verarbeiten im Leben, da konnte ihr keiner helfen, das musste sie ganz alleine verarbeiten.« Ich hab immer gegrübelt: ›Wat isn dit?‹ Da bin ich erst Jahre später draufgekommen, dass es diese Geschichte gewesen sein muss. Meine Mutter wollte nicht, dass ich es weiß. Die kannte mich ja. Sie hätte von mir eine schnippische Antwort gekriegt, das wusste sie. Sie hatte dann Freunde – Männer, die aber nie bei uns gewohnt haben. Sie hätte wieder heiraten können, aber das war alles nicht das Richtige, und ich war immer furchtbar eifersüchtig auf die Männer. Mutti wird gedacht haben: ›Na, das hör ich mir von der nicht an.‹ Und so hat sie mir das nie erzählt und ich hab auch nie gefragt. Wie sie dann alt war, mit Anfang siebzig, die Mauer stand noch, zeigte sie mir plötzlich Bilder, wo ihre Familie väterlicherseits gelebt hatte. In der Nähe von Frankfurt (Oder) wollte sie sich angeblich das Bauernhaus anschauen, wo sie immer die Ferien verbracht hatte. Jetzt sagen Sie mir mal, warum man im Alter diese Wandlungen kriegt? Ich habe die jetzt auch. Vorher will man gar nicht zu seinen Großeltern und Vorfahren hinfahren, aber im Alter dann plötzlich … Auf einem der Fotos ist sie mit einer Frau fotografiert, die so ein bisschen hausfräulich ländlich aussah, mit Baskenmütze und Brille. Sie war etwas jünger als meine Mutti. Ich sagte: »Na, woher kennste die denn? Wer ist denn das überhaupt?«

»Ich hab sie auf der Straße kennengelernt«, sagte meine Mutti. Das fand ich ulkig. Plötzlich kriegte sie dann Briefe von der Frau. Mutti schickte sogar Päckchen hin und zeigte mir noch mehr Fotos. Das fand ich nun ganz komisch. Auf einem Foto sitzt sie neben einem jungen Mann auf einer Couch. Der Mann ist ungefähr so groß wie mein Bruder. Daneben sitzen ein Kind und noch eine Frau. Und jetzt fragen Sie mich mal, warum ich nicht gefragt hab, wer das ist? Ich hab einfach nicht gefragt! Getraut hätte ich mich schon, ich hatte keine Hemmungen, aber ich bin gar nicht draufgekommen! Da hab ich über mich selbst gestaunt. Warum hab ich da nicht gefragt? Jetzt kann ich es nicht mehr nachholen. Als ich dann von meinem Halbbruder erfahren hatte, kombinierte ich: Vielleicht war dieser große, junge Mann, der die gleiche Statur wie mein Bruder hatte und so groß und dünn und schlank war, ihr Kind, das sie weggegeben hatte. Ach, ich bin ja immer ein Spätzünder in sowas, dass mir das erst später aufgefallen ist!

Meine Mutti musste das ganz alleine verarbeiten. Das war eine Schande früher, ein uneheliches Kind zu haben. Das war die größte Schande überhaupt! Erst viel später wurden die unehelichen Kinder anerkannt. Mutti hatte sich geschämt und das Kind weggeben. Das kann ich auch verstehen, aber ich finde es komisch, dass sie mir das nicht erzählt hat. Kann man vielleicht auch nicht verlangen. Ich bin da auch nicht böse drüber.

Das ist schon eine eigenartige Geschichte, die vielleicht nicht so rumgeht, weil viele Menschen gar nicht darüber sprechen. Aber warum soll ich nicht darüber sprechen? Ich bin ein aufgeschlossener Mensch. Ich kann über solche Dinge sprechen.

»Meine Schwester und ich legten uns in ein Bett zwischen schwerkranke alte Frauen.«
Eva Grieve

(Geboren 1928 in Berlin)

Bei Kriegsende arbeitete ich als Näherin im Heeresbekleidungsamt Bernau. Ich fertigte am Band Hosen an. Am 20. April 45, Hitlers Geburtstag, fuhr ich noch mit der S-Bahn zur Arbeit. Wir hörten schon von Weitem den Geschützdonner. Die Russen standen kurz vor Bernau, aber nach Wehrmachtsberichten wurden sie immer wieder zurückgeschlagen. Ich war entsetzt, dass so wenige Leute im Heeresbekleidungsamt waren, und so machte ich mich am späten Vormittag mit einer Arbeitskollegin auf den Weg zurück nach Hause. Inzwischen fuhr die S-Bahn nicht mehr, wir mussten laufen.

Zu Hause angekommen, schickte mich meine Stiefmutter wieder zurück nach Bernau. Ich sollte meine Schwester holen, die gerade ein Pflichtjahr bei einem Lederhändler in Bernau machte. Als ich das Haus des Lederhändlers endlich gefunden hatte, war draußen mittlerweile die Hölle los. Bernau wurde beschossen. Die Chaussee nach Schwanebeck war voller zurückkehrender deutscher Soldaten. Sie fuhren auf Wagen an uns vorbei, Pferde und Soldaten kamen uns auf der Chaussee entgegen. Von oben schossen russische Tiefflieger auf die Soldaten. Meine Schwester und ich liefen am Rand der Straße vorbei an verwundeten und toten Soldaten, an toten Pferden. Hinter uns hörten wir die Beschießung von Bernau. Es war grausam für mich. Wir liefen …

Ich muss ganz ehrlich sagen, wie ich mit meiner Schwester zurückgekommen bin, weiß ich nicht. Aber irgendwie kamen wir nach Hause.

Am nächsten Tag kamen die letzten deutschen Soldaten an unserem Haus vorbei. Sie sagten meiner Mutter, wir sollten um Gottes willen nicht allein in unseren Häusern bleiben, uns würde Schreckliches passieren. Also packten wir unsere Sachen und liefen zusammen mit zwei Nachbarsfamilien ins Hufelandkrankenhaus. In der Ferne sahen wir schon die russischen Panzer. Die Schwestern des Krankenhauses waren sehr nett zu uns, sie gaben uns Betten im Flur des Kellers. Alle Patienten waren bereits in die Kellerräume gebracht worden. Ein paar Stunden später kamen die ersten Russen runter, Mongolen, die nach Soldaten suchten. Gegen Abend wurde es unruhig, die russischen Soldaten hatten sich reichlich mit Alkohol vollgetankt. Sie fingen an, die Frauen zu vergewaltigen. Eine der Ersten, die sie sich holten, war meine Mutter. Später vergewaltigten sie auch unsere Nachbarin – im Anblick ihrer Kinder. Die mussten das mit ansehen … Keiner konnte Einhalt gebieten. Die Mongolen sahen schrecklich und angsteinflößend aus. Wir hatten schon vorher gehört, was die Russen alles mit den Frauen machen. Aber es wurde nicht erzählt, dass auch deutsche Soldaten schlimme Sachen in Russland getrieben haben. Das erzählten die Deutschen natürlich nicht. Das habe ich erst viel später gehört.

Meine Mutter hatte Angst um uns Mädchen. Sie bat die Schwestern, uns in den Patientenräumen zu verstecken. Meine Schwester und ich legten uns in ein Bett zwischen schwerkranke alte Frauen. Wir trugen mehrere Kleider und einen Mantel drüber und hatten das Kopftuch tief ins Gesicht gezogen. In der Nacht kamen die Soldaten auch in unser Zimmer, waren betrunken und schossen wild in die Kellerdecke. Da können Sie sich vorstellen, wie viel Angst ich und meine Schwester hatten. Die kranken alten Frauen wollten uns beschützen und versuchten, den Soldaten zu erklären, dass wir eine schlimme Infektionskrankheit hätten und sehr ansteckend seien. Das war unser Glück, deswegen ließen sie uns in Frieden. Wir sind wirklich davor geschützt worden. Mutti und die anderen Frauen wurden noch mehrmals in dieser Nacht vergewaltigt. Die Frauen hatten nicht nur Angst, schwanger zu werden, sie fürchteten sich auch vor den Geschlechtskrankheiten. Es gab genug Frauen, die angesteckt wurden. Am nächsten Morgen stellten die Schwestern fest, dass eine der alten Frauen neben uns im Bett verstorben war …

Nach einigen Tagen wurde es ruhiger, das Kriegsende kam. Wir konnten den Keller verlassen und die Schwestern räumten uns oben ein großes Zimmer aus, wo wir mit den Nachbarn wohnen konnten. Die Frauen wollten nach den Häusern schauen. Gemeinsam liefen wir los. Wir trauten uns nur zusammen in die Häuser der drei Familien. In unserem Wohnzimmer war ein Verbandsplatz eingerichtet worden. Überall lagen Skalpelle, Pinzetten und blutige Binden. Es muss dort zugegangen sein! Die Kleiderschränke waren leer, dazwischen lagen überall Haufen auf dem Boden, es stank fürchterlich. Auf der Straße waren noch Russen unterwegs. Wir konnten noch nicht in die Häuser zurück und gingen wieder ins Krankenhaus. Ich half, in der Küche Kartoffeln zu schälen und die Vorratsschränke aufzuräumen. Dadurch verdiente ich mir ein bisschen Essen. Der

Nachbarssohn, der später auch mein Ehemann wurde, half im Werk Buch Brot zu backen. Ab und zu brachte er ein Brot mit, das wir uns alle teilten. Sonst gab es nichts zu essen.

Es waren schon bald die Johannisbeeren reif, als wir wieder in unsere Häuser zurückkonnten. Die Einweckgläser aus dem Keller lagen geöffnet und zerbrochen im Garten. Es war nichts mehr zu gebrauchen. Wir ernährten uns von den Früchten unseres Gartens …

Von roten Punkten im Gesicht, einem Fensterkreuz und kolossalem Glück

Hinter meinem Zimmer lag eine kleine Kammer. Dort versteckten sich die Frauen aus der Straße während des Einmarsches der Russen. Mutti hatte mir erklärt: »Jetzt kommen die bösen Russen und wollen den Frauen was antun.«

Vergewaltigen hat keiner gesagt. Wir waren damals noch nicht so aufgeklärt. Nachdem die Frauen in der Kammer verschwunden waren, hängte meine Oma einen Wandbehang vor die Kammertür und schob mein Bett davor. Ich musste mich in das Bett legen, und Oma malte mir rote Punkte ins Gesicht. *(Sie lacht.)* Ich hatte die Röteln … Ich lag im Bett, die Russen guckten ins Zimmer, Großmutti führte sie rein und sagt: »Kind krank!«

Und die Frauen saßen alle hinter der Tür! Mindestens zehn, zwölf Frauen versteckten sich dort jedes Mal. Aber nur die ganz jungen, die älteren nicht mehr, die fassten die Russen nicht an. Sie wollten sich natürlich nicht anstecken, und bei Kindern waren sie eigentlich nie bösartig, muss ich sagen. Anfangs hatte ich noch Angst, dort im Bett. Aber dann relativierte es sich, weil die Russen immer wieder gingen. Also nahm ich es mit Gleichmut. Im Gegenteil, wenn Oma dann kam und sagte: »Die Luft ist rein, kannst wieder aufstehen und die Frauen rauslassen!«, dann freuten wir uns alle und feixten, dass wir die Russen überlistet hatten. Von den Frauen lebt heute in der Straße keine mehr …

(Marianne M., Jg. 1936)

Eine Nachbarin von uns war ein Zwilling. Sie war sehr hübsch, aber ihre Schwester weniger. Die Russen ließen die weniger Hübsche in Ruhe. Sie nahmen sich immer die Hübsche, bis die sich dann am Fensterkreuz sichtbar erhängt hatte. Damit die Russen nicht mehr kommen würden …

(Roswitha Weiß, Jg. 1939)

Als die Russen kamen … Vorher war schon erzählt worden, dass die Russen die Frauen vergewaltigen und erschießen. Zum Schluss saßen wir jeden Tag im Keller. Als ich mit meiner Mutter gerade Halma spielte, kamen die Russen rein und holten sich zwei, drei Frauen raus. Auch meine Mutter. Ich wollte dem Russen an den Kragen gehen, der meine Mutter mitnahm. Ich wollte Mutter behalten und die Russen wegschieben. Der Soldat stieß mich mit dem Gewehrkolben weg. Meine Mutter sagte: »Günterchen, lass mal, lass mal.«

Sie beruhigte mich. Komischerweise tat mir der Russe nichts. Er hätte mich ja auch verprügeln können oder verhaften. Er griff meine Mutter, schob sie auf das Auto und weg waren sie. Danach wurde sie wieder zurückgebracht. Meine Mutter ist nur einmal vergewaltigt worden. Sie hat darüber nie wieder gesprochen. Aber aus den Worten habe ich entnommen, dass der sie einigermaßen gut behandelt hat. Es war also nicht brutal oder so …

(Günter Ahlberg, Jg. 1929)

In der Wohnung über uns wollten die Russen zwei Frauen vergewaltigen. Die beiden sprangen aus dem Fenster. Wir sahen, wie sie runterkamen. Die eine brach sich dabei ein Bein. Sie versteckten sich im Heuhaufen und robbten dann in den nächsten Ort ein paar Kilometer weiter, wo sie sich in Sicherheit brachten. Ich dachte: ›Warum haben die vor den Russen so viel Angst?‹ Wir waren ja überhaupt nicht aufgeklärt. Heute kann man sich das ja gar nicht vorstellen!

(Kristin K., Jg. 1937)

Meine Frau ist in einer katholischen Siedlung in Tegel groß geworden. Und da sagten die Frauen bloß: »Dreimal, zweimal …« Damit meinten sie die Vergewaltigungen. Man sprach ja gar nicht mehr darüber. Die Erlebnisse hemmten einen. Meine Frau ist, wenn Russen in der Nähe waren, zu ihrer Freundin gegangen, die wohnte in einem Haus im 7. Stockwerk. Vor die Tür hatten sie ein Schild gehängt, wie so ein Absperrband von der Polizei. Auf Russisch hatten sie darauf geschrieben »Infektion – Eintritt nur mit Schutzanzug, Lebensgefahr!« Na, da ist kein Russe hochgekommen. Die gingen in den Keller oder in den ersten Stock. Die Mühe, wegen einer Frau nach oben zu gehen, haben sie sich nicht gemacht.

(Erich H., Jg. 1929)

Ich bin vom Russen verschont geblieben. Ein kolossales Glück! Bei Kriegsende war ich bei meiner Tante in Zehlendorf gewesen. Sonntags ging ich los, wollte wieder nach Hause, und in der Nacht von Sonntag zu Montag kamen die Russen und vergewaltigten meine Cousine. Hatte ich ein Schwein!? Sie haben mir später immer vorgehalten, dass die Margot und nich ich ... Ja, ja, das waren unsere Erlebnisse ... Die Mädchen, die bei uns im Block wohnten, sind alle vergewaltigt worden, bis auf die Uschi, meine Nachbarsfreundin.

(Brunhilde K., Jg. 1927)

Immer wenn die Russen oben ins Haus kamen und was wollten, musste ich mit meiner Mutter unten durch die Kellertür hinters Waschhaus kriechen. Dort versteckten wir uns unter einer Plane und deckten uns mit Brennnesseln zu. Ich wusste immer gar nicht, warum. Es hieß immer, du bist ein Mädchen, du musst mit. Das verstand ich nicht – dachte, ich muss mit, damit Mutti nicht alleine ist. Das war schon verrückt.

(Kristin K., Jg. 1937)

Vom Russeneinmarsch haben Sie ja sicherlich schon von anderen gehört. Wir saßen im Keller, bis der erste Russe reinkam und schrie: »Woia kaput, Uri, Uri!«

Ich hatte furchtbar viel an. Ich hatte immer Angst, ich habe nichts mehr anzuziehen. Ich hatte ein Kleid an und über dem Kleid einen Rock und darüber einen Pullover und darüber einen Mantel und lange Stiefel. Das war mein Glück in der Nacht. Meine Eltern hatten ein altes Sofa im Keller, wo wir bei Luftangriffen immer draufgesessen hatten. Da wurde ich nun draufgelegt, Kissen drauf, Decke drauf, und dann setzten sich meine Eltern drauf. In der Nacht ging es los: Nicht nur »Uri, Uri«, sondern auch »Frau komm!« Und dann mussten die eben mit. Mein Vater stand dann immer auf und sprach mit den Russen, so gut er konnte ein bisschen Russisch, erzählte von unseren russischen Bekannten in Tiflis, lenkte sie ein bisschen ab. Aber dann kam einer mit einer riesigen Stalllaterne und dachte: ›Das Sofa ist ja ein bisschen komisch!‹

Meine Eltern mussten aufstehen, und dann wickelte er mich aus. Aber da ich darunter so furchtbar geschwitzt hatte, war ich glühend rot im Gesicht und mein Vater sagte gleich: »Malinki, malinki, Kind!«

Ich meine, ich war sechzehn! Kind war ich nicht mehr, aber ...

Vater sagte: »Krank, Fieber!«

Der Russe leuchtete mich mit der Laterne an – es war schrecklich. Ich kniff meine Augen zu. Das war, als hätte der mich eine halbe Stunde beleuchtet, aber es waren bloß ein paar Minuten. Meine

Mutter stand an dem Sofa und zitterte so, dass das ganze Sofa wackelte. Sie sagte: »Wenn der dich mitnehmen will, dem fahre ich mit meinen Fingern in die Augen!«

Hätte meine Mutter auch gemacht. Hinterher sagte ich zu ihr: »Ja, und dann wären wir beide erschossen worden! Das wäre dann alles gewesen!«

Aber er sagte dann: »Malinki, Malinki«, deckte mich zu und zog davon.

(Eva Marie G., Jg. 1929)

Ich hatte Mutter von 42 August bis 45 Juli nicht gesehen. Ich war mit der Schule kinderlandverschickt gewesen. Unser Lehrer hatte sich bei Kriegsende von uns verabschiedet, und wir mussten alleine klarkommen. Anfang Juli entschlossen sich mein Freund und ich, nach Berlin zu fahren. Wir hatten Angst: Wer lebt noch und welche Häuser stehen noch? Weil wir kein Geld für Fahrscheine hatten, hängten wir uns von draußen an die Zugabteile. Manchmal nahmen uns auch amerikanische Lastwagen mit. Nach drei Tagen landeten wir in Berlin. Die Gegend, wo ich wohnte, war unbeschädigt, und meine Mutter war da. Sie berichtete mir, dass sie beim Oberkommando des Heeres gearbeitet hatte, weil sie auch Geld verdienen wollte. Ihre Schwester hatte dort gearbeitet. Zuerst hatte sie in Berlin und nachher in Wünsdorf in Bunkern als Schreibkraft gearbeitet. Der Mann von Mutters Schwester war auch gefallen. Als die Russen einfielen und sie hörten, dass die mit den Frauen nicht sehr zärtlich umgingen, hatte die Schwester meiner Mutter Selbstmord gemacht. Sie hatte keine Kinder gehabt und auch keinen Mann mehr. Meine Mutter wollte das ursprünglich auch, aber hat es dann meinetwegen nicht gemacht. Ihre Schwester hatte ihr dazu geraten. Und die Tabletten, die sie ihr gegeben hatte, zwanzig Schlaftabletten, die hab ich immer noch da. Dass ich weiß, wenn's mir mal schlecht geht *(er lacht)*.

(Rolf Rührmund, Jg. 1930)

Als die Russen nach Finowfurt kamen, war meine Oma alleine im Haus. Es war schlimm. Zwei Russen vergewaltigten die 77-jährige Frau. Die beiden waren von ihrer Kompanie abgehauen und hatten sich im Wald versteckt. Am zweiten Tag nahm Oma den Toiletteneimer, stellte sich oben ans Fenster und begoss damit die Russen, als sie wieder ins Haus kommen wollten. Danach lief sie runter und kletterte durch das Küchenfenster. Sie wollte sich beim See verstecken, aber die Russen haben sie erschossen. So musste die Frau Schuscheck hinhalten, die unten beim Stall wohnte. Später wurden die beiden abtrünnigen Soldaten von ihrer Kompanie umgelegt. Sie mussten vorher noch Sand für ihr eigenes Grab ausheben und dann rein da …

(Hans-Joachim Fritz, Jg. 1929)

Hintergrundinfos: Vergewaltigungen

Während des Zweiten Weltkriegs gehörten Vergewaltigungen durch Soldaten zur Tagesordnung. Deutsche Wehrmachtssoldaten wurden Täter, als sie in andere Länder einmarschierten und fremdes Gebiet okkupierten. Deutsche Frauen wurden Opfer der alliierten Armeen, als diese die Wehrmacht zurückdrängten, die deutsche Bevölkerung vertrieben oder in die Flucht schlugen und Deutschland besetzten.

Die Anzahl der Vergewaltigungsopfer ist schwer zu bestimmen. Die Zahlen in Deutschland schwanken zwischen 860 000 und 2 bis 2,5 Millionen. Allein in Berlin sollen zwischen 20 000 und 100 000 Frauen vergewaltigt worden sein. Obwohl diese Gewalttaten von den Militärführungen der Besatzungsmächte strengstens untersagt und teils schwer bestraft wurden, haben sich amerikanische, sowjetische, britische und französische Truppen in den letzten Kriegswochen und der nachfolgenden Besatzungszeit in allen Gebieten des Deutschen Reichs schuldig gemacht. Dabei wiederholten sie in unterschiedlichem Ausmaß das, was die Wehrmacht zuvor bei Kriegsgegnern Deutschlands getan hatte.

Aus Verbindungen zwischen deutschen Soldaten und Frauen in besetzten Gebieten entstanden während der Kriegsjahre etwa ein bis zwei Millionen Kinder. Die Zahl der Besatzungskinder, die durch alliierte Militärangehörige – mit und ohne Gewalt – entstanden, wird zwischen 200 000 und 400 000 geschätzt. Die Kinder waren überall Diskriminierungen und Stigmatisierungen ausgesetzt.

Hitlerjugend und nationalsozialistischer Alltag der Kinder

»Zäh wie Leder, hart wie Kruppstahl
und flink wie ein Windhund.«
Burkhard C.

(Geboren 1932 in Ueckermünde, Rechtsanwalt)

Mit Görings Vierjahresplan stellte die Eisengießerei meines Vaters den Betrieb auf Granaten um. Bis zum 31. Januar 45 wurden dort Tag und Nacht Granaten produziert. Wenn Vater Nachtschicht hatte, brachte ich ihm das Essen und konnte zusehen. In Gießkannen wurde das glühende Eisen per Hand in die Formen gegossen. Für mich war die Produktion der Munition selbstverständlich und notwendig. Ich identifizierte mich mit diesem System. Soweit es erkennbar war, sage ich jetzt. Ich dachte damals nicht nach. Selbst als meine Tante wegen des Diebstahls von zwei Lebensmittelkarten für Zigaretten ins KZ kam, dachte ich mir nichts dabei. Ich glaubte, es sei eine strenge Form von Zuchthaus, wo gearbeitet wurde. Richtigerweise gearbeitet. Denn dort können sie ja nicht faulenzen, während die anderen alle an der Front für Deutschland kämpfen, so dachte ich. Ich hatte mich voll mit dem System identifiziert.

Um eins möchte ich Sie bitten. Dass Sie auf Rechtfertigungen verzichten. Sowohl für das Denken als auch für das Handeln. Ich habe damals so gedacht! Und ich will das nicht rechtfertigen. Sondern es war so! Nichts ist schlimmer für mich, als wenn man dafür Entschuldigungen im eigenen Verhalten sucht. Es war eben so. Es war schrecklich – von heute aus gesehen. Dass es schrecklich war, wusste ich damals nicht. Und zwar ganz nachdrücklich nicht. Ich sah immer nur die angenehmen Seiten. Als zum Beispiel Vaters Fachkräfte an die Front mussten, bekam er französische, belgische und niederländische Kriegsgefangene zur Unterstützung im Betrieb. Häufig brachte Vater welche von ihnen mit nach Hause zum Essen. Mit den Nordfranzosen konnten wir uns sogar teilweise auf Deutsch unterhalten. Die Flamen waren Teil der Familie, kann man sagen. Aber ich habe mir nie Gedanken drüber gemacht, wie diese Leute denn gelebt haben, wenn sie nicht bei uns waren. Diese zweite Seite ist häufig verloren gegangen.

Meine Mutter hatte bei einem der führenden Textiljuden in Ueckermünde Verkäuferin gelernt. Sie war dort die erste Verkäuferin gewesen, worauf sie sehr stolz war. Sie erzählte uns immer, wie das beim Juden so war. Wenn uns Kindern ein Messer oder eine Gabel nach unten gefallen war, sagte sie immer: »Nun dürft ihr nicht weiteressen, beim Juden ist das so.«

Sie vermittelte uns auch bestimmte Gewohnheiten wie den Sabbat. Aus der damaligen Sicht gesehen, hatte ich nie das Gefühl, dass zu den Juden eine Distanz bestand.

Als 1938 die drei Judengeschäfte in Ueckermünde der Reichskristallnacht zum Opfer fielen, war meine Mutter außerordentlich betroffen. Sie war erschüttert. »Ach, der hat es doch wirklich nicht verdient«, sagte sie. Verdient hatte es keiner! Aber so hat man gesprochen. Ich verstand meine Mutter damals, obwohl ich ganz anderer Meinung war. Können Sie sich das vorstellen? Ich war innerlich dagegen und auf der anderen Seite wieder dafür, dass die Juden Deutschland verlassen. Ich hielt wegen der Politik und der Propaganda alles für richtig. Mit Jud Süß und den ganzen Bezeichnungen als Untermenschen. Idiotisch. Aber es ist so. Es war nicht … schön. Im Grunde genommen war das ja verbrecherisch. Aber damals dachte ich, es ist nicht schön und nicht, es war ein Verbrechen. Das ist die erste Erfahrung, an die ich mich erinnere, wie wir durch die Straßen gingen und die drei Geschäfte sahen, deren Schaufensterscheiben alle regelrecht zertrümmert waren.

Es gab einen Juden, der oft zu meinen Großeltern auf eine Tasse Kaffee kam. Ich erinnere mich sogar noch an seinen Namen: August Sänger. Auch er war mit der Binde und dem Judenstern gezeichnet. Eines Tages, es muss im Winter 1941 gewesen sein, kam ich zu meinen Großeltern. Im dunklen Treppenaufgang stand in einer dunklen Ecke Herr Sänger. Ich sagte zu ihm: »Herr Sänger, warum kommen Sie nicht mit rein?«

Er traute sich nicht, etwas zu sagen. Ich sagte: »Nu kommen Sie doch mit rein!«

Langsam kam er mit mir in die Wohnung, wo ihn meine Großeltern begrüßten. Aber er schien offensichtlich verängstigt – nicht unseretwegen, sondern überhaupt verängstigt. An diesem Tag setzte er sich nicht hin. Er nahm keine Tasse Kaffee an. Es war auch keine rechte Unterhaltung mit ihm zu beginnen, bald ging er wieder. Ein paar Tage später sahen wir vom Fenster meiner Großeltern, das zum Markt rausging, wie 10–15 Personen, offenkundig alles Juden, sie trugen alle die Brandmarkung, zusammengetrieben wurden. Der August Sänger war dabei. Ich fragte meine Großeltern: »Na, wo gehen die denn hin?«

»Der August Sänger wird ins Heim kommen«, sagten sie. Ich glaubte die Antwort nicht recht, fragte aber auch nicht weiter nach. Wohin der wirklich ging und was für ein Schicksal der hatte, darüber habe ich mir seinerzeit keine Gedanken gemacht. Herr Sänger muss etwas geahnt oder gewusst haben und war deshalb so verängstigt. Aber er suchte Halt, kam noch zu meinen Großeltern, traute sich dann aber nicht, sich zu offenbaren. Er wusste ja auch nicht, welche Folgen das haben konnte. Obwohl, was konnte schlimmere Folgen haben als dort hinzugehen, wo er schließlich hingegangen ist …

Ich selber wusste weder zu diesem Zeitpunkt noch 1945 noch bis zu den Hauptkriegsverbrecherprozessen etwas! Nichts! Überhaupt nichts davon! Es ist ein bisschen komisch, aber es ist so gewesen. Als ich dann die Bilder gesehen habe … Damals habe ich die Kriegsverbrecherprozesse als Siegerjustiz angesehen. Ich war der Meinung, man sollte auch die Verbrechen der anderen Seite sehen, relativierte die ganze Sache im Grunde genommen. Aber die Begegnung mit Herrn Sänger war eine einprägsame Erinnerung, die mich im Grunde genommen nie verlassen hat. *(Er spricht mit leiser Stimme.)* Dieser August Sänger, ja, er mag damals mindestens siebzig Jahre gewesen sein, der hat mich einfach nicht verlassen …

Meine früheste Erinnerung ist, als mein Bruder an Ruhr erkrankte und auf eine Isolierstation musste. Wir konnten uns nur durch ein Fenster mit ihm unterhalten. Er sollte Bananen bekommen, aber die gab es damals schon nicht mehr. In meiner Kindheit kannte ich Bananen nur aus Büchern. Es hieß, die Bananen kämen nicht bei uns an, weil die Plutokraten verhindern würden, dass Deutschland Waren wie Kakao und Südfrüchte bekommt. Plutokraten war Hitlers Bezeichnung für die beiden Karikaturen Uncle Sam und John Bull und vor allem für die jüdischen Hochkapitalisten, Rothschild und andere. Ich nahm diese Geschichte auf und glaubte, dass andere an unserer Misere schuld waren und wir uns dagegen wehren mussten. Wir Kinder schimpften furchtbar auf die Plutokraten, obwohl wir nicht wussten, was das ist. *(Er lacht.)*

Als der Krieg ausbrach, besorgte ich mir Karten, auf denen ich erfasste, wo die Deutschen gerade waren. Die Nazis verkündeten jeden militärischen Erfolg mit einer Sondermeldung. Ab 1940 folgte eine Sondermeldung auf die nächste. Eine extra Fanfare kündigte die Meldungen an: »Paris ist erobert worden. Deutsche Truppen sind in Paris eingezogen!«

Ich kann mich noch heute erinnern, wie im Radio der Waffenstillstandsvertrag mit Paris verkündet wurde. Mein Großvater, der immer die SPD gewählt hatte, hob die Hand und sagte: »Ach Hitler, du bist doch der Größte!«

Obwohl er so lange gegenüber Hitler reserviert gewesen war, möglicherweise auch in Ablehnung, machte er an diesem Tag den Hitlergruß! Das hatte ich sonst nie bei ihm gesehen. Diese Begeisterung, die zu diesem Zeitpunkt nicht nur in unserer Familie, sondern im deutschen Volk allgemein herrschte, war unheimlich. Eigentlich kann man es heute nicht mehr nachvollziehen … Ich weiß nicht, ob Sie das wissen, wir sangen damals im Jungvolk immer ein Lied: »Es zittern die morschen Knochen der Welt vor dem großen Krieg. Es ist rundum alles zerbrochen, aber uns gehört der Sieg, denn heute gehört uns Deutschland und morgen die ganze Welt.«

Und dieser Eindruck »denn heute gehört uns Deutschland und morgen die ganze Welt«, der verbreitete sich insbesondere 1940.

Am 22. Juni 1941 marschierten die Deutschen in Russland ein. Mein Onkel, mein Vater und ich waren an diesem Tag auf dem Fußballplatz. Fußball durfte man noch spielen. Tanzveranstaltungen waren während des Krieges abgesagt. Nur klassische Musik oder die Filme im Kino waren erlaubt. Auf dem Sportplatz unterhielten sich mein Onkel und mein Vater über den Krieg. Mein Vater sagte bloß: »Dass der Hitler nicht an den Napoleon gedacht hat. Das kann der doch gar nicht gewinnen, wenn er nach Russland geht.«

Ich fragte natürlich, warum. Sie waren erstaunt, dass ich das mitbekommen hatte. Vater versuchte es mir auf Augenhöhe zu erklären. Er sprach von dem weiten Raum und der Überzahl der Bevölkerung der Russen, an denen Napoleon schon zugrunde gegangen war. Wenn ich heute darüber nachdenke: Natürlich war mein Vater dagegen, aber er hat es nicht gesagt. Ich hätte auch alles weitererzählt, aber ohne mir was dabei zu denken.

Als Stalingrad fiel, dachte ich, die Welt geht unter. Die Niederlage um Berlin sah ich später auch nicht als Befreiung an. Nee, das war ein Tag der schmählichen Niederlage *(er lacht)*, aber nicht der Befreiung.

1943 kam ich mit zehn Jahren zum Jungvolk. Das war schön! Wir machten oft Geländespiele, unternahmen Fahrten nach Rügen, das war natürlich was für Jungen! Eine Beziehung zum Krieg wurde insofern hergestellt, als dass wir immer Krieg spielten. Wir lauerten uns gegenseitig auf, nahmen Gefangene, versuchten die Fahnen der

Gegner zu erobern und unsere nicht klauen zu lassen. *(Er lacht.)* Da wurde richtig mit harten Bandagen gekämpft, mit Knüppeln und allem Drum und Dran. Ich erinnere mich, wie ich so einen auf die Nase bekam, dass ich blutete. Ich wurde immer wütender, wie es ist, wenn man was aufs Gesicht bekommt. Aber es hat Spaß gemacht! So war es eben …

Den gesamten Krieg über hatte ich ein relativ ereignisloses und schönes Leben. Wir litten weder an Essen und Trinken Not, noch mussten wir uns irgendwelchen Be- oder Einschränkungen unterwerfen. Ende 1944, Anfang 1945 kamen dann die riesigen Flüchtlingsströme aus Ostpreußen, Hinterpommern und Westpreußen durch unsere Stadt. Sie zogen mit schwer bepackten Wagen durch die Straßen, die Tiere waren schon ganz lahm und erschöpft. Viele kamen auch auf Kähnen an, Ueckermünde hat über das Haff eine Verbindung zur Ostsee. Wir vom Jungvolk, aber auch die Fremdarbeiter wurden verpflichtet, den Flüchtlingen zu helfen, die Kähne zu entladen und sie in die Gemeinschaftsunterkünfte zu bringen.

Ich erinnere mich noch an die Kettenhunde. Sie standen an jeder Kreuzung und guckten stichprobenweise in die Wagen der Flüchtlinge aus Ostpreußen rein, ob da nicht noch desertierte Soldaten drin saßen. Kurz vor Kriegsende hatten sie das Recht, jeden standrechtlich auf der Stelle zu erschießen. Bis zum allerletzten Schuss waren sie aktiv. Das muss ein besonderer Menschenschlag gewesen sein, der so darauf aus war, andere Leben zu vernichten. Es ging ja nur um die Vernichtung: Finde ich einen, wird er auf der Stelle erschossen! Selbst Offiziere, die sich nicht ausweisen konnten, dass sie zu diesem Zeitpunkt an diesem Ort sein durften, wurden standrechtlich erschossen. Die Kettenhunde waren unangenehme Menschen … Ich stand ein paarmal neben denen, wenn sie den Treck der Flüchtlingswagen absuchten, und guckte die mir an. Ich hatte den Eindruck, die haben's gerne gemacht.

Im Januar 45 wurden wir vom Jungvolk eingesetzt, nachts die letzten Gestellungsbefehle zu den paar Männern auszutragen, die noch da waren. Für den Volkssturm durften dann Männer bis sechzig eingezogen werden. In der Dunkelheit wanderte ich drei Kilometer durch eine einsame Gegend zu einem Gut. Als ich dort ankam, schlief alles. Also machte ich mich bemerkbar, klopfte und hämmerte an die Türen. Die Leute ahnten schon, warum ich gekommen war. Das war eine unschöne Sache … Wer zu diesem Zeitpunkt noch eingezogen wurde, wusste, was ihm bevorstand. Die Reaktionen der Betroffenen waren uneinheitlich. Manche beschimpften mich, andere waren auch verständnisvoll. Ich war überzeugt davon, dass es notwendig war, den Gestellungsbefehl zu überbringen, obwohl ich mir selbst wie der Engel des Todes vorkam. Es ging zum letzten Kampf.

Am 1. Februar 1945 schickte mich Vater mit der Bahn zu seiner Schwester nach Berlin. Dort schien es ihm sicherer zu sein. Teilweise konnten wir nicht durch die Straßen kommen, weil alles voller Trümmer war. Ich sah, welches Elend die Bombenangriffe bedeuteten. Aber die Angst vor dem, was kommen würde, war genauso schlimm. Wir spürten, dass die Front näher rückte, hörten schon dieses Grollen, diesen Kanonendonner. Auch die Luftangriffe wurden immer stärker. Es gab keine Entwarnung mehr, Tag und Nacht flogen die Flieger über Berlin. Neukölln war noch relativ unbelastet. In der Gaststätte, die mein Onkel und meine Tante betrieben, wurde in den Apriltagen viel getrunken. Sehr viel getrunken. Ich weiß noch, wie einer der Gäste gesagt hatte: »Die Kommunisten krauchen nachts schon über die Dächer.« Dafür hatte ich kein Verständnis. Während die Deutschen kämpfen, gehen solche Leute los und bekämpfen wiederum die Deutschen. Das waren in meinen Augen Verräter.

Am 20. April, dem Geburtstag Hitlers, ein Staatsfeiertag, kam noch die ganze Prominenz in der Reichskanzlei zusammen. Hitlers Geburtstag war meine ganze Kindheit über ein bedeutender Tag gewesen, und so wollte ich unbedingt zur Reichskanzlei laufen. Weil es wieder Bombenangriffe gegeben hatte und die S- und U-Bahnen nur noch von Leuten mit bestimmten Ausweisen benutzt werden durften, lief ich am 20. April zu Fuß von Neukölln bis zur Reichskanzlei in der Wilhelmstraße. Am Bahnhof Friedrichstraße waren zwei Soldaten aufgehängt. »Ich habe Deutschland verraten« oder »Ich bin ein Feigling« stand auf den Schildern um ihre Hälse. Blaurote Zungen hingen ihnen aus den Mündern. Damals war das für mich furchtbar anzusehen, aber ich dachte: ›Warum hast du Deutschland nicht verteidigt? Warum musstest du davonlaufen?‹ Über die Erhängten wurde gesagt: »Eine Kugel ist zu schade für die Verräter. Die Kugel brauchen wir für den Russen, aber nicht für solche Verräter oder Feiglinge.«

Als ich abends meiner Tante von den Erlebnissen erzählte, sagte sie: »Junge, du musst zurück. Ich kann die Verantwortung für dich nicht länger übernehmen.«

Ich fragte sie: »Na, wie komm ich denn zurück, die Russen haben doch Berlin schon eingekesselt.«

»Na, geh mal zum Stettiner Bahnhof und erkundige dich. Jedenfalls musst du fahren.«

Ich sagte: »Alleine, nur mit zwölf Jahren?«

»Na ja, du bist doch vom Jungvolk, da kann man das schon.«

Wir waren Hitlerjungen. Und der Hitlerjunge konnte alles. Das war selbstverständlich. Ein Hitlerjunge war ein deutscher Junge, und ein deutscher Junge kann das. Zäh wie Leder, hart wie Kruppstahl und flink wie ein Windhund. So muss ein deutscher Junge sein. Das hatte ich verinnerlicht und wollte auch so sein. Ich wäre sicher enttäuscht gewesen, wenn jemand gesagt hätte, das kannst du nicht. Also lief ich zum Stettiner Bahnhof und kriegte natürlich keine Fahrkarte. Aber am 22. April würde noch ein Zug über Oranienburg, Neu-Brandenburg fahren. So kam ich mit dem letzten Zug aus Berlin raus. Außerhalb der Stadt beschossen Flieger den Zug. Wir sprangen raus auf den Bahndamm. Aber dort waren wir auch nicht sicher. Wir mussten weiterlaufen, um Schutz unter Bäumen zu suchen. Jeder lief für sich. Wir liefen um unser Leben. Rings um mich erwischte es noch eine Menge Menschen. Als der Angriff vorbei war, sammelten sich die, die noch einsteigen konnten, und der Zug fuhr weiter. Die anderen blieben einfach liegen … Ja, so war das. Blieben einfach liegen …

In Ueckermünde gabelte mich gleich mein Bannführer auf. Ich sollte im Bannführerbüro Akten vernichten helfen. Er verbrannte sie, und ich musste die Asche raustragen. Eine Tätigkeit, die nicht schön war. Ich fühlte mich zu Besserem berufen, als Asche rauszutragen. Das war entwürdigend für mich, denn ich begriff, dass für den der Krieg zu Ende war und dass der fluchtartig das Gelände verlassen wollte. Und das war mein Bannführer! Zwischen uns war eine gewaltige Hierarchie. Ich war damals Oberhordenführer. Dann kam Jungschaftsführer, Jungzugführer, Fähnleinführer, Stammführer und dann erst der Bannführer. Das war ein Feigling in meinen Augen …

Kurz bevor die Russen einmarschierten, saß ich oft mit meinen Geschwistern auf einem großen Hünengrab, wo wir Kinder gerne spielten. Hinter dem Hünengrab lag weiter unten die Straße nach Saßnitz. Wir waren ganz versessen darauf, mit einer Panzerfaust auf dem Hünengrab zu sitzen und damit den ersten russischen Panzer abzuknallen, der die Straße hochfahren würde. Das müssen Sie sich mal vorstellen! An der Panzerfaust hatten wir beim Jungvolk schon geübt. Man musste aufpassen, dass man sich durch den Rückstoß nicht selbst in den Bauch schießt. Hinten kommt dann eine Flamme raus. Ich war ganz versessen, eine Panzerfaust zu haben. Kann man sich heute kaum vorstellen …

Insgesamt fand ich es eine schöne Zeit. Es war für uns Jungen abenteuerlich, abwechslungsreich und lebensfüllend. Ich habe ja bis auf die Zeit in Berlin nichts vom Krieg gespürt. In unserer Straße standen viele Villen mit riesigen Gärten, mitunter Parks, anschließend Wald und Wiese. Da spielten wir. Und was wir gespielt haben, können Sie sich vorstellen. Immer Krieg! Immer Deutschland gegen … Aber alle wollten Deutsche sein. Die Gegner wurden bestimmt! *(Er lacht.)* Die mussten dann mal den Russen spielen.

Für die Erwachsenen stellte sich das anders dar als für die Kinder. Die Sicht der Kinder ist eine völlig unbeschwerte! Wenn ich daran denke, wie ich oben vom Tiefflieger bedroht wurde … Ich empfand nichts! Als Erwachsener hätte ich heute fürchterliche Angst. Die Erwachsenen werden sicher nicht sagen, das war schön. Aber Sie wollten ja Kinder hören …

Die Lehren, wenn man welche daraus ziehen will: Die Manipulierbarkeit des Menschen ist unbegrenzt. Man kann sich das gar nicht vorstellen, wie weit die Menschen manipuliert worden sind. Ich wundere mich oft über die Leute, die da sagen, warum hast du oder dein Vater oder deine Großeltern nicht dagegen aufbegehrt. Die Achtundsechziger zum Beispiel mit dem selbstherrlichen Auftreten, die immer fragten: Warum hat niemand was dagegen gemacht? Na, die hätten mal leben sollen in der Zeit! Die hätten gar keinen gefunden … Das war nicht nur die Polizei, es waren die Menschen ringsum, es war die Gesellschaft, die ihnen das gar nicht gestattet hätte. Die wären gar nicht so weit gekommen, zum Märtyrer zu werden so wie die Scholl. Ja, einigen ist es gelungen, die haben es gemacht wie die Scholl, aber es ist nicht jeder Mensch eine Scholl. Da gehört eine Menge Energie dazu. Ich bewundere die Geschwister Scholl, diese beiden jungen Menschen, die aus gutbürgerlichen Verhältnissen stammten und vorher ein behütetes Leben hatten, dass sie bereit waren, sich für ihre Überzeugung zu opfern. Die allgemeine gesellschaftliche Meinung war derart beeinflusst, dass sie gar keine Möglichkeiten hatten, beziehungsweise wenn, dann nur unter Aufopferung ihres Lebens, ihrer Gesundheit oder ihrer Freiheit. Andere Möglichkeiten gab's nicht. Dessen muss man sich immer bewusst sein! Jeder, der darüber ein Werturteil fällt, sollte erst einmal versuchen, sich in die Lage zu versetzen, wie er unter diesen Umständen gehandelt hätte. Das ist gar nicht so einfach …

Es ist mir erst durch Ihre Fragestellung aufgefallen: Ja, selbstverständlich wechselten die Farben und Gerüche während des Krieges erheblich. Ich habe versucht, es mir in der Rückerinnerung zu vergegenwärtigen. Die Farben wechselten von freundlich, harmonisch und hell fließend in den ersten zehn Jahren meines Lebens bis nachher zu Grau, zu dunklen Farben und Elend. Bis 45, 46, 47 wechselte das in einem Maße, das ist erschreckend. Die Farben verändern sich den Umständen und Ereignissen entsprechend. Mit Schluss des Krieges wurden die Farben immer dunkler. Die Farben selbst verändern sich nicht, aber sie erscheinen anders. Wenn ich daran denke, die Flüchtlingsströme, die durch unsere Stadt zogen, sahen wirklich elend und grau aus. Ich kann mich nicht an leuchtende, freundliche, helle Farben erinnern. 46, 47 veränderten sich die Farben wieder. Na ja, wir hatten alle Hoffnung. Es ist bezeichnend und man sollte sich vergegenwärtigen, dass Rot zwar Rot bleibt und Blau ist Blau. Aber das Blau erscheint in bestimmten Situationen anders, je nach Stimmung und Lage. Das ist wirklich wahr. Manche Farben wurden auch grell. Das Rot der Kommunisten zum Beispiel nach 45. Das hasse ich seitdem. Ich mag kein grelles Rot. Und ich mag auch kein Grau und schon gar nicht Dunkelheit. Auf der anderen Seite gibt es Farben, die mir immer gefallen haben. Das Marineblau zum Beispiel. Das finde ich heute noch so. Das hängt natürlich damit zusammen, dass wir an der See wohnten, wo die Marine schon immer eine bedeutende Rolle gespielt hat. Und ich wollte seinerzeit auch unbedingt zur Marine, allerdings zur Kriegsmarine, und am besten natürlich Marineoffizier mit einer schicken blauen Uniform werden. *(Er lacht.)*

»Die SS war die Super-Truppe, das war ein Anreiz für mich, ich wollte das Vaterland verteidigen.« Jochen Lindner

(Geboren 1934 in Leipzig, Geschäftsführer einer Versicherungsniederlassung)

Wie hatte ich gefiebert, ins Jungvolk aufgenommen zu werden! Am 20. April 43, zu Führers Geburtstag, war es so weit. Für meine damalige Auffassung wäre es schlimm gewesen, wenn ich nicht genommen worden wäre. In einem Clubheim in einer Kellerwohnung musste ich zunächst eine Mutprobe bestehen – ich sollte boxen. Ich hatte noch nie geboxt, und nun musste ich gegen einen Stärkeren antreten. Natürlich bekam ich eine Menge auf die Nuss. Aber ja, war in Ordnung, ich blutete ein bisschen, dann war das Ritual erfolgt. Mit der Jungvolkgruppe rückten wir oft zu Geländespielen aus, marschierten und sangen viel. Das erste Lied, das ich lernte, war »Ein Tiroler musste jagen«. Bei den Clubabenden gab es Ansprachen, dass wir flink wie Windhunde sein mussten, zäh wie Leder und hart wie Kruppstahl, diese Dreierregel.

Anfang 45 kam es dann bei einem Geländespiel zum Eklat. Wir standen in einer Reihe und sangen, da kam ein Vorgesetzter, vielleicht ein halbes Jahr älter als ich, und brüllte mich an, ich sollte einen anderen Ton halten. Ich brüllte zurück.

Da nahm er meine Mütze und haute mir mit dem Schirm immer auf die Nase. Das machte er zweimal, dann schubste ich ihn in ein Wasserloch, das da ausgehoben war. Ich sagte, ihr könnt mich jetzt mal alle gern haben und ging nach Hause. Zu den Treffen ging ich dann nicht mehr. Einmal klingelten welche, die noch einen Rang höher waren, ich solle doch wieder kommen. Ich schubste den einen die Treppe bei uns runter. Na ja, dann war Ruhe – bis zum Februar 45, da zog ich die Uniform nach einem großen Bombenangriff wieder an und folgte meiner Verpflichtung, bei den Räumarbeiten zu helfen.

Ab 43 wurde ich als Pimpf, so wurde der jüngste Jahrgang im Jungvolk genannt, als Melder eingeteilt. Nach den Angriffen mussten wir Jungen aus den Kellern, versammelten uns an bestimmten Stellen, wo Luftschutz, Jungvolk und HJ zusammensaßen, und bekamen Aufgaben. Als Melder trug ich Papiermeldungen hin und her, weil kein Telefon mehr funktionierte.

Ich renne durch die brennenden Straßen. Aus der Innenstadt kommt ein Feuersturm, der immer schlimmer wird. Ein Sog entwickelt sich – Hunderttausende Millionen von kleinen Feuerfunken jagen durch die Luft. Ich trage zwar eine Gasmaske bei mir, setze sie aber nicht auf, ich bekomme so schon schwer Luft. Mit einem Tuch vor dem Mund springe ich vermummt von einem Hausvorsprung zum anderen. In den Bombentrichtern rechts und links hat sich Wasser gesammelt, als die Wasserleitungen von Bomben getroffen worden sind. Überall liegen umgestürzte Autos – alles brennt.

Gefürchtet habe ich mich eigentlich nicht, es war aufregend, und schließlich musste ich meine Aufgabe als Melder erfüllen. Wie traurig wäre ich gewesen, wenn ich hätte zu Hause bleiben müssen. Meine Mutter wollte mich nicht gehen lassen, aber sie konnte mich gar nicht mehr bändigen. Ich hatte Dienst, da war klar, dass ich rausmusste, mich durchschlagen und den Menschen helfen.

Wir waren indoktriniert. In der Schule erzählten sie uns immer: »Wir werden den Krieg gewinnen, wir haben Waffen, habt Vertrauen, auf euch kommt's an! Ihr werdet gebraucht!«

Die Mehrzahl aus unserer Klasse wäre auch trotz der Verluste an der Front und den Erlebnissen während der Bombenangriffe zum militärischen Einsatz gegangen. Völlig abstrus, wenn ich mir das heute vorstelle, aber es war so. 45 waren wir Jungen noch überzeugt, dass wir gebraucht werden und den Krieg noch gewinnen. Diese Denkweise war völlig drin … Ich weiß noch, in der Schule gab es das Fach Napola, nationalpolitische Anschauung. Nie vergesse ich die Karte Deutschlands, die uns der Lehrer oft zeigte. »Mensch, ist ganz hübsch eng geworden«, sagte er dann immer. Er sprach häufig von der burgundischen Pforte, wenn wir die verlieren würden, würden die Russen reinströmen, die müssten wir halten. Im Unterricht erzählte er von den Entwicklungen der NSDAP, wie Hitler 33 an die Macht gekommen war und wie die Partei bis zur Machtübernahme gearbeitet hatte.

Ich wollte zur SS. Ich fand die Uniform klasse, schwarz mit Silberknöpfen. Es gab ein bekanntes Bild, da ist ein SS-Spähtrupp drauf, auf einem Motorrad mit Beiwagenmaschine und Maschinengewehr. Der Fahrer hat die Ärmel hochgekrempelt – das hat mir imponiert. Ich wollte zur motorisierten Truppe, wollte auch ein Motorrad fahren. Die SS war die Super-Truppe, das war ein Anreiz für mich, ich wollte das Vaterland verteidigen. Es gab viele Jugendliche, die so dachten. Heute sieht man das natürlich ganz anders, aber wir kannten es ja nur so. Der Aufstieg war stringent: Pimpfe, Hitlerjugend, Arbeitsdienst, Militärdienst. So ist das in totalitären Staaten. Aber das haben wir ja nicht gewusst – dachten, es gibt gar nichts anderes. Ich sammelte Zigarettenbilder. Es gab eins über die SA, wie sie in den dreißiger Jahren darum gekämpft hatte, dass der Führer endlich den Platz bekommt, der ihm zusteht. Das fand ich gut!

Bei Juden wussten wir, die sind unser Unglück, das stand überall, und gegen das Unglück musste gekämpft werden. Was auch immer mit denen geschehen ist – sie waren einfach weg. Uns wurde gesagt, dass die Juden nach Polen müssten. An Erklärungen kann ich mich nicht erinnern. Sie waren auf einmal weg.

Mit Pegida jetzt – das sind Entwicklungen genau wie Anfang der dreißiger Jahre. Die NSDAP wurde auch erst mit Schlägertrupps groß gemacht. Dann ist keiner mehr aufgestanden und hat sich getraut, etwas dagegen zu machen. Die großen Heroen aus der damaligen Zeit, Horst Wessel in Berlin oder der Hitlerjunge Herbert Norkus, der erschlagen wurde, das waren die Idole. Mein Vater ist erst 1942 der NSDAP beigetreten. Sie hatten ihn so lange gepiesackt und meinten, es sei ja nun höchste Zeit, Herr Lindner! Er ist dann aber ins Feld gegangen, politisch ist er nie aktiv gewesen – meine Mutter sowieso nicht, die hatte andere Ansichten. Der Einzige, der ein bisschen fanatischer war am Anfang, war ich selber. Ich glaubte daran. Die Jugendarbeit, die sie mit uns machten, die hat mich interessiert. Ich wäre todunglücklich gewesen, wenn ich nicht zu den Pimpfen gekommen wäre. Der Einsatz als Melder nach Bombenangriffen und das Helfen waren wichtige Verpflichtungen für mich. Beim Jungvolk lernten wir auch, mit Gewehren zu schießen – zwar mit Kleinkalibern, aber wir haben richtig geschossen. Darum haben wir uns ja gerissen, dass wir zum Jungvolk kommen und schießen lernen. Die Älteren in der HJ hatten dann sogar die Ausbildung an der Panzerfaust. Von den Pimpfen ging man in die HJ, dann zum Arbeitsdienst und dann in die Wehrmacht.

Nach den Bombenangriffen sollte ich immer meine beiden Großeltern in den Vororten besuchen und schauen, ob die Häuser noch standen und sie noch lebten. Ich lief durch die Trümmer und musste aufpassen, dass ich nicht auf das Phosphor trat, das die Amerikaner und Engländer mit Phosphorbomben abgeworfen hatten. Ich nahm stets einen Handwagen mit, um eventuell beim Raustragen der Möbel helfen zu können. Tatsächlich brannte das Haus meiner Großeltern in Gohlis bei einem Angriff bis zur zweiten Etage runter. Hausbewohner,

Freunde, Nachbarn und ich trugen so viel wie möglich aus der Wohnung, bis sich die Wohnungsdecke bräunlich färbte. Das Feuer begann durch die Decke zu dringen – wir mussten die Wohnung verlassen.

Ich habe als Kind so viele Tote gesehen, das gibt es gar nicht … Nach den Angriffen lagen sie überall auf der Straße, Frauen mit verdrehten Beinen und auch Kinder. Die meisten waren mit Zeitungspapier zugedeckt, und wir wussten nicht, wer das war. Wir gingen hin, nahmen die Zeitung hoch und guckten: Ach nee, ist niemand von uns … Die Verbrannten waren meistens geschrumpft, die richtigen Brandopfer waren bis auf die Hälfte ihrer Größe zusammengeschmort, die konnten Sie nicht mehr richtig erkennen. Die Erschlagenen oder durch Luftdruck Getöteten waren noch als menschlich anzusehen – die Verbrannten nicht. Mit feuchten Decken über den Schultern irrten Gestalten durch die brennenden Straßen und suchten ihre Angehörigen. In den Hausfluren der Häuser standen Bottiche mit Wasser. Wer aus dem Haus hinaus in den Funkenflug musste, legte eine Decke in den Wasserbottich und hängte sie sich um … so rannten die Leute mit Decken durchs Feuer.

Meinen zweiten großen Einsatz bei den Pimpfen hatte ich am 27. Februar 1945. Ein riesiger Angriff traf Leipzig – der Hauptbahnhof wurde besonders getroffen. Alles, was noch rings um unser Haus stand, wurde in Schutt und Asche gelegt, alle Häuser waren danach weg. Unser Haus war in der Ecke das einzige, das stehengeblieben ist. Viele meiner Klassenkameraden sind aus diesem Inferno nicht wiedergekommen. Wir saßen unten im Keller, und ich spürte das erste Mal Angst. Ich erinnere mich noch genau an die Stimmung, besonders an den Augenblick, als die Bomben neben uns einschlugen. Vorher waren die Gespräche ganz banal gewesen. Es gab manche, die sagten: »Na, was wird heut passieren?«

Und: »Ach Mensch, es gibt wieder auf die Karten nichts zu essen.«

Einer erzählte: »Kennste die Rosie noch aus der Blücherstraße 16, die ist ja so jung und hat so einen Busen!«

Ich dachte, Mensch, musste doch mal gucken, wer die Rosie aus der Blücherstraße 16 ist. Andere hatten Strickzeug mit, saßen da unten und strickten bei der Notbeleuchtung. In dem Haus war ja unsere Bäckerei gewesen, und das Mehl für die Bäckerei wurde auf dem Dachboden im vierten Stock gelagert. Durch einen Luftschacht im Haus, der von oben runter in den Keller ging, wurden die Mehlsäcke mit einer Binde hoch und runter gezogen. Der Schacht befand sich oben auf dem Dachboden und war nur mit einem Gitter abgedeckt. Im Keller hatten wir immer Befürchtungen, eine Bombe könnte genau senkrecht durch den Schacht fallen und erst unten im Keller explodieren. Dann wär Sabbat gewesen. Auch eine Brandbombe hätte voll durchfahren können. Ansonsten fühlten wir uns im Gewölbe eigentlich recht sicher. Wenn dann aber die Bomben fielen, wurden die Gespräche ruhiger, es wurde immer stiller. Sie müssen sich vorstellen, das Licht flackerte und Staub wirbelte auf, wenn in der Nähe etwas einschlug.

An diesem Tag hörten wir die Einschläge der Bomben immer näher kommen. Es waren Reihenabwürfe: bumm, bumm, bumm, bumm, bumm! Die Einschläge wurden immer lauter. Wir zählten jeden Einschlag mit und dachten, jetzt kriegen wir die sechste Bombe! Es wurde immer lauter – unvorstellbar laut und nahe. Die sechste Bombe schlug im Nachbarhaus auf der anderen Straßenseite ein. Wir hatten Glück gehabt, die nächste Serie ging dann hinter unserem Haus los. Trotzdem waren die Erschütterungen gewaltig. Sie müssen sich das mal vorstellen: Eine Mitbewohnerin aus dem Haus hatte einen Vogel im Käfig mitgebracht, der unten an einer Kellertür hing. Als im Haus gegenüber die Bombe explodierte, schlug die Tür auf und zerquetschte den Vogel mit dem Käfig. Als wir später aus dem Keller kamen und alles brannte, stand eine ältere Hausbewohnerin an der Eingangstür und zog immer an einem Schnapprollo, das vor der Tür hing. Das zog sie immer runter, dann knallte es wieder hoch und sie zog es wieder runter. Dabei sagte sie die ganze Zeit: »Schnaps ist gut gegen Cholera, trallala, trallala!« Vergess ich nie! Das fand ich damals schon seltsam. Sie hatte einen Schock. Die andere Nachbarin konnte sich gar nicht beruhigen, weil ihr Vogel tot war – zerquetscht …

Unser Haus hatte mittlerweile Feuer gefangen, die Erwachsenen meinten, sie müssten jetzt raus in den Keller zum Nebenhaus. Sie schlugen die Mauer durch, und wir kletterten in den Nachbarkeller. Dieses Haus war ein Hotel. Direkt über dem Hotelkeller lag der Raum, wo die Heißwasserboiler für die Hotelheizung standen. Im Februar waren sie noch in Betrieb. Dicht gedrängt saßen wir nun mit der doppelten Anzahl von Menschen im Keller, und alle hatten Angst, dass wir bei einer Beschädigung der Boiler verbrüht werden könnten.

Einige unserer Hausbewohner versuchten unterdessen, das Feuer im Dach unseres Hauses zu löschen. Vor dem Haus trafen sie sogar die Feuerwehr, aber die Feuerwehrleute wollten weiterfahren. Vielleicht weil sie dachten, es lohne sich nicht. Unsere Hausbewohner schafften es, sie zu überreden, indem sie ihnen Zigaretten und Zigarren anboten. In unserem Haus wohnte ein Zigarrenhändler, der Vorräte eingemauert hatte. Die Feuerwehrleute räumten sein ganzes Lager aus und löschten dafür das Feuer im Obergeschoss. So wurde unser Haus gerettet.

Das Hotel brannte weiter – das Feuer war schon im zweiten Stock angekommen. Nun krochen wir alle zurück in unseren Keller, wo es noch genug Sauerstoff gab. Der Sauerstoff in den Kellern war eigentlich nur dann weg, wenn plötzlich ein Volltreffer kam und alles luftdicht verschüttete. Das ist Klassenkameraden von mir passiert, auf ihren Plätzen sitzend wurden sie tot im Keller gefunden – erstickt. Wenn der ganze Schutt auf den Kellern lag und brannte, erstickten die Menschen. Das war ja die technische Methode der Angriffe, zuerst wurden Sprengbomben geworfen, die die Dächer öffneten, dann fielen die Brandbomben – Tausende, Zehntausende … In den von oben offenen Häusern konnten die Brände zünden – es war sagenhaft.

Im Keller hieß es dann, wir sollten auf einen Sammelplatz gehen, der frei von Flammen war. Ich rannte mit einem Keilkissen aus dem Haus, das ich aus der Wohnung im ersten Stock geholt hatte. Jeder wollte etwas retten. An der Sammelstelle saßen die Leute mit ihren geretteten Gegenständen. Einem Radio, Bettzeug oder Koffern. Meine Mutter trug einen Pelzmantel, darüber hatte sie noch eine Tasche gehängt. Auch mein Bruder war da.

Ich laufe die Straße zur Sammelstelle runter – ringsum ein Flammenmeer. Plötzlich bricht von der Marmeladen- und Süßwarenfabrik Sachsenröder & Gottfried die Fassade zusammen. Um nicht erschlagen zu werden, springe ich in die Toreinfahrt eines brennenden Hauses auf der gegenüberliegenden Seite. Meine Mutter sieht mich vom Sammelplatz aus in der riesigen Qualmwolke der zusammenstürzenden Fassade verschwinden. Irgendwann tauche ich aus dem Qualm auf, weiß wie ein Schneemann. Auf dem Kopf trage ich immer noch das mittlerweile brennende Keilkissen. Das Rosshaar darin hatte durch den Funkenflug Feuer gefangen. Mutter war heilfroh, als ich bei ihr ankam und sagte: »Komm, schmeiß das Kissen jetzt weg.«

Als wir zu unserem Haus zurückkamen, waren in unserer Wohnung die Zwischenwände eingefallen und die Fenster alle rausgeflogen. Hier konnten wir nicht mehr wohnen und begannen rauszutragen, was noch zu retten war. Auf einmal kamen Leute von meinem Fähnlein. Nach schweren Bombenangriffen hatte sich unser Fähnlein vom Jungvolk an Sammelpunkten getroffen und Aufgaben bekommen. Meistens halfen wir den Menschen, ihre Möbel aus den zerstörten, brennenden Wohnungen zu tragen, soweit wir Jungens das körperlich konnten. Aber immerhin, drei Pimpfe können auch einen Tisch tragen. Oft trugen wir Federbetten raus, das war das Wertvollste, die Federbetten. Ich weiß nicht, ob die damals so teuer waren, aber die Federbetten wurden immer gerettet und Bettzeug und Radios. Ich sagte zu den Jungs: »Was macht ihr denn hier?

Sie antworteten: »Na, wo bist du denn geblieben? Wir helfen dir jetzt!«

Ich fand es blöd, unsere eigenen Sachen mit runterzutragen. Danach wurden wir vom Fähnleinführer zum Hauptbahnhof geschickt, wo wir aufräumen helfen sollten. Vor dem Bahnhof auf der Straße lagen überall riesige Steinbrocken. Ich vergesse nie, wie ein Mann unter einem der Steinbrocken lag – die Beine zerquetscht – er schrie furchtbar. Ja Gott, wir konnten ihm nicht raushelfen! Es war ja noch niemand da. Wir Pimpfe mit unseren zwölf Jahren waren die Ersten, die an der Stelle waren und helfen sollten. Plötzlich kam meine Mutter angerannt. Sie hatte sich große Sorgen gemacht und von anderen Pimpfen erfahren, dass wir am Hauptbahnhof eingesetzt werden sollten. Inzwischen waren auch Soldaten da, ein Leutnant sagte zu meiner Mutter: »Gnädige Frau, nehmen Sie Ihren Sohn mit, das ist nichts für Kinder.«

Das fand ich sehr diffamierend. Ich empfand mich gar nicht mehr als Kind. Zu uns Jungs meinte er: »Nee, nee, jetzt kommt mal her! Ihr könnt das sowieso nicht, ihr kriegt doch diese Steinbrocken gar nicht weg von den Leuten.«

Also bekam unsere Gruppe einen neuen Auftrag von den HJ-Führern. Wir sollten in einem Vorort von Leipzig ein Dach decken helfen. Die anderen machten sich auf den Weg, nur ich nicht. Mutter nahm mich mit nach Hause. Später erfuhr ich, dass alle Jungs, ungefähr ein Dutzend, beim Dachdecken durch einen amerikanischen Tieffliegerangriff umgekommen sind.

Am 18. oder 19. April kamen die Amerikaner nach Leipzig und wir sahen den Zusammenbruch unserer Soldaten. Wir spielten auf der Straße und hörten weiter hinten das MG-Feuer. Auf einmal fuhren die Amerikaner mit ihren Jeeps durch die Straßen. Wir waren fassungslos – war das interessant! Am nächsten Tag hatten wir alle unsere englischen Wörterbücher in der Tasche, um uns drauf einzustellen.

Ja, ich kann mir das, wenn ich jetzt rausgucke, gar nicht mehr vorstellen. Aber das Schizophrene ist eben gewesen, dass wir bis 45

Hitlerjungen helfen, ein Feuer nach einem Bombenangriff zu löschen (1944).

noch überzeugt waren, den Krieg zu gewinnen. Als Kind konnte ich mir gar nichts anderes vorstellen, wir mussten ja den Krieg gewinnen, was sollte denn sonst sein?

Wenn ich jetzt Bilder aus Aleppo sehe, muss ich ehrlich sagen, so sehr berühren die mich gar nicht. Wir haben ja das Gleiche erlebt, nicht in dieser langen Zeit, aber so sahen unsere Städte auch aus. Die Kinder in Aleppo spielen auch zwischen den Trümmern, es gibt keine Schulen mehr, die Krankenhäuser sind kaputt. Das haben wir doch schon vor über siebzig Jahren gehabt. Das ist tragisch, aber es ist einfach so.

»Ich wischte das Neugeborene mit Heu ab ...«
Hans-Joachim Fritz
(Geboren 1929 in Berlin, Bäcker- und Konditormeister)

Es war eine schlechte Zeit ... Als ich noch klein war, sagte Mutti abends immer: »Ihr müsst beten: Lieber Gott, lass keine Flugzeuge kommen!« *(Er weint.)* Ja, wenn zweihundert Flieger kommen ... wo die ihre Bomben abluden, war fast alles weg. Einmal traf eine Bombe den Friedhof neben unserem Haus. Danach lag die Leiche unseres Bekannten, Herrn Bodiga, auf dem Friedhofsgang. Die Gräber konnten nicht tief gebuddelt werden, weil es keine kräftigen Leute mehr gab.

Während des Krieges wurden mein Freund Achim und ich als Hitlerjungen in der Verbandstruppe vom Roten Kreuz ausgebildet. Eine Rote-Kreuz-Schwester brachte uns Verbinden bei. Sie wollte auch, dass wir bei einer Krukenberg-Operation zugucken. Kennen Sie die? Bei dieser Operation wird Soldaten, die eine Hand verloren hatten, der Unterarmstumpf in eine Art Schere aufgeteilt. So hatten sie hinterher wieder eine Hand zum Arbeiten. Dabei schiss ich mir als Vierzehnjähriger in die Hosen. Aber ich bewunderte die Ärzte, die sowas machten.

Ab Mai 1944 kamen die Flüchtlingszüge aus dem Osten in Berlin an. Alle Hitlerjugendgruppen in Dahlem bekamen den Befehl: »Waggons entladen, neue Züge sind bereits unterwegs!«

Das war was ... Achim und ich halfen jeden Tag am überfüllten Bahnhof Grunewald. Kinder suchten Muttis, Muttis suchten Kinder. Männer gab es fast keine mehr, die waren alle im Krieg; nur die alten und schwachen Männer kamen mit den Transporten an. Wir fragten die Frauen, wie lange sie denn gefahren seien. Eine Mutti sagte ganz schwach: »Fünf Tage kein Wasser, keine Toilette, nichts.« Dann war sie tot – gestorben. Vor meinen Augen ... Die Waggons waren rechteckig, an einer Ecke hatten die Insassen den Holzboden kaputt gemacht, damit sie ein Loch als Toilette hatten. Die Menschen mussten durch das Loch pinkeln und kacken. Alle – Männer und Frauen nicht getrennt. Sie halfen sich gegenseitig, Papier gab es nicht. Viele starben auf der Fahrt, es gab viele tote Babys ... Die toten Babys konnten während der Fahrt durch das Loch gestoßen werden, die Erwachsenen nicht. Als drei oder vier tote Erwachsene in einer Ecke übereinanderlagen, hatte einer gesagt: »Das Loch ist zu klein, wir müssen das Loch größer machen.«

Aber die Frauen wollten das Loch nicht größer haben, es zog schon so sehr … Solche Geschichten erzählten die Menschen aus den Zügen. Die Frauen und Kinder waren krank und schwach. Wie sollten wir sie in die Krankenhäuser bringen? Es gab keine Transportmittel mehr in der Stadt, alles wurde für den Krieg gebraucht. Zu Hause hatten wir ein ausgemustertes Kriegspferd. Es war verwundet worden und daher extrem schreckhaft – bei jedem Knall ging es durch. Ich spannte es vor einen kleinen Karren. Achim und ich fuhren damit die Frauen und Kinder ins Krankenhaus. Wenn ich den Karren unter einer S-Bahn-Unterführung durchsteuern musste, passte ich auf, dass kein Zug kam – sonst wäre mir das Pferd durchgegangen. Im Krankenhaus bekamen wir für unseren Transportdienst einen Teller warme Suppe. *(Er weint.)* Wir waren doch erst vierzehn Jahre alt. Keiner hatte bisher so viel Elend gesehen. Im ersten Zug, den ich entladen half, lag eine Frau. »Ich bin jetzt gerettet«, sagte sie *(er weint)*, und dann bekam sie ihr Kind. Noch im Waggon. Der Sani sagte zu mir: »Was da aus dem Bauch raushängt, da machste einfach 'nen Knoten rin in den Nabel.«

Ich wischte das Neugeborene mit Heu ab, Stroh wäre ja viel zu hart gewesen. Das waren irre Sachen … Ich brachte der Frau ein Brötchen. Ach, wie freute sie sich! Sie hatte doch schon so lange nichts mehr gegessen. Wissen Sie, ich kann heute gar nicht sehen, wie die Leute mit Lebensmitteln umgehen.

Fünf Tage waren die Menschen unterwegs gewesen. Ohne Halt. Nur wenn die Lokomotive kein Wasser mehr hatte, hielt sie kurz. Dann konnten ein paar Tote abgelegt werden. Ein langer Pfiff ertönte, und wer dann nicht auf dem Zug war, blieb zurück. So viele Züge kamen in Grunewald an! Monatelang halfen wir den neu ankommenden Flüchtlingen, versorgten die Verletzten. Immer wieder, immer wieder …

Später im Jahr kamen die Züge mit den Männern von der Front. Die Verwundetenzüge. Wir halfen beim Abbinden. Manche Soldaten kamen mit einem Bein an. Arme Schweine waren das, die Soldaten. Der eine hatte nur noch einen Arm, der andere kein Bein. Die Kameraden halfen sich untereinander. Wer nicht richtig laufen konnte, den nahmen zwei unter den Arm. Die Kameradschaft war enorm.

Nach Bombenangriffen klingelte bei uns häufig das Telefon. Dann mussten wir Hitlerjungen zum Einsatz. Ich erinnere mich besonders an einen Einsatz am Südstern. Neben der Kirche stand ein großer

Häuserblock. An der Hauswand war in Mannshöhe die Zahl 130 aufgemalt. Daneben zeigten zwei Pfeile nach rechts und links – ein Hinweis für die Rettungskräfte, dass 130 Menschen rechts und links im Luftschutzraum Schutz suchen konnten. Als wir ankamen, war der ganze Block eingestürzt. Eine Gruppe der Organisation Todt, die halb aus Sträflingen bestand, aß vor dem Trümmerhaufen Suppe. Vierzig von den 130 im Luftschutzkeller eingeschlossenen Menschen hatten sie bereits herausholen können. Aber dann war der Kellerausgang immer wieder in sich zusammengestürzt, und sie hatten die Suche abgebrochen. Achim und ich standen vor dem Trümmerhaufen. Ich sah ihn an: »Och, Achim, können wir dit?«

»Ja, dit können wa! Aber da müssen wa erst 'nen Teller Suppe haben.«

Die Suppe bekamen wir, und dann begannen wir zu schippen, Stein um Stein. Wir schippten weiter, immer weiter, einen richtigen Tunnel. 34 Personen holten wir noch aus den Trümmern. *(Er weint.)* Den einen legten wir verkehrt herum an die Seite, damit die anderen wussten, dass er tot ist. Wenn ein Haus zusammenstürzt, sind nicht das Feuer oder die Steine schlimm, sondern der Staub, der ist tödlich. Die Kinder waren sofort tot. Die vertragen das nicht. Als Letztes kam eine Krankenschwester zusammen mit ein paar Kindern durch den Tunnel. Die Kinder hielten sich Lappen vor den Mund. Der Lappen war nass und da durch konnten die Kinder atmen. So hatte die Krankenschwester ihre eigenen Kinder retten können. Den Trick mit den nassen Lappen kannten wir nicht.

Mit meiner Mutter habe ich einmal über diese Erlebnisse geredet. Zu der Geburt im Waggon sagte sie: »Das ist doch schön, du bist ja auch von einer Schwester geholt worden, dann warst du eben die Schwester!« *(Er weint.)* Sonst habe ich zu Hause nicht viel erzählt. Ja, das ist es. Mit der Versehrtengruppe haben wir über unsere Erlebnisse nach dem Krieg gesprochen. Sonst mit niemandem … Es war hart für uns, aber wir waren auch glücklich, dass wir helfen konnten. Dass wir etwas Sinnvolles machen konnten in dieser Zeit des Krieges.

»Wir flirteten mit den verwundeten Soldaten.« Brunhilde K.

(Geboren 1927 in Berlin, Krankenschwester)

Ach, im Januar 45 wurde ich für zehn Tage zur Schießausbildung in die Nähe von Oranienburg geholt. Dort lernten wir Sportwartinnen alles über Karabiner, Kleinkaliber und Handgranaten. Auch die Panzerfaust wurde uns erklärt. Ein junger Unteroffizier bildete uns aus. Ach, was haben wir rumgealbert. Alles junge Mädchen und dann zwei oder drei junge Soldaten – da wurde rumgealbert und geflirtet. Klar, hat ja Spaß gemacht! Im April 45 wurden wir dann zur Verpflegung des Volkssturms einberufen. Mein Arbeitgeber musste mich freistellen. Ich hatte mit fünfzehn in einem Zulieferbetrieb für den Rüstungsbau angefangen. Die Brauerei, bei der ich eigentlich als Buchhalterin anfangen wollte, war nicht kriegswichtig genug. Zunächst musste ich im Wedding in einer Einrichtung mit großer Kochvorrichtung Gemüse zubereiten. Nach zwei Tagen zogen wir weiter in Richtung Reichssportfeld.

Wie viele Tage wir dort waren, kann ich Ihnen gar nicht mehr sagen. Jedenfalls saßen wir dann im Reichssportfeld fest – es hieß, wir seien eingekesselt. Da ich mich auf dem Gelände auskannte, wusste ich, wo wir in den Umkleidekabinen Wasser finden konnten. Ich weiß noch, wie wir uns gegenseitig wuschen. Das war ein Ereignis! Endlich wieder einen Tropfen Wasser, um uns zu waschen. Wir saßen in den Gräben und flehten die wenigen Soldaten, die sich dort noch aufhielten an, uns eine Pistole zu geben. Wir wollten uns erschießen, wenn die Russen kommen oder uns wehren. Aber daraus wurde nichts, sie gaben uns nichts. Plötzlich hieß es, die Hitlerjugend hätte uns freigekämpft, wir sollten uns zum Hotel Adlon durchschlagen und dort helfen. Also marschierten wir, ungefähr zehn Mädels, vom Olympiastadion los, die Reichstraße runter in Richtung Theodor-Heuss-Platz. Die Russen schossen mit ihren Flugzeugen in die Straßen rein. Eins von uns Mädchen wurde getroffen, sie starb. An den Bäumen baumelten die Aufgehängten. Um ihre Hälse hingen große Schilder. Darauf stand: »Ich bin ein Verräter!« Die Wehrmachtspolizei hatte die Soldaten aus den Häusern geholt, die nicht mehr kämpfen wollten, und sie an den Bäumen und Straßenlaternen aufgehängt … Furchtbar! Wir liefen weiter, von oben wurde geschossen. Ich hatte ein Fahrrad dabei und wechselte mich mit zwei anderen

Mädchen mit dem Fahren und Schieben ab. Einmal trampelte ich, dann saßen die anderen beiden auf dem Sattel und auf dem Gepäckträger und umgekehrt. An den Seiten hingen jeweils Koffer. Wie wir da überhaupt fahren konnten, weiß ich nicht mehr. Auf der anderen Seite vom Tiergarten hörten wir schon die Geschütze der Russen. Wir hopsten von einem Graben zum nächsten. Alles war ja vermint.

Inzwischen war es Nacht, das Hotel Adlon war bis zur zweiten Etage einzementiert, die Vordertür verriegelt. Durch eine Seitentür erreichten wir den ersten Stock, konnten uns waschen und kurz ausruhen.

Was wir da gesehen haben! Die wunderschönen Wasserhähne in der ersten Etage, ach, das war ja verblüffend, das war ja wunderschön! In der Mitte der großen Treppe war eine Anlage mit einem Springbrunnen! So richtig stolz gingen wir die breiten Treppenstufen runter. *(Sie lacht.)*

Unten in der Eingangshalle war der Hauptverbandsplatz der Waffen-SS eingerichtet. Auf dem Boden, auf den schönen Teppichen, liegen die vielen Verwundeten dicht an dicht und jammern. Es ist schrecklich, sie jammern und jammern: »Schwester Becken! Schwester, aua, aua, aua!«

Ich weiß nicht was ich tun soll … Ich meine, ich war siebzehn, hatte keine Ausbildung, nichts. Wir sollen den Verwundeten das Becken geben und sie füttern. Ja, schön, ich versuche es. Die Verwundeten jammern und jammern. Ich höre, wie gefragt wird, ob jemand mit in den OP-Saal will. Ich melde mich. Mein Vater war beim Roten Kreuz, früher hatten wir uns jeden Sonntag in der Station vom Roten Kreuz getroffen und Verbände geübt. Ich konnte prachtvoll Verbände machen! Jeden Verband, den Sie haben wollten, machte ich. Ich fand es gut, helfen zu können. Die Betreuung der Verwundeten in der Eingangshalle hatte mich erschüttert – furchtbar, wie sie jammerten und schrien. Die meisten waren entweder ganz alt oder ganz jung. Die anderen Soldaten waren ja überall draußen, außerhalb Berlins.

Ich gehe mit runter, wo Ärzte und Famulanten in einem Kellerraum operieren. In einem Nebenraum werden die Verbände gemacht. Tag und Nacht mache ich Verbände. Um sich wach zu halten, rauchen die einen und ich lutsche Kaffeebonbons. Wir schlafen kaum, wir haben ja zu tun. Nur kurz legen wir uns wie die Heringe nebeneinander, ganz dicht nebeneinander. Wir verbinden wie am Fließband. An einen Verwundeten erinnere ich mich noch sehr gut.

Die Hände sollten ihm amputiert werden, sie waren total vereitert, es stank bestialisch. Keiner wollte ran, ihm die Finger verbinden. Ich hab's gemacht. Er tat mir einfach leid. Auch nachher in der Krankenpflege – die hässlichen Sachen hab ich alle gemacht. Aus Mitleid …

Die Soldaten hatten alles – Bauchschuss, Verbrennungen an den Händen, Kopfverletzungen – alles. Überall, wo man eine Verwundung kriegen kann. Die Jungen jammern nach Mama. Einmal sitze ich an einem Küchenschacht, wo immer ein paar Leute sitzen und frische Luft schnappen. Ein Zwölfjähriger sitzt dort und jammert nach seiner Mama: »Mama, Mama, Mama, Mama!«

Der Junge war zwölf Jahre alt! Sie haben ja noch die Pimpfe zum Kämpfen genommen und in der Reichskanzlei vereidigt. Die waren ja so erzogen, für Führer, Volk und Vaterland! Ein bestimmtes Lied wurde zu jeder Veranstaltung gesungen: »Unsere Fahne flattert uns voran, wir marschieren für Hitler durch Schlacht und Not mit der Fahne der Jugend für Freiheit und Tod.« Zuerst wurde das Deutschlandlied gesungen, dann das Wessel-Lied und danach dieses Fahnenlied. Das ging ins Blut über. Die Jungen wurden so gedrillt, so erzogen. Ich meine, ich hatte durch mein Elternhaus etwas Abstand und auch durch die Sportarbeit. Verschiedene kleine Fäden zogen sich durch mein Leben, sodass mein Hinterkopf Abstand halten konnte. Vor allem wenn meine Mutter von der Arbeit kam und erzählte, wie furchtbar die Juden und die Zwangsarbeiterinnen wieder behandelt worden waren. Das beeindruckte mich wahnsinnig – und die Kristallnacht.

Wir flirteten mit den verwundeten Soldaten. Sie hatten einen unwahrscheinlichen Lebensmut und flirteten. Ich war ja ein hübsches junges Mädchen. Wir hatten zum Einsatz auch Zivil mitgenommen, mussten nicht bloß unsere Uniform tragen. Ich hatte den Rock von der Uniform an, aber dazu trug ich eine sehr hübsche Bluse. Muss wohl niedlich ausgesehen haben … Auch die Ärzte flirteten, da mussten wir uns sehr vorsehen. Wir hatten einen Chefarzt, der versuchte immer Leibesvisitation zu machen, während wir schliefen. Wir schliefen ja wie die Heringe dicht beeinander. Einmal wurde ich plötzlich wach und meine Bluse war aufgeknöpft. Ich war dermaßen erschöpft, dass ich das gar nicht mitgekriegt hatte. Vor allen Dingen waren wir damals total naiv. Ich meine, heute würde jedes Mädchen damit rechnen, aber zu unserer Zeit gab's das nicht.

Die Offiziere wurden dann plötzlich in die Reichskanzlei gerufen. Dort hieß es, die Armee Wenck würde kommen und uns raushauen.

Die Offiziere sollten sich zur Armee Wenck durchschlagen. Von der Reichskanzlei aus war alles untertunnelt, von da aus hätten Sie sonst wohin gehen können. Die Offiziere blieben aber. Ein paar Tage später, ich weiß nicht, wann genau das war, wir arbeiteten ja die ganze Zeit, kamen sie wieder und sagten, Adolf hätte sich erschossen. Hitler hat sich erschossen? Ja, haben wir's geglaubt oder haben wir's nicht geglaubt? Wir glaubten eigentlich, Adolf ist rausgekommen – das glaubten wir eigentlich. Wir wähnten ihn irgendwo in Argentinien. Dass er dann verbrannt wurde, wurde uns nicht berichtet. Sie sagten nur, Hitler hat sich erschossen. Es dauerte dann nicht mehr lange und die Russen kamen. Sie entdeckten den Weinkeller des Hotels und liefen grölender Weise überall rum. Dann steckten sie das Hotel Adlon an. Wir mussten die Soldaten mit der Trage oder auch so, mit zwei Mann, auf den Pariser Platz tragen. Überall brannte es. Es war Mai, ein warmer Tag, und überall brannte es. In der Mitte des Platzes lagen die verwundeten Soldaten. Wir schleppten sie weiter zur Wilhelmstraße, hinten lang durch die Voßstraße in den Bunker von der Reichskanzlei. Wieder flehten wir die Offiziere an, sie sollten uns eine Waffe geben, damit wir den Russen nicht in die Hände fallen würden. Zum Glück bin ich's nicht. In der Reichskanzlei kam ich gleich wieder in die OP-Saal-Räume, dort wurde weiter operiert. Ich verband gemeinsam mit einem älteren Gynäkologen und einem Famulus mit Namen Link, der aus Zehlendorf kam. Die Mädchen schliefen dann, damit die Russen sie nicht holen konnten, zwischen den Soldaten. Wie viele sich da verlobt haben! Es war schrecklich! Was alberten sie mit den Soldaten rum. Ich weiß noch, von überall hörte ich: »Wir haben uns verlobt, wir haben uns verlobt, wir haben uns verlobt!« Ja, was sollte man auch machen … Die Verlobungen gingen wie am Fließband. Ich war von den Soldaten abgesondert, verband die ganze Zeit im OP-Saal und schlief auch in den Räumlichkeiten, wo das OP-Saal-Personal war – abgesondert von den Russen und den verwundeten Soldaten, die in den Gängen lagen. Da wurde mir von einem Arzt angeboten, doch alles vorsichtig zu machen, bevor ich vergewaltigt würde. Das habe ich natürlich abgelehnt. Jaja, so einwandfrei waren unsere Ärzte auch nicht. Sie wollten mit mir schlafen, ganz vorsichtig. Das fand ich gemein. Das wollte ich nun wirklich nicht! Das hätte mir nicht gefallen. Vor allen Dingen hatten wir eine ganz andere Einstellung früher. Die Mädchen heute würden vielleicht, ah ja, sagen. Das war damals absolut nicht …

Einmal hieß es, kommt mit, wir können in die Kellerräume der Angestellten der Reichskanzlei. Da wären lauter volle Koffer, wir könnten uns alles nehmen. Die Kellerräume waren dick vergittert. An einer Stelle konnten wir durch ein Loch kriechen. Was da alles lag! Es war verblüffend. Wir hatten ja alle nichts mehr, nun lagen da plötzlich wunderbare Kleidungsstücke. Ich nahm mir ein paar Stiefel, Schuhe gab es nicht mehr viele.

Nach ein paar Tagen fuhren uns die Russen von der Reichskanzlei mit Lastern nach Buch. Im Krankenhaus dort waren keine Patienten mehr, die verwundeten Soldaten wurden alle dorthin gebracht. Wir arbeiteten mit einem Famulus, der Russisch sprach und dolmetschen musste. Ich wusch gerade im OP-Saal die Instrumente, was mir gar nicht passte, da kam er und sagte: »Komm, nimm dir eine kleine Tasche, wir werden weitertransportiert nach Frankfurt (Oder), wir hauen ab!« Zu dritt, mit einem anderen Mädchen, liefen wir zum Ausgang. Dem Wachsoldaten sagte er, dass wir zu einem Einsatz müssten. Dann liefen wir los – bis nach Neukölln.

Meine Güte, das vergisst man alles, aber wenn ich das jetzt so erzähle, dann kommt das irgendwie wieder hoch … Wenn ich heute die Bilder von Aleppo im Fernsehen sehe, dann kann ich mir gar nicht mehr vorstellen, dass es bei uns genauso aussah. Damals haben wir ja gar nicht begriffen, was uns da passierte. Als wir Richtung Hotel Adlon liefen, unter Beschuss durch die Trümmer, da war es, als liefe ich durch einen Nebel. Eine Realität, die ich nicht als diese tatsächlich schwere Realität wahrgenommen habe. Ich begriff nicht, was mir da passierte, ich hatte es nicht erfasst. Unter normalen Umständen kann man das gar nicht nachfühlen …

Kurz nach Kriegsende begann ich dann die Ausbildung zur Krankenschwester. Also meine Erlebnisse sind im Verhältnis ja gering. Ausgebombt und geflüchtet – das hab ich ja zum Glück alles gar nicht erlebt. Deswegen habe ich erst gezögert, ob ich mich bei Ihnen melde …

»Zu Hause denken sie so, und draußen denken sie ganz anders.« Inge Pietschker

(Geboren 1931 in Brandenburg an der Havel, Stenokontoristin und Beschäftigte in der Jugendarbeit)

Mein Großvater läuft aufgeregt in der großen, langen Küche hin und her. »Das wird das deutsche Volk eines Tages bitter bezahlen müssen«, brabbelt er vor sich hin. Ich weiß nicht, wovon er spricht, ich bin erst sieben Jahre alt. Am nächsten Tag stehe ich auf dem Schulhof und sehe, wie aus der Kuppel der angrenzenden Synagoge noch Rauch steigt. Alle Schüler müssen auf dem Schulhof antreten und das Deutschlandlied singen. Danach werden Reden gehalten. Ich kann mich nicht erinnern, worüber sie redeten. Ich hatte damals ein wiederkehrendes Erlebnis. Wenn ich hasserfüllte Gesichter sah, konnte ich nicht mehr hören, was sie sagten. Einmal hatte eine Lehrerin geschrien *(sie spricht mit lauter, verzerrter Stimme)*: »Und ich sage ganz bewusst, Fritze Ebert!« Ich klammerte mich an dieses Gesicht und konnte nicht mehr hören, was die Lehrerin sagte. Ich sah nur diesen Hass in ihrem Gesicht. Ein Gesicht, das vor Wut und Ekel beinahe entgleist. Das war schrecklich für mich, so etwas kannte ich von zu Hause nicht. Dieser Hass hat mich erschüttert! Und so weiß ich von den Reden auf dem Schulhof auch nichts mehr. Es war 1938, und sie hatten die Synagogen angezündet.

Um mal die Familiensituation zu schildern … Wenn ein Jungvolktross an uns vorbeizog und mein Großvater mit mir über die Straße gehen wollte, dann tobte er mit dem Stock auf der Erde rum und rief: »Ihr Hornochsen, wisst ihr denn, was ihr da singt!?«

Meine Mutter hat einmal zu ihm gesagt: »Papa, sei still, du bringst uns noch alle ins KZ!« Großvater war ein Gegner des Nazi-Regimes. Meine Eltern waren eher indifferent.

Ich erinnere mich an eine weitere Situation aus dem Jahr 38. Im Haus oben wohnte eine jüdische Familie. Der Mann kam zu uns runter und fragte meinen Großvater: »Herr Hertel, helfen Sie uns doch bloß mal! Wo geht man denn als Jude hin? Müssen wir nach Südafrika oder können wir in die Niederlande gehen?« Mein Großvater antwortete: »Auf gar keinen Fall in die Niederlande, Sie müssen vom Kontinent runter. England oder Amerika würd ich Ihnen raten.«

Weil der Nachbar ein reicher Mann war, konnte er sich das erlauben und ist abgehauen. Er hat es mit seiner Familie geschafft. Ich hatte einen besonderen Draht zu dieser Familie, weil der Mann Mathematikprofessor war und mein Opa mich für Nachhilfeunterricht zu ihm geschickt hatte. Das hatte auch einen Grund, der mit meiner Mathelehrerin zusammenhing, aber dafür muss ich jetzt weiter ausholen. Eine Tante hatte mir aus Italien von der Insel Murano zwei Ohrklipps aus buntem Glas mitgebracht. Als ich mit den Ohrringen zum Jungmädchendienst kam, riss mir die NS-Gruppenleiterin die Ringe von den Ohren und schmiss sie auf die Erde. »Sowas trägt ein deutsches Mädchen nicht!«, rief sie. Ich hob die Ohrringe auf und lief nach Hause. Von da an ging ich nicht mehr zum Dienst, obwohl es eigentlich Pflicht war. Die Leiterin kam sich bei uns erkundigen. Weil mein Bruder an Scharlach erkrankt war, wohnte ich gerade bei meinem Opa, der ein Optikergeschäft hatte. Als die Leiterin dort nach mir fragte, sagte mein Großvater: »Sie hat eben keine Lust, und ich habe hier jetzt im Moment das Erziehungsrecht, solange sie bei mir lebt, und das geht Sie gar nichts an!« Er knallte die Tür vor ihr zu. Er war ziemlich kess. Eine Kundin meines Großvaters, meine Mathelehrerin, hatte mitgekriegt, wie der Herr Optiker so denkt und fragte dann jeden Montag- und Donnerstagmorgen: »Wer war nicht zum Dienst?« Sie ging durch die Klasse: »Wer war nicht zum Dienst?« Sie wusste es schon, sie arbeitete eng zusammen mit den NS-Gruppenleiterinnen der Jungmädchen. Wenn keiner was sagte, ging sie direkt zu einem der Mädchen und fragte: »Wer war nicht zum Dienst? Du weißt es!« Dann sagte eines der Mädchen ganz verstohlen: »Inge.« Die Lehrerin kam zu mir an den Platz, und dann kriegte ich regelmäßig montags und donnerstags meine Ohrfeigen. Rechts und links. Ich hatte vor der Frau nur noch Angst. Lernen konnte ich bei ihr nichts mehr. Deswegen hatte mein Großvater den Mathematikprofessor um Nachhilfe für mich gebeten. Geholfen hat mir der Unterricht wohl kaum, denn die Angst vor der ohrfeigenden Mathelehrerin war zu groß.

Sehr zeitig hatte ich kapiert – als ich auf dem Schulhof singen musste und die Synagoge noch rauchte –, dass es zwei Welten gibt. Zu Hause denken sie so, und draußen denken sie ganz anders. Und ich darf darüber nicht sprechen. Was ich beim Jungvolk höre, möchte mein Opa nicht hören, und was Opa sagt, darf ich auf gar keinen Fall beim Jungvolk erzählen. Das hatte ich als Siebenjährige schnell kapiert.

Großvater wurde im Laufe des Krieges verpflichtet, für das Militär spezielle Brillen anzufertigen, die unter den Gasmasken zu tragen waren. Die mussten mit Stoff überzogen sein und durften kein festes Gestell haben. »Mach ich nich gerne, aber ich muss es!«, rief Opa aufgeregt in seinem Laden. Er war gegen Krieg und sagte immer: »Dieser Verbrecher!« Nicht mit sieben, aber etwas später dachte ich mir, dass er damit den Hitler meinte. Und als Hitler sagte, gebt mir zehn Jahre Zeit und ihr erkennt Deutschland nicht mehr wieder, da sagte Großvater: »Er hat recht.«

Ich erinnere mich noch an ein Mädchen aus der ersten Klasse. Sie war eine unserer Hübschesten – ach, ich hab immer schöne Menschen so verehrt! *(Sie lacht.)* 38 kam sie eines Tages zur Lehrerin und sagte nur: »Ich möchte mich verabschieden, wir ziehen um.« Liebschütz hieß sie. Sie hatte dunkles, lockiges Haar, braune Augen und ein offenes, freundliches Gesicht, das immer zu lächeln schien. Beim Verabschieden machte sie einen Knicks, drehte sich zur Klasse und wiederholte den Knicks. Nach dem Krieg, als ich von diesem Elend erfahren habe, überlegte ich immer: ›Der Professor oben im Haus, die Familie Liebschütz, sind die alle noch weggekommen? Was ist aus denen geworden?‹ Ich wüsste es so gern.

Von mehreren Wahrheiten, Begeisterung und Zweifeln

Ich bin 1933 geboren, man sagte, der beste Jahrgang. Warum? Na 33 war die Machtergreifung. Als ich älter wurde, war ich sehr stolz, in dem Jahr geboren zu sein, in dem unser großer Führer die Macht ergriff. *(Er lacht ironisch.)*

Dann kam der Krieg, und ich kam in die Schule. Ich weiß noch, wie ein Lehrer mich einmal bestrafte, weil ich den Arm nicht richtig zum Hitlergruß gehoben hatte. Ich war selbstverständlich begeistert von allem: Ich wollte unbedingt in die Hitlerjugend. Unbedingt! Ich musste auch selbstverständlich diese Kleidung haben! Alles wunderbar! Als der Krieg ausgebrochen war, kamen Soldaten von der Front zu unseren HJ-Abenden und erzählten. Ich war natürlich begeistert und eigentlich traurig, dass ich noch nicht so alt war, um rauszugehen und auch Soldat zu spielen. Wir hatten einen schwarzen Volksempfänger, vor dem ich während der Nachrichten saß und mitfieberte, ob sie denn nun schon wieder eine Schlacht gewonnen hatten, wie viele Schiffe versenkt worden waren und wie viele Flugzeuge sie abgeschossen hatten. Ich schrieb alles in ein kleines Heft, in dem ich alle Erfolgsnachrichten notierte. Ich fand das ganz toll!

(Gerhard V., Jg. 1933)

Ich war natürlich auch bei den Jungmädeln. Das ist ja klar! Mit zehn konnte man da eintreten. Ich hatte schon gewartet: Wann werde ich endlich zehn und bekomme die Uniform! Wie Kinder so sind … Die Uniform musste man kaufen, aber mein Vater sagte: »Kommt überhaupt nicht infrage, dass ich dafür Geld ausgebe!«

Also kriegte ich die Bluse, das schwarze Tuch mit dem Lederknoten und die Kletterweste von meiner Cousine, die etwas älter war. Wir trafen uns bei unserer Führerin in der Wohnung und machten Spiele. Im Sommer fuhren wir raus aus der Stadt, machten Spiele, turnten – herrlich! Da war nichts mit Politik oder so … Bei den Jungmädeln gab es das noch nicht.

Jeden Morgen trafen wir uns auf dem Hof der Schule, mussten uns aufstellen und »Deutschland, Deutschland über alles« und das Horst-Wessel-Lied singen. Das gehörte dazu, war eben so … Und wer Zöpfe hatte, war natürlich wer! Ein deutsches Mädchen hatte Zöpfe! Ich war dunkelhaarig, und meine Schulfreundin war blond,

Mädchen grüßen mit dem Hitler-Gruß bei einer Maifeier der Berliner Hitlerjugend in Finkenkrug (Brandenburg).

wir hatten beide Zöpfe. Wenn uns der Direktor sah, sagte er immer: »Wehe, ihr lasst euch die Haare abschneiden!«

(Margot Rickert, Jg. 1932)

44 bauten die Nazis bei uns auf dem Berg einen Unterstand. Und dann kamen die von der Hitlerjugend zu meiner Mutter und sagten: »Ihr Sohn, der ist jetzt elf Jahre alt, der muss da oben aufpassen.«

Der Unterstand war in den Berghang getrieben. Da war eine Sitzgelegenheit drin, ein Tisch und eine Verbindung unten zur Spinnerei, wo eine Sirene war. Wir hatten vom Unterstand einen Weitblick über das Tal. Wenn wir hörten, dass da Flieger kamen, mussten wir die Sirene betätigen. Wir hatten immer zu mehreren Dienst und trieben da oben natürlich was wir wollten. Gruben im Feld neben dem Unterstand Kartoffeln aus, drehten Fahrradspeichen durch und machten sie überm Feuer heiß. Vom Mais nahmen wir die braunen Fäden, wickelten sie in Zeitungspapier und rauchten. Wenn ein Flieger kam, drückten wir schnell die Sirene. So schlugen wir uns durch.

(Werner B., Jg. 1933)

Einmal habe ich meine Mutter wohl sehr ärgern wollen, als sie mich nicht zum Dienst vom BDM lassen wollte, denn nach dem Krieg hat sie mich mal gefragt: »Weißt du auch, dass du mich mal anzeigen wolltest, weil ich dich nicht zum Dienst lassen wollte?«

Da muss ich zwölf Jahre alt gewesen sein. Ich wusste es nicht mehr … Die Gefahr war natürlich da, dass die Kinder was sagen. Aber bei uns zu Hause konnten wir offen reden.

45, als die Russen schon in Oranienburg standen, musste ich zu Adolfs Geburtstag am 20. April noch die kleinen Mädchen benachrichtigen, dass sie zu den Feierlichkeiten ins Olympiastadion kommen sollten. Ich ging also von Haus zu Haus. Natürlich wurde ich gefragt: »Würden Sie Ihre Tochter schicken?«

Ich schüttelte nur stumm verneinend den Kopf. Wir durften ja nichts sagen …

Im Januar 45 sollte ich noch in die Partei aufgenommen werden. Das habe ich aber nicht gemacht. Ich hatte keine Zeit. Ich arbeitete bereits und saß jeden Abend im Luftschutzkeller. Nach den Fliegerangriffen mussten wir in die Schulen, um die Ausgebombten zu versorgen. Ich war übermüdet und hatte keine Zeit, noch zur Aufnahme in die Partei zu gehen. Dreimal wurde ich aufgefordert, und dann wurde gedroht – dann wurde mit KZ gedroht. Na ja, dann kam ja der Umschwung …

Wir waren in der Hitlerjugend beschäftigt. Wir trieben uns nicht rum, wie die Jugend heute, die nicht weiß, was sie machen soll. Das gab es damals nicht. Das hatten wir nachher auch im Osten – die

Kinder waren in der FDJ, sie hatten Beschäftigung. Natürlich wurden sie dort politisch erzogen! Ja, wessen Brot ich esse, dessen Lied ich sing. Das ist so ein wunderschönes Sprichwort. Aber letzten Endes muss ich mich ja nicht beteiligen. Widerstand kann ich schon leisten, indem ich nicht mitmache. Meine Mutter hat etwas für das Vaterland getan! Sie hat den Juden Brote gebracht auf dem Weg zur Fabrik, wo sie arbeiten mussten. Dafür wurde sie auch angezeigt. Aber sie hat es gemacht.

(Brunhilde K., Jg. 1927)

Mein Vater war Pfarrer bei der Bekennenden Kirche. Ich weiß nicht, wie viele Male mein Vater von einem ehemaligen evangelischen Lehrer angeschwärzt worden war, weil er in seinen Predigten nicht positiv genug über die Nazis geredet hat. Es wurden Hausdurchsuchungen bei uns gemacht, weil sie Schriften suchten. Das hatte ich mitgekriegt. Ich wusste also durchaus darüber Bescheid, dass mein Vater mit den Nazis nichts zu tun hatte. Und als ich meinen ersten Wimpel trug, mit gerade zehn, verspottete er mich: »Soll ich dir mal sagen, wie du langgegangen bist, das sah zum Schreien aus, so komisch!«

Da fühlte ich mich absolut daneben. Aber meine Eltern hatten einfach aus ihrem Herzen keine Mördergrube gemacht. Ich wusste, meine Eltern sind gegen Hitler. Ich wusste, meine Mutter befürchtet, dass der Krieg verloren wird. Ich wusste, meine Mutter steht für andere Menschen ein. Und trotzdem war ich hin und her gerissen. Denn ich war Jungmädel und ich fand das natürlich toll. Dass die Mädchen aus meiner Gruppe um mich herum machen mussten, was ich sagte, fand ich auch nicht schlecht.

Genau am 8. Mai hatte meine Mutter gehört, dass es vorbei ist. Für mich war es nicht das Gefühl. Den großen politischen Zusammenhang hatte ich ja überhaupt nicht im Sinn. Ich weiß noch, als Hitler sich kurz vorher umgebracht hatte, das war im April gewesen, meinte meine Mutter: »Das Schwein ist endlich tot.«

Sie hatte Ekel. Ich auch. Ich dachte: ›Alles umsonst. Was soll jetzt werden aus Deutschland? Jetzt kommt die Peinlichkeit.‹

Ich war ja Führeranwärterin gewesen, hatte eine Gruppe, bei der ich dafür sorgen musste, dass die den Dienst besuchten. Ich hatte die schwer Erziehbaren, die Leute, die vielleicht in die Hilfsschule gehörten. Jedenfalls solche, die überhaupt nicht selbstständig dachten oder denken konnten oder wollten. Die dauernd schwänzten – man hatte ja Mittwoch- und Sonnabendnachmittag immer Dienst. Dann kamen die nicht, ich musste zu denen nach Hause: »Heil Hitler, ich bin die Barbara Felmy …«

Da sah ich, was die Mütter für gestandene Frauen waren: »He, was soll meine Tochter denn da! Wir haben genug zu Hause zu tun!«

Ich wurde wirklich runtergemacht. Das war kein erhebendes Gefühl. Nach dem 8. Mai traf ich unterwegs auf eine der Mütter: »Na, jetzt hat sichs ausgehitlert, he!«

Das saß! Oder ich grüßte noch automatisch mit Heil Hitler. Dachte dann: ›Oh Gott ja, das ist nicht mehr, das ist alles vorbei!‹ Das war für uns Kinder, also wenigstens für die, die im Dienst waren, sehr schwer zu begreifen, dass diese Zeit jetzt vorbei war. Und was Demokratie heißt und selbstständiges Denken haben die wenigsten gewusst. Ich wohl! Denn ich wurde anders erzogen. Obwohl ich ja eigentlich ein Verräter war, wenn du so willst. Dass ich trotz meiner Eltern immer noch den Hitler irgendwo gut fand. Es wurde ja auch so viel Schönes mit uns gemacht! Aber meine Eltern haben klar Flagge gezeigt und auch immer wieder mit mir darüber geredet.

Ich fand am Jungmädeldasein wirklich vieles schön. Wir hatten an diesem Tag immer keine Schularbeiten auf. Wir spielten Theater, sangen mehrstimmig zusammen und lernten viele Lieder kennen. Wir gingen Kräuter sammeln und machten Wochenendfreizeiten in Jugendherbergen. Was ich bei diesen Freizeiten auch schön fand: Unsere Führerin sorgte wirklich dafür, dass wir gepflegt waren. Sie ließ sich zeigen, was wir mitgebracht hatten: »Wie bitte, nur zwei Unterhosen! Das kann doch wohl nicht dein Ernst sein! Wie oft wechselst du denn deine Wäsche!«

Das war für mich toll, wo ich doch so für Sauberkeit und Ordnung bin. Oder frühmorgens: »Was, du gehst nicht unter die Dusche! Ja was ist denn das für ein Dreck!«

Sie sorgte einfach dafür, dass diese teilweise ziemlich verwilderten und ungepflegten Mädchen sich wuschen. Bei der einen Freizeit lernte ich eine nette Freundin kennen, sie war aus einem ähnlichen Elternhaus wie ich, katholisch, sehr fromm. Wir gingen beide am Sonntag nicht ins Kino, was verordnet war, sondern wir sagten: »Wir gehen sonntags in die Kirche, wir sind das so gewöhnt.«

Wir wussten genau, dass wir opponieren! Aber wir wussten auch, dass wir zur Elite gehören und dass die uns nicht links liegen lassen. Die Bannführerin wollte uns fördern. Die wollte nicht, dass wir für Hitler verloren gingen, sozusagen.

Dann sollte ich selber Führerin mit Schnürchen werden. Meine Mutter sagte: »Sag mal deiner Führerin, die möchte mit mir nochmal Kontakt aufnehmen. Das ist alles zu wichtig, das muss ich mit ihr besprechen.«

Meine Mutter war fest davon überzeugt, dass es ein schlechtes Ende nähme, dann hätten wir womöglich die Russen am Hals und die würden ihrer Tochter noch was antun. Die Führerin sagte zu meiner Mutter: »Ja, die Barbara, die macht das sehr gut, die soll Führerin werden.«

Meine Mutter sagte: »Das ist sicher eine sehr große Ehre für meine Tochter. Aber wissen Sie, ich habe da einfach pädagogische Bedenken. Sie ist die Älteste, sie weiß sowieso sehr genau, was sie will, und das tut ihr einfach nicht gut, wenn sie jetzt in dieser Position noch unterstützt wird. Ich schlage einfach vor, wir warten ein Jahr. Und dann bereden wir das Ganze nochmal.«

Die Führerin erzählte mir nichts davon. Sie sagte nur: »Du hast eine wunderbare Mutter.«

Und dann durfte ich nicht Führerin werden. Ich fand's gemein! Ich verstand es nicht. Meine Mutter erklärte es mir erst nach dem Krieg.

(Barbara Schubert-Felmy, Jg. 1931)

Am 1. September 1939 hörte ich auf dem Rückweg von der Schule durch die geöffneten Fenster den Volksempfänger: Seit heute morgen wird zurückgeschossen! Ganz aufgeregt rannte ich nach Hause. Ich war bereits von der Kriegspropaganda angesteckt, musste jede Woche zu den Jungmädeln, wo wir schon auf den Krieg vorbereitet wurden. Wenn ich meiner Mutter von den Heimabenden erzählte, wo es das Wichtigste war, dass wir auswendig wussten, wann und wo Hitler geboren war, machte sie die ganze Sache schlecht. Wer fehlte, musste eine Entschuldigung mitbringen, aber Mutti sagte: »Für die Blagen schreibe ich doch keine Entschuldigung!«

Ich musste mich irgendwie rausreden.

(Dorothea L., Jg. 1930)

Mit zehn Jahren musste ich zum Jungvolk und die Uniform tragen. Mein Vater kam viel in Europa rum, deswegen trug ich immer besonders hübsche Sachen. Ich war sauer, dass ich nun die Uniform tragen musste. Viele Kinder wollten diese Uniform gerne tragen. Ich nicht. Von Anfang an, bis heute, war ich mein ganzes Leben ein Mensch, der keinen Zwang mag. Der freiheitsliebend ist. Ja, die

Uniform fand ich ganz blöd, einen dunkelblauen Faltenrock, eine weiße Bluse, weiße Kniestrümpfe und am Hals einen kleinen Knoten. Keinen Lederknoten, den kriegten erst die Größeren. Ein- oder zweimal die Woche trafen wir uns zum Dienst nach der Schule. Appell, stramm stehen ... Wir wurden ein bisschen militärisch erzogen. Es gab Lagerfeuer, die Nazilieder wurden gesungen, jemand spielte Klampfe – schrecklich für mich! Aber man musste hin. Ab und zu entschuldigte mich meine Mutter und sagte, ich sei krank mit Fieber. Es war absolute Pflicht, wie in der Schule, man konnte sich nur mit Krankheit entschuldigen. Das fand ich ganz blöd.

(Ursula R., Jg. 1934)

1942 kam ich in die HJ, obwohl meine Eltern darüber ziemlich verzweifelt waren. Ich sagte: »Ich bin der Einzige in der Klasse, der ausgeschlossen ist, ich geh da mal hin!«

Oft mussten wir am Sonntag antreten und marschieren, was mir nicht passte, weil wir sonntags immer mit der Familie in die Kirche gingen. Also fehlte ich zweimal. An einem Adventssonntag 1942 musste unsere Gefolgschaft den Kurfürstendamm runtermarschieren und dabei singen: »Es zittern die morschen Knochen.« Ich marschierte ganz auf der rechten Seite in der letzten Reihe. Ich war sauer, weil meine Familie bei uns in der Kirche Advent feierte und ich marschieren musste. Als ein Autobus vorbeifuhr und nach einer Haltestelle wieder langsam anfuhr, sprang ich in voller Uniform in den fahrenden Bus und fuhr an der Kolonne entlang mit. Und weil ich zuvor bei einem Treffen dem Gefolgschaftsführer, ich saß hinter ihm, drei Reißzwecken auf den Sitz gelegt hatte, auf die er sich dann gesetzt hat, wurde ich quasi aus der HJ ausgeschlossen. Dafür musste ich dann bei den schweren Bombenangriffen jede dritte Nacht in einer Kaserne schlafen und Löscheinsätze fahren. Die ganze Unter- und Oberprima lang jede dritte Nacht. Zu viert fuhren wir mit einem VW mit Spritzen. Es gab einen Fahrer, noch einen Älteren und einen Freund von mir auf dem Wagen. Wir Brandhelfer kamen nur für das Löschen von Bränden in den Dachstühlen infrage. Die brannten nachts überall, weil die Amerikaner Brandbomben warfen. Wir hatten keine Gasmasken, nichts. Das ging bis knapp zur Rauchvergiftung, also es war schon schlimm. Das war mein erster persönlicher Einsatz im Krieg. Ich erinnere mich nur noch an den schrecklichen Rauch, ich versuchte immer, den Atem anzuhalten.

(Erasmus Zöckler, Jg. 1925)

Als Pimpf, so nannten sich die Jungen bis zum vierzehnten Lebensjahr, hatte ich schon Gefallen am Herumtollen im Wald. Wir spielten Trapper und Indianer. Wir trieben Sport – Weitsprung, Hundertmeterlauf, Kugelstoßen und konnten unsere Kräfte messen. Ich machte viel Sport, vor allem in Handball war ich gut und sollte deswegen mit vierzehn Jahren in die Napola. Ich hatte alle schriftlichen Prüfungen gemacht und freute mich schon. Das war ja damals was, die Napola. Ich stellte es mir wie eine englische Eliteschule vor, dachte, dass ich dort ein Handwerk lernen würde und dann auch die Oberschulausbildung hätte. Ja, Pustekuchen! Später habe ich mitgekriegt, was das war. Das war nationalpolitisch, das hatte mit normaler Ausbildung nichts zu tun. Da wurde Führernachwuchs gemacht!

Aber ich hatte Glück. Ich wurde herzkrank, das Sportlerherz war zu schnell gewachsen und wurde ein Vierteljahr vom Turn- und Sportunterricht und von den Pimpfen befreit. Danach hatte sich das mit der Napola erledigt.

(Erich H., Jg. 1929)

Ich war als Kind begeistert, ich wollte auch zur Hitlerjugend, zum BDM. Warum wollte ich da hin? Ich wollte die Kluft haben. Die fand ich so toll. Ich wollte aber mit meiner Schwester zusammen hingehen, und die war erst neun. Man durfte erst mit zehn hin. Also wurde ein Antrag gestellt – zum Schluss durfte meine Schwester mit. Aber wir haben die Kluft nie gekriegt. Es gab keine mehr. Die wurde wohl damals dort genäht, wo schon die Russen waren. Da war ich enttäuscht, dass ich nicht die schöne Jacke kriegte. Und dann hatte ich mir vorgestellt, dass wir dort nur basteln würden. Wir machten aber viel Sport, und Sport mochte ich als Kind gar nicht gerne. In Dreierreihen mussten wir marschieren, das war mir zu doof. Wir hatten ausnahmsweise ein Telefon zu Hause, weil mein Bruder als Säugling sehr krank war. Am Telefon fand ich mich mutig. Ich rief oft die Leiterin an: »Ich kann heute nicht kommen, ich muss auf meinen kleinen Bruder aufpassen, meiner Mutter geht's nicht so gut.«

So war ich entschuldigt.

(Christa Lentzsch, Jg. 1933)

Bei der Hitlerjugend wurden wir gestählt! Diese Geländespiele … Wir sahen aus wie verhauen! Jedes Mal ging es um Kloppereien in irgendeinem Gelände. Du musstest einstecken lernen! Vielleicht auch austeilen – ich weiß es nicht. Mich haben sie immer verdroschen, ich war immer der Kleinste. Eines Tages sagte Mutter: »Ich lass dir nich mehr da hin! Dit is Schluss jetzt – Ende der Vorstellung!«

Ich blieb zu Hause. Wie wurde das gelöst? Ich bekam keine Lebensmittelmarken mehr! So wurde das gehandhabt! Dann musste ich wieder hin. Mich verkloppen lassen – für Lebensmittel.

(Ronald Potzies, Jg. 1933)

Die Heimabende waren richtig schön. Wir bastelten Spielzeug und Puppen für bedürftige Kinder. Dazu übten wir auch ein Theaterstück ein »Knecht Ruprecht im Arrest«. Am vierten Advent wurde es dann vor der Dorfbevölkerung aufgeführt und anschließend das Spielzeug an die Kinder verteilt.

(Dorothea L., Jg. 1930)

Bei den Pimpfen gab es einen Ausbilder, der uns dann noch ganz zum Schluss an der Panzerfaust ausbilden sollte. Vier von uns Pimpfen sollten lernen, mit der Panzerfaust zu schießen, und an die Front. Andere Männer gab es ja nicht mehr. Es waren nur noch Frauen und Kinder da. Aber unser Ausbilder hatte nur ein Bein, da wären wir nicht weit gekommen … Und wenn die Panzerfaust losgegangen wäre, dann wären wir auch weggeflogen. Wir waren ja nicht in der Lage, das Ding wirkungsvoll einzusetzen. Das war ja, als ob ich mir selber in den Kopf schieße. Aber die Alten haben das nicht eingesehen, das waren alles solche Tausendprozentigen.

(Wolfgang K., Jg. 1936)

Ich war Fahnenträger und habe bei der Vereidigung des Volkssturms mitgemacht. So wusste ich genau Bescheid, wer im Volkssturm war und wer nicht. Die Lieder, das wär ein Thema für sich. Viele Lieder wurden während der Zeit gesungen, aber nur Marschlieder. Und natürlich gehässige Lieder. Das Lied »Wenn das Judenblut vom Messer spritzt« haben wir sogar in der Schule gesungen, einfach auf den Text von dem Lied »Muss i denn, muss i denn zum Städele hinaus«.

Im Oktober 44 nahm ich an einem Lehrgang zum K-Sportwart teil. Es ging morgens mit Waldlauf los, danach hatten wir Geräteturnen, dann Boxen. Selbst ein Ringmeister bildete uns aus. Wir hatten nachher so viel Muskelkater, dass wir uns am Geländer der Treppe hochziehen mussten. Abends notierten wir die einzelnen

Übungen nochmal – bis uns die Hände wehtaten. Ich hätte danach als Sportwart arbeiten können, aber dazu kam es nicht mehr. Bei den Geländespielen verteidigten wir im Thüringer Wald Burgruinen, schlichen uns an wie bei Indianerspielen. Und natürlich rauften wir, aber wenn einer auf dem Boden lag, war es natürlich vorbei. Wir mussten auch exerzieren, damit die Marschkolonnen richtig funktionierten. Ich wurde Jungschaftsführer und musste die Jungs zu Hause besuchen, musste Klinken putzen: »Kommste auch zum Dienst?«

Ich machte das ganz gerne, kam so in alle möglichen Ecken, in ganz alte Häuser. Einmal sagte eine Mutter zu mir: »Mein Junge kann nicht kommen, der hat keine Schuhe.«

Das war natürlich eine Ausrede. Aber es gab ja auch wenig Schuhe …

(Erhard M., Jg. 1930)

Nach acht Jahren Schule ging ich in die Lehre und machte eine Ausbildung bei der Deutschen Bahn. Der Dienst bei der HJ fand weiter turnusmäßig statt, aber oft passten die Termine nicht mit meiner Ausbildung zusammen. Irgendwie war auch mein Interesse ein bisschen verschwunden – ich würde gar nicht sagen vorsätzlich. Jedenfalls machte mich dann einer von unseren Kollegen bei der HJ, mit dem ich in der Schule gewesen war, darauf aufmerksam, dass ich regelmäßiger kommen müsse.

»Mach das, es kann schlimm für dich werden!«, warnte er mich. Na gut, ich ging immer mal wieder hin, und eines Tages kriegte ich dann vom Bannführer eine Aufforderung, nach Ludwigslust zu kommen. Ich kam ins Zimmer, und der Bannführer tobte los: »Das ist Wehrkraftzersetzung, an der Front wird gekämpft, und du willst nicht deinen Beitrag leisten! Du lebst hier noch im Frieden!«

Wir hatten ja keine großen Kriegsereignisse auf dem Dorf zu spüren bekommen.

»Mit diesen Leuten machen wir kurzen Prozess, und das werden wir mit dir auch machen!«

Er hatte eine Pistole umgeschnallt, holte sie raus, kam auf mich zu, hielt sie gegen meine Brust und sagte: »Also, wenn wir nochmal solche Geschichten mit dir hier erleben: Peng! Wir machen kurzen Prozess, merk dir das!«

Aber in einem Ton! Da wurde ich hellhörig …

(Gerhard G., Jg. 1928)

Bei uns im Haus wohnte ein Handwerker mit seiner Familie. Es hieß, den Herrn Müller haben sie heute Nacht abgeholt. Ich sagte: »Ja warum denn?«

Uns Kindern haben sie es nicht erklärt. Es gab ja Kinder, die ihre eigenen Eltern angezeigt haben, weil die am Tisch mitgekriegt hatten, wie die Eltern sagten: »Der Krieg ist bald zu Ende, wir müssen uns mal drauf einrichten. Hitler ist bald tschüss.«

Die Kinder waren schon so getrichtert von der HJ, dass die ihre Eltern anzeigten und die dann abgeholt wurden. Weg waren sie! Das habe ich als Kind auch gehört. Wir mussten uns sehr vorsehen, mit jedem Wort. Viele waren überzeugte Nazis. Auch die Jungen haben sie so erzogen, dass die mit fünfzehn, sechzehn stramme Nazis waren.

»Ja, das ist unser Volk, das ist Hitler!«

Wenn ich heute die Filmausschnitte mit Goebbels im Sportpalast sehe, wie er ruft: »Wollt ihr den totalen Krieg?«

Alle schrien: »Ja!« Dann denke ich: Das sind ja Verrückte! Die Leute waren so trainiert. Nachher haben sie daran geglaubt. Die paar Helden, die wir hatten … Schade, dass das Attentat auf Hitler nicht geklappt hat. Da wären viele, viele Menschen noch am Leben geblieben.

(Ursula R., Jg. 1934)

Ich wundere mich heute noch, wie selbstverständlich wir mit zwei Wahrheiten groß geworden sind. Man erzählt ja Kindern immer, sie sollen nicht lügen, nicht stehlen. Wir wussten, in der Schule wollen die das hören und zu Hause herrscht eine andere Meinung. Ist eigentlich schlimm. Aber ich habe das irgendwie gespürt. Die wollen das so und so in der Schule hören …

(Helga Werner, Jg. 1937)

Wir hatten einen Lehrer, der lebte in unserer Straße, der war in der SS. Nach dem Krieg hat er alle seine sechs Kinder erschossen und sich selbst auch. Das fanden wir erschreckend, weil wir den kannten.

(Marianne M., Jg. 1936)

Mein Vater hatte, als 41 der Krieg mit Russland anfing, an seiner Arbeitsstelle, der biologischen Reichsanstalt, gesagt: »Da hat Hitler keine Chancen. Das hat Napoleon schon versucht, das geht nicht. Der Krieg ist verloren.«

Daraufhin wurde er zum Direktor zitiert und der sagte: »Wenn Sie das noch einmal sagen, dann steht für Sie Sachsenhausen an!«

Er hatte dann dort quasi Redeverbot …

(Waldemar Klemm, Jg. 1936)

Die Zahnarztpraxis meines Großvaters war ein sogenannter Briefkasten vom Kreisauer Kreis, einer Widerstandsbewegung in Schlesien. Die Mitglieder hinterlegten in der Praxis Botschaften füreinander. Als das Attentat auf Hitler stattgefunden hatte, fuhr meine Mutter ganz schnell zu ihm. Die beiden machten einen Spaziergang, und er sagte, er rechne mit seiner Verhaftung. Aber dazu kam es nicht. Diejenigen, die gefasst worden waren, müssen alle dichtgehalten haben. Er konnte weiter in seiner Praxis arbeiten, wo er nachts auch Juden behandelte. Wir Kinder wussten nichts davon. Wohl aber, dass unsere Eltern gegen die Nazis waren. Meine Mutter schickte meine kleineren Geschwister abends spät mit einer Milchkanne voll Essen zu den Juden, die in Landeck wohnten. Sie mussten den Stern tragen und bekamen auf ihre Lebensmittelmarken wenig Essen. Und die Ärzte durften sie nicht behandeln.

(Barbara Schubert-Felmy, Jg. 1931)

Meine Tante kam wegen des Diebstahls von zwei Lebensmittelkarten für Zigaretten ins KZ. Sie arbeitete für die Lebensmittelkarten und hatte zwei Karten für ihren Liebsten mitgenommen, den sie in Böhmen besuchen wollte. Da muss sie jemand verpfiffen haben. Dafür ist sie tatsächlich 43 ins KZ gekommen. Kurz bevor der Russe kam, also im April 1945, kam sie mit einer Frau zurück, die sich angeblich als Mithäftling darstellte. Die Frau kümmerte sich sehr um meine Tante, die sich in der Zeit im KZ die Lungen-TBC zugezogen hatte und natürlich nicht behandelt worden war. Sie kam bei uns ins Krankenhaus und kurze Zeit später auch mit auf die Flucht. Denn das Krankenhaus flüchtete auf einem Kahn mit uns über die Ostsee. Am 31. August 45 starb sie dann an der Lungen-TBC. Im Grunde genommen ist sie durch das KZ umgekommen. Das KZ war in Hinterpommern gewesen, und meine Tante musste dort noch am sogenannten Ostwall arbeiten. Später stellte sich heraus, dass die Frau, die sie zurückgebracht hatte, zur SS-Bewachungsmannschaft gehört hatte. Sie wollte sich aus einem schwarzen Wolf in ein weißes Schaf verwandeln.

(Burkhard C., Jg. 1932)

Zu Nazizeiten war meine Mutti beim Winterhilfswerk gewesen. Sie hatte in der Frauenschaft die Aufgabe, warme Sachen für die deutsche Armee zu sammeln, die in Russland kämpfte. Sie war umhergezogen und hatte gesammelt. Das muss auch jemand den Russen verraten haben, dass sie bei dieser Frauenschaft war, denn die Russen holten alle Frauen ab, die in der Frauenschaft waren. Mutter musste auf einen Laster steigen und wurde nach Schönwalde gefahren, wo die Russen den Flugplatz okkupiert hatten. Mit den anderen Frauen mussten sie die Mannschaftshäuser und die Häuser für die Generäle saubermachen. Das war die Strafe. Mutti musste die Badewannen lehren, die voll von Scheiße waren. *(Sie lacht.)* Ich muss es so drastisch sagen. Meine Mutter kam dann immer kreidebleich wieder. Sie hatte sich hinterher die Seele aus dem Leib gekotzt. Drei Wochen musste sie das machen.

(Marianne M., Jg. 1936)

Kurz vor Kriegsende waren wir auf dem Weg zum öffentlichen Badehaus, denn zu Hause hatten viele kein Wasser mehr. An einer Straßenlaterne hing eine Puppe. Jedenfalls dachte ich das. Sie hatte ein kohlrabenschwarzes Gesicht und um ihren Hals hing ein Schild. Ich konnte noch nicht lesen und fragte Mutter. Sie las mir vor: »Ich bin ein Verräter!« und drehte mir den Kopf weg. Aber ich hatte es gesehen. Die Soldaten, die einfach nach Hause gingen, haben sie überall aufgeknüpft. Furchtbar, nicht?

(Roswitha Weiß, Jg. 1939)

Mein Vater war ein kleiner Angestellter. In der Firma saßen sie zusammen und frühstückten, Parteigenossen und Nichtparteigenossen. Die meisten mussten ja doch in der Partei sein. Sie guckten sich eine Illustrierte an, wo unter anderem Hermann Göring abgebildet war. Ein älterer Herr, der dachte, er sei ja in seinem Kollegenkreis, sagte: »Das ist ja auch so ein Verbrecher.«

Einer, der eigentlich Kommunist war, zeigte den alten Herrn an. Der wurde sofort abgeholt. Seine Frau war ganz verzweifelt und fragte, ob mein Vater ein bisschen helfen könne. Meine Mutter schrieb den Brief, wir Kinder sollten in ein anderes Zimmer. Ich hörte zu. Mutter schrieb, dass er immer ein netter Kollege gewesen war … Man konnte nichts machen. Bald kam die Nachricht, er hätte einen Herzschlag gekriegt. Er hatte das Verhör nicht überstanden. Das haben wir ja erst nachher erfahren. In so einem Vernehmungskeller.

Diese Geschichte habe ich noch behalten. Als Kinder haben wir ja sonst nicht viel mitgekriegt. Und was meine Eltern mitgekriegt haben, weiß ich auch nicht. Aber es wurde so unterschwellig geredet: »Kannste dir das vorstellen …« Aber offiziell wusste man nichts.

Zuerst haben wir immer nur von den Siegen gehört, da war die Mehrheit mehr oder weniger begeistert. Ich kann mich noch besinnen, in der Potsdamer Straße, wo wir wohnten, war der Sportpalast, und wenn es hieß, Hitler kommt dort zur Ansprache hin, standen die Leute am Fenster und jubelten ihm freiwillig zu. Die waren wirklich begeistert. Weil die Leute Arbeit gekriegt haben. Die näheren Umstände wusste ja keiner. Was so alles passierte. Wusste man ja noch nicht. Das haben wir erst nachher so langsam mitgekriegt.

(Christa Lentzsch, Jg. 1933)

Ich weiß noch, einmal in der ersten Klasse, ich war sechs Jahre alt, hatte der Lehrer was erzählt, und da meldete ich mich zu Wort und sagte: »Ach der Führer sagt auch nicht immer die Wahrheit!«

»Wer hat denn das gesagt?«, fragte er.

»Das sagt mein Vater«, sagte ich.

Der Lehrer kam zu uns nach Hause und sagte zu meiner Mutter: »Frau Lindner, sprechen Sie mit Ihrem Sohn, das geht nicht, der bringt alle in Teufels Küche, wenn der sowas sagt.« Und da habe ich gelernt: »Was ein gutes Kind hört zu Haus, plaudert es nicht draußen aus!«

(Jochen Lindner, Jg. 1934)

Wie der Krieg anfing, waren überall Plakate: »Psst, Feind hört mit!« Wir durften überhaupt nichts gegen das Regime sagen. Das wusste ich, und das wusste auch meine Mutter. In der Schule durften wir schon gar nicht erzählen, was zu Hause gesprochen wurde. Das war hart für uns Kinder. Ich ging zu einer katholischen Volksschule, da mussten die Kreuze abgenommen werden. Danach wurden die Klassenzimmer nie mehr renoviert, weil noch die helle Stelle an der Wand war, wo das Kreuz gehangen hatte. *(Sie lacht.)*

(Dorothea L., Jg. 1930)

Im Nachbarhaus lebte eine Schweizerin. Ihr Mann arbeitete im Reichssippenamt, wo die Judengesetze gemacht wurden. Das wussten wir. Er war sicher mit beteiligt gewesen als Beamter. Einmal kam Mutter ganz aufgeregt nach Hause. Sie hatte die Nachbarin auf dem

Markt getroffen und zu ihr gesagt: »Frau Schirks, was man von den Juden hört, das ist doch schrecklich!«

Da hatte die Frau Schirks gesagt: »Frau Zöckler, wenn Sie das noch einmal sagen! Ich würde Ihnen empfehlen, das nicht zu tun …«

Wir saßen angstvoll ein paar Tage da, weil wir befürchteten, jetzt wird meine Mutter abgeholt!

(Erasmus Zöckler, Jg. 1925)

Ich weiß das zu schätzen, dass ich sagen kann: »Ich fand, dass der Kohl mit seiner Spendenaffäre ein Verbrecher war.« Ich genieße das, in einer Demokratie leben zu dürfen, wo ich sowas sagen kann und mir passiert nichts. Ich will damit nur sagen, ich hab in der Erinnerung, dass die Menschen in einer Diktatur alle Angst haben. Angst haben und schweigen und nur ganz bestimmten vertrauten Leuten alles erzählen. Ich kenn das so, dass die Leute alle Angst hatten. Und das ist eben drin, das weiß man und das vergisst man auch nicht …

(Ingrid Fiedler, Jg. 1938)

Mein Vater war Filmschaffender bei der UFA. Uns besuchten öfter Männer in brauner Uniform, also nicht SS, aber hohe Nazis. Später, nach dem Krieg, als man offen sprechen konnte und ich erwachsen genug war, erzählte mir mein Vater, dass diese Männer ihn immer bekniet hätten, er solle in die Partei eintreten. Dann würde er mehr verdienen und mehr Filme drehen können. Der hat es nicht gemacht! Ich weiß nicht, wie er es geschafft hat. Aber dadurch hatte er nach dem Krieg den Vorteil, schnell wieder Arbeit zu finden. Er musste nicht die Entnazifizierung durchmachen und bekam bei der DEFA, der ersten Filmproduktionsfirma nach dem Krieg, sofort Arbeit. Die guckten: Ah, kein Nazi, den nehmen wir sofort. Das war gut für uns. Die anderen mussten warten, wurden von den Alliierten geprüft, ob sie sich schuldig gemacht hatten und warum sie in der Partei waren. Ach Gott, das war ein Theater mit den Leuten. Ich sage mal, fünfzig Prozent waren einfache, harmlose Leute, die aus Angst in die Partei gegangen sind. Und fünfzig Prozent waren eben die Schuldigen.

(Ursula R., Jg. 1934)

Bei Hitler gab es ja schon Lebensmittelkarten. Ich kann mich noch genau erinnern, wie meine Mutter zu meinem Vater gesagt hatte: »Ferdi, tritt doch auch in die Partei ein! Meine Cousine Else, nur ein Haus weiter, die kriegen viel bessere Lebensmittelkarten, weil Herbert in der Partei ist.«

Mein Vater sagte: »Nee, ick trete in keine Partei ein. Kannst mit mir machen, was de willst. In 'ne Partei trete ick nich ein.«

Und als der Krieg zu Ende war, hat mein Vater gesagt: »Siehste, Else muss jetzt Steine klopfen gehen, weil Herbert inne Partei war. Das musst du nich!«

Ich will damit nicht die Arbeit der Trümmerfrauen schmälern, die Berlin wirklich wieder aufgebaut haben. Es ist ja enorm, was die geleistet haben. Aber das vergessen heute viele! Die Frauen mussten alle Steine klopfen gehen, wenn die Männer in der Partei waren. Da konnte sich keiner drücken.

(Ingrid Fiedler, Jg. 1938)

Ich habe sehr spät richtig sprechen gelernt, aber sehr gerne gesungen – laut und völlig falsch. Auf der Straße sang ich diese wunderschönen Soldatenlieder total verhunzt. Aber dann hatten wir die Gestapo zu Hause, und ich sang nie wieder! Ich erinnere mich an ihre schwarzen, langen Ledermäntel. Die Männer durchsuchten das ganze Haus. Sie nahmen auch die Schreibmaschine mit, dachten, ich hätte diese Verunstaltung der Lieder von zu Hause, dabei hatte ich sie irgendwo gehört und aufgeschnappt. Meine Mutter prägte mir danach ein, nie wieder auf der Straße zu singen. Ich begriff nicht, warum. Erst viel später ist mir aufgegangen, was das für Leute gewesen sein müssen. Meine Mutti hatte eine panische Angst, das hatte ich mitgekriegt.

Wir hatten am Anfang eh noch Schwierigkeiten. Mein Vater wollte Rektor der Handelslehranstalt werden und musste einen Ariernachweis bringen. Das war sehr schwierig, weil irgendein Vorfahre adoptiert worden war. Vater bekam den Ariernachweis erst kurz vor Kriegsende. Solange waren wir irgendwie auch Freiwild. Ich weiß noch, dass meine Cousine in Leipzig nicht aufs Gymnasium gehen durfte, weil der Nachweis nicht vorlag. Es ging nur um einen unserer Vorfahren, aber da war schon die Grenze – verrückt, nicht?

(Kristin K., Jg. 1937)

Mein Vater ist 1941 in die Partei eingetreten. Meine Mutter sollte nach Bad Elster verschickt werden, und da hieß es, mein Vater ist nicht in der Partei, meine Mutter nicht in der Nationalsozialistischen Volkswohlfahrt, sie sind ja gar nichts! Vater war Feuerwehrmann und grüßte nicht mit dem Hitlergruß, sondern so, wie er es vom Militär aus dem Ersten Weltkrieg gewohnt war. Seinem Vorgesetzten bei der Feuerwehr war das während der morgendlichen Appelle in der Feuerwache aufgefallen. Er ermahnte Vater, wie er den Deutschen Gruß zu machen hätte. »Und wenn Sie das nicht lernen, kommen Sie ins KZ, da wird's Ihnen beigebracht!« Danach hatte der Vorgesetzte mit meiner Mutter gesprochen, und die sagte dann zu meinem Vater: »Na los, jetzt mach doch mal.« Na gut, dann trat er in die Partei ein. Immerhin war Hitler damals auf der Höhe seiner Macht. Nun dachte mein Vater als kleiner Mann, das wird was!

(Erich H., Jg. 1929)

Hintergrundinfos: Hitlerjugend

In der uniformiert auftretenden und militärisch organisierten Hitlerjugend (HJ) galt das Prinzip »Jugend wird von Jugend geführt«. Sie war getrennt nach Geschlecht und Alter, aufgeteilt in Zehn- bis Vierzehnjährige (Jungmädel und Jungvolk) und in die Vierzehn- bis Achtzehnjährigen in der Hitlerjugend und im Bund Deutscher Mädel (BDM). Nach Einführung der Zwangsmitgliedschaft 1939 waren nahezu alle Jugendlichen Mitglied der HJ. Sie umfasste zu diesem Zeitpunkt 8,7 Millionen Kinder und Jugendliche. Trotzdem gelang der HJ nicht die Erfassung aller. Doch der Druck mitzumachen war erheblich, und das Fernbleiben zog nicht selten Strafen nach sich. Nur wenige Eltern bemühten sich, ihre Kinder von der Mitgliedschaft freizustellen.

Feierliche Aufzüge, Propagandamärsche und Paraden sowie gemeinsame Fahrten, Wanderungen, Geländespiele und geselliges Lagerleben machten die HJ für viele Jugendliche attraktiv. Im Mittelpunkt der nach dem »Führerprinzip« geordneten Organisationen stand die körperliche und ideologische Schulung, die auch die rassistische und sozialdarwinistische Indoktrination umfasste. Das Einüben von Befehl und Gehorsam, Kameradschaft, Disziplin und Selbstaufopferung für die »Volksgemeinschaft« gehörten zu den vorrangigen Erziehungszielen. Diese sollten schon die zehnjährigen männlichen Jugendlichen abhärten und auf den Kriegsdienst vorbereiten. Die HJ diente mit der Zeit immer stärker der Rekrutierung von Soldaten. Ab 1942 wurden die dreiwöchigen Sommerlager in Wehrertüchtigungslager umbenannt und entsprechend geführt. Im Zweiten Weltkrieg versahen HJ-Einheiten dann soziale, polizeiliche und militärische Hilfsdienste. Zu den Aufgaben gehörten nun Aufräumdienste nach Bombenangriffen, Meldegänge und Unterstützung für Ausgebombte. Hinzu kamen Luftschutzdienst und Sammelaktionen für Kleider, Altmetall und Heilkräuter.

Auch die Mädchen wurden im BDM ideologisch geschult, und auch hier stand die körperliche Ertüchtigung im Mittelpunkt. Der Ablauf war geprägt von Drill und Exerzieren, ältere Mädchen wurden teilweise auch mit dem Gewehr vertraut gemacht. Während des Krieges wurden Mädchen als Nachrichtenhelferinnen, Flakhelferinnen und im Sanitätsbereich eingesetzt.

Kindersoldaten

»Nach den Befehlen ›Stillgestanden!‹ und
›Drei Schritt vorwärts marsch!‹
waren wir Angehörige der deutschen Wehrmacht.«
Erich H.

(Geboren 1929 in Berlin, Rechtspfleger, Justizamtsrat)

Wäre ich einige Monate früher zur Welt gekommen, wäre ich als Soldat im Einsatz gewesen. Mein Jahrgang 1929 wurde erst am 5. März 1945 eingezogen. Da war ich fünfzehneinhalb Jahre alt. Ich musste mit mehreren Hundert anderen Jungen im Wehrertüchtigungs-Lager (WE-Lager) Heiligenberg antreten. Aufgrund unseres Alters und des körperlichen Allgemeinzustands wurden wir vom Kinderlandverschickungs-Lager in das WE-Lager verlegt, um die vormilitärische Ausbildung zu erhalten. Ein hoher NS-Funktionär und ein Oberst der Wehrmacht hielten Ansprachen in markigen Worten und nach den Befehlen »Stillgestanden!« und »Drei Schritt vorwärts marsch!« waren wir Angehörige der deutschen Wehrmacht. Nun unterstanden wir dem Kriegsrecht: Wer abhaut, wird erschossen! Wir sollten als Panzerknacker nach Ungarn geschickt werden. Noch am gleichen Tag begann unsere Ausbildung. Auf dem Truppenübungsplatz stand ein alter Panzer. Wir mussten uns zunächst eingraben, gekleidet in der dunklen Pimpfenuniform und einen Stahlhelm auf dem Kopf. Dann sollten wir mit einem Bündel Handgranaten oder einer Mine im toten Winkel zu dem Panzer rennen, raufklettern, die Granaten unter den Turm stecken und wieder abspringen. Manche Kameraden verletzten sich dabei die Hände. Erfahrene Frontsoldaten, die verwundet und nicht mehr verwendungsfähig waren, bildeten uns am Karabiner, der Pistole, der Stielhandgranate, der Panzerfaust und dem leichten Maschinengewehr aus.

Jeden Tag wurden wir ausgebildet, manchmal machten wir auch noch einen Nachtmarsch. Am Ende konnten wir einen Karabiner im Dunkeln auseinandernehmen und wieder zusammensetzen. Wir waren stolz, für Deutschland, für unsere Familien kämpfen zu dürfen. Für einen Fünfzehnjährigen ist es ein großes Erlebnis, auch Spaß, mit scharfer Munition zu schießen. Dass der Gegner zurückschießt, wurde uns nicht gesagt. Wir bekamen, wenn überhaupt, nur NS-Zeitungen zu lesen: Der deutsche Soldat im Einsatz. Im

KLV-Lager hatten wir aber den Feindsender gehört. Mithilfe einer sehr langen Antenne, die im Park stand, hörten wir nachts unter der Bettdecke, ein Mann als Aufpasser an der Tür. So hörten wir oft London … Wir hatten unseren Spaß daran. Im Wehrertüchtigungslager erzählten sie uns ständig: »Ihr müsst eure Mütter und Schwestern verteidigen, die rote Flut kommt …«

Die russische Front rückte immer näher. Wir wurden auf einen Truppenübungsplatz in der Nähe von Prag verlegt und dort weiter ausgebildet. Ich erinnere mich noch an Nachteinsätze mit Stahlhelm, Gasmaske und Gewehr. Unsere vormilitärische Ausbildung dauerte anderthalb Monate, und dann war der Krieg zu Ende. Ich hatte großes Glück!

Wann hat sich Hitler erschossen? Ende April. Aber in der Nähe von Prag war die Kapitulation erst am 8. Mai. Am 8. Mai wurden wir noch bis zum Mittag ausgebildet, das weiß ich noch. Nachmittags gab es eine kurze Ansprache: »Der Krieg ist zu Ende. Wir gehen in die Gefangenschaft zu den Amerikanern.« Da waren wir alle wie geplättet! Wir waren doch anderthalb Monate scharf ausgebildet worden, um zu kämpfen, nicht um in die Gefangenschaft zu marschieren! Voll bewaffnet marschierte ich zusammen mit 1500 Soldaten, die sich noch auf dem Truppenübungsplatz aufgehalten hatten, los Richtung Westen. Die meisten Offiziere waren abgehauen. Nur noch ein paar liefen in dem einen Kilometer langen Zug mit. Zwischen uns fuhren Pferdewagen, auf denen die alten Soldaten saßen, die Vierzig- bis Fünfzigjährigen. Die waren für uns alte Leute, Opis. Einige von meiner Einheit hatten sich beim Losgehen noch Extra-Patronengurte umgehängt. Das fand ich Quatsch, eine Offizierspistole hinten in der Tasche, zwei Handgranaten und ein Karabiner reichten mir. Wir marschierten drei Tage und drei Nächte – hintereinanderweg. Wenn wir nachts müde wurden, legten wir uns in einem Grüppchen von sechs bis acht Mann kurz auf den Boden und schliefen sofort ein. Einer von uns hielt Wache. Nach einer Viertelstunde weckte er uns mit einem Tritt ins Kreuz und wir liefen weiter. Denn dann waren wir schon im hinteren Teil des marschierenden Zuges, und wir wollten immer in der Mitte sein, nicht am Anfang und nicht am Ende. Ich dachte: ›Die Mitte ist immer gut, da kann ich am wenigsten angegriffen werden.‹ Wir wollten zu den Amerikanern, Richtung Österreich. Doch die amerikanische Armee zog sich bereits zurück und die Russen rückten vor. Dazwischen war ein richtiger

Hexenkessel. Nationale Tschechen waren unterwegs, kommunistische Tschechen und Polen mischten sich darunter und aus Zuchthäusern entlassene Verbrecher. Wenn eine Gruppe der anderen begegnete, schoss einer auf den anderen. Einmal wurden auch wir beschossen, vermutlich von Partisanen. Wir liefen gerade an einem kleinen Flüsschen vorbei, als auf der anderen Uferseite aus einem Birkenwäldchen das Feuer auf uns eröffnet wurde. Wir bekamen den Befehl, zwanzig Maschinengewehre aufzustellen und zurückzufeuern. Wir hatten mehrere schnelle Maschinengewehre dabei und brachten diese in Stellung. Soweit ich es in Erinnerung habe, musste immer eine Gruppe von dreißig Jungen – außer der eigenen Bewaffnung – ein leichtes Maschinengewehr und Munition tragen. Der Feldwebel sagte: »Ihr müsst sie ja nicht totschießen, der Krieg ist ja zu Ende, schießt mal ein bisschen höher.«

Wir gaben ein bisschen Feuer, ich gab wohl einige Schüsse aus meinem Gewehr ab, die schnellen Maschinengewehre summten: Ssssst! Danach waren die Birken in einem Meter Höhe abgemäht. Irre! Plötzlich war alles still, kein Schuss fiel mehr. Die Partisanen waren offensichtlich beeindruckt. Wir liefen weiter, wollten uns nicht aufhalten lassen.

Wir liefen und liefen, doch die Panzerspitzen der Russen waren schneller. Am Nachmittag des 11. Mai hatten sie uns eingeholt. Unsere Offiziere verhandelten mit den Russen. Ich legte meine erste Armbanduhr, die mir mein Vater ins KLV-Lager geschickt hatte, auf einen Stein. Er hatte seinem fünfzehnjährigen Sohn eine Freude machen wollen, weil ich so lange Zeit fern von der Familie in Lagern zubringen musste – wegen der schweren Bombenangriffe auf Berlin. Bis dahin hatte ich nur eine große Taschenuhr für vier Reichsmark von Woolworth besessen – eine Armbanduhr war für mich damals der Knaller. Schweren Herzens trat ich mit dem Absatz auf die Uhr. Die Russen sollten sie nicht bekommen. Wir vernichteten unsere Waffen. Wie macht man einen Karabiner unbrauchbar? Man wirft das Schloss, das Wichtigste an der Waffe, weit weg ins Gebüsch und legt das Gewehr auf den großen Berg der abgegebenen Waffen, so einfach ist das.

Und dann waren wir Gefangene … Mit den Russen mussten wir nachts in einem scharfen Marsch dreißig Kilometer weiterlaufen. Manchmal bummerte es vom hinteren Ende des Zuges. Wer nicht mitkam, wurde abgeknallt. Am frühen Morgen, kurz vor Prag, wechselte, wer konnte, schnell die Uniform. Bei der dunklen

Pimpfenuniform dachten die Russen, wir gehörten zur SS. Später mussten wir das Hemd ausziehen und zeigen, ob wir am Innenarm tätowiert waren. Wer tätowiert war, kam gleich ein Stück weiter nach hinten und dann hat's gebumst. Das ging ganz flott. Ja, mich trennen von den heutigen jungen Leuten Welten! Wenn ich manchmal höre, wie die Jungen heute rumjammern, wie schlecht es denen geht, da lach ich innerlich ... Vor Prag lagen eine Menge tote deutsche Soldaten. Wir zogen den Gefallenen schnell die Uniformröcke aus. Ich nahm die Kleider eines Soldaten mit einem Herzschuss. Ich wollte keine blutverschmierte Uniform. Bei einem Herzschuss, ping, da war bloß ein Loch in der Weste ...

Es macht mir keinen Spaß, darüber zu sprechen ... Deshalb habe ich mir lange überlegt, ob ich Sie überhaupt anrufe. Aber es hat ja jeder das Ende auf seine Weise erlebt. *(Er kämpft mit den Tränen.)* Sie wollen, dass diese Erinnerungen nicht verloren gehen. Es geht so viel verloren ... Sie könnten ein aufklärendes Antikriegsbuch schreiben – eine andere Richtung geht ja kaum. Ich habe mir das überlegt, was wollen Sie sonst schreiben? Es geht nur in diese Richtung. Denn sonst ... Heutzutage, wo kaum einer dem anderen behilflich ist und jeder nur sein Zeug macht ...

Morgens kamen wir in Prag an. Trotz der neuen Uniformen kriegten wir fürchterliche Prügel von der tschechischen Bevölkerung. Wir liefen, zehn Mann in einer Reihe, den Wenzelsplatz rechts hinauf und links hinunter, während wir die Hände über dem Kopf hielten, um uns vor den Steinen und Schlägen zu schützen. Mit Latten, an denen vorne ein Nagel war, schlugen sie auf uns ein. Ich weiß noch, das werde ich nie vergessen, ein Mann mit Lederschürze, wahrscheinlich ein Schmied, hatte eine Stahlkette, an der vorne eine Kugel hing. Wir versuchten alle, nicht in die Nähe zu gelangen, wo die Kugel runterkam. Die Bevölkerung hatte eine aufgestaute Wut, die sich über uns entlud an diesem Tag. Hitler hatte Prag besetzt, und die deutsche Verwaltung war offenbar nicht zimperlich gewesen.

Folgendes hörte ich erst hinterher: Als die Russen kurz vor Prag standen, stürmten junge SS-Leute ein großes Eckhaus, in dem ein Lazarett untergebracht war. Die jungen Deutschen schrien: »Raus, raus, raus hier! Wir brauchen das Haus, wir wollen hier die Rote Armee aufhalten!«

Aus den oberen Fenstern wollten sie die anrückenden Soldaten der Roten Armee beschießen. Die Kranken konnten das Haus nur langsam verlassen. Das ging den jungen Deutschen nicht schnell genug. Die letzten zehn Kranken schmissen sie oben aus dem Fenster. Die Rache und den Hass darüber haben wir dann abbekommen. So wurde es erzählt, ich weiß nicht, ob es stimmt. Es kann sein. Im Krieg hat jeder seine Übeltaten begangen. Krieg ist furchtbar! Sicher, jeder ist schuldig, der im Krieg schlimme Sachen begeht. Aber ich hab nicht angefangen! Ich habe persönlich keine Schuld! Ich war in keinem Konzentrationslager! Ich nicht. Doch meine Gefangenschaft war so etwas Ähnliches. Ich brauche das nicht …

Die Sowjets hatten so viele deutsche Kriegsgefangene, sie wussten nicht, wohin mit allen. Sie führten uns in das große Sportstadion von Prag. Wir standen auf dem Rasen, konnten uns kaum hinsetzen, so viele Gefangene waren wir. Eine Woche verging so. Wenn es regnete, zogen wir uns den Waffenrock über den Kopf. Zu essen gab es etwas Brot. Wir schliefen auf dem Gras, soweit noch Gras da war – auf der Erde schliefen wir. Das war übel. Nach einer Woche wurden wir in kleinere Gruppen von zweihundert Mann eingeteilt und unter russischer Bewachung in alle Richtungen abtransportiert. Mir ist noch im Gedächtnis, dass wir durch die Städte Schlan, Laun und Bilin liefen.

Unterwegs bekamen wir immer wieder Prügel von den Tschechen. Die Russen bewachten uns zwar, aber die Tschechen, die während der deutschen Besatzungszeit ins deutsche Heer gepresst worden waren, tobten sich jetzt aus. Nun waren wir die Kriegsgefangenen und sie die großen Herren. Solange wir noch in der Tschechei waren, prügelten sie uns. Wir mussten hüpfen, wie sie früher bei der Grundausbildung in der Wehrmacht hüpfen mussten, so wie ein Hase, wissen Sie, aus den Knien raus. Oder wir mussten uns ganz flach auf den Boden legen und dann: »Sprung auf, Marsch, Marsch!«

Und wieder hinlegen und wieder hoch und immer so weiter. Immer wieder wurden wir schikaniert. Ich weiß noch, einer ging mit einem Rasiermesser umher und schnitt in die Rücken der deutschen Gefangenen Hakenkreuze. Er schnitt tief durch die Uniform, durch den Waffenrock quoll das Blut. Jeder dachte: ›Komm bloß nicht zu mir! Ob ich das durchhalte, weiß ich nicht. Nee, also geh mal zum Nachbarn!‹

Ich war erschrocken über mich, dachte über mich: ›Na, du bist ja ein Schwein.‹ *(Er weint.)* Wir waren jedenfalls von Prag nach Dresden gelaufen. Wir schliefen unterwegs auf der Erde, es gab kaum etwas zu essen. Ich weiß noch, einmal lagen Kohlrüben auf der Erde, die schon halb verfault waren. In die haben wir noch reingebissen! Neulich gab es beim Fleischer Eintopf, Kohlrübensuppe. Ich fragte, ob noch etwas anderes da sei. Ich esse sonst alles, aber Kohlrübensuppe nicht so gern, dann muss ich an die verfaulten Kohlrüben denken. Ja, ich weiß noch, die Sudetendeutschen hatten Eimer mit Wasser für uns hingestellt. Wir hatten ganz dicke Zungen, der Mund war trocken und die Zunge angeschwollen. Aber die Tschechen kippten die Wassereimer um. Solche Schikanen … Es hörte erst auf, als wir die deutsche Grenze erreichten. Dann waren nur noch die Russen da, die mit ihren aufgepflanzten Bajonetten neben uns hertrotteten. Sie taten uns nichts weiter …

Wir landeten im Kriegsgefangenenlager in Dresden-Reick, eine Trabrennbahn, die zu Kriegszeiten von den Deutschen als Gefangenenlager für die Russen eingerichtet worden war – für 3000 Mann. Wir waren 18 000 Gefangene. Wir lagen auf Lattenrosten, Betten hatten nur die deutschen Offiziere. Sie bewohnten Zimmerchen in kleinen Holzbaracken. Dort durften wir manchmal fegen, dann kriegten wir von den Offizieren etwas Zucker in die Hand. Das war schon etwas. Die deutschen Offiziere durften auch ihre Auszeichnungen tragen, die Russen erkannten das an, nur das Hakenkreuz musste verdeckt sein. Im Kriegsgefangenenlager erlebte ich das erste Mal den Unterschied zwischen einem russischen Offizier und einem russischen Soldaten. Dazwischen liegen Welten! Ich sah, wie ein russischer Offizier einem russischen Soldaten in den Hintern trat! Und wer weiß, wenn wir Kriegsgefangenen nicht dabei waren, verprügelten sie die Soldaten vielleicht auch.

Jeden Tag wurden wir gezählt. Manchmal standen wir drei bis vier Stunden in der knalligen Sonne. Die Russen hatten eine Art Rechenschieber mit Kugeln, den bei uns die Erstklässler haben. Natürlich fehlten immer hier und da Gefangene. Die Zahl stimmte nie. Ein paar waren wieder gestorben oder im Bau. Wer einen russischen Offizier nicht grüßte, kam in den Bau. Der Bau war eine Grube, in der man nicht aufrecht stehen konnte – nur hocken. Wenn der Kommandant oder der Offizier vergessen hatte, dass er jemanden in die Grube gesperrt hatte, starb der Gefangene dort. Das ging manchmal ganz schnell. Zwei Tage hielt er vielleicht in der Grube aus, es gab kaum Wasser und Mitte Mai waren die Tage manchmal schon sehr heiß. Am vierten Tag war er tot. In den Bau wollte keiner kommen …

Das Lager war für russische Kriegsgefangene gebaut worden, ein richtig schönes Lager, wie wir Deutschen das bauen. Wenn wir etwas bauen, bauen wir es ordentlich: Mit Wachtürmen und elektrischem Zaun, davor fünf Meter Todeszone, die nicht betreten werden durfte, sonst schossen die Wachposten gleich vom Turm runter. Fünf Leute durften maximal zusammenstehen. Ich hörte gerne bei den Grüppchen der älteren Gefangenen zu, den Dreißig- bis Vierzigjährigen. Sie erzählten von ihren Reisen und über Angenehmes aus ihrem Leben, woran sie sich erfreuten. Daran hielten sie sich fest. Mein größter Traum war es, einmal ein ganzes Brot in den Händen halten zu können, es mit Zucker zu bestreuen und hineinbeißen zu dürfen. In Freiheit habe ich das später – als es möglich war – nie getan. Ich wollte zurück zu meiner Familie, zu meinen Eltern und den beiden Schwestern! Wir redeten nicht über die Kriegserlebnisse. Sie erzählten von angenehmen Sachen. Einer war mit seiner Frau sonntags im Ruderboot auf einem Havelsee unterwegs gewesen. Die Frau hatte Kaffee und Kuchen mitgebracht und er selbst angelte. Dort draußen auf dem See in dem Boot hatten sie eine schöne Zeit verbracht. Ein anderer erzählte von Norwegen – sein erstes Mal im Ausland. Ein weiterer war im Harz gewesen, war an der Ilse oder Bode entlanggewandert. Durch diese Erzählungen hat sich meine Reiselust entwickelt, die sich bis heute gehalten hat, ich verreise immer noch mehrmals im Jahr. Die Künstler unter den Gefangenen sprachen über Opernaufführungen oder als Furtwängler gespielt hatte. Vielleicht habe ich da meine Liebe für kunsthistorische Dinge entdeckt. Wir formten aus Brotteig, den wir in einigen Tagen gesammelt hatten, ganz kleine Figuren. Damit konnten wir ab und zu Schach spielen. Mir ist noch in Erinnerung: Über das Essen zu sprechen war verpönt, vom Essen durfte keiner erzählen. Sonst hat er gleich eine aufs Maul bekommen. Das haben viele nicht ertragen. Ich wahrscheinlich auch nicht. Vom Essen durften wir nichts erzählen. Wir kriegten jeder ein Viertel von einem kleinen Kommissbrot. Das Brot hielt ich fest in der Hand, sonst wurde es einem unterm Hintern weggeklaut. Es war eine üble Zeit. Mittags bekamen wir Fischmehlsuppe. Trotzdem esse ich heute Fisch, aber keine Fischmehlsuppe. Fischmehl besteht aus den Resten vom Fisch, der Kopf und die Gräten werden gemahlen. Fischmehl ist eigentlich ein Düngemittel und wurde früher auf die Felder gestreut. Wir hatten einen Löffel und eine Blechdose, Messer und Gabel durften wir nicht haben. Als ich nach

Hause kam, brauchte ich drei Tage *(weint)* und habe mir Messer und Gabel angesehen …

Durch das wenige Brot und das bisschen Suppe waren wir zu nichts mehr in der Lage. Außerhalb der Baracken verlief eine metallene Leitung, die angebohrt war. Am frühen Vormittag wurde sie für kurze Zeit angestellt, dann tropfte Wasser aus den Löchern. Wenn das Wasser kam, stützten wir uns gegenseitig vor Entkräftung und trotteten aus den Baracken zu der Wasserleitung. Wir schafften es gerade, uns das Gesicht zu waschen, so kraftlos waren wir. Wir hatten Ruhr und Läuse, obwohl uns bei der Ankunft die Köpfe geschoren worden waren, und extreme Krätze und Ausschlag. Ins Lazarett kamen nur die, die von anderen dorthin getragen werden konnten. Es gab Leute, die über den Zaun geflohen sind. Sie wurden sofort erschossen. Die Leichname lagen in Badebottichen vor dem Zaun zur Schau. Wir mussten dann so dicht wie möglich an die Todeszone und uns die Leichen ansehen, deren Arme und Beine aus den Bottichen raushingen. Sie wollten uns zeigen, wie es uns geht, wenn wir abhauen würden. Dabei waren ja genug Gefangene da! Ob da nun Hunderte fehlten oder nicht, war doch egal! Andere Leute sind an den elektrischen Stacheldraht gegangen, um sich zu töten. Das war eine einfache Sache. Andere stellten sich auf den Fünf-Meter-Todesstreifen, sodass sie vom Turm aus erschossen wurden. Es waren einige, die nicht durchgehalten haben. Ich erinnere mich noch an einen Gefangenen. Er hatte in ein paar Tagen Geburtstag und wollte sich dann endlich einmal sattessen. Er sparte seine Brotrationen auf und aß an seinem Geburtstag zwei oder drei auf einmal. Danach schrie er vor Schmerzen und kam ins Lazarett – wir sahen ihn nie wieder.

Ja … ich sagte ja anfangs, es ist schwierig für mich, davon zu erzählen. Deswegen habe ich hin und her überlegt. Aber ich fand es interessant, dass ein Mensch so etwas aufzeichnen will, was Sie dazu bewegt, ein Antikriegsbuch zu schreiben. Es muss ja zwangsläufig ein Antikriegsbuch werden. Und das in der heutigen Zeit. Ich weiß nicht, ob das die heutige Jugend interessiert. Die interessiert doch nur, wie ihr Spielzeug geht. Wenn ich manchmal im Bus sehe, wie die mit einer irren Geschwindigkeit tippen.

Ich war dreieinhalb Monate in dem Lager. Jeder Tag hätte der letzte sein können. *(Er weint.)* Das ist eine lange Zeit … Ich hab dies erlebt und ein anderer hat das erlebt. Insofern sage ich, dass ich unglaubliches Glück hatte, weil ich nicht zum Einsatz musste.

Das hat mein Vater auch gesagt: »Sei zufrieden, dass du in Gefangenschaft warst! Die Hitlerjungs in Berlin sind zu Hunderten in den U-Bahnschächten ersoffen. Die waren im Einsatz und sind bei Bombenalarm in die U-Bahnschächte geflüchtet. Die Wasserrohre wurden getroffen und fluteten die U-Bahnschächte. Da sind sie alle ersoffen.« Ich dachte nur: ›Na, du bist gut!‹

Das Lager war übervoll. Ich sehe es heute noch vor mir: Eine russische Offizierin saß auf einem Schemel, den Rock bis zu den Knien hochgeschoben. Nackig mussten wir uns vor ihr aufstellen und sie zeigte mit dem Daumen entweder nach rechts oder nach links, entweder nach Sibirien ins Kohlebergwerk oder nach Hause. Ich war so abgemagert, die Rippen guckten raus, und verlaust war ich auch. Ich war so kaputt, dass ich für das Kohlebergwerk nicht zu gebrauchen war. Ich hatte wieder Glück. Die meistens Jungs gingen nach Hause. Der Stärkste und Größte aus unserer Klasse musste, schwupp, nach Sibirien.

Nach 103 Tagen sollte ich also entlassen werden. Wir standen auf dem Platz und hörten zu, wie die Namen verlesen wurden. Ich stand den Nachmittag, ich stand abends, es wurde Nacht. Es muss kurz vor Mitternacht gewesen sein, da hieß es »Ed, ed, ed!« Die Russen können das H nicht sprechen. Da stieß mich einer an: »Das bist du!« Ich ging nach vorne und sah auf dem Papier: Ja, da stand mein Name! Ja, das bin ich! Endlich hatte ich den Entlassungsschein. Den hab ich mir einschweißen lassen. Wozu, weiß ich auch nicht. Inzwischen fällt er bald auseinander. Auf der Rückseite steht, dass ich ein Viertel Brot für den Rückweg bekommen habe. Acht Tage vor der Entlassung hatte ich bereits Graupensuppe mit Kartoffelstückchen zum Aufpäppeln bekommen. Von Dresden bis Berlin brauchte ich drei Tage. Es fuhren schon wieder Züge. Ich weiß noch, wie ich in Dresden mit zwei Kollegen auf einem Trümmerberg saß und wir eine Suppe löffelten. Das erste Mal was anderes als Fischmehlsuppe. Jaja …

In Berlin angekommen, lief ich zuerst zur Feuerwache in die Suarezstraße in Charlottenburg, wo mein Vater Feuerwehrmann gewesen war. Ich stieg am Sophie-Charlotte-Platz aus der U-Bahn und guckte bei jedem Haus: Steht das noch? Ja, steht noch! Steht noch! Suarezstraße 9–10, dritter Stock. Steht noch! Die Kollegen sagten aber, Vater sei nicht da. Sofort dachte ich: ›Mensch, der ist tot!‹ Nein, er wohnte jetzt woanders, weil er aufgrund seiner Parteimitgliedschaft nicht mehr bei der Feuerwehr war. Das war ja damals das

Letzte – Parteigenosse. Ich lief zu der neuen Wohnung. Meine Mutter öffnete die Haustür und erkannte mich nicht. Ich muss furchtbar ausgesehen haben: Glatzkopf, abgemagert, zerfetzte und verdreckte Uniformteile hingen an mir runter, seit über drei Monaten nicht geduscht oder gebadet, kaum das Gesicht gewaschen … Sie sagte: »Ich habe heute schon gegeben«, sie meinte Brot oder etwas Essbares für deutsche Kriegsgefangene, die an den Türen der Bevölkerung um Essen baten. Das hat mich umgehauen … *(Er weint.)* Das hat mich umgehauen … Vieles andere nicht so. Wenn neben mir ein Kamerad im Gefangenenlager nicht mehr aufwachte, nahm ich das hin, das war dann eben so. Wenn aber die eigene Mutter einen nicht erkennt! Mutter hatte gedacht, ich sei weg. Erst nach ein oder zwei Minuten fragte sie: »Bist du das, Junge?«

Da kamen mir doch die Tränen … Und dann kriegte ich nicht etwa eine psychologische Behandlung, sondern ich durfte nach zehn Tagen wieder in die Schule gehen. Wenn heute die Soldaten aus Afghanistan zurückkommen, kriegen manche ein Vierteljahr psychologische Behandlung, wenn sie was Schlimmes erlebt haben.

Meine Mutter hatte Laufereien bis zum Bezirksbürgermeister, damit ich als Berliner wieder im Haushalt meiner Eltern leben durfte … wieder ein unnützer Esser mehr in der Stadt. In der Schule hatte ich keine Ahnung mehr und wurde ein Jahr zurückgestuft. Durch die Kriegsereignisse hatte ich zu viel Lehrstoff versäumt. Aber ich muss sagen, sowohl der humanistisch/demokratische Schulunterricht auf dem Gymnasium nach dem Krieg als auch die Prügel in Prag haben bei Schülern in meinem Alter alles Politische beseitigt, das uns bisher eingetrichtert worden war: In der Hitlerjugend, dem Völkischen Beobachter, den Siegesmeldungen durch Radio und Presse. Hitler und Heil und der Größte – also ich hatte dann genug.

Es wurde auch nach dem Krieg nicht mehr darüber gesprochen. Über meine Erlebnisse im Kriegsgefangenenlager wurde – auch in der Familie – wenig bis kaum geredet. Alle hatten mit dem täglichen Überleben, mit dem Aufbau zu tun. Wir wollten Aufbauen … dann kam die Fresswelle und dann die Möbelwelle, man baute auf, man richtete sich ein. Der Krieg interessierte keinen mehr. Deshalb dachte ich auch, ob das Buch etwas für die heutige Jugend ist? Nur für einen gewissen Teil. Denn die Jugend heute, die interessiert sich doch für den Klatsch der Filmschauspieler, ob der Busen größer oder kleiner sein muss oder das Kleid lang oder kurz. Aber was vor siebzig Jahren war, interessiert doch kein Schwein mehr. Jetzt ist

Deutsche Soldaten nach der Kapitulation auf dem Weg in die sowjetische Kriegsgefangenschaft: Im Vordergrund Halbwüchsige vom »Volkssturm«, zu dem alle Wehrfähigen im Alter von sechzehn bis sechzig Jahren verpflichtet wurden

doch eine ruhige Zeit, bessere Zeiten hat's doch nie gegeben. Es fallen keine Bomben. Was hatten wir für Angst, als wir im Keller saßen und der Stamm, der die Kellerdecke halten sollte, wackelte – alles konnte gleich zusammenkrachen. Oder als der Mann vor mir mit dem Rasiermesser ein Hakenkreuz auf den Rücken eines anderen Gefangenen schnitt und das Blut rausquoll, da hatte ich Angst!

»Da wurde ich Soldat, Kindersoldat. Ich war vierzehn Jahre ...« Kurt Steininger

(Geboren 1930 in Schönfeld, Mauerer, Lehrer)

Am 1. April 45 wurde alles anders. Da kriegte ich den Bescheid. Ich musste hin zur vormilitärischen Ausbildung. Da wurde ich Soldat, Kindersoldat. Ich war vierzehn Jahre … Wir wurden an der Panzerfaust und am Gewehr ausgebildet. Wir waren ein Panzerjagdkommando. Da ging das große Leiden los – 45. Ende April 45 wurden wir zur Verteidigung Stralsunds losgeschickt. Zu Fuß mussten wir nach Stralsund marschieren – immer marschieren. Wir übernachteten in einer Flakkaserne. Am nächsten Morgen wurden wir – 35 Mann, zwei aus meinem Dorf waren dabei – als Vorposten losgeschickt. Wir sollten das Dorf Rambin verteidigen – das war unser Glück. Die anderen, die in der Kaserne blieben, wurden woanders eingesetzt und sind alle gefallen … alle tot. Wir blieben am Leben. Mit sechs Mann und einer Panzerfaust bildeten wir eine Spähtruppkette und liefen den Russen entgegen. Ich weiß noch, ich hatte mein Fahrrad mit im Dienst, auf dem ich die Panzerfaust transportierte. In Rambin angekommen, buddelten wir uns im Schützengraben ein und warteten auf die Russen. Kampferprobte deutsche Soldaten kamen an uns vorbeigelaufen und riefen uns zu: »Haut ab, haut ab, die Russen sind da!«

Und ich: »Nein, wir machen den Endsieg!«

Greifswald war inzwischen zur offenen Stadt erklärt worden, und alle Leute waren auf der Flucht. Flüchtlinge aus Pommern waren auch dabei, die Straße war voller Leute mit ihrem Gepäck. Wir liefen weiter und machten in einem Dorf vor der Schule Pause. Was soll ich sagen, da kamen schon die Russen. Sie kamen bloß nicht die Straße runter, wo Straßensperren errichtet worden waren, sondern sie fuhren auf der anderen Seite übern Acker an uns vorbei. Ich stieg mit der Panzerfaust wieder rauf aufs Rad, um von den Russen wegzukommen. Die Straße war voller Menschen, Flüchtlinge und deutsche Truppen. Wir fuhren hoch bis zum Dorfende. Da standen schon die Panzer am Dorfausgang vorm letzten Haus. Die Russen waren ja übern Acker gefahren. Da saßen all die deutschen Kriegsgefangenen, du konntest nicht schießen, sonst wären die alle tot gewesen. Wäre ein Schuss gefallen, hätten die Russen alle erschossen. Wir sollten uns alle ergeben … ja, Scheiße! Ich fuhr einfach noch ein Stück weiter, schmiss das Rad und die Panzerfaust in den Straßengraben und bin abgehauen – übern gepflügten Acker. Ein anderer Soldat, der auch sein Rad schob, kam mir über den Acker entgegen. Wir kreuzten uns. Ich lief in Richtung Wald, der andere zur Straße. Die Russen schossen hinter uns her, ich stolperte, fiel hin, wurde aber nicht getroffen. Nach einer Weile stand ich wieder auf und rannte in den Wald. Einige aus meinem Dorf hatten mich fallen sehen und dachten, ich wär tot. So erzählten sie es später auch meiner Mutter. Den ganzen Tag versteckte ich mich im Wald, dann fand ich wieder einige meiner Leute. Wir sammelten uns erneut. Es war der letzte Tag im April. Am 1. Mai kriegten wir einen neuen Befehl, sollten weiter nach Rügen rauf. Wir marschierten los übern Rügendamm an Rapsfeldern vorbei, die Sonne schien, der Raps leuchtete golden.

Wir hatten keine Angst, wir waren tapfere Soldaten. Wir waren ja so erzogen. Wir hätten uns auch für Adolf erschießen lassen. Wir sind für ihn durchs Feuer gegangen. An seinem Geburtstag im April hatten wir für ihn noch während der militärischen Ausbildung einen zehn Kilometer weiten Parademarsch gemacht. Wir waren ja alle so jung, alle waren mein Alter. Vorher war ich beim Jungvolk gewesen. Für die Hitlerjugend war ich noch zu jung. Die war erst ab sechzehn. Ich war vierzehn Jahre alt. Wir waren das letzte Aufgebot. Wir sollten den Krieg gewinnen.

Am Anfang dachte ich – wir alle haben es geglaubt –, dass wir gewinnen. *(Er schweigt.)* Wir sind ja alle so erzogen worden. In der Schule, im Jungvolk. Wir sind marschiert, haben Sport gemacht … Wir wollten doch den Krieg gewinnen …

Auf Rügen kriegten wir einen neuen Befehl. Wir sollten in einen Zug steigen und wurden nach Saßnitz gefahren. Da lag ein Schiff, ein Frachter, die MS Friedrich, ein 10 000-Tonner. Dort sind wir mit fünftausend Mann rauf. Fünftausend Mann. Es gab keine Rettungsboote, keine Schwimmwesten, da war nichts. Fünftausend Mann aufs Schiff rauf. Wir fuhren Richtung Dänemark nach Kopenhagen, wollten in neutrale Gewässer. Wir kamen nach Kopenhagen, aber durften nicht von Bord. Am 8. Mai mussten wir den Hafen verlassen, sonst wären wir dort in der Nähe interniert worden. Wir fuhren wieder raus aufs Meer nach Laboe, Kiel. Dort lagen wir bis zum 18. Mai. Auf dem Frachter gab es nichts. Wo haben wir geschlafen? Ganz einfach, wir hatten keine Decken, wir hatten keine Kissen, wir hatten nix. Auf den Eisenplatten schliefen wir. Ohne Decken, ohne alles. Ich hatte Pech, lag gerade auf ner Nietenreihe. Das war grausig …

Am Tag war es sehr heiß, die Sonne brannte, und nachts war's hundekalt. Es waren grausige Zeiten. Man kann sich's heute gar nicht vorstellen. Ich war ja das erste Mal weg von zu Hause … So verbrachten wir vierzehn Tage auf dem Schiff. Manchmal gab es Suppe von der Feldküche. Mit einem Schlepper wurden wir am 18. Mai an Land gezogen und gefangen genommen. Die Engländer hatten die Motoranlage gesprengt, sodass wir nicht nach England fahren konnten. Sie wollten nicht so viele Gefangene im Land haben. Am 18. Mai 45, mit vierzehn Jahren ging ich in Gefangenschaft. Zu Fuß mussten wir 35 Kilometer bis zu einem Gut laufen. Die Kühe waren draußen auf der Weide, wir mussten in den Kuhstall kriechen – campierten dort. Das waren grausige Zeiten. Nach Osten hin entließen die Engländer niemanden, in die russische Besatzungszone sollten wir nicht. Mein Dorf, Schönfeld, lag aber in dem Gebiet. Also konnte ich nicht nach Hause. Wir standen vor der Entlassungsstelle, und ich fragte den Jungen vor mir: »Du, sag mal, wo kommstn her?«

Er sagte: »Cloppenburg.«

»Sag mir mal 'nen Onkel von dir, der da wohnt?«

Den Namen merkte ich mir und gab bei der Entlassungsstelle an, dass ich aus Cloppenburg sei. So wurde ich entlassen. Das weiß ich noch wie heute, auf einem Transporter fuhren uns die Engländer nach Oldenburg zur Verpflegungsstelle. Wir bekamen Verpflegung für vier Tage, und dann machte ich mich mit dem Jungen, dem Alfons, auf Richtung Cloppenburg. Wir hatten auch beim Engländer nicht viel Essen gekriegt. Wir suchten Schnecken. Die Schnecken kochten wir in heißem Wasser in einer Blechdose. Davon lebten wir eine Weile. In einer Gaststätte kaufte ich mir von meinem Entlassungslohn Most. Wir Soldaten hatten Geld gekriegt. Fünf Mark gab es am Tag – auch als Gefangener. Ich hatte siebzig Mark bekommen, damit konnte ich mir was zu trinken kaufen. Am Tisch saß einer, den ich noch vom Schiff kannte. Wir begrüßten uns. Paul war Müllergeselle, er musste auch nach Cloppenburg. Gemeinsam liefen wir weiter, bis Paul eine Windmühle sah. Er sagte seinen Spruch als Müllergeselle auf, und der Müller sagte zu seiner Frau: »Du, Mutter, wir haben Gäste.«

Da hat die Essen aufn Tisch gestellt … *(Er bekommt Tränen in die Augen.)* Wir hatten schon lange nichts mehr gegessen, wir waren hungrig. Oh, der Tisch brach vor Essen! Was haben wir gegessen! Danach hab ich die ganze Nacht gekotzt … In Cloppenburg nahm mich Alfons' Vater auf, ein Bauer. Er hatte vier Kinder und selbst nicht viel. Sein Haus war nicht groß. Ich bekam gut zu essen, das muss ich sagen. Alfons war sechzehn und ich fünfzehn – wir wurden Freunde. Ich half bei der Landwirtschaft mit, kannte mich von zu Hause aus.

Bei Alfons' Nachbarn war auch ein Soldat untergekommen. Er sagte: »Am 1. Oktober fahre ich nach Hause!«

Ich sagte: »Du musst ja 'n Vogel haben, zu den Russen willste? Nee!«

Wir feierten seinen Abschied, und wie wir uns verabschiedeten sagte ich zu ihm: »Weißte was, ich komm mit – kurzentschlossen!«

Wir fuhren zusammen mit der Bahn von Cloppenburg nach Hannover und von dort weiter nach Göttingen, wo wir bei seinen Verwandten ein paar Tage wohnen konnten. Durch die Weser wollten wir weiter zu seinen Eltern. Man konnte durch den Fluss waten, aber ein russischer Posten ließ uns nicht durch. Wir mussten einen Umweg von zwölf Kilometern bis zu einem russischen Stützpunkt machen, erst dann kamen wir bei seinen Eltern an. Sie wohnten achtzehn Kilometer von Heiligenstadt entfernt. Von dort nahm ich den Zug nach Hause. Im Dunkeln kam ich in Heiligenstadt an, kletterte auf einen Güterzug und setzte mich in das Bremserhäuschen. Ich kam bis Neubrandenburg. Kurz vor Neubrandenburg, ich weiß noch, wie ich dachte: ›Oh, guck mal, ein riesiges Gefangenenlager.‹ Ich ahnte noch nicht, dass ich ein halbes Jahr später selber in dem Gefangenenlager sein würde … Das war die grausigste Zeit, da haben sie uns verhungern lassen. Gekochtes Kartoffelkraut haben sie uns zu essen gegeben … *(Pause.)*

Zurück zu Hause, hatte ich keinen Beruf, sollte Bauer werden und half Vater bei der Feldarbeit. Ich fuhr mit Pferd und Wagen aufm Acker. Über die Bodenreform hatten wir Boden zugeordnet gekriegt. Die reichen Bauern hatten ihre Bauernhöfe verlassen und die, die dageblieben waren, hatten gesagt: »Aufgegebenes Eigentum – jetzt kann ich mir doch nehmen, was ich will!« Ich hatte eine Auseinandersetzung mit dem Sohn von einem Kommunisten gehabt. Er hatte gesagt: »Nee, den Hof nehm ich!«

Da hatte ich gesagt: »Du, du kannst bei mir Schweine hüten!«

Irgendjemand, ich nehme an, es war dieser Sohn, hat mich im Dorf bei den Russen als Werwolf angezeigt. Eines Tages sagte Mutter: »Kurt, hast du was gemacht? Die Russen kommen, hau ab, hau ab!«

Ich sagte: »Die können mich doch mal am Arsch lecken.« Und ehe ich das gesagt hatte, waren die schon im Zimmer drin und riefen: »Du mitkommen, Kommandant!«

»Nee«, sagte ich, »ich hab doch nüscht gemacht!«

Ich kriegte links und rechts eine gehauen, und sie schmissen mich auf ihren Jeep. Bei einem anderen Bauern tauschten sie noch Schnaps und Wurst und fuhren dann mit mir nach Bennien. Ja, Scheiße, da wurde ich eingesperrt von der NKWD, der stalinistischen Geheimpolizei. Die brauchten keinen Vorwand. Ohne ein Gerichtsverfahren und ohne eine Anklage brachten sie mich dann ins Lager nach Fünfeichen. Auf der Fahrt dorthin wurden wir bewacht. Ein LKW fuhr uns zum Bahnhof. Einer von den Gefangenen schaffte es, abzuhauen. Die Russen schossen hinterher, trafen aber nicht. Der LKW fuhr weiter, und als einen Kilometer später zwei Erwachsene die Landstraße langliefen, hielten die Russen an, schlugen den einen zusammen und schmissen den anderen auf den LKW, damit die Anzahl der Gefangenen wieder stimmte. Mit dem Zug kamen wir in Neubrandenburg an und mussten dann zu Fuß nach Fünfeichen laufen. Dann war ich im Gefangenenlager und wusste nicht, warum. Keiner wusste, warum. Wir waren 12 000 Menschen da, davon 500 Frauen, die extra untergebracht waren. Keiner wusste, warum. Kartoffelkraut gab's zu essen …

Einmal hieß es, die Russen brauchten neue Gefangene – Nachschub für Sibirien. Also wurden im Lager diejenigen zusammengezogen, die noch ein bisschen gut am Leib aussahen. Dazu gehörte ich auch. Ein russischer Arzt untersuchte uns für den Transport. An dem Tag hatte ich Durchfall und Fieber, wankte durch die Gegend. Ich kam ins Zimmer, wo der Arzt saß. Der guckte gar nicht weiter, sah mich nur und winkte ab. Ich sollte in den zweiten Transport, nicht in den ersten. Das war mein Glück, sonst wär ich nach Workuta gekommen, das liegt siebentausend Kilometer hinter Moskau. Da wär ich im Bergwerk gelandet. Ja … So bin ich davongekommen. Nachher wurden wir entlassen, ich kam nach Hause und hatte keinen Beruf, nichts … *(Lange Pause.)*

Gekochtes Kartoffelkraut gab's zu essen, sonst nichts – nichts. Wir hatten Hunger, Hunger … Wir haben die Rinde von den Bäumen gegessen. Es war auch so heiß dann – die Sonne. Wir lagen im Sand. Einer von uns stand auf und ging zum Stolperdraht, wer hinter den Draht ging, wurde erschossen. Er legte sich vor den Draht, hatte dahinter einen Salatkopf gesehen und wollte ihn mit der Hand pflücken. Der Posten oben auf dem Turm sah das und hat ihn erschossen. Ja … *(Pause.)*

Ich war in der Lager-Feuerwehr. Das war mein Glück, ich konnte mich überall im Lager bewegen – konnte überallhin. Das war ein

Vorteil. Die anderen durften sich nur in bestimmten Abschnitten bewegen. Wenn's brannte, mussten wir löschen. Wir mussten schnell da sein. Wenn Baracken ewig brennen, da kannste nix machen. Wir schliefen drei Etagen übereinander. Kein Strohsack, kein nichts ... nur auf den blanken Brettern. Im Winter haben wir elendig gefroren. Da war kein Holz. Wenn du Pech hattest, haben sie die Bretter von deinem Bett geklaut und verheizt. Dann waren solche Ritzen zwischen den Brettern der Betten. Was willste machen? Die Wanzen und Flöhe waren schlimm. Die haben uns aufgefressen. Erst kurz vor Ende kam ich drauf, hatte einen karierten Bettbezug bekommen. In den kroch ich rein, machte ihn oben zu, so kamen keine Wanzen rein und ich konnte schlafen.

Sonst haben wir nichts gemacht. Gar nichts ... Gehungert ... das war alles. Gar nichts haben wir gemacht. Nein, nein, da gab es nichts. Dann wurde im Lager eine Mauer aus Beton gebaut, die das Lager teilte. Im Nordlager war es besonders schlimm. Da waren die Verbrecher, die durften nichts. Die Gefangenen im Südlager durften bei den Russen arbeiten. Ich weiß noch, wir mussten dann auch arbeiten. Mussten in die Panzerkasernen von den Russen. Sie fragten: »Wer is Elektriker?«

Da waren sie alle Elektriker. Und wenn es schwer wurde, war keiner mehr Elektriker. Ich hab mich immer gemeldet. Es war immer gut, rauszukommen. Dann gab es eine Chance, vielleicht ein Zettelchen für die Verwandten rauszuschmuggeln.

Einmal war ich im Lazarett des Lagers. Biste wieder hochgepäppelt worden, das war alles. Du hast bloß immer gehofft, dass du von da nicht ins Massengrab kommst. Zu essen haste auch nichts gekriegt. Es ging ja alles ums Essen. War ja nichts zu essen da. Morgens gab es Brot, 200 Gramm Brot. Das Stück, was du morgens bekamst, hast du gleich aufgegessen, weg war's! Mittags haste dein Literessen gekriegt und fertig. Ein Liter Suppe – Flüssiges, was es gerade gab. Manchmal bekamen wir gekochtes Kartoffelkraut. Bah! Das sollte zusätzliches Essen sein.

An der Kohlsuppe is nichts dran gewesen. Da war nichts dran. Das kann man sich gar nicht vorstellen ... Abends gab's nichts mehr. Das Brot hatten wir ja morgens gleich aufgegessen. 200 Gramm Brot ist ja nicht viel, wenn du Hunger hast – war sofort weg.

Als ich rauskam, war ich halb verhungert. Ich konnte kaum noch gehen. Ich trug dieselbe Kleidung, die ich anhatte, als ich eingesperrt worden war – das war alles. Vier Jahre trug ich meine

Kleidung. Einmal nähte ich mir eine Mütze, hatte mir eine Nadel besorgt und irgendwelchen Stoff ergaunert. Wir hatten immer eine Glatze – kahle Bombe. Tauschen konnten wir nichts. Im Winter hatten wir keine Jacken – nichts, nichts …

Fast vier Jahre war ich in Fünfeichen. Ich hatte keinen Kontakt nach Hause, restlos nichts, kein Kontakt, kein nichts. Wir waren weg, wir waren wie tot. Meine Eltern dachten, ich sei in Russland. Du konntest keinem Bescheid gegeben – nichts. Deswegen wären wir froh gewesen, wenn wir nach Sibirien gekommen wären. Von Sibirien konntest du nach Hause schreiben, von Fünfeichen nicht. Viele Jungen in meinem Alter waren da. Wir waren die Jungen und jetzt sind wir die Uralten. Wir gingen manchmal rum und freundeten uns mit anderen an, aber tiefe Freundschaft hab ich nicht geschlossen. Ich lernte einen kennen, der war Bürgermeister in Userin und hatte 'ne Tochter. »Du wirst mein Nachfolger«, sagte er. Ich sollte die Tochter heiraten und seinen Hof kriegen, den Bauernhof. Wir haben Karten gespielt, und wie! Da musstest selber Karten machen aus altem Papier. Schach haben wir auch gespielt. Ich sag nur, der Bürgermeister hatte mir seinen Hof versprochen. Später habe ich sogar bei seiner Tochter und ihrem Mann in der Wohnung Wände verputzt, als ich schon Maurer war. Ich hab aber nicht gesagt, dass ich an und für sich ihr Mann sein sollte, wie es ihr Vater wollte. Er ist leider noch im Lager gestorben. Jeder Zweite ist gestorben. Die Toten kamen ins Massengrab rein, bisschen Kalk rüber und fertig.

In der Mitte waren Waschbecken – das ist zu viel gesagt – so Tröge vom Vieh. Da war Wasser drin, da konntest du dich waschen. Seife haste auch nich gehabt. Die Haare waren immer abgeschoren, fast wie jetzt. *(Er lächelt.)*

Als ich rauskam, stand in meinen Papieren, wo ich gewesen war: Fünfeichen. Was konnte ich da schon anfangen? Als ich später mit meiner Frau hoch zur Werft fuhr, sagten die: »Fünfeichen? Nein, nehmen wir nicht, da können Sie nicht in der Werft anfangen.« Meine Frau war Genossin, die kannte sich aus. Also fuhren wir zusammen nach Stralsund, wo ich erst als Tiefbauarbeiter und dann als Maurerlehrling eingestellt wurde. Das hat sie gemacht, meine Frau, sie kannte sich damit aus. In einem Jahr hab ich es dann geschafft, die Maurerlehre zu machen.

»Und kommt ja nicht auf die Idee, Werwolf zu spielen!« Erhard M.

(Geboren 1930 in Duisburg, Kaufmann)

Mit zehn war ich brennend daran interessiert, endlich ins Jungvolk zu kommen. Wir waren wirklich stolz, eine Uniform zu tragen! Das kann man sich heute gar nicht vorstellen. Wir durften mit einer Sammelbüchse rumgehen. Das war für solche Knirpse wie uns schon was Besonderes. Die Motivation der Kleinen hat bis zum Schluss im Großen und Ganzen angehalten. Und zwar unabhängig von der Aufmüpfigkeit, die man in diesem Alter gegen die Erwachsenen entwickelt. Ich kann mich entsinnen, dass wir besonders laut sangen, als wir mit dem Fanfarenzug an der Kirche vorbeimarschierten. Ich weiß, dass mein Großvater sich darüber fürchterlich ärgerte.

Ab Mitte 44 hatte ich einen kleinen Posten beim Jungvolk. Es war meine Aufgabe, den Flüchtlingen aus Ostpreußen, die in einem Altenheim neben der Wehrmachtskaserne untergebracht waren, einmal in der Woche von der Bahnhofsmission Verpflegung zu bringen. Dafür bekam ich als Helfer ein dickes Butterbrot. Ein richtig dickes Butterbrot! Andere Jungs vom Jungvolk halfen der Bevölkerung Holz oder Kohlen schleppen.

Im Frühjahr 45 überschlugen sich dann die Ereignisse. Sobald die Amerikaner in Deutschland waren, kam das Ende des Krieges rasend schnell. Ich bin noch beim Volkssturm gewesen. Das heißt nicht Volkssturm, sondern das letzte Aufgebot. Ich bin so alt wie der Kohl, der ist auch kein Soldat gewesen. Mit fünfzehn war man noch kein Soldat. Mit sechzehn kriegte man ein Soldbuch und wurde gemustert. Wir wurden vorgemustert. Die Wehrmacht und die SS machten sich gegenseitig die Jungs abspenstig. Ich wurde zweimal von der SS gemustert. Das erste Mal kriegte ich eine Karte mit der Aufforderung, mich zu melden. Ein Arzt von der Wehrmacht guckte, ob ich gesund war. Er horchte mich nur ab. Dann kam ich vor den Schreibtisch eines SS-Manns. Er schaute, vereinfacht gesagt, ob man eine Hühnerbrust oder eine Heldenbrust hatte. Ich war eher ein leptosomer und kein athletischer Typ, obwohl ich als K-Sportführer ausgebildet worden war. Er fragte mich: »Was willste denn werden?«

Ich sagte: »Ich will Bauer werden.«

Das war mein wirklicher Wunsch. Ich habe nach dem Krieg auch eine landwirtschaftliche Lehre mit Abschluss gemacht.

»Dann kannst du ja im Osten Wehrbauer werden, da kriegste Ländereien«, sagte der SS-Mann.

»Nein«, sagte ich, »wenn wir den Krieg gewonnen haben, kriegen wir unsere Kolonien wieder, da werde ich gebraucht! Wir gewinnen doch den Krieg!«

Diskutieren konnte der nicht. Ich konnte gehen.

Das zweite Mal sprach mich ein Kamerad an, der auch die Karte gekriegt hatte. Er sagte: »Ich hab die Vorstellung bei der SS, und ich will doch zur Marine, kommst du mit mir zur Kaserne?«

Wir gingen ins Büro der Hauptkaserne. Dort rieten sie uns: »Wenn ihr euch bei uns freiwillig meldet, kann die SS nichts mehr machen.«

So war die Absprache zwischen der SS und der Wehrmacht. Also schrieb ich einen Lebenslauf, gab an, dass ich Reserveoffizier bei den Sturmgeschützen sein wollte, und gab die Anmeldung bei der Wehrmacht ab. Es war interessant, keiner von meinen Kameraden wollte zur SS – keiner. Wir wussten, die kämpfen bis zum Letzten. Kameradschaftlich war die Truppe gut, sie standen alle füreinander ein, aber was bedeutete das? Wenn Sie sich heute die Gefallenen von den Jahrgängen ansehen … Mein Jahrgang war schon ein bisschen weiter als die etwas Älteren. Viele von uns waren nicht mehr überzeugt. Auch ich war im Zweifel. Ab Herbst 44 kamen ein paar Zweifel. Mein Großvater hatte gesagt, die verlieren den Krieg! Mir fällt ein, es gab so ein Lied, davon haben Sie ja vielleicht auch schon gehört: »Es zittern die morschen Knochen, der Welt vor dem großen Krieg, wir haben den Schrecken gebrochen, für uns war's ein großer Sieg. Wenn alles in Scherben fällt … ja, denn heute gehört uns Deutschland und morgen die ganze Welt.«

Wir sangen etwas anderes: »Es zittern im Arsch die Knochen …« Ein sarkastisches Lied. Wir wussten ja alle schon: Wenn wir Soldaten werden, wird es traurig und gefährlich. Das wussten wir mit vierzehn, fünfzehn schon. Hinter vorgehaltener Hand haben die Leute was gegen den Krieg oder die Nationalsozialisten gesagt. Ansonsten war die Meinung dafür. Der 20. Juli hätte auch nicht funktioniert, weil die Bevölkerung nicht mitgezogen hätte. Erst beim allerletzten Schuss sind die umgeschwenkt.

Anfang April hörten wir von Ferne den Kanonendonner. Am zweiten Osterfeiertag schickten sie Leute rum: Alle Jungen aus den Jahrgängen so und so sollten sich noch für das letzte Aufgebot melden. Nicht, um uns sofort in den Krieg zu schicken, sondern um überhaupt noch eine Truppe aufzubauen. Aber die Zeit ging rasend schnell vorbei … In unserer Familie war das eine Tragödie. Ich wollte unbedingt mitmachen und war fest überzeugt, dass man sich da nicht einfach von verabschieden konnte. Das wollte ich nicht. Meine Mutter wollte mich nicht gehen lassen, hatte aber sowieso nichts mehr zu sagen. Zu der Zeit hatte ich schon vieles selbst entschieden. Mein Großvater wollte auch, dass ich blieb. Aber die beiden konnten mich nicht halten. Wenn mein Vater noch gelebt hätte, wäre das wahrscheinlich nicht passiert …

Wenn ich es heute betrachte, war es reine Abenteuerlust. Aber damals war es anders. Damals hätte ich das weit von mir gewiesen. Ich war fest überzeugt: Ich werde gebraucht! Ich geh doch nicht von der Fahne und lass meine Kameraden alleine. Wenn die Kameraden gehen, dann gehe ich auch!

120 Jungen versammelten sich vor dem Rathausplatz. Jeder Dritte bekam eine Panzerfaust. Mit ihnen umgehen konnten wir nicht. Wir sollten sie in Suhl bei einem Lehrlingsheim der Luftwaffe abgeben. Ein paar Tage vorher waren wir zwei- oder dreimal von unserem Standortführer am Karabiner ausgebildet worden. Wir wussten, wie man ein Karabinerschloss auseinandernimmt und wieder zusammensetzt. Auch auf Scheiben zu schießen hatten wir geübt. Wir liefen los, Richtung Thüringer Wald. Auf der Straße staute sich alles. Die Wehrmacht zog sich zurück, auch ein Wehrertüchtigungslager war auf dem Rückzug, und ein Trupp von französischen Gefangenen mit kleinen Wägelchen wollte durch. Alles auf einmal … ein reines Chaos. Ich bekam einen richtigen Einblick, was es bedeutet, wenn sich die Truppen zurückziehen. Wir warteten neben der Straße, bis ein Durchkommen möglich war. Zwischendurch versuchten wir uns an Wägen von der Wehrmacht festzuhalten, wollten uns ziehen lassen. Die Wägen waren überladen, ein Wagen hatte einen Achsenbruch. Die Soldaten hauten uns auf die Finger. Sie waren sehr nervös. Irgendwann ging es weiter … Nach zwei Tagen waren wir nur noch sechzig Jungs, die anderen waren nach Hause gegangen. Aber nicht alle kamen dort an. Sie kannten sich im Gelände nicht aus und hatten Angst, sich bei den Leuten zu zeigen … Der Rest von uns lag dann acht Tage in einer Jugendherberge. Einmal kamen LKWs vom Technischen Hilfswerk aus Meiningen vorgefahren und brachten uns Puffreis und Bonbons. Andere Lebensmittel gab es anscheinend nicht mehr. Aus einem Wehrmachtslager hatten sie uns noch Flakmäntel und Gebirgsjägerschuhe mitgebracht. Wir waren

ja nicht eingekleidet worden, hatten keine Ausrüstung bekommen. Es gab nichts mehr. Die Fahrer der LKWs trugen Fliegerjacken und Springerstiefel. Die hätten wir auch gerne gehabt. Ich nahm mir ein Paar Gebirgsjägerschuhe in Größe 44. Ich habe 42, aber diese Größe gab es nicht. Diese Schuhe trug ich nachher sogar noch während meiner dreijährigen Landwirtschaftsausbildung. Wir hatten nur Fußlappen. Sie können sich nicht vorstellen, was solche Fußlappen ausmachen. Meine Füße waren ganz in Ordnung, als ich später nach Hause kam. Die Lappen mussten ab und zu gewaschen werden, und es gab ein bestimmtes System, wie man sie über dem Fuß zusammenschlug und dann waren die Stiefel richtig ausgefüllt. Ich lief die ganze Zeit mit diesen großen Stiefeln. Zwischenzeitlich hatte sich unser Standortführer, ein Lehrer, dem Volkssturm zur Verfügung gestellt. Er wollte die Verantwortung für uns nicht weiter übernehmen. Nun waren nur noch der Bannführer und sein Stellvertreter bei uns, beide Parteileute. Aber die Hosen hatten sie auch voll. Wir zogen weiter Richtung Norden. Plötzlich hieß es: Ihr sollt Berlin verteidigen. Aber wir kamen nicht weit, mussten wieder umdrehen, die Amerikaner hatten uns schon mit ihren Panzerspitzen den Weg abgeschnitten.

Später habe ich versucht, unseren Weg auf der Karte nachzuvollziehen … Wir kamen in ein Waldgebiet im Vogtland. Dort erinnere ich mich an ein Erlebnis bei einer Bäuerin, die Eier verkaufte. Bei ihr stand ein Soldat, ein Feldwebel wahrscheinlich. Er hatte die Brust voller Orden. Für uns Jungs war das was Besonderes, wenn einer eine Nahkampfspange hatte. Dieser Soldat war auf allen Kriegsschauplätzen gewesen. Er sagte zu uns: »Was wollt ihr hier? Für euch gibt's nichts mehr zu tun! Der Krieg ist zu Ende. Und dass ihr hier seid, das ist ein Verbrechen! Dass sie euch noch hierherschaffen. Seht zu, dass ihr nach Hause kommt!«

Und dann sagte er einen Satz, den ich später noch einmal hören sollte: »Und kommt ja nicht auf die Idee, Werwolf zu spielen. Damit schadet ihr nur der Bevölkerung. Kommt ja nicht auf die Idee!«

Wir liefen weiter. Zwischendurch fuhren wir in LKWs der Wehrmacht mit. Darin lagen teilweise Verwundete. Sie schlugen mit ihren Krücken auf uns ein, damit wir Platz machten. Irgendwann hieß es: »Es hat keinen Zweck mehr, wir lösen uns auf und ihr geht nach Hause!«

Die Bonbons wurden aufgeteilt, aber auch ein großer Sack Tabak, der im Thüringer Wald requiriert worden war. Jeder von uns kriegte eine große Menge mit. Wir rauchten damals keine Pfeife, wir sollten den Tabak tauschen. Vor dem Wald verabschiedeten wir uns und teilten uns in kleine Grüppchen auf. Manche liefen auch alleine los. Ich weiß noch, einer wollte zu seinem Bruder, der mit der Wehrmacht in Tschechien war. Er lief den ganzen Weg allein. Das wollte ich nicht. Ich tat mich mit sieben anderen Jungs zusammen, die ich noch aus dem Jungvolk kannte. Wir übernachteten im Wald und machten uns am nächsten Tag relativ spät auf den Rückweg. Während wir die Straße entlangliefen, sahen wir in der Ferne ein Dorf, wo Wölkchen hochgingen. Wir hörten Schüsse. Am Straßenrand trafen wir einen Soldaten. Ein Junge aus unserer Gruppe erkannte ihn, ein Ausbilder aus der Panzerkaserne in Meiningen. Er bat uns, Post mitzunehmen. Wir würden dafür auch Zigaretten bekommen und könnten seinem Oberleutnant Hallo sagen. Er führte uns zu einem Gehöft neben der Straße. Drinnen versteckte sich die Vorhut. Der Oberleutnant erklärte uns: »Wir sind die Vorhut, wir kämpfen nicht, wir gehen dem Kampf aus dem Wege. Wir fahren nur vor den Amerikanern her.« Sie waren mit Panzerspähwagen ausgerüstet und völlig autark, hatten sogar eine Feldküche dabei. Er nahm uns mit in den Gefechtsstand. Das fanden wir hochinteressant. Die Soldaten standen über die Karten gebeugt. Zweien von uns erklärte der Oberleutnant, wo wir uns befanden und welchen Rückweg wir einschlagen sollten. »Ihr kriegt von uns heute Essen. Wir rücken um ein Uhr ab. Und was hast du für 'ne schöne Jacke da?«, fragte er einen von uns, der eine Fliegerjacke trug.

»Ich krieg nur 'ne U-Boot-Jacke, also tauschen wir!«

»Selbstverständlich!«

Zum Schluss mahnte er uns, wir hatten es schon einmal gehört: »Kommt ja nicht auf die Idee, Werwolf zu spielen! Das auf keinen Fall! Da leidet die Zivilbevölkerung drunter!«

Wir aßen in der Feldküche zu Mittag, hatten schon länger nichts Richtiges mehr gegessen. Weil wir keine Kochgeschirre hatten, mussten wir aus Konservendosen essen. Nur ein oder zwei von uns hatten Geschirr. Traurig. Die Soldaten gaben uns zum Abschied jede Menge Rauchwaren und Post mit. Viele von ihnen hatten Familien, die in Meiningen wohnten. Wir verabschiedeten uns, stiegen einen Höhenzug hoch, der an der Seite der Straße begann, und versteckten uns dort. Die Soldaten hatten uns gesagt, dass wir lieber an den Dörfern vorbeilaufen sollten. Jedenfalls versteckten wir uns so, dass die Flieger, die um uns herumflogen, uns nicht erkennen konnten.

Dann kam auf einmal ein Brummen, das immer lauter wurde. Das Geräusch der Panzerkolonnen … Es dauerte mindestens vier Stunden. Vier Stunden! Wahnsinn! Als das Brummen leiser wurde, trauten wir uns, krochen an den Rand des Höhenzugs und guckten zur Straße runter. Immer noch zogen weitere Amerikaner mit kleineren Fahrzeugen und Geräten vorbei. Langsam wurde es Abend. Wir liefen noch ein Stück weiter, wollten vorwärtskommen. Ich sehe mich noch über die Wiese gehen, eine dicke Zigarre rauchend. Das war was ganz Tolles! Aber nachher hab ich die Scheißerei gekriegt … *(Er lacht.)* Wir kamen in die Nähe des Dorfes, wo wir von Ferne die Schießerei gehört hatten. Ein Panzerspähwagen stand noch dort. Wir trauten uns nicht, uns bemerkbar zu machen. Auf einer Lichtung hatten Soldaten ihre Sachen gelassen, und wir legten unsere Flakmäntel dazu, obwohl wir sie gut gebrauchen konnten. Im April war das Wetter noch recht kalt, und wir mussten meist draußen übernachten. Ich hätte den Flakmantel gerne mitgenommen. Wir hatten ja nichts zu Hause, seitdem wir ausgebombt worden waren. Aber wir wollten uns nicht kenntlich machen. Ich hatte von meinem Großvater eine Pelerine dabei, sie war nun die einzige Decke, die wir hatten. Nachts deckten wir uns alle damit zu. Wie Löffel im Besteckkasten kuschelten wir uns auf dem Waldboden aneinander. Wir hatten Hunger! Ein paar Jungs hatten zwei Tauben bei einem Bauern geklaut, die wir uns in einem der Gehöfte braten lassen wollten. Wir fanden einen Hof, wo die Frauen uns die Tauben tatsächlich brieten. Als wir uns gerade zum Essen hinsetzten, standen auf einmal amerikanische Soldaten vor uns. Leute aus dem Dorf hatten ihnen anscheinend von uns berichtet. Sie begannen uns zu untersuchen. Aber wir hatten keine Soldbücher und trugen auch keine Uniform. Wir trugen Räuberzivil, so nannten wir das. Es gab ja nicht mehr viel zum Anziehen. Ich trug eine blaue Skihose, eine Jacke von der Hitlerjugend, bei der wir die Achselstücke und alle Zeichen abgemacht hatten. Darunter trug ich einen karierten Pullover. Die Amerikaner erkannten sofort die Jacke der Hitlerjugend und suchten besonders. Aber sie fanden nichts und gingen wieder. Sie hatten uns vollkommen überrascht, nun waren wir der Meinung, dass uns das nicht wieder passieren durfte. Wir nahmen uns vor, die nächsten Amerikaner mit Freudengeheul zu begrüßen. Am Nachmittag kam uns ein Jeep entgegen, hielt vor einem Haus und zwei amerikanische Offiziere gingen hinein, der dritte blieb auf dem Rücksitz sitzen. Wir stießen ein Freudengeheul wie Indianer aus und liefen zu dem Jeep. Der Amerikaner dachte wohl, wir wären Russen! *(Er lacht.)* Was waren wir baff. Das war der erste Jeep, den wir gesehen hatten. »Mensch! Haste den Wagen gesehen?«, riefen wir aufgeregt durcheinander. Wir liefen um den Jeep rum. »Na, wollen wir uns da draufsetzen?« Und der Soldat: »No, no, no!« Er zitterte vor Angst. Der hatte ein Gewehr und spielte mit einer Pistole. Wir hätten dem das alles abnehmen können! Stattdessen waren wir von dem Jeep begeistert: »Mensch, guck dir das an, guck dir das an! Tja, und deshalb verlieren wir den Krieg!« *(Er lacht.)* Das war der letzte Kontakt mit Amerikanern.

Zwei Tage später begegneten wir im Wald einem deutschen Unteroffizier. Er fragte uns: »Wo ist die Hauptkampflinie, wo ist die Hauptkampflinie?«

Ich sagte: »Die gibt's nicht mehr!«

»Wie, gibt's nicht mehr?«

»Wir haben uns schon vor zwei Tagen überrollen lassen.«

»Ja, was sollen wir denn jetzt machen?«

»Am besten«, sagte ich, »zivil!«

»Du weißt nicht, was du sagst!«, rief er. Seine Soldaten, ein kleiner Spähtrupp, waren bis an die Zähne bewaffnet.

Wir konnten ihnen natürlich nicht helfen … Daran können Sie sehen, was das für ein Hin und Her war und wie schnell das teilweise ging. Da konnten nicht mehr große Truppen aufgestellt werden. Es ging rasend schnell, wie die Amerikaner vordrangen und sich die Wehrmacht zurückzog. Eine neue Kampflinie aufzumachen, das wäre Wahnsinn gewesen. Wir waren so abgebrüht inzwischen, dass wir an nichts mehr glaubten. Selbst die Soldaten in den LKWs hatten gesagt: »Wir könnten noch ein paar Melder gebrauchen, aber euch wollen wir nicht.«

Und wie der eine Offizier gesagt hatte: »Es gibt für euch nichts mehr zu tun!« Das war für mich die Bestätigung gewesen. Als ich die sich auflösende, sich zurückziehende Wehrmachtstruppe gesehen hatte, wusste ich, dass nichts mehr geht. Es konnte nicht mehr gehen mit einer geschlagenen Armee … Aber sofort alles hinzuschmeißen, in dem Stadium war ich zu Beginn noch nicht gewesen. Wir waren ja ganz anders programmiert.

Wir kamen wieder in den Thüringer Wald, liefen weiter, aber überanstrengten uns nicht. Einmal übernachteten wir in einer Scheune, sonst im Wald. Ich erinnere mich noch besonders an den kleinen Ort Lichte. Als wir dort ankamen, stellte uns der neue

Bürgermeister gleich einen Passierschein aus und verteilte uns auf die Familien. Dort würden wir Mittagessen kriegen. Ich kam zu einem mit Schiefer beschlagenen Holzfällerhaus. Die Frau sagte: »Du bist uns willkommen. Aber ich kann noch kein Essen anbieten, mein Mann ist noch im Feld, die sind heute zum ersten Mal wieder draußen.« Sie hatte einen Sohn, der so alt wie ich war, aber einen Kopf kleiner.

»Wir haben leider nur 'ne Suppe, aber ich mach noch eine Schmelze rein, dann haben wir ein bisschen mehr«, sagte sie. Das fand ich toll. *(Er schluckt die Tränen runter.)*

Die nächste Begegnung hatten wir in Suhl mit einem strammen Kommunisten. Wir hatten ihn schon auf dem Hinweg gesehen, wie er mit seiner Frau im Fenster gelegen hatte. Jetzt waren wir auf dem Rückweg. Wir waren schon fast zu Hause, hatten noch zwölf Kilometer durch den strömenden Regen zu laufen und waren pitschnass. In Suhl war alles weiß beflaggt. Alle hatten die weißen Fahnen rausgehängt. Er lag wieder im Fenster und wir fragten ihn: »Gibt's denn irgendwo 'ne Möglichkeit unterzukommen?«

»Nee, nee«, sagte er.

»Die weißen Fahnen könnt ihr hochlegen, aber euren Landsleuten 'ne Unterkunft geben, das könnt ihr natürlich nich«, sagte einer von uns. Darüber ärgerte er sich natürlich, und als wir schon fast im nächsten Dorf waren, kam er hinterher und hielt uns eine Standpauke: »Ihr habt nichts mehr zu sagen! Nichts! Ihr seid alle abgesetzt!«

Das glaubte ich ihm nicht. So viel Organisation kannte ich schon, dass ich das nicht glaubte.

»So so, und was machen wir mit den anderen? Was sollen die denn alle machen? Die braucht ihr ja noch!«, sagte ich. Zum Schluss merkte er, dass wir eigentlich diejenigen waren, die er später vielleicht überzeugen konnte, und lenkte ein. Er wies uns in einen Gasthof ein, wo noch Feldbetten von den Amerikanern standen.

Am nächsten Tag waren wir zu Hause. Meine Mutter war natürlich sehr froh, und die Nachbarn aus dem Haus brachten alles Mögliche zum Essen. Ich durfte eigentlich nichts essen. Wir hatten in den letzten drei bis vier Wochen kaum was gegessen, und obwohl ich nur wenig aß, kriegte ich eine Magenverstimmung.

Ich erfuhr, dass einer von uns aus dem letzten Aufgebot gestorben war. Der ist richtig gefallen, wenn man so will. Er war während seines Rückwegs bei dem Artilleriebeschuss auf das Dörfchen, wo wir die Schusswolken gesehen hatten, getroffen worden. Die anderen aus seiner Gruppe hatten das Artilleriefeuer überlebt, aber er wurde getroffen. Der Junge hieß Bießmann, war rothaarig und seine Mutter hatte ein Hutgeschäft in Meiningen. Er war so alt wie ich … Sie wollten mit uns Jungen neue Einheiten bilden, und dabei ist er zu Tode gekommen! Einen anderen Jungen mussten die Eltern mit einem Handwagen aus dem Wald holen. Er war drüsenkrank, wollte aber unbedingt mit seinen Kameraden mitgehen und beim letzten Aufgebot dabei sein. Auch er hatte sich zu Hause nicht festhalten lassen. Und hinterher mussten die Eltern ihn mit einem Handwagen aus dem Wald holen …

»Ich muss auf jeden Fall als Erster losballern.« Gerhard G.

(Geboren 1928 in Göhlen, Bahnangestellter)

… Nun kam der totale Krieg. Alles musste in den Krieg.

Am Oderberg sollte ein Brückenkopf gebildet werden. Die Zurückpflügenden sollten aufgehalten werden. Da waren Schießereien gewesen – schwere Kämpfe. Meine Einheit hatte bei ihrem ersten Einsatz ein bisschen Glück, wir waren nicht an der vordersten Front, sondern kamen als zweite Linie zum Kampffeld. Auf dem Feld lag alles Mögliche, was weggeschmissen worden war, Tornister lagen da herum, Erschossene und auch Verwundete. Die Russen waren wohl ein bisschen zurückgewichen, denn für uns hieß es dann: Keine Verfolgung aufnehmen, wir ziehen uns zurück! Ja, was heißt das, sich zurückziehen? Wie das alles zusammenhängt, weiß ich nicht. Der Rückmarsch begann, bevor ich mit meiner Einheit an die vorderste Front gekommen war. Oder wollten wir woandershin? Jedenfalls marschierten wir Tag und Nacht … rückwärts. Unsere größte Angst war es, unseren Kompanieführer zu verlieren. Wenn eine Verlegung ansteht, muss der Kompanieführer dafür einen Auftrag haben. Aber beim Rückzug wurden die Einheiten teilweise auseinandergerissen, alles war chaotisch. Es kam vor, dass man einen plötzlichen Befehl nicht mitbekam und seinen Kompanieführer aus den Augen verlor. *(Er seufzt.)* Dann konnte es böse werden, weil die Militärpolizei ständig mit im Einsatz war – Kettenhunde wurden sie genannt. Sie kontrollierten überall, dass keine Soldaten abhauten. Das war böse, denn die machten kurzen Prozess. Ich sah meinen Kompanieführer überhaupt nicht wieder. Vom Rückmarsch gibt es zwei Dinge, von denen ich noch erzählen kann.

Es war ein wirklich schöner Tag im Frühjahr 45. Wir kamen an einer stillgelegten Ziegelei vorbei, die in einer Senke lag. In den Brennöfen lagerte noch eine ganze Menge Weinflaschen. Wir hatten Durst, und dumm wie wir waren, tranken ich und ein anderer von dem Wein – war doch was Gutes! Wir tranken so viel, dass wir einschliefen und den Weitermarsch verpassten.

Als wir aufwachen, ist es ziemlich finster. Ja, was denn nun? Wir rufen nach den anderen – nichts. Sie sind weg! Wir wissen nicht, wohin der Marsch gehen sollte. Ich bekomme einen Schreck, kann ich gar nicht beschreiben … Wir überlegen: Hier bleiben können wir nicht, wir rennen einfach mal in diese Richtung. Die Russen sind nicht weit weg, aber wie weit weg? Wir laufen los, aus der Senke raus. Wie wir oben ankommen, geht die Ziegelei hoch. Gesprengt. Wo wir gelegen hatten, war alles in die Luft geflogen. Wir hören Geklapper in der Dunkelheit, als ob das Kochgeschirr, das man am Leib trägt, beim Laufen gegeneinanderschlägt. Sind das unsere oder die Russen? Als wir an einem Busch vorbeikommen, fragt jemand ganz leise: »Halt, wer seid ihr? Ah, Mensch, wir haben auf euch gewartet!«

Wir hatten Glück und den Anschluss wiedergefunden. Das war die eine Geschichte.

Wir marschierten weiter, immer weiter mit vielen Stationen. Ich lief durch den Wald, war so kaputt, manchmal lief ich halb schlafend durch den Wald. Wenn wir Rast machten: Ich lag im Wald, es regnete, der Regen lief durch die Kleidung, durch alles. Das merken Sie gar nicht vor Erschöpfung ... Wir lagen einfach im Wald. Die Zelte, die wir dabeihatten, kamen gar nicht zum Einsatz. Immer wieder wechselten wir den Standort, hierhin, dahin.

Das andere Erlebnis war auch auf dem Rückmarsch. Wir marschierten durch ein Waldgebiet. In der Mitte verlief eine ziemlich breite Schneise. Vor mir lief keiner mehr, alle waren schon weiter weg im Wald verschwunden.

Plötzlich steht eine Feldküche vor mir! Voll im Gange – einfach stehengelassen, keiner mehr da. Was Besseres gibt's nicht! Ich schnalle mir das Kochgeschirr ab und schenke mir eine ordentliche Kelle ein. Wie ich so esse und mich umgucke, sehe ich am Ende der Schneise vor einem Waldstück Russen stehen, drei oder vier Mann. Sie machen nichts, schauen nur in meine Richtung. Sehen wahrscheinlich auch nur die Feldküche. *(Er lacht.)* Was habe ich für ein Glück gehabt! Wissen Sie, wenn man in Kampfgebieten ist, es wird geschossen, da ist der andere und man ist in einer Situation, wo man sich verteidigen muss, entweder der oder ich, dann kriegt man ein anderes Gefühl. In so einer Situation verlieren Sie Ihre Angst. Ich hatte nicht das Gefühl, bedroht zu sein, Angst haben zu müssen. Merkwürdig, nicht? Das habe ich mich schon oft gefragt. Man kalkuliert, was mache ich jetzt. Hält man die Flinten aufeinander, oder was mach ich? Ich muss auf jeden Fall als Erster losballern. Man verliert die Angst in dem Moment. Das ist so eine Art Selbstverteidigung. Ja, da habe ich schon oft drüber nachgedacht ... Wir wurden ja auch ausgebildet, wie wir uns beim Nahkampf verteidigen sollen. Da musst du immer in Vorwärtsstellung gehen, immer nach vorn denken, sonst bist du verloren. Wenn der andere zuerst handelt, bist du erledigt. Ja, die Angst kommt hinterher. Oder die Erkenntnis … So wie bei der Feldküche – die Russen standen da. Ich rannte nicht schnell weg, lief einfach weiter in die vorgegebene Richtung, wieder in den Wald hinein. Die hinter mir kamen, gingen auch noch zur Feldküche und nahmen sich eine Kelle. Ich begreife es bis heute nicht! Ja, was hätten die Russen auch davon gehabt, nicht?

Ich hatte viel, viel Glück. Ich musste nicht schießen. Ich musste nicht mit Panzerfäusten werfen. Mit den Panzerfäusten müssen sie schon sechs bis acht Meter nahkommen. Der Opernsänger aus unserer Einheit hat sich erschossen. Er hat es nicht ausgehalten. Und einer von uns fehlte, der muss verwundet worden sein. Wir waren ja auf einer breiten Linie verteilt. Zwei, drei habe ich nicht wiedergesehen.

Was für mich als Soldat das Schlimmste war? Die Ungewissheit. Wohin fahren wir? Was sollen wir richtig machen? Wenn jetzt der Feind kommt, wir müssen den Bolschewismus aufhalten! In dem Moment, wo man da steht und den Feind sieht, es wurde uns ja so beigebracht, dass das der Feind war, dann weiß man, jetzt muss ich mich verteidigen! Weglaufen geht nicht! Aber die Ungewissheit – wohin fahren wir jetzt, wo ist denn das überhaupt? Dann verloren wir den Kontakt zu den anderen. Der ganze Einsatz verkehrte sich ja langsam im wilden Getümmel. Vorwärts? Nein, es geht zurück! Informationen über den Frontverlauf gab es nicht. Wir waren so mit uns selbst beschäftigt. Dann hatte ich meinen Kompanieführer verloren, später hatte ich plötzlich einen anderen, der kannte uns aber nicht. Ein heilloses Durcheinander … Ich habe noch das Bild vor Augen, das ganze Feld lag voll von dem, was die Soldaten weggeschmissen hatten und überall die Verwundeten. Waren sie verwundet, waren sie tot? Wir machten uns davon.

Nachher kam ich für ein paar Monate in amerikanische Gefangenschaft …

»Nicht mit dem Gewehr, sondern mit meiner Balalaika ...« Waldemar Klemm

(Geboren 1936 in Berlin, Sozialarbeiter in der Jugendarbeit)

Drei Tage vor Kriegsende war mein großer Bruder noch für einen Tag auf Urlaub bei uns gewesen. Er war siebzehn Jahre und schon in die Armee eingezogen worden. Mit sechzehn musste er die Schule abbrechen und beim Reichsarbeitsdienst mit der Schippe die sogenannten Hitler'schen Autobahnen bauen. Dann wurde er Flakhelfer in Berlin. Mein Bruder wollte nicht in den Krieg. Immer wenn ihn die Armee angerufen hatte, nahm er seine Balalaika mit. Er war Musiker und hat gerne gesungen und gespielt. Er wollte, dass ich auch Musiker werde.

Nun musste er zurück zu seiner Flakstellung in Berlin – irgendwo auf einem Dach in der Beusselstraße. Das hatte er mir noch erzählt ... Er kam nie wieder. Wir haben keinerlei Nachricht, was passiert ist. Öfter tauchten nach Kriegsende seine alten Freunde aus der Schule auf und fragten nach ihm. Meine Eltern kontaktieren alle möglichen Suchdienste. Wir bekamen ein paar Antworten. Vermutlich ist er hier oder dort umgekommen, aber sie hatten keinen Namen, keine Marke. So habe ich drei verschiedene Varianten über sein Ende im Kopf. Eine hab ich sogar aufgeschrieben. Entweder ist er bei einem Bombenangriff umgekommen. Oder er ist als Kriegsverweigerer von den Deutschen erschossen worden. Das ist bis heute ungeklärt. In einem großen Waldgebiet bei Spandau sind Hunderte von deutschen Soldaten von Deutschen erschossen worden. Oder die dritte Variante ist eingetreten. Die Geschichte hat mir ein Russe erzählt: »Wir lagen im Schützengraben, und nicht weit entfernt liegen die Deutschen in ihrem Graben. Wir beschießen uns gegenseitig. Plötzlich springt einer von den Deutschen auf und läuft auf uns zu. Er läuft und läuft, und die Deutschen schießen auf ihn und wir schießen auf ihn. Er fällt, steht auf, läuft weiter. Wir schießen weiter und dann steht er nicht mehr auf.«

Da dachte ich, das könnte auch mein Bruder gewesen sein. Mein Bruder hat immer gesagt: »Sobald ich die Russen sehe, laufe ich zu denen. Nicht mit dem Gewehr, sondern mit meiner Balalaika.«

Hintergrundinfos: Kindersoldaten

Kindersoldaten sind nach der Definition von UNICEF alle Kämpfer und deren Helfer, die unter achtzehn Jahren alt sind. Besonders am Ende des Zweiten Weltkriegs setzte die NS-Führung massiv auf den Einsatz von Kindersoldaten. Ab 1943 wurden alle männlichen Jugendlichen ab dem Alter von sechzehn und siebzehn Jahren zu Diensten als Luftwaffenhelfer eingesetzt. Sie standen an einem Flugabwehrgewehr und mussten feindliche Flugzeuge sichten und abschießen.

1944 versuchte die NS-Führung, den Jahrgang 1928, die damals Sechzehnjährigen, für die Wehrmacht und die Waffen-SS zu gewinnen. Siebzig Prozent dieses Jahrgangs meldeten sich dafür freiwillig.

Im September 1944 befahl Hitler dann die Aufstellung eines »Volkssturms« für alle Wehrfähigen im Alter von sechzehn bis sechzig Jahren. Die Sechzehnjährigen wurden innerhalb von sechs Wochen in Wehrertüchtigungslagern für das 3. Aufgebot des Volkssturms ausgebildet. Dort lernten die Kinder Anschleichen, Tarnen, Meldungen schreiben, Schießen, Handgranaten werfen und alles, was für den Krieg notwendig war.

Der Jahrgang 29 und zum Teil auch noch 30 wurde dann Anfang 45 regulär zur Wehrmacht eingezogen. Damit unterstanden die Kinder dem Kriegsrecht, eingeschlossen die Todesstrafe für Deserteure. Im Januar 45 wurden noch 60 000 fünfzehnjährige Jungen als Luftwaffenhelfer einberufen, und kurz vor Kriegsende wurden dann die Vierzehn- und Fünfzehnjährigen bei HJ-Kampftrupps und Panzerabwehr-Kommandos eingesetzt. Sie gerieten noch mitten ins Kampfgeschehen, viele wurden verwundet und getötet. Schätzungsweise fielen 60 000 Jugendliche im Alter zwischen 15 und 17 Jahren allein in den Kämpfen der letzten Kriegswochen. Zwischen 1939 und 1945 starben an den Fronten des Krieges über anderthalb Millionen junge Deutsche der Jahrgänge 1920 bis 1929, die das 19. Lebensjahr noch nicht erreicht hatten.

Am hartnäckigsten versuchte die Waffen-SS, die Kinder zu rekrutieren. Sie sammelte Kinder teils auf der Straße ein, kam in Schulen und in Kinderlandverschickungs-Lager und übte massiven Druck aus. Viele Kinder waren dann gezwungen, die einzige Möglichkeit zu nutzen, wie man der Waffen-SS entkam – sie meldeten sich freiwillig rechtzeitig zur Wehrmacht.

Viele der Kindersoldaten kamen nach der Kapitulation in Kriegsgefangenschaft oder landeten in den Internierungslagern der Sowjetischen Besatzungszone, die in ehemaligen KZs untergebracht waren. 50 000 Menschen waren in diesen Lagern interniert, 12 000 von ihnen starben aufgrund der schlechten Behandlung. Erst nach dem Ende der DDR wurde über diese Lager gesprochen.

Nazi-Eltern

»Opa war bestimmt einer von den ganz Schlimmen.« Joachim Artz

(Geboren 1937 in Berlin, Beamter)

Ich hab mich vor unserem Treffen ein bisschen mit meiner Vergangenheit beschäftigt. Es ist manchmal ganz angebracht, sich die Vergangenheit vor Augen zu halten. Ich hätte meine Eltern gern nach manchem gefragt. Das war aber nicht möglich, weil meine Eltern politisch wirklich vernagelt waren. Im Gegensatz zu mir ... Ich bin sehr stolz darauf, dass ich als Dreizehnjähriger 1950 heimlich alleine in den Titania-Palast gegangen bin und mir die Aufführung des Films »Der Nürnberger Prozess« angesehen habe. Danach wusste ich sehr viel. Meinen Vater konnte ich nicht fragen, mein Vater war ganz stramm. Er hat sich freiwillig zu beiden Weltkriegen gemeldet und war im Zweiten bei allen drei Feldzügen dabei. Er hat alle sechs Jahre mitgemacht, war in Polen, Frankreich und Russland. Meine Mutter war politisch auch so eingestellt. Nach dem Motto: Was man mit den Juden gemacht hat, war ja nicht korrekt, aber die Autobahn und so ... Wissen Sie, dieses ganz undifferenzierte Bild. Ich halte mich für eine Ausnahme. Solche Fälle wie mich gibt es selten, dass Eltern so sind und die Kinder in diese Richtung nichts abkriegen. Meine Schwester müssten Sie mal hören. Die ist so was von indoktriniert, die ist mit ihren über neunzig Jahren auch nicht mehr geradezubiegen. Aber ich sehe ihr das nach ... Neulich fuhren wir an der Morgensternstraße vorbei. Da sagte sie gleich: »Ach kiek mal an, Morgensternstraße!« Nur so! Ich wusste sofort, was Sache war. Ich sagte: »Du weißt doch gar nicht, wer dit war!«

Sie ist indoktriniert! Ich genau andersrum. Ich ahnte schon immer, dass mein Vater viel Dreck am Stecken hatte – bestimmt! Wenn der immer so erzählt hat ... Unmittelbar nach dem Krieg hat er manches erzählt, später nicht mehr, und fragen konnte man ihn schon gar nicht. Ich kann mich an den Spruch erinnern: »Du, pass uff, der Ofen is im Zimmer.«

Dann wollten meine Eltern nicht, dass ich zuhöre.

Mein Vater war sehr früh in die Partei eingetreten, am 1. Mai 33. Er war dann zunächst bei der SA, weil er arbeitslos war. Dann fand er Arbeit bei der Reichsdruckerei, wo er bis zum Kriegsanfang arbeitete und sich dann freiwillig meldete. Da war er schon vierzig, war aber einer von den Gesuchteren, weil er schon im Ersten Weltkrieg als Freiwilliger gewesen war und schon vier Jahre von 1917 bis 1921 in russischer Gefangenschaft verbracht hatte. Seitdem sprach er perfekt russisch. Das hat ihm nachher vielleicht ein bisschen Vorteil gebracht, als er im April 45 in Landsberg an der Warthe von den Russen gefangen genommen wurde. Im August 45 kam er schon wieder frei. Ich nehme an, das hing nicht nur mit seinem desolaten körperlichen Zustand zusammen, sondern eben auch mit seinen Russischkenntnissen.

Schon 1944 war er einmal den Russen in die Arme gelaufen. Ein Russe sollte die Gefangenen ins Gefangenenlager bringen, vier deutsche Soldaten, darunter mein Vater. Die Waffen hatten sie den Deutschen aber gelassen. Wie das ausgegangen ist, können Sie sich vorstellen. Das hat mein Vater erzählt. Sie haben den Russen kaltgemacht. Er erzählte auch, dass sie einzelne Fallen für die Russen gebaut hatten. Auf einem abgeernteten Feld, das sie durchquert hatten, steckten sie Waffen in die Maden, die Strohpyramiden, mit dem Gewehrlauf nach außen. Wenn einer dran gezogen hat, sind die Gewehre losgegangen. In der Gefangenschaft wurde Vater dann nach Kriegsende verhört und gefragt, ob er Mitglied einer Organisation gewesen sei. Das hat er bejaht. Der Russe stand wortlos auf und ging raus. Da dachte mein Vater: ›Nu is Ende der Fahnenstange …‹ Ja, war aber nix, die russische Seele ist anders. Der Russe kam mit einer Handvoll Tabak zurück und meinte: »Das hat noch nie einer gesagt.«

Nach 45 hat Vater mal gesagt *(er spricht es mit rauer, lauter Stimme)*: »Also wenn's gegen den Iwan geht, dann bin ich nochmal dabei!«

Wie kam ich zu meiner eigenen Einstellung? In der Schule sprachen wir jedenfalls nach 45 nicht darüber. Natürlich hatte ich als Kind auch mit Soldaten gespielt, und natürlich hatten immer die Deutschen gewonnen, ist logisch. Als Kind ist man so drin! Vielleicht habe ich einen Zusammenhang zwischen dem ganzen Mist hergestellt: der Evakuierung, die ich als belastend empfunden habe, unserem kaputten Haus und der Frage, wie nun weiter. Der Film über die Nürnberger Prozesse war für mich die Erweckung! Er hat mich sehr beeindruckt. Das war ja ein Dokumentarfilm. Ich hatte die Ankündigung an einer Litfaßsäule gesehen. Als ich den Film sah, nahm ich an, dass mein Vater auch beteiligt gewesen war. Vor allen Dingen in Russland, weil er ja so abfällig über die Menschen dort sprach. Der Iwan! Nach 45 wurde zu Hause auch manchmal über die neuen Wahlen gesprochen. Da merkte ich schon, was so Sache ist. Und da ich meinen Vater kannte und wusste, dass er in Frankreich Leiter eines Gefängnisses in Biarritz gewesen war … Er hatte mir einmal von der Vertreibung der Ratten in diesem Gefängnis erzählt. Eine lebendig gefangene Ratte wurde mit Benzin übergossen, angesteckt und laufen gelassen. Die brennende Ratte hatte so geschrien, dass alle anderen Ratten türmten.

Ich hab meinen Vater nie drauf angesprochen. Bei meiner Mutter hab ich es mal versucht. Ach du grüne Neune, na da war ja was los! Es war kein Gespräch möglich, weil sie vielleicht im Alter ein schlechtes Gewissen hatte. Sie fühlte sich angegriffen. Das war aber kein Angriff, das sollte ein Informationsaustausch sein. Nein, das war nicht möglich. Die Zeit war eben so und basta … Aber ich konnte mir die Sachen zusammenreimen. Meinem Sohn habe ich es dann wiedergegeben – so wie ich es empfunden habe. Ich sagte zu ihm: »Du, Opa war bestimmt einer von den Schlimmen.« Der hat nicht gefackelt. Ich hab nachher Bücher gelesen, da gibt es von Paul Kohl ein Buch, das ist nach der Wende erschienen. Der ist als Journalist die Tour der Wehrmacht nach Osten nachgegangen. Kann man gar nicht lesen – furchtbar! 70 000 Dörfer vernichteten die Deutschen bis zur Ukraine! 180 000 Einwohner lebten vor dem Krieg in Kiew und als die Deutschen nach zwei oder drei Jahren gingen, waren es nur noch 60 000. Er hat die Überlebenden der Dörfer interviewt – waren ja nicht viele. *(Pause. Er weint.)* Da sehe ich meinen alten Herrn mitmischen – bestimmt! Bestimmt!

Zu Hause habe ich über meine andere Einstellung geschwiegen. Ich wollte das Verhältnis nicht noch weiter stören. Ich fand es eh schon gestört. Ich hab mir aber gesagt, wenn du Kinder hast: So nicht! Auch was die Schlägereien angeht. Ich wurde ja so oft von meinen Eltern geschlagen …

Auch die braune Einstellung meiner Schwester ist mir früh aufgefallen. Immer wenn's um Juden ging, wenn jemand einen jüdischen Namen hatte, hieß es gleich: »Kein Wunder!« Völliger Blödsinn für meine Begriffe. Aber wie gesagt, ich liebe meine Schwester heute. Das ist von Altersweisheit geprägt. Altersweisheit bringt eine Menge.

»Wenn wir Gas hätten, könnten wir uns das Leben nehmen.« Christa Lentzsch

(Geboren 1933 in Berlin, Schneiderin)

Ich war ein Kind, das alles mitgehört hat – auch was sich meine Eltern nachts erzählten. Nun muss ich dazusagen, mein Vater war in der Partei und meine Mutter war in der Partei. Mein Vater hatte bei der deutschen Arbeitsfront gearbeitet und war der Luftschutzwart in unserem Haus gewesen. Kurz nach Kriegsende hieß es, die Parteigenossen werden alle abgeholt. Meine Mutter hatte es nicht angegeben, die hat es lange verheimlichen können. Aber mein Vater hatte gleich angegeben, dass er in der Partei gewesen war. Er bekam die Nachricht, er solle dann und dann mit einer Zahnbürste erscheinen. Meine Eltern überlegten in dieser Nacht, als ich mithörte: »Wenn wir Gas hätten, könnten wir uns das Leben nehmen.« *(Ihr kommen die Tränen.)* Aber nun gut, sie hatten ja kein Gas ... *(Sie lacht.)* In jedem Haus hatte es einen Obmann gegeben und in jeder Straße einen Hauptobmann. Der Obmann in unserem Hause war eigentlich mit meinem Vater befreundet gewesen. Nach Kriegsende suchte er aber bei den Russen Vorteile und hatte veranlasst, dass mein Vater abgeholt werden sollte. Ich hörte, wie meine Mutter in dieser Nacht sagte, sie wolle es noch bei dem Straßenobmann versuchen, der im Nebenhaus wohnte.

Am nächsten Morgen ging sie mit mir, der Ältesten, zu diesem Mann. Ich weiß nicht mehr, was Mutter ihm gesagt hat, aber ich glaube, er kannte meinen Vater. Er veranlasste, dass der Vater mit den vielen Kindern bleiben durfte ... Es wurden viele harmlose Leute bei den Russen angezeigt und abgeholt. Zum Beispiel war in unserer Straße ein Apotheker, der seine Apotheke geführt hatte und weiter nichts gemacht hatte. Der wurde auch abgeholt und ist nie wiedergekommen.

Meine Eltern hatten nun auch keine Arbeit mehr. Die Russen ordneten an: Die Trümmer müssen alle von der Straße weg. Meine Mutter musste auf den Bau und mein Vater auch. Ganz schnell wurde alles weggeräumt. Das meiste haben die Frauen gemacht, viele Männer waren ja weg.

Dann kam die Entnazifizierung. Das hat mich nicht so belastet, aber meine Eltern. Wenn einer wirklich was Schlimmes gemacht hat, hätte ich es ja für berechtigt empfunden. Aber so einen kleinen

Mitläufer, der eigentlich nichts gemacht hat … Mein Vater kam bei der ersten Instanz vor den Russen nicht durch. Es gab dann noch eine zweite Instanz bei den Engländern, dort saßen schon gerechtere Richter. Sie sagten, der Mann hat wirklich nichts gemacht. Er war damals eingetreten, 1933 schon, um Arbeit zu kriegen. Das Geld war oft knapp und meine Mutter wollte auch arbeiten gehen. Es hieß, sie bekommen Arbeit, wenn sie in die Partei eintreten. Also traten meine Eltern ein. So haben es wahrscheinlich viele gemacht. Meine Großmutter wohnte bei uns und kümmerte sich um uns Kinder. Heute würde keine Großmutter mehr im kleinsten Zimmer mit den jüngsten Kindern wohnen. Meine Mutter ging gerne ins Büro. Sie arbeitete sogar zeitweise bei der SS-Standarte. Ihr Vorgesetzter, ein SS-Mann, war ein netter Mensch! Es waren also nicht alle böse. Er war sehr hilfsbereit, und als meine Großmutter starb, sorgte er dafür, dass meine Mutter schnell wegkonnte. Mutter meinte, es wäre ihre beste Stelle gewesen. Sie konnte von dem Mann nichts Böses sagen. Trotzdem hat sie nicht mitgekriegt, was da sonst lief. Das hatte ihr Vorgesetzter wahrscheinlich geheim gehalten. Meine Mutter war mitunter sehr vertrauensselig. Die jüdischen Kinder kriegten kein Obst. Als Mutter einmal mit der U-Bahn fuhr, saß dort so ein kleines Mädchen mit dem Judenstern. Meine Mutter hatte einen verschrumpelten Apfel dabei, den sie dem Mädchen heimlich zusteckte. Davon erzählte sie ihrem Vorgesetzten. Er sagte: »Aber Frau Darnard, das dürfen Sie nicht!«

Weiter hat er nichts gemacht … Das Schlimmste haben sie mit den Juden gemacht, das hängt uns immer noch an.

»Ich sagte nie guten Morgen, guten Tag oder auf Wiedersehen, sondern immer Heil Hitler.« Günter Ahlberg

(Geboren 1929 in Berlin, Diplomjurist, Exportkaufmann)

Mein Vater war überzeugter Nationalsozialist. Der war in der Partei und überzeugt, dass wir den Krieg gewinnen. Er schimpfte auch auf Juden. Mich interessierte Politik nicht groß, ich spielte lieber Fußball. Aber wenn in den Nachrichten kam, dass ein Schiff versenkt oder ein Flugzeug abgeschossen worden war, dann fand ich das immer gut. So war ich ja erzogen.

Wir waren auf dem Fußballplatz und die Amis flogen mit ihren Maschinen über uns. Das fanden wir schön! Einmal sahen wir, wie die Bomben runterfielen. Das fanden wir äußerst interessant! Als Kind sah ich das nicht so verbissen. Vielleicht gab es auch Kinder, die mit vierzehn schon reifer waren, als ich es war. Kann schon sein …

Ich weiß noch, dass sich mein Vater gleich freiwillig gemeldet hatte. Das zeigt ja auch, dass er ein überzeugter Mann war. Er hat mich nie so drangsaliert, aber für ihn war klar, dass ich zur HJ gehe. Durch meinen Vater war auch ich überzeugt, dass wir den Krieg gewinnen, das war schon klar. Mein Vater war als Soldat hauptsächlich bei der Flak. Der saß auf den Bunkern in Berlin und Umgebung – war auch mal in München und Wien. Bewachte die Städte. Er fuhr mit mir auch zur Olympiade ins Olympiastadion. Wir sahen Deutschland gegen die Schweiz im Handball und Leichtathletik. Einmal fuhr er mit mir zum Adolf-Hitler-Platz. Dort stand das Reichskanzlergebäude. Meine Mutter war wohl oder übel mitgegangen, obwohl sie nicht dafür war. Wir standen vor dem Reichskanzlergebäude, wollten Adolf Hitler sehen und dann kam er auf einmal auf den Balkon. Ah! … Ich grüßte auch nur mit Heil Hitler. Jeder Gruß war immer nur Heil Hitler! Ich sagte nie guten Morgen, guten Tag oder auf Wiedersehen, sondern immer Heil Hitler. Das war eben so. Die Familie meines Schulfreundes staunte immer, wenn ich Heil Hitler sagte. Die war offensichtlich dagegen.

So richtig begeisterungsfähig war ich aber nie. Eigentlich nur durch meinen Vater. Durch ihn war ich ein bisschen überzeugt. Für Deutschland war ich immer. Wenn Deutschland mal im Fußball verloren hat, dann war das schlimm, aber sonst … Ich nahm das nicht so ernst. 45 beim Einmarsch spielte ich noch mit Soldaten. Immer!

Bescheuert aus heutiger Sicht. Immer zwei Parteien. Deutschland war die eine Seite. Als ich hörte, dass Deutschland kapituliert hatte, heulte ich wie ein Schlosshund. Meine Mutter fand es ganz in Ordnung, dass der Krieg endlich zu Ende war. Die war realistisch. Ich musste erst langsam überzeugt werden, dass der Nazismus was Schlechtes ist. Denn mein Vater war ja überzeugter Nationalsozialist. Eigentlich Deutschnationaler. Er war sehr für Deutschland …

Ich glaube, in dem Alter hat man das eigentlich alles nicht so ernst gesehen. Mit 14, 15, 16 war man eben noch Kind. Der eine ist reifer als der andere. Das kann natürlich vorkommen …

Meine Mutter war überhaupt nicht überzeugt. Deswegen gab es öfter Zank zwischen meinen Eltern. Politisch. Zum Beispiel wenn die Nationalhymnen gespielt wurden oder ein Sportereignis wie Olympia anstand. Dann nahm mein Vater Haltung an, und meine Mutter spottete über die Nationalhymne. Da gab es immer ein bisschen Ärger. *(Er lacht.)* Später sind sie geschieden worden.

Meine Mutter hat mir noch während des Krieges von der Judenverfolgung erzählt. Das fand ich natürlich nicht gut. Dass da welche ins KZ kamen und vor allen Dingen auch noch Kinder. Das fand ich nicht gut, da hatte ich schon meine Zweifel. Wobei mein Vater ja überzeugt war. Aber andererseits hat er nie welche verfolgt.

Ich kann mich an folgende niedliche Geschichte erinnern. Wenn wir in der Schule mal wieder gemeutert hatten: »Ach, so viel Arbeit und schon wieder Diktat schreiben!«, hatte einer unserer Lehrer immer gesagt: »Na, gehen Sie doch ab! Wir sind sowieso zu viele! Man braucht kein Abitur! Es gibt Leute, die sind ganz hoch gekommen. Die waren Gefreite und sind ganz hoch gekommen.«

Damit war ja klar, wen er meinte: Adolf Hitler. Als ich das meinem Vater erzählte, sagte er: »Erzähl das keinem weiter. Das ist nicht gut, was der erzählt. Da kann er viel Ärger bekommen. Findest du deinen Lehrer gut?«

»Ja!«

»Na, dann erzähl das nie weiter.«

Also so war mein Vater auch wieder. Wenn er ganz überzeugt gewesen wär, hätte er den angezeigt. Er hat auch mal unsere Nachbarin beiseitegenommen, von der er gehört hatte, dass sie BBC hörte. Er sagte: »Wenn Sie hören, dann erzählen Sie das nicht weiter.« Also insofern war er human …

Von der Hitlerjugend mussten wir 43 oder 44 zum Wehrertüchtigungslager. Da sollten die Jugendlichen für ein paar Wochen die

Waffen kennenlernen. Wir mussten dort auch schlafen. Am letzten Tag ließ uns der Ausbilder, ein alter SS-Mann, antreten. Wir waren 120 Jugendliche in meinem Alter. Er hielt einen großen Vortrag: »Führer, Volk und Vaterland – alle Welt guckt auf die Jugend Deutschlands … Wer meldet sich zur SS?« Na ja, da traten vielleicht von den 120 Mann sieben oder acht vor und meldeten sich zur SS. Die konnten dann wegtreten und wir anderen wurden geschliffen. Eine halbe Stunde, Stunde wurden wir geschliffen. »Auf, nieder, auf! Zum Horizont, auf, nieder! Gewehr anlegen!« Wir hatten eine Imitation von einer Waffe dabei, die wir anlegen sollten. Und immer wieder auf, nieder, auf! Wir waren ganz schön fertig. Dann mussten wir wieder antreten. Wieder hielt er die Rede: »Führer, Volk und Vaterland – alle Welt guckt auf die Jugend Deutschlands! … Und wer meldet sich zur SS?« Einige meldeten sich, die konnten wegtreten. Ich war nicht dabei, wir anderen wurden wieder geschliffen. Das ging von morgens um zehn bis abends um fünf. Die anderen hingen dann in den Fenstern und schauten uns zu, wie wir immer weniger wurden. Das war keine schöne Art und Weise. Wir wurden ununterbrochen geschliffen. Zum Schluss waren wir noch zwölf Mann. Ich war dabei. Ich war aber nicht aus Überzeugung gegangen, sondern aus Trotz. Meine Frau würde sagen aus Bockigkeit. Das kam gar nicht infrage! Die hätten mich totschlagen können, ich hätte mich nicht zur SS gemeldet. So wurden viele zur Waffen-SS eingezogen, und von denen sind bestimmt viele gefallen. Wir zwölf wurden beschimpft: »Ihr Feiglinge, ihr feigen Hunde!« Dann konnten wir gehen. Aber ich hatte mich wie gesagt nicht aus politischer Überzeugung nicht gemeldet, sondern dachte mir: ›Nee, wenn ihr dit wollt, dit will ich nich!‹ Wir waren völlig fertig. Ich meine als Jugendlicher hält man eine Menge aus …

45 im Januar oder Februar kriegte ich einen Einberufungsbefehl per Post. Mit sechzehn sollte ich eingezogen werden. Meine Mutter hat den Befehl zerrissen und weggeschmissen. Das war wirklich gefährlich für sie. Sie hätte Riesenärger kriegen können. Aber es kam nichts. So habe ich mich nie gemeldet und bin nicht eingezogen worden. Das habe ich meiner Mutter zu verdanken, sie hat mir das Leben gerettet.

»Wir wollen ein großes Europa schaffen.« Erhard M.

(Geboren 1930 in Duisburg, Kaufmann)

Als die Amerikaner Meiningen erreichten, kamen meine Großeltern in die Wohnung unseres Onkels Helmut, wo wir nach unserer Ausbombung untergekommen waren. Onkel Helmut war der einzige Nazi in der Familie, und nun suchten meine Großeltern nach Nazibüchern. Er war in der Partei und hatte jede Menge Atlanten und Fotoalben von den Reichsparteitagen. Wir verbrannten diese Bücher. Onkel Helmut war mit der jüngsten Schwester meiner Mutter verheiratet, die aber schon früh nach einer Lungenentzündung gestorben war. Als Bäckerlehrling war Onkel Helmut mit seinem Meister immer zu den Versammlungen der Nazis gegangen. Nach der Machtergreifung hatte er einen Posten bei den Stadtwerken bekommen, und nach dem Tod meiner Tante hatte er sich bei der SS gemeldet. Er hatte ein goldenes Parteiabzeichen, weil er zu den ersten Hunderttausend gehört hatte.

Ich erinnere mich noch an einen Besuch von Onkel Helmut. Zu der Zeit wohnten wir noch im Haus meiner Großeltern. Eine Freundin meiner Mutter, eine unverheiratete Buchhalterin bei der Duisburger Getreidebörse – eine gebildete Frau –, war ebenfalls zu Besuch. Und eine Cousine meines Vaters, eine Bankangestellte, war auch da. Onkel Helmut erzählte, dass er auf dem Weg nach Dachau sei, wo er in einer Bäckerei eine Stelle übernehmen sollte. Er bekam die Stelle aber später nicht, sondern betreute eine Truppe von Beutegermanen. Jedenfalls fragten die drei Frauen, alle etwas über vierzig: »Na, jetzt mal Butter bei die Fische. Jetzt wollen wir mal hören, was denn da dran ist an den Gerüchten?«

Onkel Helmut war auf solche Fragen vorbereitet und sagte: »Wir müssen ein großes Problem lösen, wir wollen ein großes Europa schaffen.«

Ich kriegte ganz lange Ohren.

»Das ist natürlich nicht einfach«, sagte Onkel Helmut, »und da müssen wir auch manchmal Dinge tun, die man normalerweise nicht macht.«

Er sagte also nicht »das machen wir nicht«, sondern wir »müssen« Sachen machen, das ist unser Ziel. Er war rhetorisch geschult, war klein und schmächtig, aber reden konnte er. Die Frauen waren nicht

Jubelnde Bevölkerung für Adolf Hitler auf dem Reichsparteitag 1938 in Nürnberg

so rhetorisch geschult wie er. Sie hatten auch nicht die Mentalität, wie heute Frauen fragen würden: »Erzähl doch mal, was ist da und da los, was müsst ihr denn genau für Sachen machen?«

Sie sagten nichts mehr dazu ... Onkel Helmut kam durch den Krieg und musste danach als Gefangener im Bergbau in Polen arbeiten. Mein älterer Vetter meinte, er hätte genug gebüßt. Nach der Gefangenschaft ging Onkel Helmut nur noch tapsig umher. In Polen hatten sie gefragt: »Gibt's hier SS-Leute, bitte raus!«

Da hatte er sich gemeldet. Die hätten den totschlagen können. Nach dem Krieg habe ich ihn noch zweimal getroffen. Das war abstoßend! Er kam 55 wieder und sagte: »Ich denk noch genau wie früher.«

Ich sagte: »Das kann nicht wahr sein ... das kann nicht wahr sein!«

Deswegen: Wenn die so geimpft waren, dann wurden die nicht anders. Und wer denen geholfen hat ...

Hintergrundinfos: Nazi-Eltern

1945 zählte die NDSAP 8,5 Millionen Mitglieder. Viele Kriegskinder wissen bis heute nicht genau, wie ihre Eltern zum Dritten Reich gestanden haben. Die meisten waren zu jung, um sich an politische Gespräche oder Handlungen zu erinnern. Und über Politik wurde auch mit den meisten Kindern nicht geredet, das Klima der Angst herrschte bis in die Familien. Gerade älteren Kindern gegenüber mussten Erwachsene aber auch aufpassen, konnten sie doch unwissend und ahnungslos – oder auch durch die Indoktrination bewusst – Aufgeschnapptes ausplaudern. Politisch völlig begeisterte Eltern hatten jedoch kaum einen Grund, dies vor ihren Kindern zu verbergen. Die Nachkriegsgesellschaft wollte den Nationalsozialismus so schnell wie möglich vergessen, und die Kinder forschten nicht weiter nach. In den allermeisten Familien wurde nicht mehr über diese Zeit gesprochen. Nur wenige Kinder haben die Biografie ihrer Tätereltern aufgearbeitet.

In vielen Familien galt und gilt auch heute noch: Die Täter waren immer die anderen. Stattdessen sahen sich die meisten Deutschen selbst als Opfer. Die ältere Generation hat es vermieden und versäumt, einen Dialog mit der jüngeren zu führen und so steht die Aufarbeitung der eigenen familiären Vergangenheit bei den meisten noch aus.

Judenverfolgung

»Musst ja nicht jedem erzählen, dass du Jude bist!«
Kurt Hillmann

(Geboren 1933 in Berlin, Diplomökonom, Außenhandelsvertreter)

Ich bin 1933 in Berlin geboren, im glücklichsten Jahr Deutschlands …

Meine Mutter war Jüdin, mein Vater Arier. Ich wurde als Jude im Jüdischen Krankenhaus geboren, und beschnitten wurde ich auch. Ich war in einem jüdischen Kindergarten und habe eine jüdische Schule besucht. All das brachte es mit sich, dass ich verfolgt wurde. Das ist die Kurzform meiner Geschichte. Meine Erinnerungen an die Kindheit und frühe Jugend waren immer nur davon geprägt, dass ich verfolgt wurde. Ich musste immer vorsichtig sein, wo ich war, mit wem ich sprach, was ich redete – um mich nicht zu verraten.

Äußerlich war ich der Typ eines richtigen arischen Jungen. Groß und blond. Außergewöhnlich! Deswegen hatte ich zunächst keine Probleme. Die bekam ich erst, als ich nicht mehr in die Schule gehen konnte. Auf dem Schulweg verprügelten uns die Jungs von den anderen Schulen. Mein Vater versuchte, mich in einer anderen Schule unterzubringen. Aber einen Juden nahmen sie nicht auf. Ich blieb zu Hause und las viel. So machte ich all die Erfahrungen, die ein Kind als Außenseiter machen kann, ein Kind, das eigentlich gar nicht in die Gesellschaft gehört – das wegmuss … Das habe ich täglich erlebt.

Und weil ich das so erlebt habe, sage ich auch, dass die Generation meiner Eltern und Großeltern Lügner sind. En gros. Alle haben von nichts gewusst danach. Dabei konnten es alle sehen! Alle muss ich in Anführungszeichen setzen. Es gibt sicher ein paar Dörfer, wo die Menschen nichts gesehen haben. Aber das war nicht das Gros. Mit dem Buchenwaldschwur der ehemaligen Lager-Häftlinge vom KZ Buchenwald wurde zum Ausdruck gebracht, dass sich diese Barbarei nicht wiederholen darf und alles dafür getan werden muss.

Wenn ich die heutige politische Situation in Deutschland und Europa sehe, ist der Schwur hochaktuell.

Ich erinnere mich … Meine Mutter handelte auf den Berliner Wochenmärkten mit Wäsche. Manchmal begleitete ich sie, und einmal konnte ich sehen, wie ihr Stand verwüstet wurde. Sie wurde beschimpft. Keiner hat ihr geholfen! Ihr Stand wurde noch zwei- oder dreimal verwüstet, dann ging sie nicht mehr zum Markt …

Wenn man so etwas schon im Kindergartenalter erlebt, prägt das sehr!

Mutter und ich bekamen die Kennkarte mit dem Buchstaben J, und eigentlich hätten wir den Stern tragen müssen. Das hatte Vater aber meiner Mutter und mir verboten. »Das machen wir nicht!«, hatte er verkündet. Also trugen wir den Stern nicht, was kreuzgefährlich war.

In der Zwischenzeit erkrankte Mutter an Lungentuberkulose. Kein Arzt wollte sie behandeln. Nur jüdische Ärzte durften jüdische Leute behandeln, und jüdische Ärzte gab es nicht mehr. Mutter versuchte, in ein jüdisches Heim für Tuberkulosekranke zu kommen, aber es war zu spät. Das Heim war den Juden schon aus den Händen genommen worden. Die einzige Chance für eine Heilung wäre in einem dieser Heime gewesen. Die einzige …

Diese Zeit war schlimm für mich. Mutter konnte zu Hause immer weniger machen. Haushalt, Hauswirtschaft und Kochen fielen ihr schwer. Ich übernahm das Einkaufen. Mutter und ich bekamen jüdische Lebensmittelkarten. Damit durfte ich als Jude nur zwischen vier und fünf Uhr nachmittags einkaufen gehen. Aber die Verkäufer mussten mir als Jude auch nichts verkaufen.

Mein Vater hatte eine Tischlerei. Seine Arbeit war während des Krieges gefragt, denn wegen der Bomben war dauernd etwas kaputt. Dadurch hatte er gute Verbindungen, auch zu einigen Lebensmittelhändlern und Bäckern, für die er arbeitete. Dort tauschte er unsere jüdischen Lebensmittelmarken gegen normale Karten. Das erleichterte mir das Einkaufen. Als Mutter auch zum Kochen zu schwach wurde, holte ich oft Essen aus dem Restaurant. Als sie ganz bettlägerig wurde, kümmerte sich Vater nach der Arbeit um den Haushalt, und ich wischte manchmal Staub in der Wohnung.

All diese Benachteiligungen bekam ich als Kind mit. Bisher habe ich noch kein Wort über das Leben während des Krieges erzählt. Diese Erschwernisse kamen für einen Juden noch hinzu. Die ständige Angst, dass es jeden Moment Fliegeralarm gibt. Nachts Alarm, dann im Dunkeln anziehen, das Köfferchen mit den wichtigen Papieren nehmen und los in den Keller. Wenn ich nachts wegen Alarm aufstehen musste, begann ich am ganzen Körper zu zittern. Nach einer Weile gab es sich dann wieder. Angst war die Ursache. Sie war zweifach da. Einmal als Jude verfolgt zu sein und außerdem die Bombennächte. Wenn Bombenalarm war, durften Mutter und ich nicht in den Keller. Wir mussten auf der Vorkellertreppe sitzen bleiben. Das hat der Blockwart, der frühere Portier, so bestimmt. Er hätte es auch nicht gestatten können, dass wir auf der Treppe sitzen. Die Hausbewohner liefen an Mutter und mir vorbei in den Keller. Wir mussten davor sitzen bleiben. Vater ist nie in den Keller gegangen. Er war im Ersten Weltkrieg in einem Unterstand verschüttet und wollte nicht in den Keller. Unter freiem Himmel fühlte er sich wohler.

Als ich acht oder neun Jahre alt war, begann die Zeit, wo verschiedene Bekannte bei uns Zuflucht suchten. Zuerst tauchte Elvira Zupnick, eine Freundin von Mutter bei uns unter. Sie hatte mitbekommen, dass sie abgeholt werden sollte, und war einfach losgegangen. Ich sollte nachsehen, ob ihre Wohnung bereits versiegelt war, um ihren gepackten Koffer zu holen. Ich fuhr hin – die Tür war bereits versiegelt. Zwei Tage wohnte Elvira bei uns, dann baten mich meine Eltern, Elvira mit dem Zug aus der Stadt herauszubringen. Ich war groß und blond, ein guter Begleiter. Wir fuhren Richtung Norden raus, klingelten bei einem Haus, sie ging rein und ich fuhr zurück. Nach zwei oder drei Wochen stand sie wieder vor unserer Tür. Sie war unterwegs geschnappt und in das jüdische Sammellager in der Großen Hamburger Straße gebracht worden. Dort hatte sie sich mit jemandem aus der Küche angefreundet und herausgefunden, wo die Schlüssel lagen. Schon war sie weg und wieder bei uns. Ich brachte sie wieder fort. Diesmal in ein anderes Haus. Danach hörten wir nichts mehr von ihr.

Kurz nach dem Krieg gehe ich mit einem Schulfreund ins Theater am Nollendorfplatz. Wir wollen die Sonntagvormittag-Vorstellung sehen. Es sind viele Leute da. Wir wollen gerade die Treppe zum Eingang hochlaufen, da sehe ich Elvira Zupnick, erkenne sie … in diesem Gewühl. Sie ist allein, läuft krumm. Ich rufe sie, und nach einer ganzen Weile dreht sie sich um und sagt: »Freu mich, dass ich dich wiedersehe. Aber siehste, sowas kann man aus einem Menschen machen. Mich sieht man hier nicht wieder, ich gehe nach Amerika.« Ich war erschrocken. Wie sie aussah! Vorher groß, hochgewachsen, schlank … hübsch vielleicht. Und nachher gebeugt, krumm, alt …

Als Nächstes suchte eine Frau mit einem kleinen Kind bei uns Schutz. Ich kannte die beiden nicht. Das Mädchen wollte spielen, in der Wohnung umherrennen und mit meinem kleinen Roller durch die Wohnung rollern. Aber wir mussten aufpassen! Über uns wohnte ein strammer Nazi mit SA-Uniform und vielen goldenen Abzeichen. Ich spielte mit dem kleinen Mädchen, um sie ruhigzuhalten. Wir flehten inständig: »Na, hoffentlich geht's gut!« … Es ging gut.

Nach zwei oder drei Tagen brachte ich auch sie raus aus der Stadt. Wieder in ein anderes Haus. Wir hörten nie wieder etwas von ihnen …

Es kam noch ein Dritter, der Uhrmacher Koplowitz. Er arbeitete als Zwangsarbeiter auf dem Zentralschlachthof im Prenzlauer Berg und freute sich immer, wenn er Schweinebeine mitnehmen durfte. Daraus kochte er Sülze. Nebenbei reparierte er weiter Uhren, um sich etwas dazuzuverdienen. Er wohnte eine Woche bei uns, dann zog er fort. Wohin, weiß ich nicht. Auch von ihm haben wir nie wieder etwas gehört. Verschollen, weg …

Als Erwachsener nach dem Krieg wurde mir klar, dass es ein Netz gegeben hat, in dem sich Menschen untereinander geholfen haben, Verfolgte unterzubringen. Eine Begleitperson wie ich war ideal dafür. Ich fand mich in Berlin gut zurecht und wusste vor allem Bescheid, wie man sich benehmen musste, um nicht aufzufallen. Mutter und Vater hatten mir gesagt: »Musst ja nicht jedem erzählen, dass du Jude bist, du siehst ja, was passiert!«

Na klar sah ich, was passierte! Dauernd. Jeden Tag auf der Straße! Die Lastwagen fuhren vor, die Leute wurden aus ihren Häusern geholt, rauf auf den Lastwagen, mit Koffer, ohne Koffer. Da musste mir gar nicht viel erzählt werden. Die Einstellung »Vorsichtig sein!« bekam ich schnell mit. Ich bin heute noch vorsichtig … Bewege mich so, dass ich keinen hinter mit habe und möglichst alles vor mir. Damals habe ich dafür Antennen entwickelt.

Bei uns zu Hause wurde ganz offen geredet. Mutter und Vater nahmen keine Rücksicht auf mich. Ich wusste, wie sie dachten und was sie redeten, und ich wusste, wie sie handeln wollten. Ich wusste auch, dass Vater ausländische Sender hörte, englische und russische, und dass ich darüber nicht sprechen darf. So vieles, was einem damals in Fleisch und Blut übergegangen ist … Das war alles klar für mich. Auch gut so, muss ich sagen. Manch einer mag das als zu viel für ein kindliches Gemüt empfinden. Das finde ich nicht. Offen und nicht zurückhaltend zu sein, das formt einen Menschen. Die Kinder sollen wissen, was gerade passiert. Sie sollen verstehen, warum und wie sich die Eltern verhalten. Ich wurde nicht erst später überrascht von den Dingen, ich war gleich mittendrin. Ich wusste, dass die Leute abgeholt wurden, dass es keine Ärzte mehr für uns gab und niemand Mutter helfen konnte. Das konnte ich selber spüren.

Ein Beispiel. Ich habe Zahnschmerzen und muss zum Arzt, aber es ist kein Arzt da. Es gibt keinen Arzt, der mich als Juden behandelt. Zwei Häuser weiter wohnen zwei jüdische Studenten, die ihr Zahnmedizinstudium vorzeitig beenden mussten. Sie behandeln heimlich die Juden, die noch da sind. Mutter geht mit mir hin. Die beiden Studenten haben in ihrer Wohnung auf die Toilette ein Stück Stuhl mit Lehne gesetzt. Dort plombierten die Studenten mir die Zähne – auf der Toilette –, damit es nicht so laut war und keiner etwas merken würde. Die Ärzte haben die Juden erst gar nicht in die Praxis gelassen. Wir mussten alleine zurechtkommen.

Ich hatte zwei gute Freunde aus der jüdischen Schule. Der eine, Gerd Abraham, lebte nur mit seinem jüdischen Vater zusammen. Die arische Mutter hatte sich scheiden lassen. Gerd hat mir immer leidgetan. Er war oft alleine, wartete den ganzen Tag, bis sein Vater abends nach Hause kam. Der Vater war in einer Fabrik zwangsverpflichtet. Ich fand es schlimm, dass sich die Mutter vom Vater getrennt hatte. Dadurch hatte sie die beiden quasi zur Abholung freigegeben.

Gerd und ich trafen uns fast jeden Tag. Manchmal gingen wir zum Bäcker in der Jostystraße und kauften uns für fünf Pfennige Kuchenkrümel. Das fanden wir wunderbar! Eines Tages sagte Gerd zu mir: »Weeßte was, du kannst mal vorbeikommen und dir meinen Ball mitnehmen, den schenk ich dir.«

Den Ball hatte ich schon immer bei ihm bewundert. Als ich das nächste Mal zu ihm nach Hause kam, war es schon zu spät. Die Wohnungstür war bereits versiegelt. Sie hatten Vater und Sohn abgeholt … Ende.

Das sind Ereignisse, die muss man erleben, dann sitzen sie tiefer und sind nicht mehr beeinflussbar.

Mein anderer Freund, Lutz Knobloch, kam aus einer großen, gutbürgerlichen Familie. Sie wohnten gegenüber von uns in einem vornehmen Haus in einer großen Fünf-Zimmer-Wohnung. Lutz Knobloch hatte ein Zimmer für sich, wo er seine Hausaufgaben an einem Pult zum Aufklappen mit einem eingelassenen Tintenfass machte. Das beeindruckte mich. Die Familie lebte nach dem jüdischen Ritus. Meine Mutter wollte mich im jüdischen Glauben erziehen und schickte mich bei jüdischen Feiertagen zu der

Familie Knobloch, damit ich die jüdischen Traditionen miterleben konnte. Vater wollte das eigentlich nicht. Dass sich meine Eltern wegen Glaubensfragen gestritten haben, habe ich aber nie mitbekommen.

Das Laubhüttenfest bei der Familie Knobloch hat mich besonders beeindruckt. In einem Zimmer hatte die Familie eine Art Hütte gebaut und sie mit grünen Zweigen und Früchten geschmückt. Freitags beim Sabbat oder beim Pessachfest saß die Familie zusammen am Tisch, aß und betete. Auch die Familie Knobloch wurde abgeholt. Als ich sie mal wieder besuchen wollte, war das Siegel an der Tür.

Vor ein paar Wochen habe ich im Buch der 55 000 umgebrachten Berliner Juden nachgeschaut. Ich wollte wissen, ob meine beiden Freunde darunter sind. Ja, die stehen drin – beide Jungs. *(Er kämpft mit den Tränen.)* Gerd Abraham ist mit seinem Vater in Minsk, die Familie Knobloch ist in Auschwitz ermordet worden.

Ich hatte dann lange keine richtigen Freunde mehr. Erst nach dem Krieg, als ich wieder die Schule besuchte, fand ich neue Freunde.

Noch ein Erlebnis: In unserem Haus im Quergebäude wohnte die jüdische Familie Cohn mit zwei Töchtern. Nette Leute. Eines Tages holte mich der Vater der beiden Mädchen in seine Wohnung. Er wusste, dass ich so gerne las. Ich sollte mir ein paar Bücher von den Kindern aussuchen, sie würden sie sowieso nicht mehr brauchen. Bei dem Wort »sowieso« wusste ich schon: Aha, die werden abgeholt. Und so war es auch. Drei Tage später waren sie weg.

Mutter wollte immer, dass ich nicht alleine bin. Aber sie hatte nur ein Kind. Eines Tages kam eine ältere Dame mit einem Mädchen, Carla Hoffmann, zu uns. Die Eltern von Carla waren bereits ausgewandert und wollten alles vorbereiten, damit Carla und ihre Oma bald nachkommen konnten. Aber dann war es zu spät, sie durften nicht mehr ausreisen. Mutter vereinbarte mit der Oma, dass Carla bei uns wohnen würde. Ich kann nur mutmaßen, aber Mutter wollte bestimmt jemanden für mich haben, damit ich nicht so alleine war. Und dann wollte Mutter immer anderen helfen. So war sie. Sie half sogar den serbischen Kriegsgefangenen, die auf dem Weg zur Arbeit waren, indem sie kleine Pakete mit Stullen vor ihre Füße fallen ließ. Ich war einmal dabei und hatte große Sorge, dass wir von den Bewachern entdeckt würden.

Nun wohnte also Carla bei uns. Sie schlief mit mir in meinem Zimmer, wir verstanden uns gut. Carla war für mich wie eine

Schwester. Zunächst ging sie noch auf eine andere jüdische Schule, aber später durfte auch sie nicht mehr gehen. Die jüdischen Schulen wurden alle geschlossen. Carla war vielleicht ein Jahr bei uns. Dann passierte mit ihr das Übliche. Sie wurden abgeholt. Als ich eines Tages nach Hause kam, sagte Mutter: »Die Carla ist wieder zurück zur Oma, weil die Oma nicht alleine gehen will.«

Die Oma hatte eine Benachrichtigung bekommen, dass sie abgeholt werden würde.

Ich wusste, wo die Leute hinkommen, die abgeholt wurden. Sie kommen in ein Konzentrationslager, und dort werden sie umgebracht, das war ganz klar für mich. Jemanden abholen hieß so viel wie umbringen. Und das konnte man sehen. Jeden Tag irgendwo. Das war nicht nachts, das war nicht geheimnisvoll, das war richtig offen. Auch für mich war es eine ständige Bedrohung …

Sie merken daran, wie ich erzähle, dass es diese Erlebnisse sind, die überragend im Gedächtnis geblieben sind. Alles andere, der Krieg, war ein unangenehmes Nebenbei, wenn ich es heute betrachte. Es war zweitrangig. Eigentlich erstaunlich! Denn der Krieg in Berlin war schlimm. Die Bombenangriffe waren heftig! Die Häuser fielen in sich zusammen und verschütteten die Menschen unter sich.

Ich erinnere mich an eine Bombennacht. Aus irgendeinem Grund verlassen Mutter und ich die Treppe vor dem Keller. Wir laufen die Neue Königsstraße hinunter Richtung Alexanderplatz. Es brennt rechts und links. Alle Häuser brennen – ein Feuersturm! Ein heißer Wind fährt durch die Straßen und facht alles an. Die Leute rennen wild umher. Ein Geschrei! Mutter und ich tragen Schutzbrillen, um die Augen vor dem Feuer zu schützen. Unsere Brillen sind aus Metall und Glas und nicht aus Plastik, wie es sie auch gibt. Wenn ein Funke auf die Plastikbrillen trifft, haben sie gleich ein Loch. Vor unsere Münder halten wir feuchte Tücher, damit wir besser atmen können. Das hat Vater uns gesagt.

Oft wurden wir nachts geweckt. Jetzt kommt Alarm! Ich muss aus dem Bett, mich anziehen! Ich bin verschlafen und zittere beim Anziehen! Daran erinnere ich mich, wie ich beim Anziehen zitterte. Sehen Sie, und heute hat sich das Zittern ausgeweitet zu einem Tremor. Bis heute, die ganzen Jahre durch, wurde es immer mehr, immer mehr. Heute ist es schwierig für mich, eine Tasse Kaffee in der Hand zu halten. Das sind die Nachwehen. Das fing bei den Bombenangriffen an …

Im Oktober 1944 bekamen wir ein Schreiben des Innenministers: Kurt Israel Hillmann gilt als Jude ersten Grades. Peng, Ende! Vater hatte die Jahre zuvor mit vielen Schreiben versucht, eine Einstufung zweiten Grades für mich zu erreichen. Bis 1944 konnte er verhindern, dass ich sofort ins Konzentrationslager kam, dann war endgültig Schluss. Nach dem jüdischen Brauch ist jeder Jude, der eine jüdische Mutter hat. Der Vater spielt keine Rolle. So haben es die Nazis übernommen. Ich galt als Jude, erfüllte alle Voraussetzungen. Mutter war durch die Heirat mit Vater zunächst geschützt. Vater hatte aber bereits eine Nachricht bekommen, er solle sich scheiden lassen. Ansonsten würden sie ihn zur Armee einziehen, obwohl er kriegsgeschädigt aus dem Ersten Weltkrieg zurückgekommen war. Aber Vater ließ sich nicht scheiden, er sagte: »Sobald ich das mache, ist das die Freigabe für euch in die Konzentrationslager.«

Als das Schreiben kam, sagte Vater: »Jetzt müssen wir handeln!«

Mutter sollte von einer Freundin, Tante Ethel, einer gebürtigen Engländerin, aufgenommen werden. Mutter konnte wegen ihrer fortgeschrittenen Krankheit nicht mehr allein zu Hause bleiben. Der Ehemann von Tante Ethel war Blockwart und so etwas wie eine schützende Hand für meine Mutter. Genau in dieser Zeit, Anfang Oktober 1944, bekam ich eine Postkarte, einen Vordruck, ich solle mich in einem Lager für Mischlingskinder in Österreich einfinden. Für Vater war sofort klar, dass dort die Kinder aus Mischehen versammelt werden sollten, um sie später beiseiteschaffen zu können. Das hat er mir auch so gesagt. Ich wusste alles.

Als die Postkarte kam, handelte er wieder. Es waren sicher seine Beziehungen beim Bezirksamt. Ich wurde von der Liste für das Lager der Mischlingskinder gestrichen und kam auf eine Liste für tuberkulosekranke Kinder in ein Heim ins Allgäu nach Süddeutschland. Dort gab es eine Kinderheilanstalt für Lungentuberkulose. Und so verschwand ich. Und meine Mutter auch.

Es ging alles schnell. An dem Tag, an dem mich Vater zum Bahnhof brachte, wurde Mutter zu Tante Ethel gebracht. An den Abschied von Mutter kann ich mich überhaupt nicht mehr erinnern, und an meinen eigenen auch nicht. Ich habe schon x-mal darüber nachgedacht, wie das war.

Die Zeit im Heim war für mich wunderbar. Das Heim wurde von Nonnen betreut, und ich kann nur Bestes von ihnen sagen. Im Heim kam aber eine Prüfung ganz anderer Art auf mich zu. Ich kam mit zwei dreizehnjährigen Jungen in ein Zimmer, ich war elf. Der eine kam aus Stuttgart, sein Vater war beratender Ingenieur bei Speer. Der andere kam aus Ellwangen, sein Vater war ein höherer SS-Offizier. Wir drei lebten nun in einem Zimmer. Ich durfte mich nicht verraten, wollte aber auch mitreden. Also redete ich über Dinge, die in Wirklichkeit gar nicht da waren, nur um mitzureden. Wenn die anderen Kinder im Heim über Kindergarten oder Schule sprachen, beteiligte ich mich nicht oder ich fantasierte. Es ging erstaunlich gut. Keiner der beiden Jungen merkte etwas.

Von den Schwestern kann ich nur schwärmen – wie die sich um uns gekümmert haben! Ich bekam besondere Zuneigung von Schwester Trudlinda, einer etwas älteren Nonne, aber ein sportliches Ass. Ein wenig hatte ich immer den Eindruck, als wüsste sie von meiner Geschichte. Ich habe aber nie mit ihr darüber gesprochen. Ich erinnere mich an den Tag, als wir mit ihr in die Berge wanderten. Auf einer Wiese hockte sie sich hin und zeigte uns, wie man eine Kuh melkt.

Wir hatten einen sehr strammen Tagesablauf im Heim, fast wie im Krankenhaus. Nach dem Frühstück um 6.30 Uhr mussten wir in den Liegehallen zwei Stunden an der frischen Luft liegen. Nachmittags kamen zwei weitere Stunden hinzu. Ob es kalt war, ob es schneite, ob es eisig war – ganz egal, wir lagen jeden Tag vier Stunden an der frischen Luft. Der Unterschied war nur, wie viele Decken wir bekamen. Zwischen 12 und 13 Uhr gab es Mittagessen, und danach hatten wir Programm wie Handarbeit, wo wir unsere Strümpfe stopfen mussten. An zwei Tagen in der Woche brachte uns eine Schwester zwei bis drei Stunden Schreiben, Lesen und Rechnen bei. Das war die einzige Schulbildung während meiner Zeit im Heim. Nach dem Kaffee am Nachmittag hatten wir frei, aber raus aus dem Heim durften wir nicht. Einmal im Monat kamen Eltern und Verwandte zu Besuch, und wir hatten Ausgang. Mich besuchte niemand. Aber die Mutter von meinem Zimmernachbarn nahm mich immer mit in die Stadt.

So richtig weiß ich nicht, ob ich Tuberkulose hatte. In dem Bericht von damals ist immer von einer 5-Mark-Stück großen Verschattung die Rede. Also irgendwer hat was gesehen.

Mit Mutter hatte ich anfangs noch Briefkontakt. Ich habe noch zwei Briefe von ihr, die sie mir ins Heim schickte. Sie sind das Einzige, was mir von meiner Mutter geblieben ist. Mutter starb am 27. November an den Folgen ihrer Krankheit. Das erzählte mir

Vater erst im Februar, als er mich das erste Mal besuchen kam. Zwei Tage hatten wir für uns, wo er mir auch vom Tod meiner Mutter erzählte. Ich weiß nicht mehr, wie ich mich gefühlt habe. Im Heim hatte niemand Eltern. Da fehlte mir nichts. Vater sagte noch: »So, jetzt kommt das Tohuwabohu, nun müssen wir gucken, wie wir das Kriegsende überstehen, vielleicht treffen wir uns wieder!«

Er ließ etwas Geld für mich bei seiner Gastwirtin, einer Bäuerin, da und fuhr wieder nach Berlin. Von dem Geld besorgte ich bei der Gastwirtin ab und zu Jagdwurst und teilte sie mit meinen beiden Mitbewohnern. Das war ein Fest für uns.

Während ich weiter aufpasste, dass ich nichts Falsches erzählte, stellte sich in Deutschland mittlerweile alles auf Verteidigung ein. Auch wir im Kinderheim, oben auf dem Hügel, begannen mit der Angst zu leben. Über der Stadt Kempten war der Himmel feuerrot von schweren Kämpfen. Dann hörte das Feuer auf zu brennen.

Bald kamen die Franzosen und entdeckten das Kinderheim auf dem Hügel, in dem auch operiert werden konnte. Sie versorgten bei uns ihre verwundeten Soldaten und brachten uns Essen und Kleidung. Das konnten wir gut gebrauchen.

Obwohl der Krieg zu Ende war, war es für mich noch nicht vorbei. Hätte ich es jetzt sagen sollen? Nein! Das ging nicht. Das saß ja tief in den Köpfen drin. Erst als ich nach Hause kam und wieder in die Schule ging, fing es an, vorbei zu sein.

Ich überstand die Zeit im Heim bis zum Oktober 1945. Dann kamen neue Kinder aus Berlin und die Gesundeten wie ich wurden zurückgefahren. Wir waren neun Tage unterwegs. Das Schlimmste war für mich, dass ich nichts von Vater gehört hatte. Ich wusste nicht, ob es ihn überhaupt noch gab. Ich saß im Bus nach Berlin, nach Hause und dachte die ganze Zeit: ›Nun biste bald da, wie wird denn das sein, wird dich da einer abholen? Und wenn Vater dann nicht mehr da ist, dann musste in ein Waisenhaus!‹

Solche Gedanken schwirrten mir durch den Kopf. Am Busbahnhof in Berlin wurde ich noch auf eine letzte Probe gestellt – ich wurde als Letzter abgeholt … Vater lebte.

Aber die ganze Familie meiner Mutter lebte nicht mehr. Mutter war Polin und stammte aus Kalisch im damaligen Westpreußen. Dort lebten all ihre Verwandten. Sie wohnten in einem großem Haus mitten in der Stadt, wir hatten sie dort immer wieder besucht. Anfang der vierziger Jahre hatten wir das letzte Mal von ihnen gehört. In einem Brief hatte Großmutter geschrieben, dass sie im

Getto seien. Ich erinnere mich noch an den zerbröckelten Kuchen, den Großmutter uns schickte. Er war mit der Bitte verbunden, Mutter solle ihr ins Getto Zuckertabletten schicken. Das war die letzte Nachricht. Einer von Mutters Brüdern hatte zuvor in der Sowjetunion nach Exilmöglichkeiten gesucht. Zu spät ... Letztes Jahr war ich mit meinem Enkel im Getto in Łódź, Litzmannstadt, und habe nachgeforscht. Ich fand heraus, dass meine jüngste Cousine, die Tochter meiner Tante, 1942, da war sie vierzehn Jahre alt, mit einem Transport vom Getto in Litzmannstadt in das Vernichtungslager Kulmhof gebracht worden war. Dort töteten sie die Menschen bis zum Schluss mit den Abgasen von Lastwagen. Also muss ich annehmen, dass es den anderen etwa zehn Mitgliedern von Mutters Familie genauso ergangen ist, wenn sie nicht schon im Getto umgebracht wurden. Umgekommen sind sie alle. Meine Großeltern hatten fünf Kinder, zwei Mädchen und drei Jungs ...

Ich suche gerade einen Grabstein aus für mich und meine Frau. Auf der Rückseite will ich ihnen zum Gedenken die Namen von Mutters Familie mit aufschreiben lassen. Es war schwierig für mich, herauszufinden, wann alle aus der Familie meiner Mutter geboren sind. Ich hatte ja niemanden, den ich fragen konnte – alle wurden umgebracht. So vieles weiß ich nicht ...

Der Bruder von meinem Vater wurde in Sachsenhausen umgebracht. Er war in seiner Kreisstadt der Chef der Kommunistischen Partei gewesen.

Auch Vater hat die ganze Tippel-Tappel-Tour vom Spartakusbund bis zur Kommunistischen Partei mitgemacht. Soviel ich weiß, hat er sich später unter den Nationalsozialisten nicht mehr damit beschäftigt. Die Hauptfrage war es dann, unser Überleben zu sichern und den anderen Juden zu helfen, die zu uns kamen. Das kann nicht nur die Mutter alleine gemacht haben. Da war der Vater involviert und hat auf die Art und Weise weitergemacht ...

Hier haben Sie eine Geschichte aus dem Leben während des Krieges und des Faschismus, das ein jüdischer Junge erlebte. Wenn ich darüber heute nachdenke, wird mir klar, dass es auch eine große Zahl an Menschen in dieser Zeit gegeben haben muss, die anderen Verfolgten Hilfe und Unterstützung gaben. Diesen vielen Unbekannten müssen wir ein großes Danke sagen. Sie haben geholfen, Leben zu retten.

Ich träumte, Regierung und Volk würden sichern, dass sich Faschismus und Antisemitismus nicht wiederholen. Die Realität

Kennort: Berlin
Kennummer: B 210341
Gültig bis 19. April 1948
Name: Hillmann
Vornamen: Kurt Israel, Hermann
Geburtstag: 11. Februar 1933
Geburtsort: Berlin
Beruf: Schüler
Unveränderliche Kennzeichen: fehlen
Veränderliche Kennzeichen: fehlen
Bemerkungen: Keine

Rechter Zeigefinger
Linker Zeigefinger

Kurt Israel Hillmann
(Unterschrift des Kennkarteninhabers)
Berlin, den 19. April 43.
Der Polizeipräsident in Berlin
82. Polizeirevier
(Ausstellende Behörde)
I. A.
(Unterschrift des ausfertigenden Beamten)
3 RM
Geb.-Buch Nr. 115

Jüdische Kennkarte von Kurt Hillmann mit einem aufgedruckten »J« und dem männlichen Zwangsvornamen Israel

jedoch steht dem entgegen. Wenn ich die heutige politische Situation in Deutschland und Europa sehe, scheinen die Zeiten zurückzukommen. Deswegen erzähle ich auch in Schulen meine Geschichte, solange ich noch kann. Faschismus darf sich nicht wiederholen! Es ist eine Verpflichtung der Überlebenden, ihre Geschichte immer wieder zu erzählen.

»Ich wurde versteckt.«
Margit Siebner-Cohn

(Geboren 1928 in Berlin, Bibliothekarin, Psychotherapeutin)

Ich erzähle Ihnen meine Geschichte, wie ich es immer in den Schulen erzähle … Ich bin am Spittelmarkt groß geworden, wo mein Vater eine sehr schöne Buchhandlung hatte. Als ich Kind war, haben die Erwachsenen den Kindern leider nichts erzählt. Sie glaubten, Kinder sollten unberührt bleiben von den bösen Dingen des Lebens. Damals wussten sie noch nicht – was man heute weiß –, dass Kinder alles merken. Kinder kennen zwar nicht die Fakten, aber sie spüren die Stimmung. So war es auch bei mir. Ich war ein sehr neugieriges, aufgeschlossenes Kind und musste damals alles erlauschen. Zunächst bin ich sehr fröhlich und behütet aufgewachsen. Meine Eltern hatten eine sehr glückliche Ehe. Es war eine schöne Zeit, die bis 34 ging. Da war ich dann schon sechs Jahre alt.

Mein Vater hatte im Namen des Führers und Reichskanzlers ein Ehrenkreuz für Frontkämpfer bekommen. Viele jüdische Männer waren Frontkämpfer des Ersten Weltkrieges gewesen. Manchmal zeigte Vater mir dieses Ehrenkreuz, er war sehr stolz darauf. Das Kreuz war eigentlich sein Unglück, weil er der Meinung war, deswegen könne ihm gar nichts passieren. Das habe ich auch erlauscht. Die kleine Buchhandlung meines Vaters hatte unten im Keller ein Antiquariat. Da saß ich immer und hörte zu, worüber sich Vater und seine Freunde oben in der Buchhandlung unterhielten. Die Diskussionen waren sehr ambivalent. Die einen sagten: »Ach, der Hitler, der ist bloß die erste Hitze!«

Die anderen sagten: »Lest ihr nicht den Stürmer?«

Der Stürmer war das Naziblatt. Da stand drin: Die Juden sind unser Unglück, die Juden stinken alle und haben eine Hakennase. Mein Vater war ein sehr eleganter Mann. Mein Papa, gucken Sie mal, wie mein Vater aussah. *(Sie zeigt ein Foto von ihm.)* Mein Vater war ein ganz eleganter Mann, immer mit Hut, wie sie die Juden meistens trugen. Deswegen war ich auch so sicher: Die können doch alle reden, was sie wollen, das stimmt doch alles gar nicht! Vater und seine Freunde stritten über das Thema. Aus der Illusion, dass ihm nichts passieren würde, wurde Vater 1936 herausgerissen. Da wurde seine Buchhandlung arisiert. Vater hatte eine Woche Zeit, sein Geschäft zu schließen. Auf der anderen Straßenseite war ein kleiner Tabakwarenladen, der einer alten Frau gehörte. Diesen Laden kaufte Vater für meine Mutter von dem wenigen Geld, das die Nazis ihm für seinen Buchladen gegeben hatten. In den Keller des Tabakladens trugen wir die Bücher. Endlich konnte ich helfen! Mit acht Jahren schleppte ich die Bücher mit rüber. Nicht alle, aber doch ganz viele. Vater arbeitete dann ab und zu beim jüdischen Kulturtheater, weil er nun kein Geld mehr hatte. In diesem Theater spielten Juden für Juden. Die Nazis waren ja so raffiniert. Wenn das Rote Kreuz kam, zeigten sie das Jüdische Theater, wo es den Juden erlaubt war, Theater zu spielen. So war es nachher noch in Theresienstadt. Dem Roten Kreuz wurde Sand in die Augen gestreut: Die Nazis sind doch gut zu den Juden! Der Führer schenkt den Juden eine Stadt.

Solange das Theater noch auf war, ging ich hin und schaute mir die Stücke an. Weil wir nur noch wenig Geld hatten, verkaufte mein Vater heimlich ab und zu einige Bücher, die noch in dem Keller waren. Es waren natürlich verbotene Bücher, und das war sein Unglück. Deswegen wurde er abgeholt. Sie müssen sich Folgendes vorstellen: Die Nazis, die die Leute abholten, kamen immer früh um sechs. Sie klingelten nicht, sondern klopften laut an der Haustür.

Ich wache auf, und mein Vater reißt mich in seiner Sorge aus dem Bett. Zwei SS-Leute stehen in der Wohnung, die schwarzen Stiefel sehe ich heute noch vor mir. Sie sagen, Vater müsse mitkommen. Meine Mutter, die zwar manchmal etwas schwierig ist, aber in Zeiten der Not eiskalt wird, ruft: »Mein Mann hat nichts getan! Warum holen Sie ihn ab? Er hat nichts getan!«

Meine Mutter wusste nichts von den heimlichen Bücherverkäufen meines Vaters. Vater hat mich auf seinem Arm, ich klammere mich ganz fest an ihn. Die SS-Männer ziehen meine Hände weg von Vaters Arm. Sie nehmen Vater mit. Nun saßen wir da und hatten sechs Wochen keine Nachricht von ihm. Wir wussten nicht, wo Vater ist. Wissen Sie, mit den KZs, das wusste man wirklich nicht, weil ja die Leute immer gesagt haben, sie haben es nicht gewusst. Die Leute, die den sogenannten Feindsender BBC hörten, die wussten es wohl. Ja, aber wer hat den schon gehört? Wir nicht. Man munkelte, da gibt es Lager, und ich hör heute noch, wie gesagt wurde: »Da lernen die Juden endlich mal arbeiten!«

Was heißt denn das? Keiner weiß und auch die Schüler wissen das heute nicht, dass Juden nicht in den Zünften sein durften und deswegen keine Handwerker sein konnten. Deswegen hatten sie immer mit Geld zu tun, oder sie waren die Juden aus dem Osten, die handelten. Die Emanzipation der Juden kam erst durch Moses Mendelssohn auf und führte dazu, dass viele Juden Intellektuelle waren, zum Beispiel Ärzte. In Berlin gab es auch viele jüdische Schauspieler. Aber sie waren keine Handwerker, das ging gar nicht. Das weiß bloß keiner, das wussten die Leute damals nicht und wir wussten das eigentlich auch nicht.

Wir wussten nicht, wo Vater ist. Es dauerte sechs Wochen. Dann kam aus Buchenwald endlich ein Brief. Ich nahm ihn sogar entgegen. Meine Mutter sagte sofort: »Da hol ich ihn raus!«

Und sie hat es auch geschafft. Aber das war eine sehr schwierige Geschichte. Jedenfalls wussten wir nun, wo er ist. In Buchenwald. Die Leute munkelten, das sei ein Konzentrationslager. Aber was das wirklich bedeutete, das wusste keiner so richtig. In das Zigarrengeschäft meiner Mutter kamen fast nur männliche Kunden. Meine Mutter war eine sehr schöne, attraktive Frau und hatte einen Verehrer, der zu ihr ins Geschäft kam und sich sehr für sie interessierte. Ich konnte den Kerl nicht leiden. Der trug den Bonbon. So nannten wir das Nazizeichen. Der war in der NSDAP. »Da hol ich ihn raus!« Na, wie wollte sie das denn schaffen? Meine Mutter muss sich mit diesem Verehrer irgendwie eingelassen habe. Hinter dem Zigarrengeschäft war eine kleine Wohnung, in die der Verehrer immer verschwand. Damals durfte man sein Geschäft nur mit einer Polizeigenehmigung zumachen. Das war meiner Mutter natürlich zu umständlich, und so verkaufte ich im Geschäft, wenn Mutter gerade nicht konnte. Das müssen Sie sich mal vorstellen! Ich war zehn Jahre und stand hinter dem Ladentisch. Als Mutters Verehrer in den Laden kam, sagte er: »Na, du kleine Krabbe, reichst ja kaum übern Ladentisch! Ist auch besser so, kannste leichter verschwinden!«

Ich dachte, warum soll ich denn verschwinden? Ja! Der ahnte schon, was kommen würde. Der war ja ein Nazi. Er verschwand mit meiner Mutter nach hinten … Aber er hat uns auch geholfen – am 9. November, als die Scheiben zersplitterten. Sie müssen wissen, damit die Plünderer und Nazis wussten, wo Judengeschäfte waren, wurden an alle jüdischen Geschäfte große, weiße Buchstaben gemalt. Meine Mutter hieß ja auch Cohn. Einen jüdischeren Namen gibt's ja gar nicht. An ihr Tabakgeschäft war auch mit großen weißen Buchstaben Gertrud Cohn geschrieben worden. Die Leute kamen schon, wollten plündern. Aber der Verehrer meiner Mutter stellte sich neben das Geschäft und sagte: »Die Frau ist gar keine Jüdin, die heißt bloß so!« Er hat uns gerettet ... Ich musste hin und her rennen und bei den anderen jüdischen Geschäften gucken, ob sie schon kaputt waren. Es gab ja noch mehr Leute in unserer Situation. Ach, es war sehr aufregend. Ich war nun endlich dabei. Es war nicht mehr so, dass mir nichts erzählt wurde. *(Sie lacht.)* Ich habe das alles selbst gesehen. Die zerstörten Geschäfte ... An diesem Tag ging mein Vertrauen in die Polizei verloren. Meine Eltern hatten mich gelehrt: Wenn irgendwas ist, gehste zum Schutzmann. Ja, denkste! Ich raste zu einem hin, der da rumstand, und rief: »Herr Schutzmann, helfen Sie uns!«

Haha, die Polizisten standen herum, nicht alle, aber viele standen da und feixten: »Endlich geht's den Juden schlecht. Juda verrecke!« Da wurde mein Vertrauen in die Polizei erschüttert. Der Schutzmann half uns nicht, sondern der Verehrer, der sich was von meiner Mutter erhoffte. Aber meine Mutter liebte ja ihren Mann. Ohne den Verehrer wäre mein Vater gar nicht mehr rausgekommen. Er riet meiner Mutter, sie solle sich scheiden lassen, und wenn mein Vater innerhalb von vier Wochen Deutschland verließe, würde er noch aus dem KZ rauskommen. Meine Mutter sagte: »Ganz egal, Hauptsache er kommt da raus!«

Im Januar 39 kam Vater wirklich raus. Nach fast einem Jahr wurde er entlassen. Weil Mutter sich bereiterklärt hatte, sich scheiden zu lassen und Vater innerhalb von vier Wochen Deutschland verlassen wollte. Von jetzt auf gleich. Als er zurückkam, war er nicht mehr mein Vater. Er war eigentlich ein leicht melancholischer, heiterer Mensch gewesen, der mir immer viel vorgelesen hatte. Ich liebte meinen Vater über alles. Nun saß er nur gebeugt rum, und meine Mutter redete auf ihn ein: »Also Fritz, nun nimm dich zusammen!«

Mein Vater hieß Fritz, nach Friedrich dem Großen! Ja, die deutschen Juden ...

»Also Fritz, nimm dich zusammen. Du musst auswandern, es geht nicht anders!«

Aber bitte schön wohin? Amerika, Australien, Kanada – dafür brauchte man ein Visum, und das kostete um die tausend Reichsmark. So viel hatten wir gar nicht. Der einzige Ort, das wissen die wenigsten, war Shanghai. Nach Shanghai kam man mit zehn Reichsmark rein. Aber wie da hinkommen? Ich weiß heute noch nicht, wie meine Mutter das geschafft hat. Sie organisierte innerhalb dieser relativ kurzen Zeit von vier Wochen eine Passage nach Shanghai. Ihr Verehrer half ihr. Vorher mussten sich meine Eltern scheiden lassen. Das war furchtbar. Weil meine Mutter das Geschäft nicht zumachen konnte, musste ich wieder hinter der Ladentheke stehen. Weinend gingen beide zum Notar. Danach durfte Vater nicht mehr bei uns wohnen. Er kam bei jüdischen Verwandten unter. 39 ging das alles noch. Trotzdem waren wir jeden Tag zusammen. Vater musste sich täglich bei der Polizei melden, dass er noch da ist. Und er hatte unterschreiben müssen, nichts aus Buchenwald zu berichten. Aber meiner Mutter erzählte er, was da los war. Es gab noch keine Verbrennungsöfen, aber Menschen wurden an Bäumen aufgehängt, und Vater wurde geprügelt, weil er einem Mann ein Stück Brot gegeben hatte. Das habe ich bloß alles wieder erlauscht, das wollten mir meine Eltern nicht erzählen. Aber ich wollte doch wissen, warum mein Papa plötzlich so komisch war. Ich erzählte ihm Witze, um ihn aufzuheitern, er tat mir so leid. Jeden Tag gingen wir zusammen zur Polizei und danach in eine kleine Konditorei, die noch nicht für Juden verboten worden war. Ich hatte noch nie so viel von meinem Vater gehabt wie in den letzten vier Wochen …

Es gab auch wirklich gute Menschen in dieser Zeit. In der Schule hatte ich eine Handarbeitslehrerin, die mir gesagt hatte: »Och, kleine Cohn, warum biste denn immer so traurig? Weißte gar nicht, woher dein Name kommt? Von den Cohanin, der Priesterkaste in Israel. Die sind doch was Besonderes!« Also erzählte ich Vater, um ihn aufzumuntern: »Wir sind die Cohanin, wir sind ganz was Besonderes!«

Er lächelte ein bisschen und sagte: »So kann man es auch sehen.«

Zusammen besorgten wir für ihn einen Schrankkoffer und einige Sachen für die Reise. Natürlich nicht in jüdischen Geschäften. »Kauft nicht bei Juden!«, stand überall. Es gab einen großen Boykott. Meine Mutter besorgte ihm die Passage, und dann brachte ich ihn zusammen mit meinem jüdischen Cousin zur Bahn. Meine Mutter durfte ihn nicht mehr begleiten. Vater musste mit dem Zug nach Genua, wo das letzte Passagierschiff, die Conte Rosso, nach Shanghai ablegen würde.

Wir stehen am Bahnhof, Vater schaut aus dem Fenster und sagt: »Gittemaus, lern Englisch!« Er hatte mich immer Gittemaus genannt, von Margit. Auf dem Bahnsteig sah ich Vater das letzte Mal.

Ich war eine ganze Woche im Lyceum, in der Oberstufe, würde man heute sagen. *(Sie lacht.)* Und dann hat mich mein Volksschullehrer Herr Weiß verraten. Er wurde nach der Cohn gefragt. Ja, die ist doch jüdisch ... Ich hatte meinen Volksschullehrer heiß geliebt. Der konnte Geige spielen, der konnte alles. Nachher trug er auch den Bonbon. Da ging nochmal was bei mir flöten, mein Vertrauen war im Eimer. Ich dachte: ›Es kann doch nicht sein, dass mein geliebter Lehrer Weiß mich verrät.‹ In meinem kindlichen Unverstand, ich war zehn Jahre, dachte ich, der hätte doch sagen können, ›die ist nicht jüdisch‹. Hat er natürlich nicht. Ich flog sofort vom Lyceum. Na ja, wenn man Cohn heißt ...

Zunächst hatte ich in der Schule keine Probleme gehabt. Nur in Handarbeiten war ich nicht so gut, ansonsten war ich immer die Beste gewesen, aber das nützte mir später überhaupt nichts mehr. Ich werde nie vergessen, wie ich mich immer gemeldet hatte. *(Sie hebt den Arm und schnipst mit dem Finger.)* So hat man sich gemeldet, ich kam nicht dran. Das war für ein Kind schon schlimm. Ich verstand das nicht, ich hatte doch gar nichts gemacht ... Einmal kamen zwei Leute vom Rasseinstitut in die Schule, um uns zu vermessen. Rosenberg war der Mensch, der das mit den Rassen erfunden hatte. In der Klasse gab es Manja, die mochte ich so gerne. Die war groß und blond und entsprach dem nazistischen Ideal. Manja hatte immer von mir abgeschrieben, aber sonst wollte sie nichts mit mir zu tun haben. Als ein Klassenfoto von uns gemacht werden sollte, schlängelte ich mich ein bisschen neben Manja, doch sie schubste mich weg und sagte: »Bloß nicht mit der Judengöre auf ein Bild!«

Ah! *(Sie seufzt erschreckt auf.)* Ich erzählte davon zu Hause und weinte. Meine Mutter ging hin und verprügelte sie, obwohl mein Vater gesagt hatte: »Mach das nicht, du bringst sie doch bloß in Gefahr.«

Jedenfalls entsprach meine schöne, blonde Manja den Rassekriterien. Sie müssen sich das vorstellen! So absurd, aber es war so. Wir wurden von vorne und hinten abgemessen mit einem Zollstock. Einen ganz kleinen Triumph hatte ich an diesem Tag. Der Rosenberg hatte den sogenannten jüdischen Mischling erfunden, wie ich eine war. Er war der Meinung, die Mischlinge hätten angewachsene Ohrläppchen. Nun gucken Sie mal! *(Sie zeigt ihre Ohrläppchen, die nicht angewachsen sind.)* Ich stand da, ha! Die Kinder lachten. Das war doch albern! Angewachsene Ohrläppchen. Manche Leute haben die und manche nicht. Das hat doch mit Jude oder Nichtjude nichts zu tun! Das war ein kleiner Triumph. Es ist so absurd, dass das keiner glauben kann. Wenn ich das nicht selber erlebt hätte …

Kurz nach seiner Ankunft in Shanghai schickte Vater ein Telegramm: »Kommt sofort nach!« Ja, wie sollten wir denn nachkommen? Das ging nicht. Wir hatten kein Geld, und meine Mutter konnte auch kein Englisch. Ich wollte aber! Da war ich wirklich kein reines Mutterglück. Ich wollte hin zu meinem Papa!

Meine Mutter dachte, die Gerüchte vom Krieg seien Gerede. Aber dann wurden schon die Luftschutzkeller gebaut. Es war noch kein Bombenkrieg, aber die Luftschutzwarte bereiteten schon die Luftschutzkeller vor. Auch bei uns im Haus. Man muss wissen, die Luftschutzwarte waren ganz wilde Nazis. Ich wollte zuschauen, doch der Luftschutzwart schubste mich weg und sagte: »Die Judengöre soll verrecken!«

Ich hatte so ein gutes Selbstbewusstsein, dass ich dachte, der kann mich mal. Was heißt hier Judengöre verrecke, pfff! Wissen Sie, wie man Selbstbewusstsein erwirbt? Wenn man eine so gute Kindheit hatte wie ich. Die ersten drei, vier Jahre sind die wichtigen. Ich habe später auch noch Psychologie studiert und daher weiß ich, wann Identität entsteht. Im ersten Jahr. Wenn man dann das Glück hat, Eltern zu haben, die einen lieben, die einen wirklich lieben, wie ich das hatte, dann entwickelt man ein ganz gesundes Selbstbewusstsein. Selbst durch diese Geschichte war das nicht zu erschüttern. Und auch nicht durch die anderen Absurditäten. Der Vater stinkt! Das war ja auch so furchtbar verrückt.

Vater schickte weiter Briefe aus Shanghai. Sie waren an mich adressiert, an Fräulein Margit Cohn, denn meine Eltern waren ja geschieden und durften keinen Kontakt mehr haben. Dieser hier *(sie zeigt einen Brief)* ist sogar geöffnet worden. Das ist ein Original, das muss ich wirklich hüten. Hier habe ich aus einer Zeitung ein Bild von einem Männerschlafsaal in Shanghai. Die haben auch nicht bloß auf die Juden gewartet. Man weiß es nicht ganz genau, ca. 20 000–25 000 deutsche und österreichische Juden waren zunächst in diesen Schlafsälen untergebracht. Vater schrieb dann, wir sollten doch nicht nachkommen. Er schrieb: »Ich habe kein Geld, schickt mir Bücher. Denn dann kann ich hier eine fahrbare Leihbücherei aufmachen … Schickt mir Bücher!«

Und dann schickte ich ihm Bücher. Meine Freundin Helga half mir. Zu meinen anderen Spielkameradinnen war ich nicht mehr eingeladen worden. Die Väter waren ja alle Nazis. Aber zu der Tochter vom Kohlenhändler, einem guten Menschen, wurde ich noch eingeladen. Der hatte im schönsten Berlinisch gesagt: »Kohlen werden immer gebraucht. Ick muss den janzen Mist nich mitmachen.«

Das werde ich nie vergessen. Stellen Sie sich mal vor, der wäre denunziert worden! Ist er aber nicht. Mit seiner kleinen Tochter Helga durfte ich spielen, und bei ihrem Kindergeburtstag musste ich so viel Kuchen essen, dass mir schlecht wurde. Zu Hause gab es das doch alles gar nicht mehr … Helga und ich schnürten immer sechs, acht Bücher zu Paketen. Die waren schön schwer. Ich war dann damals elf Jahre und Helga so alt wie ich. Sie begleitete mich zur Post. Meine Mutter sagte, ich solle nicht immer zur selben Post gehen. Sie hatte Angst, dass ich beobachtet werde, wo ich denn die Bücher hinschicken würde. Mit den Büchern aus den Paketen machte mein Vater, was er vorgehabt hatte, eine fahrende Leihbücherei in Shanghai. Gucken Sie mal. *(Zeigt ein Foto von dem Leihbüchereiwagen in Shanghai.)* Das Foto habe ich erst nach dem Krieg bekommen. Es müssen so an die 400 Bücher gewesen sein. Jede Woche marschierte ich los, immer zu anderen Postämtern. Die Bücher sind wirklich angekommen, sie waren seine erste Existenz.

Dann kam doch Krieg. Die Nachbarsfrauen weinten. Aber dann wurde gesiegt. Unendlich gesiegt. Die siegten überall. Die waren in Frankreich, in Belgien, in Dänemark. Überall. Nur das dänische Volk hat sich toll verhalten. Auch in Dänemark sollten die Juden nach der Besetzung eine Binde mit einem J tragen. Der dänische König band sich daraufhin auch so eine Binde um. Da sind die Dänen auf die Straße gegangen – alle. Na ja, sie siegten überall und dann kam Stalingrad.

Als der Krieg ausbrach, durften wir keine Pakete mehr schicken. Wir konnten nur noch Karten über das Rote Kreuz an meinen Vater schicken. Das wissen auch die wenigsten. Übers Rote Kreuz gingen 25 Worte. Aber die waren genauso bürokratisch. Wenn man 26 Worte geschrieben hatte, kam die Karte zurück. Hier ist noch eine Karte: »Liebste Kinder! (hat er immer geschrieben, er durfte ja nicht an meine Mutter schreiben) Bin in größter Sorge. Lest letzten Brief gut, fragt nicht so viel. Schreibe von meinem Leben. Schreibt von eurem. Keine Wortverschwendung.«

Der letzte Brief ist von 44: »Geliebte Kinder, bin noch in ärztlicher Behandlung, viel Geld geht drauf. Mein einziger Gedanke ist, wann ich euch wiedersehe. Seid innigst gegrüßt, euer Papimann.« So hat er immer unterschrieben, damit es nicht an meine Mutter gerichtet war. Wir schrieben zurück: »Wir haben, liebster Papi, deine Nachricht erhalten, denken immer an dich, sind gesund und munter, vergiss uns nicht, innige Grüße.«

Am 1. September 44 ist Vater gestorben. Das wussten wir aber nicht. Wir dachten, er kommt wieder, als dann alles vorbei war …

Ab und zu kam Anna Cohn, die neue Frau meines jüdischen Großvaters, durch den Hintereingang des Zigarrengeschäfts. Meine jüdische Großmutter hatte sich, was damals nicht üblich war, scheiden lassen, um einen christlichen Offizier zu heiraten. Mein jüdischer Großvater hatte dann Anna geheiratet, die ich noch kennengelernt habe. Wenn sie kam, hat sie ihren Stern immer zugedeckt. Meine Mutter gab ihr Lebensmittel. Ich hatte auch noch eine Tante im jüdischen Altersheim. Weil ich noch zu jung war, um den Stern tragen zu müssen, musste ich sie immer besuchen und ihr Lebensmittel bringen.

Es wurde immer schlimmer mit den Bombenangriffen. Es wurde immer gefährlicher für mich. Der Blockwart ließ mich nicht in den Luftschutzkeller. Die deutschen Kinder, die nichtjüdischen, wurden mit der Kinderlandverschickung verschickt. Mich nahmen sie natürlich nicht mit. So wimmelte ich immer noch in Berlin rum und konnte nicht zur Schule gehen. Der Blockwart hatte mich auf dem Kieker. Meine Mutter kriegte es wirklich mit der Angst zu tun und verbat mir, draußen zu spielen. Sie erzählte dem Blockwart, dass ich in Pommern sei, zur Kinderlandverschickung. Ich langweilte mich. Meine einzige Ablenkung war ein Mädchenbibelkreis. Mutter hatte in ihrem Zigarrengeschäft Kontakt zu einem guten Pastor geknüpft. An dessen Mädchenbibelkreis durfte ich einmal in der Woche heimlich teilnehmen. Dort hieß ich bloß Margit, und kein Mensch wusste, wer ich war. Den Pastor fand ich wunderbar. Er sah aus wie Goethe und Gerhart Hauptmann in einem. Mit schlohweißem Haar stand er da und sagte immer: »In der einen Hand meine Bibel, in der anderen meinen Faust, mehr braucht man nicht im Leben!«

Die Bibel, das sagte mir überhaupt nichts. Mein Vater war kein frommer Jude, aber an Jom Kippur war er wie alle Juden in die Synagoge gegangen. Wir hatten auch Purim, ein sehr schönes jüdisches Kinderfest gefeiert, so eine Art Karneval. Über diesen Pastor lernte ich das Christentum kennen, von dem ich vorher keine Ahnung gehabt hatte. Durch den Bibelkreis wurde ich, wenn man so will, zur Christin. Ich fand es spannend, was dort erzählt wurde. Jesus war Jude. Das hat man damals zwar nicht gesagt, aber das war doch so. Als die anderen Mädchen zur Konfirmation gingen, segnete der Pastor mich sogar heimlich ein. Er gehörte zur Bekennenden Kirche.

Es wurde immer gefährlicher. Ich wurde versteckt. Wieder hatte Mutter jemanden über das Tabakgeschäft gefunden. *(Sie lacht.)* Meine Mutter hatte einen unglaublichen Instinkt, wem sie was erzählen konnte und wem nicht. Diesmal hatte sie sich dem Fabrikbesitzer Dr. Überle anvertraut, der eine kriegswichtige Fabrik in Berlin hatte. Die Fabrik hatte er mit der Bedingung von seiner jüdischen Freundin überschrieben bekommen, dass er jüdischen Kindern helfen würde. Und das hat er auch gemacht. Diesem Dr. Überle vertraute sich Mutter an, und er sagte: »Ich versteck die Kleine!«

Und so lebte ich anderthalb Jahre bis Kriegsende in seiner Fabrik. Ach, mir ging es dort besser als meiner Mutter. Es gab ja Lebensmittelkarten, und die Leute hungerten im letzten Kriegsjahr. Ich kriegte immer etwas zu Essen in der Fabrik. Mal lag da ein Apfel, dann ein Brot. Dr. Überle stellte mich als Lehrling ein, er war sehr gut zu mir. Zunächst lernte ich die Ablage, danach auch Steno und Schreibmaschine. Sonst wäre es in den anderthalb Jahren ja stinklangweilig gewesen in meinem Versteck. Bei Bombenangriffen ging ich mit den anderen in den Keller der Fabrik. Wenn die Arbeiter abends nach Hause gingen, saß ich noch an meinem Schreibtisch, und wenn sie morgens kamen, saß ich schon wieder da. Ich schlief in einer ganz winzigen Abstellkammer. Nach Feierabend las ich in den paar Büchern, die ich mitgenommen hatte, oder hörte Radio. Ich weiß noch, wie entsetzlich es für mich wurde, als ich all meine Bücher ausgelesen hatte. Deswegen rückte ich doch einmal aus. Um die Ecke von der Fabrik war eine Volksbücherei. Dort lief ich heimlich hin. Ich hatte meinen neuen Ausweis mit meinem neuen Namen dabei, den mir Dr. Überle angefertigt hatte. Nun hieß ich plötzlich Margit Galaske. So ein richtiger schöner schlesischer Name – der Geburtsname meiner Mutter. Margit Cohn wär ja nicht gegangen, und deswegen war ich mit einem falschen Namen in der Fabrik registriert. In der Bibliothek gab es keine Freihandausgabe, die Leute standen an, bis sie dran waren und bestellten dann ihre Bücher. Während ich in der Schlange stand, beobachtete ich die Bibliothekare. Wie sie Bücher raussuchten und die Kartei sortierten. Ich rückte immer weiter vor und fasste den Entschluss: Das mache ich später mal! Und ob Sie es glauben oder nicht, sieben Jahre später war ich in dieser Bücherei Praktikantin. Aber das konnte ich ja damals noch gar nicht wissen – die Bomben fielen. Als ich zurück in die Firma kam, schimpfte Dr. Überle mich zu Recht aus: »Du hast uns alle in Gefahr gebracht, wie kannst du denn sowas tun!«

Aber ich hatte ein Buch, oder zwei sogar! *(Sie ruft es triumphierend.)* Das war typisch für mich. Lieber hätte ich gehungert, als nichts zum Lesen zu haben. Das ging doch nicht! Ich war so geprägt durch meinen Buchhändlervater, der mir immer vorgelesen hatte. Und Sie sehen ja, es ist noch heute so. *(Sie zeigt auf eine große Bücherwand in ihrem Wohnzimmer.)* Die Fremdarbeiter der Fabrik waren in einem anderen Teil untergebracht. Ich glaube, es waren Franzosen. Am Ende des Krieges herrschte Untergangsstimmung. Manchmal erinnert mich das an jetzt, jeder mit jedem und noch schnell leben, leben, leben. Ich war fünfzehn, sechzehn, sehr entwickelt war ich nicht, aber irgendein Fremdarbeiter wollte mal was von mir. Doch Dr. Überle brüllte: »Lass die Kleine in Ruhe, das ist doch noch ein Kind!«

Es war schon eine verrückte Zeit …

Am Ende des Krieges rettete meine Mutter mir nochmal das Leben. Im Februar 45 gab es einen schweren Bombenangriff, bei dem die ganze Mitte Berlins kaputtgegangen ist. Der Angriff ist auch in die Geschichtsbücher eingegangen. Ganz Berlin brannte. Am Abend vorher rief mich meine Mutter in der Fabrik an. Wir hatten immer Kontakt über das Telefon. Sie sagte, ich solle nicht in den Keller der Fabrik gehen, sondern in ihren Keller kommen. Sie hatte beim Sender BBC gehört, dass es einen schweren Angriff in Berlin geben würde. Damit rettete sie mir das Leben. Durchs nächtliche Berlin lief ich zum Spittelmarkt. Weil ich nicht in den normalen Luftschutzkeller durfte, versteckte ich mich mit meiner Mutter in einem kleinen Verschlag im hinteren Teil des Kellers. Dort saßen wir zusammen. Es wackelte, wenn die Bomben fielen, aber es war ein stabiler Keller. In dieser Nacht brannte die Fabrik völlig ab …

Am Spittelmarkt erlebte ich wenig später auch den Einmarsch der Russen. Für mich waren doch die Russen die Befreier! Ich freute mich, dass sie kamen. Wir hatten es für Goebbels'sche Propaganda gehalten, dass die Horden kommen würden! Aber so war es dann auch. Vorne im Keller wurden viele Frauen vergewaltigt. Ich hatte Glück, denn ich hatte gar keine Ahnung, was man den Russen entgegenrufen sollte. Eine alte Dame hatte mir geraten, Syphilis zu sagen. Ich wusste nicht, was Syphilis ist, aber als die Russen kamen und »Frau komm!« riefen, sagte ich »Syphilis!« Sie drehten sich schnell um. Erst später erfuhr ich, was das eigentlich bedeutet.

Dann begann die Nachkriegszeit. Nie werde ich vergessen, wie ich mich mit meiner Mutter nachts bis nach Neukölln durchgeschlagen habe, wo der arische Großvater wohnte. In Neukölln war nicht alles so sehr kaputt. Dort machte meine Mutter mit ihrem Organisationstalent wieder ein kleines Zigarrengeschäft auf. Weil es zunächst noch keine Zigarren zu kaufen gab, begann Mutter mit Tauschgeschäften. Ich konnte sehr schön schreiben und malte die Anzeigen, die wir ins Schaufenster hängten. Darauf stand zum Beispiel: Tausche Wintermantel gegen Fahrrad. Der Tauschladen war unsere erste Existenz nach dem Krieg, von der Provision lebten wir. Zu meinem Entsetzen gab es plötzlich keine Nazis mehr. Es war ja auch verständlich, die Leute wollten nichts mehr vom Krieg hören und von Juden schon gar nichts. Da waren sie alle Widerstandskämpfer. Die Leute aus unserem Haus kamen zu uns, wir sollten ihre Hitlerbilder verbrennen, weil ich ja ein Opfer des Faschismus war. Ich glaube, ich habe ein Brot bekommen als Opfer des Faschismus. Wie ich dazu gekommen bin, weiß ich heute auch nicht mehr. Mit diesem Brot häufte ich feurige Kohlen auf das Haupt unseres Blockwarts, indem ich ihm davon eine Scheibe schenkte. Da weinte er. Kurze Zeit später nahm er sich das Leben. Er hatte bis zuletzt noch an den Endsieg geglaubt, da hatten die Russen schon vor der Tür gestanden. Können Sie sich sowas vorstellen? Solche Leute gab es. Dann nahm er sich das Leben. Er ist verreckt. Derjenige, der wollte, dass ich verrecke. Aber damals war ich noch nicht so reif wie heute und habe es genossen. Dass dieser Kerl, der für mich der Inbegriff des Bösen war, sich umgebracht hat.

46 bekam ich erst die Nachricht aus Shanghai, dass mein Vater am 1. September 44 an Tuberkulose am Kehlkopf gestorben war. Er war kerngesund ins KZ gegangen. Ich nehme an, dass er sich die Tuberkulose dort geholt hat.

Ich gehe noch immer in die Schulen, weil ich denke, dass es heute ganz wichtig ist, die Leute zu informieren, was rechts bedeutet. Sie merken ja, was los ist. Ich habe solche Angst vor der Wahl!

Diese blöde AfD. Jetzt sind sie drin! Selbst im Saarland. Also vor der Bundestagswahl hab ich wirklich Angst, dass das wieder rechts abrutscht. Die ganzen Unzufriedenen, die Abgehängten … Sehen Sie mal, wer sich mit der Geschichte nicht auskennt …

»Jesus Christus steigt vom Kreuz herunter und verlässt die Kirche ...«
Walter Sylten
(Geboren 1930 in Gera, Beamter)

Vater galt nach den Nürnberger Gesetzen als Mischling. Sein Vater, mein Großvater, war als Jude geboren und aufgewachsen. Als er eine Christin heiraten wollte, hatte er sich ihr angepasst und sich taufen lassen. Er wurde ein Christ. Auch Vater war getauft und nun als evangelischer Pfarrer tätig. Nach den Nürnberger Gesetzen galten aber auch getaufte Christen als Juden oder Juden-Mischlinge, wenn ihre Eltern oder Großeltern jüdisch gewesen waren. Die getauften Juden wurden danach genauso verfolgt wie die religiösen Juden. Manchmal war es für Erstere noch viel schauerlicher. Einerseits hatten sie zwar »arische Verwandte«, waren dann aber andererseits im Verwandtenkreis oft verpönt.

Wie weit das ging, hatten wir selbst gemerkt. Meine Mutter hatte im Februar 1935 Selbstmord begangen. Der Bruder meiner Mutter war ein überzeugter Nationalsozialist. Er hatte es abgelehnt, an der Beerdigung seiner Schwester teilzunehmen, weil er Gefahr lief, dann neben einem Juden, meinem Vater, sitzen zu müssen – so überzeugt war der! Es spricht alles dafür, dass dieser Bruder und vielleicht auch die sonstige Verwandtschaft meine Mutter unter Druck gesetzt hatten: »Du musst dich trennen! Wir haben arisches Blut, warum bist du mit einem Nichtarier zusammen? Wir sind Arier, du musst zu uns zurückkommen!« Mutter war hin- und hergerissen. Sie war eine überzeugte Christin und eine einmal geschlossene Ehe hat Bestand. In dieser Zerrissenheit, anders kann ich es mir nicht erklären, hat sie sich selbst getötet. Mit zwei kleinen Kindern! Ich war noch vier, wurde bald danach fünf. Mein Bruder war vier Jahre älter, war also auch noch ein kleiner Kerl.

Mein Vater leitete ein Fürsorgeerziehungsheim für schwer erziehbare Mädchen, wo wir auch wohnten. 1936 veröffentlichte er in seinem Heft für ehemalige Mädchen einen Artikel, der von den Nationalsozialisten beanstandet wurde. Ich habe den Artikel später, als ich erwachsen war und mit Theologie ein bisschen umzugehen wusste, gelesen – das war ein ganz normaler Artikel. Aber irgendein Feind meines Vaters muss das nach Berlin transportiert haben. Daraufhin wurde Vater in den Wartestand versetzt und durfte nicht mehr nach Hause.

Ich selbst hatte mit den Nazis eigentlich bis dahin keine Berührung. Ich sah, dass SA-Truppen durch die Stadt marschierten, und kannte die Nationalhymne in ihrer vollen Länge. Ab 1933 schloss sich daran auch eine Hymne der NSDAP an: »Die Fahnen hoch, die Reihen fest geschlossen, SA marschiert mit ruhigem festen Schritt, die Kameraden, die die Rot Front erschossen, marschieren in unserem Geiste mit.« Das kannte ich auch als kleiner Steppke schon. Ich hatte die Gesänge auf der Straße und im Radio gehört – die waren allgegenwärtig.

Bei der Beerdigung meiner Mutter hatte ich natürlich andere Lieder gehört und wusste, wie die Zeremonie bei einer christlichen Beerdigung abläuft. Ich erinnere mich noch an ein »Huschelement«, ein Moment, was mir heute mit 87 noch in Erinnerung ist, obwohl es so, so weit zurückliegt. Zugegeben, ich habe dieses Huschelement öfters mal erzählt. Ich stehe im Garten und muss meinen Teddybären beerdigen. Der ist tot – die Holzwolle kommt an allen Ecken und Enden raus. Er ist nicht mehr zu retten. Ich weiß noch, wie ich das Vaterunser und zum Schluss das Deutschlandlied mit all seinen Teilen, die es damals hatte, gesungen habe. Dort an dem Grab des Teddys. Das ist meine erste Erinnerung an den Nationalsozialismus.

Gelitten habe ich indirekt … Ich kann mich nicht als Verfolgten darstellen, ich bin es im Grunde nicht. Vater war der Verfolgte und ich habe darunter mitgelitten. Nachdem Vater nicht mehr nach Hause durfte, hatten wir unsere Heimat verloren. Nun musste sich ja irgendwer um mich sorgen. Mal war ich bei meiner Tante, mal bei der Großmutter. Es ging hin und her. Als Sechsjähriger war ich während der ersten Klasse in sechs verschiedenen Grundschulen. Endlich fand Vater in Gotha eine Anstellung im Büro der Bekennenden Kirche und konnte einen neuen Hausstand gründen. Seine ehemalige Sekretärin aus dem Heim zog mit ein und sorgte lieb für uns. Die beiden wollten heiraten. Aber ein Nicht-Arier will eine Arierin heiraten? Das war streng verboten! Und eine Arierin will einen Nicht-Arier heiraten? Das war genauso streng verboten und bedurfte einer Ausnahmegenehmigung vom Stellvertreter des Führers. Diese Ablehnung habe ich noch in meinen Akten. Die beiden hatten an den Stellvertreter geschrieben, damit sie auch für uns zwei Kinder Mutter sein durfte. Der Antrag wurde abgelehnt. Eine Möglichkeit, irgendwo Heimat zu finden, war erschwert. Diese Frau war uns aber Mutter. Immer Mutter. Ich glaube, wenn ich mit einer Mutter diese Zeit hätte durchstehen müssen – es wäre nicht sehr viel anders gewesen. Sie war so liebevoll zu uns und hat uns und nachher unsere Kinder bis zu ihrem eigenen Tod begleitet. Also Mutterliebe habe ich im Grunde nie entbehrt.

Wie habe ich es überhaupt rausgekriegt, dass ich ein sogenannter Mischling bin? Damals standen überall Schaukästen auf der Straße, wie man sie heute noch von Sportvereinen und Kirchen kennt. Es gab viele, viele Schaukästen dieser Art in den Städten Deutschlands, die dem »Stürmer« gehörten. Der Stürmer war eine antisemitische Wochenzeitung. Oft waren dort von Karikaturisten gezeichnete Juden zu sehen. Juden mit Hakennasen, die mich als Jungen amüsierten. Einmal war ich mit Vater unterwegs in Gotha, als wir an einem der Schaukästen des Stürmers vorbeikamen. Ich stellte mich davor, feixte mir eins und freute mich an den schicken Bildern. »Guck mal«, sagte ich zu Vater, »was der für eine komische Fratze hat!«

Vater zog mich weg und sagte: »Darüber unterhalten wir uns zu Hause.«

Und dann setzte er mir zu Hause auf dem Sofa auseinander, was hinter diesen Zeichnungen für eine Verachtung der Juden steht und dass wir davon wegen meines Großvaters, den ich aber nie kennengelernt hatte, als Judenmischlinge auch betroffen seien. Aber wenn ich vor dem Stürmer im Schaukasten nicht so gefeixt hätte, wer weiß, wann Vater mir das erzählt hätte? Ich war sieben oder acht, als er mir davon erzählte, und so machte die Erzählung auf mich keinen besonderen Eindruck. Damals erkannte ich den Zusammenhang nicht, dass diese Tatsache für mich lebensentscheidend sein könnte.

Die Bekenntnis-Pfarrer wurden immer weniger, und 1938 wurde das Büro der Bekennenden Kirche in Gotha von der Gestapo geschlossen. Nun war Vater wieder arbeitslos. Er hörte sich wieder um und kam in Kontakt mit seinem früheren Kollegen, Pfarrer Grüber, der in Berlin ein Büro zur Betreuung der »nichtarischen« Christen gründen wollte. Grüber war genauso wie Vater Leiter eines Fürsorgeheims für junge Männer gewesen und auch aus politischen Gründen entlassen worden.

Also ging Vater, der selbst als »nichtarischer« Christ betroffen war, nach Berlin in Grübers Büro. Bis er dort eine Wohnung gefunden hatte – schon damals war es in Berlin schwer, eine Wohnung zu finden –, schickte mich Vater in das Internat eines Freundes. Nach einem Jahr im Internat hatte Vater 1940 endlich eine Wohnung in Köpenick gefunden, nah am Wasser und am Wald – es war ein sehr schöner Ort. Weil Vater sofort mit dem Schulleiter der dortigen

Schule einen guten Kontakt hatte, beide waren der alten humanistischen Bildung verpflichtet, nahm er meinen Bruder und mich auf. Obwohl wir als sogenannte Mischlinge zweiten Grades rassisch vorbelastet waren. Wenn ich M1 gewesen wäre, wäre alles noch viel schlimmer geworden … Die Anordnung für den Schulleiter lautete: Er darf keinen Mischling zweiten Grades aufnehmen, wenn einem Arier dadurch der Platz weggenommen wird. Damit war es relativ stark in das Ermessen des Schulleiters gestellt, ob er einen Schüler mehr in die Klasse aufnahm oder nicht. Das rechne ich diesem Schulleiter hoch an.

Das Büro Pfarrer Grüber, das sich als Reichszentrale um die Christen jüdischer Herkunft kümmerte, war mittlerweile richtig groß geworden. Bis zu dreißig Angestellte arbeiteten dort in seiner Blütezeit, Vater war nun der Geschäftsführer. In allen größeren Städten von Breslau bis Aachen und von Wien bis Hamburg gab es solche Hilfseinrichtungen, meist einzelne Pfarrer, die sich für dieses Problem interessierten und von Betroffenen angesprochen werden konnten. Zu all denen hatte die Zentrale in Berlin Verbindungen. Denn solche Menschen gab es ja überall. In Berlin waren besonders viele betroffen. Die Christen jüdischer Herkunft hatten es in ihren Familien oft viel schwerer als die Juden in den jüdischen Familien. Da scheue ich immer, wenn ich vor jüdischen Kreisen rede, dass die das kapieren und mir nicht erstmal die Augen auskratzen. Aber diese Menschen waren ja oft allein betroffen, mitbetroffen waren nur ihre Ehegatten und Kinder. Während bei den Juden alle gemeinsam betroffen waren, die Onkel und Tanten waren auch alle Juden und häufig auch der Arbeitgeber. In der ersten Phase der Verfolgung, nach dem Inkrafttreten der Nürnberger Gesetze, war es für die Christen, die ganz allein betroffen waren, schwer. Sie hatten oft nicht nur in ihren Familien Schwierigkeiten, sondern wurden auch von ihren Gemeinden abgelehnt. Manche Pastoren sagten: »Halte dich bitte zurück und komm nicht so oft.«

Es hat auch Pastoren gegeben, die gesagt haben: »Ich will gar keine Juden oder Juden-Mischlinge in meiner Gemeinde haben!«

Folgender Witz wurde oft kolportiert. Der Pfarrer sagt in der Kirche: »Bitte, wer Jude ist, der verlässt die Kirche.« Keiner geht. Er fordert nochmal auf: »Bitte, wer Jude ist, verlässt die Kirche!« Keiner geht. Ein drittes Mal. Keiner verlässt die Kirche, doch Jesus Christus steigt vom Kreuz herunter und verlässt die Kirche … Es macht mir Spaß, diesen Witz zu erzählen. Er passt in die damalige Zeit.

Das Büro Grüber arbeitete mit Duldung der Gestapo. Es war kein illegales Büro, konnte aber natürlich nicht den Namen »Büro für Verfolgte nichtjüdischen Glaubens« tragen. Es hieß einfach Büro Pfarrei Grüber. Die Gestapo tolerierte die Arbeit nicht aus sozialen Gründen, sondern weil eine der Aufgaben dieses Büros die Auswandererhilfe war. Pfarrer Grüber hatte internationale ökumenische Kontakte und fragte kirchliche Stellen in England, Frankreich und der Schweiz an, ob sie ihm bei der Auswanderung seiner Leute helfen könnten. Genau das war im Interesse der Gestapo, die Deutschland judenfrei schaffen wollte. Das Büro Grüber konnte auf diese Weise einer ganzen Menge Menschen helfen. Die Zahlen schwanken sehr, manche sagen zweitausend, manche fünftausend, aber das ist ja auch relativ egal. Das Büro half auch den Kindern der Betroffenen. Schüler aus dieser Gruppe wurden nämlich von den Schulen verwiesen, die Nazis sagten, sollen sie doch auf jüdische Schulen gehen. Die jüdischen Schulen sagten, wir nehmen doch keine Christen auf. Daher hatte das Büro Grüber eine Schule für Schüler eingerichtet, die Mischlinge waren oder mindestens Christen jüdischer Herkunft. Lehrer, die aus dem gleichen Grund aus dem Schuldienst verdrängt worden waren, unterrichteten dort.

Dann kam der Kriegsausbruch. Und die damaligen Feindmächte sagten, wir können nicht weiter irgendwelche deutschen Leute ins Land holen. Da kann ja irgendwer Feindliches dabei sein. Eine Diskussion, die ich jetzt wieder höre: Unter denen, die kommen, kann ja einer vom IS sein. So reagierten auch die Engländer, Franzosen, Amerikaner und Südamerikaner: Wir wollen keine Deutschen mehr aufnehmen! Ob das Juden sind oder nicht, können und wollen wir ja nicht kontrollieren. Und außerdem kann unter den Juden auch einer sein, der zum Nationalsozialismus bekehrt ist. So wurde das Büro Grüber von der Gestapo Weihnachten 1940 geschlossen, also relativ bald nach Kriegsausbruch. Grüber wurde sofort verhaftet und Vater mit der Liquidation des Büros beauftragt.

Als ich zehn Jahre alt wurde, stand die HJ-Mitgliedschaft an. War Vater da schon verhaftet? Jedenfalls meldete ich mich an und machte eine Zeit lang beim Dienst mit. Dort waren sie begeistert von mir. Das Schöne war, dass ich oft als der Prototyp des Ariers galt. Wenn in der Schule Rassenlehre im Biologieunterricht anstand, wurde immer ein Schüler herausgestellt: »Das hier ist ein typisch arischer Kopf. Und der hier hat dynarische Anwandlungen.«

Jüdisch hätte der Lehrer nie sagen dürfen, denn das wäre eine tiefe Beleidigung für den Schüler gewesen, der das Pech hatte, schwarze Haare zu haben. Mein Kopf wurde häufig vorgeführt, mit dem eine Fotografin sogar einen Preis auf einer SS-Ausstellung gekriegt hatte. Sie wurde wegen dieses schönen Bildes belobigt. Wenn die SS-Aussteller gemerkt hätten, dass ich in Wirklichkeit ja gerade kein arischer Junge war! In Thüringen gab es Forschungsinstitute, die sich intensiv damit beschäftigten, wie die jüdische Rasse nachgewiesen werden konnte. Die Beine, die Augen, die Schädelform wurden vermessen, die Haarfarbe wurde notiert. Sie fanden kein naturwissenschaftliches Kriterium. Schon aus dem einfachen Grunde nicht, weil wir ja alle nicht mehr reinrassig sind. Wir sind irgendwann alle Mischlinge geworden. Auch der arischste Arier ist im Laufe der Jahrtausende, insbesondere hier in Mitteleuropa, ein Mischling geworden.

Natürlich freute ich mich und amüsierte mich auch, wenn ich im Unterricht vorgeführt wurde. Die HJ hatte mich dann dazu ausersehen, dass ich ein Führer werden sollte. Ich wurde zu einem Ausbildungszug abgeordnet, in dem die jungen Führer ausgebildet wurden. Dort stellten sie fest: »Du bist ja noch gar nicht Mitglied der HJ! Geh du erst mal wieder zurück zu deiner Wohneinheit. Es wird noch geprüft, ob du Mitglied der HJ werden kannst oder nicht.«

Da war ich beleidigt, denn nun war mir der Aufstieg verwehrt. Eine richtig beleidigte Leberwurst war ich und ging deswegen nicht zurück zum Dienst meiner Wohneinheit. Ab dann war ich denen einfach durch die Lappen gewischt. Ich war kein Mitglied der HJ. Offenbar hat das auch niemand mehr weiter geprüft. Jedenfalls war ich dann der Einzige in der Klasse, der nicht in der HJ war. Während die anderen beim Dienst waren, hatte ich Freizeit. Ein bisschen wunderten sich die anderen darüber, aber es gab auch keinen, der intensiv gefragt hätte: »Warum machst du eigentlich keinen Dienst mit?« Eigentlich war es ja Pflicht, in der HJ zu sein. Auch in der Schule gab es keine Schwierigkeiten. Ich grüßte mit Heil Hitler. Zur Begrüßung mussten wir alle neben das Pult treten, den Arm hochhalten und Heil Hitler! rufen. Jede Stunde wurde so eröffnet. Wenn wir nicht laut genug grüßten, wurde gerüffelt: »Das muss unser Führer in der Reichskanzlei hören!«

Und wenn wir eine zu flapsige Handbewegung machten, ließen sich das viele Lehrer nicht gefallen und wir mussten nochmal Heil Hitler in ordentlicher Haltung sagen. Da merkte man die unterschiedlichen Charaktere – einzelne Lehrer waren in dieser Hinsicht sehr streng. Aus welchen Motiven, weiß ich nicht. Vielleicht wollten sie auch nicht auffallen …

Zwei Monate nach der Verhaftung Grübers, wurde auch Vater verhaftet. Morgens waren wir noch gemeinsam aufgebrochen, ich ging zur Schule, er zum Dienst. Nachmittags kam die Gestapo in unser Haus und durchsuchte alles. Sie untersuchten seine Schreibmaschine, seine Papiere und Blaupapiere – alle Texte, die er geschrieben hatte. Vater rief gegen Abend wie üblich an und sagte zu meiner Pflegemutter: »Setzt die Kartoffeln an, in einer Dreiviertelstunde bin ich zu Hause und wir können zusammen essen.«

Die Gestapo nahm ihr den Hörer aus der Hand und sagte: »Bitte kommen Sie sofort nach Hause!«

Das hätten sie sich eigentlich sparen können, denn er wollte ja sowieso nach Hause kommen … Ich stelle mir oft Vaters letzte Fahrt vom Alexanderplatz bis Wendenschloss vor. Was er da wohl gedacht und überlegt hat? Es war ja schon Krieg, und er wusste, wie schwer da Wegrennen ist. Abgesehen davon waren seine zwei Kinder in Berlin. Ich glaube nicht, dass er sich intensiv mit der Möglichkeit beschäftigt hat, noch der Verhaftung auszuweichen. Aber er hat sicherlich gedacht, wie lange wird das wohl gehen? Dass es eine Fahrt in den Tod wird, hat er da sicherlich nicht geahnt … Er kam nicht mal bis zu uns ins Haus rein, sondern wurde schon vorher abgefangen und mit einem Wagen der Gestapo abtransportiert. Am Morgen hatte ich Vater noch gesehen, wie er sich gewaschen und angezogen hatte, und das sollte das letzte Mal im Leben sein! Das war mir natürlich absolut nicht klar gewesen. Tja …

Die Gestapo hatte zu meiner Pflegemutter gesagt, es könnte sein, dass Vater über Nacht wegbleibt. Sie solle nicht warten. So sagte sie es uns auch. Wir dachten, er kommt am nächsten Tag wieder. Am nächsten Tag zog sie los, um Vater zu suchen. Sie nahm ein Päckchen mit, denn der Mann, der nicht wiederkommt, braucht ja was zum Wechseln. Diesen Tipp hatte sie von einer anderen Pfarrfrau bekommen. In den Pfarrkreisen kannte man sich schon mit Verhaftungen aus. Mit dem Paket sollte sie von Gefängnis zu Gefängnis gehen und dort, wo ihr das Paket abgenommen werden würde, wusste sie dann, wo er steckt. Sie hatte Glück, gleich im ersten Gefängnis am Alexanderplatz wurde ihr das Paket abgenommen. Dort saß mein Vater dann ein Vierteljahr in Haft. Wir gewöhnten uns daran, dass er noch einen Tag wegblieb und noch einen und noch einen. Meine

Pflegemutter hat ihn dort relativ bald noch einmal sehen dürfen, denn sie hatte ja keinerlei Geldvollmacht und brauchte Geld. Das konnte sogar die Gestapo erweichen und sie ermöglichten ihr den Zutritt zu ihm. Ich glaube, das Treffen war von vornherein auf eine Viertelstunde begrenzt. Es war das einzige Mal, dass sie Vater besuchen durfte. Aber es kam regelmäßig Post von ihm. Alle vierzehn Tage kriegten wir einen Brief mit einer vorgeschriebenen Zahl von Seiten. Auf einem gefalteten DIN-A4-Bogen durften drei Seiten beschrieben werden, die vierte blieb für Kontrollzwecke. Auch wir durften alle vierzehn Tage schreiben. Plötzlich setzten die Briefe kurz aus. Vater wurde vom Alexanderplatz nach Dachau transportiert. Danach kriegten wir wieder alle vierzehn Tage Nachricht von ihm … aus Dachau. Trotz des Krieges war die Post pünktlich. Viel zuverlässiger als heute. Mein Vater schrieb nicht über die Verhältnisse im KZ. Konzentrationslager kannten wir, und dass man da hart arbeiten musste, war wahrscheinlich. In Dachau gab es einen großen Block, wo alle Pfarrer aus den Ländern Europas untergebracht waren, den sogenannten Pfarrerblock 26. Aber dass die Pfarrer bei der Trockenlegung von Moor eingesetzt wurden, das wusste ich damals noch nicht. In seinen Briefen erkundigte Vater sich nach den Lieben, ließ grüßen und ermahnte uns zum Beispiel, zum HJ-Dienst zu gehen. Wir sollten möglichst wenig auffallen und am Dienst teilnehmen. Das schrieb er mahnend und mit erhobenem Zeigefinger: »Nehmt ihr auch bitte am Dienst teil!«

Das ist das Einzige, wo ich strikt ungehorsam war. Aber aus Faulheit. Es war kein antinationalsozialistischer Geist. Ein bisschen Schabernack war sicherlich auch dabei: Mensch, ihr merkt nicht, dass ich gar nicht bei euch bin! Auch kommentierte Vater, was wir ihm in unseren Briefen von der Schule schrieben. Dass er sich freue, dass uns schulisch dies und jenes gelungen sei, und dass er traurig darüber sei, dass einiges nicht gelungen war. Dann schrieb er: »Du musst dich mehr auf den Hosenboden setzen!«

Was so ein Vater eben auf drei Seiten schreibt. Die Briefe setzten dann eines Tages aus – plötzlich. Wir wunderten uns sehr. Es kam nichts. Keinerlei Nachricht. Nach zwei Monaten kriegten wir einen Brief vom Lagerkommandanten. Zu seinem Leidwesen müsse er uns mitteilen, dass Vater an einer Hirnhautentzündung verstorben sei. *(Er spricht leise.)* Sie seien bereit, die Urne an den nächstgelegenen Friedhof zu schicken. Er musste aus hygienischen Gründen verbrannt werden. Wenn wir daran Interesse hätten, müssten wir

2,70 Mark einsetzen und sagen, an welchen Friedhof sie die Urne schicken sollten. Zu unserer gefälligen Verwendung seien gleich drei Sterbeurkunden beigefügt. Als diese Nachricht kam, machte mir das klar: Du siehst deinen Vater niemals *(spricht es gedehnt aus)* wieder. Das war für mich ein erschütternder Moment, an den ich mich noch genau erinnere. Ich hatte einen Lieblingsplatz in der Wohnung. Wir hatten einen großen Kachelofen, der im Winter natürlich immer schön warm war. Im August nicht. Aber trotzdem war es mein Lieblingsplatz. Ich lehnte mit den Händen auf dem Rücken am Ofen, an der schönen glatten Fläche. Da sehe ich mich noch stehen, wie ich dachte: ›Das ist der Moment, wo du erfährst, du siehst deinen Vater niemals wieder!‹ Das glitt da so ganz allmählich in mein Denken hinein. Den Vater zu verlieren, das kannte ich schon, wenn auch nicht durch Mord und Konzentrationslager. Einige meiner Kameraden hatten ihre Väter im Krieg verloren. Aber wenn es einen selber trifft, ist es natürlich etwas anderes. Erst allmählich wurde mir klar: Du siehst deinen Vater nie wieder! Das sagt sich jetzt leicht hin, hier so gemütlich sitzend. In die Speichen des Kopfes greift es erst allmählich hinein: Was heißt das, nie wieder? Das konnte ich mir als Junge gar nicht vorstellen. Das war zu schwer … Dabei habe ich ihn dauernd vor Augen. Gerade, wenn ich über ihn rede. Auch jetzt habe ich das Bild von Vater vor Augen. Die Unermesslichkeit, die kann man nicht abschätzen …

Das offizielle Todesdatum war der 26. August 1942. Später haben Nachforschungen jedoch anderes ergeben. Die Nazis waren ja sehr bürokratisch, wie die Deutschen insgesamt, aber darin waren sie fantastisch. Die Listen, in denen aufgezeichnet ist, wer wann wohin transportiert wurde, sind erhalten geblieben. Auf einer der Listen aus Dachau stand auch Vaters Name: Abgegangen mit Invalidentransport Nr. sowieso aus Dachau nach Hartheim. Das hat uns 1947 das Internationale Rote Kreuz mitgeteilt. Die nicht mehr arbeitsfähigen KZ-Häftlinge waren aus Dachau nach Schloss Hartheim in der Nähe von Linz transportiert worden. Das Schloss war ursprünglich eine Anstalt für geistig behinderte Kinder gewesen, oder das, was damals für geistig behindert erklärt wurde. Gerade erst vorgestern war ich auf einer Veranstaltung, wo ich erfahren habe, dass selbst die Psychiatrieärzte unterschieden haben, ob einer Mischling oder Arier war. Auf dieser Veranstaltung wurde ein tadelloser Brief eines Neunjährigen an die Eltern gezeigt, den die Ärzte für geistig krank und sterbenswert erklärt hatten, weil er eben Jude oder Mischling war – für die Ärzte jedenfalls lebensunwert. Er wurde vernichtet. Erst jetzt habe ich erfahren, dass der Status »geistig behindert« für jüdische Kinder schneller erreicht war. Unmittelbar nach der Vereinnahmung Österreichs wurden die Kinder in Hartheim getötet. Damit wurde das vollzogen, was im Reichsgebiet schon lange geschah: die Vernichtung von geistig behinderten Jugendlichen. Und so machten sie sich in Hartheim die Mühe und richteten eine Gasanstalt ein, wo die Kinder vergast worden sind. Daneben wurde praktischerweise gleich ein Krematorium gebaut, wo die Leichen verbrannt werden konnten. Nun hatten sie in Hartheim alles beisammen, und die Kinder waren alle durch die Maschinerie gelaufen und tot. Die Betreiber von Hartheim schrieben deswegen an die nächstgelegenen KZs in Mauthausen und Dachau: »Wenn ihr arbeitsunfähige Häftlinge habt, wir nehmen sie euch ab.« So wurden dann regelmäßig Transporte aus Dachau nach Schloss Hartheim geschickt. Dort mussten die angekommenen Häftlinge sofort getötet werden, denn da gab es überhaupt keine Möglichkeit, Gefangene auch nur eine Nacht zu verwahren. Was in Hartheim mit ihnen geschehen ist, wissen wir hauptsächlich aus einem Bericht, den der katholische Pfarrer unmittelbar nach Einmarsch der Amerikaner im Kirchenbuch aufgeschrieben hatte. Darin berichtet er über das, was die Bauern und die Gemeinde im Ort über Hartheim erzählten. Der Pfarrer hat aufgeschrieben: Frühmorgens kamen Busse mit vernagelten Fenstern an. Die Bevölkerung hatte den Eindruck, dass hinter diesen vernagelten Fenstern Menschen waren. Bald, nachdem die Busse in das Sperrgebiet um das Schloss eingefahren waren, fing der Schornstein an zu rauchen. Der Rauch roch nach verbranntem Fleisch. Wieder eine Weile später fuhren LKWs mit offener Planfläche hinaus auf einen Feldweg zur Donau und kippten dort ab. Unterwegs verloren sie auf dem holprigen Feldweg einen Teil ihrer Ladung. Die Bauern wussten: Was da runterfällt, ist nicht irgendwelcher Bauschutt, das sind Knochen. Und dass die Knochen nicht von einer Kuh oder einem Schwein stammten, konnte so ein Bauer auch erkennen. Es waren Menschenknochen. Die Bauern errichteten kleine Häufchen aus Knochen neben dem Feldweg und das kriegte die Gestapo oder SS-Einheit mit, die dort zuständig war. Sie zogen die Konsequenz, deckten eine Plane über die Ladefläche der LKWs und transportierten genauso weiter ab wie vorher. Aber nicht mehr offen. Ja, und da wird Vater mit dabeigewesen sein. Denn wir haben die Transportlisten aus Dachau. Die sind gefunden worden.

Und da stand er mit drauf. Auf der Liste steht er unter dem Transport vom 11. August. Das heißt, er ist am 12. umgebracht worden. Das wird wohl der historisch richtige Tag sein. Auf der offiziellen Sterbeurkunde steht aber der 26. August. Am Anfang kannten wir diese ganze Story noch nicht. Das haben wir erst durch eine Mitteilung des Internationalen Roten Kreuzes erfahren, dass wir aufgrund von Entschädigungsanträgen kontaktiert hatten. Da haben die eine Stellungnahme abgegeben: Jawohl, stimmt, er ist abtransportiert, er ist getötet worden.

Kameraden aus Dachau, die wir nach dem Krieg kennenlernten, erzählten auch, dass Vater in Dachau einen eitrigen Sonnenbrand gehabt hatte. Er wollte aber nicht aufs Krankenrevier gehen, weil dort komische Dinge passierten. Da verschwanden Leute. Da wollte er nicht hin. Eines Tages war es wohl so schlimm, dass er doch ins Krankenrevier gehen musste. Pfarrer Grüber war auch in Dachau gelandet. Vater und er hatten sich dort wiedergetroffen. Grüber erzählte uns später, als er noch vor Kriegsende aus Dachau entlassen worden war, dass er Vater noch am Tag seiner Abholung gesehen hatte. Er wäre müde vor sich hingetrottet. Als ob er ahnte, was ihm bevorsteht. Er hat wohl geahnt, wenn nicht sogar gewusst, dass es zum Ende geht. Das ist die zweite furchtbare Fahrt, an die ich oft denke und mich frage: Mensch, wie würdest du sein, mit zwei Kindern? Worüber hatte Vater nachgedacht? Er wird sicherlich darüber nachgedacht haben, was nun aus uns Kindern wird. Er hatte sicherlich Vertrauen, die Pflegemutter wird weiter für uns sorgen. So war es dann ja auch …

Die Urne wurde dann zum Friedhof von Berlin-Köpenick geschickt. Dort fanden auch eine Beerdigung und eine Trauerfeier statt, zu denen an die hundert Pfarrer kamen. Alle in Talar. Das war eine ganz große Sache und muss den Staat wahnsinnig geärgert haben. Aber es hatte dann weiter keine Folgen. Dafür bin ich auch sehr dankbar. Dass von Vater in der Urne was ist, habe ich nie geglaubt. Ist auch nach meinem Dafürhalten völlig ausgeschlossen. Von Vater ist ganz bestimmt nichts drin. Die werden doch nicht die Asche nach Dachau zurückgeschickt haben. Denn die Urne ist ja aus Dachau geschickt worden. Da ist nichts drin. Aber es gibt eine Gedenkstätte …

Richtig geglaubt haben wir damals auch nicht, dass Vater an einer Gehirnhautentzündung gestorben ist. Aber dass er planmäßig mit Gas ermordet wurde, haben wir natürlich auch nicht gedacht. Das ist noch nicht mal in den Bereich der Gedanken gekommen, dass Vater davon betroffen war. Auf die Idee wäre ich gar nicht gekommen! Hätte ich dem Staat auch nicht zugetraut, dass der planmäßig mordet.

Im Kameradenkreis war ich mit meinem fehlenden Vater kein Einzelgänger. Dass Vater nicht da war, fiel deshalb schon nicht auf, weil viele Väter nicht da waren. Die waren im Krieg. Als wir die Todesnachricht von Vater bekommen hatten, trug ich anschließend auch so ein schwarzes Band am rechten Arm. Das war damals auch für die Kinder üblich, wenn die Väter als Soldaten gestorben waren. Regelmäßig, wenn ich dieses schwarze Band trug, wurde ich gefragt: »Ist dein Vater gefallen?«

Na, das war eine eklige Rumdruckserei! Ich durfte ja nicht sagen, der ist im Konzentrationslager. Die Leute um uns herum dachten, Vater sei im Krieg.

»Ist dein Vater gefallen?«

»Nein.«

»Woran ist er denn gestorben?«

»Auf Reisen in München.«

Und damit waren die meisten schon zufrieden. Sie dachten wohl, er sei im Lazarett gestorben. In peinlichere Situationen kam ich dadurch nicht noch zusätzlich.

Als eines Tages eine Bombe ins Nachbarhaus fiel, wurde das Haus zerstört, in dem wir mit Vater gelebt hatten. Währenddessen hatten wir im Keller gesessen. Wir konnten mit Mühe durch die Trümmer der eigenen Wohnung kriechen. Ich sah, wie der Weihnachtsbaum, den wir einen Tag vorher im Wald geklaut hatten, friedlich auf der Veranda stand. Das war die Strafe für das Klauen.

Wir bekamen eine Ersatzwohnung zugewiesen. Und dann kam das Kriegsende. Kurz vorher hatte mich Grüber sogar noch unter Bombenbeschuss konfirmiert. Wir hörten schon den Artilleriebeschuss der Russen.

Die Russen kamen. Der Einmarsch verlief relativ glimpflich. Die Reaktion den Russen gegenüber war unterschiedlich. Ich war der Meinung, die Russen hatten irgendwie recht gehabt, so mit der Zivilbevölkerung umzuspringen, wenn das Rote Kreuz missbraucht worden war. Das war die vorherige Regierung gewesen, der man das zu verdanken hatte. Die anderen sagten natürlich, die bösen Russen sperren uns Deutsche einfach ein!

Nun war ich frei von dem Nazidruck, und im Gegensatz zu den anderen aus meiner Generation war bei mir keine Welt zusammengebrochen. Sondern für mich brach eine neue Welt an.

Ich habe mein ganzes Leben lang politisch bewusst gelebt, weil ich das Dritte Reich auf meine Weise miterlebt habe. Und ich empfinde es auch als meine Verpflichtung. Eine Zeit lang war ich ein bewusster Sozialdemokrat. Ich meine auch, das bin ich meinem Vater schuldig, mich an diesem demokratischen Gemeinwesen zu beteiligen.

Nun habe ich relativ viel von Vaters Schicksal und wenig von meinem erzählt. Und ursprünglich wollten Sie ja wissen, wie es sich auf den kleinen Jungen ausgewirkt hat. Aber mir liegt daran, dass ich für mich die Konsequenz gezogen habe, eigentlich in meinem ganzen Leben, ein politisch wacher Mensch zu sein. Ein Demokrat durch und durch …

»Die Juden wurden von uns versorgt, so haben sie überlebt.« Hans-Joachim Fritz

(Geboren 1929 in Berlin, Bäcker- und Konditormeister)

Die Judenverfolgung … Großvater war vor dem Krieg Stadtverordneter gewesen und hatte im Ratshauskeller oft mit einigen befreundeten jüdischen Stadträten Karten gespielt. Mit der Zeit konnten Opas Bekannte nicht mehr ihre Wohnungen verlassen und Opa beschloss: »Die müssen Brot bekommen!« Also packte Mutter meinen Ranzen voller Lebensmittel und erklärte mir, in welche Wohnung ich gehen sollte. Zunächst in die Cunostraße zu Frau Stein. Ihr Mann war weg, sie wusste nicht, wo er war. SA-Soldaten bewachten die Häuser, in denen Juden wohnten.

Ich stehe vor dem Haus von Frau Stein und will reingehen. Vor der Tür steht ein Wachmann und sagt: »Du bist doch verrückt, du darfst hier nicht rein!«

»Das sagen Sie mal meiner Alten und Vadder! Der schlägt mich tot!«

»Wieso?«

»Na, ich muss doch zur Nachhilfe, ich bin doch doof wie Bohnenstroh. Wenn ich nach Hause komme, sagt Vadder: Bohnenstroh kommt! Nicht, mein Hans, sondern mein Bohnenstroh!«

Der Wachmann lässt mich rein. Oben mache ich das verabredete Klopfzeichen, Frau Stein macht auf. Weil ich nicht gleich zurückgehen kann, zeigt mir Frau Stein ihre Briefmarkensammlung. Oh, Büttenrand mit eingefassten Figuren! Ich sollte mir nehmen, was ich wollte, durfte alles mitnehmen. Ich sage: »Nein, nicht ein Stück nehme ich mit! Wenn sie mich nämlich filzen … Alte Zeitungen oder Dreck nehme ich mit.«

Als ich unten am Wachmann vorbeikomme, brüllt er: »Auspacken!«

»Ausschütten? Nee!«, sag ich.

»Doch!«

Ich sag: »Bitte!«, und schütte den Müll aus meinem Rucksack vor ihm auf den Gehweg.

»Wer soll das wegmachen? Du, ich nich!«, rufe ich und laufe nach Hause. Danach hat er mich nie wieder gefragt. Oma Stein freute sich, dass all das alte Zeug rauskam, altes Papier und dies und jenes. Das war Frau Stein …

Ich besuchte mit meinem Ranzen auch Herrn Neumann ein paar Häuser weiter. Dreimal in der Woche – jeder kriegte einen Ranzen voll Essen. Nie hielten mich die Wachleute auf. Ich war zu frech, hatte eine freche Schnauze. Gleich beim ersten Mal sagte ich: »Kommen Sie doch mit und sagen Sie meinem alten Herrn, dass ich nicht mehr kommen darf! Das wäre ein Segen für mich, dann muss ich nicht mehr Nachhilfe haben!«

Seit 1940 hatten wir kaum noch Unterricht gehabt, die Schulen waren zu Lazaretten geworden. In Berlin gab es zu der Zeit kaum noch Kinder, die meisten waren mit der Kinderlandverschickung weggebracht worden. Nachhilfeunterricht für die Daheimgebliebenen war daher nicht abwegig.

Später vergaß die SA die Juden in ihren Häusern. Die Juden verhielten sich ruhig und wurden weiter von uns versorgt, so haben sie überlebt. Ich habe gehört, dass auch andere Juden unterm Dach versteckt waren. Manchmal, wenn ich das Klopfzeichen machte, ging die vereinbarte Tür einen Spalt auf und jemand flüsterte: »Musst ganz oben hingehen, psst, psst.« Oben auf dem Dachboden warteten sie schon auf mein Essen.

Meine Eltern hatten mir erzählt, dass die Juden eingesperrt werden sollten. Sie müssten sich deswegen verstecken und so den Krieg abwarten. Bei Kriegsende wusste ich auch von den Lagern, von Sachsenhausen. Ich wusste, dass dort die Juden zum Schluss erschossen wurden. Wir haben darüber aber, wenn es ging, nicht geredet. Psst! In den Straßen hingen kleine Plakate mit einem Dieb mit großen Augen. »Psst!«, stand dort geschrieben: eine Warnung für die Leute, nicht über Politik zu sprechen und zu klauen. Sie sollten verschont bleiben. Bei uns Jungen hieß das: Pappe sucht Tabak = pst!

»Ich träumte jahrelang davon, wie ich als Soldat selbst Zeuge der Vernichtung in Babyn Jar bin.« Erasmus Zöckler

(Geboren 1925 in Bromberg, Arzt)

Was mich sehr geprägt hat … Ein Tag im Oktober 1941. Der beste Freund meines Vaters, mein geliebter Onkel Koch, kam zu Besuch. Er und mein Vater waren beide in Galizien aufgewachsen und hatten in derselben Division für die österreichische Armee im Ersten Weltkrieg gekämpft. Danach hatte Koch als österreichischer Offizier aufseiten der Ukrainer gegen die Polen für die Bildung eines westukrainischen eigenen Staates gekämpft. Als die Ukrainer kapitulierten, landete er bei den Weißrussen und schließlich bei den Sowjets, wo er in der Militärakademie in Kiew als Lehrer arbeitete. Als einer der ersten Experten für die Ukraine und aufgrund seiner Sprachkenntnisse in Ukrainisch, Russisch und Polnisch wurde er als Dolmetscher in die Wehrmacht eingezogen. Er sollte herausfinden, ob die ukrainische Intelligenz bereit wäre, eine selbstverwaltete Ukraine unter deutscher Oberhoheit aufzubauen. Im September 1941 hatte er den Einmarsch der Wehrmacht in Kiew erlebt.

Einen Monat später saß er in der Uniform des Hauptmanns bei uns im Wohnzimmer in Berlin und unterhielt sich mit meinem Vater auf Polnisch. Ich saß an dem großen Tisch im Nebenzimmer, eine Schiebetür aus Glas trennte die beiden Räume, und machte meine Hausaufgaben. Die Glastür war einen Spaltbreit auf. Als die Unterhaltung immer erregter wurde, wechselten Vater und Onkel Koch ins Deutsche und ich, der Sechzehnjährige, hörte eine schreckliche Geschichte, die mein ganzes Leben bestimmen sollte.

Ich weiß nicht, ob dir das ein Begriff ist, die Babyn Jar-Schlucht? Dort hatte die SS, so Koch, ein paar Wochen zuvor über zwanzigtausend Juden in Kiew zusammengetrieben, Frauen, Kinder und Greise, und in der Schlucht umgebracht durch Kopfschuss. Einer nach dem anderen … zwei Tage lang … Koch war zu dem Zeitpunkt als Verbindungsoffizier der 6. Armee in Kiew gewesen. Er erzählte Vater, dass ukrainische Bekannte ihn um Hilfe gebeten hatten. Ihre Frauen waren unter den Zusammengetriebenen gewesen …

Nach dem Gespräch zwischen Onkel Koch und meinem Vater war ich fix und fertig. Nächtelang schlief ich schlecht, meine Gedanken quälten mich. Ich träumte jahrelang, auch jetzt noch, so wahr ich hier sitze, davon, wie ich als Soldat selbst Zeuge der Vernichtung in Babyn Jar bin.

Ich träume: Die Offiziere des Sonderkommandos und der Polizei sitzen an einem Tisch. Irgendwo liegt ein großer Haufen Kleidungsstücke. Vor der Schlucht stehen die nackten Menschen. Sie umarmen sich, Kinder drängen sich an ihre Mütter und weinen. Auf einem kleinen, etwas erhöhten Punkt liegen die Mörder, die Maschinengewehre im Anschlag. Ich höre das Gewehrfeuer, das Aufschreien von Hunderten von Menschen. Einige sind nicht sofort tot, sie zappeln noch. Ich höre Kommandos, die nächste Gruppe wird an die Schlucht getrieben. Die Mörder unterhalten sich, während sie auf die Kommandos warten. Die nächste Reihe von nackten Menschen sammelt sich vor dem Rand der Schlucht, in der die Leichen liegen. Einige bewegen sich noch. Wieder höre ich Gewehrsalven. Im Traum bekomme ich, der einfache Soldat, die Erlaubnis, zu den Gewehrschützen zu gehen. Ich knie mich neben den Schützen der ganz rechts liegt, spreche ihn an und erschlage ihn mit einem daneben liegenden Stein. Dann ergreife ich sein Maschinengewehr und erschieße alle weiteren Schützen, die auf dem Boden liegen. Danach richte ich das Maschinengewehr auf die Offiziere und schieße so lange, bis sie in ihrem Blut liegen. Den noch lebenden Menschen rufe ich zu, dass sie fliehen sollen. Aber wohin sollen die Tausenden fliehen? …

Das habe ich zigmal geträumt. Immer wieder. Während meiner Soldatenzeit später überlegte ich, ob ich wegen dieser schrecklichen Geschichte nicht desertieren sollte. Gott sei Dank habe ich das nicht getan. In Deutschland wurden über 20 000 Deserteure erschossen …

Von Sträflingsanzügen, Lastwagen und Sternen

Meine Mutti hatte eine jüdische Freundin, Edith Feige, geborene Israel. Tante Edith war meine Lieblingstante. Wir verstanden uns beide so gut! Wenn Mutti und Tante Edith frei hatten, sie waren beide Schneiderinnen, gingen wir drei auf Friedhöfe und schauten uns die Monumente an. Ich erinnere mich auch an die Spieleabende mit Tante Edith – wir spielten Mensch ärgere dich nicht, Mühle, Dame, Halma.

Zum Schluss konnte sie uns nur noch abends heimlich besuchen. In unserem Haus wohnte ein Gauleiter, ein ganz scharfer Hund! Tante Edith trug ihre Tasche immer vor der Brust, um den gelben Stern zu verdecken. Das weiß ich noch wie heute. Zum Schluss hatte sie kaum noch zu Essen. Mutti gab ihr immer etwas mit. Meine Eltern überlegten, sie im Keller zu verstecken, aber Tante Edith war dagegen: »Ihr habt ein Kind, wenn was passiert, seid ihr alle weg!«

Bald holten sie Tante Ediths Mann ab, und als meine Mutter ein paar Tage später Tante Edith besuchen wollte, stand schon die »Grüne Minna« vor dem Haus. Mutter stand im Vorderhaus und sah gerade noch, wie sie Tante Edith abholten. Sie ist in Auschwitz umgekommen … Als Kind habe ich das nicht verstanden. Warum muss meine Tante Edith weg? Warum? Das konnte ich nicht begreifen. Vater erklärte mir, dass es böse Menschen gibt, die andere Menschen in ein Lager sperren und umbringen. Ich weiß nicht, ob ich das als Kind verstanden habe. Ich war traurig. Tante Edith kam nicht mehr, und ich durfte darüber nie sprechen. Als Kind ist es eine Belastung, wenn man nichts sagen darf …

Noch eine Erinnerung: In Linde, wohin ich mit Vater in den letzten Kriegsjahren evakuiert war, hatte ich eine nette Freundin, die Waltraud. Wir besuchten uns oft gegenseitig. Eines Tages lief ich wie immer am Gasthaus von Linde vorbei, um Waltraud zu besuchen, da sah ich den Treck der Häftlinge aus dem KZ Sachsenhausen. Sie wurden vor den Russen nach Westen getrieben, der Krieg war noch nicht zu Ende. Die Häftlinge trugen diese Kluft mit den Streifen. So ausgemergelte Menschen … Ich sah, wie die, die nicht mehr laufen konnten, die zusammenbrachen, gnadenlos erschossen wurden. Vor dem Gasthaus wurden sie erschossen, weil sie nicht mehr konnten.

Gott, es war furchtbar … Männer und Frauen – an Kinder kann ich mich nicht erinnern. Ob sie die Kinder schon früher umgebracht

Überlebende Kinder im Konzentrationslager Auschwitz nach der Befreiung durch sowjetische Truppen

haben, weiß ich nicht. Der Treck wurde von Männern und Frauen bewacht. Ich dachte: Nur weg, weg, weg! Ich sah das erste Mal, wie Menschen erschossen wurden. Entsetzlich …

Vater hatte mich aufgeklärt. Er wusste, dass es Konzentrationslager gab. Viele sagten später, dass davon keiner etwas gewusst hat. Das stimmt nicht! Mein Vater wusste es. Durch die Bekanntschaft mit Juden wusste er das alles. Er hatte mir gesagt: »Die Juden werden umgebracht, musst aber nicht darüber reden, und sag ja nicht, dass du eine Tante hast, die eine Jüdin ist.«

Später wurde in Linde ein Massengrab geschaufelt. Auf unserem Schulfeld, fast am Friedhof, wurden die Leichen beerdigt. Das Grab wurde noch bis vor zehn Jahren von den Frauen im Dorf gepflegt, dann wurde es eingeebnet.

(Renate M., Jg. 1933)

Wenn um sechs Uhr abends die Glocken läuteten, sollte ich nach Hause kommen. Es war Herbst und schon früh dunkel. Die Glocken läuteten. Ich machte mich auf dem Weg, als mich ein kleiner, schmaler, älterer Herr leise ansprach: »Kannst du mal so nett sein und mir beim Bäcker ein Brot holen? Ich kann nicht.«

Er gab mir eine Marke und abgezähltes Geld. Der Bäcker kannte mich im Kiez, ich bekam das Brot in einer Tüte. Als ich rauskam, nahm der Mann die Tüte, guckte mich an und sagte: »Danke, mein Kind, vielen Dank.«

Er drehte sich um und haute ab. Ich dachte: ›Na komisch!‹ Zu Hause erzählte ich es meiner Großmutter, die mich quasi großgezogen hat. Meine Mutter war eine sehr flotte Frau, die war wenig Mutter. Meine Oma hat nie geschimpft, war aber streng und hat mich gut erzogen. Die sagte: »Ulla, ich sag dir mal was. Das darfst du nie wieder machen. Wir kriegen großen Ärger. Du musst jetzt nicht wissen, warum und weshalb. Ich verbiete dir das. Das darfst du nie wieder tun!«

Ich sehe diesen Mann noch heute vor mir – nach all den Jahren! Schüchtern, ängstlich. Er hatte eine Jacke an und an der Jacke einen Judenstern.

Auch in unserem Haus wohnten Juden. Plötzlich waren sie weg. Zwei unverheiratete, ältere Schwestern waren sehr kinderlieb und hatten uns öfter mal ein Bonbon oder Kekse gegeben. Als ich eines Morgens zur Schule ging, war die Tür von der Wohnung der Schwestern weit auf. Alles war leergeräumt. Zurück aus der Schule, sagte ich zu meiner Mutter: »Die Schwestern unten sind weg, und die Wohnung ist leer!«

Meine Mutter sagte: »Ja, ja, die sind umgezogen.«

Die wusste es. Die Juden wurden immer nachts abgeholt. Wenn andere Leute und vor allem die Kinder schliefen, ging das unauffälliger. Später, als ich dann alles erfahren habe, fand ich das natürlich schlimm. Das hat mich schon berührt …

(Ursula R., Jg. 1934)

Mein Vater war in Hannover in der Rüstungsindustrie dienstverpflichtet. Er musste Raketen bauen. 1943 arbeitete er für kurze Zeit in einem Großwerk in Oranienburg bei Berlin. Wir besuchten ihn dort, und ich sah das erste Mal eine Großstadt. Einmal holten wir ihn abends von der Arbeit ab. Auf der anderen Straßenseite gingen die Tore auf, ich sah Soldaten mit Maschinengewehren. Da kamen sie raus – alle in Lumpen und keine Schuhe. Als Schuhe hatten sie verschnittene Autoreifen. Ich sagte zu Vater: »Was ist das da?«

»Das ist ein Gefangenenlager.«

Ich: »Und was machen die dort? Wo kommen die her?«

»Die arbeiten im Betrieb.«

Die waren zerlumpt! Hinterher stellte sich heraus, dass es das KZ-Lager war.

(Werner B., Jg. 1933)

In unserem Vorort von Berlin gab es ein Handarbeitsgeschäft, das einem alten jüdischen Geschwisterpaar gehörte und wo meine Großtante oft einkaufte. Als diese schreckliche Reichskristallnacht war, nahm mich meine Tante am nächsten Tag an die Hand und sagte: »Wir gehen jetzt zu Brie und kaufen weißes Garn!«

Ich hatte gehört, dass Synagogen angesteckt worden waren, als Kind hörte ich alles mit und guckte meine Tante entsetzt an. Aber sie sagte: »Komm, wir gehen!«

Und da standen wirklich SA-Leute vor der Tür. Ein großes Schild »Kauft nicht bei Juden!« hing dort, die Fensterscheiben waren eingeschlagen und dahinter saß das zitternde, alte Geschwisterpaar. Meine Tante nahm mich an die Hand, guckte die SA-Leute von oben bis unten an und marschierte stolz in den Laden. Die alte Frau Brie rief: »Fräulein Rathmann, um Himmels willen, Sie können doch hier nicht reinkommen! Und dann haben Sie noch Evchen mitgebracht! Das geht nicht, das geht nicht!«

Meine Tante sagte: »Warum soll das nicht gehen? Ich habe immer bei Ihnen gekauft. Ich kaufe weiter. Eine Rolle weißes Garn!«

Sie bezahlte, nahm die Rolle Garn in die Hand und marschierte damit wieder an den Leuten vorbei. Die sagten kein Wort. Das beeindruckte mich so, dass ich den nächsten Tag auf dem Schulhof eine große Rede hielt: »Kein Mensch kann was dafür, wo er geboren wird. Ob einer als Jude geboren wird oder als Christ – keiner kann sich das aussuchen!«

Ich hatte Gott sei Dank eine gute Grundschullehrerin, die der gleichen Meinung war und meine Mutter eilig einbestellte. Sie sagte: »Sagen Sie Ihrer Tochter, dass sie den Mund hält!«

Sind ja auch schon Eltern in der Zeit hingerichtet worden, wo die Kinder verraten hatten, dass sie England gehört hatten …

(Eva Marie G., Jg. 1929)

Wenige Tage vor dem deutschen Terrorangriff auf Belgrad, bei dem fast 2000 Leute umgekommen sind, hatte ich das erste Mal die Synagoge in unserem Städtchen besucht. Nach dem Einmarsch der Deutschen, eine Woche später, wo wir alle begeistert an der Straße gestanden hatten, setzte eine völlige Stille in der Stadt ein. Am nächsten Tag ging ich mit meiner Mutter ins Zentrum. Ich wollte noch einmal in die Synagoge gehen, warum, weiß ich nicht mehr. Als wir die Synagoge betraten, sahen wir drinnen deutsche Soldaten. Sie hatten ihre Jacken abgelegt und waren gerade dabei, die Synagoge zu verwüsten. Sie zerschlugen alles, die Thorarollen lagen zerrissen auf dem Boden. Meine Mutter sprach die Soldaten auf Deutsch an und sagte: »Was machen Sie?«

Ich weiß nicht mehr, ob die Soldaten geantwortet hatten. Es war ein einzigartiges Bild der Verwüstung. Die Verwüstung eines Gotteshauses, das ich mit Respekt besucht hatte …

Das war ein Schock. Ich sehe dieses Bild der Verwüstung eigentlich täglich vor mir. Es belastet mich zwar nicht, ist aber ein Teil meines Alltagslebens geworden.

(Alexander A., Jg. 1932)

Ich erinnere mich noch an den Tag, als auf dem Schulhof Juden zusammengetrieben wurden. Erwachsene und Kinder – sie trugen alle den Stern. Wir Kinder hatten nichts anderes zu tun, als Papierflieger zu falten und Hakenkreuze drauf zu malen, die wir dann zum Fenster raus in den Schulhof schmissen. Wer auf die Idee kam? Keine Ahnung. Wir wussten gar nicht, warum die alle bei uns auf dem Schulhof standen. Etwas später kam die Polizei mit offenen Einsatzfahrzeugen. Die Juden mussten auf die Wagen steigen, und dann fuhren sie los. An den Seiten standen Polizisten, die weinten. Ich verstand gar nicht, warum die weinten. Das muss 40 gewesen sein …

Noch ein Erlebnis … Meine erste Freundin, die Esther, wohnte mit ihren Eltern zwei Häuser weiter. Sie kauften immer bei uns in der Bäckerei ein. Esther wollte Spitzentänzerin werden, das fand ich gut. Eines Tages war Esther auch weg. Die Familie war verschwunden – abgeholt worden. Mit der Zeit wurden es immer mehr, die plötzlich weg waren. Viele waren aber auch durch Bomben umgekommen oder evakuiert worden.

Leipzig war eine stark jüdisch durchsetzte Stadt. Wenn Sie heute alte Leipziger hören – die haben noch einen Sprachschatz mit sehr vielen jüdischen Worten. Es war ganz normal, jüdische Worte zu benutzen, ich wusste gar nicht, dass es jüdische sind. Für mich war das Deutsch. Zum Beispiel Mischpoke oder Schickse – das waren im Sächsischen ganz normale Worte. Die Pelzjuden, die Pelzhändler, verschwanden wohl zuerst. Aber wir Kinder haben davon nichts gehört.

In die erste Klasse gingen auch zwei Zigeunerjungs. Die fielen auf, weil sie ohne Schnürsenkel und mit abgerissener Kleidung in die Schule kamen – sie waren am Ende der sozialen Leiter. Eines Tages kamen sie nicht mehr, darüber waren wir froh …

(Jochen Lindner, Jg. 1934)

Ich hatte eine Mitschülerin, die war Halbjüdin. Eva Gaber hieß sie. Sie lud mich nach Hause ein. Meine Mutter sagte: »Selbstverständlich, besuch sie!«

Die Mutter war so überaus freundlich zu mir, und da merkte ich, dass es etwas Besonderes war, dass ihr Kind Besuch bekam. Ich verbrachte einen ganz normalen Nachmittag bei ihr. Sie kam auch nochmal zu mir. Und eines Tages war sie weg! Ich fragte: »Wo ist denn die Eva?!«

»Ja, die ist abgeholt.«

Das war in der Zeit, als wir keine Schule mehr hatten. Darum verfolgte ich es auch erst gar nicht richtig mit.

(Barbara Schubert-Felmy, Jg. 1931)

Ich saß am Fenster und sah: Da zieht eine Kolonne von Menschen vorbei. Ich sah auch die Judensterne. Aber ich hatte keine Ahnung. Meine Eltern sprachen mit uns auch nicht darüber. Mein Vater war sowieso nicht da, meine Mutter hat nichts gesagt.

(Gerhard V., Jg. 1933)

In der Straße meiner Schule stand ein Stückchen weiter eine Synagoge. Judentempel hieß es damals. Wenn wir morgens kurz vor acht zur Schule gingen, hielten vor der Synagoge eine Zeit lang immer Laster, und aus dem Tempel kamen Menschen, meistens Frauen, Kinder und alte Leute. Immer wieder morgens. Ich erzählte davon zu Hause und wollte wissen, was da los war. Na, meine Mutter wusste nichts. Mein Vater auch nicht. Also blieb es dabei … Ja, nun – später wusste man, warum. Die Juden wurden abends in der Synagoge gesammelt und morgens auf Lastern weggebracht. Das habe ich gesehen! Es wird immer gesagt, die Leute hätten das gewusst. Also, ich garantiere, dass meine Eltern das nicht gewusst haben. Woher denn auch? Dass sie abgeholt wurden, das konnte man schon sehen. Aber wohin? Und was machen die da?

Eine Cousine meiner Mutter war mit einem Juden verheiratet, Onkel Oskar. Er konnte so schön singen! Wenn wir zusammen im

Grunewald spazieren gingen, hat er immer gesungen. Mir als Kind war das peinlich. Wenn sie uns besuchten und Onkel Oskar den Stern tragen musste, hielt er immer den Mantel oder die Jacke überm Arm, sodass man den Stern nicht sehen konnte. Mein Vater stand jedes Mal Ängste aus, das weiß ich noch. Wir hatten ein paar Leute mit dieser gelben SA-Uniform in der Nachbarschaft, und einen mit einer schwarzen Uniform, das war die SS. Einer wohnte im Hinterhaus, zwei wohnten im Seitenflügel. Mein Vater war immer froh, wenn Onkel Oskar wieder weg war. Das weiß ich noch. Ich wusste natürlich nicht, warum. Mutters Cousine versteckte ihn später auf einem Dachboden. Er sollte abgeholt werden. So brachte sie ihn ein paar Jahre mit ihrer Lebensmittelkarte durch. Das Kriegsende erlebte er noch, war aber lungenkrank und ist an Tbc gestorben. Und wir hatten eine Jüdin im Haus, die war mit einem christlichen Mann verheiratet. Die wurde nicht abgeholt. Die Frauen hat man nicht abgeholt – erstmal nur die Männer.

Später auf der Flucht trafen wir auf Männer, die alle schwarzweiße Sträflingsanzüge anhatten. Sie standen links und rechts neben der Straße, auf der wir gingen. Darüber wunderten wir uns. Manche sagten, es seien Sträflinge. In der Nähe war ein KZ. Aber man war ahnungslos. Meine Mutter jedenfalls, ich als Kind sowieso. Erst später fiel uns das wieder ein, und da wussten wir, wem wir begegnet waren.

(Margot Rickert, Jg. 1932)

In Berlin hatten meine Eltern in ihrem Geschäft einen Angestellten, Herr Weinstein. Er war Halbjude und genauso gefährdet wie die Volljuden. Er wohnte in unserem Gästezimmer, und wir erzählten den Nachbarn, er sei ein Ausgebombter aus der Innenstadt. Als wir zurück nach Berlin kamen – Mutter hatte mich und meine Schwester aus der Kinderlandverschickung geholt –, sagte er sofort zu meiner Mutter: »Frau Reutemann, Sie müssen mit den Kindern unbedingt wieder raus aus Berlin. Die Russen stehen vor der Tür!«

Meine Mutter erwiderte: »Dann müssen Sie aber mitkommen.«

Da sagte er: »Mir kann nichts passieren, ich bin ja Jude, das sind doch meine Befreier.«

Ja ... Später habe ich meine Mutter gefragt, was aus Herrn Weinstein geworden ist. Sie erzählte mir: »Ach Gott, der ist wieder zurück in die Stadt gegangen, und da glaubten ihm die Russen nicht, dass er Jude ist. Sie sagten, er wäre Nazi und er würde sich nur tarnen wollen, denn es gäbe keine Juden mehr. Die seien alle vergast. Und dann haben sie ihn erschlagen.«

(Roswitha Weiß, Jg. 1939)

Das war schlimm … Ich erinnere mich ganz deutlich, es war 42 oder 43, dass ganze Kolonnen von Juden mit Sternen in Berlin Schnee geräumt haben. Schrecklich. Wir wussten auch, dass es Arbeitslager gab. Viele wussten das aber auch nicht. Aber wir wussten nichts von Vergasung, davon wussten wir nichts! Wir wussten nur, dass sie wegtransportiert wurden in KZs. Auch mein Vater hatte jüdische Freunde, die plötzlich verschwanden, das weiß ich. Einen kannte ich, einen Schriftsteller, ich hab den Namen vergessen, der war dann auch weg. Das haben wir schon mitbekommen, dass die Juden wegkamen. Man hat das alles entsetzt zur Kenntnis genommen – wir jedenfalls –, aber dass sie vergast werden, das wusste keiner.

Einmal kam mein Vater nach Hause und zitterte. Er war ganz weiß im Gesicht. Mein Vater war ein sehr sensibler Mann. Langsam fing er an zu erzählen. Er arbeitete beim Drömer Verlag in der Hardenbergstraße und wollte gerade nach Hause fahren, da sah er einen Menschenauflauf. Er sprach von hundert Leuten. Ein Gefängniswagen fuhr vor, so ein Bulli, aus dem stiegen fünf SS-Leute. Die Menschen wussten, was los war. Sie standen wie erstarrt, keiner sagte einen Ton. Nach zehn Minuten kam eine Familie mit Kindern und Köfferchen runter und stieg in das Auto ein. Meinem Vater war klar, was denen passiert – dass die wegkommen. Er sagte, es war so schrecklich gewesen, dass kein Mensch was gesagt hat. Er auch nicht. Er stand dabei, wie erstarrt. Auch zu Hause zitterte er noch. Daran erinnere ich mich sehr deutlich. Das war das einzige Mal, wo wir hautnah so etwas erlebten.

Ich glaube, wenn man jetzt die ganze Berichterstattung über diese Zeit hört, dann hört man sehr viel radikale oder sehr, sehr prononcierte Berichte. Ich kann nur sagen, dass wir wussten, dass da etwas Schauerliches passierte, und trotzdem spielte sich unser Leben, das äußere Leben in der Schule, normal ab.

(Erasmus Zöckler, Jg. 1925)

Meine Eltern und ich waren immer zu jüdischen Ärzten gegangen, bis dann einer nach dem anderen verschwand. Das verstand ich natürlich nicht, aber meine Eltern verstanden das. Auf den Straßen sah ich die Juden mit den Sternen rumlaufen. Sie sahen so zerlumpt aus! Das rief bei mir Furcht hervor …

Was mich wahnsinnig beeindruckt hat, war die Kristallnacht 1938. Da war ich elf Jahre alt. Es wurde erzählt, wie die Häuser angesteckt, die Läden geplündert und die Leute geschlagen worden waren. Ich fragte meine Mutter: »Mutti, die Kinder auch?«

»Ja, Brunhilde, die Kinder auch!«

Das fand ich entsetzlich. Wie kann man die Kinder schlagen und prügeln, nur weil sie Juden sind? Das war für mich unverständlich. Von da an zweifelte ich irgendwie. Zu Hause konnten wir darüber reden, was für Schwierigkeiten die Juden hatten und wie nachher im Krieg die Mädchen aus dem Osten einfach vom Feld weggeholt wurden und Zwangsarbeit leisten mussten.

Meine Mutter hat etwas fürs Vaterland getan! Auf einem Feldweg in der Nähe unseres Hauses liefen jeden Tag einige Juden zu einer kleinen Fabrik, wo sie arbeiten mussten. Der Weg war recht uneinsehbar, da ging meine Mutter oft hin und gab den Juden Brote. Manchmal nahm sie auch ein paar Kleider mit. So konnte man auch Widerstand leisten und Leuten helfen, die arm waren und wirklich Hilfe brauchten! Später stand meine Mutter dann auf der Liste. Unser Blockwart war der Vater einer Freundin von mir. Eines Tages kam er zu uns und sagte zu meiner Mutter: »Seien Sie vorsichtig, Sie stehen auf der Liste.«

Während des Krieges wurde meine Mutter dienstverpflichtet und musste in einem Betrieb für die Wehrmacht arbeiten – Munition herstellen. Sie war Abteilungsleiterin. Oft kam sie abends nach Hause und erzählte, wie wieder ein junger Mann zu ihr gekommen war und sie gebeten hatte: »Frau Oien, können Sie nicht mal was für mich tun, ich arbeite doch fleißig, mein Onkel ist auch abgeholt worden.« Kurz darauf wurde auch dieser junge Mann abgeholt … Es war nicht leicht. Mutter hatte immer wieder Angst, dass ihr selber was passieren würde.

(Brunhilde K., Jg. 1927)

Als ich mit meiner Mutter auf der Straße ging und das erste Mal einen Menschen mit einem gelben Stern auf der Brust sah, fragte ich sie, was der da hat.

»Das ist ein Jude«, war ihre Antwort – mehr nicht. Ich fragte auch nicht weiter. Ein anderes Mal, ich war wieder mit meiner Mutter unterwegs, fuhr ein Lastwagen vorbei, auf dessen Ladefläche dicht gedrängt Menschen standen. Ich fragte wieder, warum. Mutter antwortete: »Das sind alles schlechte Menschen, die ins Gefängnis kommen. Die werden schon was gemacht haben.«

Da erübrigte sich das Nachfragen, weil meine Mutter ja so geantwortet hatte, dass ich den Eindruck bekam, sie wüsste auch nicht mehr darüber. Erst später sind mir die Bedeutungen dieser beiden Situationen bewusst geworden.

(Joachim Artz, Jg. 1937)

Einmal belauschte ich ein Gespräch meiner Mutter mit einer Nachbarin, wo es hieß: »Die jagen die Menschen wie Kaninchen und schießen sie ab.«

Das stellte ich mir bildlich vor und dachte, wer macht denn sowas? Ich fragte aber nicht nach. Irgendwie spürt man als Kind, dass man verschiedene Sachen nicht fragen darf. Später ist mir dann aufgegangen, dass irgendjemand wohl was vom KZ Stutthof erzählt haben muss, das ein Außenlager bei uns in Elbing hatte. Da soll sowas vorgekommen sein, und davon hatte jemand Mutti erzählt. Ich glaube nicht, dass meine Eltern genau wussten, was passiert. Dass die Juden abtransportiert wurden und dass die irgendwo im Osten siedeln sollten – ich glaube, das wusste meine Mutter. Aber mehr auch nicht. Man darf das mit der heutigen Zeit gar nicht vergleichen. Es gab ja keine Medien. Und ansonsten wurde über so etwas überhaupt nicht geredet.

(Kristin K., Jg. 1935)

Mein Vater war nicht in der kämpfenden Truppe. Er begleitete die Züge mit Nachschub, die rückwärtigen Dienste beim Militär, wie man sagt. Meine Mutter und ich besuchten ihn einmal in Kattowitz, wo er mit uns auf einen Markt ging. Viele Leute trugen dort den Judenstern. Ich weiß noch, dass mein Vater sagte: »Wartet mal, ich will euch was zeigen.«

Am hellerlichten Tag konnten Sie zugucken, wie alle verschwanden, als ein Soldat auf die Uhr schaute und plötzlich kein Jude mehr zu sehen war. Es gab Sperrzeiten für Juden, und da hatten die gedacht: Ein Soldat guckt auf die Uhr, jetzt ist wohl Sperrzeit, also lieber in Sicherheit! Ob ich da gefragt habe, warum das so passiert war, weiß ich nicht mehr. Das sind so die Dinge, die sich eingeprägt haben …

(Elisabeth Krieg, Jg. 1935)

(Aufzeichnungen aus dem Tagebuch)

3. November 45: Auf dem Nachhauseweg habe ich heute den netten alten Amerikaner getroffen, der so gut Deutsch kann. Er begleitete mich nach Hause, was mir zuerst gar nicht angenehm war. Man spricht dann gleich von »Amiliebchen«, und es gehen tatsächlich viele deutsche Mädchen mit amerikanischen Soldaten. Der Offizier ist Halbjude und hat früher bei der »Frankfurter Zeitung« gearbeitet. Er meinte, er sei nicht aus Rachegefühl nach Deutschland gekommen, sondern aus Sehnsucht. Ich verstand das nicht so recht, und dann erzählte er mir, dass Millionen von Juden auf grausamste Weise von den Nazis ermordet worden sind. Ich war erschüttert und habe das heute Abend gleich Mutti erzählt. Sie hatte wohl von Konzentrationslagern gehört, aber nicht von Morden und Einzelheiten, und was hätte sie als Hausfrau und Mutter dagegen tun können! – Ich schäme mich, eine Deutsche zu sein, und möchte am liebsten auswandern.

Vor dem Krieg war eine jüdische Schülerin aus meiner Klasse verschwunden. Ins Ausland gereist, wie es hieß. Wir bedauerten das, denn sie war ein nettes Mädchen. In der U-Bahn sah ich dann später manchmal Personen mit einem sogenannten Judenstern am Mantel. Das war unheimlich; aber da es von »oben« angeordnet worden war, musste es doch wohl einen Sinn haben. Irgendwann sagte meine Mutter mal, sie glaubte, dass die Juden in ein Arbeitslager kämen, und dass das Unrecht sei, aber ich sollte es nicht weitersagen.

(Christa Ronke, Jg. 1929)

Ich kann mich noch besinnen … Es muss während der letzten Kriegstage gewesen sein, als sie anfingen, die Konzentrationslager zu leeren. Nordhausen war ein Außenlager in unserer Nähe. Meine Mutter und ich standen auf dem Bahnsteig und warteten auf den Zug, um zu meinen Großeltern zu fahren, als sie zu mir sagte: »Dreh dich jetzt mal um und guck nicht weg, guck dir das genau an, was jetzt kommt. Ich erklär dir das zu Hause.«

Ein Häftling wurde auf einer Trage vorbeigebracht. Er blutete unheimlich. Das muss ich jetzt nicht weiter ausführen … Als wir zu Hause waren – Mutter hatte sicher nicht gewagt, auf dem Bahnsteig was zu sagen, die Aufseher hätten sie eventuell gleich mitgenommen –, sagte sie zu mir: »Das war dein erster Toter, den du gesehen hast.«

Ich fragte: »Warum haben die den getragen, und warum hat der geblutet? War der krank?«

»Nein«, sagte Mutter, »den haben sie verprügelt. Die Aufseher hatten doch Peitschen dabei. Den haben sie totgeschlagen.«

Das konnte ich mir gar nicht vorstellen! Das sehe ich heute noch vor mir, dieses Bild …

Ein paar Tage später besuchten Mutter und ich wieder meine Großeltern. Als wir zurück zum Bahnhof laufen wollten, hörten wir komische Geräusche auf der Straße – so ein Rasseln. Meine Mutter und meine Tante gingen immer wieder zum Tor, um zu gucken. Uns Kinder ließen sie nicht mehr raus, wir mussten im Gehöft bleiben.

Meine Tante sagte: »Nee, ihr könnt noch nicht gehen, die Straße ist noch nicht frei.«

Immer dieses Rasseln, es hörte nicht auf … Ich höre es heute noch. Schließlich kam meine Mutter vom Tor zurück und sagte zu meiner Großmutter und meiner Tante: »Wir gehen jetzt!«

Mutter und ich gingen auf die Straße, und nun sah ich, warum es die ganze Zeit so rasselte. Sie hatten das Außenlager leergemacht und die Menschen aneinandergekettet. An den Füßen trugen sie dicke Kugeln, die sie während des Gehens über den Asphalt ziehen mussten. Davon kam dieses komische, rasselnde Geräusch. Die dicken Kugeln hingen an Schellen um die Füße, die Füße und Beine waren alle blutig wund gelaufen. Ich sah, wie sich die Menschen gegenseitig stützten. Ich sah die Solidarität unter den Häftlingen. Einige konnten gar nicht mehr die Füße voreinander stellen und wurden dann von den anderen mitgetragen, die selber schon so fertig und ausgemergelt waren. Wenn einer am Zusammensacken war, haben sie ihn kurzerhand erschossen. Die Toten blieben am Straßenrand liegen … Was waren sie ausgemergelt in den Sträflingsanzügen! Das waren ja keine Menschen mehr, das waren bloß noch Skelette! Wenn Leute heute sagen, das gab's nicht – also ich hab's noch als Kind gesehen! Ja. In jeder Reihe waren ein paar Gefangene, die diese Kugeln hinter sich herzogen. Sie trugen gestreifte Käppies. Die Straße war voller Gefangener, wir konnten bloß am Straßengraben langlaufen. Der Anblick dieser ausgemergelten Menschen und das Geräusch dazu … Ich hab als Kind lange davon geträumt.

Ich fragte Mutter, wo die hingehen würden. Sie sagte: »Das weiß ich nicht.« Wahrscheinlich war ich vom Eindruck des Geräusches so beschäftigt, dass ich nicht weiter fragte. Ich war doch erst zehn Jahre. Als ich größer war, sprach meine Mutter mit mir darüber. Sie erzählte mir von einer Unterhaltung mit einem der Aufseher vor dem Tor meiner Großeltern. Mutter hatte gesagt: »Wir wollen nach Hause, ich hab ein Kind dabei.«

Der Soldat hatte gesagt: »Frau, gleich kommt 'ne Lücke und was dann kommt, möchte ich Ihrem Kind nicht zumuten. Sehen Sie zu, dass Sie an uns vorbei und nach Hause kommen. Wir machen noch tausend leer.«

Am Ortsausgang lag ein kleiner Hügel, auf dem riesige Scheunen standen. Im Winter waren sie immer vom Schnee zugeweht. In diese Scheunen mussten die Gefangenen rein. Meine Tante erzählte später: »Nachts haben wir dann gehört, wie sie die Gefangenen mit den Maschinengewehren praktisch niedergemäht haben.« Sie hatten gehört, wie laufend das Maschinengewehr ging ... Meine Mutter fand Jahre später in der Bücherei ein Buch, in dem ein Gefangener seine Flucht aus dieser Scheune beschreibt. Er war nicht verletzt worden, war unter den Toten liegengeblieben und geflüchtet, als Ruhe war ... Ich hör es immer noch, dieses Rasseln. Ach, da krieg ich immer noch 'ne Gänsehaut ...

Meine Mutter wusste, was da geschah. Das erzählte sie mir aber erst nach dem Krieg. In den letzten Kriegsjahren musste jeder vorsichtig sein. Es konnte immer irgendwo einer sein, und man wäre selber noch drangekommen.

(Elisabeth Krieg, Jg. 1935)

Mein Opa und ich waren zu Besuch bei seiner Schwester in Schlesien. Wir fuhren mit dem Fahrrad durch den Wald. Auf einmal war der Wald zu Ende – wir standen auf einem Feld. In der Ferne sah ich Draht gespannt. Es war Stacheldraht. Mein Opa erkannte das gleich und sagte: »Schnell zurück, schnell zurück!«

Warum, sagte er mir nicht. Ich war nicht neugierig genug, um zu gucken, was es nun wirklich war. Es war ein Zaun um ein Konzentrationslager. Mein Großvater wusste, was es ist, hat aber nichts davon gesagt. Tatsächlich war es das ungefähr zwölf Kilometer von dem Wohnort entfernte KZ Groß-Rosen. Das habe ich nach dem Krieg erfahren. Dort mussten die Leute sehr, sehr schwer beim Granitabbau arbeiten und sind nicht gut versorgt worden. Es war ein Ableger von Auschwitz, wie wir jetzt erst erfahren haben. Meine Tochter hat mir zum Geburtstag geschenkt, mit ihr zusammen das Lager zu besichtigen und auch den Ort, von dem ich damals dorthin gefahren bin.

(Rolf Rührmund, Jg. 1930)

Ich stand in einem Geschäft an, wo es Käse und Marmelade gab. Als Kind war ich daran gewöhnt zu warten, Kinder haben Zeit. Vor mir warteten zwei Damen, sehr schlank, schwarz gekleidet. Als sie sich umdrehten, sah ich den gelben Stern. Die Verkäuferin sagte auf einmal zu mir: »Und was möchtest du?« Ich sagte: »Ach, die beiden Damen sind vor mir!«

»Die warten!«, sagte die Verkäuferin.

Als Kind dachte ich mir nichts weiter dabei. Zu Hause erzählte ich es meiner Mutter und fragte, warum die so einen gelben Stern trugen. Sie erklärte mir, dass die einen anderen Glauben hätten und darum den Stern tragen müssten. Das habe ich schon mitgekriegt. Dass die nun direkt abgeholt wurden – wie soll man sagen –, einer wusste was, der andere nicht, aber offiziell wusste man nichts. In der Kurfürstenstraße war eine Fabrik. Mein Vater sah einmal, wie Lastwagen voller Menschen von dort abfuhren. Vater stand da und guckte, da brüllte ihn einer an, er solle sofort weitergehen, sonst käme er auch auf den Lastwagen …

(Christa Lentzsch, Jg. 1933)

Wir wohnten in der Waßmannstraße, Hinterhof vier Treppen, direkt am Alexanderplatz. Im Vorderhaus wohnte Max Friedländer, ein Jude. *(Sie weint.)* Ganz tolle Menschen … Wunderbare Menschen! Heute noch hab ich ihn vor mir … Meine Mutter hörte in der Ortsgruppe was von Säuberung. Damals hieß Säuberung ja Arbeitslager. Dort sollten die angeblich faulen Hunde arbeiten lernen – die Juden. *(Sie weint.)* Mein Vater hatte gerade Wehrmachtsurlaub, als ihm meine Mutter von der Säuberung erzählte. Und da ist Vati nachts um zwei die Treppen auf Strümpfen runter ins Vorderhaus und hat sie gewarnt. Und der Max Friedländer ist weggekommen! Der hat's geschafft! Nach dem Krieg hat Herr Friedländer eine Bescheinigung zur Entnazifizierung in unseren Postkasten gelegt. Einfach so …

(Ingrid Heinze, Jg. 1938)

1942 oder 43 besuchten wir meine Oma in Hamburg. Auf der Straße sah ich einen Mann, der ein Abzeichen auf seinem langen Mantel trug. Ich fragte meine Oma: »Was ist denn das für ein Mann?« Sie sagte: »Das ist ein Jude. Die werden alle umgebracht!«

Also, die wussten es! Nun hatte meine Oma auch Radio London gehört. Aber trotzdem, immerhin merkten es die Nachbarn, wenn die Juden abgeholt wurden. Die kamen ja nicht zur Kinderlandverschickung! Sondern die wurden ermordet. Und das hat meine Oma gewusst. Aber sie konnte auch nichts dagegen machen. Meine Oma wohnte über einem Torweg, wo die russischen Soldaten, die Gefangenen, durchgeführt wurden. Oma legte immer was zu essen auf den Ascheeimer für die Gefangenen. Das weiß ich noch. Meine Oma wusste das alles. Nach dem Krieg haben alle behauptet, sie hätten nichts gewusst. Dabei gab es hier in Neuengamme das KZ. Na ja, 45 wollten sie es alle nicht mehr wissen …

(Alfred D., Jg. 1936)

Meistens ging ich sonntags in die Kirche. Das war damals auch ein Bekenntnis. Dort sah ich oft einen älteren Jungen, der mich beobachtete. Eines Tages sprach er mich an und sagte: »Sag mal, willst du nicht zu uns kommen?«

Ich sagte: »Wer seid ihr denn?«

»Die Bekennende Kirche.«

Das waren Jugendliche, die sich einmal die Woche trafen. Manchmal gab es deswegen Ärger mit der HJ, das weiß ich noch. Im Jahr bevor ich eingezogen wurde, ging ich jede Woche einmal zu diesen Treffen. Manchmal kamen auch Soldaten, die auf Fronturlaub waren und schon früher zur Bekennenden Kirche gehört hatten, und erzählten uns von der Front.

Ostern 42 durften sechs Jungs aus unserer Gruppe Jochen Klepper besuchen. Das war ein bekannter Schriftsteller, der damals ein evangelisches Gesangbuch und ein Buch über den Soldatenkönig geschrieben hatte. Er war mit einer jüdischen Frau verheiratet, die zwei Töchter mit in die Ehe gebracht hatte. Eine Tochter hatten sie bereits nach England geschickt, die andere war noch in Berlin. Es war ihnen völlig klar, irgendwann von der SS abgeholt zu werden. Ein paar Monate später hat er sich mit seiner Frau und seiner Tochter vergast. Das war der berühmte Herr Klepper. Er war an der russischen Front gewesen, aber aufgrund seiner Ehe mit einer Jüdin als wehrunwürdig entlassen worden. Er hatte danach alles versucht, dass er und seine Frau ausreisen konnten. Aber das ging nicht. Als der endgültige Bescheid kam, haben sie sich umgebracht. Der Besuch war sehr eindrucksvoll, wir sahen auch seine Frau und seine Tochter. Ich hatte den Roman »Der Vater« gelesen, er war für uns eine Galionsfigur. Er wusste natürlich, dass wir alle zur Bekennenden Kirche gehörten. Das war kein politischer Widerstand, sondern ein christliches Bekenntnis im Nationalsozialismus.

(Erasmus Zöckler, Jg. 1925)

Bei einer Familie in unserem Haus war der Mann Jude. Die wurden abgeholt. Die ganze Familie. Die Frau war arisch, aber die wurden trotzdem abgeholt. Sie hatten meiner Mutter ein Ställchen für Kinder mit kleinen Tierchen gegeben. Ich durfte nicht damit spielen. Das fand ich so traurig. Meine Mutter sagte immer: »Die kommen zurück!«

Manchmal hatte meine Mutter Milch für den Juden vor die Tür gestellt.

(Monika R., Jg. 1938)

Meine Mutter war sehr unvorsichtig. Wir hatten Angst um sie, weil sie immer gesagt hat, was sie denkt. Man konnte es mitkriegen. Ich kann mich noch an die Reichskristallnacht erinnern. Da war ich acht Jahre. Meine Großeltern waren Geschäftsleute und kannten auch die jüdischen Geschäftsleute. Wir wohnten nicht direkt in der Stadt, sondern in einem Wohngebiet. Von dort bekamen wir nur den Lärm mit. Am Himmel konnten wir die Feuer, die da brannten, rot lodern sehen. Ich merkte, es passiert etwas ganz Schreckliches. Am nächsten Tag gingen wir auf die Hauptgeschäftsstraße, und da lagen die Möbel auf der Straße – auch ein Klavier. Das Textilgeschäft Sinn, das einem Juden gehörte und wo man Wäsche und Kleider kaufen konnte, war ausgebrannt. Obendrüber wohnte die Familie. Aus den Fenstern hatten sie die Möbel, das Klavier und alles einfach rausgeschmissen. Die Synagogen brannten. Meine Mutter kommentierte das natürlich: »Da macht Hitler einen Fehler, das kann nicht gutgehen!«

Aber sie hatte sich getäuscht. Der ist deshalb nicht gestürzt worden, der konnte weitermachen. Mutter hatte gedacht, das wäre zu viel.

(Dorothea L., Jg. 1930)

Ich hatte ein anderes Verhältnis zu den Juden, weil meine Mutter immer von der Zeit sprach, als sie in einer jüdischen Apotheke gearbeitet hatte. Sie hat immer sehr gut von denen gesprochen. Zum Abschied hatten sie ihr ein Buch geschenkt.

An ein Erlebnis kann ich mich noch erinnern: Auf dem Rückweg von der Sportschule in Gera mussten wir Jungs ein paarmal mit dem Zug umsteigen. Während wir auf dem Bahnsteig in Weimar auf den nächsten Zug warteten, fuhr für ein paar Minuten ein Zug ein, der wahrscheinlich nur rangierte. Er bestand aus eigenartigen Wagen, die nur zwei Fenster hatten. Auf dem Zug saßen teilweise Soldaten, aber innen waren Frauen. Sie lächelten und winkten. Ich glaubte, dass es Evakuierte seien. Weil ich selbst ein Evakuierter war, dachte ich: ›Überall, wo Leute aus der Heimat sind, fühlt man sich hingezogen oder sucht ein Gespräch.‹ Also ging ich zu den Frauen, um ein bisschen mit ihnen zu reden. Auf einmal kam ein Soldat und fuhr mich barsch an: »Mach, dass du da wegkommst!«

Ich sagte: »Sind denn das keine Evakuierten?«

»Nein!«, und dann sagte er ganz vertraulich: »Das sind Jüdinnen aus Ungarn, die kommen hier ins Konzentrationslager.«

Erst im nächsten Jahr nach Kriegsende hörte ich im Radio, was diese Vernichtungslager bedeuteten. Aber dass da Züge hin und her fuhren, das war schon vorher klar. Die Frauen waren ja unbedarft, die dachten, sie kämen zum Arbeiten ins Lager.

Ich weiß auch noch, dass ganz zu Anfang in Meiningen ein Haus stand, in dem scheinbar Juden gewohnt hatten. Eines Tages standen die Möbel auf der Straße. Jemand hatte etwas gerufen, das ich nicht verstanden hatte. Die Möbel wurden dann auf einem kleinen Platz verkauft. Meine Mutter hat davon nichts gewollt. Sie wollte immer eine Schranknähmaschine haben, aber die dort stand, wollte sie nicht. Da war sie sehr dagegen …

Ich weiß auch noch, wie mein Vater nach der Reichskristallnacht gesagt hatte: »Wie können die das machen? Wenn man uns das eines Tages mal vorhält – das war ja ein Pogrom!«

(Erhard M., Jg. 1930)

Ich weiß noch, wie meine Cousins nach dem Krieg in Baracken spielten. Die Baracken waren leer. Für mich als Kind sahen sie wie Buchten für Pferde aus. Ich war einmal mit meinen Cousins dort gewesen und fand es irgendwie unheimlich da drinnen.

»Ich komm da nicht mehr mit. Da is nich schön«, sagte ich danach, wenn sie wieder mit mir zum Spielen hin wollten. Irgendwie hatte der Ort etwas auf mich ausgestrahlt … Heute weiß ich, was es war. Die Bevölkerung hat aber behauptet, sie habe nicht gewusst, was da war. Denen war wahrscheinlich bloß erzählt worden, dass da kriegswichtig gebaut wurde. Die Baracken waren während des Krieges eingezäunt gewesen. Sie standen nahe bei der Fabrik. Ganz in der Nähe lag auch die Siedlung, wo meine Tante wohnte. Hinter einer Reihe von Einfamilienhäusern kam die kleine Zufahrtsstraße zur Fabrik, und dann kamen schon die Baracken. Sie standen also ganz dicht bei der Siedlung. Ich erinnere mich noch, dass dort etwas eingesperrt war. Später wurde gesagt, dort seien Polen vom Aufstand in Warschau untergebracht worden. Die Baracken waren KZ-Außenstellen. Die Häftlinge haben schwer in der Fabrik arbeiten müssen. Die Männer waren ja alle im Krieg. Wie viele da arbeiten mussten, wusste keiner. Sie waren eingepfercht in den Baracken … Das ist den Leuten anschließend angeblich bloß gesagt worden. Ich weiß es nicht, ob es welche gewusst haben oder nicht. Gezweifelt haben sie schon, was dort untergebracht war. Es wird schon welche gegeben haben, die es gewusst haben … Und meine Cousins spielten dann nach dem Krieg in den Baracken.

Ich weiß noch, einmal lief ich nach dem Krieg mit meiner Mutter an den Baracken vorbei. Die Polizei hatte alles abgesperrt. Mutter fragte: »Was macht'n ihr hier?«

»Mensch macht euch weg«, sagte einer der Polizisten bloß. »Wir betten um.« Sie brachten die eingescharrten Häftlinge auf einen Ehrenfriedhof. Hab ich als Kind gewusst, was umbetten ist? Das sind die Dinge, die mir meine Mutter später dann, als ich anfing zu fragen, auch erklärt hat. Und dann haben in meinem Geist diese eigenwilligen Dinge zusammengefunden, die ich mir als Kind gar nicht erklären konnte.

(Elisabeth Krieg, Jg. 1935)

Hintergrundinfos: Judenverfolgung

1933 lebten in Deutschland etwas mehr als 500 000 Juden. Bis zum Kriegsanfang wurden sie von den Nationalsozialisten isoliert, verdrängt und ausgeplündert. Dabei wurden sie durch eigenmächtige Initiativen aus der Bevölkerung unterstützt. Infolge des Krieges gelangten Millionen weiterer Juden in den Einflussbereich der Nationalsozialisten. Sechs Millionen jüdische Menschen starben in der eigens dafür aufgebauten Todesmaschinerie in den Konzentrationslagern, davon ungefähr 1,5 Millionen Kinder. Die Juden wurden erschossen, erschlagen, planmäßig vergast, oder sie verhungerten oder starben an Krankheiten und Seuchen auf Deportationen oder in Arbeitslagern und Getto-Gefängnissen. Gegen die Auslöschung der Juden begehrte kaum ein Deutscher auf, vielmehr waren viele von ihnen an dem Morden beteiligt: ganz direkt die Gestapo, die Polizei und die Wehrmacht, indirekt die Beamten und Beamtinnen in den Ministerien und die Angestellten in den Stadtverwaltungen und Kommunen sowie die Reichsbahn. Auch die Wirtschaft war beteiligt. Große Industriebetriebe unterhielten KZ-Außenlager, in denen KZ-Häftlinge arbeiten mussten und zehntausendfach ums Leben kamen. Mit dem Krieg setzten Kommunen KZ-Häftlinge für Aufräumarbeiten nach Luftangriffen ein. Sie mussten im Straßenbau arbeiten und fehlende deutsche Arbeitskräfte in den Fabriken ersetzen. Dafür wurden überall im Reichsgebiet eingezäunte Baracken errichtet – von jedermann einsehbar.

Nachbarinnen und Nachbarn oder Kolleginnen und Kollegen denunzierten Juden bei der Gestapo, warteten schon auf die freiwerdenden Wohnungen oder bereicherten sich an deren zurückgelassenem Eigentum. Spätestens seit 1942 hatte die Mehrheit der Deutschen eine Ahnung vom Massenmord an den Juden. Die Deportationen waren öffentlich, neugierige Zuschauerinnen und Zuschauer gab es immer, offenen Protest hingegen nicht. Auch die Räumung der Konzentrationslager ab 1944 war für alle sichtbar. Monatelang schleppten sich ausgezehrte KZ-Häftlinge quer durch das Deutsche Reich, weitere Hunderttausende Juden starben dabei.

Nach dem Zweiten Weltkrieg wollte der Großteil der Deutschen von dem Mord an den Juden und von der Existenz der Konzentrationslager nichts gewusst haben.

Verfolgte Minderheiten

»Wir ziehen mit dem Spaten durchs Moor.«

Alfred D.

(Geboren 1936 in Hamburg, Lehrer)

Bei uns in der Familie waren alle antifaschistisch. Als das Attentat auf Hitler war, sagte meine Oma im Bunker auf St. Pauli laut auf Plattdeutsch: »Schade, dass das Arschloch nicht den Hintern zugekniffen hat.« Der Bunkerwart sagte: »Um Gottes willen, um Gottes willen, Frau Oldenburg!«

Meine Mutter hatte sich in Sachsen auch dazu geäußert, sie hatte gesagt: »Schade, dass es nicht geglückt ist.« Mutter wurde verraten und musste zum Bürgermeister. Der sagte: »Frau Dreckmann, das traue ich Ihnen gar nicht zu, dass Sie sowas gesagt haben.«

»Nee«, sagte meine Mutter, »habe ich auch nicht gesagt.« Und damit war die Sache erledigt. Mein Großvater väterlicherseits war Kommunist und meine Onkel auch. Onkel Hans war schon während des Krieges als Moorsoldat im Emsland interniert. »Wir ziehen mit dem Spaten ins Moor.« Mein Großvater war nochmal mit dem Fahrrad ins Emsland gefahren, um seinen Sohn zu sehen. Danach kam Onkel Hans ins KZ Sachsenhausen und ist da ermordet worden. In den Tongruben oder weiß der Teufel wo … Weil er Kommunist war. 1943 ist er umgekommen. Mein anderer Onkel, der Walter, war schwul. Deswegen ist auch er von den Nazis ermordet worden. Die Nazis haben ja auch die Schwulen abgeholt. Das war hier in Hamburg. Da war ein KZ. Mein Vater bekam nach dem Krieg für jeden ermordeten Bruder 300 Mark. Von der Wiedergutmachungsbehörde – so ein Unsinn …

»Sie machten Experimente mit ihr.« Dorothea W.

(Geboren 1962, Lehrerin; Günther W., geboren 1930, Dreher)

Dorothea W. erzählte mir am Telefon kurz vom Schicksal ihres Vaters. Als Geschichtslehrerin findet sie es wichtig, dass solche Geschichten nicht verloren gehen. Weil ihr Vater es psychisch nicht mehr schafft, über seine Vergangenheit zu sprechen, erzählt sie mir seine Geschichte.

Zum 75. Geburtstag von Vaters Schwester saßen wir 2003 alle im Garten und tranken Wein. Wir sprachen über die Familie und ich sagte: »Schade nur, dass ich noch nie ein Bild von meiner Großmutter gesehen habe. Ich kenne sie überhaupt nicht.«

Die Schwester meines Vaters sagte: »Ich hab eins, soll ich es dir mal zeigen?«

Mein Vater kriegte große Ohren: »Ich dachte, du hast keins.«

»Ach doch, ich hab letztens aufgeräumt, ich hab eins.« Sie holte ein paar Bilder raus. Ich guckte meinen Vater an, und da fing er auf einmal an zu weinen. Ich sagte: »Was ist denn los?«

Und er: »Ihr habt mich doch belogen, sie war da noch gar nicht tot!«

Seine Schwester erzählte, dass meine Großmutter in der Psychiatrie gewesen war. Das hörte mein Vater das erste Mal, das hatte er nicht gewusst.

Als mein Vater sechs war, kam seine Mutter mit Depressionen ins Krankenhaus und wurde von dort in die Psychiatrie in Uchtspringe überwiesen. Sie hatte 34 das fünfte Kind geboren. Die ersten beiden Jungs waren früh verstorben, weil es im Winter so kalt war und sie an Diphtherie erkrankt waren. Der dritte Junge war mein Vater, dann kam 1932 sein Bruder und 1934 seine Schwester, die Gisela. Und diese fünf Kinder waren für eine Frau, die gerade mal dreißig war, einfach zu viel gewesen. Zumal ihr Mann nicht zufrieden war. Der war Einzelkind und wollte Spaß. Das konnte sie ihm nicht bieten, weil ja die Kinder da waren. So hatte er sich den Spaß gesucht und eine neue Frau gefunden. Mein Vater und sein Bruder waren sich in der Zeit oft selbst überlassen, die Mutter im Krankenhaus, der Vater bei der anderen Frau. Sie waren oft allein zu Hause, trieben sich rum, und dann brachte die Polizei sie manchmal wieder nach

Hause. Die Nachbarn halfen, dass die Kinder ihre Ordnung hatten. Dass seine Mutter im Krankenhaus gewesen war, hatte mein Vater noch gewusst. 1937 erzählte ihm sein Vater: »Ach, deine Mutter ist jetzt tot, und deshalb ziehen wir weg.«

Zu ihnen zog die neue Frau des Vaters und brachte 1939 den Kurt zur Welt. Die Schwester meines Vaters erzählte, dass die Mutter in der Psychiatrie noch ab und zu Besuch von ihrer Mutter und ihrer Schwester bekommen hatte. Aber da der Ehemann nicht kam, um sich um seine Frau zu kümmern, hatten die Behörde und die Ärzte das so ausgelegt, dass sie Experimente mit ihr machten. Irgendwann durften die beiden Frauen die Mutter meines Vaters nicht mehr in der Psychiatrie besuchen. Es hieß: »Nein, das geht nicht mehr, sie schläft.«

Die Schwester meines Vaters weiß, dass ihre Mutter nicht mehr aus Uchtspringe rausgekommen ist. Woran sie genau gestorben ist, weiß sie nicht. Sie hat auch nicht weiter nachgehakt. Nachdem mein Vater im Garten seiner Schwester vom Schicksal seiner Mutter erfahren hatte, meinte er, eigentlich müsse man nachhaken und gucken, was mit seiner Mutter geworden ist. Aber das schaffte er nicht mehr. Das sind Wunden … Sie haben die Toten ruhen lassen.

Mein Vater dachte immer, seine Mutter würde irgendwann wiederkommen. Aber sie kam nicht. Das konnte er sich nicht vorstellen … Als 39 der Krieg anfing, meldete sich sein Vater freiwillig an die Front und ist dort 1941 gefallen. Der war in der NSDAP, der war begeistert. Mein Vater und sein Bruder waren nun mit der Stiefmutter und dem neuen Bruder in einer Zweiraumwohnung allein. Das war furchtbar für meinen Vater. Er hat immer erzählt, dass er kein eigenes Spielzeug hatte, alles bekam der neue Bruder. Mein Vater konnte zu der neuen Frau nie Mutter sagen. Nachdem der Vater gefallen war, gab es Waisenrente für die beiden Jungs, und das war der Grund, warum sie noch bei der neuen Frau bleiben durften. Aber die beiden besaßen nichts. Sie mussten immer arbeiten, eigene Geschenke gab es nicht. Es war eine unemotionale Kindheit ab dem Punkt, wo auch der Vater nicht mehr da war. Wenn er für ein paar Tage auf Urlaub gekommen war, dann war das toll gewesen. Aber dann war er ja wieder weg. Und die Sehnsucht nach der Mutter blieb. Im Laufe des Krieges kam dann die Kinderlandverschickung. Mein Vater und sein Bruder wurden wieder getrennt, sie durften nicht zusammenbleiben. Mein Vater kam zu einer Bauersfrau, deren Sohn an der Front war. Die machte alles für meinen Vater, nahm ihn im

Prinzip an Kindes statt auf. Er durfte mit ihr Kutsche fahren und sich satt essen. Das hat er genossen. Jedes Mal, wenn der Pfarrer rumkam und fragte: »Wie geht's? Deine Familie meldet sich ja gar nicht«, sagte mein Vater: »Ich hab keine Familie.«

Er hatte de facto keine Familie. Aus der Ferne bekam er die Bombenangriffe auf Magdeburg mit, das konnte er von Weitem sehen. Die Ängste der Kinder kann man gar nicht erfassen. Aber Vater hatte diese Frau neben sich, die ihm Herzenswärme gab. Sie war eine etwas dickere Frau mit einem vollen Busen, da konnte er sich wärmen. Erst wollte er nicht, aber dann fand er das ganz toll. Und fühlte sich dort wohl. So wohl, dass er später wieder zu dem Ort hingefahren ist, aber da war sie schon tot. 1945 kam der eigene Sohn der Bäuerin wieder, da war mein Vater abgemeldet. Aber da war er ja schon vierzehn. Vater ging zurück nach Magdeburg zu seiner Stiefmutter. Das Haus war nicht zerbombt, aber die Stiefmutter hatte einen neuen Mann, und der stellte meinem Vater seinen Koffer vor die Tür und sagte: »Du kommst hier nicht mehr rein.«

Da war mein Vater vierzehn! Er ging zu seinen Großeltern mütterlicherseits, die seine Schwester Gisela aufgenommen hatten. Seine Oma war inzwischen wohl wegen des Kummers über ihre Tochter auch in der Psychiatrie gestorben. Sein Opa hatte sich eine neue Frau genommen, die auch ganz lieb war. Sie hatte auch Vaters jüngeren Bruder ganz doll lieb und sagte: »Du kommst mit zu mir, aber der Große nicht.« Mein Vater wurde wieder weggestoßen. »Und du nicht!« Das ist eine Wunde, die ist bis heute nicht verheilt. Er ist 88. Das kann er nie, nie, nie vergessen. Und so ist im Prinzip auch eine Art Frauenhass, glaube ich, bei ihm entstanden …

Mein Vater ging zur Familie seines Vaters, und die Großeltern sagten: »Nee, Junge, du musst raus.«

Vater fand einen Gesellen, der ihn mit zur Ausbildung nahm. Er machte seine Ausbildung und fing seinen Beruf an.

Diese emotionale Wunde ist bei meinem Vater geblieben, die ist richtig schlimm. Die Narben bleiben. Die werden nie weg sein! Nie! Das ist das, was so ein Kindheitsmuster erschaffen hat.

Wissen Sie, was das Schlimmste ist? Nach dieser Feier bei Vaters Schwester gingen wir alle nach Hause und wieder an die Arbeit, aber in ihm kochte das. Da war was zusammengebrochen. Ich hab ihm dann die Fotos von seiner Mutter kopiert und vergrößert. So hatte er wenigstens ein Bild von ihr. Ich merkte, dass er so langsam Frieden machen konnte, dass er den Kreis zu seiner Ursprungsfamilie schließen konnte. Das hat sehr viel mit ihm gemacht. Der Frust, den er in sich hatte, wurde noch größer. Aber unbeabsichtigt. Mit seinem Vater wollte er nie wieder etwas zu tun haben. Er weiß, wo er begraben liegt. In Frankreich irgendwo …

Ich würde vielleicht Nachforschungen über meine Großmutter betreiben … Aber erst, wenn mein Vater nicht mehr ist. Da rumzurühren, hochzuholen, was er immer mit aller Kraft und Gewalt verhindert hat, das geht nicht. Nicht auf Kosten seiner seelischen Gesundheit. Dann bleibt das eben … Und das Gras wächst dann darüber. Das wächst zwar, das Gras, aber drunter gibt es einen Boden. Und dieser Boden … Das ist mir erst in den letzten zehn Jahren bewusster geworden, dass in der DDR die Nazizeit mit dem Wort Entnazifizierung einfach so vom Tisch gewischt worden war. Aber in Wirklichkeit ist es nicht so gewesen. Die Leute sind ja nicht tot, die sind ja da! Und in ihren Köpfen sind Gedanken, wo ich sage: Ey, wo kommt denn sowas her? Na, da brauch ich mich doch nicht zu wundern, was das Wahlergebnis im Moment gerade deutlich macht. Ein Bekannter aus Westdeutschland meinte neulich zu mir: »Ja meinst du, die Lehrer, die Richter und die Ärzte sind einfach vom Himmel gefallen 1945, als der Krieg vorbei war. Und die waren alle sauber und clean? Nee, die hatten alle eine NS-Vergangenheit.« Und die wurde versteckt oder unter die Tischdecke gepackt. Aber die sind da und so haben sie ihre Kinder wieder erzogen. Das ist unglaublich! Ich bin nicht so erzogen, aber ich frag mich, wo kommt denn sowas her? Diese Fremdenfeindlichkeit, dieser Judenhass? Das ist für mich so schlimm, dass ich mir noch klarmachen muss, wie ich selber damit umgehe. Keine Ahnung. Vor allem in der Familie muss man dann auch bestimmte Konsequenzen ziehen. Ich war mit einem Ausländer verheiratet. Ich sagte: »Habt ihr 'ne Meise, das ist ein Mensch, ein Arbeiter.«

Von Hinrichtungen, Arbeitslagern und dem Roten Wedding

Mein Vater war gegen Hitler und hatte im Untergrund gegen ihn gekämpft. Im Widerstand hatte er auch meine Mutti kennengelernt. Es gab ja damals nur Nazis und Kommunisten. Meine Eltern wollten die Nazis nicht, also waren sie Kommunisten, bei der Rotfront oder wie die Vereinigung hieß. Sie klebten Plakate, verteilten Flugblätter, redeten bei Versammlungen, sprachen die Leute an. Sie organisierten sich im Wedding. Der Rote Wedding, wie man sagt. Vaters Nenn-Onkel wurde von der SS erschossen. Das war vor dem Krieg. Die Nazis machten Jagd auf die Kommunisten. Mein Vater konnte noch entwischen, aber er war namentlich bekannt. Sie verhafteten seine Mutter, aber die sagte nicht, wo ihr Sohn war. Er arbeitete auf dem Bau. Eines Tages sagte sein Chef zu ihm: »Sie sind nicht mehr tragbar für die Firma, Sie werden gesucht. Ich kann Sie nicht mehr beschäftigen.«

Daraufhin meldete sich mein Vater, freiwillig, glaube ich, zum Arbeitsdienst, um all dem aus dem Weg zu gehen. Nach zwei Jahren beim Arbeitsdienst wurde er gleich eingezogen: Polen, Frankreich, Finnland und dann Russland von 41 bis 44. Aber er ist mit dem Leben davongekommen. In seinen Aufzeichnungen schreibt er, wenn die Nazis ihn richtig erwischt hätten, dann hätten sie ihn an die Wand gestellt. Insofern hat er noch Glück gehabt.

(Karin D., Jg. 1938)

Auf der Straße spielten wir Jungs aus dem Vorderhaus Hopse, Treibball, Murmeln oder Verstecken. Mit dabei waren Paul und Rudi aus dem Nebenhaus und Traudchen, die alleine wohnte. Zum Essen ging sie immer mit einem von uns nach Hause. Nach einer ganzen Weile fragten wir sie: »Wo is denn deine Mutti?«

»Meine Mutti is nich da.«

Wir fragten nicht weiter nach …

Eines Tages kam Traudchen und sagte: »Meine Mutti is wieder da.«

»Wo war die denn?«

»Die war im Arbeitslager.«

So nannten die Faschisten die Konzentrationslager. Am Anfang hieß es noch, die Leute müssten dort zur Umerziehung hin, müssten dort arbeiten lernen. Deutscher sein muss eine Ehre für jeden sein.

Wegen Homosexualität verfolgte Gefangene mit rosa Winkel und Identifikationsnummer auf der Häftlingskleidung im Konzentrationslager Sachsenhausen (1938)

Ich habe erst nachher alles über die Konzentrationslager gelesen … Bei uns war keiner Nazi. Traudchens Mutti war Kommunistin.

(Dieter Hadel, Jg. 1934)

Ich kann mich erinnern, meine Eltern waren links, wie man heute sagen würde. Wir wohnten im Wedding. Mein Vater saß kurz vor Kriegsende noch mal vier oder fünf Wochen ein. Er hatte sich positiv zu den Russen geäußert. Danach wurde er eingezogen, musste zur Artillerie. Im Bekanntenkreis meiner Eltern – die kannten sich alle noch von früher, von vor der Adolfzeit – waren auch alle links. Ich hörte immer öfter: Der ist verhaftet worden und der ist hingerichtet worden. Das hat mich mehr bewegt als der Kriegsbeginn. Ich kannte ja die Leute. Das hat mich viel mehr geprägt als der Krieg. Ich hatte es schon als negativ verstanden, als die Freunde meines Vaters hingerichtet wurden. Ja, der Vater meines besten Freundes, den hatten sie eingebuchtet und ihn dann erschossen. Es war ja die Nazizeit, ich muss Ihnen ja nichts erzählen, das wissen Sie ja genauso gut wie ich …

(Alfred M., Jg. 1929)

Hintergrundinfos: Verfolgte Minderheiten

Der Vernichtungsideologie der Nationalsozialisten fielen nicht nur über 6 Millionen Juden zum Opfer. Sinti & Roma, Homosexuelle, Zwangsarbeiterinnen und Zwangsarbeiter sowie Kranke u. v. m. wurden ebenso verfolgt. Ungefähr eine halbe Million Sinti & Roma wurden von den Nazis ermordet. In Ausschwitz-Birkenau gab es eigens ein »Zigeunerlager«.

Zu den Verfolgten gehörten auch Homosexuelle. Insgesamt wurden 50 000 Männer zu Freiheitsstrafen verurteilt. Nach der Haftzeit wurden sie entweder kastriert oder kamen ins KZ, wo zwischen 10 000 und 15 000 im besonderen Maße der Schikane der Wachmannschaften ausgesetzt waren. Ihre Todesrate lag bei 60 Prozent.

Auch Kranke galten bei den Nazis als lebensunwert. Bis zum Kriegsende wurden in Deutschland und den besetzten Gebieten etwa 275 000 psychisch kranke und behinderte Menschen ermordet. Ab 1939 wurde eine Sonderbehörde (Aktion T4) damit beauftragt, die Kranken aufzuspüren und in Vernichtungslager zu bringen. Bis August 1941 wurden insgesamt 70 273 Behinderte im Rahmen dieser Aktion getötet. Nach massivem Protest in der Öffentlichkeit wurde die Aktion T4 eingestellt, doch der systematische Krankenmord ging dezentral weiter. Insgesamt starben im Rahmen der Krankenmorde 200 000 Menschen.

Zu weiteren Verfolgten des Regimes gehörten die Zeugen Jehovas, nicht angepasste Jugendliche, »Gemeinschaftsfremde« sowie politische Gegner wie Kommunisten und Kommunistinnen. Auch viele von ihnen starben im KZ.

Vernichtungspolitik der Deutschen:

Insgesamt sind zwischen 12 und 15 Millionen Zivilisten außerhalb der Kampfhandlungen im deutschen Machtbereich zu Tode gekommen. Die Zahlen setzen sich wie folgt zusammen: Neben den 6 Millionen Juden mindestens eine Million nichtjüdische polnische Zivilisten, etwa 3 Millionen sowjetische Kriegsgefangene, etwa 3 bis 4 Millionen sowjetische Zivilpersonen sowie etwa eine halbe Million nichtjüdische Zivilisten in den anderen von Deutschland besetzten Ländern sowie in Deutschland selbst. Unter diesen Opfern

Vefolgung von Sinti und Roma: Erkennungsdienstliches Foto einer Gefangenen im Konzentrationslager Auschwitz (um 1943)

waren viele Säuglinge, Kinder und Jugendliche. Auch sie starben an Krankheit oder Hunger in den Lagern, bei Vertreibungen, in Gettos und während Deportationen. Sie starben an Experimenten, entkräftet als Zwangsarbeiterinnen und Zwangsarbeiter oder bei Massenerschießungen.

Zwangsarbeiterinnen und Zwangsarbeiter

Von Essen in der Jackentasche, der ersten Liebe und einem Glas Eingewecktem

Die Russenzeit ist mir noch im Gedächtnis geblieben. Obwohl wir hier mit den Russen keine schlechten Erfahrungen gemacht haben. Meine Eltern hatten eine kleine Gärtnerei. Weil mein Vater im Krieg war, hatten wir Russenfrauen, die Mutter in der Gärtnerei halfen. Die Frauen lebten übers Feld rüber in Baracken und wurden für Arbeiten im Dorf verteilt. Mutti bekam immer drei Frauen zugeteilt. Meine Mutter kochte für die Frauen Essen, was sie gar nicht machen durfte. Da war meine Mutter eigentlich großzügig. Die Russinnen saßen dann auf der Veranda bei uns und aßen. Ich war immer unheimlich neugierig und guckte zu. Einmal hatte Mutter gesehen, wie eine der Russinnen das Essen in ihre Jackentasche gesteckt hatte. Mutti fragte: »Was machst du denn da?«

Sie hätte noch ein Kind im Lager, sagte sie. Meine Mutter ging, holte eine Kanne mit Deckel und gab ihr jedes Mal für das Kind Essen mit – war streng verboten, sie hat's trotzdem gemacht. Die Russin sagte nachher: »Wenn unsere Soldaten kommen, dann gib ihnen diesen Brief.«

Ich weiß noch, wie meine Mutti lachte, meine Eltern sind beide aus Ostpreußen: »Ach, die Russen! Eure Männer, die kommen nie hierher! Das schaffen sie nicht. Wir haben die damals auch zurückgeschlagen.« Die Russin drängte meine Mutter, und da nahm sie den Brief. Er hat uns später geholfen.

(Helga Werner, Jg. 1937)

Wir vom Jungvolk, aber auch die Fremdarbeiter wurden verpflichtet, den Flüchtlingen, die in Ueckermünde mit Kähnen ankamen, zu helfen, die Kähne zu entladen und sie in die Gemeinschaftsunterkünfte zu bringen.

Ich sehe noch den Mann vor mir: Er trägt ein polnisches Zeichen auf seiner Brust, ein polnischer Zwangsarbeiter, der etwas unter seinem Jackett trägt und damit wegläuft. Hinter ihm her rennt der Ortsgruppenleiter der NSDAP, ein Goldfasan in voller Parteiuniform. Er schreit den Polen an, er soll anhalten. Aber der hält nicht an. Der Goldfasan zieht den Revolver und erschießt den

Fremdarbeiter. Der Mann liegt auf dem Boden, das Blut läuft ihm aus dem Kopf. Ich frage die Umstehenden: »Darf der das überhaupt?«

»Na ja, Polizei ist schon da, die werden das untersuchen«, ist die Antwort. Sowas hatte ich noch nie gesehen! Ich verstehe bis heute nicht, wie man einfach so einen Menschen erschießen kann. Die Leute waren ein bisschen erschüttert, aber niemand hat etwas gesagt. Die Polizei kam, der Pole wurde abtransportiert, und dann war der Fall erledigt. Für mich war das, selbst unter den damaligen Umständen, völlig unverständlich. Wie konnte ein Ortsgruppenleiter einfach jemanden erschießen?

Später stellte sich heraus, dass der Pole für seine Hilfe von den Flüchtlingen ein Glas Eingewecktes geschenkt bekommen hatte. Er hatte das Glas unter seinem Jackett verborgen, weil die Fremdarbeiter immer wieder mit Unannehmlichkeiten rechnen mussten. Der Ortsgruppenleiter wird in ihm einen Plünderer gesehen haben, der sich am Eigentum der Flüchtlinge bereichern wollte. Das war ein einschneidendes und furchtbares Ereignis für mich. Das habe ich nicht vergessen. Es kam dann tatsächlich noch ein Polizist und kümmerte sich um den Fall, aber offenkundig ist dem Ortsgruppenleiter nichts passiert – auch typisch für die Zeit.

(Burkhard C., Jg. 1932)

Ich wollte Ihnen noch etwas von meiner ersten Liebe erzählen. Weil das wirklich auch noch mit dem Kriegserleben zu tun hat. In Königsberg hatte meine Mutter ein Kindermädchen, das aus der Ukraine kam. Sie hatte sich, das weiß ich auch nur aus den Erzählungen meiner Mutter, irgendwie freiwillig nach Deutschland gemeldet, war also keine Zwangsarbeiterin. Und dieses Kindermädchen namens Maria war, wie gesagt, meine wirklich erste große Liebe. Ach Gott, ich glaube, ich hing dauernd an deren Schoß, und sie spielte mit mir und liebte mich wahrscheinlich ihrerseits auch. Jedenfalls war das eine wirklich wunderschöne Zeit. Dann kam ein Kriegsereignis, das diese Idylle zerstörte. Die aus der Sowjetunion oder anderen Ländern stammenden Arbeiter, jetzt passt wohl der Begriff Zwangsarbeiter, wurden dann, soweit sie in irgendwelchen Idyllen tätig waren, dort abgezogen. Und ich vermute, dass die Maria in ein Lager für Zwangsarbeiter in der Munitionsindustrie oder Kriegsindustrie gekommen ist. Wahrscheinlich hat sie es nicht überlebt … Auf einmal war sie weg. Meine Mutter sagte zu mir, die Maria sei eingefordert worden und es ginge nicht mehr. Wir hatten eine so schöne Zeit, und auf einmal war sie weg …

(Detlef B., Jg. 1937)

Die Frau, bei der wir evakuiert waren, hatte viele Ländereien und beschäftigte viele Fremdarbeiter. Sie war sehr hart und gemein zu ihnen. Einige vertrauten sich meiner Mutter heimlich an, und Mutti gab ihnen ab und zu was zu Essen. Später erfuhren wir, was mit unserer bösen Wirtin geschehen war. Als der Sieg der Russen näher rückte, haben die Fremdarbeiter die Frau erschlagen, die ihnen so übel mitgespielt hatte. Sie hatte alles an Essen und Trinken gehabt wegen der vielen Tiere und war so geizig gewesen, dass meine Mutti immer wieder sprachlos war. So wurde sie für ihre bösen Taten bestraft.

(Karin D., Jg. 1938)

Nicht zu vergessen sind die kriegsgefangenen Russen und die ukrainischen Frauen, die, von zu Hause verschleppt, auf dem Gut arbeiten mussten, wohin wir evakuiert worden waren. Alle Gefangenen wurden aber gut und mit Respekt behandelt. Abends saßen sie in ihren Baracken und sangen Heimweh-Lieder. Kurz nach unserer Ankunft bekamen wir mit, wie ein russischer Gefangenentransport ankam. Die Männer waren in Viehtransporten ohne Essen und Trinken tagelang unterwegs gewesen. In der Küche stand ein großer Kessel Suppe für die zwanzig Männer bereit. Um das Essen in Empfang zu nehmen, warteten sie in einer Reihe. Dabei kamen sie am Schweinetrog vorbei. Darin wurden die Essensreste für die Schweine gesammelt. Einige der ausgehungerten Männer aßen gierig daraus. Zwei von ihnen starben nach fürchterlichen Qualen.

(Dorothea L., Jg. 1930)

Zwei Häuser weiter von uns ging eine Bombe rein. Wir schrien! Alles war plötzlich gelb, die Fensterscheiben bei uns waren raus. Wir dachten, es seien Giftbomben, liefen schnell in den Keller rein. Unser Nachbar stand in der Tür und kriegte einen Splitter ab. Nachher starb er daran. Wir hatten immer gedacht, die Flieger fliegen nach Berlin. Wir hatten nicht damit gerechnet, dass bei uns was runterfiel. Das Haus war hin. Es wurde von französischen Kriegsgefangenen wieder aufgebaut. Wenn ich zur Schule lief, kam ich an ihnen vorbei. Und dann riefen sie immer: »Ericé! Ericé!« Als wir geschlachtet hatten, sagte meine Oma: »Hier, gib denen mal was!«

Auf dem Weg zur Schule brachte ich ihnen heimlich das Essen. Och, die haben sich ja gefreut! Die kriegten ja nichts …

(Erika H., Jg. 1929)

Meine Großmutter stammte aus Polen. Die Tochter von ihrer Bekannten wurde nach Deutschland verschleppt. Sie musste das gelbe P tragen. Genauso wie die Juden den gelben Stern, hatten die Polen das P. Das habe ich noch zu Hause. Ich wurde auch öfters beschimpft, wegen meiner Verwandtschaft mit den Polen. Die Bekannte schickte für ihre Tochter ein Päckchen an meine Mutter und sie holte es sich bei uns ab. Meine Mutter freundete sich mit ihr an, und manchmal übernachtete sie auch bei uns. Dann zog sie die Vorhänge vor ihrem Bett im Lager zu und kam zu uns. Es gab im Lager unterschiedliche Aufpasser. Einmal war Fliegeralarm und wir mussten sie mit in den Keller nehmen. Meine Mutter sagte zu uns drei Kindern: »Das ist Tante Lieschen.«

So hieß sie gar nicht, aber wir Kinder sagten auch nichts. Wir wussten, was wir nicht sagen durften. Einmal in der Schule hätte ich fast verraten, dass meine Eltern den englischen Sender hörten. Auch später hatten wir noch Kontakt zu Tante Lieschen und haben sie besucht. Die blieb dann Tante Lieschen.

(Annemarie W., Jg. 1936)

Die Mutter wurde 44 in einem Werk von der Rüstungsindustrie dienstverpflichtet. Da wurden Waffen gemacht. Und dort arbeiteten über hundert Russen und Polen. Meine Mutter musste für die in der Küche vom Werk kochen. Die Russen und Polen waren im Dorf in den Gasthäusern untergebracht. Die Säle waren mit zweistöckigen Betten belegt. Morgens um sieben wurden sie von Bewaffneten mit Maschinengewehren abgeholt und zum Werk gebracht, und abends um sechs kamen sie wieder zurück. Als die Franzosen kamen, wurden sie abtransportiert. Wo die hinkamen – ob sie lebend blieben oder ob sie auch irgendwo umgebracht wurden –, keine Ahnung. Meine Mutter hatte immer geguckt, dass sie denen was zu essen gab. Der eine war Schreiner, der hieß Robert, der machte uns Holzschatullen – wunderschön! Ich bemalte sie dann. Ein anderer, der Gregor, sägte uns das Holz, das ich geholt hatte, und dafür wollten sie dann immer was zu essen. Das war ja verboten, das durfte keiner mitkriegen, aber wir wohnten im Hinterhof, und da konnten sie diese Arbeiten verrichten. Da waren wirklich Künstler dabei. Die

Zwangsarbeiter an der Drehbank in einer Werkhalle des Ostarbeiterlagers Wernigerode (1943)

haben Holz geschnitzt! Eulen usw. und dafür wollten sie immer etwas, aber wir hatten ja nichts.

(Hanna B., Jg. 1934)

Ich hatte ein Erlebnis, das hat mich fast umgeworfen. Ich stand allein am Bahnsteig in Glatz. Vor einem Haus gegenüber sah ich mehrere mehr oder weniger kahlköpfige magere Gestalten. Es waren russische Gefangene, die da arbeiteten. Und dann fing der eine an zu singen, das war so unglaublich musikalisch und so schön. Ich dachte: ›Mein Gott, das ist ja furchtbar. Der kann so herrlich singen und ist jetzt hier und sieht so verhungert aus.‹

Vertieft wurde dieses Erlebnis wiederum durch eine Tätigkeit im Rahmen der Mitarbeit für den Sieg. Ich wurde als Jungmädel aus dem Stopfkreis herausgeholt, wo wir für die armen Leute Kleider stopften. Es hieß: »Bärbel, du musst heute mit rauf ins Bad und für die Kriegsgefangenen die Suppe holen.«

Ich sagte: »Was?«

»Ja, die sind am Rande von Bad Landeck in einer leerstehenden Fabrik untergebracht, dahin bringt ihr denen die Suppe mit dem Leiterwagen.«

Mit einer anderen aus dem Dienst ging ich die Suppe abholen. Und was da reinkam, das war Abwaschwasser! Sie schöpften die Suppe aus einem Spülbecken in Milchkannen rein. So eine Schweinerei! Das war Wasser mit ein bisschen was drin. Es war so furchtbar, dass ich als junges Mädchen, dreizehn Jahre, sagte: »Das kann man Menschen nicht zu essen geben!«

»Sei du mal froh, dass die überhaupt was kriegen!« *(ruft sie mit lauter Stimme)*, wurde ich angeschnauzt. Und dann ratterten wir mit einem Leiterwagen, auf dem die Suppe stand, ungefähr zwei, drei Kilometer bis zur Fabrik. Zwei magere Gestalten holten die Suppe ab. Ich würde schon fast sagen, dass ist natürlich auch überlagert von Bildern, die ich später gesehen habe, aber das waren schon fast KZ-Gesichter. Ich sah den Heißhunger dieser Leute und war einfach fertig. Ich dachte: ›Das ist ja schrecklich, die lassen die hier noch verhungern! Du musst jetzt sehr vorsichtig sein.‹ Ich kriegte eine Wut auf den Hitler!

(Barbara Schubert-Felmy, Jg. 1931)

Ich erinnere mich, wie ich nach einem Bombenangriff einen Mann beobachtet hatte. Er war wohl ein Fremdarbeiter, der aus einem brennenden Zigarettengeschäft ein paar Schachteln Zigaretten rausholte. Ein Parteifunktionär in Uniform hatte das auch gesehen und schlug ihn mit seinem Koppelschloss tot. Immer wieder schlug er mit dem Koppel und dem Koppelschloss auf den Kopf, weil er ihn als Plünderer betrachtete. Plünderer wurden sofort erschossen. Aber was ist das für eine Plünderei, wenn man aus einem brennenden Laden noch ein paar Schachteln Zigaretten rausholt? Ich sehe es noch vor mir, wie der Mann niedergeschlagen wurde. Ja, das war schon eine furchtbare Zeit …

(Jochen Lindner, Jg. 1934)

Auf der anderen Straßenseite ist einmal nach einem Bombenangriff ein Haus zu Bruch gegangen. Wir kamen aus dem Keller und guckten uns das an. Das Haus war abgetragen, es hatte sich ein hoher Berg gebildet. Dort spielten wir Kinder dann rum. Mit einem kleinen Dreirad habe ich mich auf dem Schuttberg einmal überschlagen. Dann kamen Zwangsarbeiter, Fremdarbeiter, die den Schutt wegräumen mussten. Sie hatten Aufseher, das waren Nazis, es war ja noch Krieg. Mein Großvater legte sich mit den Aufsehern an, weil sie diese jungen Leute so getriezt haben. Ob sie sie geschlagen haben, weiß ich nicht. Jedenfalls dachte mein Großvater, er muss sich einmischen. Ich höre ihn noch schreien: »Wenn du einen Sohn in Russland hättest, dann möchtest du auch, dass der anständig behandelt wird, wenn er in Gefangenschaft gerät!«

Mein Großvater sorgte dann auch dafür, dass die Zwangsarbeiter was zu essen bekamen. Die Familien aus unserem Haus kochten immer abwechselnd. Dann stand hinten im Haus ein großer Topf Suppe, die Arbeiter wurden reingeholt und hatten wenigstens ein bisschen was zu essen. Das fand ich so toll von meinem Großvater, dass er sich mit den Aufsehern angelegt hat …

(Ursula Schilakowski, Jg. 1936)

Auf dem Dorf arbeiteten auch einige Gefangene aus Frankreich. Die mussten am Nebentisch sitzen, aber nicht in einem anderen Raum. Sie waren zentral beim Ortsbauernführer untergebracht. Morgens wurden sie zu ihrer landwirtschaftlichen Stelle abgeholt.

Den Gefangenen aus Russland ging es nicht ganz so gut. Die wurden auch in der Landwirtschaft eingesetzt. Wir hatten zwei Russen auf dem Bahnhof, wo ich meine Ausbildung angefangen hatte. Sie halfen beim Umladen und konnten auch schon ganz schön Deutsch. Aber die Franzosen bekamen immer viel Post und Pakete, daran haben sich die Russen beim Umladen ein bisschen vergriffen. Sie wurden immer wieder verwarnt. Das weiß ich, weil ich dabei war. »Ach, was denn!?«, fragten sie dann. Irgendwann flog es auf. Die Bevölkerung

Russische Frauen, die mit Zahlenschildern um den Hals gekennzeichnet sind, vor ihren Baracken im Zwangsarbeiter-Auffanglager Görden in Brandenburg an der Havel (1942)

wurde zusammengetrommelt, und dann wurden sie öffentlich hingerichtet. Man hat sie an einem sehr befahrenen Weg erhängt.

(Gerhard G., Jg. 1928)

In Berlin trafen wir Jungs uns immer bei einem Holzgerüst vor einem Kindergarten. Da war auch ein kleiner Russe dabei. In der Nähe war ein Lager von Zwangsarbeiterinnen, der Kleine gehörte dazu und war dann immer bei uns. Er gehörte im Grunde mit dazu. In unseren Gesprächen ging es eigentlich immer nur darum: Jetzt haben wir das oder das erobert. Den Frankreichkrieg hatten wir als Sieg miterlebt, Polen auch. Da war keine Differenzierung und auch keine Wertung dabei. Der russische Junge sprach perfekt Deutsch. Ich hab mir dann erzählen lassen, dass er 45 unerwartet verrückt gespielt haben soll. Obwohl der von den Leuten gut behandelt worden war. Die Mütter der Jungs haben ihn immer mitessen lassen. Der war da sozusagen aufgenommen. Und 45 soll er dann verrückt gespielt haben …

In der Lehrerbildungsanstalt, wo ich meine Ausbildung machte, war ein Haufen polnischer Leute, die dort arbeiteten. Wir hatten ein normales Verhältnis zu denen. Vielleicht waren wir auch ein bisschen blauäugig oder dumm. Es war auch eine junge Frau unter ihnen, die im Speisesaal bei uns zu tun hatte. Im Kino liefen die Revue-Filme. Ich fragte sie immer: »Warum gehen Sie denn nicht ins Kino?«

Mir kam überhaupt nicht in den Sinn, dass die überhaupt nicht ins Kino gehen durften. Sie haben es auch nicht gesagt. Es war ja eine ganz andere Situation für die …

(Alfred M., Jg. 1929)

Hintergrundinfos: Zwangsarbeiterinnen und Zwangsarbeiter

1944 waren knapp 8 Millionen zwangsverschleppte Arbeitskräfte im deutschen Reichsgebiet tätig. Darunter waren 2 Millionen Kriegsgefangene, der Rest waren Zwangsarbeiterinnen und Zwangsarbeiter. 2,8 Millionen stammten aus der Sowjetunion, 1,7 Millionen aus Polen, 1,2 Millionen waren weitgehend Kriegsgefangene aus Frankreich. Mehr als die Hälfte der aus Polen und der Sowjetunion Verschleppten waren Frauen. Die Arbeitspflicht galt auch für Kinder, zunächst ab vierzehn Jahre, später sogar ab zehn. Schätzungsweise 1,5 Millionen Kinder aus Polen und der Sowjetunion arbeiteten in allen Bereichen der Industrie, in der Landwirtschaft, im Handwerk und im Haushalt. Bei Ernteeinsätzen mussten schon die Siebenjährigen mitarbeiten.

Die meisten Zwangsarbeiterinnen und Zwangsarbeiter lebten in Barackenlagern, von denen überall in Deutschland verteilt rund 30 000 existierten – für jedermann offen sichtbar. Sie waren in allen Lebensbereichen, im öffentlichen Dienstgewerbe sowie in quasi jedem Betrieb tätig. Die Behandlung der Zwangsarbeiter aus dem Osten war katastrophal, diejenigen aus dem Westen wurden etwas besser behandelt. Sowjetische, polnische und tschechische Zwangsarbeiter wurden misshandelt und Zehntausende starben an Unterernährung oder unbehandelten Krankheiten. Insbesondere die sowjetischen Zwangsarbeiter wurden nach der Rückkehr in ihre Heimat pauschal als Kollaborateure der Deutschen verdächtigt und nicht selten in stalinistische Lager geschickt.

Russlanddeutsche, Donauschwaben

»Sie wollten mich zu einem Russen machen.«

Adam Bruner

(Geboren 1935 in Rote Fahne/Russland, Elektroingenieur)

Ich bin im Dorf Rote Fahne geboren. So steht es in meiner Geburtsurkunde. *(Er lacht.)* Dort hatte Vater meine Mutter in der Kolchose kennengelernt. Als ich Kind war, sprachen wir zu Hause Deutsch. Meine Familie war im 19. Jahrhundert in die Ukraine ausgewandert. Viele Deutsche sind dorthin ausgewandert. Auch meine Mutter war in der Ukraine geboren. Die Deutschen und die Russen waren, wie kann man das sagen, gute Kumpels bis zum Zweiten Weltkrieg. Nur die Narren beschimpften uns während des Krieges. Fritz und Faschist, das waren die Schimpfwörter für die Russlanddeutschen während des Krieges und auch danach. Hier ist es genauso. Wer klüger ist, der sagt nichts. Ich verzeihe allen …

Als der Krieg anfing, mobilisierten sie alle Männer, die ein Gewehr halten konnten. Es war Juni 41. Zwei Monate waren die Männer der Russlanddeutschen an der Front, dann holten die Russen sie wieder zurück. Deutsche gegen Deutsche, das geht nicht, verstehst du? Mein Vater kam zurück. Er war nicht weit gekommen, hatte nicht geschossen, hatte Gräben gegraben, nicht geschossen. Im Oktobermonat 41 wurden wir dann von den Russen verschleppt. Nach Kasachstan. Sie kamen, so wie heute und sagten: »Leute, bereitet euch vor, in drei Tagen geht es los.«

Manche schreiben, sie mussten innerhalb eines Tages raus. Nein, uns haben sie drei Tage gegeben. Wir schlachteten noch Schweine, schlachteten Hühner, nahmen Eimer mit Fett mit. Wir nahmen alles mit, was wir tragen konnten, auch wir Kinder. Manche Leute lügen. Machen alles schwarz. Wir hatten drei Tage Zeit. Wagen mit Pferden und Ochsen vorgespannt kamen zu uns. Es gab doch keine Autos. Wir luden alles auf die Wagen und fuhren zum nächsten Bahnhof. Dort stand schon der Zug, ungefähr vierzig Viehwaggons. Die Deutschen aus den umliegenden Dörfern setzten sich alle rein. In den Dörfern waren vielleicht ein oder zwei Familien Russen oder Ukrainer gewesen, die anderen waren alles Deutsche. Auch die Chefs von den Kolchosen waren Deutsche gewesen, und es hatte auch deutsche Schulen gegeben.

Sie brachten uns mit dem Zug nach Kasachstan. Dort kamen die Käufer zum Bahnhof. *(Er lacht.)* Das sagten wir so. Die Kasachen von den Kolchosen kamen und sagten: »In diese Kolchose fünf Familien, in diese zehn, in diese drei.«

So verteilten sie uns. Wir sollten doch arbeiten. So wie es hier mit den Ausländern ist. Einige von den einheimischen Kasachen waren in die Berge gegangen, dort hatten sie ihr Vieh. Sie hatten Angst vor den Deutschen und dass der Krieg zu ihnen kommt. Deswegen hatten sie ihre Häuser verlassen, und die Regierung gab diese Häuser den Deutschen. Das muss man alles selbst gesehen und durchlebt haben ... Die Dörfer waren nicht groß, zwanzig bis dreißig Häuser aus Lehm. Wie in Afrika. Genauso. In Kasachstan war es warm. Es gibt dort auch kalte Gegenden, wo es sehr kalt ist, 40 Grad minus. Dort, wo wir waren, war es bis 40 Grad warm. Wir kamen im Oktober, im April des nächsten Jahres mobilisierten sie alle Erwachsenen, Männer und Frauen, die keine kleinen Kinder hatten, in die Trudarmee, die Arbeitsarmee. Verstehst du? Dort mussten sie auf der Baustelle arbeiten. Sie bauten Fabriken. Der Deutsche ist doch schnell nach Russland gekommen. In drei Tagen waren die Soldaten schon in Kiew. Schnell! Sie dachten, sie bewegen sich schnell in Russland, mit dem Plan Barbarossa. Aber Russland ist groß. Es ist gar nicht so einfach. *(Er lacht.)*

Meine Mutter konnte bleiben, sie hatte zwei Babys und mich. Ein Junge war 38 und einer 40 geboren. Er war noch klein. Mein Vater wurde auch abgeholt. Er musste ein großes Stahlwerk mit aufbauen. Dort arbeiteten 45 000 Russlanddeutsche in Fabriken, Kohlegruben, Zechen. 1970 traf ich einen Mann, der mit meinem Vater gearbeitet hatte. Der Mann war ein Musikant, spielte Trompete. Er sagte: »Ich hab es geschafft, dein Vater ist geblieben.« Die Arbeiter mussten von den Baracken zwei Kilometer zur Arbeitsstelle zu Fuß gehen. Sie wurden von Soldaten mit Gewehren bewacht. Ganz vorne ritt der Chef des Lagers auf einem Pferd. Dann kamen die Musikanten und dann die Arbeiter. Ganz hinten fuhren ein oder zwei Wagen. Wenn ein Mensch umkippte, kam er auf den Wagen. Das hat mir der Mann erzählt. Nach nur einem Jahr ist mein Vater gestorben. Am 15. April. Sie hatten ihn genommen, und im April des nächsten Jahres ist er gestorben. Es war eine schwere Arbeit. Weil es keine Bagger gab, gruben sie alles per Hand. Sie mussten doch für das Fundament tief graben. Wir wussten es lange nicht, dass er tot ist. 43 kam ein Mann von der Trudarmee zurück. Er war krank, da hatten sie ihn entlassen. Er war mit meinem Vater zusammen gewesen und sagte zu meiner Mutter: »Dein Mann ist gestorben.«

Als ich nach Deutschland ausreisen wollte, habe ich dem Archiv geschrieben und auch einen Bescheid bekommen. Er ist dort gestorben.

Auf der Kolchose in Kasachstan konnte ich nicht in die Schule gehen. Ich hatte keine Klamotten. Was kann man machen? Mit acht Jahren hütete ich schon das Vieh. 1943 war ich in Kirgisien, das liegt hinter Kasachstan. Wir wohnten an der Grenze. Dort hütete ich die Kühe im Sommer.

Und dann, was kann man sagen, starb die Oma, starben meine Geschwister. Nicht vor Hunger. Wie kann man das sagen? Halber Hunger. Zu essen hatten wir. Die Kolchose hatte ein bisschen gegeben. Meine Mutter hatte zusammen mit den Kasachen im Kornlager gearbeitet. Dort gab es Weizen, Gerste und Mais. Sie konnten sich nicht unterhalten, nicht auf Deutsch und nicht auf Russisch. Aber die Kasachen steckten ihr im Lager was zu. Wenn die Leute arm sind, dann helfen sie einander, weißt du. Wenn der Mensch arm ist, ist er viel besser. Ein bisschen haben sie gestohlen, so ernährten sich die Leute. Vielleicht sind sie auch durch Krankheit gestorben. Genau erinnere ich mich nicht. Es ist 43 passiert. Viele, ungefähr sechzig Prozent unserer Russlanddeutschen starben in Kasachstan. Dort war ein ganz anderes Klima, verstehst du? Dann starben die Leute. Meine Mutter starb 45, im September. Sie hatte gearbeitet und war einfach krank geworden. Legte sich hin, lag zehn Tage und starb. Es waren doch keine Ärzte da, es gab nichts. Wer krank war, bekam keine Hilfe. Es sind alle gestorben. Es gab einen russischen Friedhof, aber keinen Sarg, nichts. Die Toten wurden eingewickelt, ein Loch gegraben, reingelegt, zugeschüttet und das war's. Auf den kasachischen Friedhof durften wir nicht. Das waren Muslime. Jetzt erinnere ich mich: In Kirgisien war ein Offizier zurückgekommen und dann gestorben. Die Verwandten begruben den Mann auf dem Friedhof der Muslime. Am nächsten Tag kam seine Frau zum Grab, da hatten sie diesen Mann weggebracht. Seine Frau wusste nicht, wo er war. Viele Leute starben vom Hunger und vom Klima. Das Klima war ganz anders – zu heiß.

Als meine Mutter gestorben war, holte mich ein weit entfernter Verwandter ab. Der hatte sechs Kinder und ich war das siebte. Die Schwester seiner Frau war behindert und lebte auch mit in der kleinen Wohnung. Damals war es schwer, 45. Der Verwandte hatte keine Schuhe für seine Kinder, keine Klamotten. Von seinen Kindern haben nur zwei etwas gelernt. Die anderen nicht. Die lebten in der Kolchose und waren arm. Ich war fünf Monate bei ihnen, dann gaben sie mich ins Kinderheim, setzten mich einfach davor ab und fuhren weg.

Aber im Kinderheim nahmen sie mich nicht sofort auf. Man musste ein Papier bringen. Es gab Leute, die brachten ihre Kinder des Hungers wegen ins Kinderheim. Das wollten sie im Heim vermeiden. Also lief ich zehn Kilometer in die nächste Kreisstadt, um das Papier von der Gemeinde zu holen. Ich hatte nur einen Schuh und eine Galosche an. Ich hatte nichts zum Anziehen. Es herrschte Armut damals. Ich kam in der Mittagszeit im Sekretariat an. Es hatte zu. Die Sekretärin gab mir ein Stück Brot, ich hatte Hunger. Ich setzte mich unter einen Baum, aß das Brot und schlief ein. Ein Mann weckte mich später und ich bekam den Bescheid. Darin stand, dass meine Eltern gestorben waren. Verstehst du? Und dass ich ein Deutscher bin und dass Vater in der Trudarmee war, dass Großmutter, Mutter, alle gestorben waren. Und dann wollten sie mich zum Russen machen, zu einer russischen Familie geben. Sie wollten mir einen russischen Namen geben. Mein Name ist Bruner. »Wir machen dir einen anderen Familiennamen. Du hast einen schlechten Namen, Adam«, sagten sie. Sie schrieben Eduard auf, damit ich nicht mehr verfolgt würde. Ich sagte: »Ich heiß Adam und Schluss! Nein! Ich habe Verwandte. Die finden mich! Mich holt irgendwer ab!«

Ich war ein Klugscheißer, denn ich wusste, ich hatte viele Verwandte, sehr viele. Meine Mutter hatte drei Schwestern und sechs Brüder. Ich war so klug damals.

Im Kinderheim waren nur Russen, ein Kasache und ein Jude. Jetzt kam ich dorthin. Im Kinderheim war es … Weißt du, du bist allein, keiner braucht dich. Die Welt, wie kann man sagen, du warst allein in der Welt. Das Heim war sehr arm. Es hatte ein Stück Land, wo sie Vieh züchteten und Gemüse anbauten. Ende April war es schon warm, ich musste aufs Feld. Zur Schule ging ich auch dort nicht. Auf dem Feld hatten sie Hütten gebaut, da wohnten wir und arbeiteten. Ein Junge und ich mussten gießen. Das Wasser floss durch kleine Kanäle. Wir machten die Kanäle an bestimmten Stellen mit einem Spaten auf, dann floss das Wasser zu den Wassermelonen. Mit kleinen Säcken düngten wir das Gemüse. Wir trugen 25 Kilo zu zweit, leerten den Sack über dem Wasser aus, dann nahm das Wasser den Dünger mit. Alle Kinder arbeiteten im Heim. Nicht wie jetzt. *(Er lacht.)*

Zu essen? Es war Kriegszeit, wer hatte genügend zu essen?! Es war so wie hier, hier war es auch schlecht. Wann haben die Deutschen angefangen gut zu essen? 1975 irgendwann. Ach, es war schwer …

Im Kinderheim war ich vom 12. März bis Dezember 46. Dann kam meine Tante aus Sibirien, die Zwillingsschwester meiner Mutter, und nahm mich mit. Ich hatte sie vorher noch nie gesehen. In Sibirien kam ich in die Schule. Mit elf Jahren kam ich in die erste Klasse. *(Er lacht.)* Weißt ja, wie die Kinder sind. Heute sind wir angekommen, morgen, übermorgen spielen wir schon mit allen Kindern. So ist es doch mit Kindern. Die Kinder verstehen keine Politik. *(Er lacht.)* Und wenn einer frech war, bekam er auf die Fresse und das war's. In der Schule war es verboten, in der Schule hatte keiner gesagt, dass du ein Fritz bist oder ein Faschist.

Die Schule ging jedes Jahr bis zum 20. Mai und dann hütete ich bis zum 1. September die Kühe, verdiente mein Geld. Es waren 200 Köpfe Vieh. Dafür bekamen mein Cousin und ich 100 Rubel. Ich verdiente mehr als meine Tante. Ich konnte mir Klamotten kaufen und Schuhe. Schaffellstiefel und einen Anzug. Ich hatte immer die besten Klamotten. Keiner konnte sagen, dass ich keine Eltern hatte.

So ging es sieben Jahre. Damals konnte man nach sieben Klassen schon in eine technische Schule gehen und einen Beruf lernen. Ich studierte Elektrotechniker und Bergarbeiter. Die Russlanddeutschen durften nicht alles studieren. Für die Grube durftest du studieren. Chemie, Maschinenbau und Flugzeug durftest du nicht studieren. Ab 1955 war dann schon alles erlaubt. Wir konnten uns im Land frei bewegen, alles war normal.

So viele Leute haben die Russen verloren. Manche sagen 28, manche sagen 70 Millionen. Genau weiß es keiner. Viel zu viele …

»In Kruševlje gab es keine Hunde und Katzen mehr, die waren schon alle in den Topf gewandert.« Anton Bergmann

(Geboren 1942 in Stanišić/Serbien, Psychologe)

Ernst wurde es in unserer Gegend erst, als der Krieg für Deutschland verloren war. Ich komme aus dem Dorf Stanišić in der Batschka im ehemaligen Jugoslawien, wo seit dem siebzehnten Jahrhundert deutsche Siedler lebten, die sogenannten Donauschwaben. Die Partisanen steckten alle arbeitsfähigen deutschen jungen Männer und Frauen in Viehwaggons und transportierten sie in die Sowjetunion. Der Abtransport begann kurz vor Weihnachten 1944, mein Vater war auch dabei. Meine Mutter und ich kamen zusammen mit ihren Eltern in das Lager Kruševlje. Meine Oma väterlicherseits und die Großmutter meiner Mutter kamen in das Lager Gakovo, wo Letztere schon nach wenigen Tagen verstarb. Meine Großmutter wickelte meine Urgroßmutter, wie es im Lager üblich war, in eine Decke, packte sie auf einen Schubkarren und warf sie in ein Massengrab. Das war der Auftakt … Massengrab sagt ja schon, dass es täglich Tote gab, die Ältesten und Schwächsten starben schnell weg. Im Lager gab es nichts Vernünftiges zu essen, Krankheiten wie Typhus und Cholera grassierten. Mein Großvater, der Vater meiner Mutter, gehörte noch zu den Arbeitsfähigen und war zunächst in einem Arbeitslager untergebracht. Er musste die Eisenbahnstrecken wieder herrichten, die die Deutschen während des Krieges zerstört hatten, und Leichen exhumieren, die im Zusammenhang mit den Kriegswirren zwischen den Kroaten und den Serben exekutiert worden waren. Später kam er dann zu uns ins Lager.

Meine Mutter hat dokumentiert, dass wir am 10. August 1945, also kurz vor meinem dritten Geburtstag, von zu Hause abgeholt und zu Fuß nach Kruševlje getrieben wurden. Die Menschen durften das mitnehmen, was in einen Rucksack passte. Schmuck und Wertgegenstände wurden ihnen abgenommen. Wer trotzdem etwas davon zurückbehielt, wurde meist erschossen. Ein wenig Bargeld durften die Menschen behalten. Einige hatten hastig in ihren Gärten noch Schmuck vergraben, denn alle waren davon ausgegangen: Na ja, wir werden jetzt zusammengetrieben, und irgendwann werden wir auch wieder in unsere Häuser zurückkommen. Dem war aber nicht so. Niemand kam zurück …

Das Lager Kruševlje war vorher ein altes Dorf gewesen, dessen deutsche Bewohner entrechtet und enteignet worden waren. Die Deutschen aus den umliegenden Dörfern wurden in die nun leeren Wohnhäuser aufgeteilt. Auch wir landeten in einem der Häuser, zusammen mit vielen anderen Frauen, Kindern und Alten. Patrouillierende Partisanen bewachten das Dorf. Die Frauen mussten arbeiten, auch meine Mutter. Wir waren nur nachts zusammen. Wir Kinder blieben tagsüber ganz allein im bewachten Lager, abhauen konnten wir nicht. Meine Großmutter mütterlicherseits war zu schwach zum Arbeiten und betreute mich oft. Manchmal trieben die Partisanen auch uns Kinder zusammen, was Teil einer gewissen Schikane war. Meine Mutter hat erzählt, dass die Frauen, während sie auf dem Feld arbeiteten, einmal gesehen hatten, wie auf einem gegenüberliegenden Feld alle Kinder zusammengetrieben wurden. Die Frauen wussten nicht, was die Partisanen mit uns Kindern vorhatten, und waren sehr beunruhigt. Viele Kinder waren schon von ihren Müttern getrennt und in Heime gebracht worden. Die Frauen mussten weiter auf dem Feld arbeiten, durften nicht zu ihren Kindern. Die Mütter sollten wohl eingeschüchtert werden. Als die Feldarbeit abends vorbei war, lief meine Mutter schnell zu der Stelle, wo sie uns Kinder gesehen hatte. Dort stand ich mutterseelenallein und wartete auf sie.

Die Partisanen sorgten für unser Essen, es waren aber überwiegend wässrige Eintöpfe, von denen wir nicht satt wurden. Hinter dem Haus, wo wir untergebracht waren, begannen die Felder. Meine Mutter nähte mir aus altem Kleiderstoff eine kleine schwarze Schürze, das sehe ich noch vor mir. Sie band sie mir um und schickte mich auf ein nahe liegendes Kleefeld, wo ich Klee rupfen sollte. Wenn ich genug Klee in meiner Schürze gesammelt hatte, kochte meine Mutter daraus Spinat, wie sie es nannte. Sie hatte im Hof ein paar Backsteine aufgestellt und eine kleine Feuerstelle errichtet. Eigentlich durfte niemand auf die Felder, aber einige Partisanen drückten ein Auge zu, wenn sie ein kleines Kind sahen, das Klee klaute. In Kruševlje gab es keine Hunde und Katzen mehr, die waren schon alle in den Topf gewandert. Darum versuchten wir, andere Tiere zu fangen. Ich erinnere mich, dass ich öfter damit beschäftigt war, Vögel zu fangen. Ich hatte mir einen Dachziegel besorgt, den ich mithilfe eines Stöckchens schräg aufstellte. Ich band eine Schnur an das Stöckchen und legte ein paar Körner unter den Dachziegel. Wenn ein Spatz oder ein anderer Vogel kam, zog ich an der Schnur, damit der Dachziegel umfallen und den Spatz erschlagen würde. Dann hätten wir den Vogel essen können, aber es war mir leider nie gelungen, einen zu fangen.

Erst ein paar Jahre später in Österreich sollte es mir und meinem Freund gelingen, auf diese Weise einen Spatzen zu erlegen. Meine Oma hatte dann sogar, in Erinnerung an die Jugoslawienzeiten, für uns ein Spatzengulasch gekocht. Neben der Lagerküche lag ein Kartoffelkeller. Ab und zu schickten die Erwachsenen uns Kinder dort hin, um Kartoffeln zu stehlen. Dabei sollten wir uns nicht erwischen lassen. Ich hatte an einem Stöckchen oben einen Nagel befestigt und versuchte damit, durchs Fenster aus dem Lager ein paar Kartoffeln aufzuspießen. Gelegentlich gelang es mir, so einige Kartoffeln für uns zu bekommen. Ab und zu kamen auch ehemalige serbische Nachbarn oder Freunde in das Lager und steckten ihren früheren deutschen Nachbarn ein paar Dinar zu, damit die sich etwas zu Essen kaufen konnten. Bei uns in Stanišić hatten bis zum Ende des Krieges Serben, Deutsche und Ungarn ungefähr zu gleichen Teilen in friedlicher Eintracht zusammengelebt. Das war auch der Grund, warum viele Deutsche nach dem Rückzug der Wehrmacht in ihren Dörfern blieben. Die Serben hatten gesagt: »Macht euch keine Sorgen, wir haben uns gut verstanden, wir stehen für euch ein. Ihr seid hier unsere Mitbürger.«

Das akzeptierten die Partisanen aber nicht, sie wollten die ethnische Reinigung. Ich will damit nur sagen, dass es nicht so war, wie es die Geschichtsbücher teilweise aufzuzeigen versuchen, dass die Serben aus Hass auf die Deutschen und ihre Schandtaten alle in die Lager steckten. Die deutsche Wehrmacht war natürlich verhasst und die Verbrechen der Deutschen wurden verurteilt, aber zwischen den deutschen Bürgern und den jugoslawischen Völkern hatte immer ein positives Zusammenleben stattgefunden. Es waren die Partisanen, eine Gruppe von Widerstandskämpfern, die es in allen Ländern gibt.

So waren die Zeiten in dem Lager … Einmal fand mein Großvater, der auch auf dem Feld arbeiten musste, während der Arbeit ein Hühnerei und steckte es schnell ein. Als er nach der Arbeit mit seinem Trupp an unserem Haus vorbeilief, bückte er sich schnell und ließ das weiße Ei die Böschung runterrollen, wo ich schon unten stand und auf ihn und meine Mutter wartete. Schnell nahm ich das weiße Ei und brachte es zu Großmutter. Was sie davon gemacht hat, weiß ich nicht mehr. Dieses Ei gehört zu meinen ganz frühen Erinnerungen – es war ein ganz besonderes Ereignis.

Ich erinnere mich auch noch an ein kleines Fläschchen, ich sehe es noch vor mir. Es enthielt vielleicht 0,1 Liter. Meine andere Oma hatte es einmal aus dem benachbarten Lager Gakovo mitgebracht – es war mit Honig gefüllt! Wo sie den aufgetrieben hatte, weiß ich nicht. Dieser Honig war ein riesengroßes Glück für mich. Diese Großmutter war eine sehr resolute Frau, die sich nicht scheute, sich mit den Partisanen anzulegen. Einmal war sie während einer heftigen verbalen Auseinandersetzung aufmüpfig geworden. Der Partisan hatte aber die besseren Argumente, nämlich sein Gewehr. Er gab ihr mit dem Gewehrkolben einen kräftigen Schlag auf den Kopf. Zeitlebens wuchsen dann an dieser Stelle keine Haare mehr, weil dort ihr Schädel zertrümmert war. Aber sie hat es überlebt, insofern war es letztlich gut ausgegangen. Sie war nicht erschossen worden. Einige Frauen hingegen waren öffentlich erschossen worden. Sie hatten versucht abzuhauen, um außerhalb des Lagers zusätzliche Nahrung für ihre Kinder zu erbetteln. Wenn sie erwischt wurden, gab es kein Pardon. So war es … Wer Glück hatte, wurde nur geschlagen, wer Pech hatte, wurde erschossen …

Ja, das Leben im Lager … Wir schliefen alle zusammen in einem Raum auf dem Fußboden. Jeder hatte als Unterlage einen Strohsack. Ich erinnere mich noch an ein Mädchen, das mit seiner Mutter im gleichen Raum wie wir schlief. Sie war ein bisschen älter als ich, wir hatten uns angefreundet. Eines Morgens sprach sie nicht mehr mit mir. Ich fragte: »Was ist denn, warum sprichst du nicht mehr mit mir?«

Ich bekam von meiner Mutter die Antwort: »Da ist der Mund zugeklebt.«

Danach war sie fort und kam nicht mehr wieder. Die Erwachsenen wollten mir nicht sagen, dass sie verstorben war … Ich selber wurde dann auch sehr krank, bekam eine massive Lungenentzündung mit hohem Fieber. Glücklicherweise waren im Lager mittlerweile amerikanische Medikamente eingetroffen. Ich nehme an, es war Penicillin. Wie es bei Kindern so ist, wollte ich die Medizin nicht nehmen. Meine Mutter musste mir die Nase zuhalten, sodass mir nichts anderes übrig blieb, als durch den Mund zu atmen. Dann zwang sie mir schnell die Tabletten rein. Ja, das war mein Glück, ich überlebte die Krankheit … Im Gegensatz zu vielen anderen. Die Medikamentenlieferungen waren den Deutschen zu verdanken, die bereits während des Krieges aus Jugoslawien ausgewandert waren. Viele waren nach Reichsdeutschland gegangen, aber einige auch in die USA, nach Kanada und Südamerika. Die Donauschwaben in den USA hatten die amerikanische Regierung auf die Lager aufmerksam gemacht. So war es zu den Medikamentenlieferungen gekommen.

Im Lager gab es kein Klopapier und auch kein Zeitungspapier, das man hätte verwenden können. Ich erinnere mich noch, dass meine Mutter einen alten Lappen besaß, ein Tuch, mit dem sie mir immer den Hintern abwischte. Danach wusch sie den Fetzen aus und benutzte ihn das nächste Mal wieder nur für mich. Sie musste besonders auf die Hygiene achten, soweit das unter diesen Bedingungen überhaupt möglich war. Natürlich gab es weder Zahnbürste noch Zahnpasta. Infektionskrankheiten machten schnell die Runde. Ich werde nie die Krätze vergessen. Läuse und Flöhe waren normal. Läuse und Flöhe hatte jeder, wir empfanden nichts dabei. Die kamen, es juckte und dann gingen sie auch wieder. Das war nicht weiter schlimm. Aber schlimm war die Krätze – die vergisst man nicht. Bei der Krätze bauen sich die Parasiten Kanäle unter der Haut, wie Maulwürfe. Man kann sich nicht vorstellen, wie das juckt – das ist nicht auszuhalten. Gegen Läuse und Flöhe kann man etwas machen, gegen die Krätze konnte man gar nichts machen. Die musste man ertragen. Ich kratzte, kratzte, kratzte und war dann überall wund.

Ja, das sind die wesentlichen Erinnerungen aus diesem Lager. In Kruševlje waren wir bis zum 27. Oktober 1946. Danach wurden alle kleinen Lager in dem großen Lager in Gakovo zusammengelegt, wo meine Oma väterlicherseits auch schon gewesen war.

In Gakovo wohnten wir im letzten Haus des Lagers. So konnten meine Mutter und meine Großeltern beobachten, wann ungefähr die Patrouille bei uns vorbeikam. Nachdem sie wochenlang beobachtet hatten, welcher Posten wann wohin lief, wo er wenden und zurückkommen würde, konnten sie den Moment abpassen, an dem mit hoher Wahrscheinlichkeit kein Posten vorbeikommen würde. Einen dieser Momente nutzten wir und flohen in der Nacht vom 17. auf den 18. April 1947 mit einem Schleuser und einigen anderen Flüchtlingen nach Ungarn. Gakovo lag nahe der ungarischen Grenze.

Ich sehe noch einen Waldweg mit einer Böschung vor mir, auf dem wir entlangliefen. Einer aus der Gruppe stolperte und fiel hin, es herrschten große Aufregung und Nervosität. Das sind die Dinge, die einem als Kind bewusst werden: Dass ich nachts mit meiner Mutter und meinen Großeltern durch den Wald lief, hatte für mich keine besondere emotionale Bedeutung. Erst als ich merkte, hoppla, die sind alle so aufgeregt, prägte sich die Situation bei mir ein. Bei einem

Aussichtsturm an der Grenze spürte ich wieder, dass Gefahr im Verzug war. Die Erwachsenen tuschelten und ich hörte die Worte: »Oh, Achtung!« Aber es ging alles gut.

Mein Großvater hatte ein Geschäft als Sattler in Ungarn gehabt und daher noch Bekannte dort. Sie beherbergten uns nach der Flucht zwei Monate lang auf ihrem Bauernhof. Dort hatten mir die Erwachsenen eingeschärft, was ich sagen sollte, wenn mich Ungarn ansprechen würden, denn ab und zu war ich allein in dem Haus. Egal, was fremde Leute zu mir sagen oder mich fragen würden, ich sollte immer sagen: »Nem tu dom«. Das heißt: Ich weiß nicht. An diesen Satz erinnere ich mich noch.

Ungarn wollte die deutschen Flüchtlinge auch nicht haben, und so hieß es bald, alle Flüchtlinge müssten in ihre Herkunftsländer zurück. Das gilt in Deutschland ja heute quasi auch noch … Für meine Mutter und meine Großeltern war das keine Option. Wer zurückging, dem wäre es ganz bestimmt nicht besser gegangen als vorher …

So entschieden Mutter und meine Großeltern, nach Österreich zu fliehen, wo wir am 16. Juni 1947 in einem Auffanglager für Flüchtlinge aus dem Osten landeten. Die Bauern aus der Umgebung suchten sich aus dem Lager die einigermaßen Arbeitsfähigen raus. Wir kamen zu einem Bauern aus der Steiermark, der seine Leute ziemlich ausbeutete. Mutter und Großvater fanden bald einen anderen Bauern, der uns alle aufnahm. Dort ging es uns für unsere Verhältnisse gut. Der Bauer hatte einen Sohn in meinem Alter. Franz und ich spielten draußen in der Natur. So manchen Tag musste meine Mutter mir Zecken entfernen. Weil wir keinen Fußball besaßen, nahm meine Mutter einen Flaschenkorken, umwickelte ihn mit Stoff und nähte eine Hülle außen rum. Das war unser Fußball. Wenn man keine Vergleichsmöglichkeiten hat, hält man das für normal und ist zufrieden.

Ende Dezember 1949 kam mein Vater aus Stalino zurück, einem großen Arbeitslager im heutigen Donezk. Meine Mutter hatte ihn über das Rote Kreuz suchen lassen und gefunden. Die Rückkehr meines Vaters ist eine sentimentale Geschichte. Es war der 24. Dezember 1949, also Heiligabend. Es war schon dunkel und vorne im Haupthaus des Bauernhofs wurde gerade der Christbaum gerichtet. Ich spielte mit Franz im Kuhstall, wo wir warten sollten, bis der Christbaum fertig geschmückt war. Wir hatten schon ziemlich lange gewartet, bis mein Großvater sagte, er wolle mal schauen, wie weit das Christkind sei. Als er nach kurzer Zeit wiederkam, sagte er: »Das Christkind ist da!« Und ... das war mein Vater! Also das wusste niemand! Er war wirklich überraschend genau zu dem Zeitpunkt gekommen, als wir am Heiligabend auf das Christkind gewartet hatten. Ich war gerade auf den Futtertrog geklettert, als mein Vater reinkam. Ich kannte ihn nicht, und er kannte mich nicht. Er kam rein, sah uns beide, nahm den Franz und sagte zu ihm: »Du bist mein Bub!«

Woher sollte er es auch wissen! Meine Mutter sagte: »Nein, der andere ist dein Bub!«, und zu mir sagte sie: »Ja, das ist dein Vater.«

Nach seiner Rückkehr reiste er nach Deutschland, um Arbeit zu suchen. Er landete in einem großen Flüchtlingslager in Hammelburg, in einem ehemaligen Kasernenareal der Wehrmacht, wohin er uns im Februar 1950 nachkommen ließ. Wir teilten uns mit 25 bis 30 anderen Leuten einen Raum. Im Wald fällten wir kleine Bäumchen, mit denen wir unseren Bereich abgrenzten. In die Astgabeln legten wir lange Äste und hängten Decken darüber, die wir von der Lagerverwaltung erhielten. So gestalteten wir den Wohnraum für unsere Familie, in dem wir fast drei Jahre lebten – nur abgetrennt durch Decken.

Später konnten wir in eine kleine Wohnung in einer der Holzbaracken auf dem Gelände umziehen. Die Verpflegung wurde über eine Großküche geregelt. Wir waren mit nichts im Lager angekommen, hatten kein Geschirr und kein Besteck. Alte Aluminiumlöffel und Gabeln gab uns die Lagerleitung. Das Geschirr suchten wir auf dem Schuttplatz der amerikanischen Kaserne, wo die Amerikaner immer montags ihren Müll abluden. Da standen die Leute aus dem Flüchtlingslager schon parat, um sich die von der amerikanischen Großküche weggeworfenen leeren, großen Konservenbüchsen von Gurken oder Kraut zu holen. In die Dosen stachen wir oben rechts und links zwei Löcher und zogen einen Draht durch. Mit diesen Kannen holten wir uns das Essen aus der Großküche. Es gab kein fließend Wasser, nur einen Hydranten an der Straße. Dort füllten wir Wasser in ehemalige Ketchup-Flaschen, die wir auch auf dem Schuttplatz der Amerikaner gefunden hatten. Das Gemeinschafts-Klo, eine riesige Plumpsklo-Anlage, natürlich auch ohne fließend Wasser, war in einem ca. 150 Meter entfernten separaten Gebäude untergebracht. Allerdings hatten wir hier wenigstens Zeitungspapier. Wenn es kalt war, packte mein Vater mich mit in seinen Mantel und brachte mich zur Toilette.

Es waren schon sehr bescheidene Verhältnisse … Aber ich fühle mich nicht traumatisiert, ich war eigentlich immer ein zufriedenes Kind, sicher auch dadurch bedingt, dass es uns von Schritt zu Schritt besser ging. Zuerst waren wir im Internierungslager, wo wir ständig um unser Leben fürchten mussten, danach in Ungarn, wo wir wenigstens in Sicherheit waren, aber kein Zuhause hatten. Dann waren wir in Österreich, wo wir schon ein richtiges Zuhause hatten und keine Gefahr mehr für Leib und Leben bestand – wo wir satt zu essen hatten. Zum Schluss waren wir im Flüchtlingslager in Hammelburg, wo die ganze Familie zusammen war. Also besser konnte es uns aus der damaligen Sicht überhaupt nicht gehen. Probleme haben meine Eltern von mir fernzuhalten versucht; zunächst meine Mutter allein und später, als mein Vater da war, meine Eltern gemeinsam.

Was mich natürlich geschädigt hat, war die jahrelange Unterernährung. Ich war ein sehr mickriges Kind und wog bei der Einschulung 18 Kilo. Ich erinnere mich noch, wie mich mein Vater im Flüchtlingslager geschlagen hat, damit ich esse. Weil mein Magen und mein Verdauungsapparat nicht altersgemäß entwickelt waren, aß ich einfach nicht viel. Mein Vater wusste sich in seiner Not nicht anders zu helfen, als mich zu schlagen, damit ich esse. Ich muss aber betonen, mein Vater hat mich sehr geliebt und ich meinen Vater auch. Es waren damals sowieso andere Zeiten, da hat man sich auch mal eine Ohrfeige eingefangen. Aber mein Vater hat mir immer nur gerechterweise eine Ohrfeige gegeben. Ich habe es immer eingesehen – die waren verdient … Als ich mit zehn Jahren ins Gymnasium kam, das fünf Kilometer vom Flüchtlingsheim entfernt lag, trug mir meine Oma meine Büchertasche zum Bus und holte mich auch wieder ab, um die Büchertasche nach Hause zu tragen. Ich war zu schwach dafür. In der Klasse war ich der Kleinste. Das waren die körperlichen Folgen …

In dem Flüchtlingslager hatte zunächst niemand Arbeit. Mein Vater kriegte Stempelgeld, ich glaube 18 Mark pro Woche und ich davon zehn Pfennige Taschengeld. Damit ging ich dann in eines der kleinen Geschäfte im Lager und kaufte mir z. B. eine Mandarine. Für fünf Pfennige bekam ich dort auch ein halbes Eis. Eine ganze Eiskugel war zu teuer, die konnte ich mir nicht leisten. Aber die Verkäufer waren kinderfreundlich und verkauften uns auch eine halbe Kugel. Heute würde man das eine erbärmliche Situation nennen, aber aus damaliger Sicht waren wir zufrieden. Wir hatten keine Ansprüche …

Meine Mutter aber war extrem traumatisiert. Was sie als junge Frau und Mutter seinerzeit im Einzelnen erleben musste, weiß ich nicht. Sie klagte zwar gerne, was sie »alles mitgemacht« habe, sprach aber nie detailliert über bestimmte Erlebnisse. Ich gehe davon aus, dass die Ereignisse im Zusammenhang mit der Flucht sie besonders verfolgten. Sie ist vor drei Jahren mit 91 verstorben und hatte bis zuletzt fürchterliche Albträume. Die letzten Monate vor ihrem Tod war sie ganz versunken in den früheren Zeiten. Sie war auch dement, sprach dann sehr viel Ungarisch und reagierte auf Deutsch gar nicht mehr. Meine Mutter war in einer ungarischen Schule gewesen, weil ihr Vater sein Geschäft in Ungarn gehabt hatte. Als Kind habe ich meine Mutter als sehr, sehr fürsorglich erlebt. Sie hat mir immer das Gefühl gegeben, ich sei ihr Ein und Alles und sie würde alles für mich tun. Damit ich nicht hungrig blieb, hat sie manchmal nichts gegessen. Meine beiden Omas waren genauso.

In den letzten Jahren haben wir unter dem massiven Trauma meiner Mutter gelitten. Sie hat dann zusammen mit meinem Vater bei meiner Frau und mir im Haus in der Einliegerwohnung gelebt, war nach wie vor geschädigt und oft nicht gut gelaunt. Sie konnte jeder Sache stets nur die negativen Seiten abgewinnen. Ein halb volles Glas war immer halb leer. Sie war stets unsicher und in Sorge. Das war nicht altersbedingt, sie war einfach aufgrund ihrer Vorerfahrungen geschädigt. Außer zu den Familienangehörigen – und das auch nicht immer – hatte sie zu niemandem Vertrauen und war immer in Sorge, jeder wolle ihr übel, wolle sie betrügen. Sie musste immer innerlich aufbegehren, wenn z. B. die Leute an der Kasse nicht freundlich zu ihr waren. Jedes Mal zählte sie das Wechselgeld nach. Auch Kontoauszüge rechnete sie immer nach … Alles musste hundertprozentig korrekt sein. Sie war zwanghaft bemüht, alles unter Kontrolle zu haben. Sie fühlte sich immer bedroht und hatte ein extremes Sicherheitsbedürfnis.

Traumatisierend für mich ist eher das Bewusstsein, dass mit dem Aussterben meiner Generation das Schicksal einer ganzen Volksgruppe, der Donauschwaben im ehemaligen Jugoslawien, im Dunkel der Geschichte verschwinden wird …

Hintergrundinfos: Donauschwaben und Russlanddeutsche

Donauschwaben

1940 lebten innerhalb der Grenze des ehemaligen Jugoslawiens 510 000 Donauschwaben, die seit Ende des 17. Jahrhunderts den Balkan besiedelt hatten. Mit dem Einmarsch der Wehrmacht gerieten viele von ihnen unter nationalsozialistischen Einfluss. Sie wurden Zeugen und Zeuginnen der Judenverfolgung, traten freiwillig der Wehrmacht oder der SS bei oder wurden zwangsrekrutiert. Gegen Ende des Krieges flüchtete 1944 etwa die Hälfte von ihnen vor den Partisanen und der Roten Armee. Die verbliebenen ca. 195 000 Donauschwaben mussten dann unter jugoslawischer Herrschaft Zwangsarbeit verrichten. Sie wurden enteignet, willkürlich erschossen, in die Sowjetunion verschleppt oder in Lager eingewiesen. Alte, Kinder und Frauen mit Säuglingen verhungerten in den Lagern. Etwa 67 000 Zivilisten sollen in den Lagern umgekommen sein.

Russlanddeutsche

Zu Beginn des Zweiten Weltkrieges lebten etwa eine Million Deutsche in Russland. Sie waren überwiegend im 18. Jahrhundert als Kolonisten nach Russland gekommen. Mit dem Überfall auf die Sowjetunion begann ihre systematische Verfolgung unter dem pauschalen Vorwurf der Kollaboration mit den Nationalsozialisten. Stalin befahl sofort die Deportation aller Russlanddeutschen nach Sibirien und Mittelasien. Sie wurden enteignet und völlig entrechtet. Alle Männer ab 16 Jahren und kurz darauf auch die Frauen im gleichen Alter, die keine Kinder unter drei Jahren hatten, wurden von ihren Familien getrennt und zu Zwangsarbeiterinnen und Zwangsarbeitern in der sogenannten Trudarmee (Arbeitsarmee) gemacht. 1943 wurde das Einberufungsalter für Jungen auf vierzehn und für Mädchen auf fünfzehn herabgesetzt. Sie arbeiteten auf Baustellen der Rüstungsindustrie, des Transportwesens, im Bergbau, der Forst- und Landwirtschaft im Ural und in Sibirien.

Etwa 300 000 bis 400 000 deportierte Russlanddeutsche überlebten die Verbannung nicht.

Umsiedlung (Rückführung) von 250 000 »Volksdeutschen« aus der Sowjetunion in den Warthegau (Wartheland) im deutsch besetzten Polen (Generalgouvernement). Treck mit Umsiedlern (1944)

Nach Kriegsende wurden die Russlanddeutschen in ihren Vertreibungsgebieten angesiedelt und zu ewigen Verbannten erklärt. Sie durften den Siedlungsort ohne Genehmigung nicht verlassen. Ab 1956 durften sie sich wieder frei bewegen, aber erst zwölf Jahre nach Stalins Tod 1965 wurden sie formal rehabilitiert. Ab 1971 durften sie nach Deutschland ausreisen.

Kriegsende

»Im Krieg zählt ein Mensch ja gar nicht.« Siegrid S. und Gerhard V.

(Siegrid S., geboren 1936 in Berlin, Krankenschwester und Erzieherin; Gerhard V., geboren 1933 in Berlin, gelernter Spediteur und Geschäftsführer)

Gerhard V.: Erlebnisse, die mit dem Krieg zusammenhängen, hast du viel mehr als ich.

Siegrid S.: Ja, das stimmt. Schon aus dem einfachen Grund, weil ich hier in Berlin war. Hier war es für uns der Horror. Wir wohnten in Mahlsdorf, wo ich eine wunderschöne Kindheit verbracht hatte. Es gab keine Autos auf den Straßen, wo wir Kreisel spielten. Wir hatten nicht viel Spielzeug, wir machten uns alles selber. Ich hatte Freunde, die klapperte ich immer ab: »Kommste spielen, kommste spielen?« Ich bin ein Mensch, der draußen sein muss – schon als Kind.

Ja … Natürlich erlebten wir die Bombennächte. Ich weiß noch, meine Mutter war eine reiche Frau, die trug im Keller immer einen Mantel mit Pelz innen. Wenn es ganz schlimm wurde und draußen krachte, kroch ich in diesen Pelzmantel rein, zog den Kragen über meinen Kopf und versteckte mich. Ich dachte, da findet mich keiner. Manchmal denke ich: Mein Gott, dass wir überhaupt noch leben, dass wir noch da sind … Ja, dass wir diesen Krieg überstanden haben, ist wirklich erstaunlich.

Hinter dem Haus stand ein Puppenwagen mit den notwendigsten Dingen. Als es im Keller zu gefährlich wurde, rannten wir durch den Uhlenhorst zum Bunker, den Puppenwagen schoben wir vor uns her. Tiefflieger schossen über unsere Köpfe weg: Datatatatatatttt. Ich höre es heute noch. Dass ich noch lebe, ist ein Wunder! Ist wirklich ein Wunder! Ich sollte eben noch nicht nach da oben. *(Sie lacht.)* Wenn die Sirenen gingen, musste uns Mutter wecken. Das war furchtbar für sie, Kinder schlafen ja immer so fest. Wir lagen angezogen im Bett und liefen taumelig bis in den Bunker. Am Himmel standen schon die Weihnachtsbäume: Leuchtkugeln, die den Bombern zeigten, wo sie die Bomben abwerfen sollten. Wenn diese großen Maschinen, die Bomber, ankamen … fürchterlich … ganz grausig. Die Sirene kann ich heute noch nicht hören, das geht mir durch Mark und Bein. Ganz eigenartig, dieser warnende, lange Ton. Oh schrecklich …

Im Bunker schliefen wir Kinder einfach im Sitzen ein. Wir waren übermüdet, konnten kaum mal durchschlafen. Jede Nacht war Alarm.

Gerhard V.: Da kommt auch eine Erziehungsmaßnahme her. Wenn wir schlafen gehen, muss alles an einem bestimmten Platz liegen – alles griffbereit. Damit wir, wenn irgendwas passiert, sofort wissen, da, da, da, und sofort los.

Siegrid S.: In den letzten Kriegstagen wurde von oben befohlen, Schützengräben zu bauen. Jeder Erwachsene musste sich melden und Schützengräben ausheben, sonst bekam er keine Lebensmittelkarten. Meine Mutter war ein bisschen kränklich, sie hatte es mit der Galle und der Leber. Sie zitterte: »Das kann ich doch nicht machen!«

Ich sagte: »Lass mal, ich mach das schon.«

Ich war ja so ein kleiner Pimpf, aber ich ging hin und schippte. Das wurde auch akzeptiert und wir bekamen die Lebensmittelkarten. Gott sei Dank! Es war ja alles zugeteilt, das Brot, der Zucker, das Mehl.

Vater schrieb aus dem Krieg, wir sollten zu Opa gehen, der ein Installationsgeschäft in der Rankestraße am Ku'damm hatte. Kennen Sie sicher, da wo die zerbombte Kirche steht. Es hieß, die letzte S-Bahn von Mahlsdorf sei schon weg. Wir nahmen wieder den Puppenwagen, Mutti legte die wichtigsten Habseligkeiten und notwendigen Papiere rein, schloss das Haus ab und wir liefen los Richtung Köpenick zur S-Bahn. Was meine Mutti geleistet hat in dem Krieg, das ist sagenhaft. Mit der S-Bahn kamen wir noch bis Westkreuz. Die Bahn war natürlich überfüllt. Menschen über Menschen, Hunde, Tiere, Gänse. Ein Mann trug sogar einen großen Käfig auf dem Kopf. Darin saß ein Papagei, der rief immer: »Du Doofer, Du Doofer!« *(Sie lacht.)* Von Westkreuz mussten wir ein ganzes Stück laufen. Wir marschierten und marschierten. Der Puppenwagen ging kaputt, überstand den langen Marsch nicht. Wir mussten alles buckeln. Meine Mutter hat viel geschleppt in ihrem Leben, und vielleicht habe auch ich dadurch meinen schlechten Rücken. *(Sie lacht.)* Ich weiß es nicht. Ich erinnere mich an eine liebe Bäckersfrau, die ist bestimmt auch schon lange tot. Sie winkte uns herein und gab meiner Schwester und mir ein Brötchen. Das werde ich nie vergessen, wir hatten so einen Hunger!

Opa machte uns in seiner Werkstatt Platz. Er schlief dann auf dem Schreibtisch in seinem kleinen Büro zur Straße raus. Neben seiner Werkstatt lag eine kleine Kabüse, wo wirklich nur ein Feldbett reinpasste. Darauf schliefen wir zu dritt. Es war sehr eng, aber warm.

Als der Endkampf begann, bestimmte der Blockwart, dass wir alle in den Keller gehen. Dort stand ganz hinten in der Ecke ein Bett, wo meine Schwester und meine Mutter schlafen konnten. Ich schlief in einer Zinkbadewanne. Das fand ich herrlich. *(Sie lacht.)* Meine Mutter hatte unten in die Wanne eine Decke gelegt, ein Kissen gab's nicht, aber mit einer Decke fror ich nicht. Im Keller war es eisekalt.

Bevor die Russen kamen, spielte ich mit ein paar anderen Kindern im Hof. Wir malten Hopse auf oder pflückten Blumen und Gräser, die wir im Hof fanden. Daraus kochten wir für unsere Puppen Suppe. Wir spielten mit den einfachsten Dingen. Drum herum war ja alles zerstört. Man kann auch in Trümmern spielen. *(Sie lacht.)* Bis die nächste Sirene kam und wir wieder in den Keller flüchten mussten. Wie die armen Ameisen schnell, schnell, schnell, schnell – alle weg. Fürchterlich …

Eine Straße weiter waren alle Häuser runter, da stand nichts mehr! Unser Haus ist stehengeblieben. Da hat uns ein Engel vor dem Terror bewahrt.

Einmal spielten wir Kinder in einer der verlassenen Wohnungen im Vorderhaus und sahen durch die zerbrochenen Fensterscheiben, wie die Russen die Stalinorgel postierten. Sie fingen an, die Kaiser-Wilhelm-Gedächtniskirche zu zerschießen. Das habe ich selber miterlebt. Innen war die Kirche wunderschön mit ganz kleinen Mosaiken ausgekleidet. Wir Kinder liefen in die zerstörte Kirche, das durften wir nicht, aber wir liefen rein, und ich sammelte ein paar Steinchen. Es waren sehr schöne Steinchen, in blau und allen möglichen Farben. Jetzt ist von der Kaiser-Wilhelm-Gedächtniskirche ein kläglicher Haufen übrig. Es war eine herrliche Kirche gewesen, ein imposanter Bau.

Überall brannte es mittlerweile. Es gab überhaupt nichts mehr zu essen. Wir hatten gehört, im Hotel Esplanade gibt es Büchsen mit Vanillepuddingpulver. Wir hatten keine Milch, aber den Pudding konnte man auch mit Wasser anrühren. Als wir beim Hotel ankamen, brannte eine ganze Wand noch lichterloh, aber beim Eingang brannte es nicht.

Meine Mutter und meine Schwester beschließen reinzugehen. Mutter schärft mir ein: »Du bleibst hier stehen!«

Ich bleibe stehen, ich bin ja ein braves Kind, gehorche. Aber ich denke die ganze Zeit: ›Wenn die doch bloß rauskommen, wenn die doch bloß rauskommen! Wir müssen hier weg!‹ Ich habe so eine Angst – hinter mir die Feuerwand. Ich hatte mehrere Schutzengel … Irgendwann kommen die beiden raus und ich rufe gleich zu Mutter: »Kommt weg, kommt weg! Kommt ganz schnell! Das wird gleich alles einstürzen!«

Und so ist es. Wir sind keine zehn Meter weg, da stürzt die ganze Feuerwand zusammen. Es qualmt, überall Rauch, vor lauter Staub kann ich kaum etwas sehen. Steine, Splitter und brennende Holzstücke fliegen umher. Ich kann nur noch schwer atmen.

Wäre meine Mutter ein paar Minuten später rausgekommen, wär ich nicht mehr gewesen … Aber ich hatte einen Schutzengel. Ich hatte mein Leben lang Schutzengel. Ich glaube auch an Engel … Ich hab schon so viel erlebt in meinem Dasein, dass es gar nicht anders sein kann.

Das werde ich nie vergessen: Nachdem wir zehn Schritte gelaufen waren, stürzte die riesige Feuerwand über all den Menschen ein, die noch im Hotel hamsterten. Wir blieben verschont, die anderen Menschen nicht!… Im Krieg zählt ein Mensch ja gar nicht. In unserer Straße lagen die Toten nur so rum und wir Kinder stiegen immer rüber. Wir liefen über die Toten, aber was mit denen war, wussten wir nicht. Ich fand es ein bisschen komisch, dass die Menschen auf der Straße lagen, normalerweise liegt man ja im Bett, aber gut … Wir hatten kein Gefühl dafür, dass das Menschen waren, die gelebt hatten und nun tot waren. Keiner hat uns Kindern erklärt, dass die Toten, die da liegen, nie wiederkommen. Über solche Dinge wurde nicht geredet – überhaupt nicht. Das ist es ja. Später, als ich selbst betroffen war und meine Großeltern starben, kam es massiv auf mich zu. Mir wurde das erste Mal klar, was Tod bedeutet. Dass es für immer ist. Ich hatte kein Gefühl für die Menschen, die in den Straßen lagen – überhaupt nicht. Die lagen da eben. Das war alles so selbstverständlich im Krieg … Furchtbar. Später kamen Männer und räumten die Toten weg. Wahrscheinlich fanden sie es schrecklich, dass so viele Tote rumlagen. Sie schmissen die Toten alle in der Eislebener Straße in die Trümmer. Na, was sollten sie machen, sollten sie die Toten stapeln? Beerdigungen gab es nicht mehr, da dachte überhaupt keiner dran. Diese Menschen sind nie richtig beerdigt worden! Einfach nur so beseitigt – mehr oder weniger. Das war schon eine schwierige Zeit …

Ich war ein Kind, das auf dem Lande groß geworden war. Mahlsdorf war ländlich, da war nicht viel los. Ich bin immer schon ein Naturmensch gewesen, von Anfang an. Ich bin wohl so geboren worden. Ich sehnte mich so nach den Blumen und nach dem Grün. Im Mai, die Russen waren im April gekommen, im Mai sagte meine Mutter: »Kommt Kinder, wir fahren nach Hause, mal sehen, was da los ist.«

Ich war so glücklich, dass ich wieder rauskonnte, wo alles grün war und es nach Frühling roch und alles wieder schön wurde. Es war wie im Paradies. Vor allen Dingen gab es keine Bomben mehr und keine Sirenen. Das habe ich ganz intensiv erlebt. Ich dachte: ›Ist das schön ruhig hier!‹ Ich war glücklich.

Gerhard V.: Was noch von früher ist: Sparsam sein, sammeln! Ihre Mutter hat gesammelt, sie hat gesammelt, ich hab auch gesammelt: Jeden Bindfaden, jede Schraube heben wir auf. Den Nagel kann man auch nochmal gebrauchen. *(Er lacht.)* Das ist alles von früher übrig geblieben. Immer muss alles ordentlich und schön sein, alles muss parat sein – keine Liederlichkeit.

Wir geben es durchaus zu, wir sind autoritär erzogen, richtig autoritär. Wir haben auch heute innerlich, äußerlich nicht mehr so, aber innerlich oft noch das Gefühl: Das geht doch so nicht, das darf man nicht machen! Wenn ich zum Beispiel in den öffentlichen Verkehrsmitteln ältere Menschen stehen sehe, denen keiner einen Sitzplatz anbietet. Oder wenn sich Menschen in einer Schlange vordrängeln. Oder wenn Menschen auf der Straße Lärm machen, schreien, Flaschen oder sonstigen Unrat auf die Straße werfen. Dann denke ich immer, das geht doch nicht. Immer noch aus dieser Erziehung heraus. Es ist viel übrig geblieben aus der damaligen Erziehung: Ein deutscher Junge weint nicht! Ganz furchtbar.

Siegrid S.: Furchtbar! Ein deutscher Junge hat keine Seele, der hat nicht zu weinen.

Gerhard V.: Pflichterfüllung, Pflichterfüllung, Pflichterfüllung! Sich zusammenreißen und arbeiten, arbeiten, arbeiten – das sind die grundlegenden Dinge gewesen. Aber ich kann Ihnen nur sagen, für mich war es keine schreckliche Zeit. Wenn ich daran denke: Wie wär's denn gewesen, wenn ich hier in Berlin gewesen wäre? Schlimm! Aber ich war mit meiner Mutter und meinen Brüdern nach Thüringen evakuiert. Da war nichts vom Krieg. Gar nichts. Ich hab überhaupt nichts gemerkt, bis auf die Amerikaner, die bei Kriegsende mit den Panzern einmal durchs Dorf gefahren waren. Wenn ich das alles Siegrids Erlebnissen gegenüberstelle – das war ein halbes Paradies! Vielleicht ist es auch ganz gut, dass man sich mal klarmacht, nicht überall war es entsetzlich und furchtbar.

Siegrid S.: Sie kennen sicher das Café Kranzler? An der Ecke, da gibt's auch heute noch eine Pumpe. Dort wuschen wir unsere Wäsche. Ich muss immer an unsere Wäsche denken, wenn ich heute da vorbeifahre. Mit einer Milchkanne ging ich kurz nach Kriegsende zu einem Restaurant, wo es Brühe mit viel Fett oben drauf geben sollte. Ich ging mit der Milchkanne in den Laden rein und sagte: »Heil Hitler!« Die Bedienung sagte: »Das brauchste nich mehr zu sagen.« Das werde ich nicht vergessen. Wie soll man das wissen als Kind? Die ganze Zeit hatten sie uns eingebläut, dass du ja Heil Hitler sagst und auf einmal: Brauchste nich mehr zu sagen. Heil Hitler …

Jetzt müssen wir bald was anderes sagen, wenn das so weitergeht … Hoffentlich nicht! Ich möchte es nicht nochmal erleben, bitte schön. Und so eine Zeit soll auch kein anderer Mensch erleben, das ist fürchterlich. Wir fragen uns ja manchmal schon, auf was für eine Zeit unsere Urenkelkinder zugehen werden. Die Kleine wird jetzt ein halbes Jahr …

In einem Brief schreibt mir später Gerhard V.:

Wir haben uns beide nochmal intensiv mit der Vergangenheit beschäftigt, Erinnerungen hervorgeholt und dabei Bilder vor unseren geistigen Augen gehabt, die wir längst als ewig vergessen wähnten. Auch Emotionen kamen hoch, die uns zum Teil sehr traurig stimmten.

Das gehört aber wohl zu einer derartigen Be- und Aufarbeitung dazu und soll und darf Sie nicht belasten.

Als Fazit sind wir beide zu der Erkenntnis gekommen, dass unsere Eltern versucht haben, uns vor allem Unglück, vor jeder Gefahr zu beschützen. Wie sie das alles in dieser Zeit, unter diesen Umständen geschafft haben, ist uns noch heute ein Rätsel. Und so danken wir unseren Eltern, so lange wir leben und vielleicht auch noch darüber hinaus?

Ihnen danken wir dafür, dass Sie sich dieser Thematik annehmen und die viele Arbeit, die damit verbunden ist, nicht scheuen. Es erfüllt uns mit Freude, dass die Mühsal, die Opfer, die Gefahren und das Überleben nicht vergessen sind.

»Danach war nur Stille ...«
Ronald Potzies
(Geboren 1933 in Berlin, Malermeister)

Und dann kam der Krieg – die Bombenangriffe. Wir wurden zweimal ausgebombt. Wir wurden verschüttet …

Als wir beim zweiten Mal aus den Trümmern gerettet wurden, sahen wir oben, wie ganz Spremberg brannte. Die Wehrmacht erklärte die Stadt zur Festung. Die Menschen waren zum Tode verurteilt – entweder wir schafften es raus oder wir mussten sterben. Schnell packten wir unsere Sachen. Wir hatten nur ein Damenfahrrad für den Transport, und was passt schon auf ein Fahrrad, an zwei Henkel? Auf dem Gepäckträger saß mein kleiner Bruder, drei Jahre alt. Mit elf Jahren war ich der Älteste, mein Bruder Helmut zehn. Zusammen mit den anderen Flüchtlingen liefen wir aus der brennenden Stadt heraus. Der Himmel war blutrot. Überall rannten deutsche Soldaten mit Knarren umher, sie wollten die Stadt halten. Diese Soldaten konnten schon ihre Todesannonce schreiben lassen …

Von der Landstraße aus schauten wir zurück. Unsere dritte Heimat lag dort unten im Tal und brannte. In den Straßengräben lag die Infanterie. Die Front war nur noch einen Kilometer entfernt. Überall knallte es. Die Wehrmacht rangierte auf einem Dorfplatz ihre Panzer, und wir standen mit unserem Fahrrad dazwischen – meine Mutter und wir drei Jungs. Zum Schutz lehnten wir uns kurz an einen Panzer. Weil wir den Soldaten im Weg standen, wollten sie Mutter erschießen! Wir mussten weiter, weg von der Front. Wieder liefen wir auf der Landstraße mit dem Flüchtlingstreck, wieder deutsche Soldaten rechts und links in den Straßengräben. Plötzlich war es taghell, russische Tiefflieger hatten Leuchtkugeln über uns gesetzt. Die Russen schossen mit Maschinengewehren mitten in den Flüchtlingstreck. Die Flüchtlinge wurden einfach beschossen! Es war grob, ganz, ganz grob …

Wir liegen im Straßengraben. Die Menschen um mich herum schreien, Pferde gehen durch und laufen mit den Wagen davon. Später habe ich jahrelang davon geträumt. Ich hatte Albträume: Über mir sind die Pferde … immer wieder … ich liege auf dem Rücken und über mir die Pferde. Das sind Träume, die mich jahrelang bedrückt haben. Ich wurde die Albträume erst los, als ich mich zu Christus bekannte. Wir gehören zu den Baptisten, meine Frau und ich.

Ich schlief im Straßengraben ein. Im Morgengrauen, als der Angriff endlich vorbei war, liefen wir weiter – an Toten vorbei, immer zu Fuß –, meine Mutter mit uns drei Kindern. In einem Bunker bei Senftenberg fanden wir Unterschlupf. Aber nicht lange. Ein russischer Panzer nahm den Bunker unter Beschuss. In einer Feuerpause hetzten wir raus auf ein Feld und wieder auf die Landstraße. Vor Senftenberg hatten deutsche Soldaten eine Panzersperre errichtet. Sie wollten uns, die letzten vom Flüchtlingstreck, nicht mehr durchlassen. Wir waren allein … Meine Mutter verzweifelte. Im letzten Moment kamen wir doch noch durch die Mauer in die sichere Stadt. Es dunkelte bereits. Wir flüchteten in eine leerstehende Villa. Völlig erschöpft und übermüdet legten wir vier uns in dem fremden Schlafzimmer in die Betten. Auf einmal ging die Tür auf.

»Dawei!«, ein Mongole steht im Zimmer. Mit gezogenem Revolver bedroht er meine Mutter. Wir drei Jungs stellen uns an die Wand und er vergeht sich an ihr. Wir müssen das mit ansehen und weinen. Danach war nur Stille … Mein schlimmstes Kriegserlebnis … Wir haben nie wieder darüber gesprochen.

Dann war der Ofen aus. Der Krieg war vorbei. Wir waren noch viele Tage unterwegs. Wir liefen und liefen, übernachteten im Freien. Ich weiß nicht mehr, was wir gegessen haben. In den Wäldern ernteten wir Blaubeeren, Pilze und Heidelbeeren. Wir waren froh, dass es bei Mutter Natur diese kostenlosen Leckerbissen gab. Wir haben von Wildkräutern gelebt. Aus Melde und Brennnesseln kochte Mutter ganz schmackhafte Suppen.

»Jetzt lieber ein Ende mit Schrecken als den Schrecken der Nazis ohne Ende.« Inge Pietschker

(Geboren 1931 in Brandenburg an der Havel, Stenokontoristin und Beschäftigte in der Jugendarbeit)

Großvater sagte zu mir: »Der Krieg wird jetzt wohl zu Ende gehen. Man hört schon die Einschüsse und den Kanonendonner. Bei Kriegsende ist es besser, wenn die Familien beieinander sind, sonst findet man sich vielleicht nie wieder. Möchtest du nicht lieber doch zu deinen Eltern gehen?« Meine Eltern lebten in Berlin und ich bei meinem Großvater in Potsdam. In Brandenburg waren die Russen Anfang März 45 zuerst, sie wollten Berlin einkesseln. Später hat mir Großvater erzählt, dass er Angst hatte, es mit ansehen zu müssen, dass seiner Enkelin Gewalt angetan wird. Deswegen hatte er mich nach Berlin zu meinen Eltern geschickt. Mein Vater holte mich am Anhalter Bahnhof ab, und wir liefen noch eine lange Strecke bis zur heutigen Otto-Suhr-Allee in Charlottenburg, wo meine Eltern mit meinem Bruder lebten. Die Straße lag, bis auf zwei Häuser, total in Trümmern. Das eine war das Elternhaus, und daneben stand noch ein Haus. Alles andere waren Trümmer, die bis auf die Mitte der Straße reichten. Mauerteile und Mauerstücke der Häuser waren überall hingeflogen. Die Straße war nicht mehr erkennbar. Die Kriegsbilder mit den Zerstörungen in Syrien erinnern mich sehr an die Zeit 1945. Ich war erschüttert! In Brandenburg hatte ich solche Angriffe nicht erlebt … Kleinstadt! Ich lief durch diese Trümmerlandschaften und verstand es nicht. Ich sagte zu meinem Vater: »Wie konntest du denn auf diese Straße ziehen?« Da sagte er: »Die ist doch gerade erst zerbombt worden!«

Wir warteten nur noch auf das Ende: Die Russen kommen, dann kommen sie eben, aber es muss ein Ende haben! Mein Großvater hatte immer gesagt: »Jetzt lieber ein Ende mit Schrecken als den Schrecken der Nazis ohne Ende.« Das hat mich geprägt.

Wir warteten richtig auf das Ende. Überwiegend im Keller. Wir hatten ein kleines Radiogerät, das war der Dreh- und Angelpunkt. Meine Eltern hatten ein Planquadrat über die Karte von Berlin gelegt, und wenn es im Radio hieß: Anflug auf Gustav, Gustav 6, war das unsere kleine Wohngegend, dann nahmen wir unser Köfferchen und rannten in den Keller. Der Keller des Wohnhauses war mit Baumstämmen abgestützt, aber trotzdem hatten wir immer Angst.

Wir wussten, wenn das Haus über uns zusammenbricht, kommen wir hier unten um. Ohne Essen, ohne Trinken … Keiner kommt so schnell aus den Trümmern raus. Ich hatte die Trümmerberge in der Straße gesehen und dachte: ›Da ist doch keiner rausgekommen!‹ Da war nirgendwo ein Loch, wo gebuddelt worden war. Uns war klar: Wenn das Haus getroffen wird, dann ist Ende. Wir Kinder hatten Angst, die Erwachsenen hatten mehr Angst. Vielleicht haben Kinder nicht so eine große Fantasie, ich weiß es nicht … Im Keller war ein diffuses Licht. Wir saßen alle ganz angespannt da. Fürchterlich. Unsere einzige Unterhaltung war ein kleines Mädchen, das immerzu plauderte. Sie hatte gerade sprechen gelernt, darüber amüsierten wir uns köstlich. »Mama machst du biald Kartoffeln?«, fragte sie. Die Mutter sagte: »Ja, ich werd's versuchen, wenn wir hier wieder rauskommen.« *(Sie lacht.)* Das kleine Kind war unsere ganze Unterhaltung. Die war so süß. Ich kann mich nicht erinnern, dass wir spielen wollten oder Bücher mit runtergenommen hatten – nee. Wir saßen nur in der Anspannung: Wann ist es vorbei?

Einmal traf eine Granate unser Haus und riss ein riesiges Loch in die Fassade. Das Wohnzimmer einer netten Familie wurde zerstört. Wir saßen im rieselnden Putz der Kellerdecke, sodass ich die Nachbarn, die mir in nur zwei Meter Entfernung gegenübersaßen, nicht mehr sehen konnte. Eine Frau und auch meine Mutter bekamen einen Nervenzusammenbruch. Meine Mutter jammerte und stieß kurze Schreie aus. Sie hob die Hände in Kopfhöhe, seitlich der Schläfen. *(Sie seufzt auf.)* Das war das Schlimmste, was ich erlebt habe – dass meine Mutter so schreit. Das hatte ich vorher noch nie gesehen. Es war ein gänzlich neuer Anblick. Vor Staunen vergaß ich die Angst. Ja, das war … Auch mein Bruder starrte meine Mutter mit solchen Augen an. War nicht schön … Die Person, die mir sonst die Sicherheit gab, gab es nicht mehr.

Immer wieder runter, runter, runter in den Keller. Ein anderes Mal hörten wir einen riesigen Krach. Es krachte und donnerte. Es hörte sich an, als würde etwas Gemauertes polternd zusammenkrachen. Ich dachte: ›War es das jetzt, was uns hier sterben lässt?‹ Das kleine Mädchen reagierte nicht. Ich sah, wie die Mutter es fest an ihren Körper drückte. Alle hatten weit aufgerissene Augen. Ich selbst sicher auch. Wir hatten große Angst. Als wir wieder hochgehen durften, sahen wir, dass es nur der Balkon vom Vorderhaus gewesen war. Der Hof war mit Fliesen belegt, sodass es sich unten im Keller grauselig anhörte, wenn etwas auf die Fliesen fiel.

Auch mein Vater saß in den letzten Kriegstagen mit uns im Keller. Als er eines Morgens rausging, um frische Luft zu atmen, wurden auf der Straße gerade alle Männer von den Russen eingesammelt. Kurze Zeit später kam eine Nachbarsfrau in den Keller gerannt und schrie schon von der Treppe runter: »Frau Schütze, Ihr Mann geht da drüben. Kommen Sie schnell, wenn Sie ihn sehen wollen!« Meine Mutter stürzte raus und sah meinen Vater zwischen den vielen Männern stehen. Man sah nicht das Ende und nicht den Anfang dieser Menschenkette, die da durch die Stadt getrieben wurde. Meine Mutter lief zu meinem Vater, aber gleich kam ein Russe und jagte sie mit dem Gewehrkolben weg. Dann zog die lange Reihe von Männern weiter – auch mein Vater …

Nachdem Vater fort war, kam ein Russe in den Keller und sagte: »Männer!« Es war nur ein Mann da, alle anderen waren ja weg, es gab nur noch Frauen. Die Frau des Mannes, es war ein kinderloses Ehepaar, sagte: »Ich geh mit!« Der Russe wollte das erst nicht, ließ es dann aber zu, dass das Ehepaar rausging. Nach fünf oder sechs Stunden kamen die beiden wieder in den Keller runter und sagten: »Wir mussten Leichen transportieren – russische Soldaten.« *(Sie schluckt.)* Das war alles – das war sehr schlimm! Und vor allem dieses Sitzen. Später hörten wir, dass sich die russischen Soldaten anscheinend im Nachbarhaus ausgetobt haben. Wir hockten in einem wirklich schmutzigen Keller und es gab keine richtigen Sitzgelegenheiten. Nebenan war das ein besseres Haus, das im Keller wahrscheinlich besser ausgestattet war als unseres. Dadurch ist in unserem Keller nichts passiert. Ich habe das Gott sei Dank nicht erleben müssen, was da immer so vor sich gegangen ist …

Im September kam Vater wieder. Er war in Sachsenhausen in Oranienburg gewesen. Dort hatten ihn die Russen untersucht und 37 Pfennige und einen kleinen Schein bei ihm gefunden. Sie sagten: »Du Kapitalist!« Und sperrten ihn ein. Das war das Einzige, was er uns erzählt hat. Ich hab auch nicht gefragt, was er da gemacht hat. Er kam kurzgeschoren wieder – ich erkannte ihn gar nicht gleich. Das war ein fremder Mann für mich, der war so lange weg! Er stand in der Tür und fing an zu weinen. Da ging die ganze Spannung aus ihm raus, dass er wieder zu Hause war und sein Zuhause noch so stand, wie er es verlassen hatte. Vor allem war seine Familie noch da. Ich hatte das große Glück, dass in der gesamten Familie niemand gefallen ist …

Als die Russen kamen und wir verschont blieben, war das für mich ein Befreiungstag. Ich war glücklich, dass es jetzt vorbei war:

Flüchtlinge kehren nach der Kapitulation im Mai 1945 in das zerstörte Berlin zurück und bahnen sich ihren Weg zwischen Trümmern und Leichen.

Der Krieg ist zu Ende. Oh! Und hoffnungsfroh, wie die Jugend ist, dachte ich: ›Es kann nur besser werden! Oh!‹ Ich ging mit Elan in die Zukunft!

Das war eine lange Zeit – der Krieg! Ich kann nicht begreifen, wie heute irgendein Mensch die AfD wählen kann. Das haben wir alles gehabt! Es hieß damals auch Protestwähler. Um Gottes willen! Wo steuert denn die Welt hin?

Es war unendlich, was ich erlebt habe. Mutter kam einmal vom Hamstern mit einem Sack Kartoffeln zurück. Sie war nervlich kaputt und fertig, und mein Vater war so unsensibel und sagte: »Nu guck dir Mutti an.« Beinah mit krummen Beinen quälte sie sich mit dem Kartoffelsack an unser Haus heran, Schritt für Schritt. Sie ließ den Sack runter, setzte sich drauf und weinte bitterlich. Für die Eltern war es schlimm. Und trotzdem sagte meine Mutter, 1905 geboren, die Nachkriegszeit nach dem Ersten Weltkrieg wäre schlimmer gewesen. An Brot war damals nicht zu denken gewesen. Wenn es etwas gab, dann waren es Zuckerrüben. Die Eltern haben schon was geleistet …

»Ein wunderschöner Gesang!«
Alfred D.
(Geboren 1936 in Hamburg, Lehrer, Museumsleiter)

Kurz vor Kriegsende kamen SS-Soldaten ins Dorf. Die Armee war am Ende des Krieges in fürchterlicher Auflösung. Ich erinnere mich noch – meine Mutter ist schon lange tot, insofern kann ich das ruhig sagen, einmal wachte ich nachts auf und Mutter vergnügte sich mit einem SS-Soldaten. Das fand ich gar nicht witzig. Wir als Antifaschisten! *(Er lacht.)* Es war mir bewusst, dass das eine Sauerei ist. Als wir den Donner der Roten Armee hörten, flüchteten wir mit dieser SS-Einheit in ihrem Lastwagen. Auf der anderen Seite der Elbe war schon ein derartiger Beschuss der Roten Armee, dass wir nicht mehr durchkamen. Wir mussten über das Sudetenland flüchten. Wir kamen nicht mehr über die Elbe, alle Brücken waren kaputt. Wir ließen den Wagen stehen und schwammen durch den Fluss. Ich konnte alleine schwimmen, mein Bruder hielt sich hinten an einem der Soldaten fest. Wir waren gerade die Böschung auf halber Höhe hochgekrabbelt, da zog unten singend die Rote Armee ein. *(Er lacht.)* Ein wunderschöner Gesang!

Die Flucht war mit Angst verbunden. Einmal erreichten uns russische Panzerspitzen. Die Nazis setzten die letzten Stukas ein. Ich meine, das war unser Leben! Die Panzer schossen auf uns. Wir sprangen in den Straßengraben. Neben mir im Graben starben die Leute. Das war schaurig. Um uns herum krepierten die Leute. Aber meine Mutter, mein Bruder und ich haben das überlebt. Die Stukas bombardierten die Panzerspitzen. Die Nazis retteten uns Flüchtlingen sozusagen das Leben … Ja, so war das damals mit dem Scheißkrieg. Davon habe ich später immer noch geträumt. Ich war als Kind total traumatisiert vom Krieg. Obwohl ich aus einer Familie kam, die gegen den Faschismus war. Aber das nützte ja nichts. Krieg war Krieg.

Später überrollte uns die Rote Armee. In Sachsen hatte ich eine schlimme Lehrerin gehabt. Das war eine Narzistin, eine fürchterliche! Ich weiß sogar noch wie sie hieß: Frau Prediger! Bei ihr mussten wir immer die Front abstecken, wenn es nach vorne ging. Nachher nicht mehr, wo es zurückging. Frau Prediger redete immer von den blauen Augen des Führers. Ich weiß gar nicht, ob der Kerl blaue Augen hatte … Wir waren ja Antifaschisten, und so musste meine

Mutter immer geraderücken, was die olle Frau Prediger uns im Unterricht erzählt hatte. Sie erzählte von den schlitzäugigen Mongolen und von den Negern aus Amerika. Als wir nun von den Russen überrollt wurden, waren lauter Mongolen dabei. Ich dachte: Wer hat nun recht? Frau Prediger oder meine Mutter? Und wer saß in der amerikanischen Zone an den Steuern der Lastwagen? Die Farbigen! *(Er lacht.)* Meine Mutter musste es wieder glattbügeln – sagte, es gebe eben farbige und weiße Amerikaner.

Nachts schliefen wir im Wald. Wir waren ja in Begleitung der SS-Leute und konnten nirgendwo unterkommen. Man konnte sie erkennen, die hatten auf dem Arm eine Nummer tätowiert. Sie hatten höllische Angst vor den Russen. Sie wussten, wovor sie Angst haben – wie sie in Russland nach 41 gehaust haben! Meine Mutter ging oft zu den Bauern, an denen wir vorbeiliefen und fragte nach Brot oder Käse. Fechten nannten wir das: Losgehen und an der Tür betteln. Wir Kinder machten das auch ab und zu. Manchmal kriegten wir was, manchmal nicht. Die Soldaten fragten nicht.

Am 11. Mai, meinem Geburtstag, waren wir wieder auf der Straße, liefen und liefen. Plötzlich waren alle weg – meine Mutter weg, mein Bruder weg. Ich lief nur noch mit einem jungen SS-Soldaten, die anderen waren um irgendeine Ecke gelaufen. Ich fing an zu weinen. Der Soldat hatte von den Marketenderwaren eine Flasche Sekt dabei. Den soffen wir beiden. Er füllte mich mit dem Sekt ab, und dann liefen wir singend weiter. Das vergesse ich nie! So ein netter SS-Soldat. Später am Tag fanden wir meine Mutter und meinen Bruder wieder. Meine Mutter war natürlich froh, dass sie mich wiederhatte. Egal wie …

Irgendwann stoppte plötzlich ein Jeep der Amis vor uns und nahm die Soldaten hops. Wir mussten alleine weiter. Wir waren sechs Wochen unterwegs von der Evakuierung in Sachsen bis nach Hamburg. Einmal wachte ich nachts im Wald auf, da war ein Rotarmist in meiner Nähe und flüsterte: »Pscht, weiterschlafen.«

Ich habe die Rote Armee nur als nett empfunden. Letztlich hat uns die Rote Armee von den Nazis befreit. Das ist Fakt. Nach unserer Auffassung hat uns die Sowjetunion befreit. Bei der Kapitulation am Kriegsende wurden alle Zwangsarbeiter entlassen. Sie beklauten uns. Das wurde ihnen von den Engländern erlaubt. Sie durften sich jetzt alles wiederholen. Natürlich versuchten sie, die Frauen zu vergewaltigen. Meine Mutter hatten sie auch schon an den Haaren, aber in der Nähe war noch eine jüngere Frau, da nahm sich der Typ die jüngere. So wurde meine Mutter nicht vergewaltigt. *(Er lacht.)* Das fanden wir natürlich gut. Eine merkwürdige Situation …

Zu Fuß liefen wir bis nach Hamburg. Ab und zu nahm uns mal ein Lastwagen oder ein Milchwagen mit.

Ja, das war der Krieg. Ein furchtbarer Krieg! Oh Gott, nee, Krieg war furchtbar. Furchtbar. *(Er spricht es leise aus.)* Deswegen haben wir auch immer gesagt: »Nie wieder Krieg!«

Ich war total traumatisiert. Aber jetzt träume ich nicht mehr davon. Gott sei Dank! Davor jahrelang. Wir waren froh, dass kein Krieg mehr war! Für Kinder ist das ganz schlimm! Es finden ja immer noch Kriege statt. Schlimm für die Kinder …

Von pfeifenden Granaten, Klettern in Ruinen und Radiergummis aus Panzerteilen

Das Kriegsende erlebten wir auf der Straße. Ostern 45 kam eine Kolonne Soldaten durch die Straße. Wir Kinder beobachteten, wie sie mit den Erwachsenen sprachen. Die Soldaten sagten, wir müssten keine Angst haben, die Deutschen würden sich noch verteidigen. Plötzlich fegte etwas über uns hinweg, es hörte sich wie ein Hagelsturm an und zerstörte einen Teil unseres Hauses. Wir warfen uns auf die Erde und rannten schnell in unseren Keller. Meine Mutter hatte gerade gebadet und rannte fast nackt durchs Treppenhaus, das Dienstmädchen mit dem Morgenrock hinterher. In dem Moment, als sie gerade die letzte Stufe in den Keller nahm, schlug die Granate in unser Haus. Mutter kam mit einem Schreck davon. Ein richtiges Wunder! Wir Kinder fanden das sehr aufregend und wollten alles genau wissen. Wir hatten Angst, dass noch eine Granate einschlagen könnte. Wir beteten wieder.

Am nächsten Tag haben wir uns ergeben. Alles, was weiß war, hängten wir aus dem Fenster. Da hing Babywäsche, Babyschlüpfer – alles, was weiß war. Die ersten Amerikaner, die zu uns kamen, waren Schwarze. Die kamen in den Keller und suchten nach Soldaten. Unsere Soldaten waren längst die Straße runter, wo die abgeblieben waren, wussten wir nicht. Als die Amerikaner unser Baby und das von der Nachbarin sahen, sagten sie: »Oh, Baby!«, und gingen wieder …

(Ursula Schilakowski, Jg. 1935)

Die Amerikaner kamen immer näher. Wir verbrachten drei Wochen nur im Keller. Den ganzen Tag pfiffen uns die Granaten um die Ohren. Einkaufen mussten wir natürlich trotzdem, wir brauchten was zu essen. Also wurden wir Kinder losgeschickt und bekamen die Order: »Immer wenn ihr einen Abschuss hört, müsst ihr euch auf die Straße werfen. Nicht erst, wenn es zischt, dann ist es schon vorbei. Ihr müsst auf den Abschuss aufpassen!«

So haben wir es auch gemacht. Wenn mein kleiner Bruder im Hof spielte, schmiss er sich immer, wenn er einen Knall hörte, auf den Boden. Darüber amüsierten wir uns noch.

Die Amerikaner kamen … Davor hatten die Deutschen noch alle Brücken gesprengt. Als die Amerikaner kamen, gingen sie zuerst in alle Häuser und fragten nach Radios. Sie nahmen auch die Uhren ab.

Unser Radio und unsere Armbanduhren hatten wir unter den Kohlen im Keller versteckt. Die Amerikaner zogen in die Häuser auf der anderen Straßenseite ein. Alle Wohnungen mussten geräumt werden. In unserer Straße standen immer Panzer. Wenn die Amerikaner von einem Haus zum nächsten mussten, setzten sie sich in ihren Panzer und fuhren das Stück. Sie hatten auch Angst. Meine Schwester und ich wurden zu dem Laden geschickt, wo Mutter immer besonders gern eingekauft hatte. Wir rutschten eine gesprengte Brücke runter. Ein Stück konnte man unten laufen, aber den glatten Asphalt auf der anderen Seite hochzulaufen, war gar nicht so einfach. Auf der anderen Seite lag ein junger Mann auf der Straße – tot. Dem hatten sie das Gehirn rausgeschossen, das lag daneben. Die Amerikaner hatten alles Männliche, was sich irgendwo aus den Häusern wagte, einfach abgeknallt. Ein Stückchen weiter lag ein alter Mann auf der Straße. Er hatte sich gerade noch so aus dem Haus geschleppt, hatte wohl am Fenster gestanden. Er hatte einen Bauchschuss und hielt sich mit beiden Händen die rausquellenden Därme. Er war auch tot. Das mussten wir als Kinder sehen. Auf dem Rückweg sahen wir, wie zwei Kinder den toten Opa in einen Leiterwagen hoben, um ihn nach Hause zu holen. Sie waren vielleicht zehn, elf Jahre alt. Ja, so schreckliche Dinge sind passiert.

(Dorothea L., Jg. 1930)

Der Krieg war noch nicht zu Ende. Der Ort, wo meine Großeltern lebten, wurde ein paarmal von den Deutschen befreit und von Russen wieder eingenommen. Jedes Mal durften wir Kinder dann morgens nicht raus, weil die Leute an den Bäumen hingen. Viele … In der Nähe haben sie sechzig Hitlerjungen unter fünfzehn Jahren abgemetzelt – Ohren abgeschnitten, Nasen abgeschnitten. Die müssen geschrien haben … Diese Geschichte ist ganz bekannt gewesen. Hinterher durfte man ja nicht mehr drüber reden, es war ja Osten. Das hab ich als Kind auch mitgekriegt, wie darüber erzählt wurde. Gesehen habe ich es nicht. Man darf ja nicht vergessen, man hatte wenig Platz, meist wurde nur in der Küche geheizt, weil dann gleich auch auf dem Ofen gekocht wurde. Es spielte sich alles in der Küche ab. Ich war eigentlich ein sehr ruhiges Kind und spielte oft in einer Ecke. Die Erwachsenen merkten gar nicht, was ich alles mitgekriegt habe. Vor allem habe ich die Angst der Erwachsenen mitgekriegt. Ich glaube, das war schädlich. Weil man als Kind damit nicht umgehen kann … Für mich war es normal, dass da Leute an den Bäumen hingen. Dass ich davon einen Schaden mitgekriegt habe, einen Knacks, das weiß ich. Mich erschüttern die Bilder nicht, die man heute im Fernsehen sieht. Das gehörte ja bei uns auch dazu. Dass der Krieg vorbeigehen würde, war ja gar nicht möglich. Wie sollte der Krieg vorbeigehen, wir sind ja mittendrin aufgewachsen. Da können Sie sich ja gar kein Ende vorstellen. Ich habe gar nicht gewusst, was die Erwachsenen so toll fanden, als der Krieg vorbei war …

(Kristin K., Jg. 1937)

Wir mussten tagelang im Keller bleiben. In der letzten Nacht kamen noch SS-Soldaten, die Zivilkleidung wollten. Manche aus dem Haus gaben ihnen welche. Sie zogen sich um und ließen ihre SS-Uniformen in der Toilette vom Trockenraum im Keller liegen. Eine ganz große Gemeinheit! Als die Russen kamen, fanden sie die Uniformen. Nun wollten sie von uns die SS-Leute haben. Aber die waren ja wieder weg. Wir mussten alle auf dem Hof antreten, der Größe nach. Nun war ich Gott sei Dank so groß wie meine Mutter, und wir konnten uns an der Hand halten. Gewehre wurden auf uns angelegt. Wir werden alle erschossen, wenn wir nicht innerhalb von drei Minuten die SS-Leute identifizieren. Mein Vater war groß und blond. Ich dachte: ›Dass sie nicht annehmen, der ist es! Der ist nun wirklich kein SS-Mann.‹

Hätten sie ja sehen müssen an der Tätowierung … Wir zitterten und schlotterten und dachten: ›Jetzt erschießen die uns wirklich!‹

Das kam ja alles vor, es war ein rechtsfreier Raum in den ersten Nächten. Wie der Offizier, der das alles inszeniert hatte, sah, wie wir schlotterten und ängstlich waren, da lachte er, dann nahmen die ihre Gewehre wieder runter und wir durften zurück in den Keller gehen. Aber es ist ein seltsames Gefühl, wenn man da so reinguckt, in eine Gewehrmündung …

(Eva Marie G., Jg. 1929)

Kurz nach Kriegsende kommen zwei Russen in den Hof. Wir können gar nicht so schnell weglaufen. Die Bauersfamilie, bei der wir wohnen, flüchtet in den umgebauten Gänsestall. Mutter, Vater und ich rennen in den Keller direkt am Haus. Oma bleibt bei meinem querschnittsgelähmten Opa sitzen. Die Russen holen uns aus dem Keller. Zu Mutter und mir sagen sie nur: »Weg!« Meinen Vater behalten sie da, es heißt, der wird erschossen. Das weiß ich noch genau! Mutter und ich laufen zu den anderen in den Gänsestall. Auf einmal hören wir einen lauten Schrei. Ich denke: ›So, jetzt haben sie deinen Papa erschossen.‹ Hinterher stellte sich raus: Meine Oma war vom Bett aufgestanden, um zu gucken, was da draußen los war. Sie hatte gesehen, wie die Russen auf meinen Vater anlegten und vor lauter Schreck ganz laut geschrien. Da waren die Russen abgehauen. Durch den Schrei hat sie meinem Vater das Leben gerettet. Als wir aus dem Gänsestall kamen, lebte mein Vater noch! Und ich hatte gedacht, den haben sie erschossen. Das waren schlechte Zeiten …

(Ingrid Fiedler, Jg. 1938)

Als die Soldaten merkten, die Front mit den Franzosen und Marokkanern kommt näher, waren sie eines Morgens nicht mehr da. Nur noch eine Einheit lag auf der anderen Seite vom Fluss. Sie legten eine Bombe mit dreihundert Kilo auf die Brücke. Im Dorf sprach sich rum, die wollen die Brücke sprengen und haben Panzerfallen aufgestellt! Die Hausfrauen kamen mit Bügeln, Besen und Schrubber und sagten dem Oberst: »Wenn ihr nicht sofort abhaut und die Bomben wegbringt, werdet ihr gelyncht!«

Es waren so dreißig bis vierzig Frauen, Männer waren ja keine mehr da. Die Soldaten zogen die Bomben ab und gingen stiften. Wenn die Frauen nicht gewesen wären …

Dann kamen die Franzosen mit Fahrrädern über die Berge. Sie schickten die Marokkaner vor. Die konnten gar nicht Rad fahren und hatten deswegen überall Schürfwunden. Natürlich vergewaltigten sie auch Frauen. Ich kenne heute noch zwei, deren Mütter da vergewaltigt wurden. Erst danach kam der Tross der Franzosen. Da war aber keine Gegenwehr. Die Deutschen waren über alle Berge. Es gab keinen Schusswechsel und nichts.

(Werner B., Jg. 1933)

Wir machten uns am 20. April, Hitlers Geburtstag – der ist am 20. April 1889 geboren, das haben sie uns eingeimpft –, auf den Weg zu Tante Lucie nach Neukölln. An diesem Tag steht Berlin schon unter Beschuss der Roten Armee.

Wir rennen um unser Leben, vorbei an Toten und Verwundeten, immerzu die Angst vor Granateinschlägen. Wenn wir es pfeifen hören, rennen wir in einen Hausflur. Sobald es ruhiger wird, laufen wir ein paar Häuser weiter, dann wieder in einen Flur rein …

Mutter sagt: »Guck nich hin, lauf weiter!« Ich wollte gar nicht hinsehen und nachgucken, hatte vorher keine Toten gesehen …

Ich registrierte nur, da liegen Tote, alles Zivilisten. Wahrscheinlich durch Beschuss gestorben. Die ganz scharfen Nazis haben dann Deserteure – Soldaten und auch Zivilisten – erschossen, die die falsche Fahne rausgehängt hatten. Wenn jemand ein weißes Bettlaken für die Russen rausgehängt hatte, kamen die deutschen Panzer und schossen in diese Wohnung rein! Später habe ich mich viel damit beschäftigt, was damals alles passiert ist. Damals nahm ich alles einfach nur zur Kenntnis, aber nicht tragisch … mir ist ja nichts passiert.

(Dieter Hadel, Jg. 1934)

Für uns war es nach Kriegsende in Berlin herrlich. Überall Ruinen. Wir konnten überall rumklettern. Es war nichts verboten, keine Absperrgitter. Alles frei. Überall lagen noch Munition und Granaten rum. Wir machten die Gewehrmunition auf, sammelten das Pulver und bauten eigene Bomben, die wir in den Ruinen in die Luft jagten. Wir bauten Lunten aus eingedrehtem Papier. Das Pulver von der Munition schütteten wir in leere Konservendosen. Wir steckten die Lunten an und liefen schnell weg. Das krachte fürchterlich. Es gab keine Erwachsenen und keine Polizei, die was sagten. Die totale Freiheit, die wir damals genossen haben.

Im Sommer 45 fanden meine Brüder und ich im Wald eine leere Benzintonne. Wir kullerten sie in den Garten, wollten damit ein Feuer machen. Die war ja leer, nicht weiter gefährlich. Wir ließen eine Lunte rein. Die Tonne explodierte wie eine Bombe durch die ganze Ortschaft. Mein kleiner Bruder bekam das Knie gespalten und seine Zähne hielten nicht mehr so richtig im Kiefer. Der andere hatte das ganze Gesicht rot. Mich hatte es am meisten erwischt. Mein ganzes Gesicht war voller Schorf, und ich war eine Woche lang blind. Ich lag die ganze Zeit im Bett, meine Mutter saß daneben. Nach einer Woche sagte ich: »Mach doch mal das Licht aus, das stört mich.« Da war sie hellauf begeistert: »Gott sei Dank! Er kann sehen!« Dann ging die Tortur los. Ich musste immer wieder zum Arzt. Die verbrannte Haut musste runter. Zwei Leute hielten mich fest, damit mir der Arzt die Haut abziehen konnte. Sonst hätte ich Narben im Gesicht behalten. Betäubungsmittel gab's keine. Es dauerte einige Wochen. Mutter war froh, dass wir überlebt hatten.

Meine Kindheit war turbulent. Viel Entbehrung. Vieles interessant. Auch wenn die Erlebnisse nicht immer gut waren. Aber wir hatten die absolute Freiheit, wir konnten wirklich machen, was wir wollten. Da hat keiner aufgepasst. Die Eltern hatten ein bodenloses Vertrauen, dass alles in Ordnung ist …

(Waldemar Klemm, Jg. 1936)

Mein kranker Vati musste sich sogar für den letzten Angriff auf Berlin vorstellen, so schwachsinnig war alles zum Schluss! Er ging auf zwei Krücken hin, Mutter stützte ihn. Seine Wunden waren noch nicht verheilt, Wundflüssigkeit suppte durch die Verbände. Er fing an, sich mithilfe meiner Mutter mühsam auszuziehen.

»Ihh! Es ist gut, es ist gut!«, sagte der Offizier. Vati durfte wieder gehen …

(Edeltraud H., Jg. 1938)

Ich lief mit einigen Kindern aus der Wohnsiedlung in die Innenstadt, wo noch etwas gekämpft wurde. In der Nähe vom neuen Rathaus hörten wir hier und da noch kleine Schießereien. Vor dem Überqueren einer Brücke hieß es, passt auf, hier ist Granatwerferbeschuss. Als wir keine Schüsse mehr hörten, rannten wir über die Brücke weiter in die Innenstadt. Dort lag die Erde voller Waffen, wir konnten sammeln, was wir wollten, Panzerfäuste, Uniformen und Orden – alles. Wir nahmen uns jeder 'ne Pistole, ich steckte eine Leuchtpistole ein, weil die so einen dicken Lauf hat. Überall lag Munition rum – Gewehrmunition, Pistolenmunition, alles lag auf der Straße. In Ziegel mit vielen Löchern drin schlugen wir Patronen mit'm Hammer rein. Dann hauten wir von hinten einen Nagel in das Zündhütchen und die Patrone schoss vorne raus – es knallte. Das waren unsere Spiele.

Als einer von uns Jungs anfing, mit'm Gewehr rumzurennen, kam schließlich ein Erwachsener aus der Siedlung und nahm uns die Waffen weg.

(Jochen Lindner, Jg. 1934)

Wir verbrachten viel Zeit in den Ruinen. Viele gingen dabei noch verschüttet. Wir gingen ja nicht professionell vor. Wir kletterten rein, um zu gucken, ob in den Kellern noch was zu holen war, Konserven oder eingewecktes Obst. Manchmal fanden wir aber nur Koffer mit Kleidern. Die Schuttlöcher in die Keller hinunter waren meist so klein, da konnten Sie noch nicht mal ein Fahrrad durchziehen. Wir ließen uns mit einem Seil runter oder hatten aus Kabeln eine Strickleiter geknüpft. Daran ließen wir uns runter in die Keller – nicht in

Kriegsende 1945 in Berlin: Jungen »untersuchen« eine nicht explodierte Granate.

die ausgebrannten, sondern in die von Sprengbomben zerstörten. In die Ruinen kletterten wir rein und brachen Bleirohre raus, denn Blei wurde sehr gesucht – auch zum Aufkauf. Aber für das Geld kriegten wir damals nicht viel zu kaufen …

Oft spielten wir aber auch nur in den Ruinen. Wir hatten ein ganz beliebtes Spiel. Stellen Sie sich vor, wir waren auf der Straße und ringsum waren nur Ruinen. Einem von uns verbanden wir die Augen und führten ihn weit in die Ruinen rein. Dann liefen wir zurück auf die Straße, während der mit den verbundenen Augen an dem Platz in den Ruinen stehen blieb und zählte. Danach musste er rausfinden, wo er war und wie er da wieder rauskommt. In den Ruinen spielen, was aus den Ruinen rausholen – ach, das war immer abenteuerlich …

(Jochen Lindner, Jg. 1934)

Mein Vetter und ich hatten jeder ein Quartettspiel geschenkt bekommen. Er eins mit Flugzeugen und ich eins mit Schiffen. Natürlich waren das alles Kriegsutensilien, das waren die deutschen Kriegsschiffe und die deutschen Flugzeuge. Und wie das so war, entwickelte dann jeder von uns den Wunsch, dort auch aktiv zu werden, wenn er mal groß ist. Ich wollte also unbedingt zur Marine und mein Vetter zur Luftwaffe.

Nach Kriegsende buddelten wir beide gerne auf dem Nachbargrundstück, dessen Haus abgebrannt war. Manchmal entdeckten wir unter dem Schutt noch verborgene Dinge, die wir interessant fanden, insbesondere ein paar Zinnsoldaten. Die Zinnsoldaten fanden dann ein merkwürdiges Ende. Um unser Haus herum war ein Vorgarten, in dem wir manchmal buddelten, wie das Kinder so tun. Wir hatten uns entschlossen, diese Zinnsoldaten zu beerdigen. Wir gaben ihnen Namen und vergruben sie. Raten Sie mal, was die für Namen bekommen haben! Hitler war nicht dabei, aber es waren diese Größen. Ich erinnere mich konkret noch an Göring, den wir sehr feierlich zu Grabe getragen haben. *(Er lacht.)* Aber ohne Trauer. Wir empfanden das eher als lustig.

Die Zinnsoldaten sind dann auch in ihren Gräbern geblieben. Die Alliierten versuchten ja, die NS-Größen zu verhaften, was ihnen bei einigen auch schnell gelungen war. Und das bekamen wir auch als Kinder mit. Und zweitens hatten 46 die Nürnberger Prozesse begonnen, damit hing dann auch ein Teil unserer Aktivitäten mit den Zinnsoldaten zusammen.

(Detlef B., Jg. 1938)

Nach dem Krieg spielten wir Kinder in Panzern, die stehengeblieben waren. Ich weiß noch, dass man aus den Gummiteilen der Panzer Radiergummi rausschneiden konnte. Wir suchten immer, ob wir nicht noch irgendwas gebrauchen konnten. Ich weiß auch noch, viele Kinder sind in unserer Gegend mit Munition hochgegangen, weil die nicht wussten, mit was die da wirklich spielten. Das hätte uns wahrscheinlich auch passieren können …

(Kristin K., Jg. 1937)

Hintergrundinfos: Kriegsende

Ende 1944, Anfang 1945 trat der Krieg in seine letzte Phase. Die Alliierten kesselten Deutschland ein, und die deutsche Bevölkerung erlebte das ganze Ausmaß der Kriegsgewalt. Die Bombenangriffe wurden immer häufiger. Im Osten rückte die Rote Armee unter großen Verlusten auf das deutsche Reichsgebiet vor. Überall im Reichsgebiet waren Deutsche vor den herannahenden Truppen auf der Flucht oder wurden bereits vertrieben. Dabei gerieten die Flüchtenden nicht selten zwischen die Fronten, wurden von Tieffliegern beschossen oder erfroren. Die NS-Führung ging immer brutaler gegen die eigene Bevölkerung vor. Wer Zweifel am Endsieg äußerte oder kapitulieren wollte, wurde öffentlich hingerichtet – egal ob Zivilist oder Soldat. Besonders hart traf der Endkampf Berlin. In einem zweiwöchigen Häuserkampf starben mehr Zivilisten als durch alle Luftangriffe während des gesamten Krieges. Wer kapitulieren wollte oder sich kriegsmüde zeigte, wurde sofort hingerichtet. Am 30. April 1945 erschoss sich Hitler im Bunker der Reichskanzlei, eine Woche später kapitulierte die Wehrmacht. Der Krieg in Europa war vorbei.

Besatzung Deutschlands

»Die großen Fische nahm sich der Russe, ich bekam die kleinen.«

Alfred Stollbach

(Geboren 1933 in Sacrow, Kraftfahrer)

Ein Wunder, dass bei mir noch alles dran ist! Ich habe mindestens dreißig Stielhandgranaten und genauso viele Eierhandgranaten gezündet. Damit gingen wir Jungs kurz nach Kriegsende fischen – wie die Russen ... Ring abgezogen und ins Wasser geschmissen. Mist, kein Ding geht los! Ich, der vorsichtige Fritze, sagte: »Nur der mit der Handgranate bleibt vorne am Wasser stehn, alles andere hinter de Bäume! Und diesmal machen wa, einundzwanzig, zweiundzwanzig und dann schmeißen wa!«

Die Granate war gerade unter der Wasseroberfläche, da machte das Wasser »Wuuump« und eine riesige Welle ging hoch. Wir sprangen nackend ins Wasser und sammelten jeder eine Gasmaskenbüchse voll Fische.

Wir spielten in den verlassenen Schützengräben. Richtige Karabiner und Sturmgewehre lagen dort. Mit denen wollten wir schießen. Wir banden den Karabiner an einem Baum fest, mit einer Strippe am Abzug. Ein, zwei Minuten später hätte es geknallt, aber die Russen kamen. Wir mussten uns verdrücken. Sie hätten uns gleich mitgenommen.

Das Kriegsende hatte ich wie alle erlebt ... Ich war ungefähr zwölf Jahre alt. Wir saßen bei uns im Forsthaus im Keller. Plötzlich hörten wir: »Ureh, ureh!« Ich bekam Gänsehaut. Goebbels hatte zuvor verkündet: Die Bolschewisten kommen und schneiden dir das Gemächt ab! Ich schlich an die Kellertür und horchte. Auf einmal ging die Tür auf und ein russischer Kommissar zerrte mich vor.

›Ach‹, dachte ich, ›jetzt biste dran, jetzt werden se dir die Ohren abschneiden oder dich erschießen.‹ Er aber greift in seine Tasche, holt eine Tafel Schokolade raus, gibt sie mir und sagt: »Du essen!«

Er konnte nicht viel Deutsch, aber das Wort »essen«, das kannte er. So habe ich die Russen erlebt. Ich bedankte mich und versteckte mich schnell wieder hinter der Tür. Falls er sich das nicht noch einmal anders überlegen würde.

Meine Mutter war in Posen geboren, ich bin ein Halbpole ...

Weil Mutter Polnisch sprach, hatten wir gleich bei uns russische Offiziere wohnen und Mutter wurde nicht vergewaltigt.

Einmal kam ein Russe in den Stall und wollte unserer Zicke mit dem Messer die Kehle durchschneiden – für den Suppentopf. Mutter schrie auf Polnisch: »Du Schwein wirst doch wohl nicht unsere Ziege abschlachten!«

Sie stürmte auf ihn los wie eine Verrückte und schubste ihn um, sodass er mit dem Hintern in den Ziegendreck fiel. Der Russe ließ sein Messer fallen – wir sahen ihn nie wieder. Das war alles auf die polnische Sprache zurückzuführen.

Für uns Kinder waren all die Waffen etwas Neues. Das war alles grundgefährlich, aber das waren unsere Spiele … Im Wald lagen Rohre, Endstücke von Panzerfäusten. Ein Kind aus dem Kinderheim trat auf den hochgeklappten Bügel, und dem Kind daneben verbrannten die Beine. Der Treibsand war noch in den Rohren. Es gab keinen Knall, aber einen riesigen Feuerstoß.

Im Königswald lagen von den Russen schwarze Päckchen, gefüllt mit Sprengstoff für die Granatwerfer. Wir streuten das Zeug auf die Straße und mit einmal knallte es »bambambambamabam«, und schon waren die Russen wieder da. Wir packten ein und türmten. Wir überlegten: Was konnten wir noch mit den Päckchen machen? Es explodierte nicht so richtig. Wir stocherten so lange, bis ein Loch in dem Päckchen war, und versuchten, etwas zum Anzünden hineinzustecken. Auf dem Steg am Fluss fing das Päckchen an zu fauchen. Zwei Minuten kreiste es wie besengt auf dem Sacrower See: »Schschschschsch!« Wie eine Rakete ohne Knall.

Am Sacrower See rufen die Russen: »Dawai, dawai, lotti!« Also komm, komm, komm! »Lotti rabota!«

Und nu? Ich laufe runter zum Kahn und rudere mit einem Russen raus auf den tiefen See. Rudern konnte ich. Ich denke: Was hat der Russe für einen Sack mit im Kahn? Allerhand Zündstoff von der Artillerie. Er hält ein Streichholz an die Zündschnur – es zischt »tsssschh«. Ich denke: »Ey, ey Paule, willste dit nich über Bord schmeißen?«

Der Russe wartet, bis die Schnur zu Ende brennt und schmeißt alles ins Wasser. »Dawai, dawai!« Eine Welle mit zwei Metern Umkreis kommt hoch! Und ein Batzen Fische! Wir sammelten einen halben Wassereimer voll. Die großen Fische nahm sich der Russe, ich bekam die kleinen.

Am Friedhof lag ein Stahlhelm … Ich lief hin und sah: Och, da liegt ja auch ein Brot, ein halbes Kommissbrot. Drei bis vier Meter weiter lag ein toter Soldat.

Ich dachte: ›Ach du meine Güte, vorne 'nen Kopfschuss und hinten ein Loch und der Kopp so dick und blau und schwarz.‹ Das Brot nahm ich mit. Kaum war ich zu Hause, hörte ich: »Och, wir haben Brot!« Happ, happ, happ – ich bekam nachher nur eine Stulle ab. Ich dachte: Ihr Kanaillen, dit war mein Brot! Draußen hatte ich schon die Kruste abgeschnitten, ich wollte nur den sauberen Teil aus der Mitte, das Brot hatte ja schon ein paar Tage neben dem Toten gelegen …

Ich fand Stiefel im Wald – endlich ein paar Kommissstiefel! Mutter schimpft: »Biste verrückt, so ein Mist, sollen die Russen uns hier die Bude verbrennen oder was?«

Es waren Armeestiefel … Mutter schmiss die Stiefel beim Schloss über den Zaun. Ein paar Tage später liefen wir über eine Wiese, Mutter und ich. Ich wusste genau, hier liegen zwei Soldaten von den Ungarn. Ein Teil der Gedärme hing in den Bäumen, ein Stückchen weiter weg lag ein Schuh im Gras. Ich bückte mich nach dem Schuh. Mutter sagte: »Ach guck mal, ein schöner Schuh. Vielleicht finden wa den anderen noch.« Sie bückte sich, und als sie den Schuh hochhob, merkte sie, dass er schwer war. Genau da, wo sich der Knöchel befindet, war der Fuß abgefetzt. Wie ich mich gefreut habe. Meine Stiefel hatte sie weggeschmissen …

Auf der Wiese gegenüber von unserem Haus hatte es einen Russen erwischt. Ein paar Deutsche rammten ihm in seiner Leichenstarre zwei dicke Stöcke in den Rücken und stellten ihn auf. Es dauerte vier bis fünf Stunden, da waren die Russen da. Da war richtig dicke Luft! Ein gefallener russischer Soldat! Der hat das doch gar nicht verdient … Das habe ich alles gesehen …

»Dann trug der General meinen Opa ins Bett.« Marianne M.

(Geboren 1936 in Frankfurt an der Oder, Tanzlehrerin)

Das schlimmste Erlebnis für mich, das ich in meinem Leben nicht vergessen werde: Ich spiele alleine an der Straßenecke. Wir hatten nur Jungs in der Straße, also musste ich immer mit den Jungs mithalten. Die Bäume waren nie hoch genug und meine Sachen waren immer zerrissen. Großmutter schimpfte: »Ja, sauber bist du ja, aber immer zerrissen.« *(Sie lacht.)* Ich war ja noch jünger als die Jungs hier in der Straße und spielte oft alleine. So auch an diesem Tag.

Plötzlich kommen vier Russen angerannt, laufen hinter einem flüchtenden deutschen Soldat her. Sie stellen sich um ihn herum auf und reißen ihm erst die Schulterklappen ab und alles, was er an der Uniform hat. Dann erschießen sie ihn. Vor meinen Augen. Er fällt in den Graben. Ich weiß jetzt schon, wer Freund und wer Feind ist oder wer Deutscher und wer Russe. Dass die Russen uns böse waren, hatte ich mitbekommen als Kind. Ich finde das ganz schlimm, ganz schlimm … Laufe schreiend nach Hause. Meine Omi nimmt mich in den Arm und tröstet mich. Nachdem sich die Russen verzogen haben, geht mein Großvater hin. Er denkt, dass die Polizei kommen würde und diesen Mann abholt. Aber da kommt keiner. Zwei Tage liegt er dort. Das kann mein Großvater nicht mit ansehen und sagt: »So Mariannchen, jetzt nehmen wir einen Leiterwagen und laden den Toten auf.«

Wir fahren ihn zum Friedhof und buddeln ihn da einfach ein – mit der Erlaubnis des Pfarrers. »Gott hat's gegeben und Gott hat's genommen«, mit diesen Worten bringen wir ihn in die Erde. Oma hatte uns noch eine Decke mitgegeben, in die wir ihn eingewickelt hatten. Nur mit der Decke, einen Sarg gab's damals nicht. Wir wussten nicht, wer er ist. Er hatte keine Kennmarke mehr. Die Soldaten hatten sonst immer so blecherne Kennmarken dabei. Er nicht. Sonst hätte mein Großvater sicher Erkundigungen angestellt, aber das war nicht möglich.

Ich pflegte sein Grab mindestens zehn Jahre lang. Brachte immer Blümchen hin. Seit 47 haben wir auch unsere Grabstätte auf diesem Friedhof. Da liegt nun mein Großvater, meine Mutter, meine Oma, mein Mann, und ich werd auch mal da liegen. *(Sie lacht.)*

Als die Russen dann da waren, wurden wir von irgendjemandem aus der Nachbarschaft angezeigt, wir hätten einen deutschen Soldaten bei uns versteckt. Jeden Tag kamen die Russen und krempelten das ganze Haus bei uns um, rissen alles raus. Ich beobachtete hilflos das Chaos, war ich doch als Kind immer angehalten worden, alles ordentlich aufzuräumen. Die ersten Tage sortierte meine Mutter alles wieder schön in die Schränke ein, aber nach einer Woche sagte sie: »Jetzt lasse ich alles liegen« und wir stiegen über alle Sachen drüber. An einem Tag saß der Oberst, der die ganze Aktion des Ausräumens und des Nachguckens beaufsichtigte, mit meiner Mutter am Küchentisch. Sie zeigte ihm eine Karte aus England von meinem Onkel, der dort in Gefangenschaft war. Da sagte der Oberst: »Sie haben schlechte Nachbarn.« Ab da kamen die Russen nicht mehr zu uns ins Haus. Na ja, dass man solche Nachbarn hat, gibt's halt immer … Wer auch immer das war.

Später hatten wir Einquartierung von den Russen. Ein General zog bei uns ein. Er machte immer ein finsteres Gesicht, was aber von einer Kopfverletzung herrührte, die er sich im Krieg zugezogen hatte. Über der linken Schläfe hatte er eine tiefe Narbe. Seitdem hatte er immer Kopfweh. Er half uns sehr viel. Mein Großvater hatte mittlerweile Darmkrebs bekommen und fiel deswegen öfter mal um. Dann trug der General meinen Opa ins Bett. Er brachte uns auch Verpflegung mit. Nachher stellte sich heraus, dass sein Vater und seine Mutter Professoren in Petersburg waren und seine Schwestern Lehrerinnen. Die eine war Deutschlehrerin, deswegen konnte er auch ein bisschen Deutsch. Ich glaube, der war mit dem Krieg auch nicht glücklich, den er da machen musste. Als die Russen abzogen, nähte Mutti für seine Schwestern und für seine Mutti Kleider, Jacken und Röcke, damit er was mitbringen konnte. Den Stoff dafür brachte er mit. Wir hatten mit der Einquartierung Glück. Gegenüber im Haus war ein Russe einquartiert, der sich immer oben ans Treppengeländer stellte und runterpullerte.

»Seitdem liebe ich Swing-Musik!« Jochen Lindner

(Geboren 1934 in Leipzig, Geschäftsführer einer Versicherungsniederlassung)

Und dann schwenkten wir um. Die Amerikaner zogen bei uns in die Nachbarschaft, hatten einen ganzen Häuserblock requiriert und ihre Autos abgestellt. Die Amerikaner waren imposante Gestalten! Wenn Sie unsere deutschen Truppen gesehen hätten, wie die zurückgekommen sind – abgewetzt, abgekämpft. Die Amerikaner kamen locker an – überall lief Swing-Musik bei denen, selbst wenn die mit'm Jeep rumfuhren, hörten wir aus den Lautsprechern die Musik. Seitdem liebe ich Swing-Musik! Sie waren gut genährt, sauber gekleidet und lachten die meiste Zeit. Wir trieben uns immer bei den Amis rum und wenn einer aus dem Haus kam, dann sprachen wir ihn gleich an, ob er was zu essen hätte. Was haben wir für Tauschgeschäfte mit denen gemacht! Alle waren offen, bis auf einen. Der wollte Alkohol. Ich brachte ihm eine Flasche Wein. Er nahm sie mir ab und sagte, ich solle warten. Als er wieder rauskam, brachte er nichts. Ich fragte, was denn nun sei. Er: »Shut up, hau ab!«

Ich dachte, das kann doch nicht wahr sein, der bescheißt dich! Ich quäkte weiter, da trat er mir in den Hintern. Das war mir zu viel. Ich ging zu einem anderen Ami und erzählte ihm, dass ich betrogen worden war. Er gab mir dann einen Kanister mit Eierkuchenteig und entschuldigte sich quasi für seinen Kollegen. Das war auch was! Was die Amis nicht alles hatten, Corned Beef und Ananas in Dosen. Alles war in Dosen, vieles kannten wir gar nicht. Und was die weggeschmissen haben … Weißbrot bekamen wir jedes Mal von ihnen.

Wir versuchten immer, mit den Amerikanern zu handeln. Wir hatten von ihnen das erste Mal in unserem Leben Kaugummi bekommen – wussten gar nicht was das war, kannten wir ja nicht. Zigaretten gaben sie uns auch, damit konnten wir gut auf dem Schwarzmarkt arbeiten. Die meisten waren aufgeschlossen, sie brauchten Schnaps, sie brauchten Frauen, sie wollten Briefmarken mit Hitler drauf und Kameras. Das versuchten wir also zu besorgen, die Frauen natürlich noch nicht in dem Alter. *(Er lacht.)* Sie wollten auch Souvenirs mit Hitler drauf. Also sind wir in die Postämter rein, es war ja niemand mehr da, und da lagen die Bücher mit den Briefmarken. Wir nahmen uns bogenweise die Briefmarken raus – da waren die Amis ganz verrückt drauf. Das waren so die Wünsche … Wein aus dem Keller war nicht so gefragt, besser wäre Schnaps, Cognac gewesen. Wenn wir was brachten, kriegten wir flüssigen Eierkuchenteig und Zigaretten oder zu essen – es gab genug. Ich weiß noch, einmal parkte eine lange Schlange Jeeps auf der Straße, ein Amerikaner bewachte sie. Ein paar von uns versuchten, sich mit ihm zu unterhalten – mit dem Englisch, das wir aus der Schule kannten und aus den Wörterbüchern. Die andern von uns teilten sich auf und griffen in die Handschuhfächer der Jeeps, klauten Zigaretten und was da sonst noch rumlag.

Im Prinzip war es für viele der Jugendlichen damals ein großes Abenteuer – ohne dass man den großen Hintergrund wahrgenommen hat. Das war nun mal so.

Später lösten die Russen die Amerikaner in Leipzig ab. Als die Russen reinkamen mit ihren Panjewagen und den abgemagerten Pferden davor, dachten wir: ›Mein Gott, gegen die haben wir den Krieg verloren!‹

Bei den Amerikanern war uns klar, dagegen konnten wir nicht anstinken, aber wie die Russen kamen … Na, wir hatten uns inzwischen russische Wörterbücher besorgt und versuchten nun, auch mit den Russen zu handeln. Das klappte aber nicht, die hatten nämlich nichts. Die Jungs hatten effektiv nichts. Einmal hatte ich einem Russen geholfen, einen Wasserkanister zu tragen. Dafür gab er mir aus seiner Tasche eine Masse, wie ein Teig. Das war seine Verpflegung, da gab er mir von ab. Mit den Russen konnte man keine großen Geschäfte machen …

Mit den Amerikanern war das wie das Umlegen eines Schalters für uns, von der Naziseite auf die amerikanische. Das waren ganz andere Menschen, die waren nett und freundlich und gaben uns Essen. Die waren begeistert von uns, weil wir ihnen bei den Tauschgeschäften dolmetschten und »Kundenkontakte« herstellten. Und wir waren von den Amerikanern begeistert.

Und dann wollten wir den Hebel auch auf die Russen umlegen, aber das klappte nicht.

Von Kaugummi-Ballons, Panjewagen und anständigen Frisuren

Im Keller … die Russen kamen. Ich saß auf dem Schoß meiner Mutter – Mütter mit Kindern ließen sie zufrieden. Aus den Durchbrüchen zu den Kellern vom Nebenhaus hörten wir bereits die Schreie … Sie riefen nach meiner Mutter. Ich merkte die Gefahr, ohne dass mir das einer gesagt hatte. Ich klammerte mich an Mutti und rief: »Bleib hier, bleib hier!«

Sie ließen Mutter in Frieden, Vati beschimpften sie als Nazi. Ein Mongole schlug ihn mit einem Gewehrkolben. Das war furchtbar, das war ganz, ganz furchtbar. Wenn ich heute jemanden mit einem Gewehr sehe, könnte ich rennen, was das Zeug hält. Diese Angst steckt immer noch drin …

Später kamen die Russen in unsere Wohnung. Meine Schwestern, die viel älter waren als ich, versteckten sich in dem Zwischenraum über der Speisekammer. Sie kamen nur aus ihrem Versteck, wenn alles ruhig war. Mutter hatte alle Wertsachen versteckt. Sie war clever und hatte einen Brillantring behalten. Einmal kamen die Russen in unsere Wohnung. Sie tranken den Schnaps aus, und einer von ihnen spielte wunderschön auf unserem Klavier. Ein Mongole bedrohte uns mit einem Maschinengewehr. Den Brillantring wollte er nicht. Da erinnerte sich Mutti: Wir hatten eine mehrfarbige Taschenlampe. Sie konnte rot und blau leuchten. Die fand ich als Kind wunderbar. Ich wollte sie immer haben, bekam sie aber nicht. Mutti führte dem Mongolen die schöne Taschenlampe vor. Er war entzückt, nahm sie und wollte gehen. Ich war empört. Er hatte uns bedroht, ich hatte die Gefahr bemerkt, und dann schenkte meine Mutter ihm die Taschenlampe, die ich gerne haben wollte! Das sah ich als Siebenjährige nicht ein. Ich sprang runter vom Schoß meiner Mutter *(lacht)*, raste zu dem Soldaten, riss ihm die Taschenlampe aus der Hand, stampfte mit dem Fuß auf und rief: »Nein, die kriegt er nicht!« *(Sie schreit den Satz aufgebracht.)*

Mutter dachte, jetzt sind wir alle tot. *(Sie lacht.)* Der Mongole sah mich an und ging …

Zu uns Kindern waren die Russen sehr freundlich. Mich nahmen sie immer auf den Arm und wollten mich küssen. Na, das fand ich weniger schön. Sie schenkten mir eine Puppe, die hätten sie aus Russland mitgebracht. Ja ja, die hatten sie aus dem Haus geklaut. Geräubert haben alle, die Deutschen auch!

Russische Soldaten verteilen Suppe in Berlin (Mai 1945).

Im Nachbarhaus arbeitete in einer Krankenstation eine russische Ärztin, die auch Deutsche behandelte. Nicht nur die Soldaten, sondern auch Deutsche! Ich finde das rührend, man darf ja nicht vergessen – wir waren die Feinde! Die Russen haben sehr viel Furchtbares erlebt.

Noch eine Russengeschichte ... Eine Nachbarin hatte sich mit einem Russen angefreundet. Er hieß Boris. Eines Tages lud sie Mutter ein, mit Boris und ihr zum Hamstern zu fahren, er hatte einen kleinen Wagen ... Mutti fühlte sich unwohl – mit einem Russen mitgehen? Aber wir fuhren mit. Auf dem Alexanderplatz stand eine russische Soldatin und regelte den Verkehr. Mutter sagte zu mir: »Ach guck mal, die Russin, die regelt den Verkehr, die hat auch was Gutes an. Ich rief: »Das haben die alles den Deutschen geklaut!« Mutter dachte, sie fällt in Ohnmacht, aber Boris lachte nur. Die Russen haben ja eine Art zu lachen, da könntest du auch mitlachen ... Er schüttete sich aus vor Lachen, kriegte sich überhaupt nicht mehr ein. Die Nachbarin lachte auch, sie fanden das komisch! Mutter nicht. Ich verstand nicht, warum die beiden so lachten und Mutter so entsetzt war.

(Edeltraud H., Jg. 1938)

Die Russen waren kinderlieb. Wochen später wollten wir uns von einem Baum Äpfel pflücken, wir waren so hungrig, aber der Bauer verjagte uns mit der Peitsche. Ein Russe sah das, kletterte auf den Baum und pflückte für uns ein paar Äpfel. Dann zeigte er Fotos von seiner Familie – es waren auch Kinder dabei. Plötzlich sagte er: »Die Deutschen alle krrrr gemacht.« *(Sie streicht mit ihrem Finger über den Hals, als würde sie die Kehle durchschneiden.)* Dann rief er: »Dawei!«

Da mussten wir um unser Leben rennen. Da hat es ihn überkommen. Er hätte auch schießen können …

(Karin D., Jg. 1938)

Bei Kriegsende sollten wir alle in den Bunker gehen. Es hieß, die Russen kommen. Es kam auch ein freundlicher Russe in Zivil zu uns in den Bunker, begrüßte uns und fragte, ob Bewaffnete unter uns wären. Dann könnten wir nach Hause gehen, sagte er. Auf der anderen Seite der Havel wurde noch gekämpft. Meine Brüder und ich fanden es interessant zu sehen, wie ein Krieg aussieht. Von unserem Garten aus sahen wir, wie die russischen Soldaten mit den Maschinengewehren auf der Straße vorbeirobbten. Wir begrüßten sie auf Russisch: »Hallo, schön dass ihr da seid!«

»Ihr seid doch verrückt, geht sofort in Deckung, die schießen!«, riefen sie. Als die Russen hörten, dass wir Russisch konnten, fragten sie, ob unsere Eltern Spione seien. »Quatsch«, sagte ich.

Meine Eltern sind Deutsche, die um die Jahrhundertwende in der Ukraine gewesen waren. Nach ihrer Internierung im Ersten Weltkrieg waren sie ausgewiesen worden. Deswegen ist meine erste Muttersprache Russisch. Das war gut, denn es sprach sich schnell bei den Russen rum. Oftmals fuhr ein Jeep vor und die Russen riefen: »Komm mit, wir brauchen einen Dolmetscher!«

Ich fuhr mit ihnen zum Friseur. Sie sagten, die russischen Friseure machten immer den Kahlschlag, aber sie wollten anständige Frisuren haben. Ich fuhr mit ihnen auch zum Arzt. Sie hatten Angst, ihre Geschlechtskrankheiten den russischen Ärzten zu zeigen, denn die machten darüber eine Meldung. Also mussten das die deutschen Ärzte richten. Ich verstand damals überhaupt nicht, worum es da ging. Die Russen sagten nur: »Ich habe Beschwerden zwischen meinen Beinen.« Das war's. Nachher sollte ich sagen, wie viel Geld ich für das Dolmetschen haben wollte. Aber damals konnte man mit Geld nichts anfangen. »Bringt mir was zu essen mit«, sagte ich. Sie brachten das schöne russische schwere Brot mit Speck dazu. So überlebten wir ein bisschen. Meine beiden Brüder waren jeweils zwei Jahre jünger. Im Sommer mussten wir drei morgens um fünf aufstehen und angeln gehen. Wenn wir in den nächsten drei Stunden was gefangen hatten, gab es Frühstück und wenn nicht, dann nicht. Wir kannten es nicht anders und haben darunter nicht gelitten. Das war eben so. Zwischendurch bekamen wir die russische Zusatzernährung und die Fische. Die Russen brachten uns bei, Fische mit Karbid zu fangen. Man schüttet das Karbid in Bierflaschen mit Bügelverschluss und schmeißt die Flaschen ins Wasser. Nach einer Stunde gibt es eine riesige Explosion, und dann schwimmen zwei Dutzend Fische mit'm Bauch nach oben an der Wasseroberfläche. Das war etwas einträglicher als Angeln. Irgendwann waren die Flaschen zu Ende und die Russen fischten mit Granaten weiter. Aber da durften wir nicht ran.

(Waldemar Klemm, Jg. 1936)

Erst im Frühsommer 1945 bekamen wir raus, was mit dem Rest der Familie in Liegnitz passiert war. Dort hatte mein Opa eine Zahnarztpraxis. Der neue Mann meiner Oma, meine Großeltern waren früh geschieden, zog nun zu Fuß los. In Liegnitz traf er zwei Frauen, die mit meinem Opa das Ende erlebt hatten. Die beiden waren kurz vor Kriegsende zu ihm in das Haus gezogen, weil sie dachten, dem Doktor Lange werden die Russen nichts tun. In seiner Praxis hatten sich Leute vom Widerstand getroffen. Die Frauen erzählten: Abends kamen die Russen und sahen den Opa, die Omi und ihren Sohn Ulrich, der ein halbes Jahr jünger war als ich, und die beiden Frauen im Garten, wo sie die Hühner gefüttert hatten. Sie trieben alle ins Haus und verwüsteten die Wohnung. Sie schlugen die Vizema, die zweite Frau meines Großvaters, nieder und mehrere vergingen sich an ihr. Mein Großvater sprang dazwischen, und die Russen zerschmetterten ihm mit dem Gewehrkolben den Kopf. Die Frauen berichteten, dass die vergewaltigte Frau sich über ihren Mann beugte und sagte: »Mein Gott, der lebt ja noch!«

Darauf muss er wohl gleich gestorben sein. Und dann nahmen diese beiden Frauen, die Vizema und der Ulrich Gift. Bei den beiden Frauen hatte das Gift aber nicht mehr gewirkt. Darum konnten sie uns genau Auskunft geben, was da passiert war. Mir ist eigentlich erst in diesem Jahr klar geworden, als ich die Lebenserinnerungen meiner Mutter nochmal gelesen habe, was das für meine Mutter bedeutet hat. Ich hab immer gedacht: ›Wir sind ja alle am Leben geblieben, der Vati ist wiedergekommen und so.‹ Aber meine Mutter hatte eine so unglaublich innige Vaterbeziehung, und sie war auch politisch dann alleine. Ihr Vater und sie waren beide immer gegen Hitler gewesen.

(Barbara Schubert-Felmy, Jg. 1931)

Es hieß, wir müssen raus aus unserer Wohnung, die Amerikaner kommen rein. Meine Mutter hatte von den Nachbarn gegenüber erfahren, dass die Amerikaner bei ihnen die Matratzen zerschnitten oder draufgeschissen hatten. Also schmissen wir unsere Matratzen hinten zum Hof raus. Mutter hatte ein Leiterwägelchen organisiert. Damit fuhren wir mit unseren Matratzen über die Höfe bis zu meiner Tante, bei der wir so lange schlafen konnten, bis die Amerikaner wieder aus unserer Wohnung raus waren.

(Dorothea L., Jg. 1930)

Ich erinnere mich noch an eine Szene. Die Amerikaner waren schon ein paar Tage da. Sie hatten ein kleines Hotel beschlagnahmt, wo die Verwundeten versorgt wurden. Meine Mutter war dort als Krankenschwester eingesetzt. Weil sie mich nicht allein lassen wollte, nahm sie mich immer mit. Wenn sie Nachtdienst hatte, schlief ich in einem Bett, das nicht belegt war, oder in irgendeiner Ecke. Mutter hatte einen Passierschein. Mit dem durfte sie zu jeder Tages- und Nachtzeit raus, auch wenn die Amerikaner Ausgangsverbot angeordnet hatten. An diesem Tag wollten wir früh nach Hause und mussten am Ende der Straße einen Kontrollpunkt passieren. Ich kann mich noch wie heute besinnen, wie ein Soldat unsere Ausweise kontrollierte und zu Mutter sagte: »Du darfst gehen. Aber Nazi-Kind nicht!«

Mutter sagte: »Dann geh ich auch nicht.«

Wir gingen zurück und warteten, bis der Posten wechselte … Na ja, ich war blond und hatte Zöpfe. Also, für die war ich das Nazikind. Ich dachte: ›Ich bin doch kein Nazikind!‹ In solchen Situationen – es kam dann noch öfter vor – stellte sich Mutter immer hinter mich und ich ging vor. Wenn die Amerikaner irgendwas gemacht hätten, dann wären wir eben beide … ja.

(Elisabeth Krieg, Jg. 1935)

Ach, die Amis fuhren immer mit ihren Jeeps durch unsere Straßen. Die werden Sie ja kennen. Sie trugen weiße Helme, wo mit schwarzer Schrift MP draufstand: Military Police. Ich hatte einen wunderschönen blauen Pullover von einer von Muttis Freundinnen gestrickt bekommen, wo links in weiß MP draufgestickt war. Das stand für

Ein US-Soldat in einem Jeep schenkt deutschen Kindern Süßigkeiten (1955).

Marließ Peter, mein Geburtsname. Einmal spielte ich auf der Straße, trug diesen Pullover und ein Jeep hielt drei Häuser weiter. Die anderen Kinder rannten alle hin, die Amis verteilten oft Bonbons und diese flachen Kaugummis. Ich traute mich nicht hin. Raten Sie mal, warum? Weil auf meinem Pullover MP stand und ich dachte, die fangen mich ein, weil ich MP draufstehen hab. Das war 46, ich war sechs Jahre … Ich lugte hinter einem Hauseingang hervor und versteckte mich schön.

(Sie lacht.) Und meine Freundin kam und fragte, was mit mir sei. »Nein, ich will nich!«, sagte ich bescheiden. Aber meine Freunde gaben mir auch nichts ab. *(Sie lacht.)* Später schämte ich mich dann, aber ich dachte wirklich, die nehmen mich mit. Die anderen Kinder hatten ja nicht MP auf ihren Pullis stehen. In Tempelhof am

Flughafen warfen die Amis kleine Ballons, wie kleine Regenschirme, an denen Kaugummipakete hingen, vom U7-Bomber runter. Aber so weit sind wir nie gelaufen.

(Marließ Zuschke, Jg. 1940)

Ein Stückchen die Straße runter stand eine evangelische Kirche mit einem schönen Vorplatz, auf dem Rasen wuchs. Auf dem Platz saßen Soldaten. Sie hatten ein Lagerfeuer gemacht. Dort sah ich das erste Mal in meinem Leben Schwarzhäutige. Sie trugen Tarnanzüge und den Stahlhelm. Ich bekam solche Angst, die hab ich nie wieder weggekriegt! Ich habe nichts gegen Dunkelhäutige! Aber in unserer kleinen Stadt hatte ich das noch nie gesehen. Als ich später nach Berlin kam und die vielen Dunkelhäutigen sah, dachte ich bei den ersten Malen noch im tiefsten Innern des Unterbewusstseins: »Aah!«

Wie ich dann vom Einkaufen nach Hause kam, sagte ich zu meinem Mann: »Du …!« Da sagte er schon: »Jaja, ich weiß schon, du hast wieder die Jungfrauen getroffen.«

Wie das so tief sitzen kann, dass man sich so lange daran erinnert! Ich sah noch öfter welche bei uns im Dorf. Oft saßen sie auf den Bordsteinen und hatten getrunken … Hatten primitiv in die Einweggläser, die sie aus den Häusern geholt hatten, reinuriniert. Alles war hingeschmissen, es war keine schöne Ansicht. Ich weiß noch, wie die Amerikaner rumgingen und die Wohnungen kontrollierten. Sie ließen sich Fotoapparate geben. Meine Mutter hatte noch einen mit Bildern drauf. In Mutters Gegenwart zogen sie den Film raus und warfen den Apparat einfach auf den Bordstein, sodass er kaputtging. Deswegen habe ich nur Bilder von wo ich klein war und danach nichts mehr. Auf die Art und Weise war die Kindheit zu Ende … Im Sommer kam dann die Grenzbegradigung der einzelnen Sektoren, und dann kam die Rote Armee. Die hatte sich schon woanders eingenistet, und die Soldaten besorgten sich bloß immer Uhren bei uns. Ich meine, heutzutage weiß man, dass viele aus ärmlichen Gebieten kamen. Das konnte man sich damals gar nicht vorstellen. Wenn die Uhren abgelaufen waren, zogen die Russen sie nicht auf. Sie wussten es nicht, es hat ihnen auch keiner gesagt. Dann schmissen sie die Uhren weg und besorgten sich wieder neue.

Wir hatten Flüchtlingskinder im Dorf, mit denen ich spielte. Sie kamen aus dem Polnischen, die Frauen sprachen polnisch.

Sie verständigten sich mit den Soldaten auf Russisch-Polnisch. So kriegten sie immer von dem russischen Vollkornbrot, und ich bekam dann auch immer ein paar Scheiben ab. Ich muss sagen, die Russen haben sich anständig benommen. Gut, die Uhren … es waren ja Besatzer. Und ich weiß noch, wenn sich russische Soldaten danebenbenahmen, kriegten sie unheimlich Prügel. Es ging schon fast ans Foltern. Bei uns im Ort kriegt man es ja mit, die haben wirklich keine Frauen angefasst. Während ein paar Kilometer weiter, da war ein Fliegerhorst, die Frauen da haben was anderes erzählt. Also, wenn ich jetzt so denke, die Amerikaner haben sich sehr schweinisch benommen …

(Elisabeth Krieg, Jg. 1935)

Als 1945 der Krieg zu Ende war, kam die Besatzungsmacht Frankreich zu uns, in deren Reihen dienten viele Marokkaner. Als sie mit ihren Pferden und Wagen an unserem Badestrand über die Wiese fuhren, begann unsere Angst aufs Neue. Ich fürchtete mich vor der Hautfarbe.

Bis heute fühle ich mich unwohl in Gegenwart von dunkelhäutigen Menschen, obwohl ich mich nicht als Rassistin fühle. Ich kann die Angst nicht erklären. Später haben die Marokkaner Schopfheimer Frauen vergewaltigt, aber das wussten wir beim Einzug in unseren Heimatort noch nicht. Es gab Bezirke in Schopfheim, die konnte man als Frau in der Dunkelheit nicht mehr besuchen.

(Hanna B., Jg. 1936)

Nach einer Weile kriegten wir Russeneinquartierung. Die Amerikaner gingen, und die Russen kamen hinterher. Gott sei Dank bekamen wir einen Major, der sich einigermaßen benehmen konnte. Das war nicht so ein einfacher Pojaukel. Im Esszimmer meiner Eltern wurde ein Feldbett aufgestellt, und da wohnte er. Auf dem schönen Flügel tanzte er Krakowiak! Das werde ich nie vergessen … Er richtete oft Feiern im Wohnzimmer aus. Meine Mutter hatte dann immer Angst. Sie war allein vom Aussehen her schon sehr streng, hatte die Haare nach hinten zu einem Dutt zusammengebunden. Sie war »ich bin wer«! Die Russen trauten sich nie an sie ran! Gott sei Dank! Die Reste vom Gelage bekamen wir. Deswegen fand ich den Major toll! Er hatte so schöne Pfefferminzbonbons, von denen er mir immer gab. Er mochte mich gern, wollte mich mit nach Russland nehmen! Er spielte so gut Klavier und ich hatte schon ein paar

Klavierstunden, spielte natürlich nicht gut, wie so ein Kind halt rumklimpert. Aber der Major fand das so toll und wollte mich unbedingt mit nach Russland nehmen. Ich saß schon auf dem Wagen, aber dann sprang ich wieder runter, ich wollte doch lieber hier zu Hause bleiben. *(Sie lacht.)*

Jedenfalls machten wir immer Fettlebe, wenn die Russen ihre Gelage hatten. Sie soffen Flaschenweise ihren Wodka. War ja mitunter nicht so schön, was da zurückblieb – wir haben's halt aufgewischt und gemacht und getan. Ich musste auch mit ran, half alles nichts. Ich weiß noch, die Nachbarin hatte auch russische Einquartierung. Einmal hatten die Russen Würstchen gebracht, und die Nachbarin sollte sie warm machen. Sie kochte die so heiß, dass sie platzten. So wollten die Russen die Würste nicht mehr essen. Die Nachbarin kam zu uns rüber: »Frau Zöllner, Frau Zöllner, ich hab so schöne Würstchen, wollen Sie die nicht haben?«

Meine Mutter natürlich: »Her damit, her damit!«

War wunderbar!

(Siegrid S., Jg. 1936)

Im Osten gab es die Dimitroffstraße. Wissen Sie, wie die entstanden ist? Da sind die Russen mit'm LKW langgefahren und haben zu den Frauen gesagt: »Die mit ruff und die mit ruff …«

Bei meinen Großeltern im Haus wohnte eine, zu der sagten alle Aminette. Die hatte einen amerikanischen Soldaten. Das war die Christl, die Christl hatte Albert. Albert war ein amerikanischer Offizier.

(Arno Planitzer, Jg. 1935)

Ich war draußen im Garten und hörte unsere Nachbarin laut lachen. So eine typische Urberlinerin, so eine dicke. Ein Russe zielte mit seinem Gewehr auf sie. Und die hat sich halb totgelacht. Die Russen hatten Kartoffeln geschält und sie in die Toilette geschüttet und gespült. Wollten dort die Kartoffeln waschen. Na, die waren weg. Die Nachbarin sagte: »Nüscht Madga jeklaut! Geh in die Scheißgrube, da sind die Kartoffeln drin!«

Der Russe stand da mit seinem Gewehr und die Nachbarin konnte sich nicht einkriegen.

Die Russen hier in den Kasernen hatten auch Hunger. Nachts kamen sie in die Gärten und klauten das noch grüne Obst und Gemüse. Aber wir hatten auch Hunger und warteten schon lange, dass das Obst endlich rot würde. Mein Bruder bespritzte das Obst mit B 58. Er sagte: »Dann kriegen die aber die Kackerei!« Zum Schluss ließ Mutter das Gartentor auf, weil die Russen immer über den Zaun stiegen und ihn dabei kaputt machten. Ja, denen ging es auch nicht so toll.

(Helga Werner, Jg. 1935)

Die Russen lagerten mit den Panjewagen bei uns um die Ecke. Die waren so nett! Sie nahmen meine Freundin Elisabeth und mich auf einem ihrer Wagen mit und fuhren mit uns zu einer großen Gärtnerei. Dort gab es solche Einstecker für Blumen – hübsche Sterne und bunte Kugeln. Wir durften uns nehmen, was wir wollten! Wir hatten doch als Kinder kaum etwas gehabt. Ein Russe schenkte mir sogar eine Zigarette. Ich war ja ein Kind! Die Zigarette schenkte ich einem jungen Mann aus der Nachbarschaft. Für den war das, ach … und er schenkte mir ein Portemonnaie dafür. Das werde ich nie vergessen! Das war ganz toll!

(Christl Potzies, Jg. 1936)

Von den Russen bekamen wir auch zu essen. Alle Soldaten sind kinderfreundlich! Die haben ja auch Familien zu Hause. Also haben die Kinder immer Trumpf. Die Russen kamen mit Panjewagen – kleine Wagen, die von Panjepferden gezogen werden, eine kleine Pferderasse. Auf dem Schulhof bauten sie eine Wagenburg auf – in der Mitte loderte ein Feuer. Auf einem Spieß brieten sie einen großen Ochsen – die Soldaten spielten Musik und tranken. Wir Kinder bekamen Fleisch bis zum Erbrechen, so viel! Als wir satt waren, gaben sie uns Wodka. Die Kinder bekamen alle Wodka – wir tranken mit! Als alle tranken und rauchten, fragte mich ein Offizier, ob ich auch eine Schwester habe. »Kann ich nich mit dienen«, sagte ich, »ick trink noch einen!«

(Ronald Potzies, Jg. 1933)

Hintergrundinfos: Besatzung Deutschlands

Nach der Kapitulation besetzten die Alliierten USA, Großbritannien, Sowjetunion und Frankreich das zerstörte Deutschland und teilten es in vier Besatzungszonen auf. Dort richteten sich die Armeen der Sieger ein und beschlagnahmten dafür Wohnungen und Büros. Obwohl die Besatzungsmächte zunächst Distanz zur deutschen Bevölkerung hielten, waren sie gegenüber den Kindern meist freundlich eingestellt und schenkten ihnen Lebensmittel. Sexuelle Übergriffe, Plünderungen und Verwüstungen durch die Soldaten belasteten das Verhältnis zwischen den Besatzern und der deutschen Bevölkerung in den ersten Monaten nach Kriegsende. Doch schon bald entstanden geregelte Verhältnisse. Während des Kalten Krieges wurden dann aus den Besatzern Partner.

Väter

»Mutti, ich kenn Papa nicht, sag mir, wo der ist!«

Karin D.

(Geboren 1938 in Berlin, Floristin)

Mein Vater hatte sich »freiwillig« zum Arbeitsdienst gemeldet, weil er im Widerstand gewesen war. Zu Kriegsbeginn wurde er sofort eingezogen. Im Winter 1944 kam er dann in Gefangenschaft.

Ich kannte ihn nicht. Erst als er 1950, ich war zwölf Jahre alt, aus der Gefangenschaft kam, lernte ich ihn kennen. In der ersten Zeit dachte ich ständig: ›Jetzt hast du auch einen Vater!‹

Wenn in der Schule Weihnachtslieder gesungen worden waren, hatte ich immer geheult. Wenn die Lehrerin sang, musste ich immer an meinen Vater denken: »Es steht ein Soldat am Wolgastrand, hält Wache für sein Vaterland.« Ich war die Einzige, deren Vater nicht wieder da war.

»Jetzt hast du auch einen Vater!«

Nachts riss uns unsere Nachbarin, die immer vorm Radio saß, weil ihr Sohn zurückkommen sollte, aus dem Schlaf: »Frau Dreher, Frau Dreher, Ihr Mann kommt morgen mit dem Zug!«

Wir zogen uns an, liefen zu Tante Dora und Onkel Karl. Die hatten fünf Kinder, der einzige Sohn war mit sechzehn Jahren eingezogen worden und nach Meseritz gekommen. Seitdem war er verschollen. Onkel Karl zog sich an und lief mit uns durch Berlin zum Ostbahnhof. Dort waren Himmel und Menschen! Der Zug kam. Ich bemerkte: »Mutti, ich kenn Papa nicht, sag mir, wo der ist!«

(Sie kämpft mit den Tränen.) So, also, jetzt hast du auch einen Vater. Der seelisch ein gebrochener Mann war …

Als mein Vater wiederkam … der war ein harter, strenger Mann. Er war fünf Jahre im Krieg gewesen und danach sechs Jahre in russischer Gefangenschaft. Der war ein gebrochener Mann, als der wiederkam … Der hat mich nicht verstanden, der hat meine Mutter und mich nicht verstanden.

Ich durfte noch nicht mal mit einem Jungen auf der Straße stehen. Da hab ich eine Woche Stubenarrest gekriegt. Ich sagte: »Na, wir haben da doch nur gesprochen.«

»Du hast mit Jungs nichts zu reden. Das gibt's gar nicht! Stubenarrest!«

Vater hat mir meine Verabschiedung nach drei Jahren Lehre versaut, weil ich zehn Minuten zu spät nach Hause gekommen war. Nach der Feier sagte mein Ausbilder am nächsten Tag zu mir: »Ach, du warst krank?«

Ich sagte: »Was war ich, ich war krank?«

»Na, dein Vater war auf der Bühne und hat gesagt, meine Tochter ist krank.«

Mein Vater war so grausam. Der hatte auch Angst um mich – wahrscheinlich. Aber das war völlig falsch. Der hat kein Vertrauen zu mir gehabt. Meine Mutti, die hatte Vertrauen, der hab ich alles erzählt. Wir waren beide wie Verbündete und er war außen vor. Der hat sich nicht in unsere Lage reinversetzt. Der hat sich dann auch von meiner Mutter scheiden lassen und später haben sie wieder geheiratet. Ganz, ganz furchtbar.

Wenn ich alles gewusst hätte, was ich in den Aufzeichnungen meines Vaters erst nach seinem Tod vor zwanzig Jahren erfahren habe … Ich hatte früher immer zu ihm gesagt: »Erzähl mir alles, ich schreib das auf.«

Hat er nicht. Erst nach seinem Tod konnte ich seine Aufzeichnungen lesen, vorher wusste ich nicht, was er alles erlebt hat …

Er wurde in den russischen Wäldern von Mongolen gefangen genommen. Die wollten ihn lynchen, den Gefangenen. Na ja, die Deutschen haben sich ja wie Schweine in Russland benommen! 25 Millionen tote Russen! Muss man sich mal vorstellen – ist grauenvoll! Und wenn heute immer auf die Russen geschimpft wird … Die Russen haben meinem Vater auch ein paarmal das Leben gerettet. Er hat in seinen Aufzeichnungen geschrieben, wie ein paar Russen zu ihm, dem deutschen Gefangenen, gesagt hatten, er solle in den Wald rennen, sich verstecken. In gebrochenem Deutsch haben sie so zu ihm gesprochen. Ich könnte Ihnen aus seinen Aufzeichnungen vorlesen – sagenhaft. In der Gefangenschaft: Der Direktor der Glasfabrik, wo er gearbeitet hatte – bei dem hat er jeden Tag essen dürfen, obwohl der auch in Berlin gekämpft und ein Bein verloren hatte.

Mein Vater war kein Schwein. Der hat nich … Ja, der war ein anständiger Mann! Er schreibt in seinen Aufzeichnungen, dass ihm viele Russen das Leben gerettet haben und so auch er einigen das Leben rettete. Einmal musste er ein Grab ausheben, er sollte erschossen werden. Mindestens fünfzehn Russen standen um ihn herum: »So, nun leg dich mal rein, ob's passend is.«

Das Motiv aus der nationalsozialistischen Propaganda zeigt Panzerkampfwagen und Soldaten der deutschen Wehrmacht beim Angriff auf ein sowjetisches Dorf. Die nationalsozialistische Berichterstattung schreibt am 15. Juli 1941 auf der Rückseite des Bildes: »Das Nest wird ausgeräuchert.«

Musste er sich reinlegen.

»Ach nee, noch nicht, mach mal weiter, mach mal weiter!« So, na dann passte es.

»Leg dich rein, ja passt, komm wieder raus!«

Sie holten einen deutschen Soldaten, Kopf weggeschossen, den legten sie in die Grube, Vati sollte sich danebenlegen. Er dachte: ›So jetzt ist es aus, jetzt ist alles egal.‹ So hat er in seinen Aufzeichnungen geschrieben. Dann durfte er wieder raus, er sollte zuschütten. Dann sagten die Russen, sie konnten ganz gut Deutsch: »Ach, willst du noch ein Kreuz für den Toten?«

»Ja!«, sagte mein Vati. Aus Ästen machte er ein Kreuz und fing für den toten Soldaten am Grab an zu beten. Da guckten die Russen weg, waren betreten …

Der war ein gebrochener Mann, mein Vater. Ein Wort, das ihm nicht gepasst hat, reichte aus, dass er sechs Jahre nicht mehr mit mir gesprochen hat. Das können andere gar nicht verstehen … Ich sollte keine Lehre machen, ein Mädchen braucht keinen Beruf! Ja, so einen

Mist redete er, obwohl er ein kluger Mann war. Zu meiner Tochter hat er gesagt: »Was, die will studieren? Ihr habt ja einen Vogel!«

Auch mit meiner Tochter kam er nicht klar. Wir haben die meiste Zeit unseres Lebens nicht gesprochen. War grausam … Später wurde er herzkrank, hatte auch einen Herzinfarkt. Danach hat er mich angeschrieben, ob ich kommen könne. Gut, ich kam, er gab mir seinen Hausschlüssel für den Notfall. Dann hat ihm wieder irgendwas nicht gepasst und er sagte: »Gib mir den Schlüssel wieder!«

Sprach wieder nicht mit mir. Kurz vor seinem Tod, ein paar Monate oder Wochen, hat er sich wieder gemeldet. Er wollte mir etwas Gutes tun und schenkte mir die Hälfte zu einem neuen Auto dazu. Ich habe ihm nichts vorgeworfen, absolut nichts. Ich wollte nach vorne schauen! Zwei Tage später war er tot. Wir waren immer zum Telefonieren verabredet, montags und donnerstags rief ich ihn abends um zehn vor sechs an. Genau um zehn vor! Dienstags hatten wir das Auto abgeholt, danach tranken wir noch Kaffee bei ihm und aßen seinen Kuchen. Er hat noch bis zuletzt seinen Kuchen gebacken. Ich saß auf dem Sessel und er auf der Couch. Wir waren reserviert, weil … er war verschlossen, er war kein herzlicher Mensch. Da sagte er: »Ach, komm doch mal zu mir her.«

Na ja, da hat sich alles gesträubt bei mir. Ist doch klar, wenn man so schlecht behandelt wurde. Der hatte meine Mutti auch immer schlechtgemacht. Ich setzte mich neben ihn, stocksteif. Er legte den Arm so ein bisschen um mich … *(Sie verschluckt sich am Kaffee.)* Das war der letzte Abend, wo wir uns gesehen haben. Donnerstag zehn vor sechs geht er nicht ans Telefon, da ist der Anrufbeantworter. Ja, das sind alles so Schicksale …

»... wir wollen den Papa für tot erklären lassen« Dieter Hadel

(Geboren 1934 in Berlin, Ingenieur)

Der Vater arbeitete bei der Organisation Todt in der Ukraine. Der Leiter dieser Organisation hieß Todt, und die Mitglieder trugen eine beigefarbene Uniform. Das war eine paramilitärische Einheit im Bauwesen. Ich vermute, die haben Konzentrationslager im Ausland gebaut und Gefangenenlager. Vater hat ja nicht darüber gesprochen ... In der Ukraine hatte er Bunker gebaut. Er kam ursprünglich vom Bau und hatte sich wahrscheinlich erhofft, dass er nicht eingezogen wird und zur Wehrmacht muss, wenn er bei der Organisation Todt arbeitet. Aber nachher sammelten die ja alles ein. Die haben ja vierzehn-, fünfzehnjährige Jungs eingesammelt!

Wenn Vater auf Urlaub zurück nach Berlin kam, wurde ich sonntagmittags ins Kino geschickt. Meine Eltern gaben mir 25 Pfennige und sagten: »Geh mal ins Kino, da spielen sie einen schönen Märchenfilm.«

So hatten die beiden mal zwei Stunden Ruhe ...

Vater wurde im Februar 45 eingezogen. Er kam zur Ausbildung als Panzergrenadier nach Rathenow. Mutter und ich fuhren mit dem Zug zu ihm. Als wir in der Kaserne ankamen, wir hatten Vater schon lange nicht mehr gesehen, kam er uns entgegen. Wir sahen schon von Weitem, dass er sich einen kleinen Schnurrbart hatte stehen lassen, so einen Hitlerbart. Ohne dessen Anhänger zu sein! Ich werde nie vergessen, wie meine Mutter vorwurfsvoll sagte: »Arthur, wie siehst du denn aus?«, bevor sie sich in die Arme fielen.

»Warum denn? Was hast du denn?«

»Na mit dem Bart! Wozu hast du denn den Bart?«

Einen kleinen Adolfbart. Ich hab noch ein Bild aus seinem Wehrpass. Darauf hat er tatsächlich diesen Bart. Er war so stolz darauf, wollte meiner Mutter eine Freude machen. Und die war ganz entsetzt darüber! Mutti und ich fuhren zurück nach Berlin.

Anfang April hörten wir, dass Vati verladen würde und wir uns zum Abschied auf dem Güterbahnhof in Rathenow treffen sollten. Mutti und ich fuhren wieder hin. Es war spätabends. Etwas außerhalb des Bahnhofs stand ein Güterzug. Davor standen die Soldaten mit ihren Angehörigen, lagen sich in den Armen, drückten ihre Kinder. Drückten sich. Vatis Bart war ab. Noch scherzend sagte er:

»Wenn mich die Russen schnappen, will ich nicht mit Hitler verwechselt werden.«

Es hieß, sie würden Richtung Osten verlagert. Das war im April 1945, vier Wochen vor Kriegsende! Na, weit können sie es nicht mehr geschafft haben. Jetzt ist mir klar, dass zu dem Zeitpunkt keiner wusste, wo die Front war. Ich erinnere mich noch, dass alle weinten. Meine Mutter weinte und viele Soldaten auch. Dann pfiff die Trillerpfeife und es hieß: »Aufsitzen!«

Alle Soldaten kletterten in die Güterwaggons. Das war der Abschied …

Vater war schon im April tot. Das Schlimme war, wir haben es nicht erfahren! Wir kannten noch einen seiner Kameraden, den Willi Hermann. Der war mit Vater in der Kaserne und hatte überlebt. Er hatte Vater das letzte Mal bei der Schlacht in Hoyerswerda im April 45 gesehen. Vater lag schwer verletzt unter einem Artilleriegeschütz, hatte dort Schutz gesucht. Sein Bein war kaputt, und er hatte zu Willi gesagt, er solle abhauen, er solle ihn liegen lassen, er habe keine Angst vor den Russen. Vater war im früheren Westpreußen groß geworden, das bis 1918 polnisches Gebiet gewesen war. Darum konnte er Polnisch und meinte, er könne sich mit den Russen verständigen.

Nach Kriegsende bedrängte meine Mutter immer den Willi: »Nu sag doch mal, dass der Arthur tot war, damit ich meine Ruhe hab!

»Nein«, sagte Willi, »Herta, das kann ich dir nicht sagen! Der hat noch gelebt! Der hat noch gelebt und hat gesagt, ich soll abhauen, ich soll ihn da liegen lassen. Er konnte nicht weiter, das Bein ist kaputt gewesen.«

Vater ist nicht weit gekommen, irgendwo bei Halbe in der Niederlausitz ist er also gefallen. Für Führer und Vaterland. *(Seine Stimme klingt ironisch und bitter.)* Nach dem Krieg kamen lange Zeit immer wieder Züge aus dem Osten mit ehemaligen Kriegsgefangenen, die die Russen entlassen hatten. Diese Züge kamen am Ostbahnhof an. Wenn es hieß, nächsten Mittwoch kommt wieder ein Zug an, dann gingen Mutter und ich am Mittwochabend mit unserem Schild zum Bahnhof, auf das wir Vaters Namen Arthur Hadel und seine Feldpostnummer gemalt hatten. Das Schild hatten wir an einem Stock befestigt. Die Feldpostnummer habe ich immer noch, die hat mir meine Mutter gegeben. Wir hielten das Schild hoch, manche hielten auch ein Foto hoch. Wir standen auf dem Bahnhof, Mutter und ich, und viele fielen sich dann in die Arme. Das haben wir lange, lange mitgemacht …

Mutti arbeitete auch nach dem Krieg weiter bei der Firma Isophon. Aber sie verdiente nicht viel. Nach ein paar Jahren sagte sie: »Das Geld reicht nicht, wir müssen den Papa für tot erklären lassen.«

Dann würde ich als Halbwaise gelten und eine Rente bekommen. Dazu brauchte sie jedoch die Unterschrift aller noch lebender Geschwister des Toten. Hier in Berlin wohnten ein paar. Einige waren aber auch im Westen, und meine Mutter hatte keinen Kontakt zu ihnen. Nur zu Tante Ella hatten wir Kontakt. Ein Bruder meines Vaters wohnte in Steglitz. Da schickte mich Mutter hin, ich solle die Unterschrift holen. Was hab ich gestaunt, der hatte einen Swimmingpool im Garten! Seine Frau öffnete mir die Tür und sagte: »Wer bist du?«

Ich sagte: »Ich bin der Sohn von Arthur.«

»Wer ist Arthur?«

Ich sagte: »Das ist der Bruder von Ihrem Mann.« Ich hab die Frau gesiezt, ich kannte die ja gar nicht.

»Und was möchtest du?«

Ich sagte: »Ich brauche hier 'ne Unterschrift, wir wollen den Papa für tot erklären lassen.«

»Warum für tot, wer macht denn sowas?«, diskutierte sie mit mir.

Ich sagte: »Ich brauch das ja nicht von Ihnen, der Onkel Willi muss das unterschreiben.«

Sie ging ins Haus und brachte mir den Wisch wieder. Mein Onkel ließ sich gar nicht sehen … So wurde ich Halbwaise und bekam eine Rente von 30 Mark. Damit half ich meiner Mutter. Der ging es so bescheiden. Sie konnte es nicht zulassen, dass ich die Schule verlängerte und zur Mittelschule ging. Der Direktor meiner Schule hatte mit ihr gesprochen und gesagt: »Wir empfehlen, dass der Dieter zur Mittelschule geht.«

Sie sagte: »Nee, dit geht nich, der muss 'ne Lehre anfangen, der muss Geld verdienen. Ich kann dit nich mehr bezahlen.«

Also ging ich 1949 nach der 8. Klasse ab. Zur ersten Friedensweihnacht schenkte ich Mutti ganz bescheiden einen gemalten Spruch zwischen Glas: »Man kann alles erkaufen für Gold und Erz – aber nie auf der Erde ein Mutterherz.«

Bis kurz vor ihrem Tod hing es in all ihren Wohnungen im Korridor …

»Ich hab mir immer einen Vati gewünscht ...« Marianne M.

(Geboren 1936 in Frankfurt an der Oder, Tanzlehrerin)

An einem Sommertag im Juni 45 verschwand mein Vater. Er war Justizoberwachtmeister im Moabiter Gefängnis und deswegen wohl nicht eingezogen worden. Auf dem Weg zu seiner Dienststelle muss er in die Nähe eines deutschen Gefangenentrupps gekommen sein. Von diesen Gefangenen waren welche ausgerückt, sodass die Russen einfach Passanten von der Straße dazustellten, um die Anzahl wieder aufzufüllen. Von der Stunde an haben wir meinen Vater nicht mehr gesehen.

Abends kam er nicht von der Arbeit wieder. Manchmal machte er Überstunden, aber als er auch am nächsten Morgen nicht zurück war, wurde meine Mutter ganz aufgeregt. Sie dachte immer noch, dass er sich melden würde, und fuhr nach Berlin zu seiner Arbeitsstelle.

»Nö«, sagte ihr ein Arbeitskollege, »Ihr Mann ist gestern gar nicht hier gewesen.«

Also rief Mutter das Rote Kreuz an, einen christlichen Suchdienst und den RIAS-Suchdienst, die sendeten noch eine ganze Zeit lang Informationen über die Vermissten im Radio. Aber da war er nie dabei. Ich fragte Mutti, wo denn Vater ist. Sie sagte: »Der Papa ist weg, wir wissen auch nicht, wo.«

Und damit musste ich mich zufriedengeben. Meine Mutti redete nicht gerne drüber. Erst als ich ein bisschen älter war, wusste ich, dass sie ihn hat suchen lassen. Mein Vater und ich waren Frühaufsteher. Vorm Dienst – damals gab's ja keine Abwasserleitungen, da hatte man eine Jauchegrube – hatte mein Vater jeden Morgen ein bisschen von der Jauchegrube im Garten verteilt. Ich ging immer zu ihm raus und ließ mir mein Leibchen von ihm zuknöpfen, weil ich da nicht rankam. Und er war öfter mit mir in den Zoo gegangen. Das fand ich schön! Jetzt hatte ich nur noch meinen Großvater, den ich über alles liebte und zu dem ich auch immer ins Bett kroch, weil der so eine schöne weiche Haut hatte, zum Kuscheln, ja ...

Meine Mutti war vier Wochen tot, sie ist 79 gestorben, da kam die Nachricht vom Roten Kreuz: Ihr Mann ist auf dem Gebiet der Sowjetunion verstorben. Ich nahm an, dass es stimmte, denn der Mann der Tante meiner Cousine hatte einen Kollegen, der nach dem

Krieg in Sachsenhausen gewesen war. Nach seiner Entlassung hatte er meiner Mutter erzählt: »Ihr Mann ist in Sachsenhausen.«

Und von Sachsenhausen waren immer Trupps zusammengestellt und nach Russland geschafft worden. Aber meine Mutti hat es nie erfahren, weil sie da schon vier Wochen tot war. Wir durften ja auch nichts weiter sagen, hier in der DDR – konnten ja nicht sagen, auf dem Gebiet der Sowjetunion …

Voriges Jahr ist meine Cousine nach Sachsenhausen gefahren und entdeckte meinen Vati in dem Totenbuch des sowjetischen Speziallagers Sachsenhausen. Also haben sie ihn nicht nach Russland verbracht, sondern wirklich nach Sachsenhausen. Da haben wir ihn überhaupt nicht mehr vermutet! Dass er so dicht … – das ist ja nicht weit weg von uns! Da ist er dann elend verreckt. Das muss man schon so sagen. In dem Totenbuch steht drin, wann er dort gestorben ist: am 8. Januar 47. Er war noch zwei Jahre da! Meine Cousine und ich waren zu einem Vortrag dort. Die meisten sind an Typhus gestorben. Ich habe mir die Baracken angeschaut. Die Gefangenen durften nicht raus, die Scheiben waren von außen weiß mit Kalk angestrichen, sodass sie auch nicht rausgucken konnten. In drei Räumen waren sechzig Leute übereinander gestapelt auf Holzpritschen. Decken hatten sie wohl ein paar und eine Toilette, glaube ich. Das muss wirklich ein Vegetieren gewesen sein, was sie dort erdulden mussten. Das finde ich schon schlimm … 65 ist mein Vater geworden, wenn er noch zwei Jahre da war. Für den Kaiser war er noch im Ersten Weltkrieg gewesen. Er liegt in einem Massengrab von zwölftausend Toten. Das wurde zu DDR-Zeiten natürlich nicht publik gemacht. Sowas gab's ja nicht – Konzentrationslager –, zumindest nicht von der Sowjetunion. Das Lager war zu DDR-Zeiten völlig abgeschottet, man konnte es nicht besichtigen. Bis 1950 waren dort noch Menschen untergebracht. Das Massengrab ist erst 1990 entdeckt worden. Da liegen auch ganz, ganz viele ganz junge Leute. Vierzehnjährige, Achtzehnjährige, die noch beim Hitlervolk waren, also beim Jungvolk, die mussten dann ja auch noch 45 ran. Da liegen noch so viele junge Leute. Jetzt gibt es dort diese drei großen Massengräber und man kann eine kleine Tafel vor der eigentlichen Gedenkstätte aufstellen lassen. Ja, es hat mich doch sehr schockiert, das nach siebzig Jahren zu erfahren. Tja, jedes Schicksal hat so seine schlimmen und guten Tage. Vati habe ich immer sehr vermisst – muss ich schon sagen. Ich habe mich nach ihm gesehnt …

1946 musste ich ins Krankenhaus. Sie steckten mich in ein Malariazimmer, weil ich hohes Fieber hatte. Ich konnte meine Arme nicht heben und fiel immer um. Es war aber keine Malaria, sondern eine Rippenfellentzündung. Ein okkupiertes Wohnhaus war behelfsmäßig zu einem Kinderkrankenhaus gemacht worden. Die Betten waren viel zu kurz, meine Füße steckten zwischen den Gittern raus. Bis sie merkten, dass ich eine Rippenfellentzündung hatte, war die schon nass. Dann wurde ich punktiert und aus diesem Malariazimmer rausgenommen. Als ich wieder gesund war, holte mich mein Onkel vom Krankenhaus ab. Das fand ich so toll! Ich hab mir immer einen Vati gewünscht, weil ich keinen mehr hatte! Meinen Onkel habe ich dann auch ein bisschen als väterlichen Freund angesehen. Aber er hatte ja seine eigene Familie und wohnte auch nicht hier …

Als ich nach siebzig Jahren von meinem Vater erfuhr, war das für mich ein Rückwurf in diese Zeit. Wir konnten ihn sowieso nie finden, aber dann wussten wir wenigstens, dass er dort verstorben ist. Das war schon mal was. Natürlich habe ich immer gegrübelt. Meine Mutter und noch mehr mein Großvater haben immer gehofft, dass er eines Tages vor der Tür steht. Der hat ihn auch über alles geliebt. Großvater sagte immer: »Wo ist mein Wilhelm, wo ist mein Wilhelm?«

Ich dachte auch: ›Er muss doch wiederkommen!‹

Als mein Opa gestorben war und mein Vater nicht wiederkam, waren wir nur noch ein Frauenhaushalt. Wir hatten noch lange Lebensmittelkarten, kriegten von allem nur ein bestimmtes Quantum. Meine Mutti war Bürokauffrau und arbeitete halbtags bei einer Tischlerei. Sie verdiente wenig. Meine Großmutter war eigentlich Beamtenwitwe, kriegte aber keine Beamtenrente, weil wir ja im Osten wohnten. Da gab es sowas nicht. Sie selbst bekam 45 Ostmark Rente im Monat. Das war natürlich keine Fettlebe, wie man so schön sagt. So nähten Mutti und Oma noch für andere Leute, um sich etwas dazuzuverdienen, bis meine Oma gichtige Hände hatte, dann ging das nicht mehr. Von dem Obst im Garten verkauften wir auch etwas.

Ja, das war meine Kindheit … Ich musste früh mit der Schule aufhören, weil ich auch was verdienen musste.

»Ich kannte das Wort Vater gar nicht.« Marließ Zuschke

(Geboren 1940 in Berlin, gelernte Buchhalterin und Kontoristin, Hausfrau)

Ich bin 1940 im Oktober geboren und mein Bruder im Februar 43. Da war es mit der Ernährung schon schlechter, auch mit der Milch. Mein Bruder litt sehr darunter. Er hatte furchtbar schlechte Zähne und schlechte Augen – musste eine Brille mit ganz dicken Gläsern tragen. Er brauchte die stärksten Gläser. Natürlich wurde er gehänselt, ist ja klar. Kinder sind grausam, und er war leider so ein Typ. Wir waren wie Tag und Nacht. Ich wie ein Junge – lebhaft. Er erzählte nicht viel, und wenn er Dresche kriegte, hielt er die Seite hin. Dann verteidigte ich ihn, was nicht richtig war, und kloppte mich für ihn. Um es kurz zu machen, er ist im Leben nicht zurechtgekommen. Meine Mutti hat immer gesagt: »Da hat der Vater gefehlt.«

Darüber war ich sauer. Immer sagte sie, Rainer hätte alles gefehlt und mir nicht. Ich kenn meinen Vati gar nicht, mein Bruder kennt ihn erst recht nicht.

Weihnachten 44 hatte mein Vater Fronturlaub, zwei Wochen. Die Väter waren alle im Krieg. Ich kannte das Wort Vater gar nicht. Nun musste ich plötzlich Vater oder Papa sagen. Alle Männer, die wir Kinder kennenlernten, hießen Onkel. Der eine Mann von Mutters Freundin war Onkel Bob, der andere war Onkel Hermann, und die Frauen hießen Tanten. Onkel und Tanten, das sagt man ja heute nicht mehr … Während Vatis Urlaub fuhren wir einmal mit der S-Bahn, und ich fragte: »Onkel-Papa, wie viele Portionen müssen wir denn noch fahren?«

Ich sagte es laut, wie Kinder so sind. Das fanden die Eltern gar nicht gut. Wie das Wort Onkel-Papa entstand, weiß ich gar nicht so richtig. Wahrscheinlich weil man Onkel und Tante sagte, und den Vater kannte ich nicht. Die Mutti sagte ständig: »Sag nicht immer Onkel-Papa, das ist dein Papa!«

Aber das kam so raus aus mir, ohne Gedanken dabei. Und Onkel-Papa hat auch noch eine andere Bewandtnis. In unserem Haus gab es einen Fall, wo der Mann im Krieg gefallen war und die Frau nach dem Krieg den Bruder ihres Mannes geheiratet hat. Mit ihren zwei Kindern, Gisela und Klaus, spielten wir oft. Mutti hatte mir erklärt, dass viele Witwen die Brüder heiraten würden, denn entweder waren nur die Brüder aus dem Krieg wiedergekommen oder sie waren krank gewesen und hatten nicht in den Krieg gedurft, mussten Schreibdienst machen.

Vati ist in Halbe gefallen, wo heute der große Soldatenfriedhof ist. In der großen letzten Schlacht mit den Russen, wo so viele noch gefallen sind, ist er eine halbe Stunde von Berlin entfernt vierzehn Tage vor Kriegsende gefallen. Er hatte Russland und Frankreich überstanden und eine Verletzung am Knie – hatte sogar ein neues Knie gekriegt. Meine Mutti bekam ein Kreuz für Verwundung, aber davon hatte sie ja nichts ... Sie hatte Glück – viele waren ja vermisst –, dass ein Soldatenkumpel aus Vatis Soldbuch die erste Seite rausgerissen hatte. Dieser Soldat kam zu uns nach Neukölln und lief eine Stunde um den Herzbergplatz herum, traute sich nicht hoch. Dachte sich, wo kommt er hin, um die Nachricht zu überbringen? Kommt er zur Mutter, kommt er zur Frau? Toll, dass er es überhaupt gemacht hat! Als er hochkam, konnte meine Mutti es gar nicht fassen. Sie sagte: »Was ist denn mit meinem Mann? Hat er ein Bein verloren? Das macht nichts, sie können mir das sagen!« Als er erzählte, dass Vati gefallen war, krallte sich Mutti in ihre Ellbogen fest und war außer Gefecht. Ich war viereinhalb und merkte, dass da was passiert war, aber ich konnte es nicht fassen. Eine Freundin meiner Mutter aus dem Haus kam. Die drei standen am Küchentisch. Ich erinnere mich noch an ein paar Brocken des Gesprächs. Ich weiß noch wie heute, wie die Freundin sagte: »Na Margot, du bist doch jung!«

Mutti war 27 – mit zwei Kindern. In dem Alter hab ich erst geheiratet und sie war schon Witwe!

»Musst ja nicht alleine bleiben«, sagte die Freundin. Das war zu dem Zeitpunkt vielleicht unpassend. Im Nachhinein, wie ich jetzt selber Familie habe, denke ich, es war unmöglich! Mutti war nun vollkommen aus der Spur, bis eine andere Bekannte aus dem Haus abends klingelte und sagte: »Du, deine beiden Kinder spielen noch auf der Straße, da is kein Kind mehr draußen, die musste mal reinholen.«

Das sind so meine Erinnerungen ... Mutti hat's mir dann auch später noch oft erzählt.

Meine Mutter hat mir immer viel erzählt – sich freigesprochen. Obwohl sie auch mit ihrer Freundin aus dem Haus viel gesprochen hat. Aber vielleicht war sie so wie ich, musste immer alles rausbringen. Eigentlich war sie doch ziemlich stark, obwohl sie oft darüber gestöhnt hat, wie schwer das für sie war, ihre Jugend war weg. Sie hatte geheiratet und hatte nur ein Dreivierteljahr Ehe, dann musste Vati schon in den Krieg. Das erzählte sie mir ziemlich oft – zu oft, sodass ich mit sechzehn sagte: »Aber Mutti, du musst mal sehen, du hattest in Gänsefüßchen nur zwei Kinder. Und die haste durchgebracht.«

Es ging ihr immer um die Leute. Sie machte mir Andeutungen: Man hat es nicht leicht als Witwe, wenn man alleinstehend ist, die Leute passen auf. Was sollte ich damit anfangen? Alle sagten zu ihr: »Du bist blutjung, siehst gut aus, hast zwei nette Kinder, du wirst schon noch jemanden finden.«

Sie ist im Krieg und auch danach ausgegangen. Ihr Mann war ja tot. Sie hatte Männer gehabt – drei, vier. Aber im Endeffekt wollte sie nicht heiraten. Das war ihr zu risikovoll, sagte sie mir. Und sie hatte nette Männer, ich lernte ja alle kennen. Aber ich war eifersüchtig. Ein Junge ist nicht so eifersüchtig. Ich habe Fachbücher darüber gelesen. Ich interessiere mich sowieso sehr für Psychologie, und da steht drin, Jungs sind nicht so eifersüchtig. Warum? Mädchen sind eifersüchtiger. Ich war mächtig eifersüchtig, vor allem beim Ersten. Der kam zu Besuch, und den fand ich nicht so nett. Ich musste meine Mutter teilen, das fand ich unmöglich! Ich war sauer. Mein Bruder sagte: »Ach, der schenkt uns doch Kaugummi, und wir können für 50 Pfennige ins Kino!«

Was ich mich denn so blöd anstellen würde. So sagte der! Und wie ich nachher älter wurde, erzählte Mutti mir, der Mann hätte sie so eingeengt und sei nicht regelmäßig arbeiten gegangen. Sie hatte sich fremdbestimmt gefühlt, durfte keinen Ausschnitt tragen und ihre Freundin durfte nicht kommen. Da hat sie Schluss gemacht. Das ging aber drei Jahre – drei Jahre war ich eifersüchtig! Bei einem Ausflug fragte er mich einmal – weiß ich noch wie heute, es lag Schnee: »Sag mal Marließ, was hast du denn gegen mich? Ich glaube, du kannst mich nicht leiden.« Er war groß, stattlich, hatte schon graue Haare und war auch ein bisschen älter. Ich dachte: ›Na ja, irgendwas antworten musste, wenn er dich schon fragt‹, und sagte: »Na ja, du gefällst mir gar nicht, du bist viel zu dick und zu groß. Mein Papa war viel schlanker und hatte schwarze Haare und sah viel besser aus als du.«

Darauf antwortete er nicht: »Deinen Vater kennste doch nur vom Foto.«

Weihnachten 44 war er das letzte Mal da gewesen – ich erinnere mich nur noch schemenhaft an ihn. Er hatte mich auf einen hohen Schrank gesetzt. Ich sollte springen, er wollte mich fangen. Ich hatte kein Vertrauen, ich kannte den nicht und sprang natürlich nicht …

Von fremden Männern, störenden Vätern und dicken Freunden

Mein Vater machte ab 39 die drei großen Feldzüge mit. Ich hatte ihn noch nie gesehen. Es war immer nur die Rede von ihm. Ab und zu kamen von ihm Pakete aus Frankreich mit herrlichem essbaren Inhalt. Er schickte Madeleines und Orangen. Er lebte dort wie Gott in Frankreich.

Es muss 41 gewesen sein – ich saß allein in der Küche, von der es direkt in den Hof ging. Plötzlich stand ein mir unbekannter Soldat in der Küche. Was für ein Schreck! Ich rannte nach hinten ins Schlafzimmer und rief: »Mutti, Mutti, da ist ein fremder Soldat in unserer Küche!« *(Er kämpft mit den Tränen.)* Das war dann mein Papa.

(Joachim Artz, Jg. 1937)

Ich hatte Vater das letzte Mal 43 bei seinem Heimaturlaub gesehen, dann sah ich ihn erst '48 wieder. Inzwischen hatte ich mich dran gewöhnt, dass kein Mann in der Familie lebt. Ich dachte: ›Was will denn der Mann jetzt hier?‹ Wir waren gar nicht mehr auf eine normale Familienhierarchie eingestellt. Mehr oder minder war er störend.

(Jochen Lindner, Jg. 1934)

Ende 1947 geschah etwas Unglaubliches. Papa meldete sich aus französischer Gefangenschaft. Wir machten uns also extra fein, und Mutti ließ ein Foto von uns machen. Das schickten wir Papa nach Frankreich. Papa beschloss, wieder nach Deutschland zu kommen. Er schrieb Mutti, an welchem Tag er kommen würde, und wir versuchten, in unserem Zimmer alles besonders schön herzurichten mit den zerfetzten und zum Teil herunterhängenden Tapeten. Mutti besorgte sogar ein Doppelbett. Ich bekam das Feldbettgestell, das ich mir bis dahin mit Mutti geteilt hatte. Ich lief die ganze Gegend ab, um für meine dünnen Zöpfchen Schleifenband zu bekommen. Ich wollte, damals neun Jahre alt, besonders hübsch aussehen. Ich fand aber kein Schleifenband, und als ich zu Hause ankam, war Papa schon da. Was für ein Anblick! Lange Zeit hatte ich ihn nicht mehr gesehen. Er sah so gut aus, dass es mir die Sprache verschlug. Braungebrannt und wohlgenährt. Er lachte mich an und nahm mich sofort auf den Schoß. Das war ich ja nun gar nicht gewöhnt, und es fiel mir schwer, nicht sofort in Abwehrstellung zu gehen. Ich saß auf dem Schoß meines Vaters, den ich nicht mehr kannte. Erst allmählich gewöhnte ich mich an diese liebevolle Zuneigung.

(Ingrid Heinze, Jg. 1938)

1943 starb mein Vater während eines Bombenangriffs. Meine Eltern waren geschieden, deswegen wohnten wir nicht mit ihm zusammen. Kurz davor müssen wir ausgebombt worden sein, denn kurz vor seinem Tod hat er mich angeblich noch gesucht und unser Haus kaputt vorgefunden. Bei meinem Vater war das so – ob es stimmt, weiß ich nicht. Eine Brandbombe fiel vor das Haus. An diesem Tag soll er im Keller den Platz mit einer Nachbarin gewechselt haben. Weil sein Platz bequemer war, hatte er ihr den angeboten. Durch die Brandbombe kam ein Splitter durch das Kellerfenster. Mein Vater kriegte den Splitter ab und war tot.

Nach dem Krieg habe ich nicht mehr gelacht. Das hat meine Mutter immer gesagt. Sehen Sie mal, wie ernst ich da war. *(Sie zeigt ein Foto.)* An den Fotos sieht man schon, dass ich was empfunden habe. Ich war wahrscheinlich viel zu klein, um das alles wahrzunehmen … Der Krieg war eben da. Wurde auch nicht viel erzählt. Ich war doch viel zu klein. Jetzt ist ja eine andere Zeit. Wenn ich heute höre, worüber sich die Leute beschweren, kann ich das nicht so richtig nachvollziehen. Von meinen Mitschülerinnen waren die Väter in Gefangenschaft oder im Krieg umgekommen. Die wenigsten hatten einen Vater.

Später wohnten wir mit einer polnischen Familie zusammen in einer Wohnung. Die schlugen sich immer. Da habe ich zu meiner Mutter gesagt: »Wie gut, dass wir keinen Vater haben.«

(Monika R., Jg. 1938)

Vater war in Gefangenschaft. Ich war gerade auf dem Weg zur Post, um einen Brief für ihn abzuschicken. In dem Brief von Mutter stand, er solle noch wegbleiben, hier sei es mit der Ernährung nicht so schön. Ich fuhr auf meinem aus Gartenschläuchen zusammengebastelten Fahrrad runter zur Post.

Ein vollgefressener Mann kommt auf mich zu. Ich denke: ›Kennste den? Na, irgendwie kommt er dir bekannt vor.‹ Ich erinnere mich an Vater, aber dieser Mann sieht so wohlgenährt aus, nicht so runtergenörgelt. Ich bleibe für einen Moment stehen, der Mann auch.

»Ja, da kiekste wa«, sagt er, »bist du Alfred?«

»Ja«, antworte ich.

»Na, und ick bin dein Vadder!«

»Oh, Mensch, prima!«

Er hatte sogar etwas zu essen dabei. Aus jeder Tasche zauberte er eine Stulle raus. *(Er lacht.)* Da waren wir beide gleich wieder dicke Freunde …

(Alfred Stollbach, Jg. 1933)

Ich hatte viel Glück. Bei Kriegsende hatte ich noch Vater und Mutter, und alle waren wir gesund. Und mein Vater hatte alle Glieder. Wenn man einen Vater hatte, dann hatte man einen, der nur einen Arm oder ein Bein hatte.

(Ingrid Fiedler, Jg. 1938)

Meinen Vater habe ich als Kind nicht kennengelernt. Als ich 1938 in Berlin geboren wurde, war er bei der Offiziersausbildung in Potsdam. Danach zog er sofort in den Krieg gegen Polen. Er hat den ganzen Krieg mitgemacht. Ich habe meinen Vater überhaupt nicht erlebt. Nur ein einziges Mal habe ich ihn gesehen, da war ich drei Jahre alt. Nachts klingelte es an der Tür. Meine Mutti war ganz aufgeregt, nahm meinen fünf Jahre älteren Bruder und mich an die Hand und öffnete. Ein Mann stand vor der Tür und bat um den Schlüssel vom Speicher – das war mein Vater. Er wollte sich oben entlausen und seine Sachen ablegen. Danach kam er nackt runter, badete, zog sich an und verschwand wieder. Mutti sagte: »Das war der Vati!« Mutti weinte fürchterlich. Das stimmte meinen Bruder und mich auch sehr traurig, wir weinten in den Armen von Mutti. Für mich war das ein unbekannter Mann gewesen, zu dem ich kein Verhältnis hatte.

Vati überlebte wie durch ein Wunder den Krieg. Er hat den ganzen Krieg mitgemacht, die Russlandfeldzüge und in Frankreich die Ardennen-Kämpfe. Eine Kugel durchschoss seinen Hals, wodurch er die hohen Stimmbänder verlor. Er erlitt einen doppelten Schädelbasisbruch. Sieben Verwundungen überlebte er und wurde 97 Jahre alt. Vati kam erst 1948 aus der Gefangenschaft zu uns zurück. Als ich ihn zum ersten Mal sah, fragte ich: »Du bist mein Vati?«

Als er mit »ja« antwortete, sprang ich ihm in die Arme. Er bekam zunächst in einer anderen Stadt Arbeit. Als ich dreizehn Jahre alt war, zogen wir zusammen. Erst dann konnte ich meinen Vati kennenlernen.

(Berthild Tourrenc, Jg. 1938)

Ich war mit der Schule von 42 bis 45 nach Polen kinderlandverschickt. Währenddessen wurde mein Vater eingezogen. Mit meiner Mutter hatte ich regen Briefverkehr. Eines Tages schrieb sie: »Vorgestern habe ich die Nachricht erhalten, dass dein Vater in Paris getötet wurde.«

Man mag über mein Familiendenken eine andere Ansicht haben, aber ich habe nicht geheult. In ihren Briefen schrieb meine Mutter auch nichts von Weinen. Das gehörte eigentlich mit zum Geschehen, das war bei anderen aus der Klasse auch so – es war eine Folge des Krieges. Das nahmen wir so hin, wir hörten ja die Nachrichten im Radio. Es war uns allen ganz klar, dass auf beiden Seiten die Menschen sterben müssen, wenn da schwere Kämpfe sind. Kurz vorher hatte sich auch der Unterführer, der für unsere Klasse zuständig war, freiwillig zum Wehrdienst gemeldet. Das war kein Nazi, aber ein überzeugter Nationalist und Kämpfer. Wir mussten alle antreten und er sagte: »Ich habe entschieden, mich für den Führer bereitzuhalten. Es werden so viele von unseren Kameraden erschossen und getötet, ich melde mich freiwillig und verabschiede mich hiermit.« Wir standen still. Das war eben damals so. Die anderen haben auch nichts von ihren Vätern gehört. Es war ganz selten, dass mal ein Vater an seinen Sohn geschrieben hat. Ich habe meinem Vater auch nicht geschrieben. Seine Kameraden machten ein Foto von der Grabstelle, der ist ja da begraben worden. Das Foto habe ich heute noch.

(Rolf Rührmund, Jg. 1930)

Ich war ein Muttersöhnchen. Ich hab mit meinen 87 Jahren keinen Knopf in meinem Leben angenäht. Weil ich nur mit der Mutter zusammen war und meine Mutter sehr gutmütig war: »Jungchen, das mach ich schon!« Ich hätte da ruhig mal die strenge Hand meines Vaters gebraucht. Aber der war Soldat.

(Günter Ahlberg, Jg. 1929)

Meine Eltern haben sich wahnsinnig geliebt, muss ich sagen. Wenn ich die Briefe lese, denk ich immer, sowas gibt's heute gar nicht mehr. Sie haben sich fast täglich geschrieben, als Vater an der Front war. Auch nach dem Krieg, als Vater nicht wiederkam, feierten wir jeden Geburtstag von ihm. Dann gab's Kuchen, und wir wurden sonntagsmäßig angezogen mit Schürzen und all diesem Krempel. Damals gab es ja noch Schulkleidung und Spielkleidung und die

Sonntagskleidung. Mutti hat immer darauf gewartet, dass Vater kam. Es war das Gefühl – der ist nur mal eben weg. Ich dachte sehr, sehr lange, bis zur Wiedervereinigung, dass er sich noch irgendwann meldet. Es gibt ja immer Leute, die sich verstecken konnten und noch in einer anderen Familie weiterlebten oder Ähnliches. Mein Bruder hat sich später nach der Wiedervereinigung in Potsdam bei einer Stelle erkundigt. Dort haben wir zwar keine Todesnachricht gekriegt, aber es ist wohl keiner aus seiner Einheit davongekommen. Als 49 Adenauer sagte, dass die letzten Kriegsgefangenen zurückgekommen seien und Papa nicht dabei war, hörte Mutter auf. Sie kriegte in ganz kurzer Zeit Bronchialasthma und war innerhalb von einem halben Jahr tot.

(Kristin K., Jg. 1937)

Meinen Vater habe ich eigentlich gar nicht kennengelernt. Er soll zu meiner Geburt dagewesen sein. Er war in Russland, in Stalingrad. Meine Mutter war Hausangestellte bei Frau von Siemens, in deren Haus wir auch wohnten, und hatte keine Zeit für uns Kinder. Gar keine! Ich sag immer, ich bin nicht erzogen worden. Aber auch keine Erziehung ist eine Erziehung, habe ich festgestellt. Ich habe meinen Vater erst wiedergesehen, als ich neun oder zehn Jahre alt war. Ich kam aus der Schule, eine Freundin meiner Mutter war zu Besuch, da lag jemand auf der Couch und zitterte am ganzen Körper. Ich dachte, was will der Mann denn hier? Ja … völlig fremd!

Ich sollte raten, wer das ist. Ich riet die ganze Verwandtschaft durch, dass es mein Vater war, darauf kam ich nicht. Wir hatten lange keine Post von ihm bekommen, sodass ich auch nicht wusste, was mit ihm war. Aber das war für mich Alltag. Wissen Sie, man macht sich ja nicht so viele Gedanken, wenn man acht oder neun ist. Jeden Morgen gab es einen Bericht im Radio, wer neu angekommen war aus Russland. Da saß meine Mutter jeden Morgen, das weiß ich noch, vor dem Radio und hörte sich die Namen an. Wurde jemand aus Nikolassee angekündigt, dann liefen alle zu der Frau hin und sagten Bescheid: »Heute kommt Ihr Mann!«

So war das … Mein Vater war völlig unterernährt, hatte ein Loch im Rücken von der Unterernährung in Russland. Alles hat ihn schnell aufgeregt. Ich befragte ihn zum Krieg. Er sagte explizit, er wolle nicht darüber sprechen. Er muss Schlimmes erlebt haben. Sehr Schlimmes. Als er nach Hause kam, war er sowas von schwierig. Schon kleine Dinge regten ihn gleich auf. Einmal zog ich mir

Ein Junge sucht seinen vermissten Vater, den Soldaten Joachim Heine, der nicht aus sowjetischer Kriegsgefangenschaft zurückgekehrt ist (Anfang 1950er Jahre).

die Schuhe an, ohne die Schürsenkel aufzumachen. Das regte ihn furchtbar auf, das sei Verschwendung. Aber wenn du neun oder zehn Jahre alt bist, dann verstehst du das nicht. Dann denkst du nur: Hä, der will mir auch schon wieder was sagen?

Meine Mutter hatte mir ja nie was gesagt. Ich sag ja immer, ich bin nicht erzogen worden. Und dann kam einer und sagte zu mir: »Nein, das kommt überhaupt nicht infrage!«

Das war ein Schock für mich. Danach machte ich aber immer die Schnürsenkel vorher auf. Zunächst war es ein sehr schwieriges Verhältnis zu meinem Vater. Er hat sehr gelitten und nichts von sich gegeben. Ich weiß nichts über Stalingrad, das hat er einfach nicht erzählt! Er suchte sich auch gleich Arbeit, weil er dachte, er hätte was nachzuholen an Versorgung. Er arbeitete dann sein ganzes Leben am Schlossparktheater. Später hatten wir ein sehr gutes Verhältnis, aber die Zeit dazwischen, die fehlt uns total!

(Christa M., Jg. 1938)

Mein Vater ist im Krieg geblieben. Meine Mutter konnte nachts immer nicht schlafen, und dann hörte sie wieder was und sagte: »Hör mal, ich glaub, er hat geklopft!«

Aber da war Vater schon lange tot. Das war furchtbar, als die Nachricht dann kam … Ein Kamerad, der mit Vater in Gefangenschaft gewesen war, meldete sich. Mutter und ich fuhren zu ihm, und sie sagte die ganze Zeit: »Bitte erzählen Sie mir alles!« Sie wollte jede Kleinigkeit wissen. »Bitte erzählen Sie noch! Wie hat er gelitten?«

Der Kamerad hatte die Papiere meines Vaters in seiner Schuhsohle versteckt. Sonst hätten wir es nie gewusst! Sonst wäre er vermisst. Vater war in Hannover im Gefangenenlager gewesen, nicht weit von uns. Ein Kamerad hatte zu ihm gesagt: »Komm, wir fliehen! Wir gehen nach Hause, du wohnst hier doch.«

Mein Vater hatte gesagt: »Wir sind beim Amerikaner, da passiert uns doch nichts. Lass uns hierbleiben, wir werden bald entlassen. Wenn wir abhauen, werden wir erschossen.«

Aber eines Tages kamen die Russen und nahmen alle mit. In Russland mussten sie im Steinbruch arbeiten. Und wenn sie ihr Soll nicht erfüllten, wurden sie geschlagen. Immer wieder. Das konnte Vater nicht ab. Er war am Ende, bekam eine Lungenentzündung. Damit kannst du nicht arbeiten. Er ist da gestorben und beerdigt worden.

Das war furchtbar für mich. Dann konnten wir trauern – vorher wussten wir ja nichts. Dann war meine Mutter ganz alleine …

Wir hatten eine Vorahnung gehabt. Das letzte Mal, als Vater auf Urlaub gewesen war, hatten meine Eltern mit Spaten den Garten umgegraben. Als sie sich ausruhten, sagte Mutter: »Willi, ist das nicht schön hier!«

Wir waren umgezogen und meine Mutter hatte alles umgebaut. Mein Vater steckte den Spaten in die Erde und ging ins Haus. Er sprach überhaupt nicht mehr. Als er wieder wegmusste, seine Sachen anhatte und am Zug stand, sagte er zu Mutter, es sei für ihn, als hätten sie ihm das Herz aus dem Leib gerissen …

(Erika H., Jg. 1929)

In unserer Klasse waren wir nur siebzehn und ich glaube, bloß zwei von uns hatten einen Vater. Es war völlig normal, dass man keinen Vater hatte, also jedenfalls nicht zur Verfügung. Die Väter waren weg, und die kamen auch nicht gleich wieder. Das dauerte auch nach dem Krieg noch unheimlich lange. Ich weiß noch, wie ein Mädchen, mit dem ich immer nach Hause ging, sagte: »Mein Papa lebt noch in Russland, wir müssen ihm aber immer Pakete schicken, sonst verhungert er.«

Ich dachte: ›Mensch, ihr habt doch selber nichts zu essen.‹

Es gab ja damals so wenig zu essen. Sie war dünn, die Mutter war dünn, aber sie schickten immer Pakete. Ihr Vater ist noch wiedergekommen. Mein Vater nicht …

(Kristin K., Jg. 1937)

1944 wurde mein Vater wegen Krankheit aus dem Krieg entlassen. Er war in Russland gewesen, nicht sehr weit drinnen, gleich hinter Polen. Mutter hatte uns ganz verstohlen ab und zu einen Brief von ihm gezeigt – tolle Liebesbriefe hat der geschrieben! Ich erinnere mich noch an die Anrede. Meine Mutter hieß Elli und Vater schrieb: »Mein liebes Li-chen«. Mein Vater war nicht wirklich krank, er hatte nur so getan, hatte Kautabak geschluckt. Davon wird man bleich, kriegt Magenschmerzen und, und, und. Damals waren die Untersuchungsmethoden noch nicht so gut, dass man die Täuschung hätte feststellen können. So wurde er tatsächlich entlassen. Er hatte mir auch den Grund dafür erklärt: »Als uns die Pferde unterm Hintern weggeschossen wurden und die Viecher brüllend auf der Erde lagen, da konnte ich nicht mehr weitermachen.«

Ich fragte ihn: »Hast du auch Kameraden verloren?«

»Natürlich!«

Aber als Grund nannte er uns die toten Pferde. Ich fand es befremdlich, dass die Tiere ihn mehr beeindruckt hatten als die toten Kameraden. Das konnte ich als Kind nicht verstehen.

(Inge Pietschkerl., Jg. 1931)

Mein Vater arbeitete im Heereszeugamt, das während des Krieges nach Küstrin an der Oder evakuiert wurde. Dort arbeitete er in den Kasernen als Lagerarbeiter. Ich habe am 8. Februar Geburtstag. Vater hatte angekündigt, er würde Anfang Februar 1945 mit dem Rad nach Hause kommen. An dem Tag standen wir auf der Straße und schauten bei jedem Radfahrer, der kam: Ist er nicht, ist er nicht, ist er nicht ... Der kam nie an! Wir haben Vater nie wiedergesehen ...

Wir suchten und suchten, gaben Suchmeldungen auf. Nichts ... Mutter musste ihn für tot erklären lassen, sonst hätten wir keine Waisenrente bekommen.

Nach 1985, Mutter war schon gestorben, gaben die Russen ihre Listen frei, und endlich schrieb uns das Rote Kreuz. Vater war auf dem Heimweg aufgegriffen und nach Russland verschleppt worden. Er war noch auf dem Weg dorthin verstorben ...

(Christl Potzies, Jg. 1936)

Mein Vater kam spät wieder. Er war erst in russischer Gefangenschaft, dann in englischer, dann kam er nach Amerika. In der russischen Gefangenschaft hatte er einen Gewehrkolben auf den Schädel gekriegt. Das hat mir meine Mutter erzählt. Deswegen war er auch ein bisschen verändert, als er wiederkam. Gut, wahrscheinlich auch durch die ganzen Erlebnisse, die er während des Krieges hatte. Er war Major – Gott sei Dank –, da ist ihm selber nicht so viel passiert wie den einfachen Soldaten.

Als er nach seiner Rückkehr vor der Tür stand, sagte ich zu Mutter: »Da steht ein fremder Mann!«

Sie musste mir erstmal erklären, wer das war. War für ihn auch schrecklich – kommt nach Hause, freut sich, und sein Kind sagt, da steht ein fremder Mann. Es muss fürchterlich sein ... mein Gott! Für mich war er ein fremder Mensch. Das ist schon schlimm ... Wir waren fast sieben Jahre getrennt. Für mich waren das die entscheidenden Jahre, die Teenie-Jahre, wo man sich mächtig entwickelt und verändert. Und das war nicht mein Vater, der da stand! Ich hab ihn einfach nicht erkannt. Er war sieben Jahre weg gewesen. Eine lange

Zeit … In der einen keiner beschützen konnte. Diese Aufgabe musste meine Mutter auch noch übernehmen. Erziehen, beschützen …

(Siegrid S., Jg. 1936)

Unser Vater kam sogar aus dem Krieg wieder! Er war in englischer Gefangenschaft gewesen. Er hat nichts über den Krieg erzählt. Ich war ja auch so klein, und er hatte zu tun, um seine Existenz wieder aufzubauen. So wurde darüber nie gesprochen. Ich weiß nur, wie er einmal sagte: »Du musst Sprachen lernen, das ist ganz wichtig.«

Im Ersten Weltkrieg hatte er im Panzergraben gelegen. Um ihn herum lagen schwer verletzte oder tote Soldaten. Ein Franzose lief mit einem Bajonett umher und erstach diejenigen, die sich noch rührten. Als er sich über meinen Vater beugte, sprach mein Vater ihn auf Französisch an. Da hielt er inne, und mein Vater kam ins Lazarett. Ist das nicht toll! Da hat mein Vater mir gesagt: »Du musst Sprachen lernen!«

Das habe ich auch gemacht, wurde Fremdsprachensekretärin. Aber Französisch kann ich trotzdem nicht. *(Sie lacht.)*

(Roswitha Weiß, Jg. 1939)

Hintergrundinfos: Väter

Von den zwischen 1931 und 1950 geborenen Kindern hatten knapp die Hälfte abwesende Väter. Sie waren entweder jahrelang im Krieg gewesen, gefallen, in Gefangenschaft geraten oder nach ihrer Rückkehr wegen eigener Traumatisierungen in sich verschlossen. Die jüngeren Kinder kannten oft ihre Soldatenväter gar nicht, für die älteren Kinder war der Vater nach vielen Kriegs- und Gefangenenjahren ein fremder Mensch. Die letzten Kriegsgefangenen kehrten erst 1955 zurück, 1,4 Millionen blieben vermisst. Wie viele Väter darunter waren, lässt sich nicht sagen. Ungefähr ein Viertel aller Kinder wuchs nach dem Zweiten Weltkrieg ohne Vater auf. Ca. 2,5 Millionen Kinder waren Halb- oder Vollwaisen. Die ganz jungen Kinder vermissten ihr Leben lang eine wichtige Bezugsperson. Viele ältere Jugendliche konnten den Vaterverlust nicht überwinden, war ihnen doch durch die Heldendoktrin der Nationalsozialisten sogar das Trauern aberzogen worden. Die Hitlerjungen und -mädchen sollten hart sein, nicht weinen und keine Schwäche zeigen.

Nachkriegszeit

»Wir aßen Unkraut.« Karin D.

(Geboren 1938 in Berlin, Floristin)

Was nach dem Krieg geschah, war genauso schlimm. Vielleicht noch schlimmer, ich weiß es nicht … Ich wär zigmal umgebracht worden, wenn meine Mutti mich nicht so geimpft hätte: »Geh mit niemandem! Sei misstrauisch! Mach dies nich, mach das nich!«

Meine Mutti musste mir das beibringen. Ein Kind ist ja naiv und glaubt alles. Im Krieg hatte Mutti auf mich aufgepasst. Aber nach dem Krieg musste sie arbeiten, und ich war alleine auf mich gestellt – Schlüssel um den Hals. Mich wollten sie locken … Ach, hören Sie auf! Die Nachkriegszeit war ganz schlimm.

Hunger, Kälte, kein Strom, kein Wasser, keine Fenster in der Wohnung. Wir aßen Unkraut. Niemand half uns. Grausam, grausam … Im Krieg hatten wir noch einigermaßen zu essen gehabt. Wir hatten Lebensmittelkarten, und meine Mutti hatte noch den Sold von Vati bekommen. Im Krieg hatte Mutti noch ein bisschen Geld. Nach dem Krieg hatte sie nichts. Wir hatten niemanden, der uns half. Vati war in Kriegsgefangenschaft. Später gab es wieder Lebensmittelkarten, aber das war nicht viel. Ich kann mich erinnern, wenn's mal Brot gab, war das nass. Wir hatten eine große Kochmaschine, und wenn wir mal was zu brennen hatten, machten wir darunter Feuer und legten das nasse Brot drauf. Das weiß ich noch, zu Weihnachten bestreuten wir es mit irgendeiner Melasse. Das war – ach hat das geschmeckt! Nasses Brot geröstet mit ein bisschen was drauf. Mhmmmm, ja … Also ich weiß, was Hunger ist, ich weiß, was Kälte ist, ich weiß, wozu Menschen fähig sind …

Ich war so oft allein. Meine Mutti musste Hamstern fahren, und ich musste tagelang alleine bei irgendwelchen Leuten bleiben. Ich schrieb meiner Mutti Karten, fehlerhaft natürlich, die hab ich heute noch: »Meine Mutti, du bist schöner und lieber als alle Verwandten und Tanten, nun komm bitte zurück!« Sie musste hamstern, wir hatten niemanden, wir waren alleine!

Was haben wir gefroren – gerade nach dem Krieg war es 30 Grad Kälte im Winter. Wir klauten Latten, sammelten Kienäpfel, damit wir etwas zum Heizen hatten. Meine Mutti kochte Unkraut und Beeren für uns. Was hatten wir für einen Hunger!

Als ich in den Trümmern spielte, sprach mich einmal ein Mann an: »Ach, komm mal mit, wir gehen zusammen dahinten hin.«

Ich sagte: »Ich geh nicht da hin!«

Ein anderes Mal rannte einer hinter mir her, ein junger Mann. Er rannte mir die drei Treppen hinterher. Ich klingelte wie verrückt beim Nachbarn. Ein Glück, er war zu Hause, war schon ein älterer Herr. Das waren so einige Male … Ach ja, und dann hat sich ein Mann vor uns Kindern auf dem Weg zur Schule entblößt. Er stand in den Trümmern und rief: »Kommt mal her!«

Aber da waren wir frech. Wir schrien: »Du Sau, du Schwein!«

Dann sind wir gerannt. Wir waren ja richtige Straßenkinder. Ich war die Größte und Längste von allen. Solche Leute sind ja feige, die rennen nicht hinterher. Ach, ich könnte so viel erzählen … Wir spielten oft auf der Promenade an den Gleisen, verkauften Blumen. Ein Mann bot uns Weintrauben an, und weil ich die Längste war, gab er mir die Tüte Weintrauben.

»Nein! Ich nehm keine! Ich nehm nichts von Fremden!«, sagte ich, weil ich schon so viele schlechte Erfahrungen gemacht hatte. Er war so nett und sagte: »Weißte, zeig dit deiner Mutti, geh zu ihr.«

Da hab ich die Tüte genommen.

Meine Mutti hatte dann in der Fabrik, wo sie arbeitete, einen Unfall. Ich hatte am Fabriktor auf sie gewartet, um sie von der Arbeit abzuholen. Da wurde sie mit der Bahre rausgetragen, das ganze Bein war offen und blutig. Ein Eisenträger war darauf gefallen. Später wurde Mutti herzkrank, kam ins Krankenhaus. Vati war immer noch nicht wieder da. Ich musste zu Tante Lotti. Wir haben so viel erlebt, Mutti und ich. Es war ganz, ganz grausam … Nichts zu essen, eine kaputte Wohnung, Angst vor den Menschen. Mir fällt bestimmt noch mehr ein, da müsste ich mich nochmal in Ruhe hinsetzen. Und immer die Angst, lebt mein Papa noch? Er durfte uns nicht schreiben. Die ersten Jahre durften die Männer aus der Gefangenschaft nicht schreiben. Vati wurde 44 gefangen, und ab da war es still. Meine Mutti wusste gar nicht, ob er überhaupt noch lebt. Später durften sie ein paar Worte schreiben. Was Vati dort erlebt hat! Aber wir ja auch! Ich meine, die Mütter mussten die Kinder beschützen, sie versorgen. Die hatten's doch noch schwerer als der Soldat an der Front. Der Soldat war auf sich allein gestellt und musste sich nur um sich kümmern. An der Front war es natürlich auch furchtbar. Aber bei uns auch, natürlich! *(Pause.)* Ich hatte immer Angst um meine Mutti, na klar, sie war krank. Wenn es irgendwo Ware gab, hieß es:

Jungen braten in einem Uniformhelm Eier, die sie im Abfall gefunden haben (1947).

»Stell dich an!« Wir mussten anschreiben, meine Mutti hatte nicht so viel Geld. Ich weiß noch wie heute, vor Weihnachten war der Laden voller Leute. Meine Mutti kaufte ein bisschen für Weihnachten ein, wollte wieder anschreiben lassen. Da sagte der Inhaber: »Na, Frau Dreher, wird das nicht ein bisschen zu viel dann?«

Meine Mutti hat sich so geschämt. Hatte schon alles verkauft, was sie erübrigen konnte. Na ja …

Mit vierzehn hab ich noch Murmeln gespielt. Ich war noch ein Kind – mit vierzehn. Ich bin mit vierzehn von der Schule weg in die Lehre gekommen, da hab ich noch Murmeln gespielt.

»Wir organisierten.«
Ronald Potzies

(Geboren 1933 in Berlin, Malermeister)

Klauen – diese Vokabel kannten wir nicht. Früher hieß das nicht Klauen. Wir organisierten. In der Nachkriegszeit begannen das Organisieren und die ewige Besorgerei.

Das Organisieren … Zum Muttertag kauften wir nie Blumen, wir pflückten sie in den Grünanlagen. Abends, zur Winterzeit, wenn es früh dunkel war, besorgten wir uns in der Auslage vor den Geschäften die nötigen Sachen. Einmal hatte ich Brotmarken organisiert. Die Verkäuferin war kurz nach hinten gegangen, um etwas aus der Backstube zu holen. Sofort hatte ich zu den Brotmarken gegriffen und sie in die Tasche gesteckt. Im nächsten Laden kaufte ich mir davon ein 1500 Gramm schweres Weißbrot und aß es in einem auf. Mutter sagte: »Ich weiß nicht, warum wir diesen Monat so wunderbar mit dem Brot auskommen!«

Ich hatte ihr die restlichen Marken immer einzeln ins Portemonnaie geschoben.

Später, als Vater aus der französischen Gefangenschaft zurückkam, gingen meine Brüder und ich nachts zusammen mit ihm organisieren. Auf dem Güterbahnhof kletterten wir auf die Züge, um Kohlen zu besorgen, oder wir fuhren nach Schönwalde und holten Kartoffeln und Mais vom Feld. Das war nicht unser Feld, aber wir ernteten trotzdem. Wir verbuddelten die Ernte nachts im Wald. Am Tage kehrten wir mit einem Stuppenschein zurück, einer Genehmigung vom Förster, um Holz zu holen. Auf einem großen Wagen lag unten die geklaute Ernte und oben das Holz. Dann gab es jeden Tag Mais – morgens, mittags und abends. Mais und Fett – das ist nahrhaft und sättigt.

Wir Jungs zahlten nie Eintritt. In die Waldbühne zum Boxkampf Schmeling gegen Neusel kletterten wir über Dreimeterzäune. Wenn das nicht klappte, fragten wir vorm Eingang die gestandenen Männer: »Onkel, sachste jetzt ich bin dein Kind und dann nimmste mir mit rin!?« *(Er lacht.)* Ein Haus weiter ins Olympiastadion, kletterten wir auch über die Zäune. Anfangs war der Zutritt nur für Alliierte, da durften keine Deutschen rein. Wir liefen bis zu den Zuschauerrängen und krochen unter den Bänken herum, um die Kippen von den Soldaten zu sammeln, die Fußball schauten. Franzosen gegen

Engländer. Aus den Kippen drehten wir Zigaretten. Dafür hatten wir sogar Werkzeug! Wir drehten mit einer Zigarettenmaschine! Und ich hatte ein Silberetui, woher, weiß ich nicht mehr. Selbstgedrehte Zigaretten im Silberetui!

Wir Jungs saßen oft in den Trümmern am Feuer und rauchten. Mit elf Jahren war ich Raucher! Ein Kumpel hatte im Keller seines Opas einen ganzen Sack Tee gefunden. Wir rauchten den ganzen Tee auf. Wir rauchten alles, was qualmte, auf Lunge!

Noch eine Geschichte, wie wir an Geld kamen: Im Olympiastadion und in der Waldbühne wurden die Getränke mit Pfand verkauft. Für eine Flasche gab es eine Mark Pfand, für ein großes Bierglas fünf. Das war viel Geld! Hinter den Getränkeständen nahmen wir uns Flaschen und Gläser und gaben sie vorne ab, kassierten das Geld. *(Er lacht.)* Da brachte ich einmal 280 Mark mit nach Hause und Mutter war selig! Ja, da bist du froh, wenn du nicht erwischt wirst. Wenn man flink ist, schafft man das! Wir gingen auch ins Kino. Dafür hatten wir kein Geld. Aber wir wussten, wie wir die Ausgangstür mit unseren schlanken Händen aufbekamen. Wir fälschten unser Geburtsdatum auf dem Impfpass. So konnten wir auch mal nackige Filme sehen. *(Er lacht.)* Straßenbahn fuhren wir so: Entweder wir hängten uns von außen ran oder standen hinten auf der Anhängerkupplung. Wir riskierten Kopf und Kragen! Aber ich wurde wohl noch gebraucht bis jetzt, sonst hätte ich Ihnen das alles nicht erzählen können …

Von Sauerampfersuppe, abgeschnittenen Schuhspitzen und Kohlenklau

Wir haben sehr viel gehungert. Wir sammelten Brennnesseln und Sauerampfer am Wegesrand. Davon wurde eine Suppe gemacht. Es war eine grausame Zeit. Aber wenigstens wurde nicht mehr geschossen.

(Jürgen Fischer, Jg. 1933)

Wir hatten Hunger, Hunger, Hunger … Nach Kriegsende machten die ersten Bäckereien wieder auf. Wir stellten uns an. Einmal heulte ich fürchterlich. Ich hatte einen Hunger, ich wär am liebsten an der Schlange vorbei in die Bäckerei rein und hätte vom Brot abgebissen, so hungrig war ich. Es standen noch vier oder fünf Leute vor mir in der Schlange, da kam die Bäckerin raus und sagte: »Brot ist alle, ich schließe jetzt.«

Da hab ich geheult! Immer wieder anstehen! Am nächsten Tag wieder angestanden, wieder angestanden und wieder. Ich hatte Anämie, war nicht sehr gesund und fiel einmal beim Schlangestehen in Ohnmacht. Die Leute wollten mich wegbringen. Ich sagte: »Nein, ich muss hierbleiben!«

Ja und wenn's Brot gab, dann war ich selig … Ich erinnere mich, dass wir das Brot meist trocken aßen. Wir hatten nichts zum drauftun. Mutter kochte aus Puddingpulver eine Suppe. Die war natürlich wässrig wie sonst was, da war ja nichts drin. Sie schüttete ein paar Rosinen rein, und dann löffelten wir die Suppe mit Andacht! Ich erinnere mich nur an Hunger, Hunger, Hunger … die ganze Zeit. Ich hatte auch Hunger auf Süßes. Der Zucker war längst aufgebraucht. Da entdeckte ich in der Hausapotheke Tabletten, die einen süßen Überzug hatten. Ich lutschte alle süßen Tabletten so lange, bis sie bitter wurden. Dann ging es mir schlecht. Es war im Mai oder Juni 45 und gab wieder Ärzte. Einer kam und schaute nach mir, unsicher sagte er: »Es sieht mir nach Vergiftung aus. Was wurde hier gegessen?«

»Eher nichts als Schlechtes«, sagte meine Mutter. Da beichtete ich. Was mich am meisten wunderte: Keiner war mir böse. Ich hatte mit einer donnernden Schimpfkanonade gerechnet. Zum Anziehen hatte ich auch nichts. Meine Mutter musste mir erst aus einem Bettlaken einen Rock nähen, damit ich nach dem Krieg wieder in die Schule gehen konnte. Ja, so war das …

(Inge Pietschker, Jg. 1931)

Wissen Sie, wenn ich heute Bilder von 1945 in Berlin sehe, dann kann ich das gar nicht glauben – schlimm. Es waren ja nur noch Trümmer, nur noch Trümmer. Aber als ich damals durch die Stadt ging, habe ich es nicht so empfunden.

Wir wohnten zu dritt in einem ganz kleinen Zimmer. In der Wand war ein großer Riss, da saßen die Wanzen drin. Die riechen ja so unangenehm. Ohhh! Wenn man die tötet, riechen die wie Mottenpulver.

Oft fuhren wir zum Hamstern nach Teltow zu Bekannten. Wir brachten jedes Mal Flöhe mit. Wissen Sie, wie man die wegkriegt? Man stellt sich in eine Schüssel Wasser. Wenn man Glück hat, hopsen die Flöhe dann in das Wasser. Nachher hatte ich in meinen langen Haaren auch noch Kopfläuse …

Meine Eltern gingen dann Steine tragen, damit wir die Schwerstarbeiterkarte kriegten. Drauf bekam man mehr Essen. Geld war ja unwichtig, die Karte war wichtig. 46 wurde ich eingesegnet. Aus einem Stück Wollstoff, den wir sogar auf der Flucht mitgenommen hatten, wurde ein Kostüm genäht. *(Sie lacht.)* Ich musste ganz dicke Strümpfe tragen. Meine Freundin Margot hatte von irgendwoher einen Schleier. Davon schenkte sie mir ein Stück, damit ich ein Stück Schleier am Blumenstrauß hatte. Ich trug einen Maiglöckchenstrauß. Ein Fotograf, der noch einen Fotoapparat hatte, kam Bilder machen, hängte ein Laken an die Wand. Wer hatte schon einen Fotoapparat! *(Sie zeigt das Foto.)* Mein Gott, so verhungert sahen wir aus …

(Margot Rickert, Jg. 1932)

Als wir in unsere Stadt zurückkehrten, stand unser Haus nicht mehr. Es war von den Russen am 8. Mai angezündet worden. Wir bekamen eine Wohnung, in der wir mit einer Familie zusammen wohnten, wie das damals so war. Wir mussten Rücksicht nehmen, das lernten wir dann. In der Küche mussten wir alles ordentlich hinterlassen. Die Mutter der anderen Familie sagte immer: »Man hat den Ort so zu verlassen, wie man ihn vorzufinden wünscht.«

Das höre ich heute noch …

(Heidi P., Jg. 1934)

Die Lebensmittelkarten waren das Ein und Alles nach dem Krieg. Auf denen stand zum Beispiel 100 Gramm Butter, 100 Gramm Wurst, Name und Adresse. Wenn Sie ein Pfund Mehl haben wollten, mussten Sie die Markierung auf der Karte dafür abreißen. Alles war zugeteilt. Eine Witwe mit zwei Kindern, wie meine Mutter eine war, bekam mehr Milch und Milchpulver für die Kinder. Die Karten wurden einmal im Monat ausgegeben.

Trotz Krieg hatte ich eine schöne Kindheit – hat die Mutti so gemacht. Das ist ja viel wert! Ich schätze die Dinge und hab das auch meinen Kindern weitergegeben. Schätzen! Wie ich zehn war, kriegte ich einen Ball, so einen roten, großen. Den vergesse ich nicht, das war eine Rarität! In der Mitte leuchteten in einem breiten, bunten Streifen die Regenbogenfarben. Und eine Tafel Schokolade hatte ich bekommen, das war mein schönster Geburtstag! Vorher hatte es ja nichts gegeben. Mutti verkaufte alles, fuhr Hamstern. Die Geige meines Vaters und das Silber verkaufte sie. Alles, was so ein bisschen wert war, verkaufte sie und kriegte 'nen Appel und 'n Ei dafür. Die Bauern legten sich die Teppiche noch übereinander, aber Mutti kam mit Brot nach Hause.

(Marließ Zuschke, Jg. 1940)

Der Winter nach dem Ende des Krieges war eine große Traurigkeit … Wir schliefen mit Trainingsanzügen und Mänteln unter den klammen Federbetten. In der Nacht erfroren die Menschen. Wir konnten nicht heizen – es gab nichts … Viele Menschen starben wegen der Kälte, dem Hunger und der Unterernährung! Wenn wir was zum Heizen bekamen, saßen meine Brüder und ich auf dem Ofen, bis wir müde wurden. Wanzen kamen in die Wohnung. Wir lagen im Bett und schliefen, und wenn Mutter das Licht anmachte, krabbelten oben die Wanzen. Unten liegen die Menschen und strahlen Wärme aus. Das merken die Tiere auf eine Entfernung von drei bis vier Metern. Sie lassen sich auf die Menschen runterfallen und saugen das Blut. Hunger, Kälte, Wanzen …

(Ronald Potzies, Jhg. 1933)

Als der Krieg zu Ende war, ernährte ich als ältestes Kind die Familie. Mein Vater war früh gestorben und mein großer Bruder war bei Kriegsende mit der Hitlerjugend in Thüringen. Der kam erst später wieder und kümmerte sich auch dann nicht mehr um uns. Ich war immer auf der Suche nach Essen, schwänzte oft die Schule, ging lieber auf den Schwarzen Markt und machte meine Geschäfte, soweit ich konnte. Man musste immer was zum Tauschen haben. Die Leute wollten Zigaretten. Ich sammelte Kippen von den Engländern. Für eine kleine Schachtel Tabak kriegte ich Brot. Von den Russen

Kinder spielen mit selbst gebastelten Segelschiffchen im Humboldthain in Berlin-Wedding: Im Hintergrund der gesprengte Luftschutzbunker aus dem Zweiten Weltkrieg (um 1948).

erbettelte ich Kartoffeln. Wir bettelten immer, wollten Schokolade oder Kaugummi von den Engländern, aber sie jagten uns weg. Es gab ein Café nur für die Engländer, wo wir nicht reinkamen. Der Bäcker stellte die Torten zum Abkühlen in den Hausflur, das hatten wir Jungen rausgefunden. Wir klauten wie die Raben. Wir wussten uns immer zu helfen. Was ich geklaut habe in meinem Leben! Wir brauchten keine Gewalt anzuwenden, aber ein Zaun war für uns kein Hindernis. Einem Freund meiner Mutter half ich nachts, von den Kohlekähnen mit einem Ruderboot Kohlen zu stehlen. Morgens war ich dann viel zu müde für die Schule. Viele meiner Freunde von damals sind nachher kriminell geworden und saßen im Knast. Die konnten das Klauen nicht sein lassen. Man bekam mit Klauen viel leichter was als mit Arbeit.

Das Kriegsende war für uns Abenteuer. Wir dachten nicht nach. Wir kannten nichts anderes. Krieg gehörte zum Leben. Die Gedanken kamen erst viel später. Wir Kinder hatten keine andere Lebenserwartung. Das war für uns das normale Leben! Wir wussten nichts von Frieden oder Freiheit. Das waren für uns alles Fremdwörter. Wir sind mit Soldaten aufgewachsen und mit Bomben. Das erleben wir doch jetzt alles wieder – woanders. Die Menschen werden nicht schlauer. Es geht nur um Macht und Geldgier …

(Max Schwierzke, Jg. 1935)

Die zurückgekehrten Soldaten … Sie kamen aus dem Krieg oder der Gefangenschaft zurück, die waren so bescheiden. Manche klingelten und baten um Brot. Sie standen nicht direkt vor der Tür, sondern immer ein Stück entfernt – so bescheiden, dass es einem wehtun konnte. Wir hatten nicht viel, aber wir gaben immer etwas. Die ganze Familie war dafür, auch wir Kinder! An einem Sonntag klingelte es. Ich machte die Tür auf. Ein Mann stand vor der Tür, wohl ein ehemaliger Offizier, und bat um etwas zu essen. Ich spürte, dem muss etwas gegeben werden, und bat Mutter: »Da ist jemand draußen, der Hunger hat, du gibst ihm doch was, ja!?«

»Natürlich!«, sagte Mutter und gab ihm von unserem Mittagessen. Ja, es war furchtbar … *(Sie weint.)* Der Mann hat so darunter gelitten, ich weiß das noch wie heute. Die Leute waren traumatisiert. Die Menschen waren stumm! Voller Trauer, voller Kummer! Was die alles erlebt haben … Sie sprachen nicht darüber.

Der Krieg ist eine harte Schule – aber wir lernten für das Leben. Wir wissen die Dinge besser zu schätzen, wir gehen besser mit den Lebensmitteln um, mit dem, was wir haben. Heute wird weggeschmissen – so eine Wegwerfgesellschaft. Mein Gott, was hat meine Mutter gesessen und gestopft und versucht, alles in Ordnung zu bringen – von nichts. Bei meinen Schuhen schnitt sie vorne die Spitzen ab, es gab keine anderen. Wir hatten kein Toilettenpapier, dafür zerschnitten wir Zeitungen. Können Sie sich das vorstellen? Nach dem Krieg wurde ich eingeschult – wir mussten auf den Rändern von Zeitungen schreiben! Formulare gab es auch nicht. Für meine Zeugnisse schrieb ich auf einen Zettel mit Handschrift selbst die Fächer, und die Lehrerin trug dahinter die Zensuren ein. Wir hatten eine ganz junge Lehrerin. Sie war Flakhelferin gewesen. Einmal kam eine Kollegin von ihr ins Klassenzimmer. Das werde ich nie vergessen, ich fand das so ulkig. Die Kollegin sagte: »Guck mal, den Pullover hat mir meine Mutter gestrickt. Wir haben dafür mehrere Kissen aufgetrennt.«

Ein Kissen als Pullover, das fand ich komisch. Wir bekamen Lebensmittelkarten, es gab nichts mehr. Was es gab, wurde eingeteilt. Es war so viel, dass man davon nicht leben und nicht sterben konnte. Wenn Mutter endlich wieder ein Brot bekommen hatte, schnitt sie erst die beiden Kanten ab, die wurden unter uns drei Kindern verlost. Wie sollte sie das sonst machen? Es gab zwei Zettelchen mit dem Wort »Kanten« und ein leeres Zettelchen. Wenn ich Glück hatte, kriegte ich einen Kanten …

(Edeltraud S., Jg. 1937)

Ende 45 war ein ziemlich kalter Winter. Die Schule war nicht geheizt, und zu Hause konnten wir auch nur schlecht heizen. Ich weiß noch, dass ich an den Fingerkuppen Frostbeulen hatte. Die gingen auch nicht von alleine weg. Der Arzt musste sie nachher wegschaben, was ziemlich schmerzhaft war.

(Waldemar K., Jg. 1936)

Ich machte im amerikanischen Sektor eine Krankenschwesterausbildung. 45/46 hatten wir einen starken Winter. Die Kranken mussten ihre Decken mit ins Krankenhaus bringen. Die sind wirklich in den Betten erfroren. Ich hatte einen großen Saal mit fünfzig Patienten zu versorgen. Unsere Oberschwester wurde krank. Die Scharlachkinder starben wie die Engel weg. Es war furchtbar. Ich hatte Nachtwache bei den verwundeten Soldaten, musste pulsen. Die waren krank und geschwächt. Wir hatten sehr viel Krätze im Krankenhaus. 47 bekamen wir das erste Penizillin. Das mussten wir alle drei Stunden spritzen, auch in der Nacht. Wir sammelten den Urin, das Penizillin wurde wieder rausgefiltert. Und dann hatten wir 47 die Polioepidemie. Die Lähmungserscheinungen blieben dann für immer …

(Brunhilde K., Jg. 1927)

Zum Ende des Krieges hatten wir immer gesagt: »Ach, Hauptsache der Krieg ist zu Ende und es fallen keine Bomben mehr. Ach, wir würden auch hungern.«

Aber als es dann so weit war, dachten wir doch anders …

(Christa Lentzsch, Jg. 1933)

Das Brot wurde nach dem Krieg gestreckt und möglichst lange eingeteilt. Bis es hart war oder neues gab. Eines Tages besetzte mein Vater ungewöhnlich lange die Toilette. Als er herauskam, fragte meine Mutter spontan: »Hast du jetzt den letzten Kanten gegessen?«

Er nickte und nahm sie in den Arm – seine Art von Entschuldigung – und sagte: »Ihr hättet euch doch alle die Zähne daran ausgebissen. Ich habe es einen Moment unter den Wasserhahn gehalten.«

(Inge Pietschker, Jg. 1931)

Ich weiß noch, wie ich nach dem Krieg einmal mit einer Freundin in Basel war. Das war eine Stadt ohne Trümmer! Das konnte ich nicht fassen. Eine Stadt ohne Trümmer! Können Sie sich sowas vorstellen? Wie erstaunt ich war – keine Trümmer. Alle Städte hatten doch Trümmer! Und da war alles heil. Nur über eine Grenze rüber! Das konnte ich nicht begreifen.

(Kristin K., Jg. 1937)

Im September 45 gab es einen Anschlag in der Schule: Die Engländer führten eine Aktion Storch durch. Es war eine Art Kinderlandverschickung, wurde aber nicht so genannt. Kinder aus Berlin wurden zu Familien nach Ostfriesland verschickt, wo nicht alles zerstört war und es mehr Essen gab. Ich meldete mich sofort. Die Verschickung ging von September 45 bis Mai 46. Das war sehr schön! Meine Mutter hat Briefe aufgehoben, wo ich geschrieben hatte: Es gab wunderbares Abendessen, es gab Grünkohl mit Wurst und Kartoffeln, und ich fühle mich ganz und gar satt, nicht nur voll. Zu Hause mit den Wassersuppen war ich immer nur voll gewesen. *(Sie lacht.)*

(Inge Pietschker, Jg. 1931)

Kohlenklauen! Wenn beim Greifswalder Bahnhof die Züge obenrum fuhren, mussten die um eine Kurve fahren, und wenn der Zug überladen war, fielen die Kohlen runter. Na, da waren wir doch pfiffig und sammelten sie ein! Wenn Sie nach 45 zum Frisör gehen wollten, mussten Sie eine Kohle mitbringen, damit da geheizt werden konnte.

Dann kam die Zeit mit dem Schwarzmarkt. Meine schönen Bücher, Nesthäkchen von Else Ury, die ja auch Jüdin war, Vater hatte sie irgendwo verstaut gehabt, tauschten wir gegen Kohlen ein. Und auch mein schöner Puppenwagen ging für einen Zentner Kohlen weg. Nach dem Kriegsende hatten wir keine Glasscheiben mehr in den Fenstern. Wir mussten zum Schwarzmarkt gehen, um Kohlen zu tauschen. Ich ging immer mit Vater mit. Das war ja interessant!

(Renate M., Jg. 1933)

Nach dem Krieg starben viele alte Menschen bei uns im Dorf durch Hunger und Krankheit. Mein Vater war Gärtner, und die Familien bestellten für die Toten Kränze bei ihm. Die alten Leute starben – sie hatte den Krieg überstanden und dann – als wenn die Kraft zu Ende war … Jaja, der Krieg kostet Kraft.

(Helga Werner, Jg. 1937)

Wasser gab es nach dem Krieg nur aus dem Brunnen im Hof. Es war Kinderarbeit, das Wasser hoch in die Wohnung zu tragen. Gebadet wurde einmal in der Woche in einer Zinkwanne. Das Wasser wurde in Etappen auf dem Kachelofen warm gemacht. Jede Woche kam immer eins von uns drei Kindern zuerst rein, danach die anderen beiden. Und die ersten Jahre nach dem Krieg habe ich nur Schularbeiten bei Kienspan gemacht, weil immer Stromsperre war.

(Kristin K., Jg. 1937)

Nach dem Krieg bekamen wir wieder Lebensmittelkarten. Wir mussten uns für alles unheimlich lange anstellen. Schon morgens um vier musste ich mich für Pferdefleisch anstellen. Um acht Uhr machte der Laden auf. Um vier Uhr war ich manchmal auch schon die Fünfzigste. Dann war es immer Glückssache, ob ich was abkriegte. Anschließend musste ich mich noch beim Bäcker anstellen und konnte froh sein, wenn ich noch ein halbes Brot kriegte. Es gab nur halbe Brote. Wenn das letzte halbe Brot weg war, musste man wieder gehen. Dann hatte ich stundenlang angestanden und das Brot war alle …

(Dorothea L., Jg. 1930)

Im August 45 veranstalteten die Russen ein Sportfest. Ich wurde mit 14,2 die beste Hundertmeterläuferin von Berlin, es wurde auch im Radio durchgesagt. Also, ich war die Beste, aber doch nicht mit so einer Zeit! Wir hatten ja nichts, wir waren ausgehungert. Wir hatten auch nicht trainieren können. Das war eine super Leistung – welch ein Hohn! Da geht jeder spazieren in der Zeit …

(Brunhilde K., Jg. 1927)

Der Winter nach dem Krieg war furchtbar kalt. Oft gingen wir direkt ins Bett, ohne uns auszuziehen. Es hieß: »Deck dich zu und werd gar nicht erst kalt, denn sonst wirst du auch nicht warm im Bett.«

Also krochen wir ins Bett, solange wir noch einigermaßen warm waren. Oder wir machten vor dem Bett ein paar Übungen, damit der Kreislauf in Gang kam. Es war ein sehr, sehr harter Winter. Viele Grade unter Null. Die Menschen sind in ihren Betten erfroren. Das konnte ich mir damals gar nicht vorstellen. Weil wir einen Kochherd hatten, den man beheizen musste und Kontakte zu einem Kohlenhändler, der nicht weit weg war. Oft kam es zu Engpässen bei der Holz- und Kohlenlieferung, dann gab es nur Borke von Bäumen. Ich weiß noch, dass wir oft im Dunkeln saßen, es gab oft Stromsperren. Mal sagte einer was, dann nicht mehr. »Mutter schläfst du schon?«

Da klopfte es einmal. Ein junger Mann aus meinem Volkstanzkreis, seine Eltern hatten ein Geschäft, stand vor der Tür und sagte: »Ach Inge, ich erkenn dich an der Stimme, hier ist der Lutz. Wie ich sehe, komme ich gerade richtig.«

Er war gekommen, um uns zwei Kerzen zu schenken. Ich bat ihn rein, da sagte er: »Wollen wir nicht mal 'ne Kerze anmachen?«

Der war noch nie in unserer Wohnung gewesen und hätte sich ja den Kopf stoßen können. Ich sagte: »Ich glaube, wir sollten die ein bisschen sparen.«

Aber natürlich machten wir eine an, und er begrüßte meine Mutter. Das erinnert mich an ein Gespräch von einem Freund mit seiner Enkelin in diesem Sommer. Da haben die Jungen keine Vorstellung mehr von. »Und wenn du dein Gerät nicht mehr aufladen kannst, weils keinen Strom gibt?«, fragte er seine Enkelin.

»Na, sowas ist doch vorrübergehend. Irgendwann gibts wieder Strom und dann schalte ich an.«

Da fielen mir diese Dinge wieder ein. Ich lebe schon mit den Erinnerungen, die ich während jener Zeit gemacht hab.

Als mein Mann und ich heirateten, suchten wir ständig eine Wohnung und zogen von einer Bruchbude in die nächste. 1949, 50, 51 gab es in Berlin immer noch keine Wohnungen. Alles nur zerstörte Häuser, die notdürftig repariert wurden … Acht Jahre lang zogen wir von Bruchbude zu Bruchbude. Sogar 1958 liefen wir noch durch Trümmer in Kreuzberg bis zu der Wohnung, in der ich nun seit 58 Jahren lebe. Das Haus war gerade neu gebaut. Ich sagte zu meinem Mann: »Zwischen diesen Trümmern willst du mit mir leben?« Aber er sagte: »Hier geh ich nicht mehr lebend raus.« Mehr brauchten wir nicht. Eine eigene Wohnung …

(Inge Pietschker, Jg. 1931)

Mein Vater kam zunächst in russische Gefangenschaft, war aber so schwer verletzt, dass er nach einigen Monaten entlassen wurde. Weil unsere Wohnung von einer Bombe zerstört worden war, beantragte er bei der Behörde ein neue. Da waren wir aber nicht die Einzigen. *(Sie lacht.)* Wir wurden bei anderen Leuten zwangseingewiesen. Natürlich waren wir herzlich willkommen, nämlich überhaupt nicht. Es war unmöglich. Wir wohnten dort drei oder vier Monate, dann hatte mein Onkel auf einem Militärgelände verlassene Häuser gefunden. Teilweise waren sie auch ausgebombt, hatten keine Scheiben mehr. Aber mein Vater sagte: »Wir versuchen das.«

Wir zogen von den Leuten weg in diese Häuser – besetzten sie. *(Sie lacht.)*

(Frau W., Jg. 1942)

Mit dem Ende des Krieges ging das Schwarzmarktgeschäft los. Meine Mutter war eine gewiefte Geschäftsfrau. Sie hatte Verbindungen zu Bäckern in Bernau, die abends ein paar Brote brachten. Ein Brot kostete 70 Mark. Schnell sprach sich rum: »Geh mal da hin, Parterre rechts, da kriegste alles, was de haben willst.«

Nachher verkauften wir sogar Torten. Abends saßen Mutter und ich in der Küche. Auf einer Briefwaage wog sie Bohnenkaffee ab. Diese Tütchen mit fünf Gramm Bohnenkaffee gingen weg wie warme Semmeln. Ich zählte Süßstofftabletten ab, die wir nach Stahnsdorf zu den Bauern brachten. Dafür bekamen wir Kartoffeln und Eier. So konnten wir leben. Mit meinem Großvater ging ich in den Ruinen Holz sägen. So hatten wir auch in dem kalten Winter 45/46 eine warme Wohnung. Bei uns ist keiner verhungert. Wir mussten auch nie Kartoffelschalen essen. Aber es war auch viel Arbeit.

Der Schrottverkauf war ganz groß. Mit meinem Freund Karl-Heinz haute ich aus dem zerstörten Hinterhaus Zinkwannen raus. Wir versteckten sie im Keller eines zerstörten Hauses und verkauften sie nach und nach. Mutter verstand gar nicht: »Jetzt sind sogar die Fallrohre weg, wo sind die denn?«

Wir klauten alles und machten viel Geld damit. Wir verkauften allen Schrott. Für Gusseisen gab's auch viel Geld. In den Ruinen lagen überall Balken, an denen gusseiserne Platten befestigt waren. Diese Platten wogen natürlich was. Wir brachten sie zu Schrottfritze in die Kurze Straße. Nachdem er gewogen hatte, ging er mit Karl-Heinz ins Nebenzimmer und schrieb das Gewicht auf. Abends rechneten wir dann ab, und er gab uns das Geld. Wenn die beiden im anderen Zimmer waren, legte ich eine der Platten wieder in unseren Leiterwagen, und so verkauften wir ihm die Platte am Tag drei- oder viermal. Wir hatten immer Geld, das ich meiner Mutter brachte.

»Woher hast du denn das Geld?«, fragte sie.

Ich sagte: »Mama, Mensch, irgendwie hab ich wieder ein Portemonnaie gefunden.«

(Arno Planitzer, Jg. 1935)

Nach dem Krieg war das Essen knapp. Es gab 500 Gramm Brot pro Woche und 10 Gramm Butter pro Tag. Unglaublich knapp. Mein Vater machte Schwarzmarktgeschäfte mit Kameras. Wenn er Glück hatte, kam er mit ein paar Kilo Zucker und Mehl nach Hause. Die wurden in kleine Tütchen aufgeteilt und wieder gegen andere Sachen getauscht. Es war die reine Tauscherei, wochen- und monatelang. Nähgarn und Knöpfe für ein Tütchen Zucker und Mehl. Die Geschäfte waren leer. Es wurde nichts geliefert. Auch Zigaretten waren eine große und wichtige Währung. Eine Zigarette kostete zehn Mark. Alles wurde getauscht, zu kaufen gab es nichts. Dann hatte der Bäcker endlich mal wieder Brötchen. Kuchen gab es eh nicht.

Später kamen die CARE-Pakete. Ein großes Paket stand auf unserem Küchentisch, die ganze Familie drum herum. Da waren Sachen drin, die wir nicht kannten: Kaugummi, Büchsenfleisch. Aus Eipulver konnte man Rührei machen. Können Sie sich vorstellen, wie das geschmeckt hat? Wunderbar für uns. Heute würde ich das nicht mehr essen. Dann Kartoffelpulver, Nudeln, Mehl, Zucker. Mit Milchpulver konnten wir Milchsuppe kochen. Wenn wir keine Nudeln hatten, rührte meine Oma Mehl dick an und streuselte es mit den Fingern ins kochende Waser oder in Milch. Diese Klümpchen waren dann Nudeln. Der Hunger triebs ja rein. Es schmeckte herrlich mit ein bisschen Zucker drin. Wir aßen sehr bescheiden. Das hat mich geprägt. Ich kann heute noch nichts wegschmeißen. Ich achte sehr darauf, dass mir kein Brot schimmlig wird. Wenn ich ein Spezialbrot kaufe, das nur in einem Pfund verkauft wird, dann schenke ich es meiner Nachbarin. Ich kann kein Essen wegwerfen. Wie viele junge Leute das heute machen! In den Zeitungen steht ja, wie viele Tonnen weggeschmissen werden. Da denke ich immer: Mein Gott! So eine Zeit prägt einen …

Nach dem Krieg gab es täglich nur fünf Stunden Strom und zwar nachts. Die Frauen standen nachts auf und bügelten und kochten.

Alle Haushalte waren dann von zehn bis drei auf. Wir hatten eine Holzkiste, die mit Holzwolle und einer alten Decke gefüllt war. Dort kam der Kochtopf rein, in dem nachts gekocht worden war. Wenn ich von der Schule kam, gab es dann eine halbwegs warme Suppe.

Meine Tante war Schneiderin und nähte aus zwei kleinen Kleidern ein neues für mich, ich bin ja auch gewachsen. Das neue Kleid war sehr bunt, oben geblümt und unten grün. Aber es war ein neues Kleid. Meine Oma ribbelte alte Pullover auf und strickte daraus etwas Neues für mich, denn es gab keine Wolle mehr. Und auch kein Leder. Neue Schuhe gab es nicht. Wir tauschten die Schuhe, wenn sie zu klein waren. Einmal herrschte eine große Aufregung in den Schuhgeschäften. Dort wurden plötzlich wieder Schuhe verkauft. Ich bekam ein paar neue rote Schuhe. Ich hatte nur dieses eine Paar. Ich trug die neuen Schuhe, und es fing an zu regnen. Die Schuhe lösten sich auf, die Sohle ging ab, man konnte sie nur noch wegschmeißen. Die Schuhe waren aus Pappe gewesen. Können Sie sich das vorstellen?

(Ursula R., Jg. 1934)

Mein Bruder erzählte, wie er mit den anderen Jungen auf den Gleisen tobte, wenn ein Zug kam, der mit Koks beladen war. Kurz bevor der Zug die Jungen erreichte, musste er wegen der Kinder scharf bremsen und etwas von dem Koks fiel herunter. Die Jungens heimsten die Kohle schnell in ihre Säcke rein. Obwohl wir auf der Kohle wohnten. Aber wer nicht auf der Zeche arbeitete, bekam auch nichts davon. Was die alles als Jungs gemacht haben …

Wir hatten eigentlich immer genug zu essen. Meine Mutter hatte einen kleinen Gemüsekiosk. Sie verkaufte auch Zigaretten. Für das Café in der Stadt machte meine Mutter Marzipan. Dafür kriegten wir dann Brot. Meine Mutter fand immer für alle genug Lebensmittel. Einmal hatte sie Zigaretten getauscht und dafür Puppenköpfe gekriegt, Porzellanköpfe. Ich als Älteste durfte dann abends aufbleiben und mit Mutter Puppenzeug nähen. Dabei sangen wir. Die Puppen waren für uns Geschwister. Das war schön! Wir hatten ja nicht so viel. Wir haben uns alles selbst gemacht, wir spielten mit Zeitungen, mit Papier …

(Ursula S., Jg. 1936)

Nach dem Krieg gab es absolut nichts zu essen. Meine Mutter hatte immer Angst, dass ich verhungere. Ich war ja so ein Sperling.

Und obwohl es nichts zu essen gab, aß ich nicht gerne Mittagbrot. Wenn's bei uns grüne Bohnen aus dem Garten gab, die waren nun wirklich schön, konnte ich die nicht essen. Ich habe zum Schluss immer Stroh im Mund gekaut. Och nee, Mittagessen war nicht meine Welt. Und ich weiß noch, bevor die Lebensmittelmarken ausgeteilt wurden, musste man sich impfen lassen. Gegen Ruhr und solche Krankheiten.

Die Leute lebten manchmal richtig in Ruinen und es war gang und gäbe, dass in einer großen Wohnung drei Familien zusammen wohnten. Das war die selbstverständlichste Sache von der Welt. Jede Familie hatte ein Zimmer. Und ich erinnere mich, dass Tante Emma Zuckermarken gesammelt hatte, damit ich mal ein paar Bonbons kriegen konnte. Ich habe den Eindruck, dass die Leute sich von dem bisschen, was sie hatten, abgegeben haben. Es war damals aus meiner Erinnerung kein Konkurrenzkampf, sondern mehr ein Miteinander. Obwohl man absolut nichts hatte … Ja. Die Leute sind nach dem Krieg verhungert und erfroren. Von 45 zu 46 und auch noch von 46 zu 47. Kurz nach dem Krieg ist mein Opa verstorben. Einen Sarg zu kriegen war ein Glückszustand. Wir kriegten noch eine Holzkiste für unseren Opa. Da hat meine Mutter immer gesagt: »Na, der Sarg ist bestimmt nicht mit verbrannt worden.«

Aber das hat uns auch nicht weiter interessiert. Mein Opa kriegte eine Urnenbestattung und wurde verbrannt. War eben so.

(Ingrid Fiedler, Jg. 1938)

Eine Begebenheit will ich noch erzählen, ich nenne sie »Die zweite Hälfte des Euters«. Weihnachten 45 hatte der Bauer, bei dem ich meine Ausbildung machte, ein Schwein und ein Rind geschlachtet, das nach dem Kalben keine Milch mehr gegeben hatte. Bevor ich über Weihnachten nach Hause fuhr, sagte er zu mir: »Wir haben dieses Euter noch. Das essen wir nicht, aber wir wissen, dass man es essen kann. Frag mal deine Mutter, ob die das haben will.«

Die erste Hälfte brachte ich Weihnachten mit nach Hause. An Silvester bot mir der Bauer an: »Du kannst nach Hause, wenn du willst, wenn du dich beeilst, schaffst du den Zug noch.« Er gab mir die zweite Hälfte des Euters mit. Auf dem Weg zum Bahnhof musste ich durch die Grüne Grenze an der Grünen Polizei vorbei. Dort hatten die Russen ein kleines Häuschen, in dem einer von ihnen vor einem kleinen Tisch saß. Vor dem Tisch konnte ein Zweiter gerade noch stehen. Ich kam zum Häuschen, packte alles aus und durfte weitergehen. Ich war keine fünfzig Meter weg, sah den Zug schon einfahren, da rief der Russe: »Stoi, zurück, zurück!«

Ich dachte: ›Was will der denn jetzt noch, dann krieg ich den Zug nicht mehr!‹ Er nahm sein Gewehr runter, zeigte auf den Tisch und da stand meine Milchflasche noch, mit dem zweiten Teil des Euters. Dafür lief ich dann 20 Kilometer zu Fuß. Der Zug war weg. Das war ein Weg! Dieses Silvester werde ich nie vergessen. Es war nicht dunkel, der Mond schien helle, Wolken zogen vorbei und es war ein bisschen regnerisch, aber es regnete nicht. Ich werde diesen Weg nach Hause nie vergessen! Während ich lief, dachte ich: ›Es ist doch eigentlich toll! Der Krieg ist vorbei, Bomben fallen nicht mehr. Es ist alles positiv!‹ So lief ich nach Hause. Ich musste durch mehrere Dörfer und kam um halb zwölf an …

(Erhard M., Jg. 1930)

Hintergrundinfos: Nachkriegszeit

Bei Kriegsende war Deutschland fast vollkommen zerstört. Über die Hälfte des Wohnraums in den Städten war dem Bombenkrieg zum Opfer gefallen. Über 20 Millionen lebten in Ruinen. Auch die Infrastruktur lag am Boden, Strom und Gas funktionierten nicht, Brücken und Schienen waren zerstört. Es fehlte an Lebensmitteln, Kleidung und Heizmaterial.

Über zwölf Millionen Flüchtlinge aus den Ostgebieten strömten zu den Ausgebombten in den vier Besatzungszonen. Millionen Soldaten waren in Kriegsgefangenschaft. Der Alltag war geprägt von Hunger, Krankheit, Kälte. Ein großer Teil der Menschen hatte längere Zeit kein Wasser, kein Gas, keine Elektrizität zur Verfügung. Geld und Lebensmittelkarten wurden aufgrund der Knappheit von Lebensmitteln wertlos, der Schwarzmarkt florierte. Wer nichts zu tauschen hatte, musste hungern.

Im extrem kalten Winter 1946/47 brach schließlich alles zusammen. Die Kriegsvorräte waren aufgebraucht, es gab kein Heizmaterial mehr. Mehrere hunderttausend Menschen verhungerten und erfroren. Nur Nahrungsimporte durch die Besatzungsmächte, Schulspeisungen und CARE-Pakete konnten Schlimmeres verhindern. Im übrigen Europa sah es nicht besser aus. In der Sowjetunion starben in den Hungerwintern nochmals mehr als zwei Millionen Menschen.

Die Kinder halfen beim täglichen Kampf ums Überleben. Sie standen Schlange vor den Geschäften, fuhren zum Hamstern aufs Land, halfen im Haushalt oder kümmerten sich um die jüngeren Geschwister. Viele Kinder mussten den zweiten Elternteil ersetzen.

Kriegstrauma

»Mein Bruder guckt mich mit großen klaren Augen an, fast als wenn er lächelt. Aber er ist tot ...«

Ingrid Heinze

(Geboren 1938 in Berlin, Angestellte beim Berliner Senat)

Bumms! Das Licht im Keller geht aus, die Rußklappe springt auf. Ruß verteilt sich. Die Älteren schreien alle, wir Kinder haben Angst. Mein Bruder und ich sitzen oben auf einem Feldbettgestell. Eigentlich sollten wir darauf schlafen. Aber wir können im Keller nicht schlafen, obwohl wir als Kinder noch keine Vorstellungsangst haben. Mutti ist nicht da. Sie ist im Löschtrupp des Hauses irgendwo draußen unterwegs. Wir wissen nicht, was los ist. Keiner kann die Kellertür öffnen, sie ist vom Schutt völlig verstellt. Ich weine, die anderen auch. Wir sitzen da – kein Licht – von draußen Totenstille. Die Erwachsenen schreien: »Das ist das Ende!«

Wir sind verschüttet … Nach sehr langer Zeit werden wir rausgeholt. Meine Mutti wusste ja, dass wir im Keller waren. Sie war bei den Löscharbeiten nicht umgekommen. Zum Keller im Nachbarhaus wird ein Durchbruch gemacht, dadurch werden wir befreit.

Ja, das war die Verschüttung … Was das in einem Kind auslöst! Ich habe vor Angst in die Hosen gemacht. War ja noch ganz klein.

Von nun an war nichts mehr wie vorher. Die Menschen waren völlig verändert. Wir Kinder spielten nicht mehr auf dem Hof. Ohne Mutti ging ich nicht einmal mehr zur Toilette eine halbe Treppe tiefer. Ich konnte ohne Muttis Händchenhalten nicht mehr einschlafen. Beim geringsten Anlass klammerte ich mich an sie und weinte. Nur mein Bruder Heinz mimte den Starken. Er war dreieinhalb Jahre älter als ich. Papa kam nur noch selten auf Urlaub von der Wehrmacht.

Nach der Verschüttung gingen wir auf Anraten der Leute von nun an in den U-Bahnhof am Alexanderplatz. Auch bei einem Großangriff im Herbst 44 saßen wir dort unten im U-Bahnschacht. Man muss sich das mal vorstellen, unterm Bahnsteig auf den Schienen saßen wir – und das als kleine Kinder. Die Angst wurde uns eingepflanzt …

Es gibt Entwarnung, wir gehen nach oben und der ganze Alexanderplatz brennt. *(Sie weint.)* Da haben Sie keine Vorstellung von! Alles brennt, überall liegen die Toten rum, blutig und zerfetzt. Hatten es wahrscheinlich nicht mehr bis in die U-Bahn geschafft. Abgetrennte Glieder. Als Kind verstehen Sie das ja alles nicht – was ist jetzt los? Die Leute rennen durcheinander. Alles brennt. Es riecht nach Verbranntem und feuchtem Schutt. Noch heute erinnere ich mich an diesen Geruch. Wir biegen in unsere Straße ein, auch hier laufen die Menschen herum, schreiend, suchend, weinend. Unser Haus brennt, alles ist kaputt. Ich glaube, es nieselte leicht. Meine Mutti steht mit uns Kindern vor dem brennenden Haus ... Wie im Schock. In der Hand hält sie das kleine Köfferchen mit den wichtigsten Papieren. Mein Bruder reißt sich los, will noch etwas aus dem völlig zerstörten Haus retten. Erst jetzt erwacht Mutti aus ihrer Starre, lässt mich stehen und holt meinen Bruder zurück. Wir stehen vor dem Schuttberg und weinen. Eine ganze Weile starren wir hilflos auf die brennenden, zusammenstürzenden Häuser. Irgendwann läuft Mutti mit uns weiter. Sie will zu Großmutter und Großvater, die am Rosenthaler Platz wohnen. Schnell zu Oma! Aber auch dort ist alles weg, die eingestürzten Häuser brennen. Ein Chaos ... Die Leute rennen durcheinander, schreien – dazwischen liegen die Toten. Alles brennt. Als junger Mensch wie Sie kann man sich das nicht vorstellen. Alles sah so unwirklich wie auf einem Schlachtfeld aus. Wir wussten nicht weiter ... Meine Mutter war so verzweifelt.

Onkel Bruno machte uns ausfindig und nahm uns mit zu sich. Er hatte auch meine ausgebombten Großeltern ausfindig gemacht. Meinen Bruder brachten wir zu meinem Cousin in den Wedding. Onkel Bruno hatte in seinem Garten einen Erdbunker gebaut, oben mit einer Klappe, darauf Wiese. *(Sie weint.)* Drei kleine Stufen gingen runter in die Erde. In diesem kleinen Verschlag saßen wir wie die Heringe, wenn Angriffe waren. *(Sie lacht.)*

Die Luftangriffe wurden immer stärker. Onkel Bruno hörte Tag und Nacht Radio und hoffte auf den Tag X, wo endlich die Russen, unsere Befreier, kommen würden. Er war überzeugter Kommunist. Bei seiner Wehruntersuchung hatte er ein Telefongespräch des Beamten genutzt, hatte all seine Unterlagen, die auf dem Schreibtisch lagen, eingesteckt und war damit nach Hause gegangen. Seitdem war er für den Krieg nicht mehr vorhanden. Allen anderen erzählte er, dass er ausgemustert worden sei. Ich überlegte, wie wohl die Russen aussehen mochten. Auf jeden Fall mussten sie ja nett sein, da wir sie als Befreier ersehnten. Sie würden ja auch dafür sorgen, dass nun endlich keine Bomben mehr auf uns geworfen würden. Ich glaubte sogar an Geschenke.

Es wurde Winter und dann Frühling, und dann gab es auch kein Wasser mehr, nichts, keinen Strom. Wenigstens in der Regentonne hatten wir noch Wasser. Wir saßen jetzt oft in unserem Bunker unter der Erde, und die Stalinorgel flog über unsere Köpfe hinweg. Von allen Seiten ballerte es. Onkel Bruno tröstete uns: »Bald ist es vorbei, wir werden bald befreit. *(Sie weint.)* Ich schätze, es war der 23. April, ich weiß es nicht mehr genau. Es sind alle tot, die ich fragen könnte, und vorher hat man nicht gefragt! Wir haben nicht darüber gesprochen. Weil sich jeder irgendwie geschämt hat und Angst hatte. Wir saßen im Erdbunker, und auf einmal hörte mein Onkel *(sie klopft mehrmals hintereinander auf den Tisch)* auf dem Kopfsteinpflaster Stiefel laufen. »Jetzt isses so weit, jetzt werden wir befreit!«

(Sie weint.) An ein Stöckchen hatte er ein weißes Tuch gebunden, rannte damit raus und rief: »Freunde, Freunde!« *(Sie lacht und weint.)* Heute muss ich lachen. Wissen Sie, diese Situation! Rennt raus und begrüßt die mit Freundschaft! »Ich Kommunist, ich Kommunist!«, rief er immerzu. Das war denen doch wurscht! Die Befreier hatten vorne am Gewehr einen langen Speer – Bajonett nennt man das, glaube ich. Damit rannten sie auf Onkel Bruno zu. Wir standen nun alle aufgereiht vor dem Erdloch und waren so dumm, uns zu freuen. Die russischen Befreier waren Mongolen. Sie hatten nur schmale Schlitze als Augen und kahlgeschorene Köpfe. Ich fand sie so hässlich, dass es meine Vorstellung völlig durcheinanderbrachte. Sie schubsten Onkel Bruno bis zu uns. Er war ganz erschrocken. Wir standen wie gelähmt vor Schreck, ich wimmerte leise. Mutti stellte sich etwas vor mich. Die Russen verlangten: »Uri, Uri!« Der eine hatte bis zum Ellenbogen den Arm voller Uhren. Den ganzen Arm hoch. Onkel Bruno und Opa gaben ihre Uhren ab. Meiner Mutter rissen sie die Ohrringe raus, Blut floss. Ich fing an zu weinen. Mutti ließ ihren Ehering in den Sand fallen und stellte den Fuß drauf. Die Russen rannten weiter, die Hoffstraße hinunter. Onkel Bruno setzte sich auf den Boden und weinte. Er verstand die Welt nicht mehr. Heute weiß ich, was die Deutschen in Russland angestellt haben! Wie die Russen vielleicht auch alles verloren hatten – Eltern, Kinder.

Wir gingen ins Haus und wussten einfach nicht mehr weiter. Tag und Nacht flog die Stalinorgel mit einem Feuerschweif – schhhhhhht – über uns hinweg. Wir hörten: Die Frauen werden vergewaltigt. Meine Mutter hat mir mal gesagt, der Slogan der Russen war: »Als Lohn winkt die deutsche Frau.« Als die Vergewaltigungen zunahmen, versteckten wir uns im Heuschober bei Onkel Oskar im

Nebengehöft. Oma, Mutti, Tante Rosi, eine schöne, blutjunge Frau, und ich krochen unters Heu. Die Russen kamen jetzt oft und suchten nach Frauen. Dann sollte ich ganz ruhig bleiben, möglichst nicht atmen. Ich konnte minutenlang ganz ruhig liegen. Noch heute liege ich, wenn ich Angst habe, ganz ruhig, möglichst bis obenhin zugedeckt. Wir lagen oft da oben …

Den einen Tag kamen sie wirklich. Tante Rosi verlor die Nerven, als sie hörte, wie die Leiter an den Rand des Heuschobers gestellt wurde. Sie schrie auf und stürzte sich von oben runter. Mutti griff mich, und wir blieben unter dem Heu versteckt. Trotzdem kam ein Russe hoch und stocherte mit einer Forke im Heu. Ich war starr vor Angst. Aber er traf uns nicht. Die Angst ist ein Wahnsinn! Tante Rosi war verschwunden, wie vom Erdboden. Die Russen haben sie unten in Empfang genommen. Wir sahen sie nie wieder. Oder man hat es mir nicht erzählt. Ich weiß es nicht. Wir haben nie darüber gesprochen. Von da an hatten wir auch Angst, im Heuschober zu sitzen, und hockten wieder alle zusammen unten in der Küche zum Hinterhof raus.

Ein paar Tage später kommen wieder Russen auf den Hof. Mein Onkel rennt nach vorne und schließt die Eingangstür ab. Wir laufen alle nach oben in den ersten Stock zu Onkel Bruno in die Küche. Von oben hören wir, wie die Scheibe der Haustür eingeschlagen wird. *(Sie weint.)* Sie kommen nach oben, zwei Mongolen und ein Weißrusse. Der Erste greift sich meine Großmutter. Meine Großmutter war damals 47, aber sie hatte so einen Busen. *(Sie zeigt mit der Hand eine große Wölbung vor der Brust.)* Er zerrt sie ins Schlafzimmer.

Der Mongole greift sich meine Mutti. Ich klammere mich an sie und schreie. Der Mongole versetzt mir einen Hieb, Opa fängt mich auf. Der Mongole reißt meiner Mutti die Kleider runter. *(Sie weint.)* Ich hatte ja sowas noch nicht gesehen. Er reißt ihr richtig das Kleid runter … Sie hatte ja nur dieses eine Kleid. Reißt es runter … Ich schreie und will zu meiner Mutti. Mutti sagt immer bloß: »Ingrid, sei ruhig.«, als könnten wir nichts mehr machen …

Der dritte Russe verlangt von meinem Großvater, er solle ihm von seinem verletzten Arm das Blut ablecken. Er hatte ja die Tür eingeschlagen und blutete. Wasser gibt es keins mehr. Der ganze Arm blutet, das Blut läuft nur so runter. Ich sehe das Blut *(sie weint)* und fange wieder an zu schreien. Da schubst mich der Russe mit dem Gewehrkolben gegen den Herd. Ich hänge am Herd, ein richtiger alter Herd mit Eisenstangen ringsherum. Mein Großvater leckt das Blut ab – vor

Angst. Meine Mutti versucht, sich zu wehren, aber der Mongole wirft sie auf das Küchensofa und macht etwas, das ich noch nie gesehen habe. Er vergewaltigt sie. Da sie schreit, hält er ihr mit einer Hand den Mund zu. Aus dem Nebenzimmer schreit meine Großmutter um Hilfe. Der hat ihr die Brust zerbissen … Auch die Kleider, alles runter. Nun ist der Mongole mit meiner Mutter fertig, und der andere Russe mit dem blutigen Arm macht jetzt das gleiche Furchtbare bei meiner Mutti. Mein Onkel sitzt in der Ecke und wimmert …

Ich habe das als Kind ja alles nicht verstanden. Ich kannte keine Vergewaltigung, von Geschlechtsverkehr hatte ich keine Ahnung. *(Sie putzt sich die Nase.)* Vor allen Dingen waren früher alle konservativ. Ich habe eigentlich nie gesehen, dass meine Eltern was hatten. Hab ich alles nicht mitgekriegt.

Irgendwann verschwanden die drei Russen mit Gelächter. Wir saßen in der Küche, mussten mit der Situation fertigwerden. Die Erwachsenen heulten alle durchweg, ich sowieso. Ich sah zum ersten Mal, wie hilflos die Menschen waren, bei denen ich immer Schutz und Trost bekommen hatte. Unfassbares, nicht Begreifbares ging in mir vor. Meine mich vor allem Bösen beschützenden, liebsten Menschen waren plötzlich völlig wehrlos. Mein Onkel, der Kommunist, hat die Welt nicht mehr verstanden. Hatte sich gefreut, die kommen nun endlich, aber dann …

Die Erwachsenen beschlossen, dass Mutti und ich wegmussten. Ja, bloß wohin? Wir hatten die Möglichkeit, zu einem Bekannten zu gehen. Oma und Opa könnten in ihre kaputte Laube. Mutti packte einen Puppenwagen mit Tabak, Zucker und Mehl. Wir legten uns schlafen.

Am nächsten Morgen, wir holten gerade den Puppenwagen bei Onkel Bruno ab, kamen wieder Russen in den Hof, zwei diesmal, wieder der eine Mongole dabei, den wir schon kannten. Wir nannten ihn Pferdezahn, weil er ein riesiges Gebiss hatte. Beide waren stark angetrunken. Als sie in die Küche kamen, griff der Erste gleich wieder nach meiner Mutti. Sie gab ihm einen Schubs, und er fiel rückwärts in den Puppenwagen. Er war so betrunken, dass er nicht mehr hochkam. Während der andere ihm hochhalf, nahm mich meine Mutti an der Hand und wir rannten zu Onkel Oskar ins Nebengehöft. Er stand zufällig auf seinem Hof und wusste gleich Bescheid. Er versteckte uns *(sie weint)* in einem Schuppen hinter den davorstehenden Fuhrwerken seines Unternehmens. In dem Bretterverschlag waren Eierkohlen aufgestapelt.

Wir stehen auf den runden Eierkohlen und versuchen, irgendwie Halt zu kriegen. Durch die Bretter sehen wir die Russen auf den Hof kommen. Es sind jetzt noch zwei andere dabei. Sie haben Onkel Bruno und Opa mitgebracht. Onkel Oskar drohen sie mit dem Gewehr: »Wo Frau, wo Frau!?« Sie schubsen ihn, schlagen ihn, aber Onkel Oskar sagt nichts. Sie stellen die drei Männer an die Wand. *(Sie weint.)* Wir sehen das alles! Stehen auf den Eierkohlen. Meine Mutti immer so … *(Sie hält die Hand vor ihren Mund.)* Sie stellen die drei mit dem Gesicht zur Wand. Zwei Russen heben ihre Gewehre und schießen. Aber sie schießen über die Köpfe hinweg gegen die Mauer. Die Kugeln prallen von der Wand ab. Opa, schon 64 Jahre alt, bricht zusammen. Die anderen bleiben still stehen. Wir glauben, sie haben Opa getroffen. Mutti zittert, als hätte sie Schüttelfrost. Sie hält mich ganz fest. Die Russen fangen an zu lachen und verlassen den Hof. Jetzt erst bemerken die Männer, dass sie noch am Leben sind – auch Opa. Mutti und ich bleiben im Versteck. Mutti weint und hält mich weiter ganz fest. Großmutter kommt mit dem Puppenwagen in den Hof. Sie sagt: »Schnell, nehmt den Wagen und verschwindet!«

Wir sind so aufgeregt, wir verabschieden uns noch nicht mal. Onkel Oskar kontrolliert die Straße, Mutti und ich rennen mit dem Puppenwagen los, die Straße hinunter. Aus dem nächsten Haus kommen plötzlich wieder die vier Russen. Sie rufen: »Stoy, stoy!« Meine Mutti rennt mit mir einfach weiter. Der Puppenwagen droht auf dem Kopfsteinpflaster umzukippen. Die Russen schießen hinter uns her! Die Salven pfeifen an uns vorbei! Das ist nicht vorstellbar! Es ist nicht vorstellbar! Sie können das keinem Menschen erzählen, weil … Ich hab mich nur nachher immer gewundert, warum ich so beknackt bin … Schlaflosigkeit und was noch alles …

Wo sollten wir hin? Wir rannten in Richtung Weißenseer See. Hinter der Brauerei lag die ganze Straße voller Geld. Ich bückte mich, wollte etwas mitnehmen. Doch Mutti meinte, ich solle es liegenlassen, es habe keinen Wert mehr. Sie weinte immer noch, wusste nicht wohin. An einem Abflussschacht fehlte der Gullideckel, darunter war ein großes Loch. Meine Mutti steht mit mir davor … *(Sie weint und spricht mit brüchiger Stimme weiter.)* Und will sich mit mir da reinstürzen! Ein fremder Mann hatte das beobachtet, kam hinzu und redete auf Mutti ein: »Seid ihr denn verrückt! Ihr habt dit gerade überstanden! Ihr habt's überstanden und jetzt das?!«

Später erzählte mir Mutti, dass sie erst mich hinunterstoßen und dann nachspringen wollte.

Wir bezogen ein kaputtes Zimmer von einem Bekannten und holten bald darauf meinen Bruder dazu. Zu dritt schliefen wir auf einem Feldbettgestell.

Der Krieg war zu Ende, aber das nahmen wir gar nicht so wahr. Noch gab es keine Lebensmittelkarten, kein Wasser, keinen Strom – es gab nichts! Wir Kinder hatten nichts weiter zu tun, als in den Trümmern zu suchen. Wir bewegten die Trümmer und suchten nach Sachen, die man noch brauchen konnte. Ein Stück Stoff, ein Fetzen war schon wertvoll! Wir holten kaputte Töpfe aus den Trümmern, die wurden dann geflickt. Es war ja nichts da. Es ist unvorstellbar … Berlin bestand fast nur noch aus Trümmern. Hin und wieder standen ein paar stark beschädigte Häuser inmitten der Trümmer. Es steht ein Haus wie ein hohler Zahn in der Straße, nannten wir diesen Anblick.

An einem Tag im Juli hatte uns Onkel Bruno Schrippen mit Hackepeter gebracht. Was für eine Rarität! Mein Bruder Heinz ging satt und glücklich raus zu seinen Freunden. Mutti sagte noch: »Geh bitte nicht in die Trümmer!« *(Sie weint.)*

»Nein, Mama!«

Mein Bruder ging doch in die Trümmer. Ich stand draußen vor dem Haus und polkte den Putz von den beschädigten Wänden ab. Ein Spiel, das mir Spaß machte.

Auf einmal kommt ein Freund von mir angerannt und ruft: »Ingrid, Ingrid, dein … dein Heinz ist tot!« *(Sie weint.)*

Ich sage: »Wo denn?«

Ich wusste ja gar nicht, was Tod ist. Ich hatte zwar schon viele Tote gesehen, aber eine Vorstellung von dem Begriff Tod – weg sein für immer – hatte ich nicht mit sieben Jahren.

»Na da, nebenan in den Trümmern!«

Er bringt mich hin und richtig, *(weint)* mein Bruder liegt dort und guckt mich mit ganz großen klaren Augen an, fast als wenn er lächelt. Aber er ist tot … Ich bekomme einen Schreck und renne zu Mutti. Meine Mutti und Tante Liesbeth, die mit uns wohnte, rannten beide hin. *(Sie weint.)* Sie trugen meinen Bruder in unser Zimmer und legten ihn aufs Bett. Mutti redete auf ihn ein, sie glaubte nicht, dass er tot war. Bald kam ein Arzt, der den Tod feststellte. Das große und das kleine Hirn waren ausgeblutet, viele Knochen mehrfach gebrochen. Meine Mutter war mit tot. Der Arzt musste sie schlagen, damit sie zu sich kam. Sie schrie nur noch. Mutti schloss sich mit mir im Zimmer ein, verrammelte die Tür und ließ keinen mehr rein.

»Der kommt wieder zu sich!«, rief sie. *(Sie putzt sich die Nase.)* Ließ keinen mehr an uns ran, keinen mehr. Ich saß auf unserer Feldbettstelle. Ich wusste nicht, was los ist. Sie wollte das tote Kind nicht rausgeben. Sie hat es nicht geglaubt. Er sah ja auch ganz friedlich aus. Sie wollte ihn nicht freigeben, sie wollte nicht.

»Der wird wieder, der ist doch noch viel zu jung, der kann ja gar nicht tot sein!«, rief sie immer wieder.

Er war aus dem fünften Stock gestürzt, wollte mit einem Freund von einer Ecke in die andere klettern, in ein anderes Zimmer. Der Freund wollte ihn festhalten und hat ihn nicht halten können – waren ja Kinder. Und da ist er vom fünften Stock abgestürzt. Meine Mutter war von dem Tag an krank … Ich hatte nun eine kranke Mutter. Die Nachbarn schoben die Möbel vor der Tür weg. Es war sehr warm und roch schon, als Mutti einsehen musste, dass er wirklich tot ist und sie ihn rausgeben muss. Na ja … wir hatten den Krieg überstanden, und zwei Monate später stürzte der von den Trümmern … Meine Mutti saß nur noch rum und heulte.

Ich wurde auf einen Bauernhof im Oderbruch geschickt. Auf die Familie dort machte ich einen derart schwachen Eindruck, dass ich morgens erst aufstehen durfte, wenn ich im Bett einen Teller Mehlsuppe mit Sirup gegessen hatte. Sie päppelten mich auf. Ich bekam fetten Speck, das hat mir geschmeckt! Aber ich sehnte mich nach meiner Mutti … Ich fühlte mich wie ein Flüchtlingskind. Die Familie hatte das alles nicht erlebt, hatte alles behalten und nicht gehungert.

Nach meiner Rückkehr war Mutti wieder etwas hergestellt und ging arbeiten. Es war September und ich kam ein Jahr verspätet in die Schule. Natürlich war ich ein totaler Versager. Im Unterricht fing ich ständig an zu heulen. Die meisten Kinder verstanden das nicht und veralberten mich als die Heulsuse. Ich kriegte noch Klassenkeile dafür, dass ich so eine Heulsuse war. Aber eine Lehrerin hatte mitgekriegt, was mit mir war, hatte von meinem Bruder gehört. Immer, wenn ich zu heulen anfing, kam sie vorbei *(sie weint)* und hat so bei mir gemacht, *(sie streicht mit der Hand über ihren Kopf)* und dann wurde ich ruhig … Dann wurde ich ruhig! Aber wenn es hieß: »Aufstehen, rechnen! Mathe: drei mal drei!«, wer es zuerst sagte, konnte sich hinsetzen, dann stand ich im Klassenraum und hatte Angst. Ich hatte eine Blockade, ich brauchte bloß das Wort »Ingrid« zu hören, dann war ich wie erschossen!

Und, Sie werden lachen, diese Angstzustände habe ich heute noch! Was meinen Sie, was ich für Medikamente nehme? Diazepam nehme ich im Moment. Ich kriege Angstzustände, ich habe Depressionen – vor allem, wenn ich jetzt so sehe, was in der Weltgeschichte passiert.

Und meine beiden Söhne und meine Enkelin haben alle diese Angstgene von mir bekommen. Die können nicht schlafen, haben das geerbt. Es glaubt ihnen aber keiner. Meiner Enkelin hat keiner geglaubt. Die hat jahrelang gesagt: »Ich kann nicht schlafen, ich kann nicht schlafen!«

»Och, so ein Quatsch, immer, wenn ich bei dir die Tür aufmache, dann schläfst du!«, sagte mein Schwiegersohn. Bis ich mit ihr zum Arzt gegangen bin und ihm alles erzählt habe, so wie Ihnen jetzt. Der sagte: »Ja, die Gene sind vererbt.«

Sie können tatsächlich Angstgene vererben! Nicht nur die Augen oder das Aussehen, sondern die Gene! Das weiß ja kein Mensch! Man müsste das größte Augenmerk darauf richten, dass keine Kriege entstehen, das ist das Schlimmste überhaupt! Und warum? Es geht immer nur um Reichtum, um Landnahme, um Besitztum. Und wer hält den Kopf hin? Die Menschen!

Meine Mutti weinte viel. Sie war so kaputt. Sie konnte auch nicht liebevoll sein. Drücken oder liebevolle Unterhaltungen gab es nicht. Weil Mutti wieder arbeitete, war ich oft allein in dem Zimmer. Manchmal kümmerte sich Tante Lie um mich, eine ganz liebe Frau, die auch in unserer Wohnung lebte. Weil ich kein Spielzeug hatte und darüber sehr traurig war, nahm Tante Lie ein Stück Holz, malte ein Gesicht darauf, wickelte ein paar Lumpen rum und band der »Puppe« noch ein Kopftuch um. Aus einem Karton bastelte sie einen Wagen mit einer Schnur dran. Von da an trug ich mein Püppchen überall mit mir rum und nahm es mit ins Bett.

Wenn Mutti hamstern fuhr, blieb ich manchmal nachts bei einem Ehepaar aus unserem Haus und schlief auf der Besucherritze. Tante Edith gab mir auch manchmal Nachhilfeunterricht. Ich bekam hin und wieder ein Mittagessen bei ihnen. Einmal übernachtete ich wieder dort. Onkel Ernst kam, legte sich zu mir ins Bett und fiel über mich her, über mich halbes Würmchen. Er befummelte mich und versuchte, sein Ding bei mir reinzukriegen. Ich war schon halb im Schlaf, spürte aber, dass das etwas ganz Schlimmes war, denn dabei hatte meine Mutti ja so geweint, als die Russen das mit ihr gemacht hatten. Ich war so geistesgegenwärtig, schrie nicht, sondern kroch in Tante Ediths Bett rüber, die draußen den Abwasch machte. Ich sprach mit niemandem darüber – hatte überlegt: Wer gibt uns denn dann noch zu essen? Hin und wieder hatten wir ein paar Kohlen von Onkel Ernst bekommen, damit wir nicht so frieren mussten. Ich ging nie wieder zu Onkel Ernst und Tante Edith.

Wir Kinder, wir waren Freiwild, wir waren richtig Freiwild.

Die Dunkelheit, immer diese Dunkelheit … Es gab kein Licht. Ich hab vor allem Angst gehabt, traute mich nicht mehr zur Toilette, hab es mir verkniffen. Wenn Mutti arbeiten war, vermied ich es, mich allein in der Küche zu waschen. Wenn ich mein Gesicht wusch, hatte ich immer das Gefühl, dass jemand hinter mir steht und mir was antun könnte. Einmal hörte ich in meiner Angst eine Stimme hinter mir: »Ich bin der siebenjährige Mörder!«

Als mein Vater aus der französischen Gefangenschaft wiederkam, sah er blendend aus, blendend! Weiße Zähne, braungebrannt. Dem war es dort beim Bauern so gut gegangen! Ich kannte ihn ja gar nicht mehr, aber wir gewöhnten uns schnell aneinander. Es war schrecklich für mich, als ich meine Eltern nachts hörte. Für mich war diese Zuneigung ja etwas Trauriges und Böses …

Ich muss Ihnen ehrlich sagen, dass sind die Kriegserlebnisse, aber genauso belämmert ging mein Leben weiter. Diese Kriegserlebnisse haben mein Leben dermaßen geprägt, da haben Sie gar keine Vorstellung! Mein ganzes Leben war nur Krampf. Kampf und Krampf. Es sieht mir auch keiner an. Wenn ich rausgeh, bin ich der lächelnde Clown. Kein Mensch sieht mir das an! Ich bin immer freundlich und lustig. Soll auch keiner sehen …

Ich bin kriegsbeschädigt, so steht es in meinem Schwerbehindertenausweis. Mein Leben ging weiterhin holterdiepolter. Ich bin mehrmals zusammengebrochen, vollkommen out, Burnout sagt man heute. Um meine Kinder durchzubringen, hatte ich drei Arbeitsstellen. Einmal fiel ich vor Erschöpfung die S-Bahntreppen runter. Ich kam ins Krankenhaus. Dort merkte ich, dass ich gar nicht mehr will. Im Krankenhaus wollte ich nichts mehr essen. Ich sagte zu den Ärzten: »Ick will nich mehr, lasst mich, ick will nich mehr.«

Sie schickten mir erst einen Pfarrer und dann einen Sozialarbeiter. Beide sprachen mit mir und hielten meine Hand … Bei mir hat das schon geholfen, das Händchenhalten. *(Sie weint.)* Können Sie sich sowas vorstellen? Wie ein kleines Kind. Händchenhalten – das hat schon geholfen.

Ein Erster, der nach der Kindheit gefragt hat, war der Sozialarbeiter. Sie schickten mich zum Psychologen. Die Psychologin fand ein bisschen raus, was mit mir los war – auch mit Händchenhalten.

Wenn ich bei ihr war, heulte ich und flatterte. Sie machte auch ein EEG bei mir, ob ich was am Kopf habe. Und Zeichnungen musste ich machen. Die dachte wirklich, ich bin nicht mehr richtig. Irgendwann sagte sie, dass ich kriegsbeschädigt sei. Ich musste zu drei verschiedenen Psychologen. Zu zwei Männern und einer Frau! Die Frau saß unfreundlich da. Ich wurde nervös. Sie sagte: »Sie sind wohl sehr nervös, oder?«

»Jaja.« Ich bekam meine Krämpfe in den Beinen, und sie fragte immer und fragte, und ich erzählte. Sie stellte Fangfragen: »Und Sie waren dabei, wie die Familie erschossen wurde?« Und ich, mit meinem Krampf im Bein: »Nein, nicht erschossen!«

Ich sagte: »Entschuldigen Sie, ich krieg immer so einen Krampf.«

Ich entschuldigte mich sogar noch!

»Das waren nur Scheinerschießungen.«

Da merkte sie, dass ich die Wahrheit sagte. Das hat sich ja festgesetzt, das könnte man mich unter Hypnose fragen, das ist festgebrannt im Hirn. Sie hat dann bestätigt, dass ich kriegsgeschädigt bin. Schon Jahre vorher hatte ich gedacht: Ich hab was am Kopf, ich hab was am Kopf! Seit meiner Kindheit kann ich nicht schlafen. Ich muss Ihnen ehrlich sagen, ich häng nicht mehr am Leben, überhaupt nicht mehr. Lieber heute als morgen. Ruhe haben, nicht mehr denken müssen. Nix Böses mehr. Keine Schmerzen mehr haben. Aber das geht ja nicht, ich hab ja Kinder und Enkelkinder, an denen ich unheimlich hänge …

Also, von unserer Generation leben ja nicht mehr viele, ich werde jetzt 79. Die Generation, die ist kaputt.

Bei uns gab es auch nicht dieses Knutschen und Umarmen – gab's überhaupt nicht. Na, meine Mutter war ja auch kränklich … Ich wusste aber, sie lieben mich. Mein Vater und meine Mutter haben mich geliebt. Das war vom Gefühl her. Aber es gab nie, dass wir uns in den Armen lagen und geknuddelt haben. Das gab es überhaupt nicht. Nee, das war auch früher nicht so. Du musst stark sein wie Kruppstahl! Ich war durch meine Erlebnisse das genaue Gegenteil. Mein Leben war wirklich nur Kampf. Ich müsste »Mein Kampf« schreiben. Wie dieser beknackte Hitler, der vielleicht ein paar Jahre in seiner Jugend gehungert hat. Der hat lange nicht so viel … Ich bin ja auch im Wesen irgendwie kaputtgegangen. Mein ganzes Leben lang laufe ich, wenn ich die Straße langgehe, wie in einer Blase, wie unter einer Glocke. Das kann man keinem erklären. Und den einen Tag, ich hatte ihr davon nie erzählt, sagt meine Enkelin zu mir:

»Weißt du, Oma, wenn ich durch die Straße gehe *(sie weint)*, ist es, als wenn um mich eine große Blase ist. Ich nehme nach außen hin nichts war, wie in einer Blase.«

Ich dachte, wer schlägt mir da ins Gesicht? *(Sie weint.)* Sie hat genau diese Gene mitgekriegt. Es geht weiter! Ich muss Ihnen ehrlich sagen, die ganzen Geschehnisse gehen weiter. Was ist das für eine Welt geworden?

Aber wissen Sie, Sie sind eigentlich die Einzige, der ich das alles erzählen konnte. Was meinen Sie, wie ich mich gefreut hab, dass ich das mal loswerden kann. Will ja gar keiner hören. Und schon gar nicht die Familie. Nur meine Enkelin. Meiner Enkelin hab ich's den einen Tag richtig aufgezwungen. Hab gesagt: »Mini, du musst dir wenigstens das Vorwort, was Krieg bedeutet, das musst du dir anhören.« Ich habe meine Geschichte aufgeschrieben. Natürlich fing ich immer wieder an zu heulen, *(sie weint)* als ich es ihr vorlas. Danach sagte sie: »Oma … Oma, wir sind auf irgendeine Art und Weise regelrecht verbunden.«

Sagen Sie mal, wieso machen Sie das denn überhaupt? Ich möchte gerne, dass es weitergegeben wird. Es interessiert sich ja kaum einer. Die Menschen haben heute den Kopf voll, es wird immer schlimmer. Es interessiert sich keiner mehr dafür. Das soll doch um Gottes willen keiner vergessen!

»Alles schaukelt, der ganze Bunker schaukelt.« Karin D.

(Geboren 1938 in Berlin, Floristin)

Gucken Sie mal, es gibt doch Leute, die Bunker besichtigen. Das hier ist der Bunker im Wedding, wo wir drin saßen, der Flakbunker mit vier Flaks. *(Sie zeigt ein ausgeschnittenes Zeitungsbild.)* Wir saßen ganz oben an der Treppe, weil wir immer zu spät kamen. Unten war dann schon alles voller Menschen. Das hat geschaukelt, wenn da die Bomben raufgeknallt sind! Direkt neben uns wurden die Verletzten runtergetragen. Ich krieg Gänsehaut, ich könnte heulen ... Dieser Bunker, der wühlt mich dermaßen auf. *(Sie zeigt Gänsehaut auf ihrem Arm.)* Ich habe die ganze Geschichte noch nicht verarbeitet ... Was ich erlebt habe! Mein Opa von der SS erschossen, Muttis beste Freundin beim Wasserholen von der SA erschossen – sie hinterließ zwei kleine Jungen. Opas Onkel von der SA erschossen ...

Ich habe 1970 schon etwas geschrieben, ich weiß nicht, ob Sie das interessiert, da war es 25 Jahre her *(sie liest vor)*:

Warum?
Nie wieder Krieg,
ob man ihn gewinnt oder verliert.
Es ist für die Welt das Furchtbarste, was geschehen kann,
und wenn es noch einmal
Krieg gibt, stirbt auch der letzte Mann.
50 Millionen Tote waren es im letzten Krieg,
es gibt keine Familie, die von Verlust
und Leid verschonet blieb.
Es war ein großes Sterben in der ganzen Welt.
Wofür und warum?
Keiner wollte sein ein Held.
Sie wurden gezwungen und immer wieder,
blieb die große Frage nach dem Warum?
Jeder wurde genommen, ob jung oder alt
und zum Sterben war noch keiner bereit!
Der Krieg ist aus, aber es blieb die große Leere,
ein jeder will, dass es nie wieder geschehe!
Eine neue Generation wächst heran,
die den Krieg nur aus Büchern und Filmen kennt.
Sie können nicht verstehen

wie es so kommen konnte, – und immer
wieder die große Frage:
Warum?

Ja. Ich habe mir damals auch schon Gedanken gemacht. Na ja, natürlich … Wo man jetzt weiß, dass die wieder aufrüsten wollen … Ich kann ja mal schnell erzählen: Wir wohnten im Bezirk Wedding, Drontheimer Straße. Gegenüber war ein Rotes-Kreuz-Krankenhaus, daneben die Hydra Maschinenfabrik und daneben die AEG. Alle produzierten Kriegsmittel und waren Ziel der Flugzeuge. In unserem Haus gab es nur Kellerverschläge, keinen richtigen Luftschutzkeller. Und weil in unserem Keller bei Alarm auch zwei Lungenkranke saßen, versuchten meine Mutti und ich immer in den Bunker im Humboldthain zu kommen. Den Bunker zu erreichen war ziemlich mühsam, von unserer Wohnung bis dorthin lief man eine halbe Stunde und meine kleinen Füßchen konnten ja nicht so schnell. Wenn die Sirenen das erste Mal heulten und wir gleich losliefen, schafften wir es gerade noch. Ich lief an der einen Hand meiner Mutti, mit der anderen trug sie einen Koffer. Auf dem Weg zum Bunker lag die U-Bahnstation Gesundbrunnen. Oft liefen wir dort rein, wenn wir es nicht mehr bis zum Bunker schafften. Meine Mutti hatte schwarze Haare und schwarze Augen. Sie sah nicht typisch deutsch aus, obwohl sie in Berlin geboren war und ihre Eltern Deutsche waren. Ich weiß noch genau, dass es deshalb immer Schwierigkeiten beim Bunkereingang gab. Mutti musste sich immer ausweisen. Einmal sagte ein ganz Strammer zu ihr, wir hörten schon die Flugzeuge dicht bei uns: »Hier kommen Ausländer nicht rein!« Meine Mutti zeigte ihm ihren Ausweis und schimpfte laut: Ihr Mann sei Oberfeldwebel und würde an der Front in Russland kämpfen, sie würde ihn anzeigen. Sie wollte sich das nicht bieten lassen. Mutti war eigentlich taff.

Meistens kamen wir auf den letzten Drücker angerannt. Wenn die Sirene das dritte Mal Alarm schrillte, wurden die Stahltüren verschlossen und dann verriegelt. Wir mussten uns an den Menschen vorbeischlängeln, die überall rumsaßen, auf der Erde, auf den Treppen, überall. Unten waren sogar Pferde untergebracht. Meist fanden wir nur noch oben auf der Treppe Platz, die zum Flakturm führte. Wir saßen genau vor der Tür zum Turm. Die Wände waren mit Phosphor bestrichen, das in der Dunkelheit leuchtete. Mutti verbat mir, es zu berühren. Sie glaubte, ich könnte mich daran verbrennen.

Schon wieder trifft eine Bombe den Bunker. Alles schaukelt, der ganze Bunker schaukelt. Die Tür neben uns springt auf, junge, blutende Männer werden an uns vorbei die Treppe runtergetragen. Meine Mutti legt den Arm um mich. Der Bunker hält auch dieses Mal stand. Nach dem Luftangriff rennen wir nach Hause, um zu sehen, ob unser Haus noch steht … Angst, Angst, immer Angst, Angst. Leichen liegen auf der Straße, auch Pferdeleichen. Häuser brennen. Das Feuer brennt aus den Fenstern der Häuser raus. Meine Mutti zieht meinen Kopf an ihre Seite, damit ich das nicht ansehen muss … Unsere Wohnung ist voller Glasscherben. Die Fensterscheiben sind kaputt, eine Zimmertür liegt quer über dem Bett. Der Stuck von der Decke ist auf dem Boden verstreut und liegt auch in meinem Kinderbett. Zum Glück war ich nicht da …

All das ist traumatisch und nicht verarbeitet! Wie oft musste ich um mein Leben rennen! Die Sirenen … Angst, diese Angst, Angst, Angst! Die ist irgendwo bei mir noch tief drin. Im Unterbewusstsein habe ich immer Angst und bin immer noch misstrauisch. Die Sirenen heulen, die Flugzeuge brummen. Sssssssss … pfeifen die Stalinorgeln. Beng, beng, beng, beng! Ganz furchtbar. Ich höre das alles immer noch. Wir werden es wohl nicht so oft geschafft haben, gleich wo unterzukommen, denn ich habe das ja alles mitgekriegt. Angst, Angst! Die Angst ums Leben eigentlich – kurz gefasst. Ich war so klein, ich wusste aber genau, was passiert. Ich habe heute noch Angst vor Feuer. Wenn ich ins Bett geh, denk ich immer: ›Mein Kater, mein Gott, wie rettest du den, wenn jetzt Feuer ausbricht?‹ Also immer noch Angst … Angst vor Feuer, Angst, dass mir jemand Böses tun will. Ja, ich hab das alles nicht verdaut. Im Grunde bin ich auch kaputt. Natürlich verdrängt man es … Das Leben – man muss ja sein Leben leben.

Es gab noch den Kinderbunker, ein Keller in einem Wohnhaus in unserer Straße. Hier brachten die Mütter im letzten Kriegsjahr, wo immerzu die Sirenen gingen, abends ihre Kinder hin, damit sie schlafen konnten, falls wieder Alarm kam. Ab und zu brachte meine Mutti auch mich abends zum Schlafen dorthin und holte mich morgens wieder ab. Ich erinnere mich, wie dort viele Männer mit Gasmasken umherliefen. Für uns Kinder war das faszinierend. Ich denke, dieser Keller war sicher. Aber meine Mutti gab mich, als die Bombardierungen schlimmer wurden, nicht mehr oft dort ab. Wir wollten zusammenbleiben. Wäre meiner Mutter was passiert, dann wäre ich alleine gewesen!

Wenn ich die Sirenen hörte, fing ich schon im Bett an zu zittern. Ich wusste, was das heißt, wenn die Sirenen gingen! Ich zitterte nur! Meine Mutti konnte mich nicht anziehen, weil ich so zitterte. Darum gingen wir angezogen ins Bett. Ich höre noch immer die Flieger brummen, wie sie sich näherten. Ich hab immer noch dieses Brummen in den Ohren. Ganz komisch …

Mein Opa mütterlicherseits war ein mutiger, unerschrockener Mann. Er hatte schon den Ersten Weltkrieg mitmachen müssen und wollte bei Bombenalarm nicht in den Keller gehen. Er schickte aber meine Oma und meine Tante in den Bunker am Humboldthain. An einem Tag waren die Bombardierungen besonders schlimm, die Bombeneinschläge kamen immer näher. Nachbarn kamen aus dem Keller hoch und rieten meinem Opa: »Herr Neumann, kommen Sie in den Keller!« Also machte sich mein Opa an diesem Tag doch noch auf zu seiner Familie, die im Bunker saß. Im Treppenhaus bekam er Granatsplitter ab, sein Kopf wurde schwer verletzt. Trotz blutender Wunden gelang es ihm, den Bunker zu erreichen. Die Nachbarn erzählten uns später, dass mein Opa blutüberströmt am kleinen Bunker angekommen war, vor dem schwerbewaffnete SS-Leute standen. Sie hielten meinen Opa an und fragten, wer er sei und wohin er wolle. Wegen der Verletzung konnte Opa nicht mehr sprechen und sagte nichts – guckte bloß. Ein SS-Mann riss ihn herum und brüllte los. Da sagte mein Opa plötzlich, in dem Moment war er wohl bei Bewusstsein: »Was ist denn nun los?«

Worauf der SS-Mann schrie: »Du Schwein kannst ja sprechen, du bist ein Spion!«

Und dann erschoss er meinen Opa … Das ist doch unmenschlich!

Die Freundin meiner Mutti wurde auch von der SS erschossen. Sie war Mutter von zwei kleinen Jungen und wohnte in der gleichen Straße wie wir. In einer Feuerpause lief sie mit einem Eimer über die Straße zu einer Pumpe, um Wasser zu holen. In dem Fabrikgebäude gegenüber waren SS-Leute, die alles erschossen, was auf der Straße war. Sie wollte doch nur Wasser holen! Zurück blieben ihre kleinen Kinder …

Ich weiß noch, wie meine Mutti mit der Sammelbüchse Spenden für die Soldaten einsammeln musste. Ich ging mit – es war ihr peinlich.

Meine Mutter hat es geschafft, uns durch alle Gefahren zu bringen! Hunger, Kälte, Not … Die Mütter von damals hätten Anerkennung verdient! Nachher, als Trümmerfrauen auch. Ja, denkste!

Ab 43 hatten wir Tag und Nacht Fliegeralarm, waren immer nur auf dem Sprung, um in irgendeinen Keller oder Bunker zu rennen. Deswegen wollten die Behörden, dass Mütter und Kinder evakuiert werden, sie sollten raus aus Berlin. Meine Mutti wollte die Wohnung nicht unbeaufsichtigt lassen und da sein, wenn mein Vater vielleicht noch auf Urlaub kommen würde. Aber er kam nicht mehr.

Wir machten aber einen längeren Urlaub bei Verwandten im Riesengebirge, wo ein Onkel von uns Bürgermeister war. Als ich mit Mutti aus dem Zug stieg, sah alles so unwirklich aus. Eine heile Welt. Kleine Häuser, ein Bach, der durch den Ort floss. Das werde ich nie vergessen, es war wunderschön! Mit Milchkannen gingen wir in die Wälder und sammelten ganz viele Blaubeeren. Es war eine schöne, friedliche Zeit. Aber dann wurde es unruhig, die Front rückte näher. Mit einem der letzten Züge fuhren wir zurück nach Berlin.

Dort angekommen, fand Mutti endlich einen sicheren Luftschutzkeller in unserer Nähe, wo noch Platz für uns beide war. Im April 45 spitzte sich die Lage zu. Alle Frauen wurden verpflichtet, Gräben in der Straße auszuheben. Hitler – dieses Schwein! Und wenn ich überlege, der Trump will jetzt atomar auch wieder aufrüsten und der Russe muss ja mitziehen.

Im April saßen wir fast nur noch im Keller. Meine Mutti kannte die Lage aus dem deutschsprachigen englischen Rundfunk, den sie immer hörte, was aber verboten war. So lebten wir im Keller. Hach, mir wird ganz komisch … Ich erleb alles nochmal.

Der Kampf um Berlin dauerte zwölf Tage. Bomm, bomm, bomm fielen die Bomben, und die Stalinorgel heulte. Ich höre immer noch die … *(Sie weint und macht eine Pause.)* … die Flugzeuge, die ein angsteinflößendes Geräusch machten. Wenn ich heute ähnliche Flugzeuge am Himmel höre … In einem Nebenraum des Kellers waren Fremdarbeiter untergebracht. Die waren so nett! Ich hatte schlimmen Keuchhusten, worüber sich die Deutschen sehr aufregten. Die Fremdarbeiter bauten mir aus Brettern in ihrem Raum ein Bett. Dort konnte ich mich reinlegen und husten. Die Erwachsenen gingen ab und zu nach oben und holten Essen und Wasser. Zum Schluss war das nur noch unter Lebensgefahr möglich, also organisierten die Fremdarbeiter Wasser vom Brunnen – unter Lebensgefahr – für uns Deutsche! Und das, obwohl einige Leute im Keller sehr arrogant zu ihnen waren. Ich weiß gar nicht, wo wir zur Toilette gegangen sind. Gewaschen werden wir uns nicht haben. Das muss ja gestunken haben! Ich saß Tag und Nacht auf dem Schoß meiner Mutter, sie hatte ganz dicke Beine. Ab und zu schlief ich ein bisschen, aber die Mütter? Die Mütter! Die wurden viel zu wenig gewürdigt!

Es gingen schlimme Gerüchte über die Russen herum, die Frauen versteckten ihre Wertsachen. Meine Mutti machte sich Löckchen und versteckte ihren Trauring darin. Einmal bebte plötzlich der Keller, die Wände erzitterten, und dann war plötzlich gespenstische Ruhe. Wir warteten Stunden. Ruhe ... Schließlich trauten sich die Fremdarbeiter, zur Eisentür zu gehen. Aber es gelang ihnen nicht, die Tür ganz aufzukriegen. Schutt lag auf den Stufen zum Kellereingang und versperrte den Ausgang. Das Gebäude war bei dem Beben durch eine Bombe zerstört worden. Es lagen nur noch Trümmer über uns – wir waren praktisch verschüttet. Die Männer arbeiteten sich langsam mit ihren Händen vor. Irgendwann konnten sie die Tür so weit öffnen, dass wir Tageslicht sahen. Seit zwölf Tagen hatten wir kein Tageslicht gesehen. Niemand konnte fassen, dass der Krieg vorbei war. Die Sonne schien! Es dauerte noch einige Zeit, bis wir die Treppen ganz nach oben gehen konnten. Ich sehe es noch genau vor mir, wie meine Mutti und ich nach oben in die Sonne gingen ...

Sie kämmte mir zwischen den Trümmern mein Haar, als wir plötzlich Russen sahen, die um die Ecke gelaufen kamen. Wir rannten in den Keller zurück und verschlossen die Tür. Das war Quatsch, denn die Soldaten hämmerten kurze Zeit später dagegen, und es musste wieder geöffnet werden. Herein kamen mongolische Frontsoldaten, die nur nachsehen wollten, ob Soldaten oder Waffen bei uns versteckt waren. Die Fremdarbeiter, die wohl Polen waren, redeten mit ihnen, und die Soldaten zogen ab. Die zweite Welle Soldaten wollte Spaß haben! Sie kamen, guckten die Frauen an und sagten: »Frau komm!«

Einige Frauen machten sich extra hässlich – half nix. Es gab eine junge Frau mit nur einem Bein, die meldete sich immer freiwillig. Meine Mutti kannte das Wort Syphilis, ein internationales Wort. Ich saß auf ihrem Schoß und als ein Soldat zu ihr sagte: »Komm!«, sagte meine tapfere Mutti: »Syphilis!«

Der Soldat schüttelte sich nur und ging weiter. Er hätte sie auch erschießen können! Aber vielleicht tat er es nicht, weil ich auf ihrem Schoß saß. Ich war ja noch klein, sieben Jahre.

Ich hab ein schweres Leben hinter mir. Zwei fürchterliche Scheidungen, war zweimal verheiratet. Mein zweiter Mann hat mich geschlagen, der hat mich gequält.

Aber ich musste ja optimistisch sein, musste stark sein für meine Tochter. Ich musste sie durchbringen – so ein kleines Ding. Ich war froh mit jedem Jahr, das meine Tochter älter wurde. Dachte immer: ›Mir darf nichts passieren. Wenn ich sterbe, wenn mir was passiert, wo bleibt sie dann, dann hat mein Mann die! Um Gottes willen!‹ Da kommt immer noch die Angst. Wieder Angst! Ich war immer von Angst geprägt. Hatte vor dem Angst, der mich geschlagen hat, der mich umbringen wollte. Alle Abschnitte meines Lebens waren Kampf, von Angst geprägt. Trotzdem habe ich immer versucht, mich aus der Schlinge zu holen. Ich habe viele Krankheiten, bin reichlich gesegnet. Aber meine Tochter hat mir einen Kater gegeben, der bringt mir so viel Freude! Wissen Sie, Tiere können einen nie enttäuschen. Die sind nicht falsch. Überhaupt nicht. Die lieben einen, so wie man ist. Ob man so aussieht oder so – das ist denen egal. Ich bin seine Mutti. Ich bin auch im Tierschutzverein und im Komitee gegen den Vogelmord – ich unterstütze viel. Ich sehe das Schöne und die Natur. Ich hab eine Jahreskarte für den Britzer Garten, ich füttere jeden Tag die Vögel bei mir, hänge Meisenknödel hin, hab zwei Vogelhäuser in der Tanne hängen. Ja, ich bin für Tiere und Natur. Für Menschen bin ich nicht. Die haben mir so viel Böses angetan. Man kann zwar nicht jeden über einen Kamm scheren, aber ich bin zu sehr enttäuscht. Da muss jemand schon zeigen, dass er ehrlich ist. Ehrlichkeit, Fairness – dann ist es okay.

Ich muss dazu sagen, die Kriegs- und Nachkriegsjahre habe ich bis heute nicht überwunden. Wenn ich an den Bunker denke, dann zittere ich heute noch. So, das ist meine Geschichte.

»Lauter rote Perlen flogen durch die Dunkelheit auf mich zu.« Bodo G.

(Geboren 1937 in Reinschdorf, Prokurist im Großhandel)

Januar 45 – die Russen kamen nach Brieg. Wir wohnten in der Uferstraße, direkt an der Oder. Es war bitterkalt, 40 Grad minus in der Nacht und am Tag 25 Grad unter Null. Am 10. Januar wurde Brieg evakuiert, die Menschen wurden alle nach Westen verbracht. Mutter musste bleiben, sie war Operationsschwester am Hauptverbandsplatz. Angeschossene Soldaten wurden über die Oder-Brücke getragen und dort operiert. Mutter konnte nicht zu uns nach Hause kommen. Wir hatten ein Pflichtjahrmädchen, sie wurde auch am 10. Januar abgeholt. Und wir hatten ein Kindermädchen. Mutter hatte sich darauf verlassen, dass sie bei uns Kindern bleiben würde. Sonst war niemand mehr da. In der Nacht vom 16. auf den 17. Januar haute auch das Kindermädchen ab. Sie wird es wohl nicht überlebt haben, sie ist bestimmt erfroren … Draußen lagen überall Tote. Erfroren. Morgens wachte ich auf. Meine zwei Jahre ältere Schwester lag mit Scharlach und Diphtherie im Bett. Ich konnte nicht mit ihr sprechen, sie hatte hohes Fieber, war abwesend und wusste von nichts. Ich zog mich an, das konnte ich schon mit sieben Jahren, und ging in die Küche. Kurze Zeit später wachte auch mein Bruder auf, der zwei Jahre jünger ist als ich. »Wo ist denn die Heide, wo ist denn die Heide?«, fragte er. Ich sagte ihm, dass sie nicht mehr da sei. Er rannte in sein Zimmer, warf sich die Decke über den Kopf und wollte nichts mehr sehen und nichts mehr hören.

Ich war auf mich alleine gestellt, konnte mit niemandem sprechen. Ich dachte: Tee kann ich ja schon kochen und Brot kann ich schneiden. Wir hatten noch Brot da. Ich schnitt ein Stück mit der Brotmaschine ab und schnitt mir dabei in den Daumen. Es war das erste Mal, dass ich mit der Maschine schnitt, danach wusste ich, wie sie funktionierte. Die Wunde blutete stark, ich verband den Daumen. Das konnte ich schon. Die Narbe habe ich immer noch, diese weißen Striche. Plötzlich hörte ich über mir jemanden laufen. Wir wohnten in einem Mietshaus. Ich dachte: ›Da ist ja noch jemand!‹ Schnell lief ich rauf und klingelte. Zu dem Zeitpunkt funktionierten Strom, Wasser und Gas noch. Eine alte Frau öffnete die Tür, hinter ihr stand ihr Mann. Sie sagte: »Ich bin 69, mein Mann ist 71, er ist blind und kann auch nicht mehr laufen. Am 10. Januar war der Arzt noch bei uns und hat uns das hier gegeben, das nehmen wir gleich.«

Sie zeigte mir zwei Kapseln. Was war das? Zyankali. Eine knappe halbe Stunde später, ich hatte unten ein bisschen Tee getrunken, ging ich wieder hoch und klingelte. Sie machten nicht mehr auf – sie lagen tot hinter der Tür. Ich war alleine und hatte niemanden mehr, mit dem ich mich unterhalten konnte. So ein Tod dauert nicht lange. Ich habe mir später vom Arzt erzählen lassen, das es keine fünf Minuten gedauert hat, da waren sie tot. Das habe ich erlebt.

Ich ging zurück in die Küche. Vor dem Küchenfenster hatten inzwischen zwei deutsche Soldaten ein PaK-Geschütz in Stellung gebracht. Die Russen würden ja von der Oder kommen. Am Tag war die Front ruhig. Meine Schwester lag da und konnte nicht raus. Ich brachte ihr ein Stück Brot und warmen Tee zum Frühstück und zum Mittag. Ich machte alle Flammen auf dem Gasherd in der Küche an. Das war der einzige beheizte Raum. Wie der Ofen anging, wusste ich nicht.

Es wurde dunkel, Mutter kam immer noch nicht … Dann wurde es schlimm – ganz schlimm. Silvester kann ich heute gar nicht ertragen. Ich trinke ein paar Biere, nehme ein Schlafmittel und gehe um zehn Uhr schlafen. Das wäre zu schlimm … das kann ich gar nicht. Es wurde nachts furchtbar. Ich saß auf dem Küchenfensterbrett und schaute in Richtung Oder. Da war die Front. Das Maschinengewehr 42, so ein ganz schnelles, ratterte. Sssst, sssst, eins, zwei, drei, vier, fünf, sechs, sieben. Eins, zwei, drei, vier, fünf, sechs, sieben … So wurden die Russen erschossen. Gegen Mitternacht sah ich plötzlich einen roten Schweif auf mich zukommen. Lauter rote Perlen flogen durch die Dunkelheit auf mich zu. In der Mitte war es schwarz. Über zwei Meter lang. Lauter rote Perlen. Was war das? Eine schwere Granate kam auf mich zu. Ich sprang von der Küchenfensterbank runter, war noch nicht ganz unten, da schlug sie schon unter mir ein. Das Gebäude wackelte, aber es passierte weiter nichts. So ging es die ganze Nacht, ich konnte nicht schlafen. Es war so laut. Furchtbar … Ich musste alles sehen, ich wollte wissen, was da passierte.

Morgens wurde es ruhiger. Ich machte Frühstück, dann kam endlich meine Mutter. Sie sagte: »Wir haben keine Chance« und fing an, die Tür abzukleben.

Ich wusste, was sie machen wollte. Gas anmachen und einschlafen, das hatte ich schon gehört. Ich lief hin und riss alles wieder runter. »Was machen wir denn jetzt?«, fragte sie mich.

»Wir gehen zum Bahnhof!«, rief ich. Sie guckte mich fragend an: »Ja, ich muss aber entlassen werden, ich muss entlassen werden!«

Meine Mutter stand unter Eid, sie konnte nicht einfach abhauen. Also nahm sie mich und meinen Bruder an die Hand, und wir gingen los zum Hauptverbandsplatz. Auf dem Hinweg war es noch verhältnismäßig ruhig. Bei unserer Ankunft trugen einige Soldaten gerade drei Verwundete auf einer Zeltplane über die Oderbrücke. Blut tropfte in den Schnee. Den mittleren von den drei Soldaten schmissen sie gleich auf die Erde, er rollte weg. Er war schon tot. Dann kam der Arzt. Mutter sagte: »Was soll ich Ihnen sagen, ich habe drei Kinder zu Hause, die Tochter ist schwer krank, das Kindermädchen ist abgehauen, schon seit zwei Tagen weg. Was soll ich jetzt machen?«

Der Arzt schaute sie an und begann zu weinen: »Ich weiß nicht mehr weiter, ich weiß nicht mehr weiter … Ich muss Sie entlassen.« Er schrieb etwas auf einen Zettel, setzte einen Stempel drauf und unterschrieb. Die ganze Zeit rief er: »Ich weiß nicht mehr weiter, ich weiß nicht mehr weiter!«

Mutter nahm den Zettel, wir hatten gerade die Tür hinter uns zugemacht, da knallte es. Was war? Er hatte sich erschossen. Der Arzt war total am Ende, er konnte nicht mehr. Meine Mutter war die letzte Kraft gewesen, die noch helfen konnte.

Wir liefen weiter, wollten nach Hause zu meiner Schwester. Rechts und links von der Straße lagen Haufen von erfrorenen Menschen. Ich habe genug Erfrorene in meinem Leben gesehen. Sie lagen überall herum. Seit Herbst waren die Flüchtlinge von Oberschlesien die Straße heruntergekommen.

Wir liefen weiter durch den Schnee, dann begannen die Explosionen. Die Deutschen begannen, alles zu sprengen, Gaswerke und Wasserwerke. Sie wussten, dass nach dem Krieg die Polen kommen würden. Da haben sie alles zerstört. Die Druckwelle einer schweren Explosion riss meiner Mutter meinen Bruder aus der Hand. Er wurde über ihren Kopf geschleudert und krachte runter auf das Eis. Er lag da wie tot. Ich fragte Mutter, was mit ihm los sei. Sie sagte: »Das kenn ich von Soldaten, die auch schon was abbekommen haben. Der muss eine bestimmte Spritze kriegen, ich weiß welche, dann wird das wieder gut.«

Wir wollten zurück zum Hauptverbandsplatz, um die Spritze zu holen. Auf den Straßen lagen so viele Menschen. Alle tot. Alle erfroren. Ich habe genug erfrorene Menschen gesehen. Der Erfrierungstod soll ein guter sein. Man schläft ein und hat keine Schmerzen – habe ich mir sagen lassen. Ich weiß es nicht …

Wir drehten um und gerieten in Granatwerfersperrfeuer. Die Russen schossen. Hier ein Einschlag, dort ein Einschlag, hier, dort … Woher kamen die Granaten? Pschieeeeh, pschieeeh, pschieeeh – so ein Geräusch. Ich habe mir das Granatwerfersperrfeuer später von Soldaten erklären lassen. Wir hatten Glück, dass der Boden gefroren war. Die Granatwerfer machen sonst große Splitterwolken. Streusplitter. Weil der Boden gefroren war, sind sie nur hochgegangen – in die Luft.

Wir schmeißen uns auf den Boden. Ich fühle mich wie ein Soldat. Hinschmeißen, rauskriechen, nichts passiert … Wir können nicht mehr zurück, wir müssen nach Hause. Wir kommen an einer großen Backsteinvilla vorbei, es knallt plötzlich ganz furchtbar. Ich gucke hoch. Mit einem Schlag wird wie von Geisterhand das gesamte Dach hochgehoben, alle Dachziegel, schwupp, alle runter! Was war das? Das war eine schwere Granate, ein Volltreffer.

Zu Hause fragte meine Mutter wieder: »Was machen wir denn jetzt?«

»Wir gehen zum Bahnhof!«, antwortete ich. Wir packten trockenes Brot und ein wenig Tee in einer Thermosflasche ein. Meine Mutter trug zwei Kinder zum Bahnhof. Rechts und links auf der Hüfte trug sie ihre Kinder, mein Bruder war noch bewusstlos. Hinten trug sie einen Rucksack. Ich trug rechts und links eine Tasche und einen Rucksack – so klein, wie ich war. Zum Bahnhof war es nicht weit, das Gebäude noch nicht zerstört. Wir hatten Glück, es passierte uns nichts. Am Bahnhof standen die Bediensteten von den Wasser- und Gaswerken. Alles Männer. Wir standen alle da und warteten. Es fuhren keine Züge mehr, schon lange nicht. Dann kam ein Mann und rief: »Ich bin Lokführer, ich habe eine Lokomotive entdeckt, ohne Kohlen … Männer, alle Kohlen holen. Antreten! Überall die Keller räumen! Kohlen hertragen! Ich habe noch zwei Güterwaggons und einen Personenwaggon gefunden, ich kann die ankoppeln!«

Das war um die Mittagszeit. Die Männer liefen alle los. Einen Tag später um die Mittagszeit war der Zug fahrbereit. So lange hatten wir im Bahnhofsgebäude gewartet, nach Hause hatten wir uns nicht mehr getraut. Der Zug stand da. Zuerst der Personenwagen, dann die Güterwagen. Die Männer mussten ihre Koffer dalassen. Ich werde nie vergessen: Am Bahnsteig standen hochgestapelt all die Koffer. Wir durften unsere Taschen mitnehmen und mit den kranken Kindern in den Personenwagen steigen. Die Männer der Strom- und Wasserwerke konnten in den Güterwaggons gar nicht sitzen, so dicht gedrängt standen sie nebeneinander. Vor dem Losfahren sprach der Lokomotivführer zu uns: »Wir fahren gleich los. Wir können zweimal Pech haben. Entweder wir bekommen einen Schlag von den Russen ab, oder die Deutschen haben die Schienen bereits vermint, weil kein Zivilverkehr mehr ist. Ich fahre deswegen etwas langsamer, und wenn was passiert, müssen wir sehen, wie wir weiterkommen.«

Vierzig Kilometer von Brieg entfernt standen die Kettenhunde, Militärpolizei auf den Schienen. Einer von ihnen rief: »Alle aussteigen! Sofort! Der Zug muss zurück! Männer bis 75 alle wieder einsteigen! Ab zum Volkssturm!«

Wir stiegen aus, mit uns noch zwei alte Männer. Alle anderen waren im wehrfähigen Alter und mussten wieder zurück. Die haben wahrscheinlich alle nicht überlebt. Wir standen an den Gleisen auf einer Wiese außerhalb der Stadt. In die Stadt konnten wir nicht rein, dort war bereits alles vermint, hatte uns die Militärpolizei gesagt. Um uns herum lagen lauter Schneehaufen, alles voll. Alles voll toter Menschen. Alle erfroren und zugeschneit, die ganze Wiese runter … Kleine Hügelchen aus Schnee, darunter die toten Menschen.

»Was machen wir denn jetzt wieder?«, wollte Mutter wissen. Ich sagte: »Na, ganz einfach, wir sind von rechts gekommen, da brauchen wir also nicht mehr hin. Wir gehen ein Stück links bis zum nächsten Dorf, da kriegen wir Hilfe!«

Die beiden alten Männer waren inzwischen verschwunden. Wir wollten gerade losgehen, da kam rechts auf dem Nebengleis langsam ein Zug auf uns zu. Ein Verwundetentransportzug der SS. Der Zug fuhr langsam an uns vorbei, und plötzlich schrie ein Mann: »Liesl, was machst du denn hier?«

Meine Mutter hieß Elisabeth. Der Stiefbruder meiner Mutter war Kommandant dieses SS-Verwundetentransportzugs. Sechs Richtige im Lotto! »Ich lass gleich halten, ich komme!«, rief er, obwohl das Anhalten des Zuges ein Verbot unter Todesstrafe war. Der Zug hielt. Mutters Stiefbruder kam an und sagte: »Mädchen, dauert noch ein bisschen, der Junge kriegt 'ne Spritze nachher. In zwei Stunden seid ihr in Ordnung.« Zu mir sagte er: »Und du, du bist jetzt Soldat! Du bist sofort im Einsatz! Wenn es ein bisschen dunkler wird, kommt ihr zu der und der Waggonnummer.«

Er setzte mich als Späher ein, da war ich natürlich stolz! *(Er lacht.)* Sie sehen, ich kann jetzt darüber lachen. Ich lief herum wie ein Späher. Überall waren die Haufen mit den Toten. Ich sah auch einen Kinderwagen stehen. Dachte, was macht der denn da. Ich war neugierig und aufgeregt. Der Wagen hatte Plastikscheibenvorhänge. Ich wischte den Schnee darüber weg – da lag ein totes Baby drin. Neben dem Kinderwagen lag noch ein kleiner Haufen: die Mutter. Tot. Ich war der Späher, sollte aufpassen, dass uns keiner beim Einsteigen sehen würde. Langsam wurde es schummrig. Ich ging zu meiner Mutter und sagte: »Jetzt können wir gehen.«

Wir liefen zu der Waggonnummer. Die Tür wurde aufgemacht, wir wurden blitzschnell reingezogen und sollten uns hinterm Stroh verstecken – der Zug fuhr weiter. Die verwundeten Soldaten lagen auf Stroh, Betten gab es in dem Zug nicht. Mein Bruder bekam die Spritze. Vierzig Kilometer weiter waren wir in Glatz. Da waren wir ca. achtzig, neunzig Kilometer von der Front entfernt. Die Tür ging auf, wir wurden rausgeschmissen. Die Tür war noch auf, und der Zug fuhr schon weiter …

Glatz war auch schon teilweise von den Menschen verlassen. Die Militärpolizei wies uns in eine Wohnung bei einem alten Ehepaar mit einer Tochter ein.

Im März kamen dann die Russen. Nachts waren noch Gefechte zu hören, ich konnte nicht schlafen. Am nächsten Tag war ein wunderschöner Tag, die Sonne schien, die Straßen waren leer. Ich spielte auf der Straße und sah plötzlich, wie von rechts eine Kolonne Russen ankam. Rechts und links 'ne Frau, die kommandierten! Ich stand nur da und staunte. Plötzlich kam aus der Menge ein einfacher Soldat, lachte, hatte 'ne Scheibe Brot in der Hand, brach sie durch, gab die Hälfte mir und lachte. Nun waren die Russen da, und wir hatten unsere Ruhe vor den Polen. Die Stadt durfte von den Polen nicht betreten werden. Einmal stand ich alleine draußen und spielte. Da kam ein Pole. Ein Russe rief: »Dawai, dawai, pistra, pistra. Abhauen, schnell! Dawai, dawai, schnell schnell. Pistra, pistra, noch schneller!«

Was machte der Russe? Er nahm das Gewehr und schoss ihm ins Bein. Da lachten wir beide. Der Pole humpelte weg. Er hätte ihn auch erschießen können.

Meine Mutter arbeitete dann bei den Russen auf der Kommandantur als Dolmetscherin. Ich sah, wie die Russen lebten. Die lebten wie die Fürsten. Die russischen Offiziere tafelten vom Feinsten.

Einmal war ich eingeladen, da standen überall Goldleuchter auf weißen Tischdecken.

Im August 46 mussten die Russen die Stadt an die Polen übergeben, meine Mutter wurde zur Kommandantur nach Thüringen versetzt. Bis dahin wurde die Stadt von den Russen beherrscht, kein Pole durfte rein. Dann wurde es schlimm! Von der Vertreibung erzähle ich Ihnen nichts. Das ist zu schlimm.

Ich weiß noch, wir liefen Richtung Bahnhof, die Russen begleiteten uns, da fiel meiner Mutter ein, dass sie den Schmuck im Keller vergessen hatte. Unter den Kohlen hatte sie das Versteck gehabt. Weil sie perfekt Polnisch konnte, lief sie zurück, sie konnte immer als Polin durchgehen. Sie kam aber ohne Schmuck zurück. Bei uns hatten die Polen mittlerweile alles aus dem Fenster geschmissen. Wir hatten Hochparterre gewohnt. Die Scheiben waren alle kaputt, die Fensterkreuze raus. Nur der große Schreibtisch stand noch im Raum mit unseren Kinderbildern drauf. Die nahm meine Mutter noch mit. Sie kam runter in den Keller, da war alles voller Wasser – da schwammen lauter Leichen. Sie als Krankenschwester wusste, dass sie da nicht reingehen darf, da könnte sie sich ja anstecken und dran sterben. Da hat sie es sein lassen, kam zurück und hatte nur die Kinderbilder dabei.

Wir kamen zum Bahnhof, und da ist für Sie meine Geschichte jetzt zu Ende. Wir sind jedenfalls heil in Cottbus gelandet. Waren unterwegs umgestiegen und mit einem Kohlenzug gefahren. Aber was die Polen gemacht haben, darüber spreche ich nicht. Kann ich nicht. Was die Polen in Schlesien gemacht haben, bei der Vertreibung der Deutschen … Die haben über zwei Millionen während der Vertreibung umgebracht. Babys, Kinder, Frauen und alte Männer ab 75. Das habe ich gesehen. Nicht bloß einmal. Ich habe das mehrfach gesehen. Auf dem Weg nach Thüringen. Das begann schon gleich. Wir stiegen in den Zug ein, da begann es. Der Zug war voller Deutscher. Die Polen hielten den Zug an, sprangen auf und tobten sich drinnen aus. Aber – mehr will ich nicht. Das ist auch zu schlimm, das geht nicht. Was ich erlebt habe, was rechts und links neben mir passiert ist, können Sie sich ja gar nicht vorstellen. Wir waren noch nicht weit, da kamen sie rein, erstachen den deutschen Bahnbegleiter und schmissen ihn in den Wald. Das war noch harmlos. Ich möchte Sie auch nicht seelisch belasten. Ich kann Ihnen nur eins sagen, ich habe auch gesehen, wie Babys umgebracht worden sind … nicht weit von mir entfernt. Na ja … Der Kohlenzug nach

Cottbus hielt unterwegs mal, meine Mutter war eingeschlafen, da packten mich die Deutschen und wollten mich vom Zug schmeißen, weil sie dachten, ich sei Pole.

Ich kann Ihnen auch noch eins sagen, mit 62 war ich schwer PTS-krank. Ich hatte eine schwere posttraumatische Belastungsstörung. Nachts kamen die Bilder. Ich habe ein fotografisches Gedächtnis. Ich machte die Augen zu und sah wieder alles. Mit 62 Jahren ist erst der Damm gebrochen, hinter dem meine Erlebnisse versteckt waren. Dann hab ich wieder alles gesehen. Nachts kamen die Bilder wieder hoch, es wurde von Jahr zu Jahr schlimmer. Drei Jahre war ich ziemlich krank. Dann fand ich eine Therapeutin, die mit Teilhypnose die schrecklichen Bilder in meinem Kopf löschen konnte.

Es wissen ja die wenigsten, die traumatisiert sind, die eine posttraumatische Belastungsstörung haben, dass man die Bilder löschen kann. Es muss nicht sein, dass man leidet. Die Bilder sind mit Teilhypnose zu löschen, das können Sie den Leuten sagen. Man kann dreimal vorsprechen und sich dann für einen Psychologen oder eine Psychologin entscheiden. Ich muss sagen, es hilft einem. Das Löschen ist sehr wichtig. Die Bilder sind alle weg, und die Gedanken stören ja nicht, die merkt man beim Schlafen nicht. Wenn's einmal nicht klappt, sollte man den Therapeuten wechseln, das kann durchaus passieren. Man sollte beim ersten Mal nicht enttäuscht sein. Das kann dann noch klappen.

Die Bilder waren dann zwar weg, aber Gedanken kann man nicht löschen. Von den Gedanken bin ich doch wieder ab und zu krank geworden. Mit 62 musste ich dann aufhören zu arbeiten. Ich habe insgesamt 48 Jahre gearbeitet – ohne einen Fehltag. Kein Tag arbeitslos, keine Kur gemacht.

Ich glaube, dass ich damals für mein Alter ziemlich weit war ... Die ganze Flucht und die Vertreibung habe ich ja im Endeffekt gelenkt. Und dass wir überlebt haben – das haben meine Geschwister ja nicht gewusst –, das haben sie mir zu verdanken.

Ich hab Ihnen ja erzählt, meine Frau die schimpft mit mir, wenn sie erfährt, dass ich von der Zeit erzähle. Sie will es nicht, nach all dem, was war. Aber Sie sind die Einzige, der ich davon erzähle. Ich mache das gerne. Ich habe das bisher immer verweigert, ich habe es keinem Historiker, niemandem erzählt. Und werde es auch niemandem mehr erzählen. Aber jetzt bin ich in einem Alter, wo ich darüber reden kann. Und Sie wollen es ja dokumentieren.

Von verlorenem Lebensmut, der dunklen Zeit und einer emotionalen Katastrophe

Genau in meinem Geburtsjahr 1942 begannen die Bombenangriffe der Amerikaner und Briten. Ich bin zu Hause geboren, und zu der Zeit gab es ja schon viele Bombenangriffe …

Am 22. November 1943 wurde unser Haus getroffen. Da waren wir wohl bei meinen Großeltern. Mutter brachte alles, was sie noch retten konnte, in die Wohnung ihrer Schwester. Aber drei, vier Tage später wurde auch das Haus ihrer Schwester zerstört. Dann war alles weg …

Bis zum Kriegsende wohnten wir dann bei meinen Großeltern in der Hardenbergstraße. Mein Vater war die ganze Zeit im Krieg … Ich weiß aus Erzählungen, dass meine Mutter bei Luftangriffen immer mit mir zum Bunker am Zoo gerannt ist. Dieser große Bunker … immer hingerannt. Sie musste mich aus dem Schlaf reißen, weil die Angriffe meistens nachts waren. Manchmal schaffte sie es nicht mehr zum Bunker, dann ging sie mit meinen Großeltern, deren Haus verschont worden ist, in den Keller. Insofern hatten wir noch Glück …

Meine eigene Erinnerung setzt erst mit dem Einmarsch der Russen ein. Ich erinnere mich, dass eine große Soldatenschar die Hardenbergstraße runter marschierte. Sie durchsuchten alle Häuser. Die Soldaten machten einen sehr, sehr ordentlichen und sauberen Eindruck. Nachher hat man mir erzählt, das wären Elitesoldaten gewesen. Die Soldaten kamen auch in unseren Keller, und einer schenkte mir eine Puppe. Die Puppe fand ich super, ich hatte ja nichts. Der Soldat hatte sie wohl irgendwo gefunden. Das ist aber auch die einzige gute Erinnerung, die ich von Russen habe. Ansonsten, muss ich leider sagen, habe ich heute noch einen Widerwillen gegen dieses Volk. Obwohl die vielleicht gar nichts dafür können. Ich kann es einfach nicht ertragen!

So, jetzt kommt die dunkle Zeit, wie Sie sicherlich schon von anderen gehört haben. Davon, dass die russischen Soldaten hier sehr, sehr gehaust haben … mit Vergewaltigungen. Ich musste mich immer mit meiner Mutter verstecken. Daran erinnere ich mich noch. Wir kauerten uns in den Fahrstuhlschacht, wo es eigentlich unmöglich war. Das Versteck war vielleicht einen Meter mal einen Meter groß. Die Russen durchsuchten alle Häuser nach Frauen, jüngeren Frauen. Im Versteck musste ich leise sein, nach Möglichkeit kaum atmen. Das sicherste Versteck, wo sie uns nicht finden konnten, war dieser kleine Raum im Fahrstuhlschacht. Dort mussten wir so lange ausharren, bis die Russen mit unserem Haus fertig waren. Die haben jeden Winkel durchsucht. Dann kam mein Opa uns rausholen.

Einmal schaffte meine Mutter es wohl nicht, sich zu verstecken. Da schminkte meine Oma meine Mutter ganz schrecklich, machte sie so zurecht, dass sie ganz krank aussah. Mutter legte sich ins Bett, und meine Großmutter legte mich auf Mutters Bauch. So nahmen die Russen Abstand von ihr. Ansonsten versteckten wir uns im Keller hinter Bretterverschlägen. Und die Schreie der Frauen in der Straße, das war dann ganz, ganz schlimm.

Diese Angst, Angst … Ich bin sehr, sehr ängstlich gewesen. Das hat sich Gott sei Dank im Laufe der Jahre gebessert. Aber ich hatte immer große Angst, weil ich die Angst meiner Mutter gespürt habe. Schon die ganze Kriegszeit über habe ich ihre Angst gespürt und nachher in den Verstecken noch dazu. Das war nicht so schön …

Es gab ja auch sehr viele Kinder russischer Abstammung, da machen wir uns mal nichts vor. Die meisten Väter, die zurückgekommen sind, haben es dann eben akzeptiert. Haben da nicht drüber gesprochen. So wie meine Eltern sowieso nicht über den Krieg gesprochen haben. Mein Vater gar nicht und meine Mutter nur über ihre schrecklichen Erlebnisse mit den Russen. Sie ist verschont geblieben, aber ich war ihr Schutz. Das war nicht gut. Meine Psychologin sagt auch, dass das gar nicht gut war. Vor allen Dingen, dass sie mir das alles nachher dann nochmal in allen Einzelheiten geschildert hat. Sie wollte sich entlasten, das ist richtig, aber für mich war das nicht gut. Ich hab mich mein Leben lang für meine Mutter verantwortlich gefühlt und habe mein Leben auch darauf eingestellt. Und ich habe immer noch dieses Misstrauen, was Soldaten angeht. Wie gesagt, Russen sind für mich ein rotes Tuch. Wenn jetzt einer reinkommen würde, würde ich ihm nicht an die Gurgel gehen. *(Sie lacht kurz.)* So nicht … Die haben ja auch negative Erlebnisse gehabt, da bin ich mir ganz sicher. Aber, ach nee …

(Gisela W., Jg. 1942)

Ich kann darüber nicht sprechen. Die Erlebnisse, die ich hatte, auf der Flucht und die nächtlichen Überfälle von den Russen … Es tut mir so leid, ich bin dazu nicht in der Lage … Ich hab daran zu knabbern. Ich kann das einfach gar nicht, ich kann darüber nicht sprechen. Der Krieg und die Flucht … Wir haben ja so viel mitgemacht als Kinder. Und dann der ganze Aufbau. Das haben wir ja alles mitgemacht. Bescheiden sind wir heute noch im Alter. Ich kann da nicht ran! Ich bin nervlich etwas angeschlagen, ich bin froh, wenn ich meinen Alltag hinkriege. Ich habe die Flucht erlebt und alles. Das war wirklich 'ne schlimme Zeit. Bestimmte Filme kann ich mir gar nicht angucken. Das wühlt mich auf. Ich hab keine Abwehr mehr. Ich bin nicht in der Lage. Ich würde ja gerne, das ist ja auch interessant. Aber ich kann nicht. Das ist die Seele, die man einfach nicht beherrschen kann …

(Christa L., Jg. 1933)

Bis zu meinem 50. Lebensjahr hielten die Ängste aus meiner Kindheit an. Erst dann lernte ich, mit den Ängsten umzugehen. Geholfen haben mir ein Klinikaufenthalt und über zehn Jahre Beschäftigung mit den Schriften von Erich Fromm. Bis vor ca. drei Jahren haben die Psychiater behauptet, diese Kriegserlebnisse in der Kindheit hätten keine Folgen gehabt.

Nun, da wir älter sind, haben viele Menschen den Lebensmut verloren, haben Depressionen, kommen mit ihrem Alter nicht zurecht. Dass das die Folgen der Kriegskindheit sind, hat die Wissenschaft endlich erkannt.

(Hanna B., Jg. 1934)

Ich weiß, dass ich einen Schaden weghab. Wollen wir mal so sagen … Ich glaube aber nicht, dass ich diesen Schaden vom Krieg habe, sondern von den Folgen des Krieges. Von der anschließenden Zeit als Vollwaise. Was ich da erlebt habe, das war unter der Gürtellinie, muss ich sagen. Und das verändert Menschen im Ganzen. Ich glaube, wenn ich, als ich heiratete, gewusst hätte, dass ich indirekt meine Erfahrungen auf die Kinder übertrage – ich hab ja auch diese Sabine Bode gelesen –, hätte ich keine Kinder gekriegt. Denn ich weiß, es stimmt! Kinder haben auch irgendwo einen Knacks gehabt. Ich geh mit vielen Sachen völlig anders um als andere Leute. Und das merkt man im Alter. Das spürt man einfach. Ich war ja, wie gesagt, in Behandlung, und die Psychologen haben mir gesagt, ich sollte nicht dran rühren, dabei würde nur noch mehr Mist rauskommen. *(Sie lacht.)* Ich war dreimal in Behandlung gewesen, alle haben mir davon abgeraten. Ich bin ja schon mit 42 in Rente gekommen. Ich hab ungefähr 25 OPs hinter mir – alle aufgrund psychosomatischer Erkrankungen. Diese Erfahrungen schlagen sich schon irgendwo nieder. Ich hatte noch bis zum 18. Lebensjahr Albträume ... diese Kriegsträume. Später habe ich nachts nicht mehr geschrien, aber im Schlaf geredet. Deswegen wollte keiner im Kinderheim mit mir in einem Zimmer schlafen. Verstanden haben sie nie was, aber ich muss furchtbar geredet haben – immer aufgeregt. Weinen durften wir ja nicht. Ich habe das Weinen verlernt. Dass das später zu einer emotionalen Katastrophe führen würde, haben wir ja nicht gewusst. Man kann mit dem Verstand sehr viel erreichen, aber Sie kriegen nicht alles in den Griff, das ist Unsinn. Das sind so Ticks, wie die Aversion gegen Hunde, die sind drin, da komm ich nicht gegen an. Das sind alles so Kleinigkeiten, wo ich merke, dass irgendwas nicht stimmt. Da muss ich eben sehen, wie ich damit klarkomme.

(Kristin K., Jg. 1937)

Hintergrundinfos: Kriegstrauma

Unter einem Trauma versteht man ein einmaliges, kurzfristiges Ereignis von außergewöhnlicher Bedrohung. Im Zweiten Weltkrieg waren Kinder und Jugendliche vielen Bedrohungen ausgesetzt – und das über einen langen Zeitraum hinweg. Bedrohende Ereignisse traumatisierender Art konnten sein: Bombenangriffe, Ausbombung, Flucht, Vertreibung mit Heimatverlust, Hunger und Kälte, fehlende Väter und überforderte Mütter. Hilfe bekamen die Kinder nicht. Vielmehr sollten sie sich glücklich schätzen, weil sie überlebt hatten. Untersuchungen gehen bei einem Drittel der Betroffenen von einem seelischen Schaden aus. Viele Kriegskinder neigen noch im Alter zu diffusen Ängsten, Depressivität oder unerklärlichen Schmerzen. Ausgebombte haben noch heute Panikattacken und Angstzustände. Im Alter haben die Menschen Zeit, auf ihr Leben zurückzublicken, und die Beschäftigung mit der eigenen Kindheit rückt mehr in den Fokus. Damit steigt aber auch das Risiko, dass Traumata reaktiviert werden. Ein Gespräch mit Therapeuten, aber auch mit der eigenen Familie, ist oft hilfreich. Denn Traumafolgen können sogar an Kinder und Enkel weitergeben und vererbt werden – vor allem dann, wenn das Trauma-Erleben der Betroffenen nicht verarbeitet und überwunden wurde, können traumatisierte Eltern ihr verändertes Verhalten auf die eigenen Kinder übertragen. Wissenschaftler gehen davon aus, dass die von den Kriegskindern erfahrenen starken Belastungen das Gleichgewicht in den Körperzellen durcheinanderbringen können, wodurch sogar Veränderungen im Erbgut hervorgerufen werden, sodass die erworbene Eigenschaft der Eltern bei den Kindern zu einer angeborenen wird. Dadurch kann die nächste Generation dann anfälliger für Ängste und stressbedingte Erkrankungen werden.

Kriegskinder und Kriegsenkel

»Mit diesen Bruchstücken vom Krieg sind wir aufgewachsen.«

Helga Werner

(Geboren 1937 in Stahnsdorf, Industriekauffrau)

Helga Werner: Meine Tochter hat viele Bücher zu dem Thema angeschleppt. Ich habe dann schon immer auf das nächste gewartet. Es ist ja doch interessant, was andere darüber erzählen.

Tochter: Ich bin wirklich sehr dankbar, dass meine Mutter da offen ist. Das macht es mir sehr viel einfacher, die Erzählungen zu begreifen, die mich durch meine Kindheit begleiteten. Oft fragte ich mich: ›Warum erzählt sie das denn immer wieder? Ich weiß es doch schon längst.‹ Dass es für sie auch eine Art Verarbeitung war und das damals erlebte Trauma nie ganz verschwinden würde, erkannte ich als Kind natürlich nicht. Das ständige Wiederholen über viele Jahre war schon besonders. Vielleicht war ich deshalb gleich so gefesselt, als ich in einer Werbung eine Inhaltsangabe über ein Kriegskinderbuch fand. In unserer Familie wurde immer viel gelesen. Wir sind so aufgewachsen. Als ich das erste Buch gelesen hatte, fühlte ich mich meiner Mutter deutlich näher. Also folgten weitere, die ich las. Ich war unsicher, ob meine Mutter diese Bücher lesen würde, aber sie war offen dafür und begeistert. Dadurch folgten sehr viele Gespräche über diese Zeit.

Ich habe früher nie verstanden, warum meine Mutter Silvester diese Sirenen so fertiggemacht haben. Klar, das erinnert an Fliegerbomben. Das ist original dasselbe Geräusch.

Helga Werner: Ja, manchmal war mir Silvester wirklich komisch. Erst in den letzten Jahren habe ich mich etwas daran gewöhnt. Schon vom Gedanken her sind mir Sirenen unheimlich.

Tochter: Wir haben keinen Keller. Du kannst nirgendwohin! Musst du dir schon mal einen Plan B überlegen. *(Beide lachen.)*

Helga Werner: Bei Bombenangriffen sollte ich damals schnell alleine von der Schule nach Hause laufen. Meistens schaffte ich es nicht – die Flieger waren schon da und ich noch auf der Straße. Davon träume ich noch heute manchmal. Vorne an der Straße wuchs eine Hecke wilder Kirschen. Wenn die Tiefflieger über mir waren, rannte ich in diese wilden Kirschen und versteckte mich dort. Ich war immer alleine. Das fand ich fürchterlich. Ich saß in den Kirschen und schaute: Drehen die jetzt um? In der Zeit, während die Tiefflieger wendeten, rannte ich weiter. Drückte mich an den Zäunen entlang. Ich wusste schon, mitten auf der Straße, das geht nicht.

Manchmal klingelte ich auch an Häusern, wollte rein, aber da machte natürlich keiner auf … Also, ich würde das meinen Kindern nicht zumuten. Warum meine Mutter das gemacht hat? Die sagte immer: »Wenn wir sterben, sollen wir alle zusammen sterben.« Deswegen wollte sie nicht, dass ich mit den anderen Kindern in den Keller der Schule ging. Aber es ist ja gar nicht gesagt, dass wir dann zusammen gestorben wären … Ich habe lange geträumt, dass hier alles voller Sandberge und Löcher ist und ich das Haus nicht finde. Erst seit zwei, drei Jahren träume ich nicht mehr vom Krieg. Durch die Bücher habe ich doch eine Menge aufgearbeitet.

Ich erinnere mich noch, ich stehe mit meiner kleinen Schwester am Gartentor. Ich bin acht und meine Schwester zwei. Wieder kommen Tiefflieger. Spindeldürr, wie ich bin, nehme ich meine Schwester auf den Arm und renne mit ihr zum Haus. Es ist nicht weit, aber mir kommt es wie ein Kilometer vor. Das verfolgt mich heute noch. Meine Schwester erinnert sich, wie meine Zöpfe ihr dabei ins Gesicht geflogen sind. Die war zwei Jahre! Es ist ihre erste Erinnerung …

Ich bin in meinem Leben nur einmal geflogen, nach Prag. Dabei hatte ich wahnsinniges Herzklopfen. Flugzeuge bringe ich immer in Verbindung mit Bomben. Und wenn es draußen gewittert und der Donner knallt, dann hatte ich noch bis vor ein paar Jahren fürchterliche Angst. Gewitter habe ich immer in Zusammenhang mit dem Krieg gebracht. Obwohl das nun schon so lange her ist … Manchmal dachte ich schon: ›Biste nicht ganz in Ordnung im Kopf?‹ Die Erinnerungen waren so lange weg und jetzt wurden sie wieder lebendig. Aber dass es vielen so geht und es auch normal ist, dass man sich damit befasst, hab ich erst durch die Bücher erfahren.

45 war es am schlimmsten. Dann wurden auch am Tag Angriffe geflogen. Zum Schluss haben wir eigentlich nur noch existiert. Ständig in den Keller, zur Schule, wieder in den Keller. Ich war zufrieden, wenn ich ein bisschen Zeit zum Spielen hatte. Wenn es laut im Keller wurde, musste ich meine kleine Schwester, die Elsie, halten und meine Mutter den Hund. Der ist bald gestorben vor Angst. Mutter

wollte nicht, dass der Hund vor Angst rausläuft. Wir hatten ihn bloß in Pflege. Er war von einem Kameraden meines Vaters, der in Berlin ausgebombt worden war.

Gleich um die Ecke standen die Kasernen, die Ludendorffkaserne und die Siegfriedkaserne. Und ein Stückchen weiter in Ludwigsfelde standen die Flugzeugwerke. Die wurden oft bombardiert, und unser Dorf lag genau dazwischen. Manchmal wurde unsere Gegend eingenebelt. Dann konnten die Flugzeuge die Werke von oben nicht mehr sehen. Der Nebel war unheimlich. Wenn die Bomben nicht auf dem Feld gelandet wären, würde hier kein Stein mehr auf dem anderen stehen.

Wenn ein Angriff vorbei war, gingen wir raus in den Garten und guckten, ob es irgendwo brannte. Mutter ging Brandbomben absammeln. Hier um die Ecke auf einem Feld stand die Flak. Deren Abwehrfeuer knallte sehr laut. Wenn es knallte, zogen wir bloß den Kopf ein, so waren wir erzogen. Krieg möchte ich nicht nochmal erleben …

Tochter: Erzähl mal die Geschichte mit dem Gucken auf die Füße. Das ist eine Geschichte, mit der ich aufgewachsen bin, wovon ich Albträume habe oder hatte.

Helga Werner: Bekloppte gibt es ja immer … Hinten auf dem Feld hatten die Deutschen ganz zum Schluss noch einen Angriff gewagt. Danach lagen vorne auf der Ecke bis zum Wald runter überall Leichen – Deutsche und Russen. Gleich nach dem Angriff holten die Russen alle Männer ab, die schon wieder zu Hause waren. Es hieß, die Männer würden alle erschossen. Die Russen dachten, der Angriff wäre von den Männern im Dorf gewesen. Aber es waren Soldaten. Das weiß ich, weil ich mit meinem Bruder gucken ging. Die Leichen waren in Uniform. Mutti weinte. Mein Bruder sagte zu ihr: »Wir gehen mal gucken, ob Papa dabei ist.« Mutti stand nur da und heulte. Mein Vater war im Garten gewesen und hatte Holzpantinen getragen. Mein Bruder und ich gingen los. Vorne an der Straße standen ausgebrannte Autos und zerschossene Panzer. Dahinter lagen die Toten. Die lagen bis in den Wald hinein. Wir guckten uns von den Leichen immer nur die Füße an. Suchten nach den Holzpantinen. Die Gesichter der Toten wollten wir nicht sehen. Ich erinnere mich nur an die vielen Füße. Ist auch gut, die Gesichter hätten mich wahrscheinlich auch später noch verfolgt. Wir guckten, ob unser Papa dabei war. Wir guckten wirklich bloß immer auf die Füße. Der Papa war nicht dabei. Gott sei Dank, war er es nicht … Also wenn ich daran denke … So viele Tote. Die Männer wurden sofort abgeholt. Sie sollten Richtung Schönefeld auf einen Transport nach Russland gebracht werden. Meine Mutter wusste nicht, ob mein Vater dabei war oder ob er erschossen worden war. Ich erinnere mich schemenhaft daran, wie sie meinen Vater abholten. Ich glaube, ich habe es verdrängt. Ich weiß noch, dass er sich nicht mal Schuhe anziehen durfte. Sie übernachteten in einer Scheune. Mein Vater machte eine Latte los und türmte. Er hat es geschafft. Er kannte ja die Gegend.

Vati muss wohl auf Urlaub da gewesen sein. Denn Mutti hatte ihn immer gedrängt, dass er die Uniform ausziehen solle, weil die Russen schon in der Nähe seien. Aber er sagte: »Nee, wenn die Deutschen mich so sehen, erschießen sie mich. Wenn ich in Zivil bin.« Jaja. Alles würde ich lieber nochmal durchmachen müssen – aber keinen Krieg.

Tochter: Ich kenne diese Geschichte von Kindheit an. Jedes Mal, wenn wir über den Krieg geredet haben, kommt diese Geschichte. Die habe ich so verinnerlicht, als ob ich sie im Fernsehen gesehen hätte. Ich kenne ja auch Fotos, wie meine Mutter und mein Onkel als Kinder ausgesehen haben. Ich hab das bildlich vor Augen. Weil ich damit groß geworden bin. Waren da eigentlich noch andere Kinder, die da gesucht haben?

Helga Werner: Um Gottes willen, nein! Ich hätte euch eingeschlossen! Das war für mich schon schlimm. Wir hatten hier draußen nicht so viele Tote wie in Berlin. Aber als Kind habe ich es nicht als so besonders empfunden. Durch den Krieg, ich weiß nicht, es war nicht direkt normal, aber … Erst nachher habe ich mich in den Träumen damit beschäftigt. Ich sehe noch die Uniformen mit den Abzeichen vor mir. Aber kein Gesicht. Gott sei Dank!

Nach dem Krieg haben wir dolle gehungert. Mein Bruder und ich aßen abends im Bett rohe Kohlrüben. Der Hunger, ja, der kommt gleich nach den Bombenangriffen. Aber die Bomben waren am schlimmsten. Mein größter Wunsch war: Ich gehe mit einem Körbchen voller Brote zur Schule. Weißbrot mit Teewurst. Fünf, sechs, sieben Stullen liegen in dem Körbchen. Genug, damit ich keinen Hunger habe. Vor dem Einschlafen stellte ich mir immer vor, wie ich mit dem Körbchen stolz zur Schule gehe. *(Sie lacht.)* Und dann konnte ich trotz des Hungers einschlafen. Das war für mich der Innbegriff von Seligkeit. Von dem Körbchen voller Brote träume ich noch heute manchmal. Zur Schule konnte ich nichts mitnehmen. Wir hatten nichts. Keiner hatte was. 47 Pfund wog ich mit zehn Jahren. Hunger hatten wir immer. Aber alle hatten Hunger. Das war normal. Das Obst im Garten ist schon vor lauter Schreck rot geworden, glaube ich. Das haben wir immer angeguckt und halb reif gegessen. Meine Mutter machte Sauerampfersuppe. Im Eintopf war mehr Wasser als alles andere. Wir aßen davon und hatten nach einer Stunde wieder Hunger.

Ich habe lange nicht verstanden, warum die Träume wiederkamen. Ich dachte: ›Mensch, dir geht's gut und du hast keinen Hunger mehr und nichts. Wieso fällt dir jetzt so vieles ein, was ich früher eigentlich weggeschoben hatte?‹ Ich hatte versucht, nicht mehr an den Krieg zu denken. Aber die Erinnerung sitzt immer noch tief. Es muss vom Unterbewusstsein kommen, dass ich wieder vom Krieg geträumt habe. Je älter ich wurde, desto mehr wurde es. Erst vor ein paar Jahren habe ich in den Büchern gelesen, dass es normal ist, sich damit im Alter nochmal zu beschäftigen. Ich hab das zwar nicht ganz verstanden, aber wahrscheinlich muss man es nochmal aufarbeiten.

Meine Mutter sprach jahrelang nicht mit uns über den Krieg. Konnte sie wahrscheinlich nicht. Das war kein Thema. Das war der Krieg und den Krieg hatten hier alle, der gehörte dazu. Wir mussten damit fertigwerden und konnten zufrieden sein, dass uns weiter nichts passiert war. Ja, das war kein Thema. Jetzt, wo meine Eltern tot sind, hätte ich viele Fragen, die ich gerne beantwortet hätte. Aber damals war ich zufrieden – weg damit, wir haben es hinter uns gelassen. Wir Kinder empfanden das als nichts Besonderes. Wir sind eben im Krieg groß geworden. Das war halt so! Wir empfanden uns praktisch noch als bevorzugt. Denen in Berlin ging es ja viel schlimmer. Wenn sie die Straßen dort bombardiert hatten, wusste keiner, wohin. Also sagen wir mal, der Krieg gehörte dazu, damit bin ich groß geworden. Nachher gehörte der Hunger dazu. So wie der Kommunismus dazugehörte.

Tochter: Mit diesen Bruchstücken vom Krieg, die uns Mutter erzählte, bin ich aufgewachsen. Einzelheiten kamen erst später, als ich anfing die Bücher zu lesen, und dann auch nachgefragt habe. Da war das Interesse dann da. Als Kind hatte ich daran gar kein Interesse, aber ich musste es mir ja trotzdem anhören.

Helga Werner: Na ja, wenn die Erinnerungen durchgekommen sind, dann hab ich euch davon erzählt.

Tochter: Ja, und zwar ständig! Jedes Mal, wenn wir an der Hecke langliefen, dachte ich als Kind: Oh Gott, jetzt kommt schon wieder die Story! *(Helga Werner lacht laut.)* Ah, jetzt fängt sie wieder an: In den Büschen bin ich … Als Kind fand ich das anstrengend. Und die Geschichte mit den Füßen fand ich gruselig. Das war sicherlich auch eine Verarbeitung von dir.

Helga Werner: Meine Kindheit ist durch Arbeit geprägt, Arbeit und Hunger. Das können sich die Kinder heute wahrscheinlich gar nicht vorstellen. *(Pause)* Gott sei Dank! Trotzdem waren die Bombenangriffe schlimmer als der Hunger nachher. Man wusste nie, wenn es knallte, ist jetzt das Haus getroffen und fällt es gleich über mir zusammen oder brennt sich das Feuer schon durch? Ich hatte dolle Angst. Die Tiefflieger haben auf alles geschossen, was sich bewegte. Ob das ein Hund war … Irgendwer hat mal zu mir gesagt: Ist ja interessant, du hast ja Geschichte pur erlebt. Ich sagte: »Ich könnte drauf verzichten.« Den Krieg, dann unseren Sozialismus, die Teilung. Geschichtlich ist es schon interessant.

Es war schon eine verrückte Zeit, aber für mich nicht nochmal. Ich ärgere mich fürchterlich, wenn ich im Bett liege und dann kommen die Bilder wieder hoch. Dann denke ich: ›Mein Gott, das ist so lange her!‹ Der Krieg war schlimm. Ich hab immer gedacht, man lernt aus der Geschichte. Heute sieht man es wieder, dass es nicht so ist, wo jetzt die Rechten wieder so hochkommen. Ich kann es nicht verstehen!

Tochter: Von eurer Generation, die das wirklich miterlebt hat, sind jetzt bald alle weg. Du bist achtzig, wer lebt denn von deinem Jahrgang noch? Das sind wenige. In den nächsten zehn Jahren sind alle weg, die den Krieg erlebt haben. Dann weiß keiner mehr, wie schlimm das war. Nur noch aus Büchern. Und wenn es keiner mehr sagen kann, dann finden das alle gar nicht mehr so schlimm.

»Immer deine Vergangenheit!« Dorothea W.

(Geboren 1962, Lehrerin)

Mein Vater hatte eine schlimme Kindheit während des Krieges. Bei ihm ist eine emotionale Wunde geblieben, die ist richtig schlimm. Die Narben bleiben. Die werden nie weg sein! Nie! Das ist das, was so eine Kindheitserfahrung erschaffen hat. Und als meine Schwester und ich unsere Söhne gekriegt haben, mussten wir uns von meinem Vater immer anhören: »Beschützt die mal schön! Das bringt nichts, die müssen hart werden! Die müssen ihren Mann stehen! Frauen können keine Männer erziehen!« Das ist bis heute so. Seiner Meinung nach sind die Jungs alle Weicheier und Schlappschwänze! Die haben keine Ahnung, die sind bescheuert! Aber der eine Sohn meiner Schwester hat studiert, ist Ökonom, und mein Sohn arbeitet in der Charité als Krankenpfleger. Die haben alle ihren Beruf, verdienen ihren Lebensunterhalt. Das erkennt er nicht an! Gott sei Dank gibt es in der Enkelkette eine Tochter, und die vergöttert er. Und das ist meine Tochter. Für die macht er alles, die ist sein Liebling. Aber dann sind die anderen wieder sauer … Ich mache eine Therapie, um das anzunehmen, wie es ist. Mein Vater ist aber nicht so, wie ein Vater sein müsste. Er wird so nie sein! Mein Vater hat Schlimmes mitgemacht, er hat beide Eltern verloren. Aber ich habe keine Lust, mir immer anhören zu müssen: »Du hast ja keine Ahnung! Und bla.«

Das Emotionale bewegt die Menschen, und es ist unglaublich, vor allem für mich als Tochter, zu sehen, dass man da reden, reden, reden kann. Es hat keinen Sinn! Seine Verhaltensstruktur ist so festgefahren! Er erzählt stundenlang von seiner Vergangenheit. Wenn man zum Kaffeetrinken kommt, dann ist abends immer noch nicht Schluss. Und dann sage ich, es reicht jetzt, ich kann nicht mehr. Immer deine Vergangenheit! Und das ist immer so gewesen. Gut, dass war nur ein-, zweimal im Monat, aber ich konnte es nicht mehr aushalten. Er erzählte, wie er beim Bauern gearbeitet hatte und für die Nachbarin die Wäsche austragen musste, um ein bisschen Kleingeld zu kriegen. Und wie er dann Brot gekauft hatte, und bei manchen hat er dann als Anerkennung Taschengeld bekommen und bei manchen gar nichts. Er hat immer gesagt: »Ihr müsst Geld verdienen, sonst habt ihr nichts. Ihr müsst fleißig sein und Geld verdienen!« Und dieses Muster hat er auch an meine Schwester und mich weitergegeben. Ich hab die ganzen vierzig Jahre, bis auf ein Jahr, wo ich krank war, immer gearbeitet. Und diese Arbeitsbiografie hat mein Vater im Prinzip mit seinen Erzählungen angeregt. Bei mir ist das auf fruchtbaren Boden gefallen. Nur aus eigener Kraft, also aus Arbeit kann was kommen. Und ich bin auch gerne auf Arbeit gegangen. Das hat diese Kindheit gebracht. Diese Energie, etwas zu tun, was zu machen und dafür einzustehen. Dafür bin ich meinem Vater dankbar, dass er dafür steht und uns dazu immer ermutigt hat. Und diesen Mut hat er aus sich selber geholt. Was er alles durchgemacht hat! »Das könnt ihr euch gar nicht vorstellen, wie das ist, wenn überall alles brennt! Und wenn Hunger ist. Und wenn jeder nur ans Überleben denkt. Und nur seine Familie durchbringen will und nichts anderes wichtig ist als nur das eigene Überleben.«

Mein Vater ist immer arbeiten gewesen. Ich kann mich nur an einen kaputten, müden Vater erinnern. Der dann auch genervt war, wenn wir was hatten. Und wir waren ja Mädchen. Ich war nicht der Junge, den er sich gewünscht hatte vom lieben Gott. Der hätte dann Wolfgang geheißen. Aber ich war kein Wolfgang, ich war nur eine Dorothea. Und den Sohn hat er nie gehabt. Das ist auch so ein Wermutstropfen, wo er sagt, das wär ja alles anders gewesen. Und ja, es wäre alles anderes gewesen, ein anderes Leben. Und so ist es nicht das gewesen, was er sich erhofft hat. Dann kommt da eben ein Mädchen und nach zehn Monaten kommt noch ein Mädchen. Das war nicht gewollt, nicht geplant. Es gab immer Theater. Mädchen sind doof, Mädchen haben nichts drauf! Und wissen Sie, manchmal glaube ich, dass ich aus dem Grund gesagt habe: Wenn du mal groß bist, dann zeigste ihm, dass Mädchen auch was können. Dieses Gefühl hatte ich als kleines Mädchen. Er wolle auch nicht, dass ich Lehrerin werde. Ich sollte Sekretärin in seinem Betrieb werden. Und dann bin ich nach Berlin gegangen. Das hat ihm auch nicht gefallen. »Bist ja nie da!« Ich meinte: »Dann setz du dich doch mal in den Zug und komm.« Nein, das ging nicht. Es ging nur die Richtung: Frau verwöhnt Mann. Tochter kümmert sich um Papa. Aber das ist nicht das gängige Modell, was unsere Familie betrifft. Aber das Muster ist, glaube ich, so tief drin. Die Kirche hat sich gekümmert. Mit der Kirche fühlt er sich tief verbunden. Aber das ist so ein Tropfen auf den heißen Stein, eine menschliche Wärme ist es nicht. In Algerien gibt es dieses Sprichwort: »Das Wort, das dir hilft, kannst du dir nicht selber sagen.« Du musst die Zuwendung eines anderen Menschen erfahren. Man kann nicht alles selber machen. Kinder hängen natürlich an ihrer Mutter. Und was ist, wenn die Mutter krank ist?

Mein Vater hatte seine Mutter früh verloren, und sein Vater war im Krieg. Im Stress damals nach der Wende, meine Mutter war gerade verstorben, bekam ich Depressionen. Der Arzt sagte, ich hätte Depressionen. Ich sagte: »Nein, hab ich nicht, das gibt's nicht. In meiner Familie hat sowas keiner.«

Ich ignorierte die Diagnose, nahm die Tabletten nicht und ging wieder arbeiten. Dann hieß es, meine DDR-Ausbildung wird nicht anerkannt, ich müsse nochmal Staatsexamen machen. Das war für mich eine geistige und seelische Überforderung mit zwei Kindern. Ich machte trotzdem mein Staatsexamen, der Vater meiner Kinder unterstützte mich. Aber als ich den Abschluss hatte, war er ein anderer. Ich spürte den Halt durch ihn nicht mehr und wurde immer schwächer. Dann brach ich wieder zusammen, kam ins Krankenhaus, und dann wies er mich in die Psychiatrie ein. Dort hatte ich viel Zeit, das mit meinem Vater aufzuarbeiten. Mein Vater sagte: »Die ist nicht psychisch krank.«

Da wussten wir ja noch nicht, dass seine Mutter auch Depressionen gehabt hatte. Das fanden wir erst später raus. »Die braucht nur Unterstützung, dann geht sie weniger arbeiten und dann wird das schon wieder«, sagte er zu den Ärzten. Sie hörten nicht auf ihn. Ich kam in eine Tagesklinik und das Ergebnis war, dass ich mich wieder selbst gefunden habe.

»... allein auf dieser vom Krieg zerstörten Welt« Lothar M.

(Geboren 1934 in Berlin, Gartenbauingenieur)

Das Schlimmste war eigentlich, als wir von unserer Flucht in Berlin ankamen. Als wir in unsere Straße einbogen, pfiff unsere Nachbarin, mit der wir zusammen geflüchtet waren, und ihr Mann erschien. Bei uns erschien keiner. Mein Vater sei vermisst, sagte der Mann der Nachbarin. Eine andere Nachbarin hatte gesehen, wie er in den letzten Kriegstagen mit seinem Gewehr zur Kaserne gegangen war. Er war wohl noch zum Volkssturm eingezogen worden. Und von da an war nichts mehr zu hören. Wir haben ihn über das Rote Kreuz suchen lassen und alles Mögliche in Gang gesetzt, aber es kamen immer nur die Antworten: Nicht gefunden oder keine Informationen. Wir sind sogar mal zum großen Soldatenfriedhof südlich von Berlin gefahren, da stehen ja endlose Grabreihen. Aber auf den meisten Grabsteinen steht: Unbekannter Soldat. Das bringt einem ja nichts ... Meine Mutter hatte sich auf der Flucht mit Typhus angesteckt und kam dann ziemlich schnell ins Krankenhaus. Dort starb sie vier Wochen nach unserer Ankunft in Berlin. Und dann waren wir ganz alleine in dem Haus in Treptow. Ich war zehn, und meine Schwester war zwölf.

Meine Schwester hat ein Fluchttagebuch geschrieben, da steht Folgendes drin: *(Er liest vor.)* »Viele Häuser waren zerstört, aber ein Aufatmen, unser Haus stand, es hatte nur ein Loch. Frau Möller pfiff und schon wenige Sekunden später kam Herr Möller aus dem Haus. Nach der Begrüßung fragte Frau Möller: »Ist Herr M. hier?« »Nein, er ist vermisst.« Nun gingen wir langsam nach Hause, warum sich noch beeilen? Vati nicht da, fremde Leute im Haus. – Frühere Nachbarn öffneten uns (Familie Herz). Wir stellten unseren Wagen ein und gingen zu Möllers, um noch etwas zu essen. Aber trotz allem, wir waren endlich zu Hause, und morgen war Muttis Geburtstag. Wir legten uns auf Decken schlafen und deckten uns mit Mänteln zu. Als wir am nächsten Morgen aufwachten, war Mutti schon aufgestanden. Ich traf sie nachher im Garten. – Es war Muttis traurigster und letzter Geburtstag. Schon nach vier Wochen ließ sie uns am 14. August beide allein auf dieser vom Krieg zerstörten Welt. Von den Anstrengungen der Fahrt und der großen Enttäuschung geschwächt, starb sie an Typhus, zwei Tage später war Lothars elfter

Geburtstag. Auch Lothar war schon krank, aber er überstand den Typhus …«

Meine Schwester und ich wohnten zwei Wochen ganz alleine. Ab und zu kam eine Frau, das muss eine Aufwartungsfrau gewesen sein, die früher mal bei uns gearbeitet hatte, und brachte uns was zu essen oder kochte für uns, das musste dann mehrere Tage reichen. Mit unseren Lebensmittelkarten konnten wir uns Brot holen. Ich hab mich immer dagegen gesträubt, ins Krankenhaus zu meiner Mutter zu gehen. Ja, im Nachhinein war ich sehr unglücklich darüber. Meine Mutter wusste nichts von meinen beiden Brüdern. Sie waren älter und hatten sich schon vor uns auf die Flucht gemacht. An Mutters Todestag kam die Post, dass meine Brüder gut in Westdeutschland angekommen waren.

Nach zwei Wochen kam völlig unerwartet eine Patentante meiner Schwester vorbei. Tante Käthe war, wie meine Eltern auch, beim Wandervogel, und diese Gemeinschaft guckte nun nach Kriegsende nach den Familien. Sie fragte: »Wo ist denn eure Mutter?« »Ja, die ist vor 'ner Woche verstorben.« »Was? Und ihr seid allein hier? Also, ich fahre wieder, ich wohne in Lichtenrade, ich muss mit der Schwägerin sprechen, und in drei Tagen bin ich wieder da.« Sie kam nach genau drei Tagen wieder. Mittlerweile war ich auch krank, ich lag schon infiziert mit Typhus im Bett, als sie uns holte. Und unsere Kinderärztin hat gesagt, das ist 'ne Erkältung. *(Er lacht.)* Die hatte die Situation erkannt: »Was, da kümmert sich jemand um die Kinder, dann mal los!« Tante Käthe hat später öfter mal gesagt: »Wenn ich das gewusst hätte, hätte ich dich nicht mitgenommen.« Meine Schwester wahrscheinlich schon … So kamen meine Schwester und ich nach Lichtenrade zu der Patentante und sind dort groß geworden. Wir haben das Beste draus gemacht. Wir konnten ja zufrieden sein. Ich konnte später meinen Beruf lernen. Wir haben dann eben dort gelebt, und manchmal dachten wir an die Vergangenheit … Meine Schwester und ich haben damals viel gesungen. Wenn wir zusammen von der Schule nach Hause liefen, sangen wir zusammen. Damit konnten wir wahrscheinlich alles etwas besser bewältigen, was damals auf uns zugekommen war.

Ich weiß noch, dass meine Schwester und ich dann die Aufgabe hatten, die Hühner zu hüten. Im Keller war ein kleiner Hühnerstall, wo vier dünne Zwerghühner lebten. Ich fing die Hühner und steckte sie in eine Kiste. Die Kiste stellten wir auf ein Kinderwagengestell, dann fuhren wir die Hühner mal zu der Wiese und mal zu dem

Feld. Wir hatten auch ein Schälchen dabei, sodass sie Wasser trinken konnten. Anfangs dachten wir: Das kann's ja wohl nicht sein. Die Hühner flogen über die Zäune in andere Gärten, und wir mussten immer hinterher. Aber nachher hatten wir ihnen beigebracht, dass sie auf einem großen Feld die Körner pickten, bis sie satt waren, dann kamen sie von allein in die Kiste zurück. Wir mussten nur von hinten den Deckel nehmen und zuklappen, dann konnten wir mit ihnen nach Hause.

Meine Brüder sah ich erst vier Jahre später wieder. Tante Käthe hatte organisiert, dass wir sie mit dem Zug besuchen konnten. Das war natürlich ein großes Wiedersehen! Es war eben doch 'ne lange Zeit gewesen … Ab dann fuhren wir öfter hin, weil das eben doch 'ne richtige Verwandtschaft war. Tante Käthe kümmerte sich auch um die Beerdigung meiner Mutter. Dafür bauten sie einen alten Schrank zum Sarg um, es gab ja auch keine Särge mehr. Bei der Beerdigung war ich gar nicht da, ich lag im Krankenhaus. Am Buß- und Bettag schickte uns Tante Käthe oft zu ihrem Grab. Mit ein paar Blumen oder Tannenzweigen fuhren meine Schwester und ich dann mit der S-Bahn zum Grab.

Von hinterlassenen Spuren, einem großen Bogen und fehlenden Fragen

Es ist schon merkwürdig, dass man sich im Alter wieder erinnert und sich mit der Zeit beschäftigt. Natürlich hat man nun mehr Zeit dafür … Nein, aber ich suche auch bei mir: Wo hat mich das geprägt? Das hat mich schon geprägt, ja! Zum Beispiel was Sparsamkeit und Wegwerfen betrifft. Ich kann mich von nichts trennen. Aber da ist mein Mann anders, er kann sich trennen. Er sagt immer: »Weg damit!« Kann ich nicht! Aber er ist auch ein sparsamer Mensch. Früher wurde auch immer geteilt. Kam einer dazu, wurde geteilt. Auch wenn man wenig hatte. Gerade wenn man wenig hatte, sollte man doch meinen, dass es schwerer fallen würde, aber nein. Das vermisse ich heute manchmal. Heute in der Überflussgesellschaft wird nicht so viel geteilt.

Natürlich hinterlässt sowas Spuren, das ist ganz klar. Ich glaube auch, dass wir unseren Kindern davon was mitgegeben haben. Das fällt mir jetzt manchmal auf, dass unsere Kinder zum Teil sehr sparsam sind. Man macht als Mutter auch vieles falsch und sucht dann immer die Ursachen: Was habe ich falsch gemacht und warum? Da komm ich ja zu sehr merkwürdigen … Aber es ist nicht mehr zu ändern. Man macht es ja immer nach bestem Wissen und Gewissen. Aber es ist nicht immer leicht. Es gibt darüber auch eine ganze Menge Literatur, die ich manchmal als ein bisschen sehr weit hergeholt empfinde. Man kann damit nicht alles erklären. Das war mir wirklich zu viel, was da reininterpretiert wurde.

(Christa M., Jg. 1938)

Ich will nur, dass meine Geschichte nicht vergessen wird! Sie werden lachen, meine Kinder machen um meinen Bericht einen großen Bogen. Der Jüngste sagt: »Mutti, ich habe Angst.«

Ich hab mal so Kleinigkeiten erzählt, ach … Ein Bekannter von mir hat mal zu meinem Sohn gesagt: »Sprecht euch aus! Es kommt die Zeit, wo du Fragen hast und keiner ist mehr da, dann kannst du niemanden mehr fragen!«

Aber mein Sohn hat Angst …

(Ingrid Heinze, Jg. 1938)

Ich bin später mal mit meiner Tochter zusammen zu dem Gutshaus nach Polen gefahren, wohin wir evakuiert worden waren. Ich habe mein Auto ausgetauscht gegen ein altes, damit es nicht geklaut werden würde dort. *(Sie lacht.)* Wir fuhren die Strecke nochmal nach, die wir geflüchtet waren, und merkten, sie ist eigentlich viel kürzer. Wir gingen nochmal durch den Wald und sahen das abgebrannte Forsthaus. Das Gutshaus stand noch und da schaute ein Mädchen vom Balkon runter. Die verstand Deutsch und sagte, sie könne uns leider nicht reinlassen, ihre Eltern seien nicht da. Das konnten wir gut verstehen. Sie erlaubte es aber, dass wir uns auf dem Hof umguckten. Die Ställe, wo früher mal vierzig Pferde dringestanden hatten, waren jetzt Lagerhallen. Die Brennerei funktionierte wieder. Der Kuhstall war eingefallen und leer, der Schweinestall auch. Und wo mal ein Garten gewesen war, das konnte man nur noch erahnen. Wir machten noch eine Tageswanderung durch die Wälder.

(Dorothea L., Jg. 1930)

Liebe Frau Halstenberg,

vielen Dank für die Abfassung meines Berichts. Ich finde ihn so okay. Ein Positives hat der Bericht jetzt schon. Meine Kinder haben sich erstmals dafür interessiert, wie das damals war … Herzlichst, Ihre

(Roswitha Weiß, Jg. 1939)

Ich habe keine Kinder. Aber meine Nichte rief mich vor einem Jahr zu meinem Geburtstag an: »Tante Edel, wir haben vor, die Wurzeln unserer Familie zu erkunden. Wir möchten gerne mit dir nach Polen. Du bist doch oft da gewesen.«

Ostern fuhr ich dann eine Woche mit ihnen und ihren beiden kleinen Kindern hin. Die waren ganz begeistert von allem. Und da sprach mich eine Frau an, sie sprach Deutsch, arbeitete in Deutschland. Sie ließ uns in unser altes Haus. Wir konnten sogar in das alte Kinderzimmer gehen. Die Scheunen waren alle leer, kein Vieh …

(Edel S., Jg. 1930)

Meine Kinder interessieren sich nicht so für die Zeit. Meine Enkeltochter geht zum Gymnasium und musste dafür mal etwas zum Zeitgeschehen machen. Sie fragte mich: »Oma, wie war denn das?« Da konnte ich ihr berichten. Mein Schwiegersohn hört sich das auch manchmal gerne an. Aber meine Jungs nicht so. Die Enkel schon, vielleicht weil sie das jetzt mehr in der Schule haben.

(Christa L., Jg. 1933)

Wenn es sich mal ergab, dann habe ich meinen Kindern was erzählt, aber meine Kinder waren beide nicht so, dass sie nachgefragt haben. Das habe ich nie verstanden. Meine Kollegin, mit der gemeinsam ich in einem Zimmer saß, hatte drei Töchter. Die eine holte sie manchmal ab. Irgendwie kamen wir mal auf meine Flucht zu sprechen und ich erzählte ein bisschen. Sie fragte immer wieder nach und war ganz interessiert. Meine Kinder fragten nie nach und ich dachte immer, warum nur? Na ja, vielleicht wollten sie mich nicht traurig machen. Es ergeben sich ja eigentlich Fragen! Nee, die haben nie nachgefragt …

(Margot Rickert, Jg. 1932)

Hintergrundinfos: Kriegskinder und Kriegsenkel

Die sogenannten Kriegsenkel, die Kinder und Enkel der Kriegskinder haben – im Gegensatz zu ihren Eltern – eine Kindheit in Frieden und zumeist ohne materielle Entbehrungen erlebt. Dennoch haben viele von ihnen die Folgen von Ideologie und Terror der NS-Zeit sowie Krieg und Vertreibung, die sich auf ihre Eltern ausgewirkt haben, indirekt zu spüren bekommen. Die Kriegskinder selbst hatten nach 1945 kaum Möglichkeiten, über ihre Erlebnisse zu sprechen, und so konnten sie ihre teils traumatischen Erlebnisse nicht verarbeiten. Es verwundert nicht, dass sie später mit ihren eigenen Kindern ebenfalls nicht über ihre schlimmen Kindheitserfahrungen sprechen konnten. Trotzdem konnten und können die Kinder der Kriegskinder das Nichtgesagte spüren, etwa dadurch, dass ihre Eltern in bestimmten Bereichen gefühlsmäßig nicht zugänglich waren oder sie bestimmte Verhaltensweisen ihrer Eltern nicht verstanden. Unbewusst haben die Kriegskinder ihre emotionalen Erinnerungen über Erziehung und Verhalten an ihre eigenen Kinder weitergegeben. Bei einem kleineren Teil der Familien konfrontierten die Eltern ihre Kinder ständig mit ihren Kriegserfahrungen, was Letztere überforderte oder resignieren ließ.

Forschungen in der Psychologie und Humangenetik konnten belegen, dass sich unverarbeitete Traumata auch auf die nachfolgenden Generationen auswirken können. Psychische Probleme oder chronische Schmerzen können Folgen davon sein.

Erinnerungen wecken – eine Anleitung

Viele der Zeitzeuginnen und Zeitzeugen, die ich für dieses Buch interviewt habe, haben vorher nur wenig oder gar nicht über ihre Erinnerungen an ihre Kindheit während des Nationalsozialismus und im Zweiten Weltkrieg gesprochen. Darum vermute ich, dass dieser Erinnerungsschatz in vielen Familien noch gehoben werden kann. Wenn Sie die Erzählungen aus diesem Buch neugierig gemacht haben und Sie nun mehr über diese Zeit aus Ihrer eigenen Familie wissen wollen, dann finden Sie nachfolgend eine Anleitung für gute Gespräche mit Zeitzeuginnen und Zeitzeugen.

Warum ein Gespräch?

Gespräche mit Eltern, Großeltern und Verwandten über ihre Vergangenheit sind für alle Beteiligten bereichernd und oft sogar heilsam. Die jüngere Generation erfährt etwas über ihre eigene Familiengeschichte, die auch immer mit den großen geschichtlichen Erzählungen des Landes verwoben ist, und die Älteren erinnern sich durch die Fragen an Dinge, die sie meinten, längst vergessen zu haben.

Wenn die Jüngeren sich für die Erinnerungen der Älteren öffnen, können sie auch eventuelle Spätfolgen dieser vielfach traumatischen Zeit in der eigenen Familiengeschichte erkennen. Es ist anerkannt, dass die Folgen von Nationalsozialismus und Zweitem Weltkrieg über Generationen hinweg weiterwirken können, wenn die Kriegskinder ihre bewältigten und unbewältigten Erfahrungen an ihre Kinder und Enkelkinder weitergegeben haben. Das macht einen Austausch zwischen den Generationen so wichtig, führt zu mehr Verständnis zwischen den Generationen und verbessert die Kommunikation untereinander.

Häufig ist es in Familien nicht zu intensiven lebensgeschichtlichen Erinnerungserzählungen gekommen. Die Gründe dafür sind vielfältig. Viele Kriegskinder kannten vonseiten ihrer eigenen Eltern nur das Schweigen. Nach dem Krieg wurde in den meisten Familien nicht mehr über diese Zeit gesprochen. Die Gründe dafür waren Traumatisierungen, Scham, Schuld, Angst und der Versuch, die schrecklichen Jahre von Diktatur und Krieg möglichst schnell zu vergessen, um nach vorne schauen zu können. Einige Kriegskinder waren selbst derart traumatisiert, dass sie nicht über ihre

Erfahrungen sprechen konnten. Ihre Kinder wiederum haben das gespürt und sich nicht getraut, Fragen zu stellen. Sie wollten ihre Eltern nicht erneut mit den Schrecken konfrontieren.

Auch wenn ein diffuses Gefühl oder Halbwissen in der Familie da war, dass sich die Eltern oder Großeltern während der NS-Zeit und des Krieges schuldig gemacht haben (könnten), wollten ihre Nachkommen sie mit Fragen dazu »verschonen«. Die Angst spielte auch hier oft eine große Rolle.

Andere Kriegskinder sprechen hingegen ständig – oftmals oberflächlich – über ihre Kriegsgeschichten, und niemand in der Familie will sie mehr hören. Auch hier kann es sich lohnen, einmal genauer nachzufragen, um an tiefer liegende Erinnerungen zu gelangen.

Häufig will die ältere Generation aber auch der jüngeren nicht mit ihrer Vergangenheit auf die Nerven gehen oder sie gar belasten. Und schließlich gibt es auch die Fälle, in denen die ältere Generation bei den Jüngeren kein Interesse an ihrer Vergangenheit spürt und deswegen nichts erzählt.

In den allermeisten Fällen ist es jedoch so, dass Menschen im hohen Alter doch noch über ihre Vergangenheit sprechen wollen, davon zeugt auch die enorme Resonanz, die ich auf meine Aushänge bekommen habe. Am Lebensende schauen die Menschen vermehrt zurück auf ihre Kindheit. Sie haben mehr Zeit, versuchen, mit sich ins Reine zu kommen, und wollen vor ihrem Ableben doch noch über bisher Ungesagtes sprechen.

Es lohnt sich also, beharrlich nachzufragen und Interesse zu bekunden.

Ein Gespräch mit Zeitzeuginnen und Zeitzeugen wird dann besonders wertvoll, wenn die junge Generation echtes Interesse zeigt und sich auch nicht scheut, mit belastenden Geschichten konfrontiert zu werden. Wenn wir Jüngeren es schaffen, die Älteren dazu zu bringen, sich im Moment des Erzählens in die Kindheit zurückzuversetzen, findet Erinnern statt.

Gesprächsvorbereitung

Verabredung zum Gespräch

Es gibt zwei Arten, mit Zeitzeuginnen und Zeitzeugen im privaten Umfeld ins Gespräch zu kommen. Entweder nutzen Sie eine sich spontan ergebende Gelegenheit, um nochmal genauer nachzufragen, wie das denn damals als Kind war während des Nationalsozialismus und des Krieges. Oder aber Sie verabreden sich aktiv zu einem Gespräch. In beiden Fällen ist es ratsam, die Zeitzeuginnen und Zeitzeugen nicht mit dieser Frage zu überfallen, sondern zunächst eigenes Interesse zu bekunden, warum Sie gerne mehr erfahren möchten. Die Frage sollte nicht fordernd, sondern einladend und verständnisvoll klingen, z. B.: »Als Kind musstest du im Krieg bestimmt viel Schreckliches erleben, und es ist sicher nicht leicht, darüber zu sprechen. Ich würde mich freuen, wenn du mir etwas über deine Vergangenheit erzählst, solange das noch möglich ist. Damit ich auch meinen Familienhintergrund verstehen kann. Ich höre dir gerne zu.«

Die Verabredung zu einem Gespräch hat den großen Vorteil, dass sich die Zeitzeuginnen und Zeitzeugen mental auf das Gespräch vorbereiten können. Viele meiner Gesprächspartnerinnen und Gesprächspartner haben vor unserem ersten Treffen Fotos, persönliche Gegenstände und Aufzeichnungen von früher rausgesucht. Sie haben das Gespräch mit Bekannten aus ihrer Generation gesucht, um sich über Ereignisse aus der Vergangenheit auszutauschen, und sie haben mithilfe von Landkarten Fluchtwege oder Orte der Kinderlandverschickung nachvollzogen. Häufig haben sie sogar wieder intensiv von der Vergangenheit geträumt. All das ist bereits Erinnerungsarbeit, die sich später im Gespräch positiv auswirkt. Bitten Sie den Zeitzeugen oder die Zeitzeugin, für das Gespräch persönliche Gegenstände von früher rauszusuchen – soweit vorhanden. Um Erinnerungen im Langzeitgedächtnis zu aktivieren, braucht es Fragen, Texte und Fotos oder auch persönliche Gegenstände aus der Vergangenheit.

Fragenkatalog

Bereiten Sie vor dem Gespräch einen Fragenkatalog vor, der während des Gesprächs zur Orientierung dient. Er sollte den Ablauf des Gesprächs und die Themen enthalten, über die geredet werden soll. Gliedern Sie den Fragenkatalog in Oberthemen. Zu jedem Oberthema sollte zunächst eine sehr allgemeine und offene Frage formuliert werden, zu der die Zeitzeuginnen und Zeitzeugen all das erzählen können, was ihnen einfällt. Danach können konkrete Fragen gestellt werden.

Innere Einstellung der Zuhörenden

Wenn wir die Einstellung annehmen, dass jeder Mensch Zeuge seiner Zeit ist und Wertvolles zu erzählen hat, dann können wir den Geschichten unserer Verwandten neu begegnen.

Für ein ertragreiches Gespräch mit Zeitzeuginnen und Zeitzeugen ist vonseiten der Zuhörenden eine positive und vorurteilsfreie Grundhaltung zum Gegenüber wichtig. Gute Zuhörerinnen und Zuhörer vermitteln ihren Gesprächspartnern und Gesprächspartnerinnen das Gefühl der Wertschätzung und wecken Vertrauen.

Während der gesamten Erzählsituation gilt es, den Zeitzeuginnen und Zeitzeugen möglichst viel Verständnis entgegenzubringen. Üben Sie auch bei aus heutiger Sicht fragwürdigen Aussagen keine direkte Kritik und werfen Sie ihnen nichts vor. Unverständnis und Vorwürfe verhindern eine angenehme Gesprächsatmosphäre und können schnell zum Scheitern des Gesprächs führen. Sich auf die Zeitzeuginnen und Zeitzeugen einzulassen und ihre Meinung ernstzunehmen muss nicht automatisch bedeuten, dass Sie ihrer Meinung zustimmen. Bereiten Sie sich daher vor dem Gespräch mental auf die Möglichkeit vor, mit Meinungen und erlebten Ereignissen konfrontiert zu werden, mit denen Sie nicht konform sind. Eine Auseinandersetzung mit der Vergangenheit kann in weiteren Gesprächen erfolgen – nicht aber während der Erinnerungsarbeit im Gespräch.

Gesprächsphasen und Fragearten

In einem guten Gespräch mit Zeitzeuginnen und Zeitzeugen sollte den Befragten die Möglichkeit gegeben werden, in der Erinnerung zu versinken und sich von ihr wieder ausfüllen zu lassen. Zeitzeuginnen und Zeitzeugen sollten als Expertinnen und Experten für ihre Leben gesehen werden, während die Zuhörenden die Verantwortlichen für eine gute Gesprächsführung sind.

Einführungsphase

Schaffen Sie in der Einführungsphase eine angenehme Gesprächsatmosphäre, in der sich die Zeitzeuginnen und Zeitzeugen wohlfühlen und bereit sind, sich zu öffnen. Fassen Sie noch einmal zusammen, worum es Ihnen in dem Gespräch geht. Falls Sie das

Gespräch aufzeichnen wollen, können Sie nun die Technik aufbauen. Anschließend bietet sich eine einfache Eingangsfrage zum Geburtsort sowie dem familiären Hintergrund an. Solche Fragen sind leicht zu beantworten und lassen eine mögliche anfängliche Nervosität verfliegen.

Erzählphase

Darauf folgt die offene thematische Eingangsfrage, die eine Erinnerung bei den Zeitzeuginnen und Zeitzeugen auslösen und sie zum Erzählen animieren soll. Das kann eine thematisch zugeschnittene Erzählaufforderung sein oder eine Aufforderung, die Lebensgeschichte zu erzählen. Betonen Sie, dass all das erzählt werden kann, was den Zeitzeuginnen und Zeitzeugen einfällt und sie sich dafür so viel Zeit nehmen können, wie sie brauchen.

Beispiele für Einstiegsfragen:

- Was ist deine erste bewusste Erinnerung an den Krieg bzw. an den Nationalsozialismus?
- Wann hast du das erste Mal vom Krieg gehört? Welches Ereignis verknüpfst du damit?
- Wie hast du das Kriegsende erlebt? Was ist an diesem Tag passiert?

Solche Fragen geben Impulse, sich zu erinnern und zu erzählen.

Während der Erzählphase halten Sie sich als Zuhörende zurück. Unterbrechen Sie die Erzählung nur, wenn Sie etwas überhaupt nicht verstehen. Ansonsten merken Sie sich eventuelle Zwischenfragen für die Nachfragephase. Versuchen Sie die Erzählung am Laufen zu halten, indem Sie aktiv zuhören.

Gutes Zuhören erfordert Konzentration und Einfühlungsvermögen sowie Offenheit und echtes Interesse. Eine zugewandte Körperhaltung, Blickkontakt, Nicken und mitfühlende Äußerungen vonseiten des Zuhörenden signalisieren den Zeitzeuginnen und Zeitzeugen Aufmerksamkeit und regen sie zum Weitererzählen an. Wichtig ist auch das Aushalten von Pausen während der Erzählung. In Gesprächspausen können Zeitzeuginnen und Zeitzeugen ihre Gedanken ordnen und nachdenken – das hilft ihnen, sich zu erinnern.

Nach Gesprächspausen können offene Aufrechterhaltungsfragen zum Weitererzählen bewegen, z. B.: Wie ging es dann weiter? Was kam dann? Erzähle noch ein bisschen mehr darüber. Und dann?

Ein Beispiel für eine einfühlende Unterstützungsfrage wäre: Das war für dich damals sicher eine schwierige Situation …

Geraten die Zeitzeuginnen und Zeitzeugen weiter ins Stocken, können ihnen erzählanregende Fragen helfen, sich weiter und tiefer zu erinnern, sodass sie sich im Moment des Erzählens wieder in die Kindheit zurückversetzen können. Dann können außerordentlich lebhafte und detaillierte Erzählungen zum Vorschein kommen.

Besonders erinnerungsfördernd sind konkrete (Nach-)Fragen zu Details und scheinbaren Nebensächlichkeiten aus der bisher erfolgten Erzählung, z. B.:

- Was war an dem Tag für ein Wetter?
- Was hast du an diesem Tag für Kleidung getragen? Welche Farbe hatte das Kleid?
- Wie sah die Ruine aus?
- An welche Geräusche/Gerüche erinnerst du dich?
- Wie hast du dich an diesem Tag gefühlt?
- Wie hat es im Keller gerochen?
- Wonach hat das Brot geschmeckt, das ihr von den Russen bekommen habt?
- Kannst du die Granatsplitter beschreiben, die du gesammelt hast?

Was Sie in Gesprächen vermeiden sollten

Ungünstige Fragen können das Gespräch zum Stocken bringen, es auf einer oberflächlichen Ebene lassen oder sogar beenden.

- Allgemeine Fragen führen zu generellen Aussagen über die Zeit, anstatt zu persönlichen Erzählungen.
- Geschlossene Fragen, die nur mit ja oder nein beantwortet werden können, laden nicht zum Erinnern ein.
- Suggestivfragen wie »Fandst du das nicht gefährlich?«, die eine bestimmte Antwort nahelegen, sollten nur vorsichtig verwendet werden. Sie können provozieren oder auch beleidigend wirken.
- Interpretieren, Urteilen oder Moralisieren durch die Zuhörenden wirken blockierend auf die Zeitzeuginnen und Zeitzeugen. Das In-Frage-Stellen und Belehren aufgrund der eigenen Norm- und Wertvorstellungen bewirkt, dass sich Zeitzeuginnen und Zeitzeugen verschließen und nicht mehr weitererzählen wollen. Sie als Zuhörende geben wieder, bestätigen, zeigen Interesse, Verständnis und Einfühlung.

Nachfragephase

Sind die Zeitzeuginnen und Zeitzeugen mit ihrer Erzählung ans Ende gelangt, können Sie Verständnisfragen zum bisher Erzählten stellen. Anschließend können bisher nur oberflächlich thematisierte Abschnitte angesprochen werden, um hier nochmals zu vertiefenden Erzählungen anzuregen. Fotos oder andere Materialien aus der Vergangenheit können dafür hilfreich sein.

Wenn Zeitzeuginnen und Zeitzeugen jedoch auf bestimmte Fragen nicht antworten wollen, sollten Sie dies respektieren. Gehen Sie auch vorsichtig mit vermeintlichen Widersprüchen, Brüchen oder Irritationen in der Erzählung um. Es geht nicht darum, objektive Wahrheiten zu erfahren, sondern subjektive Erinnerungen zu wecken.

Anschließend können Sie Aspekte ansprechen, die bisher von den Zeitzeuginnen und Zeitzeugen noch nicht thematisiert wurden. Sie können all das fragen, was Sie selbst interessiert.

Zum Schluss kann noch eine Reflexionsphase erfolgen. Beispielsweise habe ich meine Zeitzeuginnen und Zeitzeugen gefragt, wie sich ihre Kriegserlebnisse auf ihr weiteres Leben ausgewirkt haben oder wie diese Erlebnisse sie geprägt haben.

Umgang mit Schwierigkeiten im Gespräch

- Die Zeitzeuginnen und Zeitzeugen antworten sehr allgemein und nur mit »man«-Formulierungen: Fragen Sie immer wieder konkret nach, wie es ihnen persönlich erging, wie sie sich gefühlt haben an diesem einen Tag, bei diesem einen Ereignis. Was haben sie gesehen, gehört, gerochen. Lassen Sie sich von ihnen konkrete Dinge beschreiben.
- Die Zeitzeuginnen und Zeitzeugen antworten immer sehr knapp: Versuchen Sie, sie mit offenen Fragen zum Reden einzuladen:
  Kannst du dich noch an die Fluchtvorbereitungen erinnern?
  Wie hast du die Bombennächte im Keller in Erinnerung?
  Steigen Sie dann auf konkretere Fragen um:
  Was hattest du während der Flucht an?
  Habt ihr Kinder etwas gespielt während der Flucht?
  Was für ein Wetter war am Tag der Flucht?
  Wovon habt ihr euch ernährt? Was mochtest du gerne essen, was nicht?

Was für eine Atmosphäre herrschte im Keller? Wie haben die Erwachsenen reagiert?

- Die Zeitzeuginnen und Zeitzeugen springen zu anderen Themen: Versuchen Sie, sie mit gezielten Fragen wieder zum Thema zurück zu lenken.
- Die Zeitzeuginnen und Zeitzeugen erzählen nur die bereits bekannten und gefühlt tausendmal gehörten Geschichten: Fragen Sie, was vor oder nach dem erzählten Ereignis passiert ist und wie sie sich in der konkreten Situation gefühlt haben.
- Die Zeitzeuginnen und Zeitzeugen zeigen emotionale Reaktionen, stocken, sprechen mit brüchiger Stimme oder weinen: Seien Sie verständnisvoll und lassen Sie ihnen ihre Zeit, die sie dafür brauchen. Bieten Sie an, eine Gesprächspause zu machen oder sogar abzubrechen und später weiterzureden. Seien Sie sich bewusst, dass es den meisten Menschen guttut, über schwierige Erlebnisse zu sprechen. Die meisten meiner Zeitzeuginnen und Zeitzeugen kamen während der Gespräche an einen Punkt, an dem die Erinnerung sie überwältigte. Viele wurden sehr traurig und weinten. Alle waren jedoch im Anschluss sehr dankbar für mein Zuhören und Aushalten ihrer Emotionen.

Nachwort

Udo Baer
Die Zeit heilt nicht alle Wunden

Warum sollten wir uns in der Gegenwart mit den Schrecken des Nationalsozialismus und des Weltkrieges beschäftigen? Weil sie in der Gegenwart nachwirken und immer noch zu Leiden führen. Das, was war, ist auch jetzt. Vergangenes bleibt in der Gegenwart lebendig. Deswegen lohnt es sich, Zeitzeugen zu befragen und ihre Antworten zu veröffentlichen, wie es Barbara Halstenberg verdienstvollerweise getan hat. Das Buch ist lesenswert, und das hat mehrere Gründe.

Die Opfer würdigen

Wer sich mit den Menschen während des nationalsozialistischen Regimes und der Kriegs- und Nachkriegsjahre beschäftigt, würdigt das Leiden der Opfer. Viele von denen, die als Kinder die Schreckensjahre erlebt haben, leben noch. Sie fanden damals kein Gehör, aber sie müssen heute gehört werden. Leiden braucht Achtung. Über die Täter gibt es viele Filme, Dokumentationen, Bücher und anderes mehr. Über die Opfer gibt es immer noch zu wenig, wenn auch zum Glück immer mehr. Zeitzeugen eine Stimme zu geben würdigt die Opfer.

Die Folgegenerationen befreien

In dem Buch wird deutlich, was zahlreiche Untersuchungen und Erfahrungen bestätigen: Die Folgen von traumatischen und anderen Schreckenserfahrungen werden an die nächsten Generationen weitergegeben. Viele Kinder und Enkel leiden unter Traumafolgen, ohne zu wissen warum. Viele glauben deshalb, sie wären »falsch« oder »krank«. Das verstärkt ihr Leiden. Zu wissen, dass ihre Ängste oder Unruhe, ihr Verstummen oder ihre nächtliche Erregung mit dem zusammenhängen, was ihre Eltern erlebt haben, worüber sie aber nie sprechen konnten, lindert ihr Leiden.

Aus der Sprachlosigkeit herausfinden

Eine der wichtigsten Folgen traumatischer Erfahrungen ist das Verstummen. Viele Angehörige der Kriegsgeneration sind deshalb verstummt. Sie konnten nicht darüber reden, was sie erfahren haben. Manche wollten es auch nicht, weil sie ihre Kinder nicht belasten wollten (Einzelne reden auch ununterbrochen …). Viele der Älteren wollten sich später mitteilen, aber sie fanden keine Worte. Die Berichte von Zeitzeugen können einen Weg aus der Sprachlosigkeit eröffnen.

Die Risse zwischen den Generationen überbrücken

Wenn Kinder die Not ihrer Eltern spüren, aber nicht wissen, worin die Not besteht, fühlen sie sich oft selber schuldig. Zumindest verstehen sie die Eltern nicht und wenden sich oft ab. Und umgekehrt: Wenn die Eltern lange schweigen und sich dann plötzlich mitteilen wollen, steht das Schweigen oft schon zwischen ihnen und den Kindern. Die häufigste und nachhaltigste Folge von Kriegstraumata sind nach meinen Erfahrungen die Risse zwischen den Generationen. Sich mit den Berichten von Zeitzeugen zu beschäftigen kann Brücken zwischen den Generationen bauen. Das gilt umso mehr, wenn Eltern oder Großeltern verstorben oder aufgrund demenzieller Erkrankungen nicht mehr ansprechbar sind.

Gefrorene Gefühle auftauen

Wenn Gefühle des Schreckens eingefroren werden, hat dies Auswirkungen darauf, wie auch andere Gefühle erlebt und ausgedrückt werden können. Oft erkalten auch andere Gefühle oder zeigen sich nur gebremst. Manchmal brechen sie plötzlich auf oder zeigen sich in Ausdrucksformen, die für die nächsten Generationen unverständlich bleiben (Zornausbrüche, Angstattacken, Geschenkeorgien, Trauerphasen …). Die Gefühlsarmut wird oft an die Kinder und Enkel weitergegeben. Sich mit dem, was Zeitzeugen erzählen, zu beschäftigen ermöglicht Zugänge zu dem, was hinter dem Schleier steckt, der die unausgesprochenen und ungelebten Gefühle umgibt.

Ich wünsche dem Buch zahlreiche Leserinnen und Leser.

Literatur

Baer, Udo/Frick-Baer, Gabriele: Kriegserbe in der Seele. Was Kindern und Enkeln der Kriegsgeneration wirklich hilft, Weinheim 2018.

Battke, Kathleen: Trümmerkindheit. Erinnerungsarbeit und biografisches Schreiben für Kriegskinder und Kriegsenkel, München 2013.

Bavaj, Riccardo: Der Nationalsozialismus. Entstehung, Aufstieg und Herrschaft, Bonn 2016.

Bode, Sabine: Die vergessene Generation. Die Kriegskinder brechen ihr Schweigen, Stuttgart 2016.

Bode, Sabine: Kriegsenkel. Das Erbe der vergessenen Generation, Stuttgart 2017.

Bundeszentrale für politische Bildung (Hg.): Nationalsozialismus: Krieg und Holocaust (Nr. 316/2012).

Donauschwäbische Kulturstiftung (Hg.): Verbrechen an den Deutschen in Jugoslawien 1944–1948, München 2000.

Dörr, Margarete: »Der Krieg hat uns geprägt«. Wie Kinder den Zweiten Weltkrieg erlebten, Band 1+2, Frankfurt 2007.

Drolshagen, Ebba D.: Wehrmachtskinder. Auf der Suche nach dem nie gekannten Vater, München 2009.

Dyck, Larissa/Mehl, Heinrich (Hg.): Mein Herz blieb in Russland, Berlin 2008.

Eisfeld, Alfred: Leben und Kultur der Deutschen im Ural und Sibirien nach der Deportation, bpb, 2018.

Elliger, Katharina: Eingraviert. Reflektierte Erinnerungen an Flucht und Vertreibung aus Schlesien, Münster 2015.

Friedrich, Jörg: Der Brand. Deutschland im Bombenkrieg 1940–1945, München 2002.

Fröhlich, Elke: Der Zweite Weltkrieg, Bonn 2014.

Gauss, Karl-Markus: Das kurze Glück der Donauschwaben, bpb, 2019.

Gebhardt, Miriam: Als die Soldaten kamen. Die Vergewaltigung deutscher Frauen am Ende des Zweiten Weltkriegs, München 2015.

Jochheim, Gernoit: Zwangsarbeiterinnen und Zwangsarbeiter, bpb, 2016.

Heinl, Peter: »Maikäfer flieg, dein Vater ist im Krieg«. Seelische Wunden aus der Kriegskindheit, München 2014.

Henke-Bockschatz, Gerhard: Nationalsozialismus und Drittes Reich, Ditzingen 2018.

Herbert, Ulrich: Das dritte Reich. Geschichte einer Diktatur, München 2018.

Hüttl, Tina/Meschnig, Alexander: Uns kriegt ihr nicht: Wie jüdische Kinder versteckt überlebten, München 2013.

Jacobs, Ingeborg: Freiwild: Das Schicksal deutscher Frauen 1945, Berlin 2008.

Justen, Nicole: Umgang mit ZeitzeugInnen, Schwalbach 2014.

Kohl, Paul: »Ich wundere mich, dass ich noch lebe«. Sowjetische Augenzeugen berichten, Gütersloh 1990.

Koop, Volker: Nationalsozialismus, Freiburg im Breisgau 2009.

Kossert, Andreas: Kalte Heimat. Die Geschichte der deutschen Vertriebenen nach 1945, München 2009.

Lilly, Robert J.: Taken by force: Rape and American GIs in Europe during World War II, 2007.

Lorenz, Hilke: Kriegskinder. Das Schicksal einer Generation, Berlin 2005.

Mittermaier, Klaus: Vermisst wird … Die Arbeit des deutschen Suchdienstes, Berlin, 2002.

Müller, Christa: Schatten des Schweigens, Notwendigkeit des Erinnerns. Kindheiten im Nationalsozialismus, im Zweiten Weltkrieg und in der Nachkriegszeit, Gießen 2014.

Piper, Ernst (Hg.): 1945 – Niederlage und Neubeginn, Köln 2015.

Piper, Ernst: Geschichte des Nationalsozialismus. Von den Anfängen bis heute, Bonn 2018.

Radebold, Hartmut: Abwesende Väter und Kriegskindheit, Stuttgart 2010.

Radebold, Hartmut: Die dunklen Schatten unserer Vergangenheit. Hilfen für Kriegskinder im Alter, Stuttgart 2009.

Reddemann, Luise: Kriegskinder und Kriegsenkel in der Psychotherapie, Stuttgart 2015.

Sander, Helke/Johr, Barbara (Hg.): BeFreier und Befreite: Krieg, Vergewaltigung, Kinder, Frankfurt am Main 1995.

Schreiber, Gerhard: Der Zweite Weltkrieg, München 2004.

Senft, Alexander: Der lange Schatten der Täter: Nachkommen stellen sich ihrer NS-Familiengeschichte, 2016.

Stargardt, Nicholas: Kinder in Hitlers Krieg, München 2008.

Steinert, Johannes-Dieter: Deportation und Zwangsarbeit. Polnische und sowjetische Kinder im nationalsozialistischen Deutschland und im besetzten Osteuropa 1939–1945, Essen 2013.

Stutte, Harald/Lucks, Günter: Hitlers vergessene Kinderarmee, Hamburg 2014.

Süss, Dietmar: »Ein Volk, ein Reich, ein Führer«. Die deutsche Gesellschaft im Nationalsozialismus, Bonn 2018.

Weil, Francesca/Postert, André/Kenkmann, Alfons (Hg.): Kindheiten im Zweiten Weltkrieg, 2018.

Welzer, Harald/Moller, Sabine/Tschuggnall, Karoline: »Opa war kein Nazi«. Nationalsozialismus und Holocaust im Familiengedächtnis, Frankfurt am Main 2008.

Welzer, Harald (Hg.): Der Krieg der Erinnerung, Frankfurt am Main 2007.

Werner, Emmy E.: Unschuldige Zeugen, Hamburg/Wien 2001.

Winterberg, Yury und Sonya: Kriegskinder, München 2011.

Wüstel, Jens-Michael: Traumakinder, Köln 2017.

Bildnachweis

akg-images: S. 34, 47, 71, 126, 201, 280, 307, 313, 334, 373, 411
akg-images/AP: S. 96
akg-images/DRK: S. 397
akg-images/Fototeca Gilardi: S. 305
akg-images/Sammlung Berliner Verlag/Archiv: S. 234, 316, 347, 357, 381
akg-images/TT News Agency: S. 161, 405
akg-images/TT News Agency/SVT: S. 174
akg-images/Voller Ernst/Chaldej: S. 369
Privatbesitz Kurt Hillmann: S. 248

Dank

Mein herzlicher Dank gilt den Zeitzeuginnen und Zeitzeugen für ihren Mut und ihr Vertrauen, mir ihre Geschichte zu erzählen. Ich danke ihnen für ihre Offenheit und Gastfreundschaft. Sie haben mein Leben bereichert, und ohne sie würde es dieses Buch nicht geben.

Noémie, Mael und Émile danke ich für ihre kindliche Perspektive auf die Welt. Sie halfen mir, die Geschichten der Zeitzeuginnen und Zeitzeugen mit Kinderaugen zu sehen. Markus danke ich für sein Vertrauen. Ich danke meiner Großmutter, der Geschichtenerzählerin.